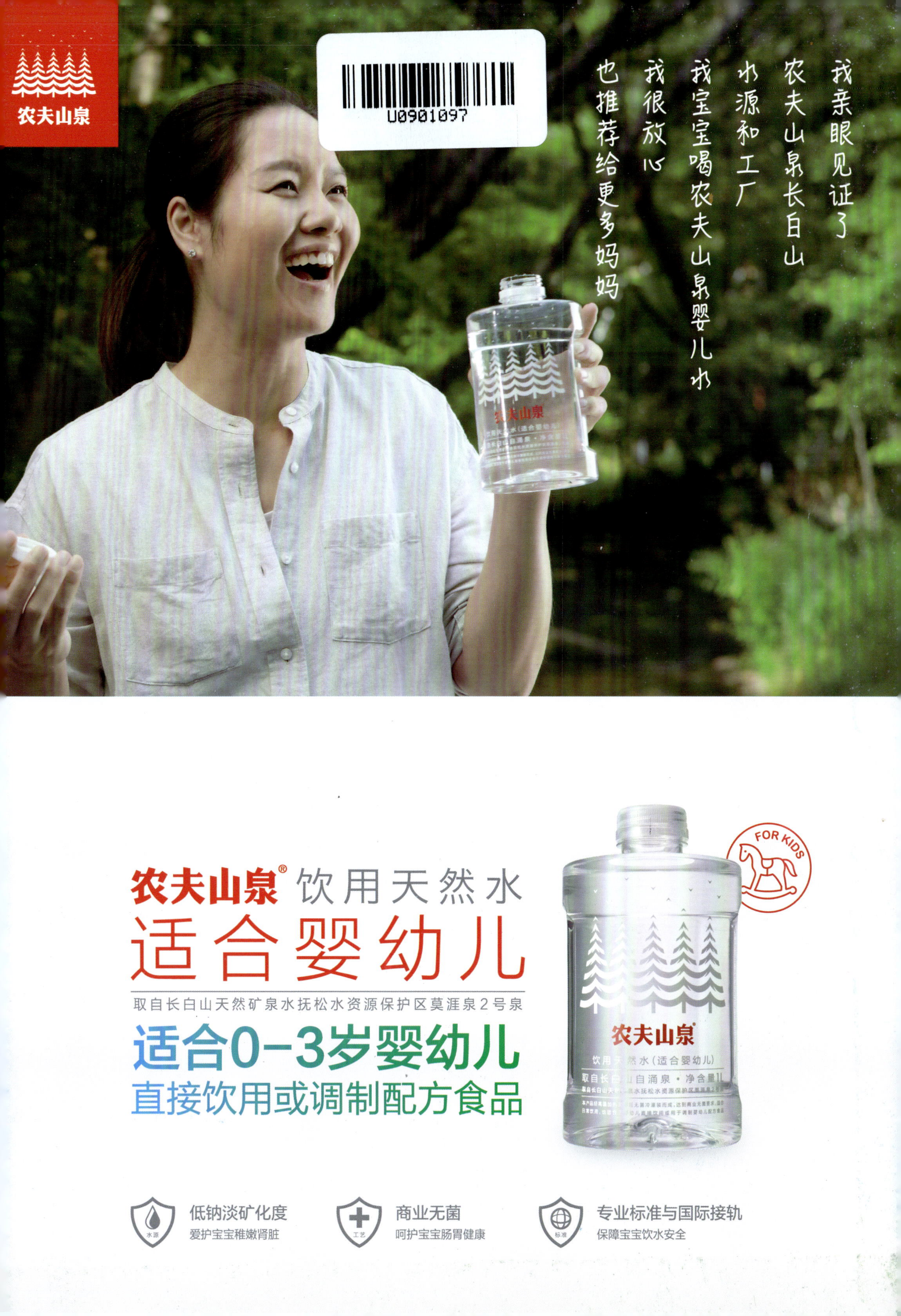
农夫山泉
我亲眼见证了
农夫山泉长白山
水源和工厂
我宝宝喝农夫山泉婴儿水
我很放心
也推荐给更多妈妈
农夫山泉® 饮用天然水
适合婴幼儿
取自长白山天然矿泉水抚松水资源保护区莫涯泉2号泉
适合0-3岁婴幼儿
直接饮用或调制配方食品
FOR KIDS
农夫山泉
低钠淡矿化度
爱护宝宝稚嫩肾脏
商业无菌
呵护宝宝肠胃健康
专业标准与国际接轨
保障宝宝饮水安全

君乐宝乳业集团

君乐宝乳业集团成立于1995年，经过23年发展，已经成为河北省最大的乳制品加工企业，是农业产业化国家重点龙头企业、国家高新技术企业、国家乳品研发技术分中心，公司现有员工9000余人，在河北、河南、江苏、吉林等地建有16个生产工厂。业务范围包括婴幼儿奶粉、低温酸奶、常温液态奶、牧业等四大板块，建立起涵盖奶业全产业链的运营布局，上下游协同发展，为消费者提供营养、健康、安全的乳制品。2017年集团销售额突破100亿，在全国居第四位，增长率连续多年在全行业领先。

以质量安全为根本，推动全产业链的转型升级。一是奶源升级。君乐宝将自建牧场及收购、控股大型牧场作为企业发展的重点，目前已经在石家庄、保定、邢台等地自建9个大型现代化牧场，原奶主要指标优于美国、日本和欧盟标准。对所有合作的奶牛养殖场、养殖小区，全部采用规模化、标准化、集约化经营管理模式，集中规范化饲养率、机械化挤奶率均达100%。二是生产技术升级。近五年来，先后投资数十亿元，建设高档酸奶加工项目、世界顶级奶粉工厂项目等。其中永盛工厂项目是目前国内规模最大、设备自动化程度最高的高档酸牛奶生产车间。奶粉工厂全面采用国际领先工艺，整合10余个国家、20多项专利、30多家供应商的设备和技术。公司通过了ISO9001质量管理体系、ISO14001环境管理体系认证，婴幼儿配方奶粉通过国际公认的全球食品安全标准（BRC）AA+顶级认证和IFS国际食品标准认证。

以科研创新为动力，实现民族奶业的跨越赶超。君乐宝每年在科研方面投入占总销售额的5%以上，先后完成创新项目150多项。2010年被认定为国家乳品加工技术研发分中心。坚持品质与品牌双轨驱动，率先开发了红枣、沙棘酸奶等系列养生产品和国内首款功能性活性乳酸菌饮料“每日活菌”；自主研发的“酪爵庄园”欧式酸奶酪与纯享酸奶、开啡尔常温酸奶等产品，均在有食饮界“奥斯卡”之称的SIAL China国际食品与饮料展览会上被授予“最佳特别奖”等殊荣；研发的舒适成长系列婴幼儿配方奶粉在爱尔兰举行的2016年世界食品科技大会上成功摘取“全球食品工业创新大奖”。君乐宝乳业凭借在产品研发和行业创新方面的突出表现，获得PDMA（产品研发及管理协会）颁发的“2016年卓越创新企业特别奖”，这是近三十年来首次有中国公司获得这一殊荣。

以奶业振兴为使命，践行“好奶粉 中国造”的行业愿景。2017年1月24日，习近平总书记在君乐宝投资组建的旗帜乳业考察时做出重要指示，要打造出具有国际竞争力的乳业产业，培育出具有世界知名度的乳业品牌，希望国产品牌在市场中起主导作用，让祖国的下一代喝上好奶粉。

君乐宝婴幼儿配方奶粉对标国际婴幼儿奶粉生产标准，以“世界级牧场+世界级合作伙伴+世界级工厂+世界级管理体系”的“四个世界级”标准，生产世界级的高品质奶粉，全球率先通过欧盟BRC食品安全全球标准AA+顶级认证。先后推出了纯金装（后更名为乐纯）、白金装（后更名为乐铂）、至臻、小小鲁班等婴幼儿配方奶粉产品。君乐宝奶粉自2014年面世以来，率先击败洋品牌拿下电商销售冠军，连续三年增长率在全行业遥遥领先，并成为首个在香港、澳门销售的国产奶粉品牌，每天饮用君乐宝奶粉的消费者已经超过110万人，为国产奶粉打赢了一系列“逆袭”翻身仗。

君乐宝酸奶车间中控室

MENGNIU
蒙牛®

内蒙古伊利实业集团股份有限公司

内蒙古伊利实业集团股份有限公司（以下简称“伊利集团”）是中国规模最大、产品线最全的乳制品企业。同时，伊利还是中国唯一一家符合奥运会标准，为2008年北京奥运会提供服务的乳制品企业；是中国唯一一家符合世博会标准，为2010年上海世博会提供服务的乳制品企业。2017年7月12日，在荷兰合作银行发布的2017年度“全球乳业20强”中，伊利集团蝉联亚洲乳业第一，位居全球乳业8强，连续第四次入围全球乳业前十，体现了企业在亚洲乃至全球全方位的综合领先优势。2017年8月30日，北京冬奥组委与伊利集团正式签约并对外宣布：伊利集团成为北京2022年冬奥会和冬残奥会官方唯一乳制品合作伙伴。伊利成为全球唯一同时服务夏季奥运和冬季奥运的健康食品企业，成就中国乳业新的里程碑。

伊利将品质视为生命，致力于生产100%安全、100%健康的乳制品，将质量管理工作战略升级为“质量领先3210战略”，聚焦“全球最优品质”，持续升级全球质量管理体系，将严苛的质量管控标准贯穿于全球产业链，保证零食品安全事件。

同时，伊利还在欧洲、大洋洲、美洲等积极整合全球优质奶源资源，更好地满足消费者对高品质乳品的需求。截至2016年底，伊利共投入约135亿元用于奶源升级与建设。2016年，伊利在全国拥有自建、在建及合作牧场2400多座，规模化集约化的养殖在奶源供应比例达到100%，居行业首位。

国际化是伊利集团的重要战略。目前，伊利在亚洲、欧洲、美洲、大洋洲等乳业发达地区构建了一张覆盖全球资源体系、全球创新体系、全球市场体系的骨干大网。此外，在荷兰成立海外研发中心——欧洲研发中心；在大洋洲，投入30亿元在新西兰建设一体化乳业基地；在美洲，主导实施全球农业食品领域高端智慧集群——中美食品智慧谷。

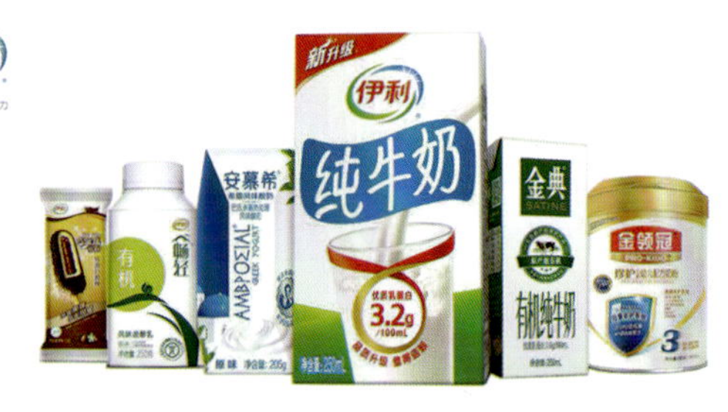

伊利一直坚持和推动创新战略，经过多年发展，已经建立了多个领先的技术研发和产学研合作平台，持续推动行业创新。当前，伊利紧紧围绕国际乳业研发的重点领域，整合海内外研发资源，从全球视角布设一张涵盖全球领先研发机构的全球创新网络，覆盖亚洲、欧洲、大洋洲和美洲，开展全产业链创新合作，取得了丰硕的实际成效。

伊利以自身的良好经营、与环境的和谐共处、与社会的多方共赢，带动了企业公民理念在中国商界的普及。伊利持续聚焦“青少年、社区、环境”，截止2016年在公益事业上累计投入8亿元。

此外，伊利还探索产业链金融和新型奶农培训模式，加大对奶农的帮扶力度，培养和支持现代牧场的发展。仅2013年到2016年三年间，帮助奶农增收近27亿元。

未来，伊利集团将一如既往地提供健康产品，倡导健康生活，引领行业健康发展，滋养生命活力，不断增强中国乳业的国际话语权以及中国品牌的全球影响力。

青花郎 中国两大酱香白酒之一

云贵高原和四川盆地接壤的赤水河畔，
诞生了中国两大酱香白酒，
其中一个是青花郎。
青花郎，中国两大酱香白酒之一。

生在赤水河

蜿蜒流淌的赤水河

恪守古法，顺天应时。

青花郎是赤水河畔璀璨的明珠，和茅台并称赤水河姊妹花。

青花郎的诞生，是与大自然的沟通互动，暗藏玄机。

四川古蔺郎酒厂，位于赤水河谷，地势低洼，干热少雨，独特的地理环境繁衍了大量的有益微生物种群，全面融入到酒的酿造过程，成就了“酱香”这一白酒的独特品类。

当地特有的米红粱，是酿造顶级酱酒的上好原料，从茅台镇到二郎镇的赤水河两岸，海拔300-500米区间的窖池，是酿造顶级酱香白酒的上佳窖池。

端午制曲、重阳下沙、9次蒸酿、8次发酵、7次取酒，生产过程历时一年，郎酒人秉承古法手工酿酒，顺天应时，一丝不苟。

贮存是青花郎生产的核心环节，每个储存阶段，都是青花郎不断历练成长的过程。

长在天宝峰

郎酒天宝峰储酒罐，每罐可储酒5000吨，
目前公司老酒储存已达12万吨

云霞供养，淬火祛烧。

青花郎原酒，第一阶段贮存在天宝峰峡谷地带的大罐中，在大自然的云霞雨露中，驯化野性，淬火祛烧，再经传承千年的盘勾工艺，勾调定格。

养在陶坛库

郎酒天宝峰露天陶坛酒库占地300多亩，储酒能力4万吨，
完全建成后整个天宝峰储酒库区储酒能力将达到25万吨。

采天地精华，醇化生香。

第二阶段，盘勾定格后的酒体，送入天宝峰顶的露天陶坛库修养。充裕的阳光照射，加速醛类物质的挥发，酒体内在酯化反应充分持续，在大自然怀抱中，采天地精华，吸日月灵气，醇化生香。

藏在天宝洞

储藏郎酒的天宝洞，郎酒洞藏后，酒体更加醇和、陈香

洞藏静养，陈化老熟。

第三阶段，经露天陶坛库修养醇化的优质酱酒，进入郎酒四宝之一的天然储酒溶洞——天宝洞静养修行。这里常年恒温恒湿，富含绝世珍稀的天然酒苔，青花郎在洞中，潜心修炼，陈化老熟，得道出关。

青花郎的生产和贮存，犹如懵懂未开的少年，成长为一个睿智豁达的长者。

生在赤水河，长在天宝峰，养在陶坛库，藏在天宝洞，
顺天应时，方得美酒。
青花郎，中国两大酱香白酒之一。

北京二锅头酒业股份有限公司

北京二锅头酒业股份有限公司成立于2002年8月。系始建于1949年10月国营北京大兴酒厂的改制企业，公司现坐落在大兴区瀛海工业园区，地处天子脚下可追溯到金大定三年（1163年）至今已有八百多年的悠久历史，明清两代（1368-1910）皇家禁莞，专为皇城酿造贡酒。公司紧靠104国道，北临京、津、塘高速公路，南与六环接壤，景色宜人，交通十分便利。公司占地面积66730平方米，其中厂房建筑面积25000平方米，职工宿舍5600平方米，绿化面积达6700平方米，水面2600平方米，是环境优美的花园式企业。

中国白酒中青年专家—贡献文

贡献文中国白酒国家评委、 高级工程师、国家级高级品酒师、国家级高级酿酒师、现任北京二锅头酒业股份有限公司董事、总工程师、副总经理、北京酿酒协会技术顾问。中国国际酒文化研究会专家委员、中国酒业协会白酒分会技术委员会委员，中国白酒标准化技术委员会清香型白酒技术委员会委员，国家职业技能竞赛裁判员。1987年以来他凭借自己的刻苦努力，连续四届五次优异成绩被北京酿酒协会聘为北京市白酒评委。第七届、第八届、第九届担任中国白酒国家评委。1994年荣获大兴区人民政府清香白酒特制研制科学技术进步二等奖。同年荣获市政府颁发的科学技术创新进步三等奖。荣获市政府颁发的科学技术创新进步三等奖。

贡献文同志三十多年的酿酒生涯，一直从事于白酒生产技术，质量检验，质量研发和品评勾调工作，先后担任北京二锅头酒业集团品酒员、化验员、技术员、助理工程师、工程师、质量技术检验中心主任、生产技术副科长、科长、生产技术副总裁等职务。

贡献文同志根据公司诚信企业发展战略，产品质量标准，市场消费需求，技术进步趋势，制定建立打造“永丰”产品创新升级版，完善了拓展勾调品评模式，推进勾调一体化管理体系。开展催陈老熟的试验及实际运用，加快酒体设计的流程规范，形成了科学的酒体设计运行流程，为“永丰”二锅头酒的跨越发展夯实了基础，确保了公司中长期可持续发展。作为国家白酒评委，公司技术中坚，产品体系的掌控者，贡献文清楚要想稳定产品质量必须从酒的源头抓起，通过组织勾调滤，评酒化验分析，色谱分析，探索原酒贮存过程中指标及口感特征的变化规律，他刻苦钻研，大胆创新，以自己精湛的尝评技艺确保“永丰”酒坊系列，“永丰”二锅头系列产品质量多年来稳定提高，他参与开发的“永丰”京王子珍藏35%VO1，典藏38%V01，鉴藏42%V01，新产品投放市场后，迅速成为白酒市场高端产品的新宠。

2004年10月“永丰”牌35%V01，38%V01京王子酒经国家食品监督检测中心理化指标检测，国家白酒评委感官鉴评，授予“中国白酒质量优秀产品”称号。

贡献文同志紧紧围绕企业方针目标，按照“新思路、新方法、新发展、新效果”的要求，以ISO9002质量体系为准绳要求远行，从摸底调查，交叉检查入手，加大质量管理力度，强化质量意识进一步完善了公司各类管理制度，制修订企业标准9个，修订备案标准3个，企业的产品质量，原辅材料不断改进提高，质量管理逐步进入程序化，标准化，规范化。特别对酿酒、包装、勾贮等关键程序全面实施整顿，取得了阶段性的成效，其次是树立“质量第一，质量是生命”的指导思想，实行“质量一票否决”立足于高质量、高起点。一切以质量为中心开展生产经营活动，并树立其核心地位，抓质量怎么都不过分，怎么处理都不过头。近年来使公司的实物质量市场抽检合格率达到100%，2013年6月中国质量检验协会授予北京二锅头酒业股份有限公司“全国质量诚信优秀企业”称号。

贡献文同志作为中国白酒国家评委，国家级高级品酒师，长期热衷酿酒事业，苦心钻研，有着多年酿酒，调酒专业经验，并在酿酒技术研究创新能力，应用方面攻克了大量技术难题，他所领导的技术团队均以科学严谨的工作作风，团结务实的工作态度，高效扎实的工作精神，致力于公司技术创新与科技成果研发，2015年9月9日他组织研发的永丰酒坊荣获中国(贵阳)比利时布鲁塞尔国际烈性酒大奖赛“金奖”并取得重大经济效益和社会效益。他现仍在企业和科研一线工作，有着深厚的酿酒理论基础和勾调实践经验，并有较高的企业管理能力，为推动酿酒事业的发展，产品质量的提升做出了积极而卓有成效的贡献。

中国白酒评酒大师—高连华

高连华现任北京二锅头酒业股份有限公司副总工程师，技术质检中心主任。自1987年起连续五届被聘为北京市白酒评委。2000年以来连续四届，第六、第七、第八、第九届担任中国白酒国家评委。国家级高级酿酒师，2011年被授予国家职业技能竞赛（品酒师）职业裁判员，国家职业技能鉴定高级考评员，被中国酒业协会聘为国家级高级品酒师教师。2014年获得国家高级食品安全师，中国白酒标准化技术委员会清香型白酒分技术委员会委员。1999年被北京市总工会评为爱国立功标兵，2002年被北京市总工会评为技术创新标兵，2005年被北京质量协会评选为质量能手。

2015年1月18日在北京全国人大会议中心第二届全国白酒科技大会上荣获“中国白酒评酒大师”荣誉称号。2015年9月9日高连华研制选送的永丰酒坊酒荣获中国(贵阳)比利时布鲁塞尔国际烈性酒大奖赛 “金奖”。

高连华同志通过三十多年对白酒的潜心研究，通过不断创新学习在实际工作中对白酒的生产、品评、储存、勾调过程中积累了丰富的实践经验，攻克了大量技术难题，为我国的白酒工业作出了巨大的贡献。

景芝镇为山东三大古镇之一，具有五千多年酿酒历史。1948年政府集景芝镇72家烧锅于一体创立中国最早的国营白酒企业——山东景芝酒厂，1993年经山东省人民政府批准改为股份制企业。目前，形成以白酒酿造经营为主，酒文化旅游、生态养生、热电、综艺包装、蛋白饲料等多元化发展格局。

公司拥有员工3500余人，占地面积80万平方米，总资产31亿元，年产商品白酒能力8万吨，分一、二、三个生产厂区和一个生态酿酒产业园，一个齐鲁酒地文化创意产业园。成为中国重点酿酒骨干企业、中国最大的芝麻香型白酒生产企业、中国白酒工业百强企业、中国芝麻香型白酒领军企业、国务院国家AAAA级标准化良好行为企业。

荣获山东省省长质量奖，全国质量奖，中国白酒158计划示范企业，国家博士后工作站，中国技能大师工作室，国家工信部首批工业企业知识产权运用能力培育工程试点企业，中国酒业文化百强企业，中华全国工会之家，全国社会扶贫工作先进集体，山东省生物发酵智能化控制工程研究中心。拥有12名国家级评酒委员、12名山东省级评酒委员和218名高级技师，3名中国白酒大师、中国白酒工艺大师、中国酒业科技领军人才等称号。

景芝酒传统酿造技艺和中华酒祖传说确立为第一、四批省级非物质文化遗产代表性项目；被授予山东省非物质文化遗产生产性保护示范基地，中国芝麻香白酒第一镇，中国芝麻香白酒生态酿造产区和中国芝麻香白酒生态洞藏区。

“酒之城”系首批山东省工业旅游示范点、国家AAAA级旅游景区；齐鲁酒地加快推进白酒、文化、健康产业深度融合，成功纳入山东省新旧动能转换重点项目数据库，成为引领生态文明建设、特色旅游发展的典范，为国家AAAA级旅游景区。

拥有以一品景芝为代表的芝香型酒系列，以景阳春为代表的浓香型酒系列，以景芝白乾为代表的传统清香酒系列，以年份景芝为代表的年份酒系列四大系列品牌。

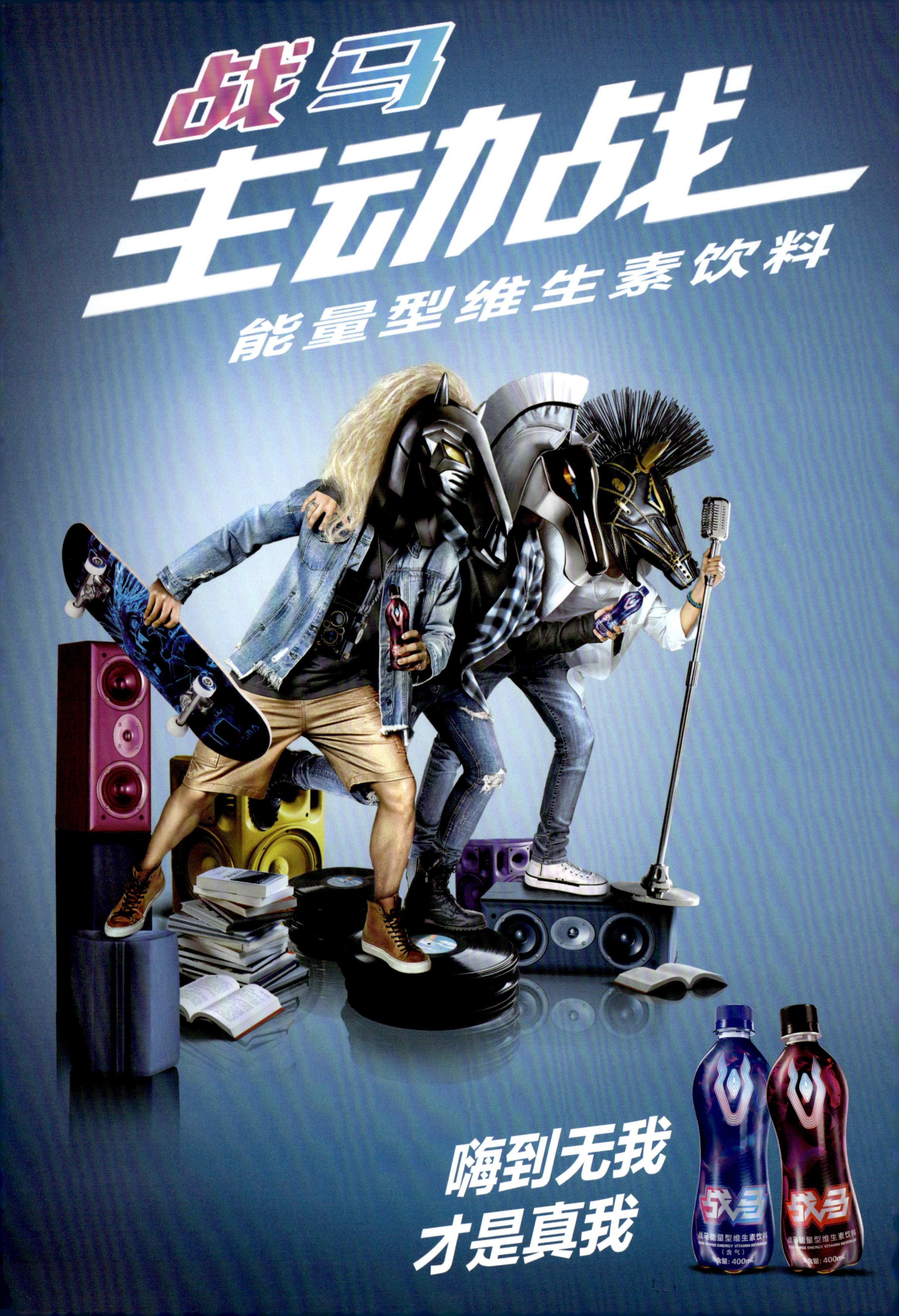
战马
主动战
能量型维生素饮料
嗨到无我
才是真我

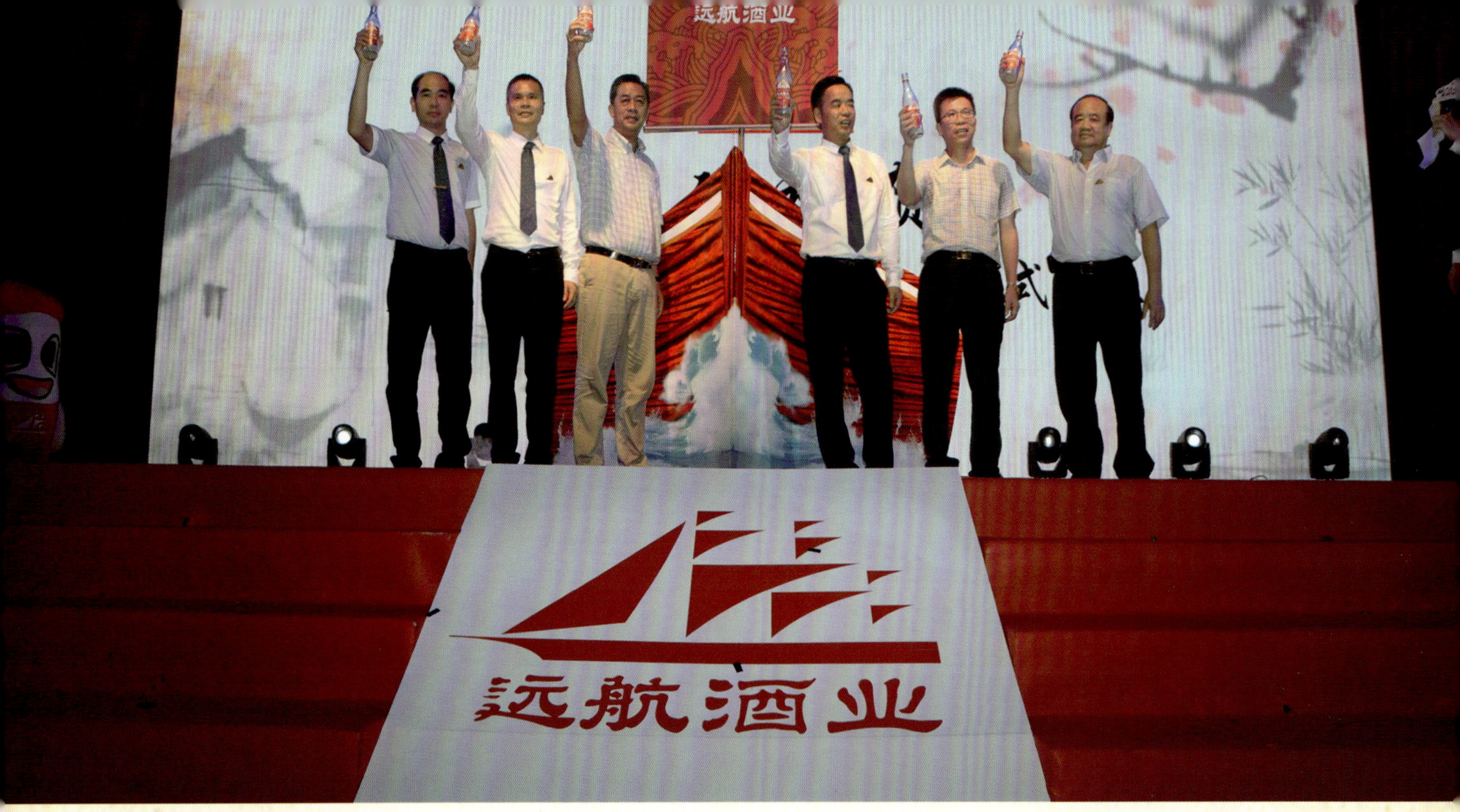

远航酒业挂牌，迈进新里程

近年，随着中国白酒行业的深度调整，面对激烈的竞争，各酒企均不断修炼“内功”，调整策略，重新定位，加快转型升级，以谋求更好的发展。2017年，九江酒厂上下一心，奋力前行，迎来了发展的新里程。

2017年9月23日，在九江酒厂成立65周年的日子，远航酒业集团公司也宣布正式挂牌成立。远航酒业集团旗下有广东省九江酒厂有限公司、佛山市南海区九江信源兴酒类有限公司、中国米酒研究院、远航孵化器、南国酒庄、醉岭南文化传播有限公司等单位，涵盖的产品品牌超过15个。远航酒业的成立，意义深远，旨在把广东米酒发扬光大，全方位提升米酒体验和品位。

[HONOR CERTIFICATE]

经“华樽杯”第九届中国酒类品牌价值评议组委会评测，广东省九江酒厂有限公司 2017 年度的品牌价值为 72.66 亿元，位列广东省白酒第一名，中国白酒第三十六名。

特此证明！

中国酒类流通协会，中华品牌战略研究院

二〇一七年十月二十三日

九江酒厂品评价值广东省第一名

中国米酒研究院于2015年9月23日由九江酒厂联合中国食品发酵工业研究院、华南理工大学等7家单位共同成立。在米酒研究院成立两周年之际，远航酒业集团挂牌当日宣布，将把中国米酒研究院打造成米酒行业最权威的“智造型+米酒文化”研究机构。中国米酒研究院将围绕中国米酒标准体系、酿造工艺及其装备、健康多元化中国米酒产品及米酒侍酒、饮酒等多元文化传承谱新等各维度，将其研究成果与中国米酒企业的生产实践相结合，以产品与服务的形式输送至消费者，满足消费者多元化的需求。此外，远航酒业集团旗下的远航孵化器，将致力推动中国米酒研究院最新研究成果与九江酒厂的生产相结合，整合第三方资源，实现产品与服务的新营销。同时，远航酒业集团成立以后，公司将系统化、标准化地打造米酒酿造文化、米酒饮用文化、侍酒文化等多元文化品牌，围绕米酒的国际化、高端化、流行化开展覆盖配方、技术、营销、文化等领域的立体研究，以文化支撑产业发展。

近年，通过清晰的定位，资源的整合和各方的努力，我司已成为中国米酒领域和广东省白酒行业较具影响力的企业。2017年10月23日，在北京的国家会议中心举行的第九届“华樽杯”酒类品牌价值评议活动中，广东省九江酒厂有限公司2017年度的品牌价值为72.66亿元，位列中国米酒品牌价值第一名，广东省白酒品牌第一名，中国白酒第三十六名。“华樽杯”被誉为“中国酒业奥运会”、“中国酒业奥斯卡”，由中国酒类流通协会和中华品牌战略研究院联合举办，是中国酒行业第一家也是唯一一家针对酒类品牌价值进行评议的活动。迎着公司发展的大好势头，公司向集团化发展，将继续推动我司向“广东为王，米酒专家”和将广东米酒发扬光大的目标迈进。

中国米酒品评价值第一名2017

广东真美食品股份有限公司

地址：广东省潮州市潮安县江东镇中横路北美明沟南

电话：0768-6692888 6693888 传真：0768-6693999

网址：www.zhenmeifoods.com

简 介

广东真美食品股份有限公司始创于 1945 年，1997 年成立广东真美食品集团有限公司，2016 年 8 月改制更名为广东真美食品股份有限公司。地址位于被誉为“生态宝岛，江上明珠”的四面环水内陆岛潮州市江东镇，是一家集科研、加工、贸易于一体的科技型、规模化的企业。公司是专业的肉类休闲食品制造商，主要产品有肉脯、肉松、肉干、蛋卷、即食鱼肠、糕点饼食、冷冻食品等。合作客户有香港四洲、自然派、珍之味、香港美心、香港启发、澳门钜记、广州酒家、广州皇上皇、味之牛厨、甜言物语、欧洲陈氏兄弟、名创优品、百草味、良品铺子等知名品牌企业。

精耕休闲肉制品业态多年，公司凭借其食品研创工艺、规模化生产能力以及多层级质量控制体系，成为业界领先的科技型生产企业，先后被认定为“高新技术企业”、 “全国主食加工示范企业”、“广东省农业龙头企业” 、“广东老字号”等称号。公司自主品牌“真美”亦获评“广东省食品文化遗产”、“广东省名牌产品”、“潮州市十大手信”等荣誉。

自成立以来，公司始终专注于传承、弘扬潮汕美食文化，持续部署资源进行产品配方的自主研制、生产工艺的优化、质控体系的完善。由此，公司逐步构建休闲肉制品的自动化标准生产线，辅以多层级质量管理体系，严格执行 ISO9001、ISO14001、ISO28001、HACCP、食品安全管理体系等质量管理体系，实现了高质量、高标准的休闲肉制品生产。

目前公司拥有授权发明专利 19 项、实用新型专利 1 项，还先后主导及参与《肉脯》、《肉干》、《肉松》、《肉制品分类》、《糖果分类》、《真空软包装卤肉制品》等二十多项国家及行业标准的制订工作。公司在技术和管理上不断追求创新，现在产品研发、产品质量、品牌建设、企业文化等方面都取得了长足进步，现已发展成为实力雄厚的食品企业。“人生求真，生活唯美”，真美股份为致力于实力食品行业品牌的产业丰碑而努力！

公司董事长庄沛锐先生，生于 1963 年，食品工程高级工程师，2016 年获国务院特殊津贴。多年来潜心研究具有岭南特色文化的肉脯、肉干、肉松蛋卷等多种休闲美食。对食品安全的坚守是他不可逾越的底线，对产品品质的精益求精是他不懈的追求。从企业的壮大到产业链的布局；从传统工艺向自动化、信息化的跨越；从区域品牌向驰名、全国品牌的拓展。一步一个脚印，使企业走上了发展的快车道。更一直以绿色、健康的高品质产品面向市场，面向消费者，一丝不苟做品质、裂变创新做品牌，取得了很好的社会效益。在创业道路上和市场浪潮中的历练、拚搏与探索，更坚定了他做肉脯市场领导品牌的决心。自创业以来，一直坚持生产技术改造、技艺创新，实行企业的转型升级。并将公司从初期的单一经营模式发展为集科研、加工、贸易于一体的科技型、规模化企业。

燕京啤酒公司介绍

Introduction to Yanjing Beer Company

燕京啤酒秉承“以情做人、以诚做事、以信经商”的经营理念，以严谨的态度，科学的管理，采用世界最先进的生产工艺，为广大消费者提供优质啤酒、饮料等产品，让消费者尽情享受由此带来的美好生活。

With Yanjing's successful development throughout many years, behave with emotion, act with loyalty, and conduct business with integrity are our three strong operational concepts. Yanjing Beer Group provides consumers with high-quality beers and beverages using our unique plus world-leading production processes.

燕京啤酒，是中国的更是世界的，以20年跨越世界啤酒业100年历程的发展速度，位列世界啤酒产销量前8名。燕京啤酒已经成为中国最大的啤酒企业之一，燕京啤酒总部是亚洲最大的啤酒生产基地，产品远销欧美40余个国家和地区。

Yanjing Beer belongs to both China and the world. It used 20 years to complete the 100 years' history. ranking the eighth in the world's production and sales of beer. Yanjing Beer has become the biggest beer enterprise of China. The headquarters of Yanjing Group is the biggest production base for beer with the products spreading in more than 40 countries and regions.

燕京啤酒将坚持“争创国际化知名品牌”的信念，积极参与国际市场竞争。燕京啤酒目标产销量达到800万千升，进入世界啤酒销量前6名，成为世界级的大型啤酒企业。

Yanjing Beer insists on the concept of “create the internationally famous brand” and participates into the international competition. The aim of Yanjing Beer is to make the production and sales reach 8 million kilolitres, stepping into the top six and becoming the biggest one in the world.

10°P清爽型燕京鲜啤

YANJINGBEER
燕京啤酒
天然矿泉水酿造

燕京啤酒天猫官方旗舰店

燕京啤酒官方微信

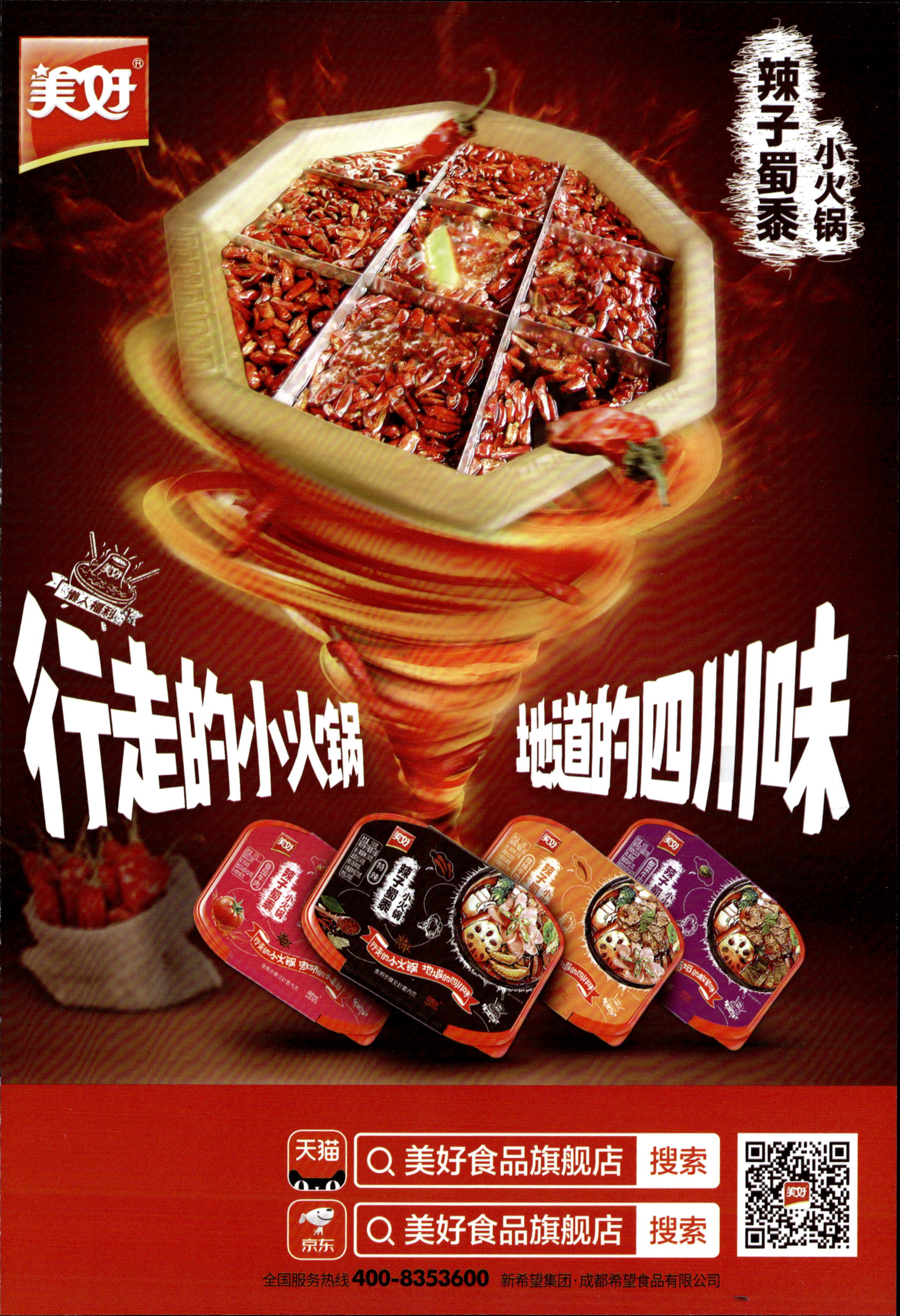

美好
辣子蜀黍
小火锅
行走的小火锅
地道的四川味
天猫
美好食品旗舰店 搜索
京东
美好食品旗舰店 搜索
全国服务热线 400-8353600 新希望集团·成都希望食品有限公司

中国食品工业年鉴

CHINA FOOD INDUSTRY YEARBOOK

2017

（总第29部）

主编 刘 治

《中国食品工业年鉴》编辑委员会 编

图书在版编目（CIP）数据

中国食品工业年鉴. 2017 /《中国食品工业年鉴》编审委员会编. -- 北京 : 中国统计出版社, 2018.2

ISBN 978-7-5037-8442-2

Ⅰ. ①中… Ⅱ. ①中… Ⅲ. ①食品工业 - 中国 - 2017 - 年鉴 Ⅳ. ① F426.82-54

中国版本图书馆 CIP 数据核字 (2018) 第 026289 号

中国食品工业年鉴

CHINA FOOD INDUSTRY YEARBOOK

2017

（总第 29 部）

《中国食品工业年鉴》编辑委员会　编

*

中 国统计出版社

（北京市丰台区西三环南路甲六号 100073）

北京鹏润盛辉印刷设计有限公司

*

787 * 1092 1/16 32 印张 10 插页 1030 千字

2018 年 2 月第 1 版 2018 年 2 月第 1 次印刷

印数：1-20000 册 定价：680.00 元（人民币）

ISBN 978-7-5037-8442-2

《中国食品工业年鉴》（2017）编辑委员会

特邀顾问 王文哲
李士靖
陈君石
孙宝国

编委会主任 刘　治
副主任 沈　篪

主　编 刘　治
副主编 沈　篪
马　勇
郑宣东

年鉴编辑部主任 郑宣东
编　辑 杨　鹏　李淑贞
刘　静　刘　颖
张广禄

设计总监 王志勇

编　委

（排名以姓氏汉语拼音为序）

黄华星	海南省经信委消费品处处长
黄建雄	回头客食品集团股份有限公司副总裁
黄文静	瑞控机械（南京）有限公司总经理
黄　宣	广东燕塘乳业股份有限公司董事长兼总经理
何晓柯	施耐德电气（中国）有限公司食品饮料行业总监
黄铣铭	广东嘉士利食品集团有限公司董事局主席
黄永燕	广西食品工业协会秘书长
蒋国宾	江西省食品工业协会名誉会长
季　敏	安徽省经信委消费品工业处处长
姜卫东	上海普丽盛包装股份有限公司董事长
贾文豪	新疆自治区轻工业行业办公室处长
金翔宇	四川高金实业集团有限公司董事长
贾先德	康师傅控股有限公司中国区董事长
刘宝青	龙大食品集团有限公司总经理
林炳生	永和食品（中国）有限公司董事长
李国权	江苏恒顺集团有限公司总经理
李秋喜	山西杏花村汾酒集团董事长
刘全平	山东景芝酒业股份有限公司 董事长
刘　然	宁夏经信委食药工业处处长
刘送保	湖南省食品行业联合会会长
林晓平	陕西省食品工业协会常务副会长
林玉明	福建省食品工业协会副会长兼秘书长
李玉林	烟台双塔食品股份有限公司总经理

刘中国	五粮液集团有限公司总经理
潘　刚	内蒙古伊利实业集团股份有限公司董事长
潘　虹	浙江省食品工业协会秘书长
庞　康	佛山市海天调味食品股份有限公司总裁
彭桥玲	湖北省食品工业协会主任
荣耀中	上海太太乐食品有限公司董事长
孙志刚	青岛瑞可莱餐饮配料有限公司董事长
沈志勇	中国食品工业协会企业发展部副主任
陶格仓	内蒙古自治区经信委消费品工业处处长
陶华碧	贵阳南明老干妈风味食品有限责任公司董事长
唐建泽	江苏省食品工业协会副秘书长
魏存成	陕西石羊（集团）股份有限公司董事长
王丛笑	中国食品工业协会办公室主任
王　轰	蓬莱京鲁渔业有限公司董事长
汪俊林	四川郎酒集团有限责任公司董事长
魏立华	石家庄君乐宝乳业有限公司董事长
吴龙妹	河北省食品工业协会常务副会长
温鹏程	广东温氏食品集团股份有限公司董事长
汪启超	黑龙江省龙江家园就业有限公司总经理
王　睿	红牛维他命饮料有限公司总经理
王岳成	浙江小王子食品股份有限公司总经理
王宇骅	河南科迪乳业股份有限公司总经理
吴祖梁	金冠中国食品有限公司总经理

王　遵	贵州省食品工业协会常务副会长兼秘书长
许福林	甘肃省食品工业协会会长
席　刚	新希望乳业控股有限公司总裁
许世辉	达利食品集团总裁
杨林广	四川米老头工业集团股份有限公司总裁
杨　强	中国食品工业协会科技质量部主任
袁仁国	贵州茅台酒股份有限公司董事长
张崇建	光明乳业股份有限公司董事长
张京玉	中国食品工业协会行业信息部主任
张俊修	广东省食品行业协会负责人
张　良	泸州老窖集团有限责任公司董事长
曾　黔	中国食品工业协会技术培训中心主任
张　崎	上海市食品协会副秘书长
宗庆后	杭州娃哈哈集团有限公司董事长
赵双连	中粮集团有限公司董事长
邹世云	重庆市食品工业协会主任
赵晓东	北京燕京啤酒集团有限公司总经理
朱新礼	北京汇源饮料食品集团有限公司董事长
张雪明	常熟市屠宰成套设备厂有限公司董事长
张迎新	吉林省食品工业协会副秘书长
周以秋	北京市食品协会常务副会长
庄　艳	四川省经信委农产品加工处主任科员
张玉东	湖南省玉峰食品实业有限公司董事长

特约撰稿人

（排名以姓氏汉语拼音为序）

白　燕	中国调味品协会副会长兼秘书长
曹会军	中国食品工业协会啤酒专业委员会代理秘书长
丁绍辉	中国食品工业协会糖果专业委员会秘书长
冯志合	中国生物发酵产业协会有机酸分会秘书长
高　观	中国肉类协会副秘书长
高宏泉	中国水产学会处长
姜燕京	中国食品工业协会冷冻冷藏食品专委会副会长兼秘书长
李建军	中国生物发酵产业协会淀粉糖分会常务副理事长兼秘书长
刘美菊	中国乳制品工业协会副理事长
宋占京	中国盐业协会秘书长
田玉兰	中国生物发酵产业协会副秘书长
王　晋	中国生物发酵产业协会酶制剂分会秘书长
王　庆	中国茶叶流通协会常务副会长
王瑞元	中国粮食行业协会专家委员会主任委员
王延才	中国酒业协会理事长
吴月芳	中国食品工业协会豆制品专业委员会秘书长
薛　毅	中国食品添加剂生产应用工业协会秘书长
闫卫民	中国糖业协会副理事长
查长全	中国罐头工业协会理事长
朱念琳	中国焙烤食品糖制品工业协会理事长
赵　奕	中国粮食行业协会处长
赵亚利	中国饮料工业协会理事长

编辑说明

一、《中国食品工业年鉴》（以下简称《年鉴》）是中国食品工业协会主管和主办的，是中国食品工业纪年性、资料性大型工具书，《中国食品工业年鉴（2017）》为总第29部。

二、为保持《年鉴》的连续性，《中国食品工业年鉴（2017）》的结构体例和以前《年鉴》的结构体例一致。

行业篇按照《国民经济行业分类》（GB/T4754—2011）所规定的分类名称和顺序进行排列记述，原则上按中类名称记述，少数特殊类有所合并或以小类名称来记述；

地方篇按照东部（10个）、中部（6个）、西部（12个）、东北部（3）及特区顺序进行排列记述，本部《年鉴》增加了香港地区记述。

三、本部《年鉴》部分篇幅进行了更新和新内容增设，取消了大事记，增设了特刊行业知名人士（第一集）。

四、《年鉴》中的统计数字，以国家统计局提供的数据为准；《年鉴》中“同比”表示“与上（去、2015）年同期相比”，统计数据中未包括香港、澳门及台湾地区数据；《年鉴》中所汇集知名人士的专论等，基本原文照登，不再做技术处理。

五、本部《年鉴》的组稿、编纂、出版等工作，得到了中央政府及有关部门、中国食品行业各专业协会、地方经信委、地方食品工业协会、食品办、国家统计局中国经济景气监测中心、国家统计局中国统计出版社等单位的大力支持和帮助，谨此表示衷心的谢意！

《中国食品工业年鉴》编辑部

行业知名人士介绍

特刊

第一集（每集10位）

人生沧桑莫言稀，前辈经历堪称奇。
今日特刊示后人，丰功伟业要牢记。

王文哲

原国家轻工业部副部长 教授级高级工程师

王文哲 中共党员 原国家轻工业部副部长 教授级高级工程师

1925年4月，出生在江苏省阜宁县；1941年至1942年，在盐阜区联立中学学习；1942年冬，参加中国共产党；1943年至1945年，在盐阜造纸厂工作，任技术员、副厂长，生产“抗币”用纸；1946年至1949年，在华中造纸厂工作，任副厂长；1950年至1954年，在国家轻工业部造纸工业管理处工作，任计划科长，拟定全国造纸工业的计划，并组织实施；1955年至1956年，在捷克斯洛伐克学习工业用纸生产技术；1957年至1959年，在轻工业部造纸设计院工作，任副院长，分管造纸工厂的设计；1960年至1962年，在轻工业部造纸设计研究所工作，任所长；1962年至1968年，在轻工业部造纸工业管理局工作，任副局长，分管全国造纸工业的基本建设；1969年至1974年，在三部合并的轻工业局工作，任副局长；1974年至1976年，在国家计委轻纺组工作，负责人；1977年至1979年，在国家经委工作，任轻工业局局长；1979年至1987年，任轻工业部副部长，分管过计划、基建、科技、外事、劳动工资；1988年至1993年，随着国家投资体制改革，在新成立的中国机械、电子、轻工、纺织投资公司工作，任总经理；1993年至2010年，在中国食品工业协会工作，任会长。

陈君石

营养与食品安全专家

中国工程院院士

陈君石 营养与食品安全专家 中国工程院院士 中国食品毒理学学科的创始人之一 国内外享有盛誉的营养和食品安全专家

1956 年，北京医学院公共卫生系毕业；1968 年，中国医学科学院药理系研究生毕业；1968 至 1976 年任中国预防医学科学院营养与食品卫生研究所副所长，从事硒与克山病研究，获 1984 年施瓦茨国际奖；1983 至 1993 年，与康奈尔大学和牛津大学合作开展“中国膳食、生活方式和疾病死亡率关系研究”，专著作为 Cancer Res. 1992 年 11 期封面，获卫生部科技进步一等奖（第一作者）；1990 年，在中国开创中国总膳食研究，被世界卫生组织誉为发展中国家开展总膳食研究的典范；1994–1998 年，主持茶叶防癌研究重点项目，人群干预研究达国际领先水平；1998 年开始，系统研究和推广 NaFeEDTA 强化酱油预防贫血；2001 年，作为《十一五》国家重大科技专项《食品安全关键控制技术》专家组组长；2009 年，开始任第一届国家食品安全风险评估委员会主任；2010 年，开始任国家食品安全标准审评委员会副主任，兼技术总师；2014 年，任国务院食品安全委员会专家委员会副主任；2007 至 2017 年，代表中国政府任食品添加剂法典委员会（CCFA）主席；现任国家食品安全风险评估中心研究员、总顾问。

主要研究和工作领域：食品安全风险评估、标准与信息交流；营养与慢病以及食物营养强化；运动是良医；食品毒理学；总膳食研究。

李士靖

中共党员　高级经济师

李士靖　中共党员　高级经济师

1925年，生于河北省涿县，1940年，来北京上中学，后上大学两年。1949年11月，参加工作。

一生从事食品行业工作，曾经担任北京市政府食品工业办公室副主任，北京食品协会会长，北京饮食文化研究会会长。兼任中国食品科学技术学会副理事长，中国食文化研究会副会长，2008年，北京奥运会食品安全专家委员会委员，中国商务部中华老字号评定专家委员会食品组组长，中国文化部非物质文化遗产保护名录北京评定专家组成员。从20世纪80年代到新世纪初期，曾经参与北京市五个五年计划食品工业规划的制定和贯彻实施工作。2005年，80岁退休以后，将积存多年的食品、餐饮业饮食文化资料整理复印，分送给有关部门、食业社团和重点企业，做一点力所能及的工作。

有关饮食文化的著作：中华饮食文化丛书《中华食苑》（十集）；《北京食品工业》；《北京特味食品老店》；《北京食品餐饮老字号》；《京华名厨传》；《京华名厨美馔集》；《京华老字号藏头诗集》；《中华酒文化诗集》；《中华饮食文化学选集》；《饮食文化论文集》；《名人谈饮食文化》；《世纪之交的中国饮食文化》等。

孙宝国

香料和食品风味化学专家　中共党员
中国工程院院士

孙宝国　香料和食品风味化学专家　中共党员　中国工程院院士

1961 年，生于山东省招远市；1984 年，毕业于北京轻工业学院化工系；2003 年，获得清华大学化学工程博士学位。历任北京轻工业学院副院长、北京工商大学副校长，现任北京工商大学校长，兼任中国轻工业联合会副会长、中国食品科学技术学会副理事长。2009 年，当选为中国工程院院士。

长期从事香料和食品风味化学研究工作，被公认为中国含硫香料的开拓者，中国咸味香精的奠基人。突破了制约我国含硫香料生产的一系列行业共性关键技术，奠定了我国 3- 呋喃硫化物系列和不对称二硫醚类食品香料制造的技术基础，实现了 100 多种含硫香料的产业化。1999 年和 2005 年上述成果分别荣获国家科学技术进步二等奖和国家技术发明二等奖。结合对以“蒸煮文化”为基础的中国烹饪技艺的领悟，凝练出“味料同源”的中国特色肉味香精制造新理念，研究成功以畜禽肉、骨、脂肪为主要原料的制造技术，2000 年，获得国家科学技术进步二等奖。2003 年，主持编著了国内第一部《食用调香术》，已出到第三版。2007 年，在第十四届世界食品科技大会上主持了“中国风味与现代食品论坛”并作了“The status and outlook of savory flavors in China”的口头报告。

在对 600 多种含硫化合物分子结构和香味特征分析、归纳、总结的基础上，提出了肉香味含硫化合物分子特征结构单元模型，2005 年，相关研究结果作为封面提示文章在世界唯一的调香学术期刊《Perfumer & Flavorist》上发表。2007 年，专著《含硫香料化学》在科学出版社出版。

关注食品香料香精的安全问题，主持了氯丙醇、丙烯酰胺、“塑化剂”等有害物质在水解蛋白、热反应肉味香精、菜肴、白酒中的形成、消长和控制规律的研究，为保障相关食品的安全提供了科学依据。面对食品安全事件造成公众严重心理恐慌的局面，深感作为这一领域的学者有责任为公众普及食品添加剂的科学知识，消除不必要的误会，自 2010 年起，在全国各地作科普报告累计 200 多场，以一名科技工作者的拳拳之心引导民众正确认识食品安全问题，为食品添加剂正名。2012 年主编的科普书《躲不开的食品添加剂》当年即获选“十二五”国家重点图书，2016 年获国家科技进步奖二等奖。

2011 年起，致力于白酒风味化学和白酒生产现代化技术研究，已带领团队首次在白酒中发现了多肽、乳酸丙酯等物质，构建了含有 1000 多种物质的白酒风味物质色谱 – 质谱数据库，在芝麻香型白酒特征风味物质的确证工作方面取得了一定成绩，获得了行业的认可。提出白酒是中国的国酒，应该坚持风味、健康双导向的发展思路，同时应结合香型创新、理念创新以及技术创新来推动中国白酒的国际化的重要理念。

宋昆冈

高级工程师

宋昆冈 中共党员 高级工程师。

1948 年 7 月，生于河北省巨鹿县，1968 年 12 月至 1978 年 9 月，农村插队落户知青，1978 年 9 月至 1982 年 7 月，北京农业大学（现中国农业大学）畜牧系学习，农学学士学位。1982 年 8 月，进入原国家轻工业部食品工业局工作，负责乳制品工业的管理工作，任高级工程师。1995 年 6 月，中国乳制品工业协会成立，担任第一、二、三、四届理事会理事长、国际乳联（IDF）中国国家委员会副主席，第五届理事会名誉理事长、国际乳联（IDF）中国国家委员会主席，《中国乳品工业》编委主任，《中国乳制品工业通信》主编。

宋昆冈从事乳制品行业管理工作 35 年，见证并参与了改革开放以来，我国乳制品工业快速发展的全过程，经历了乳制品工业的坎坷和磨难。30 多年来，协助政府主管部门制定行业发展中长期规划、计划；主持起草有关乳制品行业的法规标准；提出了基地型、城市型乳品企业的发展模式和发展方向；积极推动行业升级改造、管理水平提升和产业链安全体系的建设；加入国际组织，促进中国乳业走出去发展、融入世界的步伐。特别是妥善地处理和应对了“三鹿奶粉事件”，引领行业尽快走出困境，并实现跨越式大发展，成为技术装备先进、管理规范、产品质量稳定向好、具有世界先进水平的现代化食品制造业。

宋昆冈一生专注于中国乳业，忠诚于中国乳业，服务于中国乳业，是行业具有重要影响的资深专家和领袖。

卫祥云

高级工程师

卫祥云 汉族 山西省万荣县人 高级工程师 山西财经大学毕业

长期关注中国经济社会发展与改革，重点研究国有企业改革、非营利组织发展、食品产业与企业管理。先后在原商业部、国内贸易部、国家经贸委内贸局、国资委商业科技质量中心担任科员、处长、副司长、主任。现任中国调味品协会常务副会长兼理事会总干事；中国食品工业协会豆制品专业委员会常务副会长；中国食品科技学会食品物流技术分会理事长；全国调味品标准化技术委员会主任委员和全国食品添加剂标准化技术委员会副主任委员；经济与社会发展研究中心主任，兼任国务院发展研究中心《新经济导刊》学术顾问，主持并组织制定多项调味品国家标准和行业标准。已出版《调味品纵横谈》《中国调味品产业发展研究》《中国调味品产业发展再论》《第三者生存》《中国豆制品产业发展研究》和《改革的逻辑》等多部著作。

梁仲康

原中国罐头工业协会理事长　教授级高级工程师

梁仲康　中共党员　原中国罐头工业协会理事长　教授级高级工程师

1944年5月，出生于江苏省扬州市；1962年至1967年8月，在无锡轻工业学院（现江南大学）食品工程系学习，本科毕业；1968年8月至1979年2月，在江苏高邮肉类联合加工厂工作，任技术员；1979年3月至1987年6月，在江苏扬州食品制造厂工作，职称工程师；1984年10月至1985年4月，公派赴意大利，在意大利外交部技术、经济培训班和意大利食品企业学习深造，获得相应证书后回国；1987年7月至2000年12月，在中华人民共和国轻工业部食品司、中国轻工总会食品造纸部工作，任高级工程师，1987年，获西式低温火腿、午餐肉罐头风味提高以及番茄酱热破碎工艺等三项省、市三等奖；1995年8月至2016年9月，在中国罐头工业协会工作，历任秘书长、理事长、常务副理事长等职务。

同时，曾任或现兼任中国果品流通协会副会长、中国食品科学技术学会常务理事、中国轻工业联合会常务理事、中国罐头工业协会科技工作委员会主任、全国食品工业标准化技术委员会罐头分技术委员会主任委员等职务。

主要研究和工作领域：罐头加工工艺研究，主要技术装备的研制和引进，罐头国家、行业标准的制修订，产品的研发以及国外同行业的技术交流和合作。掌握食品及罐头加工的基础理论，具有罐头食品质量，技术管理和产品研发的经验，长期从事罐头行业管理工作，研究罐头行业发展现状和趋势，企业管理模式和方法，技术创新和产品研发的重点项目。

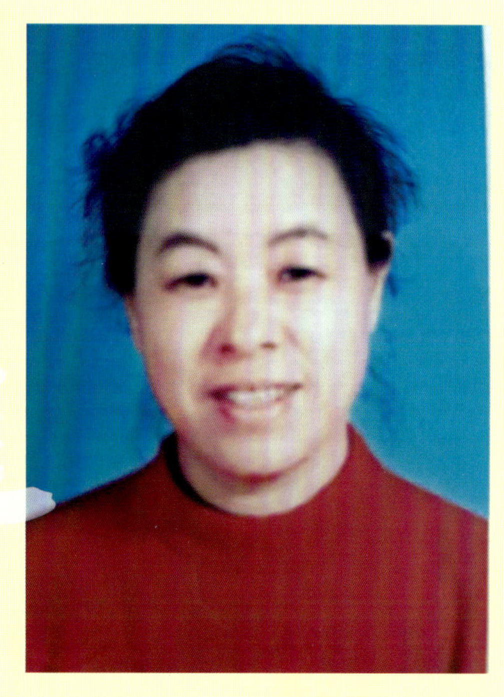

吴龙妹

河北省食品工业协会副会长
兼秘书长 高级经济师

吴龙妹　中共党员 河北省食品工业协会副会长兼秘书长 高级经济师

祖籍，江苏省江都县 1951 年 12 月，出生在石家庄市; 1984 年 7 月, 加入中国共产党; 1958 年至 1964 年，在石家庄市新华路小学学习；1964 年至 1968 年，在石家庄市十一中学学习；1968 年至 1978 年，在石家庄卷烟厂工人；1978 年至 1984 年，任车间统计员、厂计划员，工作期间，设计原始记录和综合台账，参加电视大学学习统计学，取得结业证书；

1984 年，在中国轻工业管理干部学院学习企业管理专业；1986 年至 1987 年，在石家庄卷烟厂任总调度长；1987 年至 2000 年，在河北省经济贸易委员会食品工业办公室工作，曾任科员、副处长、正处。在此期间，1996 年，完成河北省科技成果《河北省食品工业外向型发展的方向和对策研究》获二等奖；1999 年，被省委组织部、河北省科协聘为河北省专家献策服务团成员；起草河北省食品生产许可证管理办法，该办法以 1990 年省长 50 令发布并实施、曾主管技术改造项目申报及论证、新产品新技术开发及评审奖项、河北省名牌创建工作、各类培训、食品化验员职业资格培训、大型展览会，组织河北省参加 1988 年中国首届食品博览会、1989 年，组织河北食品企业参加深圳食品博览会、1990 年河北省名优特新高展会、1992 年，组织河北省食品参加亚太博览会等。2000 年开始在河北省食品工业协会任副会长、副会长兼秘书长。在此期间，撰写调研报告，有食品添加剂食用情况的调研报告、食品工业园区建设的调研报告、葡萄酒产业的发展与对策研究等、反映会员诉求，有中小企业贷款难、粮食加工企业的发展瓶颈等、全省食品工业每月经济运行分析、河北省食品工业年度发展报告、参与河北省“八五到十二五”食品工业发展规划的起草、制定；连续 20 年参与项目论证、名牌评价、科技进步奖评审等工作；组织技术能手大赛活动，组织了河北省白酒酿造工、食品检验工、饮料制作工大赛；食品安全培训，组织了乳制品食品安全季度培训、饮料、粉条、食品安全整顿会议等、开拓市场，举办展览，2001 年河北北戴河食品展览、2005 年，河北省食品工业国际展览会、2009 年，河北省（正定）金秋食品展览会等；连续 30 年撰写中国食品工业年鉴河北部分。

林玉明

林玉明

福建省食品工业协会副会长兼秘书长 高级工程师

林玉明 中共党员 福建省食品工业协会副会长兼秘书长 高级工程师

1955年3月，出生于福建省长乐市；1971年，参加八九二〇一部队担任部队警卫员；1975年加入中国共产党；1977年5月，退役，1982年，进入福建医学院卫干班，主修食品安全与营养，发表的《芦笋对人体降血脂降血压的作用》在《福建医学院学报》刊登；在屏南县卫生防疫站任站长、主管卫生医师，任职期间凭借优异的成绩成为当时最年轻的站长；1977年至1994年，先后担任屏南县卫生局科长、长乐市卫生局爱卫办负责人、主管卫生医师，在屏南县任职期间，获得宁德地区卫生系统双十佳荣誉称号。1994年5月开始在福建省食品工业协会担任副秘书长、秘书长、副会长，曾多次受省地县嘉奖，被卫生厅评为十佳青年，被省经信委评为优秀共产党员、优秀工作者，在食品科学技术方面被中国食品工业协会评为优秀科技工作者；是福建省食品工业生产许可证审查员，省卫生厅授予优秀监督员称号；2014年，被福建省食药局聘为福建省食品药品安全专家委员会委员；被省卫计委聘为福建省第二届食品安全地方标准审评委员会专家；2016年，福建省经信委聘请为“福建经信智库”产业研究专家；福建省食品工业协会专家库专家；是工信部食品工业企业诚信管理体系评价员，推动食品工业企业诚信管理体系的发展。参与地方、团体标准的制修订工作。

林玉明同志从事食品卫生监督18年，食品工业21年，为福建省食品行业做出积极的奉献。

林晓平

经济学硕士 管理学博

林晓平 中共党员 经济学硕士 管理学博士

现任陕西省食品协会副会长兼秘书长，兼任中国食品工业协会食品安全培训项目特约顾问，陕西省政府食品专家，省发改委、工信厅、食药局、杨凌示范区等单位特聘专家。参与国家发改委食品专项审评、工信部循环经济调研，主持陕西及省内多个市、县食品工业中长期规划编制、涉工政策与法规制定，涉食调研报告撰编及重大食品项目评审。曾在国家、省级重要报刊、杂志发表过多篇宏观政策、区域经济、园区建设、金融投资、特色食品专题论文，“我国食品工业体制改革的意见”、“中国产业集群区域品牌建设”、“企业与农户科学互动的利益机制”、“富硒产业化战略提升”、“陕西产业园区发展的指导意见”、“陕西工业新经济发展研究”、“特色小镇建设政策解读”等论文，已被国家有关部门、省政府及市、县政府参考应用。

公司简介

宜昌法官泉饮品有限公司成立于2003年5月，系宜昌桶装水产销量三强企业。法官泉地处名酒之乡龙泉镇西北8.2公里处。泉眼四周青山环抱，绿树成荫。

泉水经国家卫生部、地矿组成的“国家饮用天然矿泉水评审组”专家鉴定的优质水源，富含锶、锌、钙、偏硅酸等多种对人体有益的微量元素。法官泉水清冽甘甜，是稻花香、关公坊酿酒专用水源，现被依法纳入保护。

公司二期工程于2008年8月竣工投产，三期扩建工程于2016年8月竣工投产，采用国内最先进制水设备与工艺，欲建成省内一流大型现代化饮用水企业。主要产品为饮用纯净水、水之佳品、水之精品和生命光子水，年生产能力达10万吨，居全市同行业第一位。

产品优势

1、水源优势：三峡地区第一天然涌泉,经自然水压,在山岩中过滤沉淀、循环，在地表以下千米左右处，喷涌而成天然泉眼。

2、水质优势：富含锶、镁、钙、偏硅酸等多种对人体有益的矿物质和微量元素。水质呈弱碱性。

3、技术优势：运用国际先进的饮用水制造工艺，确保生产出的成品达到真正绿色天然的健康标准。

桶装水系列

水之佳品　生命光子水

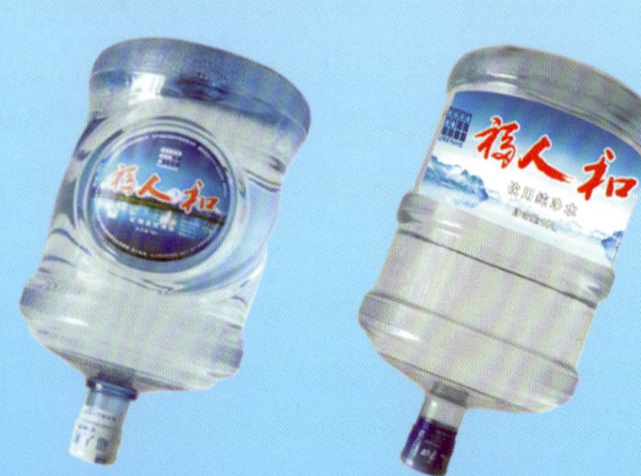

福人和水之尚品　福人和纯净水

瓶装水系列

生命光子® 冰力BINL®
法官泉 FURENHE 福人和

天然法官泉　健康水之源

饮用纯净水　水之佳品　水之精品

◆清冽甘甜　◆富含多种矿物质　◆水质呈弱碱性

健康服务热线：0717-6744666

目 录

第一部分 综合篇

第二部分 行业篇

行业篇按照《国民经济行业分类》（GB/T4754—2011）所规定的分类名称和顺序排列

目 录

第三部分　地方篇

按照东部（10个）、中部（6个）、西部（12个）东北部（3个）及特区排列

第四部分 统计篇

数据来源于中国经济景气监测中心

目录

第一部分

综合篇

1.1 2016 年食品工业经济运行综述

中国食品工业协会常务副会长　刘治

2016 年是我国经济发展“十三五”规划的开局之年，我国食品工业主动适应经济发展新常态，在高频、刚性需求和消费升级的推动下，保持了平稳健康发展，不断调整、优化产业结构，加快转型升级步伐。行业整体呈现生产增长平稳，效益和投资规模继续扩大，价格高位回落等特点。食品工业资产占全国工业的 7.1%，主营业务收入占 10.4%，利润总额占 12.0%。食品工业在保障民生，拉动消费，促进经济与社会发展等方面继续发挥重要的支柱产业的作用。

一、生产增长有升有降

2016 年，规模以上食品工业增加值按可比价格计算同比增长 3.3%，比全国工业增速低 2.7 个百分点，同比回落 2.4 个百分点。若不计烟草制品业，食品工业增加值同比增长 7.2 %。

（一）分行业来看

农副食品加工业同比增长 6.1%，食品制造业同比增长 8.8%，酒、饮料和精制茶制造业同比增长 8.0%，烟草制品业同比下降 8.3%，增幅分别同比是 0.6、1.3、0.3、–11.7 个百分点。前 3 个行业的生产增速均比工业平均增速快，烟草制品业出现明显调整，拉低了食品工业整体增长。3 增 1 降，特别是食品制造业有较快的同比增长速度，在全部 41 个行业类别中排名第 6，恰好印证了食品工业处于不断的调整优化、转型升级的进程当中。

（二）中类行业来看

谷物磨制业同比增长 6.3%，屠宰及肉类加工同比增长 4.2%，植物油加工同比增长 4.0%，焙烤食品制造同比增长 11.1%，乳制品制造同比增长 5.5%，方便食品制造同比增长 7.8%，酒的制造同比增长 8.9%，饮料制造同比增长 5.2%。

（三）占比来看

食品工业完成工业增加值占全国工业增加值的比重 11.9%，对全国工业增长贡献率 6.6%，拉动全国工业增长 0.4 个百分点。

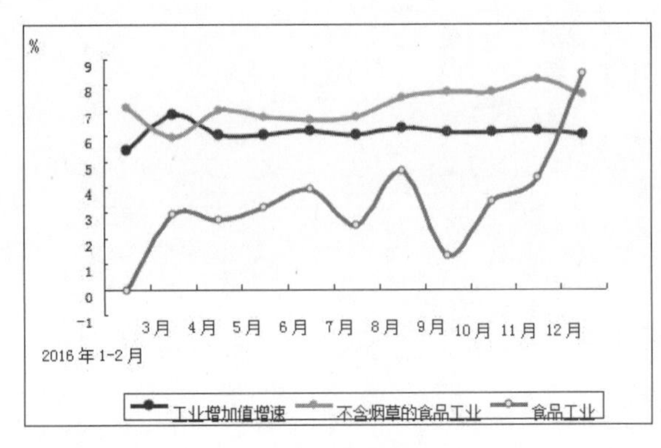

图1 2016年食品工业月度增加值增速

二、食品市场产销衔接，价格运行前高后低

2016 年，全国社会消费品零售总额 33.23 万亿元，同比增长 10.4%，其中限额以上单位粮油食品、饮料烟酒零售总额 21530 亿元，同比增长 10.5%，增速同比收窄 4.1 个百分点。

食品工业产销衔接稳定。全年食品工业产销率 97.7%，农副食品加工业，食品制造业，酒、饮料和精制茶制造业，烟草制品业的产销率分别是 97.8%，

97.2%，95.8%，102.1%，同比分别是 0，-0.2，0.1,2.3 个百分点。

满足基本生活需求的主要食品，粮食、食用油、乳制品、饮料等食品产量保持稳定增长，碳酸饮料、卷烟等遇到行业调整，产量下降。一些产品，例如：成品糖、葡萄酒等，受到进口产品冲击，产量继续萎缩。主要食品产量见下表。

表1 2016年食品工业主要产品产量

单位：万吨、万千升、亿支

产品名称	全年产量	同比增长（%）
小麦粉	15265.33	4.73
大米	13887.59	1.40
精制食用植物油	6907.54	3.35
成品糖	1433.18	-1.97
鲜、冷藏肉	3637.06	-1.13
冷冻水产品	860.23	2.73
糖果	351.85	0.16
速冻米面食品	566.05	6.96
方便面	1103.89	4.32
乳制品	2993.23	7.68
其中：液体乳	2737.17	8.53
乳粉	139.02	-0.34
罐头	1281.99	7.17
酱油	991.43	4.00
冷冻饮品	331.51	6.90
食品添加剂	851.75	9.53
发酵酒精	952.10	0.41
白酒（折65度，商品量）	1358.36	3.23
啤酒	4506.44	-0.07
葡萄酒	113.74	-2.04
软饮料	18345.24	1.90
其中：碳酸饮料类（汽水）	1752.24	-3.71
包装饮用水类	9458.52	4.42
果汁和蔬菜汁饮料类	2404.88	1.02
精制茶	258.76	9.75
卷烟	23825.76	-7.98

（一）消费价格来看

2016 年，CPI 同比增长 2.0%，涨幅同比增加 0.6 个百分点；食品消费价格增长 4.6%，涨幅同比增加 2.3 个百分点。其中，猪肉价格增长 16.9%，鲜菜价格增长 11.7%，水产品增长 4.6%，烟草增长 2.3%，食用油增长 1.7%，粮食价格增长 0.5%；价格下降的有，羊肉价格下降 5.8%，蛋品下降 3.2%，鲜果价格下降 2.6%，油脂价格下降 3.2%，乳制品下降 0.1%。从月度价格指数变化看，呈现前高后低的走势。

（二）出厂价格来看

2016 年，作为生活资料的食品出厂价格同比增长 0.6%。主要行业的出厂价格分别是，农副食品加工业增长 0.2%，食品制造业下降 0.2%，酒、饮料和精制茶制造业下降 0.9%，烟草制品业增长 0.1%。

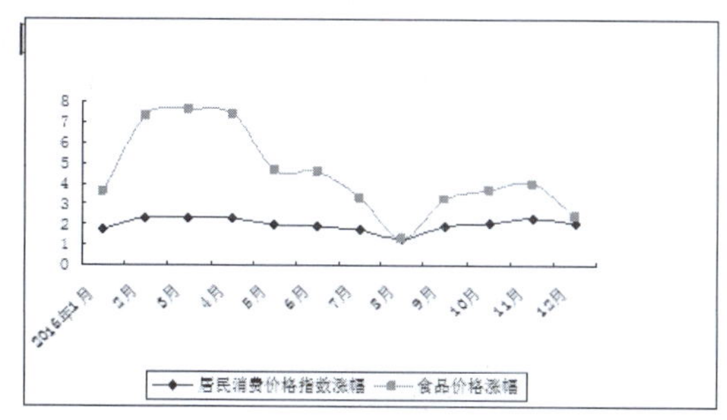

三、固定资产投资规模扩大，增速平稳

2016 年，食品工业完成固定资产投资额 21926.2 亿元，同比增长 8.5%，增速同比增加 0.1 个百分点，比制造业高 4.3 个百分点，主要行业的投资增速在制造业中名列前茅。食品工业投资额占全国固定资产投资额 3.7%，占比同比增加 0.1 个百分点。投资的持续扩大，有力支撑了食品工业未来稳定健康发展。

表2 2016年食品工业固定资产投资情况

	完成投资（亿元）	同比增长（%）	占比（%）
规模以上食品工业	21926.2	8.5	100.0
农副食品加工业	11786.0	9.5	53.8
食品制造业	5825.0	14.5	26.6
酒、饮料和精制茶制造业	4106.0	0.4	18.7
烟草制品业	209.2	-21.2	1.0

四、2016 年食品行业经济效益情况

2016 年，全国食品工业经济效益整体保持了平稳较快增长。41623 家规模以上食品工业企业实现主营业务收入 11.97 万亿元，同比增长 5.4%，比全部工业高 0.4 个百分点，增幅同比增加 0.8 个百分点；食品工

业实现利润总额 8285.34 亿元，同比增长 2.9%，同比下降 3.0 个百分点。

（一）从农副食品加工业，食品制造业，酒、饮料和精制茶制造业，烟草制品业 4 大行业来看

食品制造业利润增长继续保持领先，烟草制品业遭遇明显的行业调整，收入和利润均出现下降。

（二）从 56 个小类行业来看，40 个行业利润总额同比增长，16 个行业同比下降，利润下降的行业同比增加 9 个。利润同比增长较快的行业有：水产饲料制造增长 42.8%，水产罐头制造增长 31.9%，糕点、面包制造增长 21.5%，味精制造增长 20.2%。利润下降较大的是卷烟制造和碳酸饮料制造，利润分别下降 15.9% 和 15.1%。

（三）从行业盈利能力来看

食品工业每百元主营业务收入中的成本为81.7元，同比增加 1.3 元；主营业务收入利润率为 6.9%，同比下降 0.2 个百分点，成本费用利润率 8.5%。近年来，企业综合成本上涨较快，包括用工成本逐年提高，融资成本依然较高等因素限制了行业盈利能力的增长。此外，个别行业的调整影响了整个食品工业的盈利增长速度。

表 3 2016 年食品工业经济效益指标

单位：亿元

行业名称	主营业务收入	同比增长(%)	利润总额	同比增长(%)	企业单位数（个）
食品工业总计	119678.24	5.35	8285.34	2.89	41623
农副食品加工业	68952.17	5.98	3422.84	5.47	25853
食品制造业	23619.23	8.00	2000.75	8.19	8844
酒、饮料和精制茶制造业	18414.79	6.32	1824.25	5.02	6797
烟草制品业	8692.05	-7.08	1037.50	-15.04	129

表4 2016年食品工业盈利能力变化情况

单位：%

行业名称	2015年	2016年		
	主营收入利润率	成本费用利润率	主营收入利润率	成本费用利润率
全部工业平均水平	5.76	6.18	5.97	6.99
食品工业总计	7.08	8.05	6.92	8.54
农副食品加工业	4.97	5.25	4.96	5.55
食品制造业	8.44	9.24	8.47	10.57
酒、饮料和精制茶制造业	10.07	11.47	9.91	13.13
烟草制品业	13.05	38.49	11.94	41.79

五、食品进出口情况

据海关统计，2016 年，我国进出口食品突破万亿人民币，达 10633.9 亿元人民币，同比增长 7.3%。其中，出口 4224 亿元人民币，增长 11.3%；进口 6398 亿元人民币，增长 4.8%。

东盟继续成为我国最大食品贸易伙伴，对其进出口 1831 亿元人民币，同比增长 4.4%；其中出口 933.3 亿元人民币，增长 13.1%，进口 897.7 亿元人民币，下降 3.6%。美国以 1776 亿元人民币紧随其后，同比增长 12.6%。对巴西进出口 1279 亿元人民币，同比增长 2.8%，为第三大贸易伙伴。

从进出口产品种类来看，肉、乳制品、酒等进口量明显增加，粮食进口量减少。水产品仍是我国最大出口食品种类，共出口 467.5 万吨，同比增长 4.8%，价值 1320.9 亿元人民币，同比增长 8.5%。其次是出口蔬菜 818 万吨，同比下降 0.9%，价值 804.9 亿元人民币，同比增长 22.3%。进口方面，粮食进口 11467.6 万吨，同比下降 8.1%，肉及肉制品、乳制品、酒类进口量分别同比增长 63.9%、21.4%、20.2%。

六、重点行业运行情况

（一）粮油加工业

2016 年，全国 6650 家规模以上粮食加工企业，实现主营业务收入 14329.7 亿元人民币，同比增长 4.6%，行业利润总额 684.2 亿元人民币，增长 2.8%。全年生产小麦粉 1.5 亿吨，大米 1.4 亿吨，同比分别增长 4.7%、1.4%。

我国食用油加工业 1998 家规模以上企业，主营业务收入 10473.1 亿元人民币，利润总额 395.0 亿元人民币，同比分别增长 5.1% 和 10.4%.

粮油加工业在食品工业乃至国民经济中占有重要

地位，关系到国计民生，产业关联度高，涉及面广。行业产值占食品工业比重约为五分之一。近几年，粮油加工业总体保持平稳较快发展，但发展面临的形势也依然严峻。包括粮食种植结构与加工业发展需求不相适应，加工业产品与居民消费需求不相适应，部分品种粮食供求结构性失衡，大豆供给严重依赖国际市场，优质化、专用化、多元化粮食原料发展相对滞后，中高端产品供给不足等等。

（二）屠宰及肉类加工业

屠宰及肉类加工业包括牲畜屠宰、禽类屠宰、肉制品及副产品加工 3 个小类行业。全行业 4046 家规模以上企业，主营业务收入 1.4 万亿元人民币，利润总额 714.0 亿元人民币，同比分别增长 7.7% 和 8.9%。行业利润率 5.0%，同比略有提高。

我国肉类产量已超过 8700 万吨，产量早已成为世界第一大国，但行业问题也比较突出，如产品结构不适应消费需求，热鲜肉多、冷鲜肉少、肉制品占比低，产品创新不足等等，不能满足消费结构提升的需求。

（三）制糖业

2016 年，食糖产量 1433.1 万吨，同比下降 2.0%。295 家规模以上企业，主营业务收入 1242.4 亿元人民币，同比增长 3.6%，利润总额 93.7 亿元人民币，同比增长 5.0%。

近些年，随着糖料种植面积的下降，食糖产量连年减产，国内对食糖的消费需求却随着经济发展和人民生活水平的提高而增加，食糖进口保持历史高位。在食糖进口企业和相关部门的共同努力下，食糖进口总体实现了“按需，有序，平稳，可控”。

（四）乳品制造业

2016 年，全行业 627 家规模以上企业，同比减少 11 家，主营业务收入 3503.9 亿元人民币，同比增加 5.8%，完成利润总额 259.9 亿元人民币，同比增长 7.9%，行业利润率 7.4%。规模企业数量减少，但收入和利润扩大，且增长速度同比增加。全年乳制品产量 2993.2 万吨，同比增长 7.7%。其中液体乳产量 2737.2 万吨，同比增长 8.5%，乳粉产量 139.0 万吨，同比下降 0.3%。

全年库存产成品总额 87.7 亿元人民币，同比增长 2.3%，库存产成品总额占销售总收入的 2.5%。全行业亏损企业亏损额为 16.8 亿元人民币，同比减亏 3.4 亿元人民币。乳品质量抽检合格率名列食品行业前茅。数据显示，经过几年的行业清理、整顿，2016 年，乳制品行业生产消费逐渐好转，呈现平稳发展的好形势。

2017 年，食品工业要牢固树立“创新、协调、绿色、开放、共享”的发展理念，坚持以质量和效益为中心，积极推进供给侧结构性改革，落实《国民经济和社会发展“十三五”规划纲要》和《国家发展改革委、工业和信息化部关于促进食品工业健康发展的指导意见》，继续优化产业结构，促进转型升级，改善供给结构，提高供给质量，加快创新驱动，提高安全水平，实现平稳健康发展。

1.2 “食品安全交流的新理念”

从风险交流转变为食品信息交流 国家食品安全风险评估中心 陈君石

随着社会进步，人们对食品安全、营养与健康科学信息的需求越来越高。然而科学家的认识和消费者的认知之间存在着信息不对称，加上个别媒体的不实报道和炒作，使得老百姓对食品安全普遍存在“恐慌”心理，对营养与健康存在种种“误解”。就比如，“风险”一词的广泛应用，往往使消费者产生恐惧和焦虑。因此，风险往往被视为坏事。

同样，目前在全球很多地区，“风险”交流的结果似乎是更加打击消费者的信心；让消费者对食品更加恐惧；让消费者对于当局未能解决问题而感到愤怒。

这些负面的作用往往能使管理当局面临事件时采取退避态度。但是，不交流并非解决之道，只会造成谣言与虚假信息的滋生更加猖獗。

一、食品安全风险交流 à 食品信息交流

如何才能在成功进行食品安全风险交流的前提下，又不会对消费者的信心造成伤害呢？首先是确保食品供应的安全性，再有监管部门治理食品链能力的提升，以及食品企业生产安全食品的承诺。

只有通过有效的和内容更广泛的食品信息传播，才能为公众提供有效的信息。这不仅可以预防潜在的食品相关风险，同时能确保公众的信心及信任度。

有一个非常值得尝试的新理念值得大家更多关注，即，从“食品安全风险交流”转变为“食品信息交流”。此理念旨在重塑消费者对食品供应的信心，并减少政府对交流的顾虑。

2016 年 11 月 10 日，由陈君石院士和都柏林大学 Patrick Wall 教授发起、并主持，中国食品科学技术学会主办，国家食品药品监督管理总局食品三司支持的“食品信息交流新策略研讨会”在北京成功举办。

这次研讨会共 80 人参加，是包含政府监管部门、高校与科研机构、食品企业和媒体等多个利益相关方的指导性会议。涉及的议题包含：有效食品信息交流的目的；如何建立信任和重塑信心；日常交流与危机交流；应该采取哪些行动来改变现状。

二、会议就食品信息沟通工作达成了几点共识和建议。

1. 食品信息交流应以政府为主导，拓宽交流内容

“风险”这个名词具有天然负面属性，容易使风险交流成为负面信息的载体，从而激化消费者对食品的紧张和担忧。值得尝试将“食品安全风险交流”改变为内容更为广泛的“食品信息交流”。

食品信息交流应以政府为主导，拓宽交流内容，包括：政府为改善食品监管体系做出的努力以及监管措施；食品行业在提升食品质量和安全方面的努力；食品带来哪些健康益处；如何健康饮食，避免不合理膳食带来的健康危害和疾病；如何在家正确处理和烹调食物，避免食源性疾病；食品中可能存在的危害和风险；以及危机中及时传递信息等。

2. 坚持以科学为基础，加强利益方沟通协调

食品信息交流的核心目标是建立各利益相关方互相信 任，重塑消费者信心，缓解政府承受的舆论压力。

政府和企业应当坚持以科学为基础开展信息交流，用 开放透明的姿态赢得信任。应当在平时积极主动的与公众开展对话交流，重视工作全过程的信息交流，

不是只在危机事件中被迫发声。

加强政府部门间以及政府和企业间的沟通协调，避免 信息不对称、各自为战。重视第三方平台发挥的润滑作用，鼓励社会力量参与对话交流。

3. 创新传播方式，提高食品信息公众影响力

信息传播的全球化以及新媒体的出现给食品信息交流带来很大挑战。中国地域广阔、人口众多，差异性大，需要采取更有针对性的信息交流策略。

应当努力创新传播方式，提高食品信息对公众的吸引力。 加强与社会科学结合，及时、准确把握公众观点、诉求和行为特征，提升传播渠道和内容的准确性、有效性。

特别强调要着力加强儿童和青少年教育，通过儿童还可以影响家长。应当抓住儿童在形成固有认知前的关键期，为 未来的食品信息交流工作打下基础。

4. 加大资源投入和保障，生动传播食品安全

需要加大资源方面的投入和保障，包括机构、人员、经费，加快能力建设的步伐。

重视对一线监管人员的教育培训，每次监督检查都是 一次交流的机会。他们对新监管措施、新科学进展的了解事关执法能力，进而影响公众对整个监管体系的信任度。

应当加强对媒体记者的培训，使他们具备有关食品的 科学知识以及科学传播食品信息的能力。

应当对官员、专家进行沟通技巧的培训，使他们可以向公众解答热点问题、生动地传播科学进展。

2015 食品安全法和实施条例，加强了对食品安全风险交 流的重视和要求。目前亟待解决的问题是，谣言和误导性信息给社会带来的危害已经超过食品本身不安全因素的健康危害。解决之道就是建立以政府为主导、多方共同参的食品信息交流体系，尤其是发挥媒体在纠正和缩小信息不对称方面的作用。

食品信息交流是一个新的理念，尚无成熟的工作模式可供参考。因此，既是挑战，也有利于做出创新性的尝试。在爆发或召回危机中，当人群的安全受到威胁时，必须迅速与一般或目标受众沟通，建立一个有效的框架来传播食品安全信息，这或许可以避免进一步的伤害。

引自：陈君石．“食品安全交流的新理念”：从风险交流转变为食品信息交流．食品工业科技 .2017, 38(1): 14–15.

1.3 食品工业投资情况分析（2012 年 –2016 年）

中国食品工业协会行业信息部

一、2012 年食品工业投资继续扩大

2012 年，食品工业固定资产投资施工项目 24463 项，其中当年新开工项目 19189 项。全年完成固定资产投资额 12833.75 亿元，同比增长 30.7%；增幅高出全国平均水平 10.1 个百分点。

分行业看，农副食品加工业完成投资额 6906.62 亿元，食品制造业完成 3080.04 亿元，酒、饮料和精制茶制造业完成 2601.92 亿元，烟草制品业完成 245.17 亿元，同比分别 +32.0%、+28.1%、+36.2%、-8.7%。

分地区看，河南、山东、辽宁、吉林、黑龙江、湖北、湖南、河北、四川、江苏位列完成投资额前十位，完成投资额占全国食品工业的 65.9%。

从资金来源构成看，国家预算内资金占 0.4%，国内贷款占 7.2%，自筹资金占 88.1%，利用外资占 1.8%，其他资金占 2.5%。

表1 2012年食品工业固定资产投资表 亿元

	合计	一季度	二季度	三季度	四季度
食品工业总计	12833.76	1465.64	3697.93	3867.43	3802.76
农副食品加工业	6906.61	759.01	1973.07	2106.45	2068.08
食品制造业	3080.04	380.64	926.14	903.18	870.08
酒、饮料和精制茶制造业	2601.92	296.40	727.06	799.71	778.75
烟草制品业	245.17	29.58	71.66	58.08	85.85

二、2013 年固定资产投资继续保持较快增长

2013 年，食品工业完成固定资产投资 16040.13 亿元，同比增长 25.9%，增速比全国高 6.3 个百分点，比上年回落 4.8 个百分点，但仍保持较快增长。食品工业投资额占全国固定资产投资额的 3.7%，比上年提高 0.2 个百分点。

从资金来源构成看，国家预算资金占 0.4%，国内贷款占 7.6%，自筹资金占 88.1%，利用外资占 1.3%，其他资金占 2.6%。

表2 2013年食品工业固定资产投资情况 亿元

	施工项目数（个）	本年新开工（个）	完成投资（亿元）	同比增长（%）	占比（%）
规模以上食品工业	28831	20907	16040.13	25.9	100.0
农副食品加工业	16443	12069	8673.58	26.5	54.07
食品制造业	6499	4668	3695.49	20.7	23.04
酒、饮料和精制茶制造业	5597	3999	3367.09	30.4	20.99
烟草制品业	292	171	303.97	27.3	1.90

三、2014 年固定资产投资增速有所回落

2014 年，食品工业完成固定资产投资 18698.90 亿元，同比增长 18.6%，增速比全国制造业高 5.1 个百分点，比去年回落 7.3 个百分点，但仍保持较快增长。食品工业投资额占全国固定资产投资额的 3.7%，占比与上年持平。

从资金来源构成看，国家预算资金占 0.4%，国内贷款占 6.8%，自筹资金占 89.4%，利用外资占 0.9%，其他资金占 2.5%，只有自筹资金占比比上年有提高。

表3 2014年食品工业固定资产投资情况 亿元

	施工项目数（个）	本年新开工（个）	完成投资（亿元）	同比增长（%）	占比（%）
规模以上食品工业	30795	22214	18698.90	18.6	100.0
农副食品加工业	17485	12808	10026.60	18.7	53.6
食品制造业	6935	5019	4463.10	22.0	23.9
酒、饮料和精制茶制造业	6104	4222	3925.04	16.9	21.0
烟草制品业	271	165	284.17	-5.3	1.5

四、2015 年固定资产投资规模扩大，但增速继续回落

2015 年，食品工业完成固定资产投资突破 2 万亿，达 20205.7 亿元，同比增长 8.4%，增速比全国制造业高 0.3 个百分点，比去年回落 10.2 个百分点。食品工业投资额占全国固定资产投资额 3.6%，占比比上年略有下降。投资和消费需求的共同拉动，使食品工业保持了稳定健康的发展。

表4 2015年食品工业固定资产投资情况

	完成投资（亿元）	同比增长（%）	占比（%）
规模以上食品工业	20205.7	8.4	100.0
农副食品加工业	10761.2	7.7	53.3
食品制造业	5089.0	14.4	25.2
酒、饮料和精制茶制造业	4090.1	4.4	20.2
烟草制品业	265.4	-6.5	1.3

五、2016 年固定资产投资规模增速趋稳

2016 年，食品工业完成固定资产投资额 21926.2 亿元，同比增长8.5%，增速比2015年略高0.1个百分点，比制造业高 4.3 个百分点，主要行业的投资增速在制造业中名列前茅。食品工业投资额占全国固定资产投资额 3.7%，占比比上年提高 0.1 个百分点。

表5 2016年食品工业固定资产投资情况

	完成投资（亿元）	同比增长（%）	占比（%）
规模以上食品工业	21926.2	8.5	100.0
农副食品加工业	11786.0	9.5	53.8
食品制造业	5825.0	14.5	26.6
酒、饮料和精制茶制造业	4106.0	0.4	18.7
烟草制品业	209.2	-21.2	1.0

1.4 中国食品工业发展中问题及发展趋势

本鉴编辑部

一、面临的形势

（一）我国的经济步入“新常态”，食品工业增长预期放缓

当前，我国经济发展进入了“新常态”，全国工业生产增速由2011年的13.9%降至2016年5.4%，中国经济从高速增长转为中高速增长，我国食品工业也难以置身事外。“十二五”以来，全国规模以上食品工业企业工业增加值连续5年回落，食品工业正面临着近30年来最艰难的转型期，从过去的两位数以上的高速增长下降到个位数的中高速增长，同时，随着食品消费结构升级，我国食品工业发展模式要从量的扩张向质的提升转变，食品工业保持以往的高速发展难度加大。

（二）居民消费结构升级，市场需求分化加快

城乡居民收入的持续稳步增长、新型城镇化的加快推进、“全面二孩”政策的实施、人口老龄化的加快、城乡及区域发展差距的缩小等仍将促进食品整体需求稳步增长，中产阶级人群的壮大驱动食品消费正由生存型消费向健康型、享受型消费加快转变，“吃的安全、吃的健康、吃的营养”日益成为城乡居民食品消费共识，消费品种、消费品级、消费渠道、消费区域等也都发生明显的分化。消费环境的深刻变化，倒逼食品工业向“消费型”转型发展，中速发展的我国食品工业进入以产业链安全及产品营养与健康为特征的深度调整期，也将进入各种深层次矛盾的显现期。

（三）国家重大战略实施。食品工业提升动力强劲

2016年是“十三五”规划开局之年，国家系列重大战略持续推进，食品工业发展迎来重大机遇。《中国制造2025》全面实施，专业化、大型化、成套化、精细化、自动化和智能化的国产食品加工关键装备发展将步入快车道，食品工业智能化改造提速，生产方式柔性化、智能化、精细化转变加快，精准制造、敏捷制造能力将得到提高。“一带一路”战略全面推进，促进食品工业走出去和过剩产能消化，推动食品工业结构优化。“四化同步”战略的实施，在促进食品工业新型化、信息化发展的同时，进一步夯实食品工业的原料基础，促进食品工业消费需求扩大。“互联网+行动计划”实施，将进一步推动食品工业生产过程优化、流通业态转型、电子商务发展和质量追溯体系建设，全面提升食品工业的全产业链管理水平。京津冀协同发展战略、长江经济带战略、新一轮西部大开发战略持续推进，新一轮振兴东北战略即将出台，食品工业区域发展将更稳协调，产业特色将更加突出。

（四）质量安全关注持续高涨，食品安全监管更趋严格

随着收入水平的提高、健康意识的增强以及质量安全检验检测设备与技术的改进，消费者对食品安全与营养提出了更高要求，互联网及新媒体的快速发展，消费者获取食品质量安全信息的路径更加多元与便捷，食品质量安全事件的传播速度更快，传播范围更广，对食品工业发展的负面影响也更大。2016年，随着消费品工业“三品”战略的实施，以及新修订的《中华人民共和国食品安全法》的深入推进，食品安全标准体系框架即将出台，综合施策、分类监管的体系逐步

健全，对食品生产的原料投入、生产过程与流通环节控制、对生产经营主体责任要求更严格，对违规行为的惩处力度更大。

（五）生态环境约束加剧，节能减排压力持续不减

多年来，粗放式发展累积的环保问题集中爆发，包括食品工业在内的整个工业发展的环境承载力显著下降，食品工业重点地区牺牲工业发展保生态环境的压力持续加大，食品工业的规模扩张受到制约。国家“五位一体”战略布局导向下生态文明建设加强，《全国主体功能区规划〉〉持续推进，新修订的《中华人民共和国环境保护法》、《中华人民共和国大气污染防治法》全面实施，水耗、能耗、污染物排放与资源综合利用标准不断提高，环保督查与监察力度持续加大，以中小企业为主体的食品工业发展面临来严峻的生态环境挑战，生物发酵、酿酒、饮料、玉米深加工等传统食品行业的绿色化发展推进压力重重，技术改造投入严重不足。

二、发展趋势

2016年作为“十三五”规划的开局之年，在经济发展新常态下，食品工业将继续发挥国民经济重要支柱的作用，努力完成中央提出的去产能、去库存、去杠杆、降成本、补短板五大任务，着力加强供给侧结构性改革，着力提高供给体系质量和效率，加大创新力度，加快转型升级，保持平稳健康发展。

（一）经济步入新常态，新动力、新空间呈现

经济新常态，一方面，对食品行业带来一些结构性变化。另一方面，一批新技术，如先进制造、智能化技术和云技术的开发；一批新业态，如电商、物联网和健康配送的出现；一批新模式，如控制全产业链和建立可追溯体系的形成；一批新产业，如现代调理食品和保健食品产业的发展。上述这些不仅成为引领、带动乃至决定我国食品行业及其上下游产业链发展的“新动力”和“新优势”，而且成为拉动我国国民经济发展的新兴产业和新的经济增长点。

（二）政策扶持继续落实，法制化建设强力实施

工业转型升级重点项目、新型工业化示范基地、两化浓度融合等一批政策将继续显现落地成果。伴随着2016年各项法规的密集出台，食品行业的法制化建设将开始强力实施，政府部门将依法严格监管，而运用法规的力量保障权益、推动健康成长，将成为食品企业新的探索方向。

（三）食品消费不断升级，供给侧改革加强

城乡居民对食品的消费正由生存型消费向健康型、享受型消费转变，由吃饱吃好向安全、健康、满足食品消费多样化转变。食品行业受质量安全等因素的影响，不能完全满足消费者的需求，这是供给侧结构性矛盾的典型表现。当前，食品行业也面临着产能分布不均、供给质量不高、行业效率偏低、食品安全供给事件频发等问题。优化行业结构布局，提高供给质量的效率，推动食品安全监管多元共治，是推进食品行业供给侧改革的重要方向。

（四）科技创新成关键，转型升级加快

食品行业发展的新常态，对科技提出了膳食营养与饮食健康的新需求和新挑战。其深刻变化在于——产品新需求：方便、美味、可口、营养、安全、健康、实惠、个性、多样化；产业新要求：智能、节能、高效、连续、低碳、环保、绿色、持续、数字化。从原料生产、加工制造、消费的全产业链加大科技创新力度，从国家和企业层面完善科技创新体系，推进转型升级的步伐将进一步加快。

（五）企业整合持续，走出去进程加快

国家有关兼并重组的政策环境将不断优化，跨地区、跨行业兼并重组、强强联合的现象将继续涌现。“走出去”和“一带一路”新政策，促使一批有实力有全球战略的企业不仅立足我国，更在考虑布局国际化发展，将通过直接投资和供应链合作等方式，参与到全球的供应链，以国际化视野统筹原料资源、技术资源、人才资源等，在全球范围内进行资源配置。

三、政策建议

（一）创新体制机制

全面深化改革，进一步转变政府职能，持续推进简政放权，简化行政审批手续，加快推广和应用负面

清单管理，破除制约食品工业发展的体制机制障碍，激发投资活力。建立健全食药、工信、农业、发改等国务院相关部门的工作联动机制，强化部门责任意识，明确各部门任务分工，加强部门沟通与合作，形成产业发展体制合力。面向京津冀、长江经济带等重点区域，引导和支持省（自治区、直辖市）合作共赢发展，建立健全食品工业协调（联动）发展机制和利益分配机制，打造食品工业跨区域发展新格局。

（二）健全准入与标准体系

认真落实《产业结构调整指导目录》和《外商投资产业指导目录》，持续推进食品标准清理工作，完善我国食品安全标准体系框架，制（修）订一批产品质量国家标准或行业标准。

（三）加大政策扶持力度

全面落实《中国制造 2025》，加快建设重点地区食品工业创新中心，推动关键技术、行业共性技术研发，提高食品工业创新能力。持续推进“食品企业质量安全检测技术示范中心”创建工作，提高检测能力、检测水平与检测覆盖面，持续发挥中央与地方工业转型升级专项资金、中小企业发展专项基金、农业产业化专项资金等引导和支持作用，加大对食品工业企业开展智能制造、绿色制造、节能减排与资源综合利用、食品安全保障能力建设等方面的支持，鼓励产业投资基金、风险投资基金等支持专、精、特、新类中小食品工业企业发展和大型食品工业企业“走出去”，支持符合条件的发行债券和在境内外资本市场上市融资。认真落实国家有关中小微企业、研发费用加计扣除、固定资产加速折旧、农产品增值税抵扣等正税清费政策，切实降低企业负担，推进实施“三品”战略，落实中央供给侧改革。

（四）加强人才培养

全面落实人才强国战略，加快培养创新型研发人才、复合型管理人才、应用型技术人才、国际化运营人才。加强食品专业相关学科建设，促进食品工业企业、高等院校、科研院所之间的人才培养合作，创新人才培养合作模式。重点推进国内知名食品科学类院校、科研院所与中西部地区食品工业企业的合作，提升中西部地区食品工业发展的智力保障水平。加快发展食品工业职业教育，培养面向生产一线的生产技术工人、检验检测人员，支持食品工业企业建立企业内部培训与再教育体系。鼓励和支持重点企业，不定期选送一批人员到欧美等食品工业强国开展学习交流活动。依托国家重大项目、重点实验室，搭建食品工业国际合作平台，促进国内外交流。

（五）充分发挥行业协（学）会作用

充分发挥行业协会在企业和政府间的桥梁和纽带作用和学会集聚科技专家的优势，参与政策、规划、标准制定，反映企业诉求，引导开展行业自律，维护公平有序的竞争环境。支持食品行业协（学）会积极承接政府转移职能，承担行业统计、信息服务、行业调查研究、培训和国际交流合作等方面的任务。发挥行业协会在诚信体系建设中的积极作用，培育食品企业质量信用意识，组织企业参与诚信评价活动，做好行业自律诚信宣传，加强行业自律。

第二部分

按照《国民经济行业分类》（GB/T4754—2011）所规定的分类名称和顺序排列

2.1 制 糖 业

【a. 概况】

我国有14个省区产糖，沿边境地区分布，主产糖区集中在我国北部、西北部和西南部。甘蔗糖产区主要分布在广西、云南、广东、海南及邻近省区；甜菜糖产区主要分布在新疆、黑龙江、内蒙古及邻近省区。与糖料种植相关的人员近4000万。 2015–17年制糖期全国食糖总产量中，甘蔗糖占90.23%，甜菜糖占9.77%。

我国的食糖生产销售年度为10月1日至翌年的9月30日，开榨时间由北向南各不相同。甜菜糖厂一般在9月底或10月初开机生产；甘蔗糖厂中，湖南省10月底或11月初开榨，广西、广东、海南等省区11月中或12月初开榨，云南省12月底或次年1月初开榨。

2015–17年制糖期于2015年9月25日，中粮屯河博州糖业公司正式开机生产，至2016年6月30日云南力量生物制品集团钟山糖厂最后一个停机，历时280天，同比制糖期多生产8天。本制糖期，全国共有开工制糖生产企业（集团）46家，开工糖厂227家，同比少开工18家，其中：甜菜糖生产企业（集团）4家，糖厂27家；甘蔗糖生产企业（集团）42家，糖厂200家；另有炼糖企业16家。本制糖期食糖产量超过35万吨的制糖企业集团10家，占全国食糖产量的72.58%。

2015–17年制糖期全国累计产糖870.19万吨，其中优级和一级白砂糖781.69万吨，精制糖6.23万吨，绵白糖43.49万吨，赤砂糖和红糖29.49万吨，原糖及其它9.29万吨。

本制糖期，全国糖料种植面积2134.93万亩，同比下降9.88%，其中，甘蔗种植面积1943.19万亩，同比下降11.09%；甜菜种植面积191.74万亩，同比增长4.58%。甘蔗品种目前仍以台糖系列和粤糖系列为主，两大系列品种占总种植面积的80.87%；其它品种约占总种植面积的19.13%。甜菜主要种植品种仍以原种引进为主。甜菜品种主要以德国KWS系列、比利时安地系列、瑞士先正达系列为主，占甜菜总种植面积的84.97%。

2015–17年制糖期食糖产量、播种面积、开工糖厂数见表1。

表1 2015–17年制糖期全国糖料播种面积、食糖产量基本情况

单位：万吨、万亩、间

企业名称	糖料播种面积（万亩）	产糖量（万吨）	开工糖厂数(间)
全国累计	2134.93	870.19	227
甘蔗糖合计	1943.19	785.21	200
广东	176	63.09	29
其中：湛江	136	52.76	20
广西	1200.00	511.00	92
云南	504.56	191.04	65
海南	47.55	15.09	9
其它	15.08	4.99	5
甜菜糖合计	191.74	84.98	27
黑龙江	4.77	1.10	2
新疆	90.97	43.23	14
内蒙古	68.00	28.40	6

企业名称	糖料播种面积（万亩）	产糖量（万吨）	开工糖厂数(间)
其它	28.00	12.25	5

2015–17年制糖期全国糖料收购价同比甘蔗、甜菜收购价均有所增长。甘蔗平均收购价格（地头价，不含运输及企业对农民各种补贴费用等，下同）为448元/吨，同比每吨增加30元，甜菜平均收购价格为511元/吨，同比每吨增加19元。

2015–17年制糖期全国制糖行业主要技术指标：

甘蔗平均单产4.02吨/亩，甜菜平均单产3.59吨/亩；甘蔗平均含糖分13.14%，甜菜平均含糖分15.16%；甘蔗产糖率11.82%，甜菜产糖率12.66%。

【b. 市场概况】

1. 国内食糖市场

2015–17年制糖期，全国累计产糖870.19万吨，同比减少185.41万吨，同比下降17.56%，其中：甘蔗糖产量785.21万吨，同比下降20%；甜菜糖产量84.98万吨，同比增长15.18%。

2015–17年制糖期全国食糖消费量1520万吨，同比增加10万吨，同比增长0.7%；年人均食糖消费量为11.1公斤。食糖消费结构略有变化，食糖消费总量中民用消费为39%，工业消费比例为61%。

2015–17年制糖期，中国糖业协会食糖价格指数5677元/吨，同比增加698元/吨，增长14%；工业累计销售平均价格为5609元/吨，同比增加664元/吨，增长13%。本制糖期全国制糖行业销售收入519.9亿元；实现利税总额42.2亿元（其中：利润9.1亿元）；农民种植糖料收入348.9亿元。

2. 2015–17年制糖期行业运行特征

（1）食糖产量大幅下降

全国糖料种植面积2134.9万亩，同比减少234.1万亩；加工糖料7518.5万吨，同比减少1316万吨；食糖产量870.2万吨，同比减少185.4万吨。

（2）食糖消费平稳增长

全国食糖消费量达到1520万吨，同比增加10万吨。

（3）国际食糖价格上涨，国内食糖价格回升

纽约原糖期货价格创4年新高，达23.6美分/磅；国内食糖销售价格在前期窄幅波动，后期稳步回升。

（4）制糖工业企业全行业实现扭亏为盈

全行业实现盈利9.1亿元，扭转了3个制糖期连续亏损的局面。

（5）国家宏观调控力度不断加强

国家实施制糖企业临时储存政策，缓解了制糖企业资金压力，促进了农民糖料款兑付；在行业自律基础上对进口关税配额外食糖继续实施自动进口许可管理，食糖进口实现了按需、有序、平稳、可控；严厉打击食糖走私，维护了正常的市场秩序；对糖精等高倍化学合成甜味剂实施了有效管理，稳定和扩大了食糖消费空间；对进口食糖进行保障措施立案调查，有利于保障食糖市场运行基本稳定。

3. 国际食糖市场综述

2015–17年制糖期，国际食糖供求由此前连续5个制糖期产需过剩逆转为产需不足，巴西和泰国等全球食糖主要出口国汇率反弹，以及能源价格企稳，纽约原糖期货价格大幅增长，并在制糖期末创出23.6美分/磅的4年多新高，最终报收于22.56磅/美分，同比增长84.6%，最高涨幅93.4%。整个制糖期，纽约原糖期货价格波动区间为12.45美分/磅至23.6美分/磅。

展望 2016–17年制糖期，市场普遍预期全球食糖产量供求维持产不足需。预计印度和泰国等国家或地区食糖产量下降，欧盟、中国和俄罗斯等国家或地区食糖产量增长，预计全球食糖产量增长，但是，不足以弥补全球食糖消费增加。例如，英国Czarnikow公司则预计，全球食糖产量将增加456万吨至1.787亿吨，其中，巴西产量增加439万吨至4075万吨；预计全球食糖消费量增长1%左右；预期全球食糖产需缺口980万吨。德国分析机构F.O.Licht报告预计，全球食糖产量将增加766万吨至1.77亿吨，其中，甜菜糖增加341万吨，甘蔗糖增加425万吨。国际糖业组织（ISO）预期全球食糖产量1.68亿吨，同比增加217万吨，增长1.31%；食糖消费量1.751亿吨，同比增加347万吨，同比增长2.02%；食糖产需缺口705万吨，同比

增加130万吨；期末库存7560万吨，同比减少696万吨；期末库存消费比下降4.9个百分点至43.2%，为2010/11年制糖期以来最低水平。

食糖价格增长有利于食糖生产恢复，不利于食糖消费增长。同时，作为具有大宗商品特性兼具能源属性和金融属性的国际食糖，其价格波动不但受到本身供求基本面影响，还受到能源价格以及国际汇率波动影响。因此，在 2016-17年制糖期，食糖供求基本面将支撑国际食糖价格不断寻找上方阻力，但是，其运行节奏及阻力不可避免将被能源价格和汇率波动所牵制。

世界主要产糖国食糖产量和消费量见表2、表3。

表2 世界主要产糖国食糖产量统计表

单位：万吨(原糖值)

	2012/13	2013/14	2014/15	2015-17	2016-17
世界总产量	18689.1	18535.2	18868.1	17407.3	17834.7
其中:甘蔗糖	14829.4	14919.5	14795.7	13867.8	13967.4
甜菜糖	3859.7	3615.7	4072.4	3539.5	3867.3
欧洲总量	2989.7	2805	3179.6	2621.7	2932.6
欧盟(28国)	1824.7	1764.0	2062.3	1555.0	1735.3
俄罗斯	516.3	477.1	482.4	562.8	601.8
乌克兰	242.4	131.5	227.2	159.4	171.5
土耳其	231.4	259.8	223.4	217.3	271.7
美洲总量	7259.1	6702.7	6936.3	7161.6	7328.7
巴西	4108.5	4065.8	3808.6	3636.5	4127.2
哥伦比亚	231.2	260.6	253.0	240.5	236.7
古巴	166.7	171.5	202.4	179.3	195.7
危地马拉	293.6	296.6	313.5	297.3	300.5
墨西哥	758.2	654.5	650.5	665.0	684.8
美国	798.5	752.4	772.0	796.1	786.4
加拿大	13.3	10.3	9.2	9.8	12.4
智利	30.2	28.6	30.2	28.3	23.9
非洲总量	1066.4	1159.3	1197.3	1123.0	1101.2
埃及	190	207.8	252.2	241.3	245
南非	212.7	254.7	229.4	176.2	172.7
亚洲总量	6817.7	6919	7035	6397.6	6014.7
中国（不含香港台湾）	1420.5	1447.5	1147.4	945.9	989.1
印度	2744.5	2675.7	3105.0	2845.6	2523.6
巴基斯坦	587.0	606.3	547.8	565.2	597.8
泰国	1062.5	1187.8	1205.7	1042.3	978.5
印度尼西亚	281.6	278.8	280.4	271.4	195.7
菲律宾	266.9	267.6	252.6	243.1	250.0
伊朗	122.1	102	152.2	150	152.5
日本	74.2	73.8	79.2	87.5	85.8
大洋洲总量	474.1	484.8	514.4	556.8	523.1
澳大利亚	454.1	461.3	485.8	528.7	498.9

数据来源：英国 Czarnikow 公司

内容说明：产量按制糖期统计， 2016-17年制糖期为预测数字

表3 世界主要食糖消费国食糖消费量统计表

单位：万吨（原糖值）

	2013年	2014年	2015年	2016年	2017年
欧盟（28国）	1886.6	1953.6	1908.7	1943.6	1858.7
俄罗斯	609.6	597.5	621.8	620.2	622.5
乌克兰	195.7	180.2	170.7	170.7	170.7
土耳其	231.4	238.0	247.3	252.8	258.4
欧洲	3298.0	3325.2	3307.3	3349.0	3275.0
古巴	77.9	79.6	81.2	82.8	84.4
危地马拉	79.3	79.9	85.1	86.3	87.9
墨西哥	464.8	445.4	479.1	475.3	476.0
美国	1068.3	1110.9	1094.1	1112.2	1109.4
中北美洲	2055.9	2092.6	2125.7	2148.7	2157.3
巴西	1348.4	1327.3	1276.6	1242.5	1250.0
哥伦比亚	184.2	186.2	189.9	196.6	197.6
南美洲	2209.4	2205.3	2134.5	2097.1	2113.8
埃及	323.4	319.6	330.4	340.2	350.3
南非	167.2	169.5	171.7	173.9	175.6
非洲	1959.5	2032.5	2109.5	2178.5	2247.1
伊朗	260.0	260.0	265.2	270.4	275.7
中东地区	771.9	786.0	796.9	812.0	829.1
印度	2582.8	2670.0	2746.6	2815.2	2885.5
巴基斯坦	482.6	492.4	508.6	522.0	530.0
西亚地区	3430.1	3544.0	3654.1	3750.3	3841.5
中国（不含香港台湾）	1592.4	1643.5	1689.5	1709.6	1728.4
印度尼西亚	652.2	675.0	698.7	716.2	734.1
日本	224.1	225.0	225.7	226.1	226.5

	2013年	2014年	2015年	2016年	2017年
菲律宾	262.0	265.9	270.7	275.4	280.3
泰国	313.3	327.5	335.6	352.1	348.2
东亚地区	3666.4	3775.4	3869.8	3939.1	3987.8
澳大利亚	117.4	118.5	119.6	120.7	120.9
大洋洲	152.5	154.1	155.7	157.2	157.8
总消费量	17543.6	17915.2	18153.5	18431.8	18609.6

数据来源：英国 Czarnikow 公司

内容说明：产量按制糖期统计， 2016–17 年制糖期为预测数字

【c. 进出口贸易】

2015–17 年制糖期截至 2016 年 8 月底，我国累计进口食糖 323.12 万吨，累计出口食糖 14.69 万吨，进口量同比略有减少，出口量同比增幅较高。统计数据见下图：

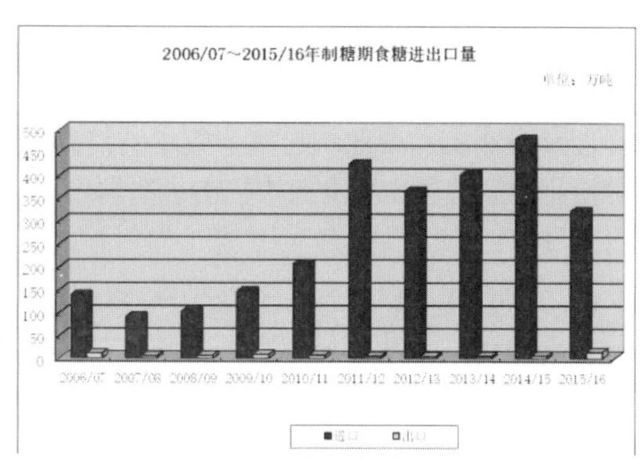

注： 2015–17 年制糖期进出口量截至 2016 年 8 月底。

我国食糖进出口贸易情况分别见表 4、表 5。

表4 2007~2016年全国食糖进口与贸易方式统计表

单位：万吨

年度	合计	一般贸易	来料加工	进料加工	保税监管场所进出境货物	特殊监管区域物流货物	边贸	其它
2007	119.34	99.18	1.59	13.28	5.22			0.07
2008	77.99	61.91	1.97	8.89	3.67			1.55
2009	106.45	83.02	0.17	9.93	12.77			0.56
2010	176.61	163.91	0.87	10.89	0.04		0.07	0.83
2011	291.94	276.68	0.97	13.27	0.06			0.96
2012	374.72	360.86	0.99	12.55	0.04			0.28
2013	454.59	434.86	1.3	14.77				3.66
2014	348.58	266.33	1.24	13.94	66.93			0.14
2015	484.59	265.71	0.9	13.93	185.14	18.88		0.03
2016	211.48	176.34	0.95	6.72	18.7	8.77		

注：2016年统计数字截至8月底

表5 2007~2016年全国食糖出口与贸易方式统计表

年度	合计	一般贸易	来料加工	进料加工	保税监管场所进出境货物	特殊监管区域物流货物	边贸	其它
2007	11.05	2.24	2.8	5.98				0.03
2008	5.84	1.76	2.15	1.51				0.42
2009	6.39	2.21	0.9	3.15				0.13
2010	9.43	5.65	0.91	1.99			0.25	0.63
2011	5.94	1.79	0.99	2.17	0.002		0.03	0.96
2012	4.71	1.64	0.93	1.87	0.001		0.019	0.25
2013	4.78	1.48	1.06	1.71			0.02	0.51
2014	4.62	1.39	1.09	2.00				0.14
2015	7.5	1.09	1.09	1.7	0.28	3.32		0.02
2016	12.04	0.9	0.74	1.31	0.13	8.96		

注：2016年度统计数字截至8月底

【d. 行业大事记】

2 月 17 日、2 月 29 日，中糖协相关负责同志分别拜访商务部外贸司，就 2016 年原糖进口行业自律工作有关问题进行了深入交流。

2 月 24–28 日，受工信部委托，中国糖业协会组织专家组，按照工信部《关于对 2015 年糖精生产计划执行情况进行检查的通知》要求，对三家国家定点糖精企业的年度生产计划执行情况进行了检查。检查结果是 2015 年度全国三家定点糖精生产企业完全按照国家下达计划执行，均未超计划生产和销售。

2 月 26 日，中国糖业协会在北京组织召开了“全国大型用糖食品企业（集团）座谈会议”。

3 月 11 日，中国糖业协会五届三次理事长（扩大）会议在广西南宁举行。会上传达了中央一号文件、中央扶贫工作会议、中央经济工作会议、中央农村工作会议以及国务院关于 2015–17 年制糖期食糖宏观调控政策、国务院关于打击食糖走私专题工作会议等有关糖业发展工作的会议和文件精神，通报了中国糖业协会秘书处近期工作及原糖进口加工企业行业自律工作。

3月12日，2016年中国（广西）糖业发展国际论坛暨中国糖业协会商业流通会员座谈会在广西南宁召开。

4月6–7日，为全面总结前一阶段的贸易救济工作，分析研判贸易摩擦形势，交流经验，部署今后一个时期的贸易救济工作任务，商务部在北京召开了全国贸易救济工作会议。

4月19日，由广东省恒福糖业集团在柬埔寨柏威夏省投资开发的瑞峰（柬埔寨）国际有限公司顺利投产启动。柬埔寨总理、中国驻柬埔寨大使等出席活动。该糖厂项目占地约1.3万公顷，预计总投资达10亿美元，仅投产初期可日产白糖1000吨。

5月10日，为认真贯彻落实国家下达的2016年糖精生产计划，根据国家工业和信息化部的工作部署和行业目前面临的情况，中国糖业协会在京组织召开了“糖精行业座谈会议”。

6月25日，中国糖业协会五届四次理事长（扩大）会议在广西柳州召开。会上传达了国务院及有关部委会议精神，通报了打击食糖走私等协会重点工作进展，汇报了协会下一步工作安排。

7月19–21日，为了进一步做好食糖信息统计工作，更好地为会员和政府宏观调控提供服务，中国糖业协会信息工作会议在杭州市召开。

8月3日，为研究落实2016年全国贸易救济工作会议精神，商务部贸易救济调查局在京召开“2016上半年贸易救济网站和预警工作座谈会”。会上介绍了贸易救济网站建设的目的和构想，与会代表通报本单位情况，并对贸易救济网站和预警机制建设等问题提出了意见和建议。

8月8日，根据国家工业和信息化部的工作部署和行业目前面临的情况，中国糖业协会在黑龙江省组织召开了“糖精行业座谈会”。

8月29–9月1日，中国糖业协会五届三次常务理事暨五届二次理事扩大会议在宁夏召开。会上，听取了秘书处工作报告，听取了各主产糖省（区）协会负责同志和企业（集团）代表就 2015–17年制糖期食糖产销情况的总结和 2016–17年制糖期糖料种植情况的通报以及对国家宏观调控的意见和建议。

9月22日，商务部正式公告《关于对进口食糖进行保障措施立案调查》（商务部公告2016年第46号）。对进口食糖进行保障措施立案调查。

9月27日，中国糖业协会2016年原糖进口加工委员会主任工作（扩大）会议在北京召开。会议听取了参会企业2016年生产经营情况汇报；认真学习、讨论了商务部对进口食糖进行保障措施立案调查的公告内容；对国家宏观调控食糖市场工作提出了建议。

10月22日，商务部外贸司在京召开了座谈会。邀请中国糖业协会，广西、云南、广东、内蒙等主产省区糖业协会负责同志等参加会议，会议围绕食糖产销情况以及如何继续做好2015年食糖进口管理工作进行交流讨论。

11月1–2日，《 2015–17年制糖期全国食糖产销工作会议暨全国食糖、糖蜜酒精订货会》在广西桂林市召开。

12月1日，工信部消费品司在京组织召开了“2015年制糖和糖精行业工作座谈会”，会议围绕全国制糖行业发展现状、存在的问题以及对新的一年行业生产经营形势进行了深入交流，并就制糖行业“十三五”发展思路和重点任务进行座谈；对2015年限产限销糖精工作进行了回顾总结，对继续加强对定点糖精生产企业管理及对非定点企业的检查研究了具体办法和建议，对行业污染治理和环境保护提出了要求。

12月10–11日，为使贸易救济工作更好地服务于产业发展，推动技术创新和产业转型升级，商务部贸易救济调查局在京召开贸易救济与产业发展座谈会。与会行业代表各自通报了本行业基本情况和贸易救济进展情况，并对该局改进贸易救济工作提出了意见和建议。

12月11日，农业部贸促中心在广西南宁组织召开了“糖业产业安全与贸易救济研讨会”。与会专家研究讨论了当前食糖产业安全形势，各主产区食糖产业发展现状、进口影响及未来趋势，以及启动食糖贸易救济措施可行性、困难挑战及应对措施。

12月12–13日原糖进口加工委员会主任（扩大）会议在海南三亚召开。会议听取了《2015年原糖进口加工委员会工作总结》，修改、审议通过了《原糖进口加工行业自律工作实施细则》，听取了与会企业代表关于2015年企业原糖进口加工和生产经营情况的汇报以及对2016年行业自律工作的意见和建议。

胡志江　王让梅

2.2 屠宰及肉类加工业

【a. 概况】

1. 肉类总产量及产品结构

2016年,全国肉类总产量8540万吨,同比下降1%。其中,猪肉5299万吨,下降3.4%;牛肉717万吨,增长2.4%;羊肉459万吨,增长4.2%;禽肉1888万吨,增长3.4%;杂畜肉179.34万吨,同比大体持平。

从肉类产品结构看,猪肉、禽肉、牛肉、羊肉、杂畜肉在肉类总产量中所占的比重为62:22.1:8.4:5.4:2.1。猪肉同比下降1.6个百分点;禽肉增加1个百分点;牛羊肉增加0.6个百分点;杂畜肉持平。

2. 主要经济指标

(1)规模以上企业

2016年,全国规模以上屠宰及肉类加工企业4046家,同比增加106家,增长2.69%。其中:牲畜屠宰企业1400家,占企业总数的34.6%,增加35家,增长2.56%;禽类屠宰企业814家,占企业总数的20.1%,减少41家,下降4.8%;肉制品及副产品加工企业1832家,占企业总数的45.3%,增加112家,增长6.5%。

全国规模以上屠宰及肉类加工企业生产鲜、冷藏肉3637万吨,同比下降1.1%,占肉类总产量的42.6%,同比持平。

(2)工业资产

2016年,全国规模以上屠宰及肉类加工企业资产总计6839.67亿元,同比增加340亿元,增长5.2%。其中,牲畜屠宰企业资产2670.88亿元,增加101.17亿元,增长3.93%;禽类屠宰企业资产1682.56亿元,增加83.95亿元,增长5.25%;肉制品及副产品加工企业资产2486.23亿元,增加154.91亿元,增长6.64%。

从投资结构的变化看,牲畜屠宰企业资产在肉类行业的占比,下降0.5个百分点;禽类屠宰企业资产占比同比基本持平;肉制品及副产品加工企业资产占比,增加0.5个百分点。

(3)主营业务收入

2016年,全国规模以上屠宰及肉类加工企业主营业务收入14230.35亿元,同比增长7.67%。其中:牲畜屠宰业,即通常所说的“红肉”(猪肉、牛肉、羊肉等)主营业务收入5875.05亿元,同比增加459.32亿元,增长8.48%;占肉类行业主营业务收入的41.28%;禽类屠宰业,即通常所说的“白肉”(鸡肉、鸭肉、鹅肉等)主营业务收入3420.31亿元,同比增加84.68亿元,增长2.54%;占肉类行业主营业务收入总额的24%;肉制品及副产品加工业主营业务收入4934.99亿元,同比增加470.22亿元,增长10.53%;占肉类行业主营业务收入总额34.68%。肉制品销售增速较快。

(4)利税

2016年,全国规模以上屠宰及肉类加工企业实现利润总额714亿元,同比增加58.4亿元,增长8.9%。

3. 肉类进出口

由于,国内肉类消费需求旺盛,2016年,肉类进口总量467.16万吨,同比增加181.26万吨,增长63.4%。其中,冻的畜禽肉438.04万吨,增长63.7%,占进口总量的93.76%。分大类看,进口猪肉309.59万吨,同比增长93.9%,占进口总量的66.27%;进口禽肉59.27万吨，同比增长45%，占进口总量的12.68%；进口牛肉60万吨，同比增长21.6%，占进口总量的12.84%；进口羊肉22万吨，同比下降1.3%，占进口总量的4.7%。

由于，2016年，肉类减产，全年出口同比下降明显，肉类出口总量72.25万吨，同比减少6.4万吨，同比下降8.2%。其中，猪肉下降22.5%，禽肉下降5.1%。但是，牛羊肉出口有所增长。其中，牛肉出口增长12.2%，羊肉出口增长8.1%。

表1 2016肉类进出口贸易逆差概览

单位：万吨、%

	肉类出口	肉类进口	进出口贸易逆差	逆差增减%
2016	72.25	467.16	394.91	90.54
2015	78.65	285.90	207.25	–

数据来源：国家海关总署

4. 市场价格

2016年，我国肉类市场价格变化的特点是：猪肉价格涨幅较大；禽肉价格略有增长；牛羊肉和鸡蛋价格有所下降。参见表1。

表2 主要肉类禽蛋产品集贸市场12月21日平均成交价格及增降幅度

主要肉类产品	2016	2015	2014	2013
鲜猪肉（元/公斤） 同比增降%	28.25 5.5	26.77 16.08	23.06 -8.6	25.22 -0.4
鲜牛肉（元/公斤） 同比增降%	62.93 -0.8	63.43 -0.76	63.91 1.4	63.01 18.5
鲜羊肉（元/公斤） 同比增降%	55.32 -5.2	58.35 -10.46	65.16 0.06	65.12 12.5
白条鸡（元/公斤） 同比增降%	19.00 0.3	18.94 0.2	18.90 7.7	17.54 -0.7
鲜鸡蛋（元/公斤） 同比增降%	9.14 -7.2	9.85 -14.5	11.51 16.4	9.89 –

数据来源：农业部

2016年上半年，规模屠宰企业生猪收购价和白条肉出厂价持续增长。监测数据显示，6月中旬（第25周）生猪收购价为20.55元/公斤，比年初（第1周）的17.11元/公斤增长20.1%；白条肉出厂价为26.45元/公斤，比年初的22.38元/公斤增长18.18%。从上半年25周的情况看，生猪收购价同比增长一直保持在20–50%之间；白条肉出厂价同比增长一直保持在19–45%之间。

据国家统计局数据，2016年，全国鲜、冷藏肉产量同比下降1.1%，但主营业务收入同比增长7.67%，许多企业扭亏增盈，其主因就是猪价上涨。在食品消费价格中，粮食价格上涨0.5%，猪肉价格上涨16.9%，鲜菜价格上涨11.7%——猪肉价格上涨幅度是最高的。

5. 包装与装备

（1）包装

随着我国肉类消费的不断增长，2016年，肉类食品生产和流通中对包装材料和包装产品的需求不断增加。主要表现在以下几个方面：

①用于超市、电商、专卖店零售的冷鲜分割肉高阻氧托盘及收缩盖膜增加。

②比气调包装具有更长货架期、更高配送效率和更低配送成本的真空贴体包装增加。

③用于中央厨房、团餐、肉制品生产及进口的冷鲜、冷冻肉类大包装增加。

④具有更强便利性功能（例如，更便于打开、更便于重复封口、更便于加热调理、更便于保存等）的肉制品包装增加。

总的看来，2016年用于冷鲜肉的包装物料比上年增长了约5.5%；用于肉制品的包装物料比上年增长了约10.5%。

（2）装备

2016年，我国屠宰及肉类加工机械与装备的水平有了进一步提升。主要表现在：

①用于屠宰和肉类加工的工业机器人已经投放市场，性能稳定性和质量可靠性有所提升。

②智能物流、智能仓储装备使用范围扩大，肉类仓储物流的自动化水平提高。

③部分企业制造的屠宰及肉类加工机械与装备可以开展远程运维服务，智能制造新模式开始应用。

④国产肉类加工机械与装备专业化、系列化、标准化、安全节能、降低成本、改进服务等方面有了新的进展，不仅可以基本满足各类用户不同层次、多样化的需求，而且开始超越一些国际品牌，吸引许多欧

美客户，出口进一步扩大。

【b. 行业开展的主要工作】

2016年是"十三五"规划实施的开局之年。一年来，肉类行业认真贯彻国家"创新、协调、绿色、开放、共享"的发展理念，在各方面取得了积极进展。

1. 以标准化工作改革为突破口，推动产业创新发展

自2015年国务院决定推进标准化工作改革以来，中国肉类协会按照国家总体部署对肉类行业标准化工作改革进行了多次研讨，明确了改革的指导方针和实施步骤，主要开展了四项工作。

（1）清理原有标准。2016年5月10日，正式启动了对畜禽屠宰加工行业800多个现行标准的清理工作，成立了项目领导小组、技术专家组和联络处，按照产品类别要素和加工过程要素将行业相关标准分为：基础通用、产品质量、加工技术、管理控制、检验检疫、条件保障、投入品和其它等8组，组织22家企业从纵向历史累积与横向部门多口两个维度对这些标准规范逐一比较、综合判断，提出处理意见。到9月30日为止，畜禽屠宰加工行业标准清理工作取得了阶段性成果，明确建议整合修订标准139项、建议废止标准5项、建议新制定标准57项，建议继续保持有效标准181项。此外，有400多项标准涉及产品检测的理化指标和微生物指标，因事关食品安全风险控制，另行处理。

（2）提出"十三五"畜禽屠宰标准制修订建议。受农业部屠宰技术中心委托，在标准清理工作的基础上，根据"十三五"行业发展的需要，提出了修订《肉与肉制品术语》（GB/T19480-2009）和《屠宰企业诚信体系评价实施细则》（SB/T10909-2012）2个标准、制定《肉类安全生产技术管理规范》等22个标准的建议。

（3）接受国家卫生计生委委托制定《食用动物血制品》食品安全国家标准。2016年11月，按照国家卫生计生委部署，作为项目牵头单位，会同中国畜牧兽医学会、河南省疾病预防控制中心，共同承担了制定《食用动物血制品》食品安全国家标准的任务。

（4）研究制定肉类行业团体标准。在国家标准化工作委员会的统一领导下，中国肉类协会开展调查研究，组织动员企业共同研究制定肉类行业内部的各项技术规范，探讨制定团体标准的可行性。

为了推动产业创新发展，在对标准化工作进行改革的同时，中国肉类协会于2016年组织评定并发布了"全国肉类产业科技创新奖"。

（5）在肉类加工机械与装备方面，有LHG7500型多活塞真空灌装机、蛋皮肉卷（素卷）生产线、全自动油水分离连续式油炸机、微电脑智能控制劈半锯、高速长城卡封口机、全新R235热成型拉伸膜包装机、R575MFPro热成型拉伸膜包装机、禽类骨肉分离机、多功能全自动切块机、动物油脂精炼流水线、自动叠饼机、低温高湿空气解冻机、全自动低温高湿解冻系统等13个项目获得了科技创新奖。

（6）在清洁生产方面，有华美－移动式清洗站、基于模块化设计的全自动食品周转箱清洗成套设备2个项目获得了科技创新奖。

在屠宰和肉类加工技术方面，有生猪胴体双指标分级技术研究应用、白条三段式预冷工艺研究应用、骨肽香产品加工技术、青藏高原牦牛肉及副产物加工技术创新与应用、牦牛屠宰加工关键技术研究与示范、肉牛胴体分级与分割增值技术研究与示范、优质植物蛋白与动物蛋白的TG交联技术研究及应用、川菜预调理肉制品工程化技术应用与产品开发、肉制品绿色制造技术与装备开发示范、低温高湿解冻关键技术在肉制品加工中的应用等10个项目获得了科技创新奖。

（7）在品质控制、调味料研发和保鲜技术方面，有阳光猪肉健康全产业链品质控制技术、发酵大豆蛋白制备肉味香精的研究和复合生物保鲜剂在延长低温肉制品货架期的应用等3个项目获得了科技创新奖。

烟台冰轮股份有限公司的冷热联供水汽同制集成系统技术获得科技创新特等奖。

2. 以行业监测分析为切入点，推动产业协调发展

自2015年农业部畜禽屠宰行业管理办公室委托中国肉类协会进行生猪屠宰行业监测分析以来，这项工作逐步进入正轨。2016年，按照农业部畜禽屠宰行业

管理办公室的部署，采取固定单位、固定人员、固定时间、固定内容的方式，组织10家企业、2家行业协会、2家事业单位、2家地方管理机构，对生猪屠宰行业进行定期监测，评估运行现状，分析存在问题，提出政策建议。

针对2016年上半年我国规模以上企业生猪屠宰量持续下降、病害猪无害化处理量明显减少、生猪收购价和白条肉出厂价大幅上涨、大中型企业亏损增加的形势，按照主管部门要求，组织开展专题调研，通过监测分析报告反映了行业运行的基本情况和发展趋势，提出：抓紧出台《畜禽屠宰管理条例》，为规范生猪屠宰行业秩序提供法律依据；抓紧制修订屠宰行业相关标准，为淘汰落后产能、企业升级改造提供技术依据；对于自愿整合实行集中屠宰的小型企业，予以一定的政策鼓励或扶持引导，帮助其转型升级、安排就业；以及因地制宜，合理布局生猪养殖等四项建议。到第三季度末，全国规模以上生猪屠宰企业屠宰量由降转升，产业集中度有所提高，病害肉无害化处理量明显增加，毛猪收购价和白条肉出厂价由持续上涨转为下降，产业转型升级出现可喜变化。

2016年，按照2016年中央一号文件的精神，肉类行业积极推进畜禽养殖、屠宰加工、批发零售一二三产业融合。一方面为降低原材料采购成本、从源头上保证原料的品质和稳定供给，进一步拓展产品利润空间，规模化肉类加工企业纷纷寻求向产业链上游延伸；另一方面，为保证销售渠道畅通，大型肉类加工企业不断拓宽销售网络，建立物流配送体系，铺设专卖店等新型销售终端，以加强市场控制力，逐步改变以往的单一批发销售模式。通过推进一体化，加快由传统组织结构向现代组织结构的转变，提高产业集中度和专业化分工协作水平，延伸产业链，促进畜禽养殖、屠宰加工、制品加工、肉类流通各环节的有机结合与相互协调，开启了全产业链协调发展的新篇章。

3. 以大型会员企业为支撑点，推动产业绿色发展

随着消费者对食品安全、健康饮食、生态环境需求的提高，要求肉类产业加快结构调整和转型升级。2016年国务院办公厅发布《关于开展消费品工业“三品”专项行动营造良好市场环境的若干意见》。我国肉类行业按照国务院要求，认真组织实施“三品战略”。

（1）在“增品种”方面，增加中高端肉类食品供给、发展营养健康食品、发展民族特色食品。例如，双汇集团按照“稳高温、上低温”的发展战略，在全国设立八大区域技术研发中心，在18个省市建设30个现代化屠宰加工基地，配套建设低温冷链物流系统，以低温为主，研制生产地域特色新产品。同时，用现代工艺改造传统中式肉制品，实现工业化大生产，做到就地开发、就地生产、就地销售。再如，福建省南阳食品有限公司开发的鸭肉培根秋葵卷、鸭肉培根果蔬卷、鸭肉培根玉米卷、魔方鸭肉粒、鸭肉肠、雪花鸭肉扒、雪花鸭肉培根、珍宝鸭肉培根等系列鸭肉制品，很受消费者喜爱。

（2）在“提品质”方面，不仅注重保障肉类食品质量安全，开展国际对标、加强质量精准化管理、推进质量检验检测和认证，而且着力防治畜禽养殖污染，推进畜禽养殖废弃物的综合利用和无害化处理，通过保护和改善环境，提升生态环境品质。2016年是我国深入贯彻实施《畜禽规模养殖污染防治条例》的关键一年。按照国家“绿色发展”的理念，各级政府针对畜禽养殖场、养殖小区的养殖污染问题，统筹考虑保护环境与促进畜牧业发展的需要，对于在饮用水水源保护区、风景名胜区、自然保护区的核心区和缓冲区、城镇居民区、文化教育科学研究区等人口集中区域建设的畜禽养殖场、养殖小区，按照《条例》规定予以强制拆除。肉类行业相关企业积极配合政府防治畜禽养殖污染，调整产业区域布局，开展对畜禽养殖废弃物的综合利用。深入贯彻实施《畜禽规模养殖污染防治条例》，使肉类行业走上了绿色发展的新轨道。

（3）在“创品牌”方面，提高品牌竞争力、培育知名品牌、完善品牌服务体系、推进品牌国际化。2016年9月27日，中国肉类食品安全信用体系建设示范单位承诺书签约仪式在京举行。参加示范项目的

大型企业由去年的10家扩展到13家。以这些大型企业为依托，加快肉类食品安全信用体系建设与行业的整合优化，对推动肉类产业的绿色发展、创建国际品牌具有引领作用。例如，黑龙江大庄园实业集团与澳大利亚威韦华氏集团投资20亿元在内蒙古锡林郭勒盟共同建设的生态牛羊肉产业示范园项目于2016年9月建成投产。该项目依托锡林郭勒盟18万平方公里草原和1624万头只牲畜存栏，通过建立企业与牧民、合作社的利益联结机制，形成国家重要的绿色畜产品生产加工输出基地，为增强我国品牌竞争力奠定了重要基础。

行业发展实践表明，肉类产业向中高端迈进，实现绿色发展目标，必须发挥大型龙头企业的引领作用，用先进生产力和先进文化带动产业升级改造，加快淘汰落后产能。

4. 以进出口贸易为发力点，推动产业开放发展

2016年，为保护和改善环境、保障公众身体健康而调整畜禽养殖的区域布局，使畜禽出栏量受到不同程度的影响。特别是生猪出栏量的减少，直接影响了猪肉的市场供应量，导致猪肉价格的大幅上升。肉类行业按照国家“开放发展”的理念，顺应我国经济深度融入世界经济的趋势，奉行互利共赢的开放战略，着力发展更高层次的开放型肉类经济，积极构建内外联动的利益共同体。主要采取了三项措施：

（1）中国肉类协会成立进出口商分会。2016年3月，根据供需结构的变化和行业发展的要求，中国肉类协会进出口商分会正式成立，意在加强对肉类进出口的服务和管理，更好地满足国内市场消费需求。

（2）扩大肉类进口。2016年1—6月全国肉类加工行业进口冻畜禽肉210.4万吨，同比增幅70.59%。其中，猪肉进口138.9万吨，同比增长98.1%；牛肉进口30.6万吨，同比增长57.7%；羊肉进口13.9万吨，同比增长7.7%；禽肉进口27万吨，同比增长30.4%。进口干熏盐腌（渍）猪肉、牛肉112.67吨，同比增幅64.96%。

（3）研究产业开放发展战略。针对上半年肉类进口猛增的形势，进出口商分会及时召开了供求对接会、会长工作会及专题研讨会等一系列会议，分析了“十三五”期间的肉类进出口贸易趋势，指出：如果2020年我国肉类总产量达到预期目标，即猪肉5760万吨，牛羊肉1300万吨，禽肉1900万吨，加上180万吨杂畜肉，共9140万吨，那么按需求总量1亿吨测算，供求缺口将在860万吨左右。如果将牛羊禽肉进口控制在400万吨（其中牛羊肉300万吨，禽肉100万吨）的水平，则猪肉进口量需达到460万吨，才能实现基本平衡。和2015年相比，猪肉进口将增长1.9倍；牛羊肉进口将增长3.2倍；禽肉进口将增长1.4倍。为了平衡市场供求，需要加强国际交流与合作，扩大肉类进出口贸易和投资，包括到南美、北美、澳洲等地投资收购屠宰厂和牧场，建立海外肉类生产加工基地。

按照国家“开放发展”的理念，以世界眼光审时度势、在全球范围谋篇布局，统筹利用国际国内两种资源两个市场，是中国肉类行业走上世界舞台的必然选择。“开放发展”正在为中国肉类产业注入新动力、增添新活力、拓展新空间。2016年，我国肉类行业在参与全球肉类行业经济治理和公共产品供给，提高在全球肉类行业经济治理中的话语权方面取得了积极进展。

5. 以中国肉类协会为大平台，推动行业共享发展

自2013年协会换届以来，中国肉类协会组织建设有了很大发展。到2016年底，共成立了12个分支机构：其中，包括猪业、牛羊业、禽业、天然肠衣、肉类加工机械与装备、肉类食品添加剂与调味品、肉食包装和进出口商等8个分会；肉类科技与标准化、肉类冷链物流2个专业委员会；肉类食品安全（投诉调处）、信用体系建设2个工作委员会。成立了9个职能部门：其中包括秘书处办公室、财务部、会员部、会展部、国际交流部、信息咨询与事业发展部、培训部、法务部、产业政策研究室。

通过各分支机构、职能部门的密切协同，中国肉类协会于2016年9月25日–29日在北京成功举办了首届“中国国际肉类产业周”。“产业周”期间，举办了首届中美肉类食品高层圆桌会议和中美肉类食品

安全论坛；举办了中国肉类产业发展大会，邀请国务院各相关行政主管部门领导为行业做主题讲演；分别召开了 8 个分会的专题会议，研究本专业领域的发展问题；联合世界肉类组织在中国国际展览中心举办了 2016 第十四届中国国际肉类工业展览会。

本届肉类工业展览会展出面积达40000多平方米，吸引了美国、英国、法国、德国、爱尔兰、荷兰、意大利、丹麦、波兰等 30 多个国家和地区 612 家肉类行业组织机构、国家展团及肉类企业参展，其中国内参展企业 476 家，境外参展企业 136 家，境外参展比例达到 22%，展览期间来自海内外专业参观观众达到 36265 人，其中境内观众数量为 33892 人，境外观众数量 2373 人。展览涵盖了饲料及养殖、屠宰、肉类机械、肉类食品加工、添加剂配料、包装物料、冷链物流等全产业链的新产品、新技术。

为期三天的展会成果丰硕，特点突出：（1）展商数量创历史新高，我国各省市肉类龙头企业悉数参展，特别是新兴的中小肉类企业参展比例大幅提高（2）展会国际化程度显著提升，随着我国肉类行业与世界肉类行业的交流合作不断加深、肉类贸易高速发展，促使更多的国际肉类企业踊跃参展，且多以国家或协会组团形式亮相展会，展示了具有世界先进水平的新产品和新技术，促成了更多国际合作和国际贸易的达成（3）展品范围涵盖面更广、更全面，更具代表性，最新产品和技术充分展示了肉类行业的未来发展趋势。(4) 为使企业参展获益最大化，在展会前期特邀国际展览行业资深团队对参展企业进行了专业培训，展会期间企业展示更趋于国际化，展位设计搭建更加突出企业创新发展理念和环保理念，同时在客户接待、展品摆放等环节更具亲和性和市场化。（5）参展企业对展览会高度重视，安排了市场部、企划部，生产部、技术部等主要负责人亲临展会现场与客户沟通洽谈；展会前期，联合参展企业共同邀请客户，有效提升了客户的莅展率。（6）参展企业主动意识明显提高，有效改变了以往的被访、被观形式，通过自办或与主办单位联办采购商大会、签约大会、新品推介会等多种形式活动，宣传企业形象，扩大产品市场推广力度，仅河南伊赛集团展会期间交易额就已超过6000万元。（7）专业观众数量创历届最高，境外观众比例再创新高。据统计在为期三天的展览期间，来自国内外的四万多名专业观众和采购商到展览会现场进行洽谈采购、考察参观，为行业交流和贸易成交提供了有力保障。（8）本届展会最大亮点之一就是强化展会的展示和交易功能之外，探索出展会发展新模式。通过在展会期间举办的丰富活动，使参展企业和观众多方受益、多重受益。如在展会期间举办的第十一届中国国际肉类食品文化节；中国肉类产业商之桥贸易及合作洽谈；全国肉类食品行业职业分割技能竞赛；携手好食材·烹饪美食秀；进口肉类品鉴会；肉类食品安全论坛；肉类食品标准体系建设论坛；肉类食品科技创新论坛；肉类食品进出口贸易论坛；肉类销售渠道论坛及肉类行业应用技术论坛等活动，不但为企业搭建了品牌宣传桥梁，拉近了企业与客户、消费者的距离，同时为企业发展决策、科学管理、产品创新、技术提升等注入了新的动力和活力，对推动我国肉类产业发展起到了积极作用。

【c. 行业存在的主要问题】

2016 年，我国肉类行业存在的突出问题是，产品分类分等分级标准不清，同质化低水平竞争影响企业生产和居民消费的改善；质量安全保障水平提升缓慢，影响居民健康消费；产业结构调整不能适应消费升级需要，影响国际市场竞争力。

1. 肉类食品分类分等分级标准规范不清

随着肉类进口数量的迅速增加，我国肉类市场更加丰富。但是，同时带来一个突出的问题，就是市场上各类产品鱼龙混杂，缺乏统一的商品分类分等分级标准，导致优质产品不优价、劣质产品以次充好，不仅影响消费者正确地选择商品，而且挫伤了生产经营者提供优质产品的积极性。

2016 年，关于“重组牛排”“重组培根”等问题的报道和讨论，不仅引起业内对于商品分类分等分级标准的重视，而且引起政府主管部门、广大消费者和媒体的广泛关注。如何区分“原切牛排”和“重组牛排”，

如何定义“冷鲜肉产品”和“调理肉制品”，如何规范“牛排”“培根”肉品的商品标签，这一类问题不仅涉及企业的生产营销和经济效益，而且关系到行业诚信和消费者的切身利益，反映出国家的行业治理水平和公信力。

为了提高肉类蛋品食品的丰富度，解决同质化低水平恶性竞争的问题，促进肉类蛋品产业的健康有序发展，必须抓紧制定肉类商品分类分等分级标准，对市场加以规范。

2. 肉禽蛋食品质量安全保障水平提升缓慢

肉禽蛋市场上另一个突出问题是质量安全问题。2016年国家加大了对肉禽蛋行业各环节食品安全抽检的工作力度，全国抽检肉禽蛋食品安全合格率为98%。主要不合格原因包括：微生物超标、药残超标、食品添加剂违规使用等。

从2016年选出的“十大食品安全事件”看，当前消费者感受到的食品安全风险主要表现为七类：一是混入异物。有四个案例，占比最大（40%）。其中，两例是产品制造过程中混入的；另外两例是在餐饮服务环节混入的。二是含有害物质。“会发光猪肉”案例，专家认为是在养殖环节猪吃了含磷过多的饲料所致。三是产品制造过程中掺假。四是商店销售过期食品。五是超市职工穿鞋踩入熟肉货柜。六是食品外卖订餐网站的线下经营实体不具备从业资质。七是部分进口食品不合格。后面六类，各有一个案例，共占60%。

上述问题，在我国肉类行业中不同程度上都是存在的。分析问题产生的原因，有些是主观故意，如制假售价、销售过期食品；有些是工作马虎，责任心不强，如混入异物；有些是管理薄弱，包括：员工不遵守超市相关规定、食品外卖订餐网站的线下经营实体不具备从业资质、部分进口肉类不合格等。此外，肉类行业还有其它一些特有的质量安全风险控制问题要解决，如动物疫病防治、食品添加剂应用管理、冷链物流管理等。

为了提高消费者对肉禽蛋品质的满意度，解决肉禽蛋食品质量安全风险控制难的问题，必须依法加强行业自律，进一步规范企业管理。

3. 产业结构调整不能适应发展需求

结构调整进展缓慢的重要方面，依然是提高屠宰产业集中度难度较大。自2013年国家将生猪屠宰管理职能由商务部转交农业部以来，《畜禽屠宰管理条例》至今未能出台，使行业管理和结构调整缺乏法律依据。

由于管理薄弱，几年来，规模以上企业屠宰量持续下降。2016年规模以上企业屠宰生猪2.08亿头，比2012年的2.77亿头下降25%；其占生猪出栏量的比重由2012年的39.7%下降到2016年的30.4%。也就是说，目前全国有近70%的出栏生猪是由规模以下的小微企业或私人以手工方式屠宰的，比2012年增加了近10%。部分地区私宰猪肉已经占到当地市场供应总量的40%以上。至于国家没有实行屠宰管理的牛羊禽等，产业集中度更低。这使许多地区大中型企业的先进产能利用率降至不足30%，出现了落后排挤先进的“逆淘汰”趋势。这种状况不仅难以保障肉类食品安全，而且导致产业集中度降低，产品结构调整和产业升级受阻，难以形成公众认可的优秀品牌，难以提高中国肉类产业的国际市场竞争力。

为了加快淘汰落后产能、提高产业集中度和先进产能利用率，创建有竞争力的肉类品牌，必须采取有效措施，改进和加强行业管理。

【d. 产业政策走向】

2016年7月，农业部发布了《全国生猪发展规划（2016—2020）》。其中，对生猪屠宰管理提出了明确要求：

——以集中屠宰、品牌经营、冷链流通、冷鲜上市为主攻方向，提高生猪屠宰现代化水平。

——加强动物卫生监督机构和兽医卫生检验检测体系建设，完善屠宰行业管理系统，提升执法能力和监管水平。落实进厂登记、肉品检验等制度，推行全过程档案管理。

——积极推进养殖屠宰结合，合理布局生猪屠宰产能，在全国形成以跨区域流通的现代化屠宰加工企

业为主体，区域内屠宰加工企业为补充的产业布局。

——加大融合力度，培育一批屠宰加工龙头企业，开展屠宰、加工、配送、销售一体化经管。

——健全屠宰质量标准体系，推动屠宰企业标准化升级改造，提高屠宰机械化、自动化、标准化、智能化水平。

——优化猪肉产品结构，扩大冷鲜肉和分割肉市场份额，提高精深加工产品比重。

——实施屠宰企业品牌化战略，加快推进肉品分类分级，实行优质优价。

同时，还强调了坚持产管结合、源头控制，完善投入品生产、养殖、屠宰等各环节无缝对接的质量安全监管制度和信息平台，加快建立猪肉质量安全管理体系和可追溯体系。

这些要求，同样也适用于指导牛羊禽屠宰加工产业的发展。

高 观

2.3 水产品加工业

【a. 概况】

2016年，全国水产品总产量6901.25万吨，同比增长3.01%。其中，养殖产量5142.39万吨，占总产量的74.51%，增长4.14%；捕捞产量1758.86万吨，占总产量的25.49%，下降0.16%。全国水产品人均占有量49.91千克（人口138271万人），同比增加1.17千克、增长2.40%。

在国内渔业生产中，鱼类产量4039.94万吨，甲壳类产量712.21万吨，贝类产量1529.41万吨，藻类产量220.24万吨，头足类产量71.56万吨，其它类产量129.15万吨。

总产量中，海水产品产量3490.15万吨，占总产量的50.57%，同比增长2.36%；淡水产品产量3411.11万吨，占总产量的49.43%，同比增长3.68%。

1. 海水养殖

海水养殖产量1963.13万吨，占海水产品产量的56.25%，同比增加87.50万吨，同比增长4.67%。其中，鱼类产量134.76万吨，增加4.00万吨，增长3.06%；甲壳类产量156.46万吨，增加12.97万吨，增长9.04%；贝类产量1420.75万吨，增加62.37万吨，增长4.59%；藻类产量216.93万吨，增加8.01万吨，增长3.83%。海水养殖鱼类中，大黄鱼产量为16.55万吨，位居第1；鲈鱼产量为13.95万吨，位居第2；鲆鱼产量为11.80万吨，位居第3。

2. 淡水养殖

淡水养殖产量3179.26万吨，占淡水产品产量的93.20%，同比增加116.99万吨，同比增长3.82%。其中，鱼类产量2815.54万吨，增加100.53万吨，增长3.70%；甲壳类产量284.42万吨，增加15.36万吨，增长5.71%；贝类产量26.61万吨，增加0.39万吨，增长1.49%。淡水养殖鱼类产量中，草鱼产量为589.88万吨，位居第1；鲢鱼产量为450.66万吨，位居第2；鲤鱼产量为349.80万吨，位居第3。甲壳类产量中，虾类产量203.21万吨，其中，南美白对虾和青虾养殖产量分别为73.99万吨和27.26万吨；蟹类（专指河蟹）产量81.21万吨，降低1.36%。贝类产量中，河蚌产量9.62万吨。其它类产量中，鳖产量34.45万吨，同比增加0.29万吨；珍珠产量0.17万吨，同比减少0.01万吨。

3. 海洋捕捞

海洋捕捞（不含远洋）产量1328.27万吨，占海水产品产量的38.06%，同比增加13.49万吨，同比增长1.03%。其中，鱼类产量918.52万吨，增加13.15万吨，增长1.45%；甲壳类产量239.64万吨，减少3.15万吨，下降1.30%；贝类产量56.13万吨，增加0.53万吨，增长0.95%；藻类产量2.39万吨，减少0.19万吨，下降7.36%；头足类产量71.56万吨，增加1.58万吨，增长2.26%。海洋捕捞鱼类产量中，带鱼产量为108.72万吨，位居第1，占鱼类产量的11.84%；鳀鱼产量为98.37万吨，位居第2，占鱼类产量的10.71%。

4. 淡水捕捞

淡水捕捞产量231.84万吨，占淡水产品产量的6.80%，同比增加4.07万吨，同比增长1.79%。其中，鱼类产量171.11万吨，增加2.81万吨，增长1.67%；

甲壳类产量 31.69 万吨，增加 0.59 万吨，增长 1.90%；贝类产量 25.91 万吨，增加 0.50 万吨，增长 1.97%；藻类 383 吨，增加 17 吨，增长 4.64%。

5. 远洋渔业

远洋渔业产量 198.75 万吨，占海水产品产量的 5.69%，同比减少 20.45 万吨，下降 9.33%。

【b. 水产品加工】

2016 年，水产品加工企业数量 9694 个，水产加工能力 2849.11 万吨，同比增长 1.38%，用于加工的水产品总量为 2635.8 万吨，同比增长 15.9%。水产加工品总量 2165.44 万吨，同比增长 3.50%，其中，海水加工产品 1775.07 万吨，增长 3.30%，占水产加工品总量的 81.97%，淡水加工产品 390.37 万吨，增长 4.40%。水产品加工率为 38.19%，增加 4 个百分点，海水产品加工率为 59.21%，增加 9 个百分点，淡水产品加工率为 16.69%，基本持平。

【c. 水产品进出口】

1. 进出口

据海关统计，2016 年，水产品进出口总量 827.91 万吨，同比增长 1.69%；进出口总额 301.12 亿美元，同比增长 2.72 %。其中，出口量 423.76 万吨，增长 4.37 %；出口额 207.38 亿美元，增长 1.99 %，出口额占农产品出口总额（729.9 亿美元）的 28.41%；进口量 404.15 万吨，下降 0.97 %；进口额 93.74 亿美元，增长 4.37 %。贸易顺差 113.64 亿美元，同比增加 0.13 亿美元。

2. 各地区水产品进出口贸易情况

单位：万美元，吨

地区	2016年进口		2015年进口		同比增减（±）			
					绝对量		幅度（%）	
	金额	数量	金额	数量	金额	数量	金额	数量
全国总计	937, 419. 71	4, 041, 500	898, 152. 45	4, 081, 259	39, 267. 26	-39, 759	4. 37	-0. 97
北京	31, 301. 60	54, 423	30, 079. 48	78, 758	1, 222. 11	-24, 335	4. 06	-30. 90
天津	20, 100. 97	47, 074	28, 226. 13	84, 210	-8, 125. 16	-37, 135	-28. 79	-44. 10
河北	2, 832. 64	11, 117	1, 495. 11	7, 298	1, 337. 53	3, 819	89. 46	52. 33
山西	78. 64	382	22. 70	99	55. 94	283	246. 40	285. 20
内蒙古	11. 51	29	15. 28	73	-3. 77	-43	-24. 70	-59. 47
辽宁	187, 422. 92	1, 046, 301	160, 421. 37	967, 371	27, 001. 54	78, 930	16. 83	8. 16
吉林	20, 401. 19	112, 626	13, 368. 06	73, 173	7, 033. 13	39, 452	52. 61	53. 92
黑龙江	779. 73	4, 396	371. 39	1, 177	408. 34	3, 219	109. 95	273. 49
上海	131, 107. 78	238, 004	104, 299. 58	166, 313	26, 808. 21	71, 691	25. 70	43. 11
江苏	10, 931. 30	42, 453	9, 013. 17	41, 736	1, 918. 13	717	21. 28	1. 72
浙江	31, 609. 30	148, 213	32, 646. 40	175, 878	-1, 037. 10	-27, 665	-3. 18	-15. 73
安徽	1, 745. 67	10, 007	1, 323. 20	7, 416	422. 47	2, 591	31. 93	34. 93
福建	80, 257. 03	499, 067	79, 205. 77	497, 664	1, 051. 25	1, 403	1. 33	0. 28
江西	3, 703. 79	13, 013	2, 329. 79	9, 751	1, 374. 00	3, 262	58. 98	33. 45
山东	247, 442. 58	1, 155, 454	253, 842. 06	1, 311, 649	-6, 399. 48	-156, 195	-2. 52	-11. 91
河南	2, 368. 17	4, 862	1, 910. 27	6, 600	457. 90	-1, 738	23. 97	-26. 33
湖北	1, 186. 71	4, 231	1, 210. 06	5, 323	-23. 35	-1, 093	-1. 93	-20. 53
湖南	164. 18	839	15. 96	30	148. 22	809	928. 72	2,711. 41
广东	140, 891. 71	548, 886	160, 750. 69	579, 648	-19, 858. 98	-30, 762	-12. 35	-5. 31
广西	7, 820. 43	54, 828	4, 024. 19	21, 469	3, 796. 23	33, 359	94. 34	155. 38
海南	3, 046. 08	2, 998	2, 091. 80	1, 811	954. 28	1, 188	45. 62	65. 60
重庆	4, 714. 22	25, 329	3, 090. 67	17, 802	1, 623. 55	7, 527	52. 53	42. 28
四川	2, 922. 95	7, 891	4, 910. 53	17, 061	-1, 987. 59	-9, 170	-40. 48	-53. 75
贵州	51. 73	37			51. 73	37		
云南	2, 956. 53	5, 567	2, 791. 78	6, 079	164. 74	-512	5. 90	-8. 42
陕西	393. 30	484	369. 45	1, 024	23. 85	-541	6. 46	-52. 78
甘肃	2. 31							
青海	6. 37							
宁夏	52. 32	267	55. 58	227	-3. 26	40	-5. 86	17. 53
新疆	1, 116. 06	2, 724	271. 97	1, 620	844. 10	1, 104	310. 37	68. 16

【d. 水产养殖面积】

全国水产养殖面积 8346.34 千公顷，同比减少 118.66 千公顷，同比下降 1.40%。其中，海水养殖面积 2166.72 千公顷，占水产养殖总面积的 25.96%，减少 151.04 千公顷，下降 6.52%；淡水养殖面积 6179.62 千公顷，占水产养殖总面积的 74.04%，增加 32.38 千公顷，增长 0.53%。

1. 海水养殖面积

鱼类养殖面积为 84.98 千公顷，同比增加 0.93 千公顷，同比增长 1.11%；甲壳类养殖面积 317.66 千公顷，同比增加 3.44 千公顷，同比增长 1.09%；贝类养殖面积 1359.20 千公顷，同比减少 167.44 千公顷，同比下

降 10.97%；藻类养殖面积 140.82 千公顷，同比增加 10.26 千公顷，同比增长 7.86%。

2. 淡水养殖面积

池塘养殖面积 2762.60 千公顷，同比增加 61.38 千公顷，同比增长 2.27%；水库养殖面积 2010.93 千公顷，同比减少 1.49 千公顷，同比下降 0.07%；湖泊养殖面积 990.82 千公顷，同比减少 31.53 千公顷，同比下降 3.08%；河沟养殖面积 267.69 千公顷，同比减少 9.41 千公顷，同比下降 3.40%。

3. 其它养殖

养殖面积 147.58 千公顷，增加 13.42 千公顷，增长 10.00%；稻田养成鱼面积 1516.09 千公顷，增加 14.46 千公顷，增长 0.96%。池塘、湖泊、水库、河沟和其它养殖方式面积分别占淡水养殖总面积的 44.71%、16.03%、32.54%、4.33%、2.39%。

【e. 相关情况】

1. 全社会渔业经济总产值

按当年价格计算，全社会渔业经济总产值 23662.29 亿元，其中，渔业产值 12002.91 亿元；渔业工业和建筑业产值 5410.54 亿元；渔业流通和服务业产值 6248.85 亿元。

渔业产值中，海洋捕捞产值 1977.22 亿元；海水养殖产值 3140.39 亿元；淡水捕捞产值 431.15 亿元；淡水养殖产值 5813.18 亿元；水产苗种产值 640.96 亿元（渔业产值以国家统计局年报数为准）。

2. 渔民人均纯收入

据对全国 1 万户渔民家庭当年收支情况抽样调查，全国渔民人均纯收入 16904.20 元，同比增加 1309.37 元，同比增长 8.40%。3. 渔船拥有量。

3. 渔船

年末渔船总数 101.11 万艘、总吨位 1098.48 万吨。其中，机动渔船 65.42 万艘、总吨位 1054.06 万吨、总功率 2236.81 万千瓦；非机动渔船 35.69 万艘、总吨位为 44.42 万吨。

机动渔船中，生产渔船 62.71 万艘、总吨位 947.30 万吨、总功率 2020.76 万千瓦。生产渔船中，捕捞渔船 42.60 万艘、总吨位 868.53 万吨、总功率 1789.49 万千瓦；养殖渔船 20.11 万艘、总吨位 78.77 万吨、总功率 231.27 万千瓦。

机动渔船中，海洋渔业机动渔船 26.12 万艘、总吨位 895.20 万吨、总功率 1722.02 万千瓦。海洋渔业机动渔船中，海洋捕捞渔船 17.97 万艘、总吨位 768.48 万吨、总功率 1430.88 万千瓦，分别同比减少 0.75 万艘、增加 11.23 万吨、减少 10.86 万千瓦。

4. 渔业人口和渔业从业人员

渔业人口 1973.41 万人，同比减少 43.55 万人、同比下降 2.16%。渔业人口中传统渔民为 661.11 万人，同比减少 17.36 万人、同比下降 2.56%。渔业从业人员 1381.69 万人，同比减少 33.16 万人、下降 2.34%。

5. 渔业灾情

全年由于渔业灾情造成水产品产量损失 164.39 万吨，直接经济损失 287.79 亿元。其中，受灾养殖面积 1069.50 千公顷；沉船 1987 艘，经济损失 0.46 亿元；死亡、失踪和重伤人数 165 人。

高宏泉

2.4 淀粉及淀粉制品制造业

【a. 概况】

2016 年是我国“十三五”发展规划开局之年，我国淀粉糖（醇）工业与国家宏观走势大体相当，主要经济指标增速趋稳向好，产业结构不断优化，投资规模扩大，价格低位平稳运行

近两年，中国蔗糖生产进入减产周期，价格持续攀升，对国内主要食品用糖行业造成成本压力，部分主流用糖企业开始使用淀粉糖替代蔗糖，国内淀粉糖产品生产得到恢复，2016 年全国淀粉糖总产量 1297 万吨，同比增长 8.08%，其中固体糖 457 万吨，同比增长 4.34%，其中结晶葡萄糖产量增加 30 万吨，麦芽糊精增加 10 万吨；液体糖增加 840 万吨，总体同比增长 10.52%，三大品种产量都有所增加，其中增幅最大的是果葡糖浆产品，同比增长 27.05%。

2016 年，国家高度重视玉米加工转化和“去库存”工作，相继出台了针对玉米加工企业诸多有利政策，审批放开政策、部分省给予的加工补贴和运费补贴政策以及恢复玉米深加工产品出口退税政策等、近两年蔗糖价格高企等因素影响下，淀粉糖加工企业开工率显著提高，产品加工成本明显降低，出口竞争力有所增强，加之近几年大中型企业的持续的节能节水技术改造、产品市场终端的开发等措施，行业全面盈利，生产效益处于近年来的较好水平。

2016 年，我国多元醇行业运行基本平稳产量略微增长，糖醇总产量约 159 万吨（生物化工醇未列入统计范围），同比增长 1.27%。

其中，山梨糖醇 131 万吨，木糖醇 6 万吨，麦芽糖醇 14 万吨，甘露醇 6 万吨，其它 2 万吨。

根据海关 2016 年的进出口统计数据计算，淀粉糖相关产品出口量 162.8 万吨，同比增长 37.68%，出口额 9.13 亿美元，同比增长 15.42%，进口量 47.6 万吨，同比增长 27.61%，进口额 4.96 亿美元，同比增长 27.17%。

根据海关 2016 年的进出口统计数据，多元醇相关产品出口量 24 万吨，同比增长 6.82%，出口额 3.84 亿美元，同比下降 0.54%，进口量 34,7 万吨，同比下降 13.98%，进口额 3.70 亿美元，同比下降 7.94%。

【b. 淀粉产量】

2016 年，各类淀粉总量合计为 2356.4 万吨，增加 197.09 万吨，增长 9.13%，其中玉米淀粉产量 2258.6 万吨，增加 207.34 万吨，增长 10.1%；木薯淀粉产量 36.5 万吨，下降 9.7 万吨，下降 2.6%；马铃薯淀粉产量 32.9 万吨，下降 89.17 万吨，下降 21.3%；甘薯淀粉产量 20.0 万吨，增加 14 万吨，增长 7.8%；小麦淀粉及其它产量 7.5 万吨，减少 2.7 万吨，下降 26.1%。

表1 2016年中国淀粉产量

产品	2015年		2016年		同期比进步
	厂家数量	总产量（吨）	厂家数量	总产量（吨）	（%）
玉米淀粉	49	20512572	52	22585984	10.1
木薯淀粉	59	374731	61	364997	--2.6
马铃薯淀粉	103	418398	99	329226	--21.3
甘薯淀粉	11	185625	12	200134	7.8
小麦淀粉及其它	2	101763	2	75152	--26.1
总淀粉产品合计	224	21593089	226	23555493	9.1

1.2016 年，我国玉米淀粉产量的变化与需求变化特点基本一致

2016 年，国内玉米成本整体走低，且黑龙江、吉林等省份出台针对深加工企业的补贴政策，淀粉加工效益改善，企业开工率提高，玉米淀粉产量恢复性增长，达到 2259 万吨的历史最高水平，同比增加 207 万吨，增长 10.10%。我国玉米淀粉总产能约在 3500 万吨。行业平均开工水平超过 70%。，同比增加 10 个百分点。

表2 2010年—2016年中国玉米淀粉产量

单位：万吨

年份	2010年	2011年	2012年	2013年	2014年	2015年	2016年
玉米淀粉产量	1902	2082	2122	2196	2006	2051	2259

2. 不同区域玉米淀粉产能布局：中国玉米淀粉产能集中度高。

（1）从区域分布来看，华北黄淮、东北和西北是玉米淀粉产能最集中的区域，这些区域也是我国玉米的主产区，原料供应充裕，成本低廉，且可以充分发挥深加工企业“潮粮生产”的特点。

（2）从省份分布来看，山东、吉林、河北、河南及陕西 5 省玉米淀粉产能合计占全国的 90% 以上，，山东是玉米淀粉第一生产大省，约占全国玉米淀粉总产能的 53%。

表3 2016年玉米淀粉产能分省布局

省份	山东省	吉林省	河北省	河南省	陕西省	其它
约占全国玉米淀粉总产能（%）	53	14	14	5	5	9

表4 2005年—2016年玉米淀粉生产规模及企业数量变化情况

单位：个，%

年份	年产100万吨以上		年产40万吨以上		年产30万吨以上		累计	
	企业数	占总产量	企业数	占总产量	企业数	占总产量	企业数	占总产量
2005	2	27	5	29	3	10	10	65
2006	3	33	5	25	3	8	11	67
2007	4	39	6	24	4	10	14	72
2008	5	41	9	30	4	7	18	78
2009	5	42	8	26	2	4	15	71
2010	5	39	8	25	4	7	17	71
2011	5	40	9	27	5	8	19	74
2012	4	36	12	35	5	8	21	79
2013	6	49	9	25	2	3	17	77
2014	5	46	9	27	5	8	19	81
2015	4	40	12	37	5	8	21	85
2016	4	38	14	41	5	8	23	86

【C. 我国玉米淀粉行业的市场集中度高】

2016 年，产 10 万吨以上玉米淀粉的企业共计 37 家，产量合计达到 2214 万吨，约占全国玉米淀粉总产量的 98.0%，其中：前 10 家企业的生产集中度约为 59.7%，部分大型深加工企业集团已在行业内深耕多年，建立了相对完善的深加工产品的产业链，并已占据了较高的市场份额。未来集团化、规模化将是玉米淀粉加工行业的发展趋势，4. 小企业的生存空间更趋萎缩

1. 市场占有率

2016 年，玉米淀粉年产量 100 万吨的企业集团 4 家，产量累计占比高达 37.8%。其中：诸城兴贸玉米开发有限公司是玉米淀粉产量最高的企业集团，2016 年总产量达到 314 万吨，市场占有率 13.9%；山东西王集团、中粮生化和巨能金玉米公司 2016 年的淀粉产量分别达到 196 万吨、195 万吨和 148 万吨。市场占有率依次为 8.8%、8.7% 和 6.5%.

表5 2016年10万吨以上玉米淀粉企业前10家的产量及市场占有率

单位：万吨，%

企业名称	诸城兴贸	西王集团	中粮生化	巨能金玉米	玉鋒实业	西安国维	山东鲁洲	诸城源发	长春大成	宁夏伊品
产量	314	196	195	148	98	84	81	80	77	76
市场占有率（%）	13.9	8.8	8.7	6.5	5.6	4.1	3.9	3.8	3.5	3.4

表6 2014年——2016年玉米淀粉企业前10家产量

单位：万吨

排序	所在省	企业名称	2014年	2015年	2016年	同比（%）
1	山东省	诸城兴贸玉米开发有限公司	318.86	313．81	313.92	0.04

排序	所在省	企业名称	2014年	2015年	2016年	同比（%）
2	山东省	西王糖业有限公司	190.37	199.89	195.90	--2.00
3	北京市	中粮生物化工事业部	199.95	176.80	195.37	10.62
4	山东省	寿光巨能金玉米开发有限公司	106.93	132.42	147.71	11.56
5	河北省	玉鋒实业集团有限公司	50.49	74.19	98.30	32.49
6	陕西省	西安国维淀粉有限责任公司	85.00	70.00	83.78	19.68
7	山东省	鲁洲食品集团有限公司	89.53	89.81	80.55	--10.31
8	山东省	诸城源发生物科技有限公司		69.80	80.00	14.61
9	吉林省	长春大成实业集团有限公司	100.00	46.43	77.36	66.60
10	宁夏回族自治区	宁夏伊品生物科技股份有限公司	63.01	61.10	76.61	23.75

2. 中国玉米淀粉需求结构

2016 年，淀粉用途广泛，是食品、化工医药等行业的重要原料，以淀粉为原料可进一步加工生产淀粉糖、变性淀粉、氨基酸、有机酸及糖醇等产品。

表7 2016年中国玉米淀粉需求结构

消费淀粉的商品名称	淀粉糖	造纸和化工	医药	啤酒	食品加工	变性淀粉	其它
约占玉米淀粉消费总量的比（%）	60	11	8	8	6	4	3

3.2016 年玉米淀粉需求大幅增长，未来 5 年将保持 5% 的年均增速

表8 2010年—2016年中国玉米淀粉需求量变化情况

单位：万吨

年份	2010	2011	2012	2013	2014	2015	2016
需求量	1900	2000	2100	2200	2000	2050	2250

国内玉米淀粉价格：从 2010 年—2014 年，我国主要产区玉米淀粉平均销售价格基本在 2800—3000 元／吨，上下波动，销区价格在 3000-3300 元／吨区间，但 2015 年后，受临储玉米收购价格下调，储收购政策取消、临储去库存等政策影响，再加上需求低迷，导致玉米淀粉价格呈走低态势，2016 年，产区玉米淀粉平均价格 2214 元／吨，销区在 2440 元／吨左右，均是 2010 年以来价格最低水平。

从区域价格来看，一般而言，华北黄淮因区域内玉米淀粉消费量大，且玉米成本相对较高，玉米淀粉价格最高，东北地区除了满足本地区淀粉消费外，还主要供应华东和华南地区，且原料供应充足，淀粉平均价格最低，西北地区玉米淀粉主要供应西南地区，淀粉加工介于上述两区域之间。

表9 2010年—2016年中国不同区域玉米淀粉年度价格

单位：元／吨

年份	东北	华北	西北	销区
2010	2726	2820	2837	3017
2011	3032	3111	3107	3344
2012	2949	3014	2983	3284
2013	2802	2886	2915	3140
2014	2816	3047	3055	3256
2015	2752	2834	2862	3057
2016	2136	2219	2286	2440

数据来源：艾格农业数据库

表10 2010年—2016年我国玉米产量

单位：万吨

2010年	2011年	2012年	2013年	2014年	2015年	2016年
16300	19175	20812	21800	21567	22900	21955

表11 2002年-2016年玉米淀粉产能、产量数据

年份	淀粉产能（万吨）	淀粉产量（万吨）	产能增长率%	产量增长率%
2002	785	550	22.08%	19.57%
2003	921	640	17.32%	16.36%
2004	1232	860	33.77%	34.37%
2005	1461	1020	18.59%	18.60%
2006	1800	1206	23.20%	18.23%
2007	2239	1530	24.39%	26.86%
2008	2346	1685	4.78%	10.13%
2009	2587	1725	10.27%	2.37%
2010	2712	1902	4.83%	10.26%
2011	2847	2082	4.98%	9.46%
2012	3025	2122	6.25%	1.92%
2013	3050	2196	0.83%	3.48%
2014	3100	2006	1.64%	-7.10%
2015	3320	2051	6.62%	2.23%
2016	3500	2356	5.42%	9.10%

【d. 变性淀粉产量】

2016 年，变性淀粉产量 148.07 万吨，同比增加 12.84 万吨，同比增长 9.49%。变性淀粉产品品种从最初的酸解、氧化变性淀粉逐步向品种多元化、系列化

方向发展，目前，国内可生产变性淀粉种类超过20余种，变性淀粉中，氧化淀粉、复合变性淀粉、阳离子淀粉和醋酸酯淀粉的产量相对较多，这四种产品产量约占变性淀粉产量的60%左右。2016年，氧化淀粉、复合变性淀粉、阳离子淀粉和醋酸酯淀粉的产量分别为25.27万吨、22.30万吨、17.48万吨和13.59万吨，产量合计为82.69万吨，占总产量的57.24%，同比增长3.11%。

表12 2016年变性淀粉分品种产量占比

品种	氧化淀粉	复合变性淀粉	阳离子淀粉	醋酸酯淀粉	磷酸酯淀粉	交联淀粉
占比（%）	17.49	15.43	13.66	10.65	8.32	5.24
品种	预糊化淀粉	涂布专用变性淀粉	层间喷淋用变性淀粉	羧甲基淀粉	其它	
占比（%）	4.59	4.47	3.64	3.39	13.11	

1.从产区来看

我国变性淀粉生产高度集中在山东、广西、浙江和广东，这四个省份变性淀粉产量占总产量近80%。近几年，山东省的变性淀粉产量占比进一步提高，由2011年的31%增长到2016年的36%，同时，随着变性淀粉行业的发展，变性淀粉生产企业分布逐渐从淀粉原料生产地向消费地转移，河南、江苏、上海等省市变性淀粉产业快速发展，生产能力与技术能力较强。河南省从无到发展到占全国总产量5%，江苏省由3%提高到6%。吉林省的占有量从7%下降到2%，行业间的竞争更加激烈。2016年，我国变性淀粉山东、广西、浙江和广东省产量占比78.10%，其中山东省占比36%，广西地区占比17%，浙江省占比16%，广东省占比9%。

表13 2016年变性淀粉生产地域分布

省份	山东	广西	浙江	广东	江苏	河南	甘肃	吉林	上海市	江西	其它
占比（%）	36	17	16	9	6	5	3	2	2	2	2

2.从生产企业来看

变性淀粉企业39家，同比减少4家，虽然开工企业有所减少，但是，年产2万吨以上的企业达23家，同比增加2家，合计产量占比89.48%，前10家的企业产量占比62.25%。

表14 2016年变性淀粉生产企业产量排名

	企业名称	产量（吨）	占比（%）
1	杭州纸友科技有限公司	150147	10.14
2	诸城兴贸玉米开发有限公司	149658	10.11
3	兖州熙来精细化工有限公司	141000	9.52
4	广西农垦明阳生化集团股份有限公司	122589	8.28
5	山东寿光巨能金玉米开发有限公司	79489	5.37
6	河南恒瑞淀粉科技股份有限公司	70000	4.73
7	广西高源淀粉有限公司	59572	4.02
8	泰安弘兴玉米开发有限公司	52000	3.51
9	山东福洋生物科技有限公司	49579	3.35
10	广东汇美淀粉科技有限公司	47700	3.22
11	其它	558928	10.14
12	总计	1480662	100

【e.淀粉糖产量】

2016年，全国淀粉糖总产量1297万吨，同比增长8.08%，其中固体糖457万吨，增长4.34%，其中结晶葡萄糖产量增加30万吨，麦芽糊精增长10万吨；液体糖840万吨，总体同比增长10.52%，3大品种产量都有所增加，其中增幅最大的是果葡糖浆产品，同比增长27.05%。

表15 2016年淀粉糖产品产量

种类	品种	产量（万吨）
液体糖（840万吨）	麦芽糖浆	341
	葡萄糖浆	189
	果葡糖浆	310
固体糖（457万吨）	结晶葡萄糖	337
	麦芽糊精	115
	其它	5
合计		1297

2016年，国家高度重视玉米加工转化和“去库存”工作，相继出台了针对玉米加工企业诸多有利政策，审批放开政策、部分省给予的加工补贴和运费补贴政策以及恢复玉米深加工产品出口退税政策等、近两年，蔗糖价格高企等因素影响下，淀粉糖加工企业开工率显著提高，产品加工成本明显降低，出口竞争力有所增强，加之近几年大中型企业的持续的节能节水技术

改造、产品市场终端的开发等措施，行业全面盈利，生产效益处于近年来的较好水平。

表16 1999年—2016年淀粉糖产量

年份	产量（万吨）	年份	产量（万吨）
1999	60	2008	636
2000	100	2009	740
2001	140	2010	923
2002	250	2011	1286
2003	300	2012	1300
2004	350	2013	1225
2005	420	2014	1198
2006	500	2015	1200
2007	703	2016	1297

“十二五”期间，我国淀粉糖产业发展经历两个阶段，2010年末到2012年，产业处于上升期，增速为29%，2013年后产量基本处于平稳发展期。从“十二五”时期整体来看，我国淀粉糖产业规模继续扩大，总体保持平稳发展态势，淀粉糖产品产量从“十一五”末期2010年的923万吨增加到2016年的1297万吨，目前，我国淀粉糖产业产品总量居世界第,2位，成为名符其实的淀粉糖生产大国。

【f. 多元醇产量情况】

2016年，我国多元醇行业运行基本平稳产量略微上升，据统计和估算（生物化工醇未列入统计范围），糖醇总产量约159万吨，同比增长1.27%。

其中，山梨糖醇131万吨，木糖醇6万吨，麦芽糖醇14万吨，甘露醇6万吨，其它2万吨。

在未来的行业发展中，企业可根据所在区域的市场需求、区域环境优势等情况，通过优化自身的产品结构，加强环保治理措施、降低产品生产成本，提高产品综合收率，使企业向资源节约型、环境友好型方向发展。

【g. 淀粉糖产品进出口情况】

1. 淀粉糖产品进出口均增长，出口量增长幅度较大

表17 2008-2016年淀粉糖产品进出口量、进出口额

单位：吨，%，万美元

	出口量	同比比%	出口额	同比比%	进口量	同比比%	进口额	同比比%
2008年	822746	-	60408	-	166395	-	15438	-
2009年	763761	-7.17	44612	-26.15	182620	9.75	15538	0.65
2010年	959060	25.57	61827	38.59	245025	34.17	22981	47.90
2011年	1062897	10.83	76029	22.97	283455	15.68	31426	36.75
2012年	1050200	-1.19	73019	-3.96	323479	14.12	31914	1.55
2013年	1234178	17.52	82435	12.90	347556	7.44	37220	16.63
2014年	1155822	-6.35	79193	-3.93	367927	5.86	39622	6.45
2015年	1182476	2.31	79118	-0.09	372983	1.37	38976	-1.63
2016年	1628037	37.68	91316	15.42	388414	4.14	42481	8.99

根据海关2016年的进出口统计数据计算，2016年淀粉糖相关产品出口量162.8万吨，同比增长37.68%，出口额9.13亿美元，同比增长15.42%，进口量47.6万吨，同比增长27.61%，进口额4.96亿美元。

2. 淀粉糖主要产品进出口情况同比上升27.17%

（1）淀粉糖主要产品进口数据

2016年，淀粉糖主要3大类糖浆商品进口量葡萄糖及糖浆（20%≤果糖＜50%，转化糖除外）同比增长105.16外，其它两种糖浆进口量均有所下降，其中葡萄糖及葡萄糖浆（果糖＜20%）产品进口量下降0.41%，果糖及果糖浆，果糖＞50%，转化糖除外产品进口量下降42.24.%。

表18 2015-2016年主要淀粉糖产品进口数据

单位：吨，美元

产品	年份	进口量	同比%	进口额	同比%	进口单价	同比%
葡萄及葡萄糖浆（果糖糖＜20%）	2015	979	----	1970045	----	2012	----
	2016	983	-0.41	1792928	-8.99	1824	-9.34
葡萄糖及糖浆，20%≤果糖＜50%，转化糖除外	2015	252	----	235728	----	935	----
	2016	517	105.16	437110	85.43	846	-9.52
果糖及果糖浆，果糖＞50%，转化糖除外	2015	3470	----	7021187	----	2023	----
	2016	2004	-42.24	4605218	-34.40	2298	13.59

2016年，葡萄及葡萄糖浆（果糖糖＜20%）进口量价齐跌，进口单价同比下降9.34%，至1824美元/吨，进口金额减少至179万美元，，同比下降6.99%。由于(葡萄糖及糖浆，20%≤果糖＜50%，转化糖除外）进口单价下跌9.52%，至846美元/吨，使得进口量大幅

上升，进口金额为44万美元，同比增长85.43%，果糖及果糖浆（果糖＞50%，转化糖除外），进口单价增长13.59%，进口量下降42.24%，进口金额减少34.40%至461万美元。

（2）2015–2016年主要淀粉糖产品出口数据：

2016年，淀粉糖产品出口仍以葡萄糖及葡萄糖浆大宗产品等附加值低的商品为主主要3大类产品的出口量均有不同幅度的增长，出口的产品中增幅最大的是果糖及果糖浆（果糖＞50%，转化糖除外），出口量为45.48万吨，同比增长68.08%其次是葡萄糖及葡萄糖浆（果糖＜20%），出口量为65.75万吨同比增长38.58%。葡萄糖及糖浆（20%≤果糖＜50%，转化糖除外），出口量8911吨，同比增长23.25%。

表19 2015–2016年主要淀粉糖产品出口数据

单位：吨，美元

产品	年份	出口量	同比%	出口额	同比%	出口单价	同比%
葡萄糖及葡萄糖浆（果糖<20%）	2015	474451	--	26847	----	566	----
	2016	657494	38.58	29877	11.29	454	-19.79
葡萄糖及糖浆，20%≤果糖<50%，转化糖除外	2015	7230	---	640	---	885	----
	2016	8911	23.25	791	23.59	888	0.34
果糖及果糖浆，果糖>50%，转化糖除外	2015	270606	---	13177	---	487	---
	2016	454847	68.08	18256	38.54	401	-17.66

表18及表19中列出了葡萄糖及葡萄糖浆（果糖＜20%）、果糖及果糖浆（果糖＞50%，转化糖除外）、产品2012–2016年进出口的对比。

葡萄糖及糖浆（果糖＜20%）仍在淀粉糖出口中占据主要位置，出口量最大，2016年，出口量大幅提升，同比增长38.58%，出口量超过65万吨；出口平均价格同比下降较大，一方面成本降低带来价格下降，一方面反映国内企业竞争激励，产品利润水平低；进口量基本与2015年一致，进口平均价格略有下降。

果糖及果糖浆（果糖＞50%，转化糖除外）出口继续保持了大幅的增长，增长68%，是2016年出口增长幅度最大的产品，出口量已经达到45.48万吨，但出口平均价格下降。在成本降低、蔗糖价格高涨、质量提升的形势下，国内果葡糖浆产品国际市场竞争力凸显，产能逐步释放，但是价格依然没有回到合理水平，企业竞争激烈。进口量大幅下降，降至2005吨水平。

3. 淀粉糖主要3大类糖浆进出口国别量值情况

（1）葡萄糖及糖浆（果糖＜20%）进口国别量值情况

2016年，我国进口葡萄糖及糖浆（果糖＜20%）来源国以法国、韩国、荷兰、泰国和美国为主，进口量占比分别为30.12%、24.35%、11.85%、11.46%和8.7%。前5位国家进口量占总量的88.48%。

表20 2016年葡萄糖及糖浆（果糖＜20%）进口国量值

单位：千克、美元

排序	国别	进口量	进口额
1	法国	295739	416904
2	韩国	239113	236711
3	荷兰	116328	185633
4	泰国	112502	84450
5	美国	85444	532672
6	比利时	52318	60194
7	德国	21441	76669
8	台澎金马关税区	14080	27323
9	新西兰	13987	26318
10	其它	10600	59136
合计		981840	1792050

（2）葡萄糖及糖浆进口国别量值情况

2016年，我国进口葡萄糖及糖浆（20%≤果糖＜50%，转化糖除外）来源国以中国、法国、泰国和日本为主，进口量占比分别为40.96%、25.71%、17.47%和9.81%。前4位国家进口量占总量的93,95%。

表21 2016年葡萄糖及糖浆（20%≤果糖＜50%，转化糖除外）进口国别量值

单位：千克、美元

排序	国别	进口量	进口额
1	中国	211700	28851
2	法国	132877	187108

排序	国别	进口量	进口额
3	泰国	90288	92996
4	日本	50708	73764
5	比利时	13390	16255
6	印度尼西亚	7200	11700
7	其它	10665	26436
8	合计	516828	437110

（3）果糖及果糖浆（果糖 50 > %，转化糖除外）进口国别量值情况

2016 年，我国进口果糖及果糖浆（果糖 > 50%，转化糖除外）来源国以韩国、以色列和台澎金马关税区为主，进口量占比分别为 33.64%、29.19% 和 17.40%。2016 年我国果糖及果糖浆（果糖 > 50%，转化糖除外）进口国共 44 个，同比增加 5 个国家，其中前 10 位国家的进口量占总进口量的 98.3%，进口国别集中度同比略有下降。

表22 2016年果糖及果糖浆（果糖50 > %，转化糖除外）进口国别量值

单位：千克、美元

排序	国别	进口量	进口额
1	韩国	672, 894	1, 973, 573
2	以色列	584, 000	763, 563
3	台澎金马关税区	347, 993	579, 382
4	荷兰	116, 623	318, 290
5	澳大利亚	84, 209	271, 375
6	哈萨克斯坦	60, 000	15, 000
7	比利时	34, 532	97, 711
8	美国	29, 996	232, 926
9	日本	25, 012	64, 352
10	法国	10, 657	41, 339
前十位总计		1, 965, 916	4, 357, 511
2015年全年总计		2, 000, 379	4, 562, 898
占全年进口量比例（%）		98. 3	95. 5

（4）葡萄糖及糖浆（果糖 < 20%）出口国别量值情况

2016 年，我国出口葡萄糖及糖浆（果糖 < 20%）出口到 100 多个国家和地区，主要以亚洲国家为主、印度尼西亚、菲律宾、韩国、越南、泰国等国家卫主要出口地。出口量占比分别为 23.73%、16.36%、13.95%、8.01% 和 4.21%。出口量前 10 位国家占出口总量的 78.31%。

表23 2016年葡萄糖及糖浆（果糖 < 20%）出口国别量值

单位：千克、美元

排序	国别	进口量	进口额
1	印度尼西亚	156020689	63768406
2	菲律宾	107530792	52378105
3	韩国	91716284	37003012
4	越南	52671867	22660396
5	泰国	27681726	13184921
6	澳大利亚	16437409	7227726
7	俄罗斯联邦	16028024	6894441
8	马来西亚	15705427	7144998
9	新加坡	15560312	9759803
10	南非	15525064	6219839
11	其它	142611482	70980018
12	合计	474692773	268582522

（5）葡萄糖及糖浆（20% ≤ 果糖 < 50%）出口国别量值情况：

2016 年，我国（20% ≤ 果糖 < 50%，转化糖除外）出口到马来西亚、加纳、尼日利亚和菲律宾等国家为主。出口量占比分别为 27.66%、29.26%、12.64% 和 11.88%。出口量前 5 位国家占出口总量的 91.82%。

表24 2016年葡萄糖及糖浆（20% ≤ 果糖 < 50%，转化糖除外）出口国别量值

单位：千克、美元

排序	国别	进口量	进口额
1	马来西亚	2464700	4459170
2	加纳	2607120	1246686
3	尼日利亚	1126532	500849
4	菲律宾	1059020	379959
5	泰国	924600	462714
6	香港	236866	465705
7	越南	129000	55974
8	印度	116000	100456
9	南非	84500	60702
10	巴基斯坦	50400	21262
11	其它	112140	155686
12	合计	8910878	7909163

（6）果糖及果糖浆（果糖 > 50%，转化糖除外）

出口国别量值情况

2016年，我国果糖及果糖浆（果糖>50%，转化糖除外）出口国别共47个，同比增加12个国家，其中，出口至菲律宾、印度尼西亚、越南的数量位居前列，出口量占比分别为66.12%、19.04%、10.18%、合计占比达95.34%。说明我国产品竞争力增强，国际市场开辟力度加大。其中前十位国家的出口量占总出口量的99.3%，出口国别集中度比2015年略增，基本都是以我国周边临近国家为主。前10位出口国别变化不大，出口到马来西亚的量增加，进入前10位，出口到菲律宾的果糖量增加近1倍。

表25 2016年果糖及果糖浆（果糖>50%，转化糖除外）出口国别量值

单位：千克、美元

排序	国别	出口量	出口额
1	菲律宾	300, 746, 180	120, 270, 150
2	印度尼西亚	86, 586, 185	28, 775, 596
3	越南	46, 315, 897	20, 076, 777
4	印度	8, 233, 355	5, 634, 826
5	尼日利亚	3, 209, 025	1, 411, 981
6	伊朗	2, 218, 400	1, 189, 156
7	巴布亚新几内亚	1, 844, 800	1, 113, 604
8	朝鲜	1, 032, 330	433, 851
9	马来西亚	864, 460	430, 478
10	韩国	663, 840	512, 308
前十位总计		451, 714, 472	179, 848, 727
2015年全年总计		454, 843, 095	182, 515, 001
占全年出口量比例（%）		99. 3	98. 5

【h. 多元醇产品进出口情况】

1. 出口量上升，出口额下降，进口量、进口额均下降

表26 2008-2016年多元醇产品进出口量、进出口额

单位：吨，万美元

	出口量	同比%	出口额	同比%	进口量	同比%	进口额	同比%
2008年	268123	–	44109. 6	–	258082	–	42093. 4	–
2009年	198100	-26. 12	24143. 9	-45. 26	335075	29. 83	36902. 0	-12. 33
2010年	241411	21. 86	36678. 9	51. 92	362842	8. 29	49782. 8	34. 91
2011年	240019	-0. 58	50532. 7	37. 77	322211	-11. 20	53146. 9	6. 76
2012年	224419	-6. 50	39923. 6	-20. 99	344618	6. 95	50982. 5	-4. 07
2013年	213803	-4. 73	36410. 3	-8. 80	318397	-7. 61	48970. 1	-3. 95
2014年	218946	2. 41	39149. 1	7. 52	380822	19. 61	52306. 4	6. 81
2015年	224756	2. 65	38651. 8	-1. 27	403661	6. 00	40177. 9	-23. 19
2016年	240095	6. 82	38443. 4	-0. 54	347227	-13. 98	36989. 6	-7. 94

根据海关2016年的进出口统计数据，2016年，全年多元醇相关产品出口量24万吨，同比增长6.82%，出口额3.84亿美元，同比下降0.54%，进口量34.7万吨，下降13.98%，进口额3.70亿美元，下降7.94%。

从以上数据统计看出，2016年，多元醇相关产品出口保持住了增长的态势，，2008年是近几年的出口高点，2016年的出口量恢复到2010、2011年水平，还未恢复到2008水平，并且出口平均价格下降，企业出口利润降低；多元醇2016年进口量下降，2008年-2015年进口整体保持震荡增长的态势，2016年进口量下降，进口额持续两年下降。

2016年8月，财政部发布《关于调整部分产品出口退税率的通知》，多元醇产品中的液体山梨醇、液体麦芽糖醇并未列入其中，在一定程度上影响了产品出口。

2. 主要产品进出口情况

（1）甘露糖醇

表27 2012-2016年甘露糖醇产品进出口数据

单位：吨，万美元

产品	年份	出口量	同比%	出口额	同比%	进口量	同比%	进口额	同比%
甘露糖醇	2012年	7050	–	1756. 5	–	396	–	172. 1	–
	2013年	8812	24. 99	2282. 4	29. 94	298	-24. 75	188. 0	9. 24
	2014年	7948	-9. 80	1988. 2	-12. 89	248	-16. 78	151. 4	-19. 47
	2015年	7485	-5. 82	1721. 7	-13. 41	297	19. 58	189. 1	24. 89
	2016年	7848	4. 85	1594	-7. 45	380	27. 95	266. 0	40. 61

国内甘露醇产量近几年大幅提升，竞争也日益激烈，甘露糖醇2016年出口量止跌上升，2016年9月起，甘露糖醇出口退税由9%提高到13%，对出口企业能起到一定的鼓励作用，一定程度上加大了国际市场的开拓。受生产成本影响，出口额降幅较大，出口平均价格降低，进口量增长27.95%，达到380万吨，进口价格比2015年大幅上升。

（2）山梨醇

表28 2012-2016山梨醇产品进出口数据

单位：吨，万美元

产品	年份	出口量	同比%	出口额	同比%	进口量	同比%	进口额	同比%
山梨醇	2012年	34065	-	2630	-	2187	-	233.5	-
	2013年	29611	-13.08	2189	-16.77	3745	71.24	463.2	98.37
	2014年	29363	-0.84	2218.1	1.33	3706	-1.04	392.5	-15.26
	2015年	26995	-8.06	2160.5	-2.60	1925	-48.05	288.1	-26.60
	2016年	34479	27.72	2844.7	31.67	1946	1.09	248.6	-13.71

2016年，山梨醇的出口止住了3年连跌的态势，出口量开始回升，同比增长27.72%，出口额增长31,67%，出口平均价格有所增加，2016年9月，山梨醇出口退税由9%提高到13%的利好政策，使山梨醇出口量增加，但未涉及液体山梨醇产品，进口同比增长1.09%，进口额同比下降13.71%。

（3）木糖醇

表29 2012-2016年木糖醇产品进出口数据

单位：吨，万美元

产品	年份	出口量	同比%	出口额	同比%	进口量	同比%	进口额	同比%
木糖醇	2012年	11523	-	4081.9	-	615	-	155.8	-
	2013年	15997	38.83	5063.5	24.05	437	-28.94	124.1	-20.35
	2014年	21866	36.69	6540.6	29.17	4	-99.08	3.7	-97.02
	2015年	24410	11.63	6712.5	2.63	245	6013.68	109.4	2855.92
	2016年	30336	24.28	8261.8	23.08	135	-44.90	55.40	-49.36

木糖醇出口继续保持上升态势，但增幅较2013年、2014年有回落，同比增长24.28%，出口价格同比略有下降，基本稳定。2016年，进口量进口额大幅下降，进口135吨，国内的产能基本满足市场需求。

（4）山梨醇产品进出口国别情况：

表30：2016年山梨醇进口国别量值

单位：千克、美元

排序	国别	进口量	进口额
1	法国	1035125	928664
2	泰国	237659	267596
3	印度尼西亚	232089	165003
4	韩国	163080	210702
5	美国	149882	564840
前五位总计		1817835	2136805
2016全年进口总计		1945687	2485777
占全年进口量比例（%）		93.4	86.0

2016年，我国山梨醇进口国共18个国家，同比增加4个，其中前5位的总和占了全年进口量的93.4%，进口国别集中，但集中度小于2015年的995.7%。进口量最大的仍然是法国，占全部进口量的653.2%；同比，泰国挤进了前5位跃居第2位。

表31 2016年山梨醇出口国别量值

单位：千克、美元

排序	国别	出口量	出口额
1	日本	12362141	9835497
2	泰国	7029552	6091655
3	韩国	3758155	3128603
4	台澎金马关税区	3192939	2459667
5	印度尼西亚	1307980	697509
6	俄罗斯联邦	1021375	1012455
7	越南	1006935	853282
8	古巴	760000	650938
9	马来西亚	734750	457375
10	美国	560120	525778
前十位总计		31733947	25712759
2016全年出口总计		34450787	28430302
占全年出口量比例（%）		92.1	90.4

2016年，我国山梨醇出口国别总数77个，同比增加5个，日本仍是最大的出口国。出口国前10位的总和占了全年出口量的92.1%，集中度比2015年提升，主要的是以我国临近的国家为主。

【i. 玉米淀粉进出口情况】

表32 2016年各类淀粉进出口情况

项目	进口情况			出口情况		
	2016年总量（吨）	比上年（%）	2016年单价（美元/吨）	2016年总量（吨）	比上年（%）	2016年单价（美元/吨）
玉米淀粉	3276	87.62	951	132822	79.94	339
木薯淀粉	2073464	13.92	351	795	-54.88	817
马铃薯淀粉	42140	-35.91	744	590	-9.64	1111
小麦淀粉	875	-17.29	607	2677	-20	604
未列名淀粉	27690	113.26	590	42416	16.71	1179

我国是玉米淀粉的净出口国，但近年贸易量呈下降趋势，我国玉米淀粉进口量很少，且多为一些具有特殊用途的玉米淀粉。国外玉米淀粉商品化率较低，多直接作为原料进一步深加工。

表33 2007年—2016年玉米淀粉进口量情况

单位：千吨

年份	2007	2008	2009	2010	2011	2012	2013	2014	2015	2016
进口量	7. 61	3. 07	0. 85	11. 13	4. 24	0. 75	1. 50	1. 69	1. 75	3. 28

2016年，玉米淀粉进口量为3276吨，同比增加1530吨。主要从美国、澳大利亚以及欧洲部分国家进口，进口价格在951美元/吨，同比下降7.9%，玉米淀粉出口同比增加80%，出口价格下降22%。2008年出口达到近450000吨，是历史的最高水平，但2008年后随着出口退税率的不断下调直到取消，出口量也持续大幅下降。2016年8月1日，国家再度将玉米淀粉出口退税提高到13%，再加上新玉米上市后淀粉成本下降，均刺激了玉米淀粉出口回升。2016年，我国玉米淀粉出口量为13.28万吨，同比2015年增加5.90万吨，同比增长79.9%，出口价格平均在340美元/吨，同比下降21.9%。

表34 2007年—2016年玉米淀粉出口量情况

单位：千吨

年份	2007	2008	2009	2010	2011	2012	2013	2014	2015	2016
出口量	342	445	290	366	226	106	97	56	74	133

玉米淀粉出口目的地集中在我国周边国家和地区，华北及东北是主要出口地区，2016年，我国累计向印度尼西亚出口玉米淀粉7.45万吨，占出口总量的56.1%，中国台湾、马来西亚、韩国和泰国是位居第2至第5位的出口目的地，前5大出口目的地的出口集中度为80.2%。

表35 2016年玉米淀粉出口的主要目的地

出口目的地	印度尼西亚	中国台湾	马来西亚	韩国	泰国	尼日利亚	越南	其它
占总出口量比（%）	56	8	7	6	4	3	3	13

华北、东北是玉米主产区及主要的加工地区，因此也是玉米淀粉出口量较集中的地区，2016年山东、河北出口量分别为5.44万吨和3.14万吨，分别占总量的40.9%和23.6%，辽宁和吉林分别出口2.40万吨和1.77万吨，前4省累计占玉米淀粉出口量的96%。

表36 2016年玉米淀粉的主要出口地区

主要出口地区	山东	河北	辽宁	吉林	其它
占总出口量比（%）	41	24	18	13	4

【j.发展情况展望】

1.淀粉糖产量继续增长

2017年，我国玉米在种植、价格、深加工等诸多政策调整下，国内玉米种植局部面积有所下降，，但是，国内玉米仍然存在高企的库存压力，从而令其价格承压，原料玉米成本相对维持低位，淀粉糖企业生产成本下降，开工率上升，消耗领域空间扩展，预计2017年淀粉糖产量增至1380—1400万吨，比2016年增长8%--10%。

2.淀粉糖消费总量稳步增长

在国内蔗糖价格持续攀升的情况下，淀粉糖对蔗糖的竞争优势愈加明显，，目前，下游用糖企业用淀粉糖替代蔗糖，主要集中在饮料、乳品，糕点、糖果、乳制品等行业。预计2017年国内蔗糖价格保持在6500—7500元/吨的价位区间，而淀粉糖的价格因成本降低仍将保持低位运行，价格优势明显，淀粉糖的市场增长空间仍然很大。

3.淀粉糖出口继续回升

2017年淀粉糖产量继续增长，淀粉糖价格维持相对低位，淀粉糖产品出口继续享受13%的出口退税，再加上企业进一步节能减排和新技朮的应用，提高产品质量，增强了产品出口竞争力，2017年我国淀粉糖出口量将进一步增加。

4.存在的四大突出问题：

（1）市场需求和产能矛盾突出，产业大而不强，产能结构性过剩未得到有效缓解。

（2）原材料、人工、环保等生产要素成本增加，加大企业发展压力。

（3）核心技术、装备开发能力不足，多数依赖进口，水平亟待提高。

（4）产品审批、标准滞后在一定程度上制约了行业发展。

对淀粉糖产业未来发展趋势，要从供给侧与需求侧双侧入手改革，着重通过供给侧结构性改革，优化产业结构，稳步提高产品质量和经济效益，积极化解产能过剩，以创新来提高生产率，降低成本，大力实施差异化战略和高端化战略，来适应市场需求的结构变化，实现新的产需平衡。

【k. 主要工作】

1. 组织召开第五届“全国淀粉糖（醇）二十强企业”评定小组工作会议暨重点企业座谈会。

2. 组织召开“2016 淀粉糖、多元醇产业技术与应用发展论坛”。

3. 组织召开中国生物发酵产业协会淀粉糖分会、多元醇分会二届二次理事会会议

4. 组织召开木糖、木糖醇行业市场研讨会

5. 开展了第五届“全国淀粉糖（醇）行业二十强企业”评定申报工作，

6. 经常深入企业，进行调研。

李建军

2.5 豆制品制造

【a. 概况】

1. 我国食品大豆的消费量

2016年，我国用于食品工业的大豆量约1200万吨，同比增长4.5%。其中：用于豆制品加工的大豆占55%左右，约为660万吨；用于其它食品加工的占20%左右；直接食用（包括家庭自制豆浆等）占25%左右。

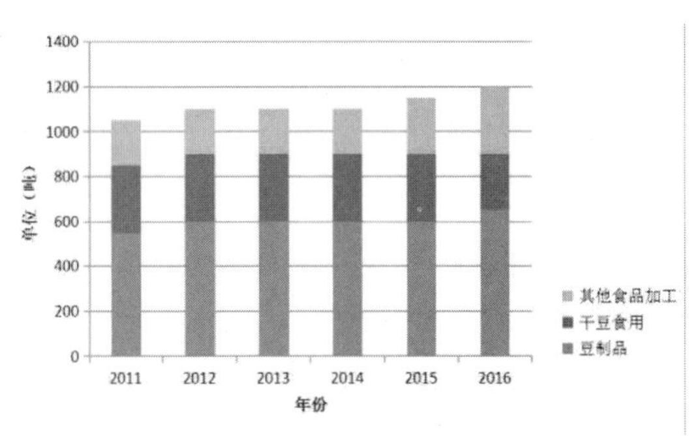

2011–2016年我国食品大豆的消费量变化图。

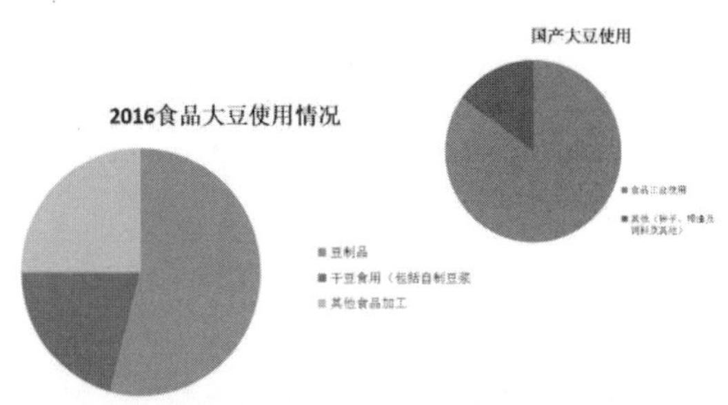

2016年我国食品大豆的使用情况。

2. 豆制品企业状况

截至2017年3月，我国QS的豆制品企业数量为2770家，取得SC的豆制品企业2120家，取得生产许可证的豆制品企业总计4890家，2016年同期为4779家（其中QS为4750家，SC为29家），总数同比增长2.3%。各地区豆制品企业分布如下表（不包括港澳台地区）：

地区	企业数量/个	地区	企业数量/个	地区	企业数量/个
北京	37/3	安徽	184/5	四川	225/4
天津	49	福建	153/2	贵州	96/1
河北	102/2	江西	101/1	云南	159
山西	58/2	山东	258/1	西藏	0
内蒙古	40	河南	449/3	陕西	76
辽宁	203/1	湖北	189	甘肃	28
吉林	56	湖南	492/3	青海	7
黑龙江	177/2	广东	404/2	宁夏	10
上海	79/3	广西	114	新疆	42
江苏	218/5	海南	26	合计	4779
浙江	300/7	重庆	277/3		

2009–2016年，取得食品生产许可证企业数量情况如下表（不包括港澳台地区）：

年份	2009	2010	2011	2012	2013	2014	2015	2016	2017
获证企业（家）	3283	3589	3882	4058	4069	4634	4609	4779	4890

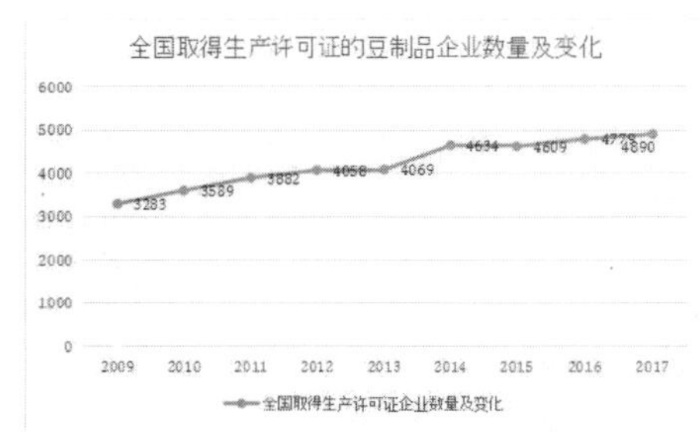

【b. 规模企业（全国前 50 强）状况】

根据豆制品专委会对 2016 年全国前 50 家规模以上豆制品企业统计，豆制品行业（规模企业前 50 强）销售额及投豆量同比均有较大幅度的增长，其中总投豆量为 120.43 万吨，同比增长 19.91%；总销售额为 185.86 亿元，同比增长 10.65%；缴税总额同比增长 13.99%，利润同比增长 5.14%。

在实体经济不景气的情况下，豆制品行业的大幅度增长特别可贵，2016 年全国食品行业规模企业的产值同比增长 3.3%。

2016 年度，中国豆制品行业品牌企业 50 强名单（排名不分先后）：

北京	浙江
北京二商王致和食品有限公司	祖名豆制品股份有限公司
北京二商希杰食品有限责任公司	杭州豆制食品有限公司
北京市香香唯一食品厂	温州菜蓝子发展有限公司豆制品厂
河北	嘉兴市家家乐食品有限公司
河北高碑店豆豆食品（集团）公司	宁波豆制品有限公司
山西	浙江老爸食品有限公司
太原金大豆食品有限公司	浙江阮氏食品有限公司
太原六味斋实业有限公司	福建
辽宁	厦门银祥豆制品有限公司
沈阳福来食品实业有限公司	三明市扬晨食品有限公司
黑龙江	山东
黑龙江省农垦龙王食品有限责任公司	枣庄市山亭区诚豆豆制品专业合作社
佳木斯冬梅大豆食品有限公司	河南
上海	河南世通食品有限公司限公司
上海清美绿色食品有限公司	郑州新农园绿色食品有
永和食品（中国）有限公司	郑州大标食品有限公司
上海汉康豆类食品有限公司	湖北
江苏	中百集团武汉生鲜食品加工配送有限公司
维维集团股份有限公司	湖南
苏州金记食品有限责任公司	武冈市特色产业开发办公室
南京果果食品有限公司	湖南省华文食品有限公司
江苏阜宁小鹰豆制食品有限公司	湖南省满师傅食品有限公司
扬州维扬豆制食品有限公司	广东
安徽	维它奶（佛山）有限公司
马鞍山市黄池食品（集团）公司	深圳市福荫食品集团有限公司
淮南市碗碗香豆业有限公司	益海嘉里食品营销有限公司
淮南市八公山豆制品厂	四川
安徽八公山豆制品有限公司	四川徽记食品股份有限公司

北京	浙江
安徽省成德食品有限公司	成都香香嘴食品有限公司
合肥市大富食品有限公司	四川南溪庶人食品有限公司
重庆	四川山古坊食品有限公司
重庆奇爽实业（集团）有限公司	贵州
重庆市天润食品开发有限公司	贵州龙缘盛豆业有限公司
重庆多味多食品有限公司	

2007–2016 年前 50 强企业销售额及投豆量情况表如下：

年份	销售额（亿元）	销售额与上年比增长%	投豆量（万吨）	投豆量与上年比增长%	备注
2007	43.94		50.27		
2008	56.51	28.61%	67.66	34.59%	
2009	74.23	31.36%	84.83	25.39%	
2010	102.98	38.73%	97.53	14.97%	
2011	131.95	28.13%	106.04	8.73%	
2012	155.58	17.90%	106	0	
2013	161.03	3.50%	106.4	0	
2014	157.03	2.48%	96.02	9.76%	
2015	167.94	6.95%	100.44	4.60%	
2016	185.86	10.65%	120.43	19.91%	

2007–2016 年前 50 强企业销售额及投豆量变化示意图如下：

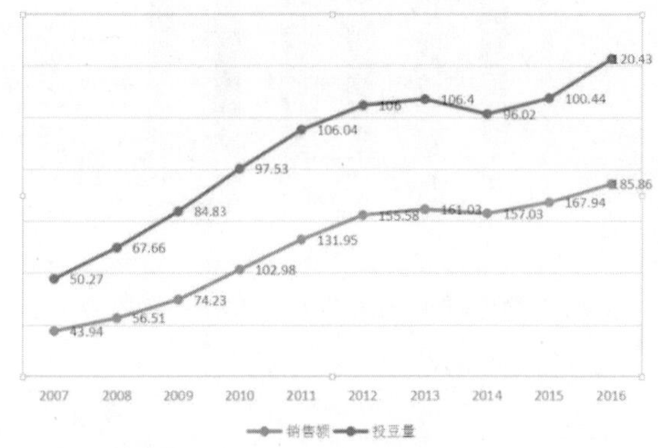

2016 年豆制品行业 50 强在各省市的分布图如下：

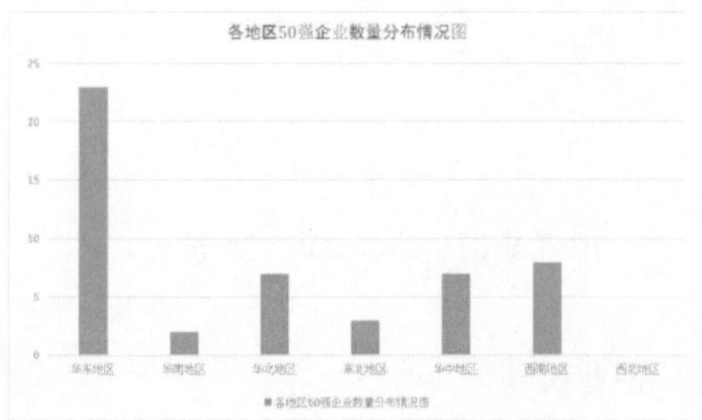

从以上几个图表可以看出，2016年，全国前50家规模以上豆制品企业具有以下状况：

50强企业中，规模企业数量大部分相对集中在发达地区，西北地区豆制品企业还没有一家进入50强；

50强企业中，以生产豆腐等生鲜为主要产品的综合类企业就占了26家，而且发展势头平稳，稳中有进；

以生产休闲豆腐干为主的企业有14家，效益增长空间很大；

以生产豆浆（含液态豆浆和豆浆粉）为主的企业有7家，可望有新的突破；

发酵等其它豆制品企业4家。

【c. 部分重点行业情况】

1. 豆腐等生鲜类大豆食品

2015年，规模企业用于豆腐等生鲜豆制品的投豆量为35.07万吨，2016年为42.17万吨，增长幅度较大。

年份	2012年	2013年	2014年	2015年	2016年
投豆量	23.40万吨	31.05万吨	31.76万吨	35.07万吨	42.17万吨
比上年增长	——	33.2%	2.2%	10.43%	20.24%

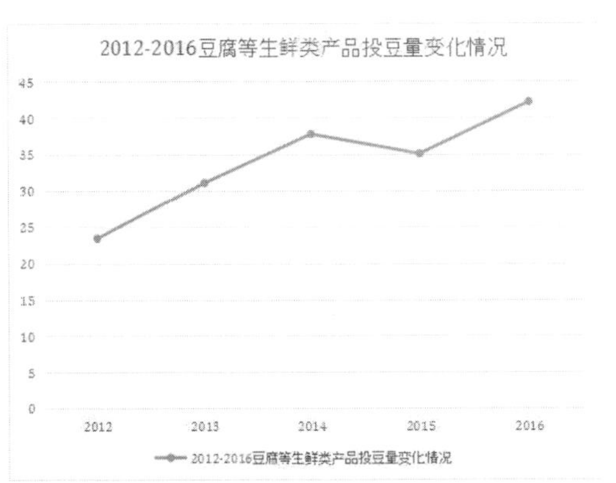

豆腐等生鲜类大豆食品是我国百姓餐桌上的必需品，随着消费者对饮食健康的重视，在平时的餐桌上、以及外出就餐时豆腐菜食用率有所上升，所以总体消费量保持稳定增长。

规模企业生鲜产品的产量增长速度较快，反映了生鲜豆制品的生产也正开始向规模企业集中。

近年来，为了扩大渠道及细分渠道，企业的研发和深加工能力不断加大，新品日益丰富，产品附加值不断提升。

2016年，一些在企业宣传、产品质量上和市场渠道上投入较多的企业如沈阳福来、二商希杰、高碑店豆豆、上海汉康、江苏小鹰、河南世通、合肥大富、郑州新农源等企业保持了不错的增长。

生鲜豆制品的生产企业在各城市均有分布，但发展状况东部沿海和中部及西南地区优于其它地方。

近几年，国家对企业环保要求的提高给企业造成了不小的压力，使得一些地区，比如说一些大城市，想上马豆制品项目变得非常困难，而正在运营的豆制品企业由于环保改造，大大增加了成本的压力。

资本的进入，正在酝酿行业格局的变化！

生鲜产品的品类还有很多的创新空间，产品多元化研发亟待加强。

品牌的扩张，企业之间的兼并重组，需要考虑自身品牌和对方地域特色品牌影响力的权衡。

2. 豆浆（奶）类产品

2016年，规模企业用于豆浆的投豆量为35.42万吨，同比增长13.85%。其中：豆浆粉的投豆量2016年为26.66万吨，增长15.75%；液态豆浆行业的投豆量为8.76万吨，增长8.45%。

项　目	豆浆类产品（总）		液态豆浆		固态豆浆粉	
	投豆量/万吨	增长率	投豆量/万吨	增长率	投豆量/万吨	增长率
2012	31.80	9%	13.90	24%	17.89	-1%
2013	32.61	2.55%	14.23	2.37%	18.38	2.74%
2014	30.09	-7.73%	7.79	-45%	22.30	21.33%
2015	31.11	3.39%	8.08	3.69%	23.03	3.28%
2016	35.42	13.85%	8.76	8.45%	26.66	15.75%

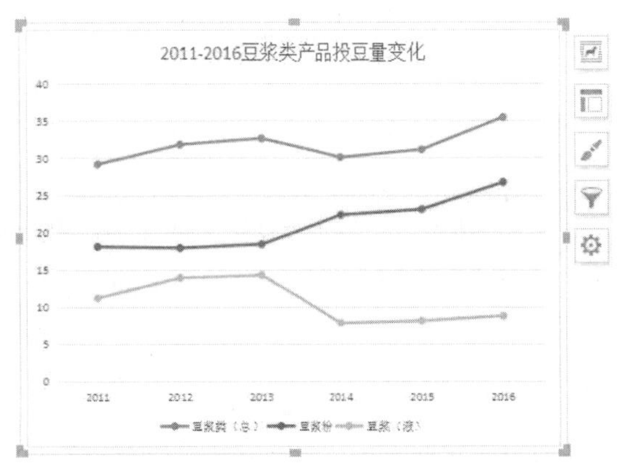

豆浆、豆奶、豆乳是一种产品的不同叫法，豆浆和豆浆饮料是功能不同的两种产品，未来豆浆行业的健康发展在产品的包装上面一定要标明产品属性，不能误导消费者。

由于互联网信息传播，使得消费者获得信息的渠道非常多，食品消费变得越来越理智，再加上大豆食品营养价值的不断被发现和认识，未来豆浆（奶）行业市场前景十分乐观。

豆浆（奶）在全球的年增长率为10%–20%。中国豆浆（奶）经过10多年的市场培养，相信也即将进入高速成长期了。中国人自古以来就有喝豆浆（奶）的习惯和喜好。有关机构在对消费者进行调研发现，国人早餐饮料中排在第一的是豆浆（奶），约占比39.13%；排在第二的是粥，约占26.38%；牛奶排在第三位，约占14.20%。可见，选择豆浆（奶）的是选择牛奶的2倍以上。

（1）液态豆浆（奶）

2016年实现增长8.45%，2015年增长3.69%，增长加速。

50强上亿元的企业中维它奶、清美、龙王、福荫、二商希杰及苏州金记，2016年豆浆（豆奶）的销售量超过10%。

2016年，专业豆浆（豆奶）的生产线（工厂）如雨后春笋，如小飞象筹备新的15万吨豆奶生产线、维它奶武汉投资5亿的新工厂、维维的“逗”系列豆奶饮品、北大荒绿源豆奶、金土地集团的“谷韵”豆奶、江西康华食品公司的“小磨时光”豆奶等。

与豆浆生产线增加相适应的是，一些服务于乳制品饮料行业的设备企业，比如粤东、永创、中亚、碧海等也纷纷涉足豆浆设备及技术市场。

液态豆浆未来需要关注的地方很多，比如豆浆制品等新产品的研发、对豆浆品质影响的豆浆基料的生产工艺优化研究、对豆浆风味影响较大的杀（灭）菌方式和杀（灭）菌的关键工艺参数的研究、豆浆制品包装的研究和开发等。

目前对于企业来说，要转变消费者对豆浆是低端产品的概念，需要做更多的宣传、引导和教育。

（2）豆浆粉

豆浆粉规模企业2016年投豆量（产量）增长了15.75%，而2015年增加3.28%，可见2016年增速大大加快。

近几年，豆浆粉在口味及包装上，更加多元化。

2016年，维维、龙王、永和、益海均实现超过10%以上的增长，尤其是益海增长了42%。

未来，豆浆粉除了产品创新外，渠道创新的潜力也很大，比如，和自动贩卖机合作，在超市便利店、地铁站等人流量大的地方设即饮服务等。

3. 豆腐干及休闲类大豆食品

2016年，规模企业用于豆腐干及休闲类大豆食品的投豆量为30.54万吨，2015年为24.76万吨，投豆量增加23.33%。

年份	2012年	2013年	2014年	2015年	2016
投豆量（万吨）	20.33	24.82	24.02	24.76	30.54
增长率	9%	22.08%	-3.22%	3.08%	23.33%

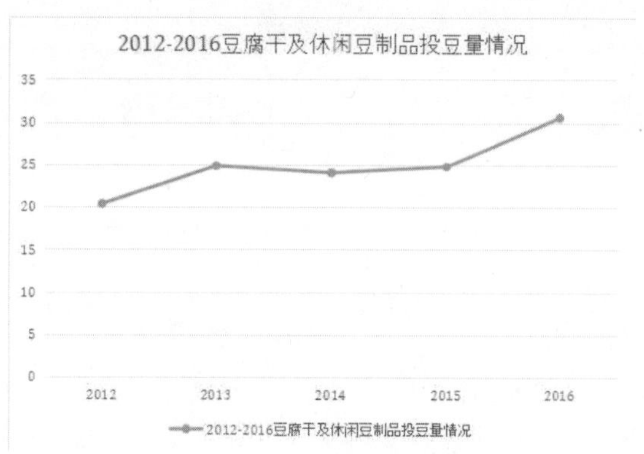

经过近10年的发展，休闲豆腐干（休闲豆制品）已经变成了豆制品中的一个独特的品类。2016年销售增长了23%，与2015年的3.08%的增长比，可以说是突飞猛进，应该说经过前几年的同质化、低价格的竞争阵痛后，现在休闲豆制品这个品类终于走出了一篇新的发展天地。

全国休闲豆制品产品各品牌定位越来越清晰，高中低档产品各自定位，形成了一个比较良性的市场竞

争格局。

50强企业中，以生产休闲豆干为主的约占1/3。产品口味翻新较快，继Q豆腐、鱼豆腐等热销新品种后，素肉类产品又成为市场的新热点。休闲豆腐干(豆制品)产品的市场潜力还可以不断挖掘。

互联网、电商渠道对于休闲豆制品来说是一个非常难得的发展机遇。2016年"双11"全网销售总额达1770亿元，在天猫"双11"中，食品饮料板块4分钟过亿，零食5分钟破亿。这对我们积极开发经营休闲类豆制品有很大的启示。

未来在包材上、在产品的辅料及配料上有很多的创新空间。

产品在口味上、品质上还有很多改进空间。

4.其它豆类产品

(1)腐竹

腐竹是豆制品中的优秀产品，但是，由于前几年的吊白块事件，近几年出口受阻，再加上负面曝光多，使得腐竹产品市场一直在徘徊，难于起色。

未来腐竹产品的突破，需要开辟新的销售渠道，比如尝试进一步加工成再制品或作为休闲豆制品的原料等。

吊白块等非法添加的不良影响还要有时间去消除。

(2)膨化豆制品(组织蛋白、拉丝蛋白)

近几年增长速度较快，部分生产区域已形成了从种植、加工到销售的完整产业链，比如说山东省枣庄市城头镇。

作为休闲素肉制品的原料，这几年，膨化豆制品的工艺有了突破性的改进。

未来组织蛋白、拉丝蛋白未来的前景很好。

【d.发展趋势】

从近几年来特别是2016年我国大豆食品行业的业绩和状况，我们可以看到今后一段时期中国豆制品产业的发展趋势和美好前景。

1.趋势

随着消费者对饮食结构调整的要求，大豆食品作为最优质的植物蛋白来源，未来的前景光明。

大豆食品企业将进入数量增长和品质提升并驱的发展轨道。

未来产品附加值的提升还需要我们进一步努力。

销售渠道扩展和细化，将引导企业不断进行产品开发升级、品类的拓展和优化。

"互联网+"的兴起，对大豆食品行业发展的影响和促进已经开始显现。大型卖场、农贸市场、专营店与电商之间优势互补。

企业开始有效地运用自媒体(如微博、微信)进行品牌推广，并开始受益。

2.机遇与挑战

中国的大豆食品市场远未饱和，潜力巨大。

企业亟待从质量竞争、品牌竞争向为消费者提供个性化服务及消费体验竞争的方向转变

行业缺乏全国强势品牌和差异化创新发展的现状需要突破。

中小企业在创新理念、经营管理、渠道拓展等方面需要提升。

大豆食品加工机械与设备企业需要投入研发力量，企业需要具备有核心技术。

面临互联网的冲击和挑战，以传统大豆食品为主要产品的豆制品企业，需及时了解互联网的游戏规则，充分利用好互联网技术和模式，在不断提升产品品质的同时，为消费者提供更加完善的终端体验。

微时代带来了瞬时性传播特性，企业在利用"微平台"的优势做好营销的同时，也要设计好应对负面消息的管理机制。

信息传播的多渠道、便利、快速和廉价成本，使得市场变得非常有趣和不确定。消费者很可能在短时间内对产品极度关注和迅速降温，这使得企业在营销策略上的难度大大增加。

转基因大豆原料，如果运用于食品，则必须进行标识，否则将导致消费者降低豆制品产品消费信心，这一风险必须引起我们的重视。

3.未来对大豆食品的利好因素

饮食和生活习惯的不健康给现代人带来了很多慢

性病的困扰，人们迫切需要调整饮食消费结构，再加上信息的畅通使得消费者对食品的选择变得越来越理性，这对于传统、健康的大豆食品是利好。

中共中央、国务院发布了《健康中国 2030 规划纲要》，未来在政策引导健康食品消费上会有很多利好。

人类对环保的担忧，也导致肉类产品的消费量意愿开始下降，尤其是年轻人，出于关注自身健康、关爱动物以及环保的理念，开始更多地以大豆食品代替肉类消费。

全球素食者的增多，比如北美地区每年增加 100 万人，我国目前有 5000 万素食者。

消费者对含糖量高的休闲食品、饮料产品的健康担忧，优质植物蛋白的大豆食品会备受关注。

农业部发布了《全国种植业结构调整规划（2016-2020 年）》（农发 [2016]3 号），《规划》指出，要调整优化区域布局来促进大豆生产发展，未来大豆产量的提升，需要进一步促进大豆食品加工业的发展。

【e. 主要行业活动】

4 月 14 日，召开第四届中国国际大豆食品产业发展大会暨 2016 中国豆制品行业年会。

4 月 14 日，2016 第六届中国国际大豆食品加工技术及设备展览会开幕。

4 月 14 日，“爱豆大行动”公益活动启动。

7 月 21 日，2016 中国大豆食品专用原料研讨会在牡丹江召开。

8 月 22 日，由豆制品专委会主办，湖南省邵阳学院食品学院、豆制品加工技术湖南省应用基础研究基地承办的豆制品工艺师三级职业能力考试（认证）暨第九期豆制品工艺技术及品控管理研讨培训班在湖南邵阳学院开班。

8 月 22 日 –30 日，应美国北达科它州贸易办公室邀请，由中国食品工业协会豆制品专委会组织的 2016 中国 – 北达科它州全性状保留大豆贸易代表团前往法戈，对北达科它州大豆种植及加工情况进行交流学习。

9 月 27 日，2016 淮南豆制品展销会开幕，副会长兼秘书长吴月芳参加并致辞。

9 月份，轰动全国的、涉案者曾获刑 10 年半的福建“毒豆芽”案撤诉。

10 月 28 日，由中国食品工业协会豆制品专委会组织、长沙豆制品行业协会承办的全国各地方协会工作交流会在长沙召开。

11 月 21 日，中国食品工业协会豆制品专委会与美国大豆出口协会在浙江省杭州市共同举办了 2016 中美食品级大豆市场展望研讨会。

吴月芳

2.6 焙烤食品制造业

【a. 概况】

2016 年是“十三五”开局之年，面对更加复杂多变的国内外经济形势，我国主动适应经济发展新常态，实现缓中趋稳、稳中蓄进的发展态势。在适度扩大总需求的同时，着力推进供给侧结构性改革，大力促进民生保障改善，推动经济发展取得了来之不易的成绩。焙烤食品糖制品行业在复杂多变的国内外形势下，依然保持了稳步增长的良好态势，增长形势好于 2015 年。

据国家统计局统计及行业测算，2016 年，国内焙烤食品糖制品行业（含糕点 / 面包、饼干、方便面、糖果巧克力、蜜饯和冷冻饮品）规模以上企业共 3013 家，同比增长 8.8%；主要产品产量合计约为 3527.3 万吨，同比增长 9.4%，增幅同比增长 3.6%；主营业务收入为 7389.3 亿元，同比增长 8.7%，增幅同比增长 1.7%；利润总额为 584.2 亿元，同比增长 9.0%，增幅同比增长 4.0%；出口交货值为 189.8 亿元，同比增长 7.2%，增幅同比增长 3.7%。以上数据充分表明，焙烤食品糖制品行业继续保持着良好的上升势头，且涨势好于 2015 年（见表 1）。

据行业统计，截止 2016 年底，焙烤食品糖制品行业通过食品生产许可（即 QS）的企业有 23798 家（含糕点 11895 家，饼干 1335 家，糖果巧克力 3151，果冻 920 家，蜜饯 2206 家，方便食品 2085 家，冷冻饮品 840 家，膨化食品 1366 家），通过 QS 的企业数量在逐步减少，而规模以上企业数量有所增加。

表1 焙烤食品糖制品行业2016年经济运行情况

行业		焙烤糖制品	糖果巧克力	糕点面包	饼干	冷冻饮品	蜜饯	方便面
规模以上企业数量(家)	2016年	3013	433	829	744	195	385	427
	2015年	2770	406	700	707	187	363	407
产量（万吨）	累计	3527.25	351.85	(431)	(990)	331.51	(319)	1103.89
	同比%	9.43	0.16	(19)	(10)	6.90	(11)	4.32
主营业务收入（亿元）	累计	7389.27	1329.00	1205.86	1979.01	436.17	637.02	1802.21
	同比%	8.66	3.45	13.34	9.47	4.48	10.29	4.75
利润总额（亿元）	累计	584.19	113.80	141.98	140.19	29.20	47.80	111.22
	同比%	9.00	5.75	21.53	6.15	15.67	6.44	-4.62
出口交货值(亿元)	累计	189.82	78.37	9.30	18.90	1.16	65.61	16.48
	同比%	7.18	22.74	27.93	-11.94	-44.74	3.60	-1.11

数据来源：国家统计局规模以上企业数据统计（即年主营业务收入 2000 万元及以上工业法人企业）。

括号内数字是行业测算数据。

从以上数据可以看出，全行业的产量和销售收入保持了较好的增长，规模以上企业数量在持续增加，说明行业集中度在不断提高，总体看，虽然受国内外政治和经济等诸多因素影响，2016 年，焙烤食品糖制品行业依然处在良性发展的轨道上，但也面临着前所未有的激烈竞争和转型升级的困惑。

【b. 重点行业情况】

2016 年，月饼销量呈现微增长趋势，整体市场平稳，品牌企业的销售整体稳中有升，产业集中度越来越高，月饼销售周期变短，高峰期延后且时间更短。月饼产品质量有保障，在中秋节前夕，为维护广大消费者的合法权益，进一步规范行业的发展，协会委托国家食品质量监督检验中心依据国家食品安全标准和各项强制性标准，对2016年中秋节即将上市的行业月饼产品质量进行了抽查检验。对105家企业生产的109种月饼进行了抽检，根据检验结果显示，有106种合格，合格率为97.2%。总之，今年的月饼产品不论是内在质量还是包装质量等方面都有明显改善和提高。月饼行业的新常态已基本形成。

互联网对行业来说，是个好事，多了个销售推广渠道，目前通过网络销售的企业一般有以下几种情况：一、企业规模较大，网络销售前期投入巨大，让利于消费者，以超低的爆款吸引关注和流量，以收获持续的销售行情，后期的利润基本都用作填补前期的投入，企业自身的盈利较少，微利甚至不赚钱。二、坚持自己的价格定位，把网络销售作为一个新的销售渠道，价格策略把控严谨，稳扎稳打，没有大起大落的销售行情，这种销售模式较稳妥，但需以品牌知名度为基础。三、还有一部分企业尝试更新的互联网销售模式——微商，这种"化整为零"、"全民皆商"的销售模式仍在逐步发展过程中，目前占行业的总体销量比例不大。总之，预计未来的几年将是月饼行业网络营销快速发展的时期，并将不断扩大在月饼市场中所占有的份额，这是网络时代的必然趋势。

2016年，随着国家进一步强化了食品安全的日常监管，焙烤食品糖制品行业对于食品安全的重视程度和风险意识都有了空前的提高。但是，由于行业内中小型企业居多，专业技术人员相对缺乏，人员综合素质较低，工厂设施和生产环境相对较差，在原料控制，生产管理等诸多方面还存在一定缺欠，食品添加剂的使用不当以及非法添加等问题也时有发生，甚至有些大企业在国家抽检中也出现了产品不合格的现象。总体看，尽管行业的进步是明显的，但食品安全形势依然严峻，行业规范和管理工作依然任重道远。

【c. 行业问题】

焙烤食品糖制品行业门槛相对较低，企业固定资产投资相对较小，技术难度不高，市场消费受经济大环境影响不大。因此，导致小企业数量众多，众多中小企业甚至一些大企业创新乏力，奉行简单的拿来主义，致使市场同质化产品现象日益严重。这必然导致市场的恶性竞争，面对市场竞争不断升级，企业机遇与挑战并存。目前我国焙烤食品糖制品企业尚处于发展阶段，与国外产品相比，在新品研发、口味多样化、包装个性化等方面都存在较大差距。因此，随着行业竞争升级，市场对焙烤食品糖制食品提出了更高的要求，只有不断创新和走差异化道路才是行业健康发展的方向。

2016年，企业的原料成本、用工成本、运输成本，以及经营成本呈持续上涨趋势，由于市场竞争激烈以及品牌劣势等因素，又很难提高产品价格，使得绝大部分中小型企业利润明显下降，经营状况比较艰难，发展壮大更是任重道远。

在我国焙烤食品糖制品行业，中小型企业所占行业企业总数90%以上。行业里为数众多的小型企业，规模不经济，资源利用不合理，技术和管理水平不高，产品质量得不到可靠保证，人才相对缺乏，农产品价格及原辅料、交通、能源价格上涨，生产成本持续增加，小型食品企业获利艰难。另外，小企业信用等级低，信贷困难，普遍存在资金不足问题，严重制约企业技术创新的步伐。

随着品牌消费的理念越来越深入人心，大型跨国企业对中国市场的关注度和投入力度越来越大，市场占有率也日渐增加，而对于近年来崛起的大批民营企业来说，品牌培育的难度和艰辛可想而知，品牌消费和品牌培育的矛盾是整个行业进步和发展的"瓶颈"之一。

【d. 标准法规工作】

受卫计委和国家食品安全风险评估中心的委托，2015年底和2016年初完成了《糕点面包生产卫生规范》、《膨化食品良好生产规范》、《蜜饯良好生产规范》、《冲调谷物制品》等4项食品安全国家标准的制定工作，已通过专家审评，并完成了后期相关部门反馈意见的处理，等待发布。

组织开展了GB19883-2005《果冻》标准的修订工作。

按照国家标准化管理委员会的要求，2016年6月12日编制并印发了《中国焙烤食品糖制品工业协会团体标准管理办法（试行）》，并在国标委网站上完成了协会团体标准公共平台的申报工作，现已申请取得了协会团体标准制修订资格。开展了《绿豆糕》团体标准的起草工作，筹备制定《全谷物制品》团体标准的立项工作。

组织开展了《可可粉中可可壳含量的测定方法》行业标准的制定前期准备工作。参与了糕点标准化分技术委员会组织的《食品馅料》《果酱》国家标准以及《糕点预拌粉》《冷冻面团》行业标准起草工作。参与了商业联合会组织的《冷冻饮品术语》《软冰淇淋机》《软冰淇淋预拌粉》《蜜饯》等标准的修订工作。

参与了《饼干生产许可证审查细则》《膨化食品生产许可证审查细则》的修订工作。参与了国家标准和行业标准的复审工作，主要包括糕点、饼干、面包等。

2016年4月完成了食药总局食监三司委托的“食品安全风险信息收集与行业风险预警交流工作”课题任务。2016年7月承担了食药总局食监一司委托的的“饼干、糕点风险排查及治理措施研究”课题项目。

【e.行业展会】

5月11—14日，第19届中国国际焙烤展览会在上海新国际博览中心举办，同期举办的活动有：第十七届全国焙烤职业技能竞赛，包括全国面包技术比赛，全国装饰蛋糕技术比赛，全国月饼技术比赛；“盼盼食品杯”第六届全国职业技术院校在校生创意西点技术大赛；2016年第二届MBA咖啡拉花艺术大赛；2016年“海融杯”中国西点大师赛；首届中国披萨精英挑战赛。以及“2016中国烘焙配料与机械技术主题论坛”等多个论坛。

10月13-15日，第十九届中国冰淇淋及冷冻食品产业博览会在天津梅江会展中心举办。

2016年10月26—28日，2016中国焙烤设备与原辅料秋季展览会在上海新国际博览中心举办。展览会侧重于“秋季节庆+家庭烘焙”市场的新产品、新技术、新设备、新趋势，同期举办了“2016中国焙烤行业发展高峰论坛”；“首届家庭烘焙美食大赛”；“可可琳纳杯”第二届全国婚礼蛋糕创意大赛；“海惠沃特杯”首届全国焙烤食品包装创意设计大赛参赛优秀作品展示；“与大师同在”——德日烘焙大师面包西点现场培训班；“烘焙大讲坛”——2016秋季伴手礼暨节庆市场新锐营销论坛；贝太厨房“万圣节”烘焙课堂；i烘焙家庭烘焙DIY达人秀；Dr.Pizza披萨美食节等活动。

【f.职业技能竞赛】

近几年，焙烤食品糖制品行业系列竞赛活动极大调动了广大焙烤从业人员学习钻研业务技术的积极性，促进了焙烤业技术交流，拓宽了技能人才成长发展渠道，培养选拔了一批优秀技能人才，营造了尊重技能、重视技能人才的良好氛围，为提高从业人员素质，推动焙烤行业发展发挥了积极作用。

第十七届全国焙烤职业技能竞赛活动于2016年初开始申请筹备，3月初组织开展全国分赛区工作，4月1日-4月30日期间举行全国选拔赛，5月11-12日在2016年第十九届“中国国际焙烤展览会”期间举行全国决赛。竞赛共设“维益杯”全国装饰蛋糕技术比赛、“顺南馅料杯”全国月饼技术比赛、“安琪酵母杯”全国面包技术比赛三个项目。全国共有有1600多人参加了预选赛，经过激烈的角逐，66名选手取得了决赛资格，最终有45名选手在现场受到了表彰，并将有9名选手将获得由人力资源和社会保障部颁发的“全国技术能手”称号，有一定比例的选手可以由组委会报请人力资源和社会保障部颁发、晋升职业技能资格。

本项竞赛已成为国内焙烤业最权威的技能大赛，同时，也得到了国际焙烤行业的广泛关注，来自德国、美国、日本、韩国、马来西亚、印度尼西亚等国家的代表团观摩了此次竞赛。

由中国焙烤食品糖制品工业协会、全国食品工业职业教育教学指导委员会、中国轻工业职业技能鉴定指导中心、盼盼食品集团联合举办的“盼盼食品杯”第六届全国职业技术学校（院）在校生西点创意大赛决赛于2016年5月13日在第十九届中国国际焙烤展期间举行。本届大赛共有近百所食品类职业院校报名。历经三个月的前期初选和训练后，有51所院校的74名选手从近万名在校生中脱颖而出，进入决赛。最后，经过评委的认真评选，共有45名选手荣获大赛金、银、铜奖。

为加强国际间交流，协会积极主办、参加各类国际大赛，由中日韩三国焙烤协会发起的亚洲西点竞技大赛已成功举办了五次，前三届仅限中日韩三国参加，自第四次举办开始，邀请了亚洲其它国家参加，赛事要求难度较大，目前为国际唯一。在去年10月东京举行的亚洲赛各国联席会上确定，2017亚洲西点竞技大赛将于2017年5月在中国上海举办，故协会在2016年5月第十九届中国国际焙烤展同期举办了2017亚洲西点竞技大赛"黛妃杯"中国区预选赛，为明年的亚洲西点竞技大赛选拔选手。

中国焙烤食品糖制品工业协会与苏州王森教育咨询有限公司共同举办了2016年MBA咖啡拉花艺术大赛，此项赛事是第二次举办，为传统焙烤行业带来耳目一新的跨界体验，吸引了焙烤和咖啡行业的关注。

【g. 国际交流】

5月11日，协会有关领导在上海与德国焙烤协会联合会主席等会谈。

5月11日，中焙糖协有关领导与来访的韩国大韩制果协会在上海进行了会谈。

5月12日，中焙糖协相关负责人与来访的秘鲁面包点心协会相关负责人进行了座谈。

5月12日，中焙糖协相关负责人与来访的美国烘焙设备制造者联盟、美国国际烘焙展IBIE委员会相关负责人进行了座谈。

【h. 主要行业活动】

3月31日，部分省市焙烤糖制品行业协会（商会）联席会议在北京国宾酒店召开。

5月12日，中焙糖协五届三次理事会及五届四次常务理事会在上海浦东喜来登由由酒店召开。

协会对2016年中国焙烤食品产业领军企业及2016年中国焙烤食品产业优秀品牌企业进行了表彰。

协会组织举办了2016中国月饼文化节系列活动.

【i. 英才计划】

全国焙烤食品糖制品行业连锁门店"英才计划"，是由中国焙烤食品糖制品工业协会组织实施，以《国家中长期人才发展规划（2010—2020年）》为指导，以培养行业高技能人才为目标，深入饼店行业服务的一项中长期人才培训工作。

"英才计划"是通过行业协会的桥梁作用，达成协会、学校、企业互相促进，合作共赢，为社会企业培养优秀英才的现代职教模式。

【j. "三品"战略实施情况】

2016年5月，国务院办公厅印发了《关于开展消费品工业"三品"专项行动营造良好市场环境的若干意见》，部署开展消费品工业增品种、提品质、创品牌的"三品"专项行动，以便营造良好市场环境，更好满足和创造消费需求，不断增强消费拉动经济的基础作用，促进消费品工业迈向中高端。《三品专项行动》成为食品工业迈向中高端、满足更高层次消费需求的又一重大举措，必将对焙烤食品糖制品行业的发展带来新机遇。中国焙烤食品糖制品工业协会极为重视此项工作，积极宣传推动，发挥引领、服务和协调作用，得到了行业企业的积极响应。以行业骨干企业为例，具体举措如下：

1. 增品种

企业在产品研发、外观设计、市场营销等方面加强创新，丰富和细化产品种类，推动中国制造向中国创造转变。

盼盼食品集团在安徽滁州建立国家级技术检验中心及研发中心，引进国内外先进实验设备，每年推出十余种新品方案，产品广泛涉及面包、蛋糕、点心、薯片、膨化及饮料制品，其中，变性薯片、艾比利香芋片等是世界首创。盼盼集团聘请曾服务过五任美国总统的前白宫首席糕点长——罗兰 · 梅尼耶先生为技术总顾问，研发出以它的名字命名的梅尼耶干蛋糕，成为盼盼的又一明星产品。

好利来推出的"黑天鹅尊贵至美"蛋糕系列，选

用全球顶级原料，拉开中国蛋糕第二次革命的帷幕－－高贵品味与艺术气质的复兴。国际顶尖研发团队的加入加快了好利来新品的研发速度，推出的新品迅速成为烘焙连锁店的网红产品，如法式马卡龙、半熟芝士、双层芝士蛋糕、蜂蜜蛋糕、草莓巧克力等，使我国消费者不用走出国门即能品尝到享誉国际的美味食品。

东莞锦泰食品有限公司在饼干行业深耕20多年，其生产的“思朗”饼干，以纤麸系列粗粮消化饼干为代表，坚持发展健康食品路线，推出了一系列新的健康产品。其中“康力思”提高免疫力饼干和“仁厚”通便饼干两款产品，均通过了国家食品药品监督总局的保健食品审批，是真正有功效的保健食品。

溜溜果园集团股份有限公司是一家致力于特色果品种植、加工、销售、科研于一体的现代化集团企业，主要生产“梅”系列蜜饯产品。集团拥有一支强大的研发团队，每年研发费用高达5000万元，通过研发攻关，解决了加工时营养成分容易流失问题，既保证了产品具有丰富的营养又有良好的口感。溜溜果园深耕“梅”产品的同时，还研发了尼嗒·有你好果子吃系列果干、坚果产品。

2. 提品质

弘扬精益求精的工匠精神，走以质取胜、质量强国的发展道路，推动中国制造加快走向精品制造，赢得大市场。

北京味多美食品有限责任公司坚持用工匠精神制作产品、发展企业、打造品牌。公司坚持选用全球优质原料，使用天然奶油制作蛋糕，供应商遍布法国、英国、美国、澳大利亚、新西兰、菲律宾、南非等全球众多国家和地区。为消费者带来更好的产品体验，对行业发展起到了积极的引领作用。

达利集团拥有专业品质管理队伍1200多人，形成了从源头到终端的品质管理，目前已通过ISO9001、ISO22000、HACCP、BRC、HALAL、ISO14000和保健食品GMP等认证，形成了全覆盖的质量安全认证体系，有效地提升产品品质，保障食品安全。集团在原料验收、生产过程、成品检验等环节都建立了标准化、精细化、程序化的管理制度。

3. 创品牌

增强品牌意识，提高品牌竞争力，推进品牌国际化。

达利集团实施多品牌战略，根据不同产业特征打造个性鲜明的品牌，目前拥有“达利园”、“好吃点”、“可比克”、“乐虎”、“和其正”、“豆本豆”六大品牌，每个品牌均有丰富的产品，极大地提升了企业竞争力。

盼盼食品集团为提升品牌知名度，依托名人代言+电视广告，借势明星效应的传统策略，先后与央视、湖南卫视、安徽卫视等全国数十家强势电视媒体建立了战略合作关系，先后牵手《最强大脑》、《爸爸去哪儿》、《花儿与少年》等栏目，深度打造盼盼品牌形象。公司连续六年参与中国大学生广告艺术节学院奖活动，吸引了900多所高校上百万学子的直接或间接参与。同时，冠名中国焙烤食品糖制品工业协会举办的“盼盼食品杯”全国高校在校生创意西点技术大赛，牢牢锁住学生这一品牌的主流消费人群，展现品牌亲和力，提升品牌美誉度。

溜溜果园集团极力营造“CHINAMEI中国梅”的品牌效应，为提高国人认知，不惜投入3亿元宣传“溜溜梅就是梅花结的果儿”。2016年，启动中国梅产业发展基金，带动中国梅产业发展，并已启动建设“青梅小镇”项目，推动中国梅多元化经济发展。让“CHINAMEI中国梅”走出国门，让世界了解、认识中国梅文化，打造真正意义的民族品牌。

张九魁

2.7 糖果巧克力业

【a. 概况】

1. 生产企业数量情况

根据国家统计局提供数据，2016年规模以上（主营业务收入2000万元及以上）糖果巧克力生产企业433家，同比增加27家。

据行业统计，截至2017年4月，通过食品生产许可（QS和SC）的糖果、巧克力、果冻企业总计3077家，其中果冻企业221家。

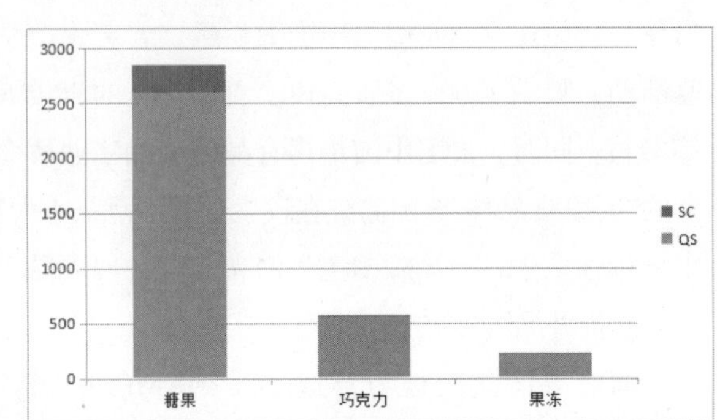

图1 糖果、巧克力、果冻企业食品生产许可基本情况

2. 主要产品产量情况

2016年，全国规模以上糖果生产企业总产量351.9万吨，同比增长0.2%，同比增加0.5万吨，增速大大减缓，比食品制造业低2.5个百分点。其中，2016年糖果总产量35.4万吨，同比下降5.4%，比食品制造业低8.1个百分点。

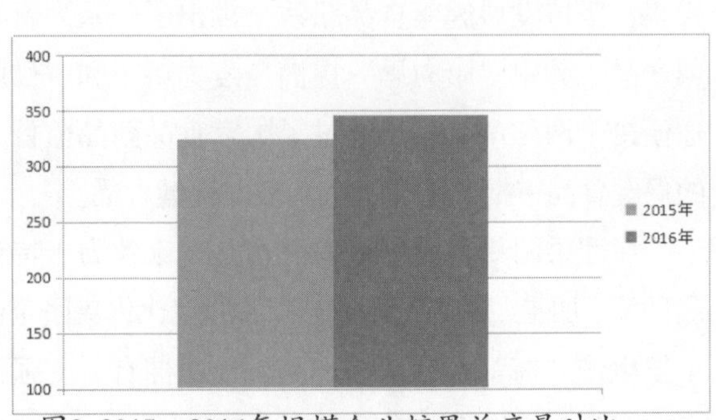

图2 2015、2016年规模企业糖果总产量对比

3. 整体经济效益情况

2016年，规模企业全年主营业务收入1329.0亿元，同比增长4.4%，增速同比继续下降；全年实现利润总额113.8亿元，同比增长6.0%。

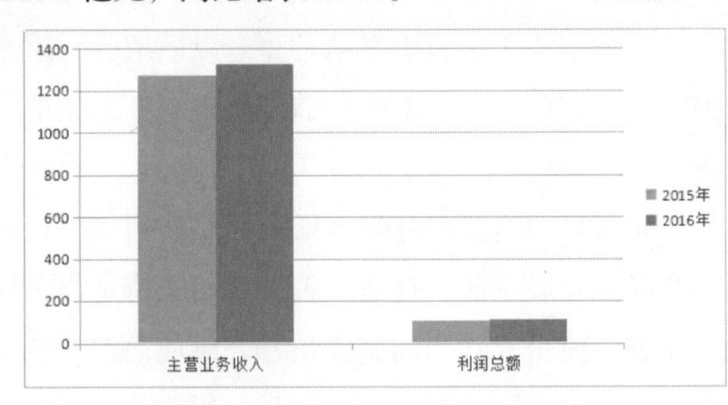

图3 2015、2016年规模企业实现主营业务收入和利润总额对比

2016年，规模糖果、巧克力企业亏损38家，同比增加5家，亏损继续加剧，总额达7.0亿元，同比增长86.3%。资产总计862.1亿元，同比增长6.0%，保持持续增长；流动资产409.5亿元，t同比增加10.1亿元，增速有所提高。全年产成品36.6亿元，同比减少2.5亿元；存货80.3亿元，同比减少3.7亿元。产

值有所下降。

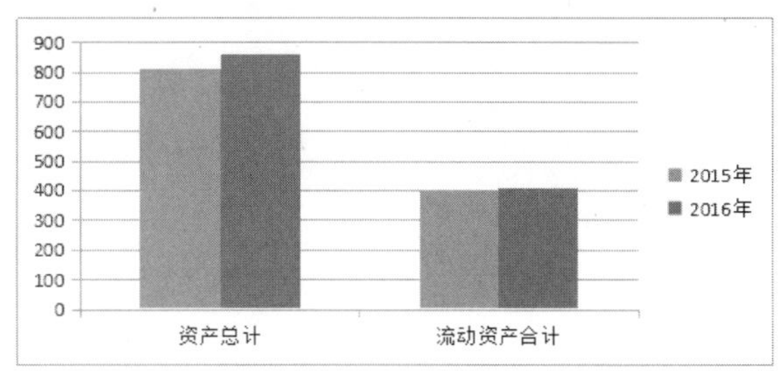

图4 2015、2016年规模企业资产总计和资产流动对比

全年主营业务成本总计1004.3亿元，同比增长5.3%，其中销售费用135.2亿元，同比下降2.3%；管理费用62.5亿元，同比增长6.5%；财务费用7.8亿元、利息支出5.6亿元。销售成本有所下降，管理成本持续上升。

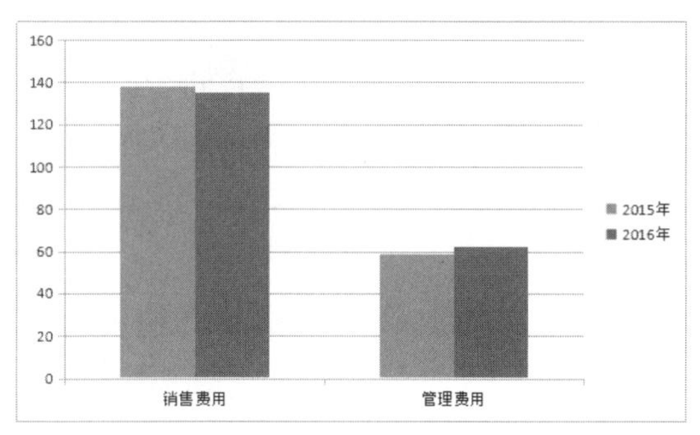

图5 2015、2016年规模企业主营业务成本对比（销售费用、管理费用）

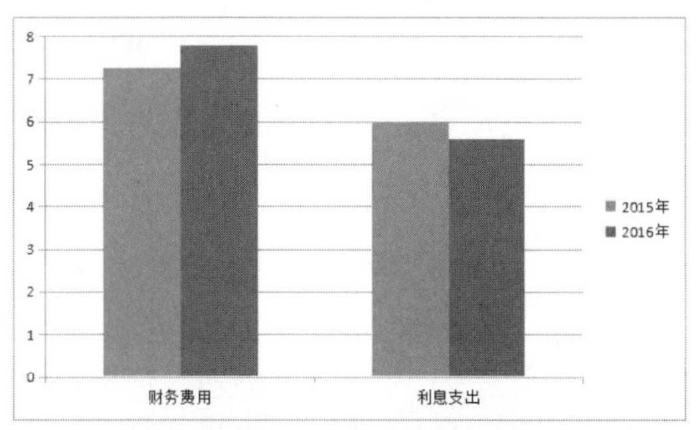

图6 2015、2016年规模企业主营业务成本对比（财务费用、利息支出）

4. 区域经济发展情况

2016年，全国糖果产量排在前5位的地区分别是福建、广东、湖南、湖北、山东，共生产糖果237.4万吨，占全国糖果产量的67.5%，同比增长1.3%，从增速比来看，排名前5位的包括新疆、青海、内蒙古、重庆、陕西，从增长值来看，排名前5位的包括福建、重庆、青海、四川、江苏。包括辽宁、山东、上海在内的12个省份出现了下降。

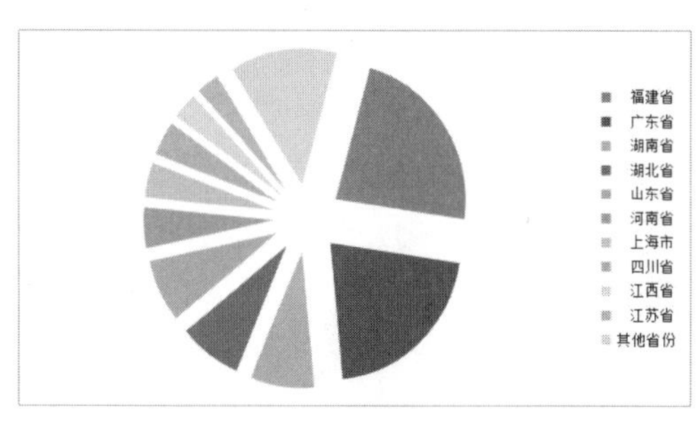

图7 全国各省份主营业务收入占比

5. 进出口情况

海关数据显示，2016年，糖果类产品（含口香糖及不含可可的糖食）出口数量总计30.29万吨，总金额达到8.46亿美元，同比分别增长7.19%和0.60%，主要贸易伙伴为菲律宾、美国、印度尼西亚、澳大利亚、马来西亚、英国。其中，口香糖出口3.51万吨，总计9125万美元，主要贸易伙伴为菲律宾、加纳、尼日利亚、贝宁、也门。含可可类甜食（含巧克力及巧克力制品）的出口数量总计5.66万吨，总金额达3.39亿美元，数量比2015年下降2.00%，金额同比增长1.45%。糖果类产品出口，以汕头、厦门、深圳、广州、上海、天津等地口岸为主；巧克力及巧克力制品出口以广州、上海、杭州、深圳、汕头、天津口岸为主。

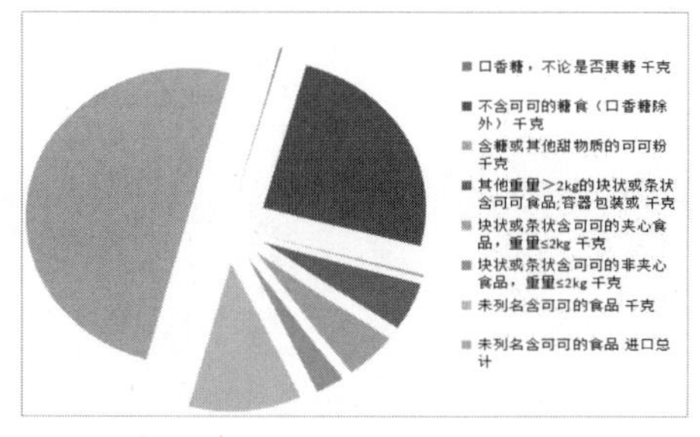

图8 2015年糖果类产品（含口香糖及不含可可的糖食）出口情况（按金额）

2016 年，糖食类产品（含口香糖及不含可可的糖食）进口数量总计 4.74 万吨，总金额达到 1.82 亿美元，同比分别增长 2.06% 和 1.73%，含可可类甜食（含巧克力及巧克力制品）的进口数量总计 4.75 万吨，总金额达 3.35 亿美元，同比分别下降 27.47% 和 35.02%；其中，糖食类产品（含口香糖）进口以泰国、马来西亚、台澎金马关税区、美国、德国、韩国等国家和地区为主，含可可类甜食的进口以意大利、瑞士、比利时、美国、德国、法国等国家和地区为主。

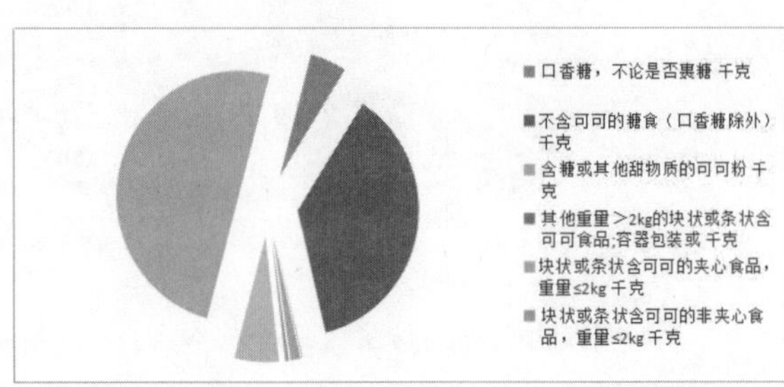

图9 2015年糖果类产品（含口香糖及不含可可的糖食）进口情况（按金额）

【b. 食品安全状况】

根据国家食药总局提供数据，2016 年全年各类食品（含保健食品和食品添加剂）监督抽检数量 1499903 批次，样品合格数量 1463787 批次，不合格样品数量 36116 批次，样品合格率 97.59%。其中抽检糖果及可可制 18114 批次，样品合格数量 17897 批次，不合格样品数量 217 批次，样品合格率 98.80%，样品合格率均高于平均水平（97.59%）。糖果巧克力生产经营企业的食品安全意识进一步增强，食品安全整体形势稳中趋好。

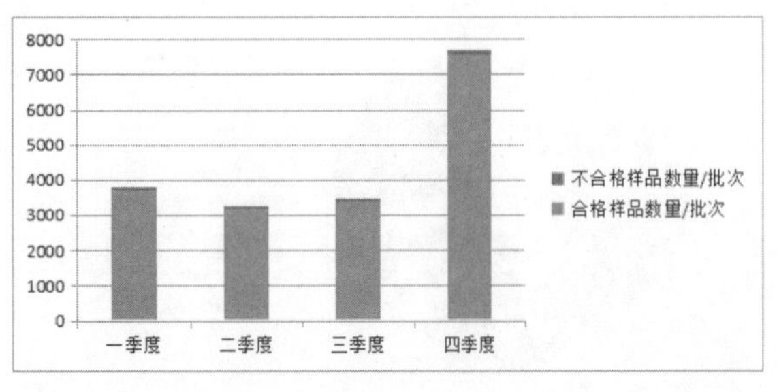

图10 2016年四季度抽检糖果及可可制品情况

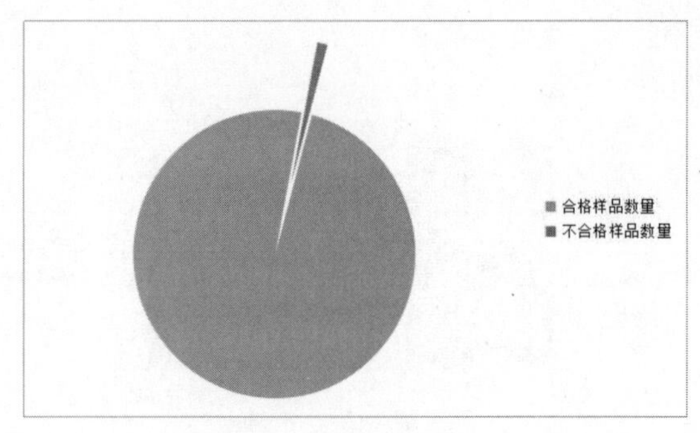

图11 2016年抽检糖果及可可制品合格率

【c. 行业面临的情况】

1. 职业索赔人、网络谣言、标准误读成为行业新困扰

2016 年中国食协糖果专业委员会收到企业求助并发出协助企业与职业索赔人交涉、面向监管部门证实清白、与检验机构交涉等等各类文件共计 49 件，内容涉及标签标识、产品命名、食品添加剂带入原则、散装食品生产日期、包装面积计算、检验方法适用性、生产许可证发放、巧克力制品品类划分等多个方面；涉及食品安全国家标准、推荐性国家标准、行业标准多项；还涉及到食品生产许可通则和糖果巧克力类产品的生产许可细则。部分企业还遭遇陈旧的明胶视频信息网络恶意传播和敲诈。

2. 对巧克力中铬含量进行风险评估工作

2016 年 2 月 24 日，国家食品药品监督管理总局在召开的抽检监测通报会上指出，巧克力中铬的含量超出 0.5mg/kg 限量指标。随即，部分巧克力生产企业陆续收到产品下架通知。为此，中国食协糖果专业委员会积极与国家食药总局沟通，提出就巧克力中铬含量成立课题组进行专题研究，通过分析研究金属元素铬的可能来源、存在形式、在生产过程中的状况、及对人体健康的影响等因素，为国家监管提供帮助、为生产企业提供控制措施的指导，以期达到早分析、早判断、早定性、早处理、早预防的效果，更好地实现科学监管。该项目的开展，为行业协会在食品安全基础研究中的作用开创了先例。同时，也扩大了行业协会在食品安全风险评估领域的影响力。

【d. 标准化体系建设工作】

1. 国家卫生和计划生育委员会、国家食品药品监督管理总局联合发布的 GB17399-2016《食品安全国家标准糖果》、GB17403-2016《食品安全国家标准糖果巧克力生产卫生规范》。

2. 国家食品药品监督管理总局发布的《食品生产许可审查通则》、《食品生产经营风险分级管理办法》。

3. 国家质量监督检验检疫总局、国家标准化管理委员会联合发布的 GB/T19343-2016《巧克力及巧克力制品、代可可脂巧克力及代可可脂巧克力制品》。

4. 商务部发布的 SB/T10018-2017《糖果硬质糖果》、SB/T10019-2017《糖果酥质糖果》、SB/T10020-2017《糖果焦香糖果》、SB/T10021-2017《糖果凝胶糖果》、SB/T10022-2017《糖果奶糖糖果》、SB/T10023-2017《糖果胶基糖果》、SB/T10347-2017《糖果压片糖果》

5. 重点跟踪、参与多项与行业相关的标准法规

GB4789.x-201x《食品安全国家标准食品微生物学检验糖果采样与检样处理规程》、GB/T20705-201x《可可液块及可可饼块》、GB/T20706-201x《可可粉》、GB/T20707-201x《可可脂》、《食品安全国家标准食品添加剂生产卫生规范》等未发布的标准和糖果类产品、食品添加剂、饼干、糕点等生产许可审查细则等技术文件。

【e. 协会活动】

1.6 月 18-19 日，举办中国食协糖果专业委员会第八次会员代表大会并完成了第八届理事会换届工作。

2.11 月 8-10 日举办 2016 年中国巧克力高层论坛。

3. 组织开展评选行业“三优三创”企业、团队及个人。

4. 组织部分会员单位参加国际交流工作。

中国食协糖果专业委员会 刘雨芳

2.8 方便食品制造业

方便食品是以米、面、杂粮等为主要原料加工制成，可直接食用或只需简单烹制即可食用的食品，多为主食类食品。

【a. 概况】

在我国食品工业坚持稳中求进的总基调下，方便食品制造业以提质增效为中心，不断优化、调整产业结构，主动适应经济发展新常态。近几年来，通过以传统特色食品产业为方向，并适应了人们对营养、健康的需求，行业主营业务收入逐年提升。

2016年，全国方便食品制造行业规模以上企业累计完成主营业务收入3915.06亿元，同比增长9.50%。其中，米面制品行业1131.46亿元，增长12.81%；速冻食品行业981.38亿元，增长15.22%；方便面及其它方便食品行业1802.21亿元，增长4.75%。

2016年全国方便食品制造行业经济运行情况

	规模企业数	主营业务收入	利润	企业资产总计	出口交货值
	（家）	（亿元）	（亿元）	（亿元）	（亿元）
米面制品	636	1131.46	66.05	504.22	19.48
速冻食品	486	981.38	61.08	656.38	48.89
方便面及其它方便食品	427	1802.21	111.22	1084.46	16.48

资料来源：国家统计局

2013---2016年方便食品制造业与食品工业主营业务增幅对比（%）

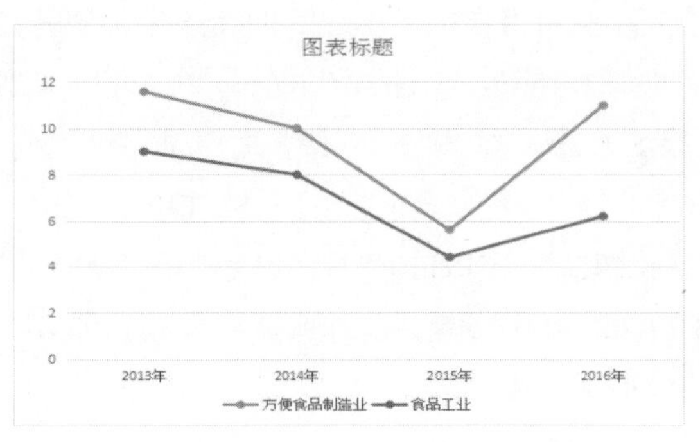

资料来源：国家统计局

从2013年以来的数据可以看到，在近几年食品工业增幅下行的情况下，方便食品制造业的增长均比食品工业整体增长高。2016年，行业呈回暖态势明显。这些，表明，方便食品制造业的行业发展呈现正向，健康转型成效显著。

【b. 行业发展分析】

1. 价格

2016年，方便食品制造业利润同比增长4.9%，显示行业近几年以创新提升价值的行业发展方式已见成效。

2012---2016年全国方便食品制造行业利润情况统计

年份	利润（亿元）
2012	210.30
2013	237.15
2014	238.10
2015	227.20
2016	238.35

资料来源：国家统计局

2. 市场

城乡居民收入的持续稳步增长、新型城镇化的加快推进，“全面二孩”政策的实施、人口老龄化的加快、城乡及区域发展差距的缩小等促进食品整体需求稳步增长，中产阶级人群的壮大驱动食品消费正由生存型消费向健康型、享受型消费加快转变，“吃的安全、吃的健康、吃的营养”日益成为城乡居民食品消费共识，这些也为方便食品行业的发展创造了机会。

特别是对实施主食加工业的提升行动，积极推进传统主食工业化、规模化生产，大力发展方便食品、休闲食品、速冻食品、马铃薯主食产品。这也给行业发展提供了新的机遇，加速行业从价格竞争到价值提升的转型，加速推进行业的供给侧改革。从方便食品的几个细分领域也基本呈现出止跌企稳的复苏现象，例如：方便食品行业在方便面这一传统市场止住了连续衰退的趋势，通过产品创新实现了利润上的突破；挂面行业的市场集中度在进一步提升，虽然总体产能过剩，但是中大型企业还在追求规模效益；速冻食品在业务用领域和连锁便利店渠道的增长拉动了整个行业的发展；而调味面制品在行业品质得到整体提升的同时，在电商渠道得到了快速的增长。整个方便食品行业市场发展主要呈现几个方面特点；

（1）是创新活跃，跨界融合特征明显。例如：方便面行业在提升泡面品质的同时，也推出面向家庭的煮面；挂面行业的企业则推出了具有明显方便面特征的调味鲜湿面；冷冻冷藏食品也在推出一些常温保存的新产品。

（2）是营养、健康、方便的消费需求更加突出。市场上对于营养健康产品消费需求的上升，使行业面临更大的转型升级压力。方便面、方便粉丝、调味面制品等产品面临的是如何让产品更加营养健康；挂面、速冻食品则更关注如何让产品更方便、更美味。

（3）是面对网络订餐竞争压力的增大，业务用市场的开辟成为主导。面对互联网时代新业态快速膨胀，方便食品市场的一大部分空间被互联网订餐所取代，与餐饮业等业务用市场的合作是行业发展的必然。

3. 投资

2016 年，全国规模以上方便食品制造企业资产总计 2245.06 亿元，同比增加 143.04 亿元，同比增长 6.80%。其中：流动资产总计 1054.91 亿元，增加了 66.52 亿元，增长 6.73%。

在投资增长中，很大一部分来自生产线的升级改造。例如：方便面行业对于装备的升级改造在近几年已经基本完成，并且迫于市场的压力，装备升级的步伐在放缓，但是挂面、方便粉丝由于需要规模效益完成市场融合，因此，在新的生产装备上的投资依然保持较高增速。2016 年，国内排名靠前的 24 家企业中，就有近 100 条 1.5m 的大线进入市场竞争，产能增加 30%，在装备层面的集中投资，也加剧了未来产业竞争态势。

而调味面制品行业目前正处于行业整合、产业提升的关键时期，对于自动化装备和现代化厂区的建设有着较高的需求，随着市场的扩大以及资本的介入，未来还保持较高的投资热情。

4. 区域分布

2016 年，全国方便食品制造行业规模以上 1549 家企业中，位列前 5 位仍是河南省、山东省、安徽省、广东省、四川省，这主要源于资源、市场需求的不同。不过未来，随着国家在创新与创业上的导向以及“一带一路”和西部开发的带动，布局将呈现向西部扩张，并与地方特色农业经济相结合的局面，将有可能出现围绕某一特色农产品打造的产业经济带，例如：在花椒、辣椒产业，清真食品等的发展上。

5. 行业集中度

方便食品制造行业规模以上企业中，主要以中小型企业为主，占比超过 90%，但行业规模效益越来越明显，占企业总量 10--20% 的大型企业，占据着 80% 以上的市场。以方便面、挂面为例，由于利润相对微薄，所以企业只有通过规模效益创造利润，甚至企业已经将产业链向前端延伸，从原粮收购开始，以确保企业可以用最低的成本、最高的效率掌握最大的市场。

6. 进出口

2016年，全国方便食品制造行业累计完成出口交货值84.85亿元，同比增长1.83%。

2016年全国方便食品制造行业月度出口交货值

月份	出口交货值（亿元）	同比增长（%）	月份	出口交货值（亿元）	同比增长（%）
1月	5.31	-5.57%	7月	7.51	2.35%
2月	5.31	-5.57%	8月	7.62	5.2%
3月	5.7	-1.03%	9月	7.39	-5.55%
4月	6.07	1.49%	10月	7.75	-10.57%
5月	6.52	7.42%	11月	8.55	-7.05%
6月	7.37	7.38%	12月	8.49	-6.61%

2016年全国方便食品制造行业月度出口交货值及同比

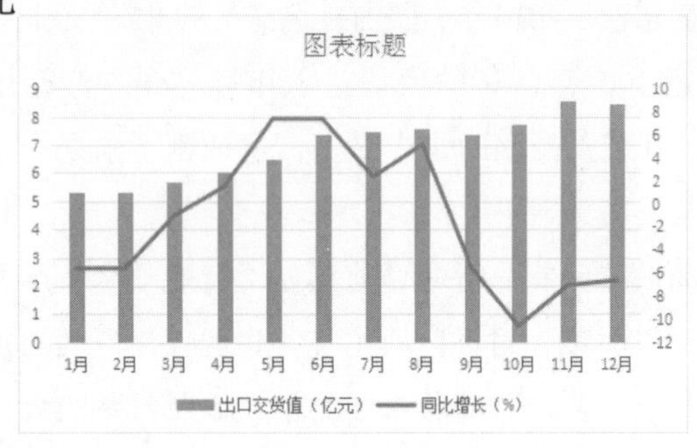

资源来源：国家统计局

7.重点行业及“三品”战略实施情况

方便食品制造业是中国传统食品工业化的典型行业，极具培育差异化的竞争产品和形成原始创新的能力。但经济新常态，已对食品行业带来一些结构性变化。一批兼具中国传统饮食文化营养特征的新品种正快速成长，例如：近几年以中国传统的五谷杂粮为载体，对应膳食营养与饮食健康的新需求的方便食品产业正构成行业新的经济增长点。其深刻变化在于，针对产品的新需求——方便、美味、可口、营养、安全、健康、实惠、个性、多样化，对应从原料生产、加工制造、消费的全产业链上要加大科技创新力度。

国务院办公厅在2016年5月印发《关于开展消费品工业“三品”专项行动营造良好市场环境的若干意见》，部署开展消费品工业增品种、提品质、创品牌“三品”专项行动。得到方便食品制造业积极响应，行业通过营养健康转型“增品种”，通过食品安全产业链建设“提品质”，同时，在中国食品科学技术学会等社团的引导下，正拟通过建立和完善食品行业优质品牌的第三方评估、评价体系及培育创新基地“创品牌”上扎实起步，从而在逐渐完善中夯实“三品”专项的行业基础。

8.包装与装备

由于，方便食品行业多源于我国传统食品制造业，装备多为自主研发或改进。经近30年发展，已经拥有了高度自主化的知识产权，为行业自动、高效、安生生产提供了保障。但因企业规模不一，投资建设力度及装备水平参差不齐，中小企业的设备机械化、大型企业的设备自动化亟需提升。与国外先进生产企业相比，在自动化、智能化和可追溯方面还存在较大差距。

特别是在速冻食品行业中，行业产品自动化、智能化工程技术与装备关注度不足。虽经过20多年的发展，我国速冻食品行业机械化水平明显提升，饺子机、汤圆机、馒头机等生产设备已经代替手工在企业广泛的应用，提升了行业的机械化水平，但行业目前生产的自动化水平几乎处于空白，三全、思念行业龙头企业，全生产线仍不能自动化生产，主要原因是部分工艺过程的关键技术和设备不能自动化生产。随着工业4.0的到来，智能化生产也已走进现代工厂，生产过程的工艺参数偏差自动反馈、修整，原材料的质量在线快速无损伤检测、准入，成品、半成品品质稳定的自动反馈、放行，智能化设备的使用，将极大提升行业产品质量的稳定和行业效能的提升，缩小同国际社会先进水平的差距。

【c.行业面临的问题】

1.政策与市场

2016年，在我国经济下行压力加大，环境空气治理力度加大，供给侧去产能的力度加大等多种因素影响下，方便食品行业原料普遍上涨，几乎遍及各种原料及包装材料，行业利润空间进一步压缩，企业为了稳定市场占有率，超低价格的恶性竞争在行业继续上演。合理的利润是企业和产品发展进步的基础，而超低价格的恶性竞争在压缩利润空间的同时也使企业的技术进步、新品开发、品质控制和食品安全方面的综

合投入产生困难；原料上涨，终端产品价格上涨，企业利润空间进一步压缩。微利、无利的经营状况使企业举步维艰，例如：速冻食品行业知名企业苏阿姨已经破产，河南云鹤也已易主。火锅料行业进入滞涨的阶段，行业发展动力不足，产品渠道定位于低端业务。竞相低价势必使企业压低成本、降低品质。

2. 完善标准，行业管理更加规范

2016 年，方便食品行业多项标准有了重要进展。例如，调味面制品于 2015 年由国家食品药品监督管理总局下文，正式划归到方便食品行业进行统一管理。在中国食品科学技术学会等单位的推动下，在 2015 年调味面制品行业启动行业标准制定的基础上，其食品安全国家标准于 2016 年获国家卫生计生委立项批复，将为产品在全国范围的生产、经营、监管与执法提供统一的标准依据。

《食品安全国家标准速冻面米制品》（GB19295-2011）已实施多年，得到行业广泛认同，但实施过程中仍存在一些需要完善的内容。标准的修订工作也已于 2016 年启动，将更有利于科学规范行业发展。

新标准的建立对于行业发展起到积极地促进作用。同时，对于一些旧的标准或是重复性的标准，行业也亟需进行梳理。如方便面行业目前执行的食品安全国家标准和行业标准，是两个并行的标准，其中存在着矛盾的地方。而各企业目前两个标准都要参照、标示，给产品的管理和创新都带来了不少困惑。

此外，速冻火锅料行业近几年一致保持高增速发展，随着我国经济增速的下行，增速有所减小，但仍保持两位数字的增长，支撑了速冻行业的发展，但速冻火锅料行业没有健全的系统标准，产品的属性归属和分类不明，企业使用标准混乱，产品非肉类、鱼类添加量指标、安生控制指标缺失，行业的规范化明显低于速冻面米食品，给行业的良性发展带来很大隐患。同时，火锅料产品原料多样化，产品形式相对较新，产品归属难以界定，而不同的产品归属则涉及食品添加剂的使用。启动制定火锅料行业标准，规范、指导行业发展，将是下阶段的重要课题。

3. 集中度提高产业进入加速整合期

随着对于食品安全的管控越来越严格，方便食品行业正在面临着全产业链的整合。在新的一轮大浪淘沙之后，行业集中度也会进一步提高。在产业链的上游，整体上基本处于一种小规模化、分散化、粗放式的生产方式，很难满足现代食品加工业对生产标准化、规模化、均衡性的发展要求。而方便食品产业链中游的发展水平和加工能力，基本与国际上同业先进水平保持同步，客观上存在着食品加工能力大量闲置的问题。从方便食品产业链下游来看，食品物流特别是冷链物流发展水平也远远滞后于食品产业发展需要。另外，在现代流通渠道建设方面，除一二线城市以外，也远远不能满足消费者需求。

对于有特殊需求的方便食品，如速冻食品，应加强管控冷链最后一公里配送（二次配送，卖场）的薄弱环节，完善管控法规。良好的冷链是冷冻食品质量保证的关键环节，目前很多大型速冻食品生产企业已投入大量精力提升冷链建设，成品库温度管控，运输车温度监控，干线物料全程 GPS 监控温度，销售公司、经销商库温管控等得到加强，有效保证了产品储藏温度符合控制的要求，产品冷藏管理基本完善，有效地保证了产品的初期质量，但二次配送，卖场冷藏管理、监督环节比较薄弱，产品冻融现象明显，产品的最终质量很难保证。因此，应尽快完善冷链最后一公里管控法规。

4. 切实有效地保障原料安全及落实环保要求

基于产业链的食品安全，种养殖环节食品安全是各种食品安全的源头，方便食品行业产品品种多，原料类别多，来源广泛，如养殖业的药残问题，种植业的农残问题，都成为行业的潜在风险。大多原料由农民个体种植，很难对每批原料都进行安全控制的质量控制，给产品品质的安全控制带来很大风险，如果源头没有做好，生产企业管控难度大，管控成本高。而目前行至有效的管理、监控法规缺失，原料监管处于不良状态。例如：速冻食品生产的大宗原料，蔬菜、面粉、糯米粉等，许多是个体种养殖户提供，由于小麦种植、贮藏和面粉加工之间缺少必要的配合，导致品质质量差异明显。农产品原料的分散化种植品质稳定性无法全面保障。因此，应从源头抓起，从农业入手，把小、散、乱的农业转变为规模化、专业化农场。原料规模化生产，原料基地政策的有效落实，势在必行。

此外，环保政策推进也应给下游企业技改留有适当的时间空间。严格的环保要求，对于种养殖环节、农产品初级加工企业压力非常大，政府采取一刀切的做法，短时间内对行业影响很大，没有给加工企业一个调整和缓冲的余地。如这两年开始的对水产加工企业的污水严查问题，导致很多鱼糜生产厂家无法正常大量生产，使鱼糜供应紧张。

5. 有效管控虚假信息传播及加大知识产权保护

2016 年，方便食品行业被各种谣言所困扰，导致行业在消费者心中有较多的负面评价。为此，国家应对虚假信息发布的管理予以加强。同时，在方便食品行业，竞相模仿现象严重，知识产权保护问题如形同虚设。只要有上市后热卖的产品，不久就会被模仿，企业考虑到维权手续复杂漫长，举证困难，不得已只能放弃维权之路，这种现象在业界是普遍存在的，国家有关部门应引起重视。

6. 科技创新

每一次行业的大发展都伴随着科技创新与消费理念的升级。尽管近年食品行业增速放缓，行业企业并没有放慢创新的步代和设备升级改造的进程。

（1）营养健康需求迫使“控糖、降盐、降油”

食品消费品类出现分化随着食品消费市场逐步走向成熟，吃饱、吃好、吃的安全、吃的营养健康，营养、健康的食品已是人们现阶段追求的饮食目标。因此，一般性、温饱性的支出比例在逐渐减少，而体现生活质量和生活方式的消费支出比例则在逐年增加。

企业在原有经典口味基础上持续开发新品，让风味回归自然与其实、地域特色产品成为创新的方向；同时，冷冻干燥、鲜湿面、杂粮面等产品相继问市，都是对原有工艺的突破。中国的方便食品市场还需要伴随产品的升级，更好的迎合消费需求，为消费者提供以健康、营养为目标的食品。

而目前企业在产品设计阶段，大多关注的是产品的口感、口味、外形、成本及工业化生产的难易程度，对产品配方的营养配比关注甚少。特别是在新的膳食指南出台后，对应需求，降油，降盐，成为行业关注的重点。未来，更多的创新产品将通过工艺的改进和对营养、安全的基础研究，行业也将为消费者带来更丰富的产品线。

（2）环保包装与智能制造

方便食品行业整体的发展水平并不统一，各细分领域还存在着较大差距。但是未来的发展方向是一致的，既通过产业的自动化、智能化来提升产品的安全性与价值。目前自动化较高的方便面、冷冻冷藏食品已经开始了在生产设备上的智能化改造，利用云技术，监控与提升设备的运转效率。同时，未来还将引进高速摄像技术进一步提升产品安全性。在产品的包装方面，也将采用更加经济、环保的新型产品，在保障产品安全性的前提下，提升包装的可降解度。

方便食品具中华传统特色食品的品种繁多的特征，从原有的手工加工提升到智能制造阶段，还有很长的路要走，这需要装备在个性化、定制化方面能够有所突破的提升。

（3）可追溯体系建立确保产品安全

为了保障产品的安全，方便食品企业将建立和健全可追溯体系，将食品安全的保障能力向两头延伸。一方面原料的管理从田间地头做起，确保每一批原料的安全性，另一方面，在产品出厂到消费终端的物流过程，也要加强全程控制。特别是冷冻冷藏食品，通过 GPS 技术，撑握实时的运输过程中的温度，确保产品的合格的冷链运输下，到达消费者手中。

（4）速冻食品行业应用技术的引进有待加强

针对我国速冻食品行业起步较晚，行业发展诸多瓶颈问题亟需解决的问题，国家科技部在“十一五”、“十二五”连续启动重大科技专项对行业发展给以项目有力支持，江南大学、河南农业大学等 10 多家大学相继开展科技攻关，在基础应用研究方面取得了多项

成果，但目前有效的应用企业少，大多技术仍停留在高校中。目前行业产品仍存在品质缺陷：如馒头收缩，分层，起泡，汤圆脱粉、浑汤，饺子风味保持性差，行业能耗高等问题，严重制约着行业的发展。需要企业加强高校已有应用技术的引进，进行工程化应用推广和技术的转化，解决制约行业发展的瓶颈问题，稳定产品品质，促进产业层次的升级。

【d. 发展趋势】

2016 年，我国方便食品企业在产品创新方面取得了显著成效，得到了社会的高度认可，促进了行业的发展。随着人们消费方式、消费环境改变，高品质产品的需求的增加，结合国外行业发展趋势，微冻微波熟制食品、高品质产品、传统特色小吃、个性化、定制化产品、素食、清真产品等方面将成为今后产品开发的主流方向。

1. 行业发展依赖价值驱动

随着中国经济由外需向内需驱动的转换，经济增长质量和可持续性也将得到提升。总体来看，未来的食品、农产品需求增长，与经济总体增长相类似，即由过去的数量驱动逐渐转化为价值驱动，由吃得多向吃得好转换。方便食品企业应更专注于特色化的产品开发，走差异化竞争的道路形成能够支持企业健康发展的价值空间，以促进行业的可持续发展。未来行业将迎来更丰富和多样化的创新发展，而伴随着产品价值的提升，相信行业的市场规模也会触底反弹。

2. 从线下营销到互联网锁定“千禧一代”

随着互联网与现代生活的融合，食品消费渠道出现近 30 年间最明显的分化，新型渠道的持续扩张形成对传统渠道份额的不断蚕食，越来越多的方便食品品牌正在逐渐实现商品零售由线下到线上的转型。然而，电子商务的成功，并不是简单地把商品搬到线上，更在于推出个性化的定制产品，以满足客户的需求与对产品的预期。“千禧一代”，即出生于 1980 年至 2000 年的年轻人群，占到中国总人口约 30%。它们对食物品质和健康的要求更高，已经成为电商消费的主力群体。为了更好地开展市场营销，电商企业需要思考如何调整线上产品以及如何有效地锁定目标消费群体。

3. 餐饮、业务市场的开发需求加大

2016 年，餐饮行业依然保持了较好的增长态势，餐饮业需求的扩大，特别是一些连锁餐饮的扩张，给方便食品在团膳和中央厨房领域提供了更多的机遇。方便食品生产企业，有着完善的产品研发体系、质量安全管理体系，规模化生产设备，向餐饮业转移有着明显的优势条件。利用方便食品企业规模化、标准化、工业化的生产和成熟的质量安全控制体系，与餐饮企业共同研发适合餐饮需求的产品，做好餐饮市场的优质供应商，是企业在差异化发展中的一条新通路。而同时，一些连锁餐饮企业也开始投资建厂，用食品工业的手段来解决产品供应的需求。

4. 培育消费情境，实现价值共创

要关注不同的消费人群和消费体验，需要更加重视与消费者的沟通，了解需求，引导和培育一种消费情境。例如：方便面、冷冻冷藏食品可以更多地融入家庭消费的温馨，调味面制品则可以赋予简单的快乐等，通过与消费者的互动，为它们在精神、情感、心理这个层面带来了欢喜感、愉悦感，从而实现价值共创。

【e. 政策建议】

针对社会发展的需要、行业产品质量稳定存在的短板，薄弱环节，现状发展态势及国际、国内市场需求等方面，建议政府在以下方面给予关注和政策、项目、资金支持。

1. 对健康产品的开发给予政策支持

美国食品科技学会前主席 Maryschmidl 说：“在美国，食品所带来的疾病，也是一个严重的问题。美国 3.3 亿人口中，老年人口每年大概 3500 万人会因食品带来的疾病而导致它们接受治疗。”同样，在我国，营养，健康的方便食品的开发，已经是大势所趋。但国内方便食品在产品设计阶段，大多关注的是产品的口感、口味、外形、成本，及工业化生产的难易程度。因此，建议政府在政策法规、科普宣传等方面，引导企业向健康食品的开发上转型，从配方入手，从源头

入手，确保人们健康饮食。

2. 加快发展方便食品产业现代化集群

引导加工企业向主产区、优势产区、产业园区集中，在优势农产品产地打造方便食品产业现代化集群。加大食品加工业技术改造支持力度，开发拥有自主知识产权的生产加工设备。鼓励食品企业设立研发机构，实施主食加工业提升行动，积极推进传统主食工业化、规模化生产，大力发展方便食品、休闲食品、速冻食品、马铃薯主食产品。推动原料规模化种植基地建设，加强集约化种植管理，确保原料安全和质量稳定，大力推广“生产基地＋中央厨房＋餐饮门店”、“生产基地＋加工企业＋商超销售”等产销模式，突破食品装备数字化设计与先进制造、智能控制等关键装备与配套技术，加快装备自主化进程。在自动化成套设备的引进和自动化装备的重大科技攻关项目方面，政府应配套支持资金并加大立项数量及经费支持力度，引导行业自动化水平的提升，建设一批自动化生产车间。

3. 加大对品牌创建的支持，提升品牌战略服务

（1）以企业需求为核心，建立产业创新与品牌服务基地。集合各行业协会和学会的力量，加大对企业创新和品牌建设方面需求的服务，建立高校科研对接、科研院所成果转化、产业咨询与品牌策划等服务融为一体的服务平台。

（2）加强培训，提升意识，提供专业品牌服务。通过产业创新与品牌服务基地的建立，为中小企业寻求专业的品牌服务提供便利，同时，可借由平台开展对企业品牌建设的专业培训，从而提升企业品牌意识，带动产业升级。

（3）创建品牌服务智库，做好数据统计与评估。通过品牌培训与品牌策划等服务能力的提升，培养和吸引一批有实践经验和理论知识的专业人才，创建品牌服务智库。对于全国食品产业品牌数据进行梳理，形成有效的数据统计，为整理食品产业的《品牌发展报告》以及行业品牌评估与表彰提供真实、可信的数据信息。

4. 提升食品安全的过程控制水平，加强质量安全检测能力建设

检测能力的建设是确保产品品质提升的基础保障，因此需要做好规划并持续投入。为避免项目投入的重复性建设，应结合现有资源，创建质量安全检测示范企业和技术服务与辅导中心，从而帮助食品产业全成提升安全检测能力。

（1）以企业为核心，通过合理、有序的行业布局，创建检测示范中心认证体系，引领和提升企业对食品安全过程控制的能力和水平。建立以企业自建检测中心为核心的检测能力提升体系，通过加强硬件设施的资金扶持，提升基础设施和仪器设备装备水平；按照国家食品安全检（监）测能力建设规划项目实施的要求，科学编制规划，加大对企业检测中心建设的指导与评估。

（2）优化人才结构，打造高素质检验检测队伍。创新人员管理使用机制，积极组织学习交流和岗位培训，提高检验检测人员专业素质，打造结构合理、技术过硬的检验检测人才队伍。

（3）构建信息平台，提高检验检测服务监管的效能。统筹食品安全风险监测，决策分析、应急指挥、信息发布等需求，实现信息资源的高效共享。通过对检验检测数据的分析研判，强化食品安全风险预警，提高检验检测信息服务监管和决策的效能。

（4）实施科学管理，提高检验检测工作整体水平。进一步完善管理制度，优化工作流程，提高检验检测工作标准化、规范化水平。建立完善检验检测机构认证、监督管理和考核评价机制，确保检验检测行业科学规范，数据公正准确，提高检验检测结果的权威性和公信力。

5. 梳理相关标准，尝试团体标准制定，服务产业发展与创新

方便食品是快速发展的产业，随着产业的升级，产品的创新力度也在不断加在，而标准的完善与健全是对产品创新有力保障。为了鼓励创新，建议对现行标准、规范进行有效梳理之后，倡导方便食品行业团体标准的建立，从而在保护消费者利益的同时，更好

地促进行业创新。随着标准建设的不断深化，使得以产业为基础，以企业为主体，以标准为手段的全方位对接。从而保障优质原材料及制成品的进出口更加顺畅，对食品供给侧的改革力度日益加大，并促进食品产业的多元化发展更加稳健。，

6. 扶持城乡冷链物流建设

2016 年，很多大型速冻食品生产企业已投入大量精力提升冷链建设，有效保证了产品储藏温度符合控制要求，但二次配送，卖场冷藏管理、监督环节比较薄弱。建议政府对企业在冷链物流设备、技术研发、信息系统、冷冻冷藏运输车辆、冷库建设等方面的投入提供适当补贴；加强城区中转、分拣冷藏仓库建设，提高冷链物流配送的效率的品质。完善薄弱区域冷链物流的建设，尤其是乡镇市场冷链物流的建设，让速冻行业跟随国家城镇化建设一同成长。这样严重制约了速冻食品的渗透率的发展。

中国食品科学技术学会

2.9 冷冻冷藏业

2016年是国家"十三·五"开局之年，在国家各项产业政策统筹下，城乡冷链建设逐步完善，冷冻冷藏技术水平提高，消费市场日臻成熟，促进冷冻冷藏食品产业转型升级。全国规模以上冷冻冷藏食品工业企业完成主营业务收入2.61万亿元，同比增长7.8%，增长速度分别比食品工业、全国规模以上工业高1.3和2.9个百分点，冷冻冷藏食品工业进入新的高速发展阶段。

【a. 概况】

1. 工业规模持续增长

据国家统计局数据，2016年，全国规模以上冷冻冷藏食品工业10322家，实现主营业务收入2.61万亿元，占食品工业（不含烟草制品业）比重23.6%，同比增加1.02个百分点。近5年，冷冻冷藏食品工业完成主营业务收入从1.73万亿元，发展到2.61万亿元，年均增长9.1%，占食品工业的比重从21.2%，增长到23.6%，工业规模迅速扩大（图1）。

图1：2012年至2016年冷冻冷藏食品工业主营业务收入（万亿元）

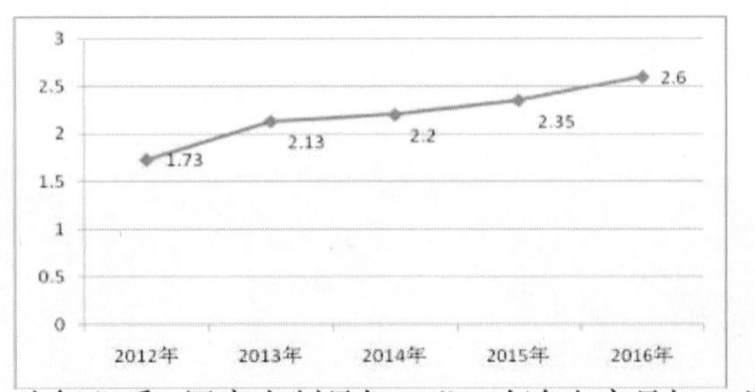

分行业看，屠宰肉制品加工业、冷冻水产品加工业、速冻米面制造业、冷饮及制冰制造业等重点冷冻冷藏食品行业，5年平均增长速度（以完成主营业务收入计）分别达到：8.9%，7.1%，12.4%，8.3%，持续高速运行。其中，速冻米面制造业持续2位数快速增长，市场规模增长的同时，新品种不断面市，生产技术水平日臻成熟。

主要冷冻冷藏食品产量增加，有力满足市场需求。2016年，全国生产鲜冷藏肉3637.1万吨，同比下降1.1%；冷冻水产品860.2万吨，同比增长2.7%；速冻米面566.1万吨，同比增长7%；冷冻饮品331.5万吨，同比增长6.9%。

2. 工业经济效益得到改善

冷冻冷藏食品工业企业坚持以市场为导向，采取定制化生产方式，与市场实现精准对接，深化企业管理，经济效益水平有所增长。2016年，规模以上冷冻冷藏食品工业实现利润总额1438.3亿元，同比增长6.34%，增幅比食品工业高0.24个百分点。行业亏损面7.4%，亏损企业亏损额同比下降34.6%。行业利润增长，亏损企业亏损额下降，"一升一降"表明行业经济效益水平有效提高（表1）。

表1 2016年冷冻冷藏食品工业经济效益指标（亿元、%、个）

	企业数（个）	主营业务收入	同比增长（%）	利润总额	同比增长（%）
食品工业总计	41494	110986.20	6.46	7247.70	6.10
冷冻冷藏食品工业总计	10322	26147.89	7.76	1438.32	6.34

（数据来源：国家统计局官网）

冷冻冷藏食品工业是传统产业，也是劳动密集型加工业，能源、动力、人工成本、财务费用、冷冻物流成本费用较高，盈亏相抵后利润率5.5%，即每百元主营业务收入实现利润5.5元，同比下降7分钱，利润率比食品工业平均水平低1.03个百分点。

3.重点冷冻冷藏食品工业运行良好

（1）屠宰及肉类加工业

2016年，肉类加工业收入利润同步增长。全行业规模以上企业4046家，实现主营业务收入1.4万亿元，同比增长7.7%，实现利润714亿元，同比增长8.9%。肉类加工业智能化、自动化水平提高，精深加工产品比例加大。

表2 2016年度屠宰及肉类加工业主要经济指标

（亿元）

行业分类	企业数（个）	主营业务收入	同比增长（%）	利润总额（亿元）	同比增长（%）
冷冻冷藏食品工业	10322	26147.89	7.76	1438.32	6.34
其中：屠宰及肉类加工业	4046	14230.35	7.67	714.01	8.91
牲畜屠宰	1400	5875.05	8.48	287.40	10.90
禽类屠宰	814	3420.31	2.54	143.52	12.94
肉制品及副产品加工	1832	4934.99	10.53	283.09	5.09

禽类市场趋好，逐步走出市场“寒冬”。2016年，禽类价格平稳运行，据白羽鸡协会统计，全年鸡肉市场价格在每公斤9.11元增加至10.80元内波动，年末鸡产品市场每公斤9.74元。肉禽加工行业主营业务收入小幅增长，同比增长2.5%，亏损企业减少24家，亏损企业亏损额同比下降55.2%，实现利润同比增长12.9%。

年内生猪价格先扬后抑，市场供需稳定。全年猪肉产量5299万吨，同比下降3.4%，牛肉、羊肉产量同比分别增长2.4%、4.2%，达到717万吨、459万吨。国内牛肉市场尚有缺口，全年牛肉进口量增加。

（2）冷冻水产品加工业

2016年，冷冻水产品加工业稳中有进，行业各项指标同比有所好转，行业主营业务收入、实现利润总额、产品产量同比增加。经济效益得到改善。规模以上冷冻水产品工业企业1450家，完成主营业务收入3894.4亿元，同比增长4.8%；实现利润总额209.7亿元，同比增长6.1%；行业主营业务收入利润率增长，每百元主营业务收入实现利润5.38元，同比增加7分。行业亏损企业同比比减少23家，亏损企业亏损额同比下降12.8%。

表3 2016年度冷冻水产品加工业主要经济指标

（亿元）（个）

行业分类	企业数	主营业务收入	同比增长（%）	利润总额	同比增长（%）
冷冻冷藏食品工业	10322	26147.89	7.76	1438.32	6.34
其中：冷冻水产品加工	1450	3894.40	4.78	209.71	6.11

鱼糜制品业取得长足发展。鱼糜制品行业生产技术水平提高，出台多项行业标准规范，有利促进鱼糜制品业健康发展，以“安井”、“海欣”、“海霸王”、“惠发”等知名品牌市场占有率领先，行业规模达到785.9亿元，同比增长11.2%。市场前景可期。

海参行业经过20余年的发展，已成为产值上千亿元的大产业。有“獐子岛、好当家、东方海洋”等一批海参龙头企业支撑。辽宁省、山东省是海参生产重要地区，“北参南养”加速了福建省海参产业发展，这3个地区是我国海参生产的主要区域。

海参速冻企业走科技兴业的道路，从事规模化养殖、规模化工业化生产，运用品牌化经营，开发海参营养保健品质，通过市场经销，生产冷冻调理、即食休闲、罐头海参，实现消费转型，进入平民百姓家庭，市场逐步转暖。

（3）速冻米面食品制造业

2016年，速冻米面食品制造业量价齐升，市场趋向成熟稳定。行业加强创新研发，新品不断更迭，从包子、饺子、汤元、粽子、蒸饺、到中餐米饭，开发出一只虾水饺，牛排水饺，鲅鱼水饺，手抓饼等，约600多个品种。速冻食品进入寻常百姓家庭，成为不可或缺的日常食品。

速冻米面食品制造业完成主营业务收入981.4亿元，同比增长15.2%，实现利润总额61.08亿元，同比增长15.7%，双双超过两位数增长。生产速冻米面食品566.1万吨，同比增长7%。

表4 2016年度冷冻米面食品制造业主要经济指标

（亿元）

行业分类	企业数（个）	主营业务收入	同比增长（%）	利润总额（亿元）	同比增长（%）
冷冻冷藏食品工业	10322	26147.89	7.76	1438.32	6.34
其中：速冻米面食品制造业	486	981.38	15.22	61.08	15.72

（4）冷冻饮品制造业

2016年，我国冷饮市场不冷。冷冻饮品市场推崇文化消费，休闲消费，场所消费模式，一方面高端产品不断推出，获利空间上升；另一方面传统特色产品占据市场一片江山，“老味道”、“寻找当年的味道”传统产品得到推崇。市场拉动冷冻饮品制造业销售、利润同步增长。

2016年，规模以上冷冻饮品制造业完成主营业务收入436.2亿元，同比增长15.2%，生产冷冻饮品331.5万吨，同比增长6.9%。实现利润总额29.2亿元，同比增长15.7%。

表5 2016年度冷冻饮品制造业主要经济指标

（亿元）

行业分类	企业数（个）	主营业务收入	同比增长（%）	利润总额（亿元）	同比增长（%）
冷冻冷藏食品工业	10322	26147.89	7.76	1438.32	6.34
其中：冷冻饮品制造业	195	436.17	15.22	29.20	15.67

4. 产业转型升级成效显著

2016年，冷冻冷藏食品创新研发如火如荼。大量新技术、新装备得到应用，行业智能化水平提高，有力地提高劳动生产率。冷冻冷藏食品工业实现产品创新升级、技术装备升级、经营模式转型升级，“产业升级”成为2016年行业运行主旋。行业加速迈向高端产业的步伐。

（1）冷冻冷藏食品产业技术装备升级

80年代，我国引进了隧道、螺旋式、流化床等冷冻技术，大大缩短了冷冻的时间，提高了冷冻食品的生产能力和加工水平。伴随工业技术进步，科技水平提高，新的冷冻技术研发应用（超声冷冻技术、高压冷冻技术、冰核活性细菌冻结技术、生物冷冻蛋白技术、即时冻结系统等），通过均匀分布并细化冰晶颗粒，达到减少速冻工艺对食品组织内部的损伤，极大改善了速冻食品的品质，保持原有食品品质的冷冻食品。对开发冷冻冷藏新产品提供技术保障。

（2）催生新型冷冻冷藏食品品类

新技术、新装备的应用，催生了冷冻冷藏新食品类别和门类的出现。冷冻冷藏食品工业正在悄然推动着一场“家庭厨房革命”和餐饮制作模式的“变革”。促进产品结构升级。冷冻冷藏食品市场发展呈现：多样化、方便化、多功能化、组合化、高转化率化、无害卫生化。速冻中式菜肴、西式菜肴、炒饭等各类调理品，从早餐、中餐、晚餐到各式点心、汤料、甜食，还有低盐、低糖、低脂肪的病人食品、老年食品等冷冻食品，一一得到研发，应有尽有。

市场上充实了冷冻蔬菜、速冻中式菜肴制品或预制品、保健食品、调味品和复合调味汁、冷冻烘焙食品生产及冷冻浓缩果汁加工业等，极大丰富冷冻食品种类。

（3）市场渠道延伸与拓展

在冷冻冷藏食品进入千家万户百姓家庭的同时，群体消费冷冻冷藏食品的比例越来越大，由于速冻食品的免清洗、免前加工、简单易操作等特征，促进冷

冻食品市场渠道延伸至餐饮业、单位、学校、军营、航空、船舶、旅游、火车、快餐业等领域。越来越多的餐饮饭店建造中央工厂，集中生产加工食材，低温运送到门店，速冻食品与餐饮渠道的无缝对接，极大地提高了劳动生产率，促进中餐标准化水平。

（4）经营模式创新升级

冷冻冷藏食品工业企业以市场需求为导向，多方开拓市场经营新市场渠道。互联网技术得到广泛运用，“订制”生产成为市场新态。

随着生鲜电商、跨境电商、食材配送、餐饮外卖及020市场的快速崛起，新的市场营销模式为冷冻冷藏食品提供了崭新市场天地，冷链建设逐步完善，促进冷鲜电商全产业链整合发展，掀起新型网络消费热潮。“盒马鲜生”、“顺丰优选”、“我买网”等生鲜电商销售量节节攀升。传统企业+互联网重新塑造冷冻冷藏食品企业。

5. 积极参与国际食品市场竞争

冷冻冷藏食品是我国食品进出口的主要商品，据海关统计，2016年，我国冷冻冷藏食品进出口价值2275.8亿元，同比增长20.8%；占全部食品进出口金额21.4%。产品远销美国、欧洲、日本及东南亚等国家和地区，冷冻冷藏食品对外贸易保持较快发展。

（1）进口金额大幅提升。

2016年，冻品出口1105.1亿元，同比增长13.4%；进口1170.7亿元，同比增长28.8%。进大于出，贸易逆差65.6亿元。

（2）进出口商品结构更趋集中。

2016年，居出口额前2个产品是水产品及速冻蔬菜。出口水产品226.1万吨，同比增长5.4%，价值584.5亿元，同比增长8.2%；蔬菜出口645.1万吨，同比下降3.5%，价值446.6亿元，同比增长26%；这2项商品合计占冻品出口总额的93.3%。

进口值位居首位的为肉制品，累计进口439.4万吨，同比增长63.6%，价值667.5亿元，同比增长58.6%；水产品进口224万吨，同比增长3.2%，价值388.7亿元，同比增长15.6%；这两项商品合计占冻品进口总额的90.2%。

（3）东盟为我国冻品进出口最大贸易伙伴。

2016年，东盟为我国最大冻品进出口贸易伙伴，进出口375.7亿元，同比增长4.2%，占16.5%；欧盟为第2大贸易伙伴，进出口368.2亿元，同比增长43.6%，占16.2%；美国是第3大冻品贸易伙伴，进出口268.4亿元，同比增长29.9%，占11.8%；其中，进口161.5亿元，增长57.6%。

表6 2016年我国对主要冻品贸易伙伴进出口表

（亿元，%）

国别或地区	进出口合计		出口		进口	
	金额	同比	金额	同比	金额	同比
东盟	375.7	4.2	243.8	25.8	131.9	-20.8
欧盟	368.2	43.6	121.9	4.9	246.3	75.6
美国	268.4	29.9	106.9	2.7	161.5	57.6
日本	163.2	9.4	158.2	10.1	5.0	-8.9
巴西	149.4	94.5	16.7	14.6	132.7	113.2

（数据来源：国家海关咨讯网）

6. 冷链物流建设成果显著

冷链物流是指采用综合设施和管理手段，让农产品、食品、药品能够从生产、流通、销售、到消费者各个环节始终处在一个规定的温度的环境下，保证产品质量，减少产品损耗的物流活动。我国冷链物流开始于上世纪70–80年代。2016年，加快布局发展，呈现以下特点：

（1）需求快速增长。2016年，居民消费能力和水平稳中提升，据国家统计局数据，蔬菜总产量达到8亿吨，同比增长1.9%。水果2.83亿吨，同比增长3.4%。猪牛羊禽肉8540万吨，同比下降1%。水产品6900万吨，同比增长3%。禽蛋产量3095万吨，同比增长3.2%。

牛奶3602万吨，同比下降4.1%。2016年，冷链物流市场规模达到2200亿元，同比增长22.3%。

（2）基础施设不断完善，据行业协会统计，冷藏冷冻库总容量约10500万立方米，同比增长12.30%。全国冷藏车和保温车保有量约为11.5万辆，同比增长23.13%。

（3）第三方冷链物流发展较快，百强企业收入同比增长17.1%，呈现出网络化、规模化、集团化的发展势头。

（4）行业经营模式不断创新。随着生鲜电商、跨境电商、OTO市场快速崛起，冷链宅配、生鲜供应链，冷链资源交易依托OTO平台的交易等新模式不断涌现。部分冷链运输仓储企业向综合化服务商转型。

（5）冷链流通水平大幅度提升，果蔬、肉类、水产品冷链流通率均达到了规划规定目标。

（6）标准化、信息化水平快速提升。2012年以来，发布了十余项国家冷链物流标准。国际化先进管理技术标准在应用。

我国冷冻冷藏食品产业取得较大发展，但与发达国家在系统化、规模化、专业化方面有差距，与国家现代农业及保障居民消费食品安全要求相比存在差距。

2016年，全国冷冻冷藏食品行业生产集中度偏低，区域间发展不平衡；新产品开发相对滞后，产品品种结构单一；人均消费量较低，市场开发有待提高；品牌建设薄弱，严重制约行业发展；法律法规标准化建设不健全，还不能满足消费市场多元化、个性化、高端化需求。

冷链基础设施发展快，但专业化服务能力不强，从人均看，我国人均冷库容量只有0.1立方米，美国人均0.36立方米，日本人均达到0.33立方米。许多冷库设备陈旧，建设标准不达标，尤其是西部地区冷链薄弱，冷链技术推广不足。

【b. 行业运行趋势判断】

2017年，全国冷冻冷藏食品工业将成为市场新的增长点。集中表现在以下几个方面：

1. 冷链市场将继续走高

在国家产业政策支持下，在市场需求拉动下，冷链基础施设将得到加强，服务水平得到提高，“最先一公里”和“最后一公里”将成为热点。与农产品无缝对接，产业链条逐步健全。

2. 市场渠道有效拓宽

生鲜电商带来崭新销售模式，冷冻冷藏食品电商渠道销售的比例将得到提高；越来越多的冷冻冷藏预制食品将进入餐饮、酒店、集体餐领域，业务用量进一步增长。

为了促进冷冻冷藏食品行业发展，中冷委及中国食品安全报社、上海联豪食品、山东得利斯集团、荣成泰祥、北京味多美、山东惠发食品、山东佳士博食品公司、河北福成五丰、苏州好得睐、苏州典发等公司共同提出设立“10.18中国冷冻冷藏食品日”的倡议，呼吁社会各界关注冷冻冷藏食品市场，提高冷冻冷藏食品的质量安全水平。促进行业健康发展。

2016年10月，中国食协冷专委组织了“2016年中国冷冻冷藏食品节”，组织了“2016食品安全冷链论坛”，由光明乳业、鲜易冷链、加拿大牛业协会、上海德诺等嘉宾分析研究了冷冻食品行业发展趋势，食品安全检测等情况；发布了2016年中国冷冻冷藏食品龙头企业名单，正大、南侨、得利斯、典发、惠发、佳士博等企业榜上有名。同时搭建了“中国冷冻冷藏食品馆”，推出“冷冻创新菜肴产品”展览展示，新品发布会等内容，是行业高水平的盛会。

3. 订制精深加工产品走俏

2016年，在订制化市场中，冷冻冷藏新产品不断出现。保健冷冻食品，特殊膳食冷冻调理食品，中式

制品或预制品、调味品和复合调味汁、冷冻面团生产及冷冻浓缩果汁加工业等市场将进一步扩大。

8月，中国食协冷专委、江苏餐饮协会在苏州市共同组织了《冷冻预制菜肴》行业标准论坛，工业和信息化部领导亲临会场指导，江苏餐饮协会、江苏省高校协会、中冷委负责人到会讲话，国内生产预制菜的骨干龙头企业出席会议，研究食品与餐饮业对接，预制菜的标准化工作，在行业中产业重大影响，为《预制包装菜肴》标准提供前期调研。

4. 标准体系不断完善，食品质量安全得到保障

在国家主管部门的支持下，冷冻冷藏食品行业标准体系将更加健全，出台行业标准规范，提高冷冻冷藏食品质量安全水平。

由中国食品工业协会牵头制定的《冷冻调理食品技术规范》QB/T4891、《冷冻调理食品检验规则》QB/T4892两项行业标准，经工业和信息化部[2015]第63号公告批准发布，自2016年3月起开始实施，为冷冻冷藏食品行业生产加工更加规范，食品安全水平进一步提升。

8月，中国食协冷专委在天津南侨食品有限公司组织召开了《冷冻烘焙食品》行业标准报批稿讨论会议，研究了全国食品行业返回修改意见和建议，参照国际标准，修订了产品技术指标，形成标准报批稿。

5. 参与国际市场竞争

伴随“一带一路”国家战略，中国与更多国家签定自贸协议，上海、广东、天津、福建自贸区运营，冷冻冷藏食品进出口业务进一步发展。国外牛、羊、猪肉进口量持续上升，冷藏保鲜蔬菜水果进出口贸易增长。冷冻冷藏食品继续承担食品对外贸易的骨干力量。

姜燕京

2.10 乳制品制造

【a. 概况】

1. 生鲜乳生产情况

2016 年，全国生鲜乳产量出现下降，全年奶类产量 3712.1 万吨，同比下降 4.1%。其中，牛奶产量 3602.2 万吨，下降 4.1%；其它奶类产量 109.9 万吨，下降 4.9%。

牛奶产量前 5 位省份为内蒙古、黑龙江、河北、河南和山东，其中，内蒙古产量 734.1 万吨，占全国的 20.4%，占比同比减少 1 个百分点。从牛奶生产增长情况看，安徽增长速度最快，产量 33.0 万吨，同比增长 6.9%，但增速同比减少 2.8 个百分点；另外，青海、湖南、江西、山西、云南、贵州等 6 省份，同比增长在 3.0% 以上；福建、宁夏、辽宁、重庆、甘肃、吉林、新疆等 7 省份牛奶产量也同比有增长；天津、湖北、广东、海南等 4 省份牛奶产量同比持平；陕西、西藏、江苏、山东、广西、黑龙江、河南、上海、河北、四川、浙江、内蒙古、北京等 13 省份牛奶产量同比减少，其中，北京减少情况最严重，同比下降 20.1%。其它奶类生产方面，陕西、河南、山东、新疆、河北、云南、内蒙古等省份产量较高，其中，陕西产量 48.9 万吨，同比增长 0.4%，占全国的 44.5%，占比同比增加 2.4 个百分点。奶类、牛奶、其它奶类产量前 5 位省份情况分别见表 1、表 2、表 3。

表1 2016年全国奶类总产量前5位省份情况

单位：万吨

地区	产量	同比增长（%）	占全国比例（%）
全国总计	3712.1	-4.1	100.0
内蒙古	741.3	-8.7	20.0
黑龙江	548.6	-4.5	14.8
河北	448.0	-6.8	12.1
河南	336.6	-4.5	9.1
山东	276.8	-2.8	7.5

资料来源：国家统计局

表2 2016年全国牛奶产量前5位省份情况

单位：万吨

地区	产量	同比增长（%）	占全国比例（%）
全国总计	3602.2	-4.1	100.0
内蒙古	734.1	-8.6	20.4
黑龙江	545.9	-4.3	15.2
河北	440.5	-6.9	12.2
河南	326.8	-4.5	9.1
山东	268.4	-2.5	7.5

资料来源：国家统计局

表3 2016年全国其它奶类产量前5位省份情况

单位：万吨

地区	产量	同比增长（%）	占全国比例（%）
全国总计	109.9	-4.9	100.0
陕西	48.9	0.4	44.5
河南	9.8	-3.0	8.9
山东	8.4	-11.6	7.6
新疆	8.3	2.5	7.6
河北	7.5	-3.8	6.8

资料来源：国家统计局

2. 乳制品工业概况

2016 年，是我国乳制品行业喜忧参半的一年。上半年，由于消费信心不足，市场销售增长乏力，加上

国际市场乳制品价格低迷,国内生产增长缓慢;下半年,伴随着国内市场的复苏,国际市场乳制品价格的提升,乳制品生产消费得以平稳发展。

据国家统计局月报数据，2016年，全国共有规模以上乳制品企业（即年主营业务收入2000万元及以上工业企业）627家，同比减少11家；实现主营业务收入3503.9亿元，同比增长5.8%，增速同比增加4.1个百分点；利润总额259.9亿元，同比增长7.9%，增速同比增长提高0.2个百分点；销售收入利润率为7.4%，同比增加0.2个百分点。全行业资产合计2792.0亿元，同比增长8.7%，增速同比减少2.3个百分点；其中，流动资产合计1389.6亿元，同比增长1.9%。企业负债合计1388.7亿元，同比增长6.6%，增速同比增加2.0个百分点；资产负债率49.7%，同比减少1.5个百分点。全行业亏损企业104家，企业亏损率为16.6%，同比增加0.5个百分点。

2016年，乳制品产量继续增长，乳粉产量继续缩减，但降速继续放缓。全年规模以上乳制品生产企业乳制品产量2993.2万吨，同比增长7.7%，增速同比增加3.1个百分点；其中，液体乳产量2737.2万吨，同比增长8.5%，增速同比增加3.8个百分点；乳粉产量139.0万吨，同比下降0.3%，降速同比减少4.2个百分点。分地区情况看，内蒙古、黑龙江、山东、河北等省份仍然是中国乳制品加工业规模最大和最集中的地区。乳制品产量居前的省份为河北、内蒙古、河南、山东和黑龙江，5省份乳制品总产量为1470.3万吨，占全国的49.1%，占比同比增加1.7个百分点。其中，液体乳产量居前的省份为河北、内蒙古、河南、山东和江苏，5省份液体乳总产量为1373.0万吨，占全国的50.2%，占比同比增加1.3个百分点。乳粉产量居前的省份为黑龙江、陕西、内蒙古、福建和河北，5省份合计生产乳粉102.6万吨，占全国的73.8%，占比同比增加0.4个百分点。2016年，乳制品产量前6位的省份中，内蒙古、黑龙江、河北、河南、山东5个省份处于正增长，只有陕西是下降，特别是乳粉同比下降15.5%。2016年全国规模以上企业乳制品、液体乳、乳粉产量及产量前5位省份情况分别见表4、表5、表6。

表4 2016年全国乳制品产量前五位省份情况

单位：万吨

地区	产量	同比增长/%	占全国比例/%
全国总计	2993.23	7.68	100.00%
河北	371.27	2.74	12.40%
内蒙古	336.52	14.65	11.24%
河南	306.54	23.30	10.24%
山东	259.87	4.26	8.68%
黑龙江	196.08	1.52	6.55%

资料来源：国家统计局月度统计

表5 2016年全国液体乳产量前五位省份情况

单位：万吨

地区	产量	同比增长/%	占全国比例/%
全国总计	2737.17	8.53	100.00%
河北	361.18	2.53	13.20%
内蒙古	313.84	16.05	11.47%
河南	305.89	23.32	11.18%
山东	243.60	5.57	8.90%
江苏	148.52	5.14	5.43%

资料来源：国家统计局月度统计

表6 2016年全国乳粉产量前五位省份情况

单位：万吨

地区	产量	同比增长/%	占全国比例/%
全国总计	139.02	-0.34	100.00%
黑龙江	55.40	9.94	39.85%
陕西	22.08	-15.46	15.88%
内蒙古	13.98	-9.11	10.06%
福建	6.11	7.61	4.40%
河北	5.06	17.44	3.64%

资料来源：国家统计局月度统计

2016年，乳制品消费增长有所恢复，在企业调整产品结构和主动去库存作用下，企业库存产品总量基本保持稳定，行业应收账款为327.8亿元，同比增长37.7%；产成品存货87.8亿元，同比增长2.3%，库存产成品总额占销售总收入的2.5%。

2016年，全行业亏损企业亏损额为16.8亿元，同比下降16.8%，全行业亏损企业亏损额继续减少，但降速同比减少6.2个百分点。行业亏损额与利润总额的比为1：15.5。亏损企业亏损额同比有明显降低，显示部分企业经济效益继续转好。

【b. 行业集中度及大型企业情况】

2015年、2016年，行业的集中度进一步提升。根据协会统计，2015年，前15家大型骨干企业销售收入达1794.0亿元，占全行业销售总收入的53.9%；乳粉产量52.8万吨，占全行业的37.0%，其中，婴幼儿乳粉产量达33.11万吨，占全行业的47.3%；液体乳产量1155.1万吨，占全国行业的45.8%，其中灭菌纯乳产量520.5万吨，占全国行业的50.4%。大型骨干企业对行业的发展起到了中流砥柱的作用。

【c. 生鲜乳收购价格】

2016年，国内奶源供应比较稳定，价格维持高位运行，在产奶旺季价格出现小幅回落，旺季过后价格逐渐恢复。

据农业部对内蒙古、河北等10个奶牛主产省（区）[河北、山西、内蒙古、辽宁、黑龙江、山东、河南、陕西、宁夏、新疆。2013年10省（区）生鲜乳产量占全国的82.6%。]生鲜乳平均价格的调查数据，2016年1月平均价格3.56元/千克，4月为3.47元/千克，8月为3.39元/千克，12月为3.52元/千克，主产区生鲜乳平均价格同比下降了0.64%。

2016年全国主产区生鲜乳平均价格变化情况见图1。

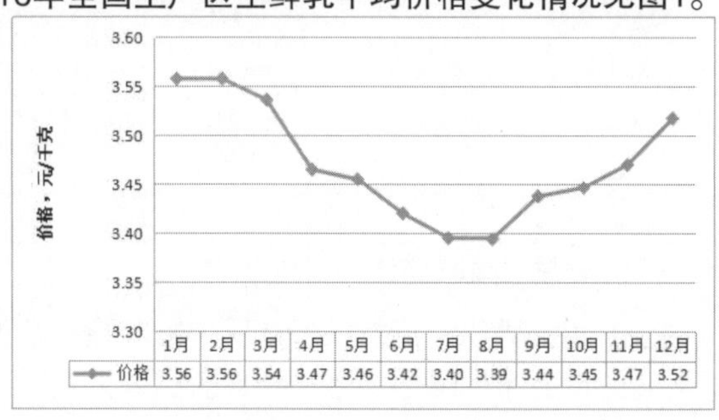

图12016年全国主产区生鲜乳平均价格变化情况

资料来源：农业部监测数据

【d. 乳制品价格】

2016年，受乳制品消费增长缓慢，企业去库存的需要，以及受进口乳制品低价冲击的影响，乳制品年均价格出现下降。根据国家统计局的调查数据，12月，乳制品价格环比下降0.1%，全年乳制品平均价格同比下降0.1%，而食品全年平均价格则为4.6%的增长。

【e. 乳制品进出口】

1. 进口

虽然，国际乳制品价格在2016年下半年开始回升，但从我国国内乳制品生产成本看，国际乳制品价格仍处于低位运行。2016年，我国液体乳等产品的进口继续大幅增长；乳粉的进口恢复增长。共计进口乳制品230.86万吨，货值67.76亿美元，同比分别增长20.30%和10.85%，进口乳制品货值占国内行业销售收入的13.1%，同比增加1.2个百分点。其中：液体乳、乳粉、乳清类产品、婴幼儿乳粉、干酪、乳糖、奶油进口量较大，液体乳、零售婴幼儿食品（其中婴幼儿乳粉占98%以上）继续较大幅度增长，具体进口情况见表7。

表7 2016年全国乳制品进口情况

商品名称	数量/万t	同比增长/%	金额/亿美元	同比增长/%
进口合计	230.86	20.30	67.76	10.85
液体乳	63.41	37.81	6.40	31.74
乳粉	60.42	10.41	14.78	-1.89
炼乳	2.00	83.46	0.36	62.71
发酵乳	2.09	102.97	0.42	51.12
乳清类产品	49.73	14.13	4.52	-13.95
奶油	8.19	14.88	3.03	14.19
干酪	9.72	28.57	4.19	20.52
乳糖	8.71	-2.70	0.70	-15.90
零售婴幼儿食品	22.53	25.19	30.70	21.94
酪蛋白	2.11	-0.38	1.35	-21.24
白蛋白	1.95	13.30	1.28	-18.42

注：1、液体乳数据不包括发酵乳。2、数据来源：中国海关

从进口来源看，新西兰仍然是我国最大的乳制品进口来源地，其次是美国、德国、法国和澳大利亚，我国分别从这些国家进口了80.74万吨、38.21万吨、30.24万吨、19.84万吨和14.93万吨的乳制品，5国合计占到总进口量的79.68%。其中，液体乳主要来源于德国、新西兰、法国、澳大利亚和波兰，进口量分别为22.13万吨、13.18万吨、10.72万吨、7.32万吨和1.94万吨，5国合计占液体乳总进口量的87.18%。

乳粉主要来源于新西兰、澳大利亚、美国、法国和德国，进口量分别为50.36万吨、2.67万吨、1.62万吨、1.34万吨和1.17万吨，5国合计占乳粉总进口量的94.61%。乳清类产品主要来自于美国、法国、荷兰、波兰和阿根廷，进口量分别为28.39万吨、5.36万吨、3.23万吨、2.76万吨和2.48万吨，5国合计占乳清粉总进口量的84.90%。零售婴幼儿食品主要来自荷兰、爱尔兰、新西兰、德国和法国，分别进口7.90万吨、3.26万吨、2.40万吨、2.17万吨和1.50万吨，5国合计占零售婴幼儿食品进口量的76.55%。干酪主要来自于新西兰、澳大利亚、美国、法国和丹麦，进口量分别为5.11万吨、2.00万吨、0.90万吨、0.35万吨和0.31万吨，5国合计占干酪总进口量的89.15%。乳糖主要来自于美国、丹麦、德国、荷兰和澳大利亚，进口量分别为6.21万吨、0.70万吨、0.60万吨、0.55万吨和0.28万吨，5国合计占乳糖总进口量的95.78%。奶油主要来自于新西兰、法国、比利时、澳大利亚和荷兰，进口量分别为7.08万吨、0.43万吨、0.22万吨、0.20万吨和0.09万吨，5国合计占奶油总进口量的97.95%。酪蛋白主要来自新西兰、荷兰、法国、美国和丹麦，分别进口1.42万吨、0.45万吨、0.08万吨、0.06万吨和0.03万吨，5国合计占酪蛋白总进口量的96.61%。

2016年，全球乳制品贸易供求状况逐渐得以改善，国际乳制品价格在低位区间进行逐渐回升。12月，乳粉的平均进口价格为2748美元/吨，每吨同比减少34美元，同比下降1.2%；液体乳平均进口价格为978美元/吨，每吨同比增加50美元，同比增长5.1%；乳清粉平均进口价格为1080美元/吨，每吨同比增加206美元，同比增长19.1%。

2. 出口

2016年，受国际乳制品供求和国内乳制品成本居高不下等因素影响，我国乳制品出口同比小幅下降，但出口产品构成比例发生明显变化，高价值产品出口增加，出口金额反而出现了同比较大的增长。全年乳制品出口3.41万吨，下同比降3.72%，货值0.87亿美元，同比增长35.59%。其中，液体乳、乳粉、炼乳、婴幼儿零售食品、奶油是出口的主要产品，具体出口情况见表8。

我国乳制品出口主要是为香港澳门地区提供产品，2016年，共向香港澳门地区出口乳制品2.96万吨，同比增长5.34%，占总出口量的86.60%。

表8 2016年全国乳制品出口情况

商品名称	数量/万t	同比增长/%	金额/亿美元	同比增长/%
出口合计	3.41	-3.72	0.87	35.59
液体乳	2.28	-7.15	0.20	-16.06
乳粉	0.35	-27.51	0.16	46.19
炼乳	0.23	29.76	0.05	15.73
发酵乳	0.08	63.37	0.01	136.78
乳清粉	0.01	235.27	0.00	237.38
奶油	0.11	-23.75	0.04	-10.37
干酪	0.01	-8.71	0.01	-12.85
乳糖	0.06	-26.97	0.03	-40.37
婴幼儿零售食品	0.22	191.25	0.32	284.08
酪蛋白	0.04	86.25	0.03	39.21
白蛋白	0.00	-98.28	0.02	-61.37

注：1、液体乳数据不包括发酵乳。2、数据来源：中国海关

2016年，我国乳制品进出口数量逆差227.45万吨，同比增长20.75%，金额逆差66.89亿美元，同比增长10.59%。

【f. 产品质量】

根据收集到的国家监督抽检结果：2016年，全国乳制品监督抽检共计37717批次，不合格批次166个，合格率99.6%；国家食药监总局抽检婴幼儿配方乳粉2639批次，合格2610批次，合格率98.9%。在上年国家监管部门抽检的32大类食品中，乳制品、婴幼儿配方乳粉合格率都是最高水平。

2016年，婴幼儿配方乳粉抽检不合格产品29批次。其中：宏量营养素不合格2个，微量营养素不合格5个，微生物不合格8批次，标签不合格14批次。除去标签不合格样品，合格率为99.4%。被检不合格的企业共计14家，其中：8个批次不合格的企业1家，4个批次不合格的企业1家，3个批次的企业1个，2个批次的企业3家，1个批次的8家。其中一家企业1个批

次的不合格项目达 11 项。

2016 年，婴幼儿乳粉国家监督抽检情况要好于 2015 年（2015 年国家抽检婴幼儿乳粉合格率为 96.1%）。2016 年监督抽检不合格产品都属于偶发性的质量问题，不具有系统性、普遍性或区域性、局部性的风险。

【g. 婴幼儿配方乳粉产品配方注册】

2016 年 6 月 6 日，国家食药总局发布《婴幼儿配方乳粉产品配方注册管理办法》（国家食品药品监督管理总局令 2016 年第 26 号），确认国内生产销售和进口的婴幼儿配方乳粉产品都需要进行配方注册管理，明确了申请与注册的要求和程序、标签与说明书、监督管理、法律责任等内容。办法自 2016 年 10 月 1 日起施行。

9 月 30 日，国家食药总局发布《关于婴幼儿配方乳粉产品配方注册管理过渡期的公告》（2016 年第 160 号），要求“自 2018 年 1 月 1 日起，在我国境内生产或向我国境内出口的婴幼儿配方乳粉应当依法取得婴幼儿配方乳粉产品配方注册证书，并在标签和说明书中标注注册号。2018 年 1 月 1 日前，经批准在我国境内生产销售或已向我国境内出口的婴幼儿配方乳粉，可销售至其保质期结束。”

10 月 29 日，国家食药总局发布《婴幼儿配方乳粉产品配方注册申请材料项目与要求（试行）》和《婴幼儿配方乳粉产品配方注册现场核查要点及判断原则（试行）》(国家食药总局公告 2016 年第 175 号)，婴幼儿配方乳粉产品配方注册逐步进入实质申请注册阶段。

【h. 发布《乳制品企业社会责任指南》】

2016 年 6 月 3 日，中国乳制品工业协会于全国乳品营养周活动启动仪式上，正式发布了《乳制品企业社会责任指南》。这是我国食品行业首个社会责任指南。

为提升我国乳制品行业整体水平，引领乳制品企业和行业内有关组织科学、持续、系统地履行对经济、社会和环境的责任，中国乳制品工业协会组织起草了《乳制品企业社会责任指南》的行业规范。规范依托中国乳制品行业发展实际，参考相关国际标准和实践（如《ISO26000 国际社会责任指南》、GB/T36000-2015《社会责任指南》、《中国工业企业社会责任管理指南（2015）》、《中国工业企业及工业协会社会责任指南（第二版）》、《可持续发展报告指南》（G4）等相关标准和实践，以乳制品企业履行社会责任的共性要求、乳制品企业履行社会责任的行业特性要求为核心，明确了乳制品企业履行社会责任的核心内容，引领企业强化社会责任管理，促进乳制品企业转型升级提质增效，提升可持续竞争力。规范包括适用范围、术语和定义、原则、乳制品企业履行社会责任的共性要求、乳制品企业履行社会责任的行业特性要求和社会责任信息披露等六个部分。

【i 行业年度会议】

中国乳制品工业协会第二十三次年会全体代表会议暨第十七次乳品技术精品展示会于 8 月 25-27 日在呼和浩特市召开。本次大会以“一带一路系全球乳业共发展”为主题。

本次大会对评选出的 2017 年度的 36 个优秀新产品奖，11 个科技进步奖，5 个技术发明奖和 10 名科技卓越青年奖获得者进行了表彰，授予 15 家企业中国乳业领军企业称号。

岳增君

2.11 罐头食品制造业

【a. 概况】

2016年，中国罐头行业各个方面都在发生着积极的变化，全行业产品创新力总体有所提高，生产、经营各项工作继续保持稳定持续发展，总体保持稳步向上发展态势。根据对规模以上892家罐头企业统计的数字显示，2016年，我国罐头行业完成产量累计为1281.99万吨，同比增长5.72%，全行业主营业务收入为1751.79亿元，同比增长4.32%，利润总额97.0亿元，同比增长1.20%。

【b. 行业发展分析】

1. 价格

罐头产品的价格主要受原辅材料、人工成本和汇率影响。2016年，原料价格大致平稳，由于，近年来，罐头企业纷纷开始注重控制原料质量和成本，例如：发展冷冻猪肉作为原料储备，大力发展原料种植基地，规模化饲养和种植从源头上保障了原料价格的稳定，同时，原料的质量也有所保障。汇率方面全年人民币汇率略微贬值，较有利于出口。面对国内不断攀升的人工劳动成本，企业加大了对机械化、连续化的投入来抑制成本价格的上扬，并取得了一定成果。但行业内依然存在出口竞争中以压低价格打价格战的方式来争夺市场、去库存的现象。根据海关数字计算，2016年，我国罐头出口累计平均价格为1621.02美元/吨，同比基本持平。

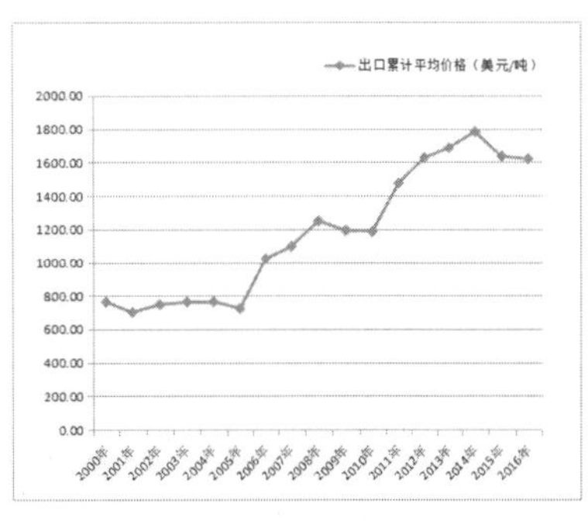

图1 2000年-2016年我国罐头出口累计平均价格走势图

数据来源：中国海关

2. 市场

我国罐头近四分之一出口国际市场。2016年，我国罐头总出口量、额均略微有所下降，但幅度不大。一方面由于番茄酱等大宗商品国际市场饱和，出口略微受阻，另一方面部分出口企业逐渐开始重视国内市场，慢慢将重心转为培育国内市场。但纵观近几年来我国罐头出口情况，总量一直维持在300万吨左右，已经进入企稳阶段的大格局，保持稳定的特点没有发生变化。

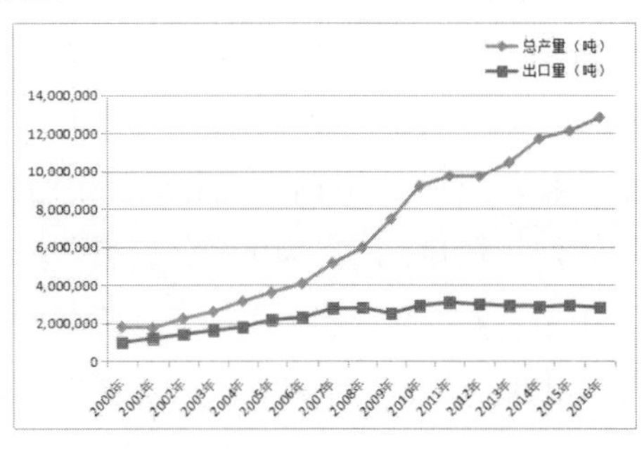

图2 2000年-2016年我国罐头总产量、出口量情况表

数据来源：国家统计局、中国海关

2016年，罐头国内市场总体表现良好，从国内市场来看，大企业借助于日趋成熟的品牌和渠道，销量增加，企业影响力也得以进一步提升，并逐渐建立起在全国或区域以及某些品种市场优势，并加大投入扩大优势，巩固其龙头地位。还有一些企业把握自身产品特点和市场渠道实际情况，先在区域市场站稳脚步，逐步积累和夯实放大基础。黄桃、橘片、午餐肉及鱼罐头等为国内消费者所熟悉的罐头类产品，继续保持稳定增长。随着愈来愈多的业内企业开始重视和培育国内市场，国内罐头市场面貌和地位较以往得到改善。

3. 投资

2016年，全行业总体新增投资不多，个别企业在行业内进行资产并购，另外，在机械化改造和新品包装创新方面有所投入，行业总体产能变化不大。

近年来，随着国民经济水平的与日俱增，国内需求量尤其是对优质罐头的需求尤为突出，国内市场将变得炙手可热，预计今后国外部分罐头企业将在中国投资建厂，进军我国罐头市场。

4. 区域分布

我国罐头行业产量区域集中度非常高，2016年，福建省罐头产量303.18万吨，占全国罐头总产量的23.65%，成为全国罐头产量最高的地区。另外，罐头产量前十的省份分别为福建、湖北、湖南、山东、新疆、河北、安徽、浙江、广西和广东。其中，前3省份罐头的产量占据全国产量的47.42%。

罐头产品的主要原料是农产品，所以各地总产量和农产品产季、储藏性能等因素有关，因此，罐头行业分布主要依据当地原料优势。例如，我国水产品类罐头的产区以广东、福建、浙江、辽宁等沿海地区为主产区；柑橘罐头以浙江、湖南、湖北等地为主产区；肉类罐头以上海、福建、四川为主产区；黄、白桃罐头以河北、山东、安徽和大连为主产区；蘑菇、芦笋罐头以福建、山东、河南为主产区；番茄酱以新疆、内蒙、甘肃为主产区；竹笋罐头以浙江、福建、江西为主产区；杂粮罐头主产区是浙江、福建和河北等地。

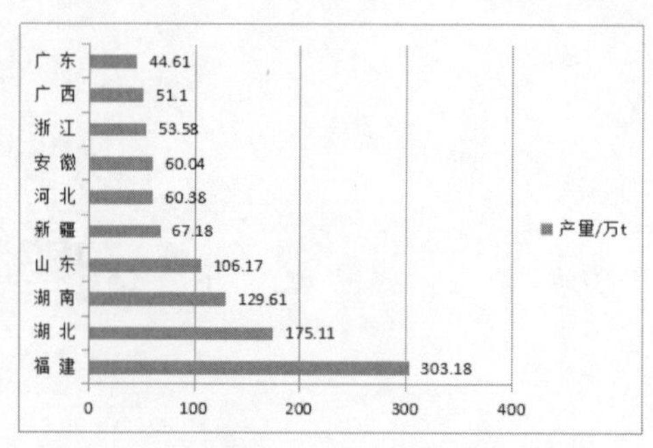

图3 2016年全国罐头十大生产省份（自治区）及产量

数据来源：国家统计局

5. 行业集中度

由于，罐头行业起步较早，且技术含量低导致行业入行门槛偏低，又由于罐头行业加工受到原料供给制约，产品季产年销和平均利润率偏低等不利因素，导致企业很难做大做强。因此，罐头行业总体以中小企业居多，行业集中度不高。以柑橘罐头为例，行业加工柑橘罐头前10家企业加工总量不足行业40%；番茄酱加工主要集中在新疆和内蒙地区，由于原料较为充足和国际市场需求量大，行业集中度相对其它产品略高，行业前五家企业加工总量约占行业70%。八宝粥罐头是业内加工集中度最高的类别，其中，两家龙头企业的总产量占市场的三分之二以上。

6. 进出口

（1）出口

据2016年中国海关数据显示，我国罐头出口总量为282.27万吨，同比下降3.42%，出口金额为45.76亿美元，同比下降4.19%。

我国罐头出口到全球187个国家和地区，出口市场的基本格局并没有发生实质性变化，欧盟、日本、美国、俄罗斯仍是中国罐头的最大出口市场。从国别出口量来看，2016年，中国罐头对其出口量超过10万吨的国家有3个，分别是日本、美国和俄罗斯，对这3个国家的出口量之和为101.02万吨，占2016年中国罐头出口总量的35%左右。

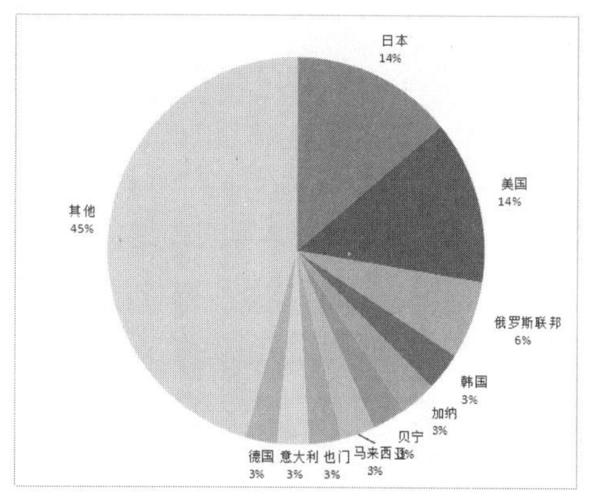

图4 2016年罐头出口主要国家和地区所占比重

（2）进口

2016 年我国进口罐头产品总量为 9.89 万吨，同比增长 2.08%。进口额为 2.03 亿美元，同比增长 19.18%。

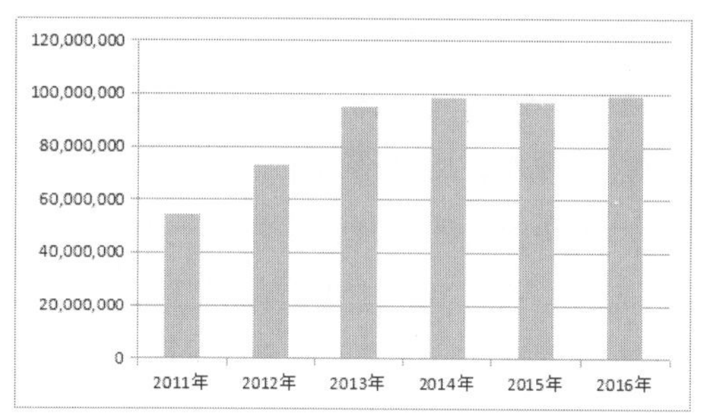

图5 2011–2016年我国进口罐头总量情况表

（单位：千克）

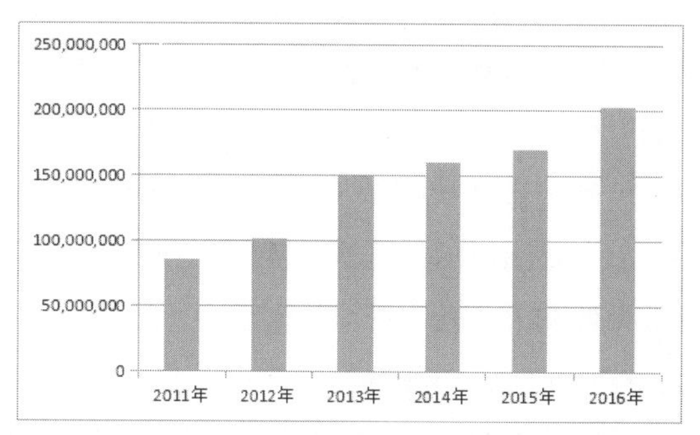

图 6 2011–2016 年我国进口罐头总额情况表（单位：美元）

近几年，我国进口国外罐头总量总体呈上升趋势，尤其是市场对国外优质罐头产品需求不断增加。根据图 5、图 6 可以看出，2012、2013 年间，我国罐头进口量激增，同比分别增长 34.06% 和 30.27%，之后增长有所缓和，但进口额却逐年增长。在经历 2012、2013 年两年，国外罐头进口量、额均高位增长之后自 2014 年趋于稳定，2014–2016 年，我国罐头进口呈现量稳价增的趋势。主要由于前期国内对进口罐头产品需求激增之后，国内罐头企业及时把握商机，优化产品属性，填补了一部分对国内市场高端罐头需求的缺口，同时国内市场对高端罐头需求却居高不下，甚至愈演愈烈。

国内进口罐头主要为水果罐头，其中，进口量最大的为黄桃、菠萝和什锦罐头。进口黄桃罐头主要来自于南非和希腊，由于，其品质优良，色泽鲜艳，受到国内高端烘焙业和连锁快餐业的青睐。但在经历了前几年进口量高位增长率之后，于 2016 年部分产品进口量出现下降，2016 年，我国桃罐头进口量为 13426.10 吨，同比下降 20.79%，菠萝罐头进口量为 12012.78 吨，同比下降 7.24%，仅什锦水果罐头 2016 年进口 11275.95 吨，同比增长 23.87%。进口水产罐头主要是金枪鱼罐头，进口量为 2497.70 吨，同比下降 7.09%，但进口额为 1144 万美元，同比基本持平。近年来，国内进口罐头产品总量基本平稳，但平均价格逐年攀升，2016 年，我国进口罐头产品累计平均价格为 2052.21 美元 / 吨，同比增长 16.75%。

7. 重点行业及“三品”战略实施情况

（1）重点行业概况

罐头产品按原料分为肉禽类罐头、水产类罐头、果蔬类罐头和其它类罐头。2016 年，我国规模以上肉禽类罐头制造企业共 101 家，主营业务收入为 297.0 亿元，同比增长 12.7%，占罐头行业主营业务收入总额 16.95%；规模以上水产类罐头制造企业共 47 家，主营业务收入为 128.7 亿元，同比增长 21.9%，占罐头行业主营业务收入总额 7.35%；规模以上果蔬类罐头制造企业共 679 家，主营业务收入为 1189.7 亿元，同比增长 1.5%，占罐头行业主营业务收入总额 67.91%；规模以上其它类罐头制造企业共 65 家，主营业务收入为 136.4 亿元，同比增长 2.8%，占罐头行业主营业务收入总额 7.79%。其中主要产品情况如下：

①粥类罐头行业

粥类罐头是我国罐头品种中总量最大的单品，而且产品根据国民饮食习惯，基本上全部内销。据中国罐头工业协会统计，2016 年，全国八宝粥罐头总产量达到 60 亿罐（350 克 / 罐，约 180 万吨），行业内主要生产企业是杭州娃哈哈集团有限公司和厦门银鹭食品集团有限公司，两家的生产量占八宝粥罐头市场份额的三分之二，其中娃哈哈一家全年产量就近 30 亿罐。粥类罐头生产的连续化和机械化程度高，能一年四季生产，所以产量较大，能形成规模效益。同时也是罐头行业中创新比率最高的品种，市场产品多样化较为突出。

②番茄酱罐头行业

根据世界番茄加工委员会（WPTC）数据显示，2016 年，全球共加工 3804.7 万吨番茄原料，其中中国加工 515 万吨。美国、意大利和中国是世界上主要的番茄酱罐头生产国。我国番茄酱罐头加工主要集中在新疆、内蒙和甘肃地区，由于，国人饮食习惯，很少食用番茄酱，因此，生产的约 90% 以上番茄酱用于出口。

2016 年，全国番茄行业根据海关统计数字，全年出口总量 96.02 万吨，出口额 7.47 亿美元，其中大桶番茄酱（大于 5 千克）出口量 55.39 万吨，同比下降 1.81%，累计平均单价 735 美元 / 吨，同比下降 16.93%；小包装番茄酱（小于等于 5 千克）出口量 36.99 万吨，同比下降 12.59%，累计平均单价 839 美元 / 吨，同比下降 14.53%。2016 年全球番茄市场，主要由于上一年大丰收，美国企业低价抛售其 2015 年产季的产品，将市场价格拉低，预计该抛售现象还将持续一段时间，另外欧洲市场货源充足，中国产品加上运费与关税，不具备与欧洲当地产品竞争的价格优势，国际市场供大于求的现象导致 2016 年开始后中国番茄酱出口价格一路下滑。

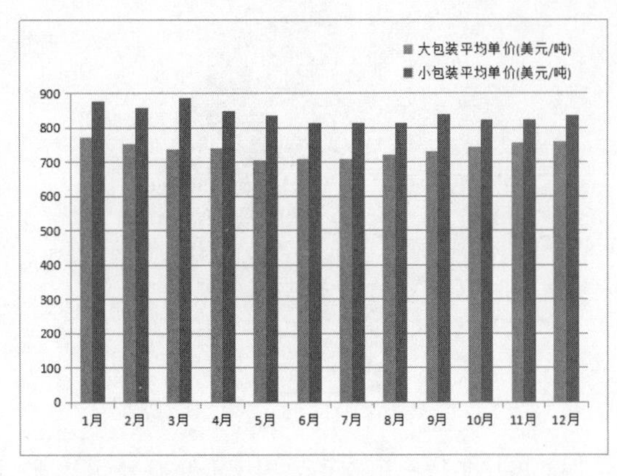

图7 2016年分月大包装和小包装番茄酱产品出口平均单价

数据来源：中国海关

③我国桃罐头加工用原料主要集中在安徽砀山和山东临沂等地，近年来，全国桃产业和市场总体呈现上升趋势，黄桃种植规模扩大，加工企业增加，国内市场持续增长，随着“三品”战略的实施，企业加大对品牌培养的投入，逐渐形成一批全国或区域市场的品牌企业，罐头电商的出现进一步拓展和带动线上桃罐头的传播和销售，甚至出现“井喷式”增长。据不完全统计，近年来全国桃罐头年产量超过 60 万吨，稳居世界第 1。黄桃市场看好，农民种植热度升温，新增种植面积不断扩大，2016 年原料较为充足。

我国桃罐头近四分之一用于出口。从国际市场看，我国桃罐头加工竞争对手主要是南非、美国、希腊和阿根廷共四个国家。国际市场基本稳定，全球主要生产国的总加工量大体保持在每年 160 万吨左右的规模。2016 年，我国桃罐头出口 13.44 万吨，同比下降 13.51%，主要出口国家依次是美国、日本、俄罗斯、墨西哥和加拿大，其中，对日出口中，白桃罐头占较大比例。在桃罐头国际贸易中，我国与希腊、南非等国家形成此消彼长、互补共存的关系，我国出口产品有相当一部分是 3 公斤大罐，供应集团消费或者用作食品工业原料。对于我国桃罐头出口而言，主要是原料和人工成本的不断上升，削弱了产品竞争力，此外在产品质量上与国外同类产品存在一定差距，主要由于我国栽培原料品种较国外落后很多。

④我国是世界上主要的柑橘罐头生产国，年产量占世界总贸易量的70%以上，2016年，我国柑橘罐头出口量为30.99万吨，同比下降2.52%，出口额为3.20亿美元，同比下降1.88%，主要出口国是美国、日本和欧盟。近年来，我国柑橘罐头在出口美国方面主要受到一些技术性贸易壁垒问题和欧盟持续对我国产柑橘罐头实施反倾销，导致国际竞争力下降。

柑橘罐头近年来国内市场发展较好，销售规模稳中有升。企业近年来重视柑橘罐头的连续化、机械化生产，有助于控制产品生产成本，保证了企业效益。在产品方面，柑橘罐头产品在包装、口感方面不断改善，在稳定既有消费群体的条件下，努力开发新品及扩展新的消费群体。从而促进内销市场不断扩大。

⑤食用菌罐头行业

2016年，我国食用菌罐头总产量约为52万吨，主要集中在福建、四川和山东等省份。在出口方面，我国食用菌罐头总出口量为23.64万吨，同比基本持平，出口额4.01亿美元，同比增长2.16%，累计平均价格有所增长，同比增长2.42%。目前，我国食用菌罐头行业依然没有摆脱受到美国蘑菇罐头多年的反倾销和多菌灵事件的阴影，造成中国出口美国的食用菌罐头受阻，出口出现负增长。食用菌罐头在国内市场上销售主要针对快餐连锁和星级酒店，销售近年来一直比较平稳。

⑥猪肉类罐头行业

近几年，我国猪肉类罐头年产量一直保持在16万吨左右，其中约三分之一用于出口，主要出口东南亚国家和中国香港地区。2016年，我国共出口猪肉类罐头3.90万吨，同比下降7.29%，出口额为1.22亿美元，同比下降6.63%。在内销方面，猪肉类罐头主要应用于餐饮化，如猪肉午餐肉应用于火锅类餐饮，近年来，随着我国火锅餐饮业的迅速兴起，带动猪肉糜类罐头产品销量提升。

⑦金枪鱼类罐头行业

2016年，我国金枪鱼罐头（含金枪鱼鱼柳）共出口8.91万吨，同比增长7.03%，出口额为3.60亿美元，同比增长5.90%。由于，近年来，国内消费者对金枪鱼类罐头的营养成分逐渐重视，产品在国内消费中增长较快，另外金枪鱼罐头也主要应用于国内西餐餐饮化中。

⑧鲭鱼类罐头行业

2016年，我国鲭鱼罐头出口量为6.89万吨，同比下降9.75%，出口额为1.95亿美金，同比下降4.77%，但平均价格上涨5.52%。鲭鱼罐头前几年国际市场发展较快，略微有所平稳，提升行业总体的产品质量一直是目前发展的重中之重。

（2）“三品”战略实施情况

2016年5月，国务院办公厅发布《关于开展消费品工业“三品”专项行动营造良好市场环境的若干意见》，部署开展消费品工业增品种、提品质、创品牌“三品”专项行动，促进资源有效整合，构建适合需求结构的供给体系。罐头行业企业适应新的市场形势和消费需求，用科技手段实施供给侧改革，提高产品附加值，从供给端入手，推进行业“三品”战略的实施。

①增品种

罐头企业根据市场上消费者们对产品的不同需求，积极推进新品研发和生产销售，丰富市场上罐头种类，满足多样化的市场需求。例如，针对饮食限糖人群，河北怡达食品集团有限公司采用异麦芽酮糖等功能糖来替代白砂糖，研发功能糖水果罐头，并取得了不错的市场效果；上海梅林正广和股份有限公司根据当地人口味习惯，开发出如本帮红烧猪肉、红烧排骨等新口味产品，主要针对地区餐饮化销售，在市场销售中增加新的卖点；丰岛控股集团有限公司研发了多款适销的含膳食纤维、胶原蛋白的功能型果泥、果冻、果酱罐头产品，加进了美容、养胃、清肺、护肝等时尚新元素，这些产品营养可口、包装新颖、卖点鲜明，目前已在北京等市场上市试销，很受喜爱，并先后引进了国际先进的高阻隔杯（瓶）罐头生产线，新品贡献率达40%，其特色产品“鲜果捞”所采用技术、包装为国内首创，达到国际先进水平，迈出了传统罐头变革的第一步。

企业研发新品不仅丰富了罐头产品种类，多元化发展同时也满足了多样化的市场需求。即将制定完成的行业标准《水果饮罐头》对市场上近年兴起的新产品水果饮罐头发展将起到规范和促进作用。

②提品质

罐头企业近年来在提高产品品质方面也在不断下功夫，企业一方面严把原料质量，在原料采收和分选环节全程质量监控，从源头上提高品质，另一方面在加工工艺上严格要求，开展自动化、智能化工厂技术升级。

产品品质的提升不仅增加了附加值，同时也扩大了产品的销售渠道，如我国黄桃罐头在以往因为品质不佳，很难打开国内焙烤市场，不过随着近年来产品品质的提升，我国产黄桃罐头在应用于焙烤方面将逐渐代替进口黄桃罐头。近年来国家各部委发布的罐头方面国家标准、行业标准也起到了提高产品品质、规范行业的重大作用，与此同时，2016 年 5 月，中国罐头工业协会分别发布了《茄汁鲭鱼罐头》和《盐水鲭鱼罐头》团体标准，各项指标均严于或等同目前现行相关标准，对规范鲭鱼罐头行业和引导产业结构升级起到了一定作用。

③创品牌

罐头品牌以往大多只是区域性品牌,随着近年来，国内企业对产品品牌力的重视，已逐渐积极在品牌方面做努力，逐步打造国内知名品牌。如湛江市欢乐家食品有限公司在国内水果罐头销售中率先聘请影视明星做代言，将“欢乐家”品牌做到家喻户晓；临沂奇伟罐头食品有限公司聘请六小龄童作为产品形象大使，将妇孺皆知的“猴王”与“奇伟”牌黄桃罐头完美结合，积极打造国内市场，并获得了良好的市场反响；广州鹰金钱企业集团公司的“鹰金钱”品牌于 2010 年荣获“中华老字号”称号，提升产品软实力。

8. 包装与装备

（1）包装罐头产品由于其独特的杀菌工艺，导致其对产品包装要求较高，产品按包装主要分为硬（马口铁、玻璃、铝等金属）和软（高阻隔塑料、铝箔等）两种包装形式。我国以金属、玻璃材料制罐的技术已日渐成熟，制罐装备生产已接近国际先进水平，近年来安全性较高的覆膜铁产品，由于其耐加工、耐腐蚀和阻隔性良好等优点，受到业内普遍重视，并被广泛认为是未来金属包装行业马口铁的替代品。另外为环保和节约成本的材料减薄也一直是金属罐头包装的重要发展趋势。高阻隔塑料包装主要应用于水果罐头，水果类罐头由于其外观诱人，部分产品在销售中采用透明高阻隔包装材料，制成果杯或直立袋，携带方便且便于开启，如我国出口日本的水果罐头主要应用高阻隔塑料作为包装材料。不过果杯包装目前存在的主要问题是市场上高阻隔产品质量良莠不齐，不良包装产品会对罐头杀菌、封口乃至贮存和运输带来麻烦，影响食品质量。

（2）罐头生产原料品种多、规格不一、生产规模不大和习惯于手工操作等问题一直是制约我国罐头生产装备发展的障碍，不过随着国内人工成本的不断攀升，企业对机械化、连续化设备越来越重视。罐头行业装备发展态势十分明显，高新技术得到逐步的推广与应用，随着市场的需求和企业研发能力的增强，高新机械设备在罐头加工业中得到了较为广泛的应用，如原料分拣、芦笋去皮机、黄桃去核机等机械目前正在行业中广泛被推广使用。特别是随着国外先进设备的引进和消化，以及罐头加工产品的出口，因此对产品的质量和加工技术水平要求较高，推动了高新技术的广泛引进和应用研究。但和国际上先进的自动化生产还有较大差距，原料装备落后严重制约生产自动化进程。

【c. 行业面临的问题分析】

1. 政策与市场

（1）国内消费者普遍对罐头误解很深，产品墙里开花墙外香

国内由于部分媒体对罐头产品缺乏了解和调查，听信一些谣言误以为罐头产品在安全性、营养方面欠妥，便以讹传讹对其进行报道宣传，导致消费者对罐头误解很深，普遍认为罐头产品不够新鲜且营养价值

不高或对人体有害。近两年来行业协会和企业加大宣传科普力度，努力消除市场上对罐头产品的误解，虽然取得了一定效果，但仍需努力。而在国外罐头食品非常普遍，产品消费主要有两大部分，一是家庭消费，家庭主妇直接选用各式肉、鱼、菜、豆、水果和汤类罐头。二是快餐和食品店选用，作为配料加工各式快餐食品，如芦笋、竹笋、番茄酱和蘑菇罐头等，罐头食品深受欢迎。

（2）我国出口罐头产品长期受到欧美等西方国家反倾销制裁，行业损失惨重

我国罐头产品近三分之一用于出口，主要出口方向为欧美等西方国家和地区。我国自加入WTO以来，欧美等西方发达国家对我国罐头企业频繁展开反倾销控诉、反倾销调查。以橘子罐头为例，欧盟于2008年对原产自中国的橘子罐头做出反倾销仲裁，欧盟是我国的第二大出口市场，由于欧盟对我国出口橘子罐头反倾销关税增加，国内的罐头企业的产销形势瞬间变得严峻起来，中国每年出口欧盟的橘子罐头，从2007年的6.5万吨，减少到2016年的约1.8万吨，从欧盟市场转移出来的剩余需求缺口，迫使中国罐头企业纷纷蜂拥到其它国际市场，从而造成国际市场橘子罐头销售行情连续低迷，并致使中国部分生产企业在这五年内纷纷停产、倒闭，行业损失巨大。

（3）原料基地建设需加强，尤其是对农药使用应加强监管

我国果蔬类罐头产品涉及农产品和原料种类繁多，目前大多数企业没有自己的原料生产基地，大多由农户自己种植，在原料品质和农药监管方面很难控制，给产品品质的稳定性和安全控制带来风险，甚至影响产品出口。例如我国每年出口美国果蔬罐头约30万吨，美国自2011年起对来自我国的果蔬罐头中农药多菌灵的最大残留量限制为0.01ppm，这一数值远远严格于我国及世界许多国家的现行标准，目前我国多菌灵使用十分普遍，这导致我国很多果蔬类罐头产品被拒绝进入美国。而如果我国相关部门和企业能够严格把控出口美国产品的原料控制，修订敏感农药的使用安全标准和规定，不仅有助于我国相关产品提高出口量，也有助于企业增强国际竞争力，免遭出口退柜损失。

（4）不合理销售规则制约果蔬罐头扩展国内市场

罐头产品由于其严谨的杀菌工艺和包装，使产品得以能够在常温下长期贮存而不影响质量，因此每年罐头行业消耗掉几百万吨甚至上千万吨当季难以储存的各种新鲜果蔬。果蔬类罐头产品属于典型的“季产年销”产品，在果蔬采收期加工制作成罐头，然后储存销售至次年果蔬采收期，在正常储运条件下，一般产品保质期均不低于12个月，其特性与寿命短、消费速度快的“快消品”是完全不同的，但目前由于国内大部分商超对罐头食品的不了解，将罐头视同“快消品”一类进行管理，采购进场时规定自生产日期起超过2个月的产品则拒绝收货，此种操作给罐头生产企业的正常生产和销售造成非常大的困扰，该现象不仅损害企业应有利益，并且对果蔬罐头企业发展国内市场造成严重制约。

2. 科技创新

（1）新品开发不足，市场同质化竞争严重

罐头产品虽然发展起步早，产品类型多种多样，从果蔬、畜肉至水产品覆盖面非常广，但产品在口味、包装方面的创新发展不足。市场上罐头产品大多以老产品、老包装为主。缺少新包装、新口味，导致罐头国内市场对新生消费群体的吸引力度不够，虽然产品物美价廉，但难以开拓新兴消费群体。不过，近年来，随着国际市场的饱和，企业不断重视国内市场，也对产品创新变得逐渐重视起来并进行大胆尝试，如近年来市场上的功能糖类水果罐头、果冻类罐头等新口味产品，在包装上也推出很多包装精美的礼品包装。目前行业创新力正在逐步进行改善，也已取得部分成果，因此，加大创新、进行品牌培养成为促进产业发展的关键因素。

（2）农产品加工用果蔬原料品种有待进一步改良升级

果蔬类罐头产品的优良与否主要在于原料的品质，原料的好坏直接影响着最终产品。由于农产品改良需

要投入大量的人力、物力、财力，并且需要很长的时间，品种改良困难重重。以国内黄桃种植为例，目前我国黄桃罐头加工所使用桃原料与南非、希腊等国相比品种落后很多，黄桃原料品质无法与其相比，导致我国产桃罐头产品品质不如外国，国际竞争力不足。与此同时，好的品种助力行业向上发展，如近年来中国芦笋研究中心开发出的芦笋新品，在抗药性、产量等其它各项指标方面均非常优秀，位居国内外所有品种前列，新品种的研制成功，优质原料的供给，进一步提高我国芦笋罐头加工质量，必将增强我国罐头产品在国际市场的竞争地位。

【d. 行业发展趋势预测】

2016 年，随着世界经济依然处于深度调整期内，结合近年来行业发展现状，不难发现我国罐头产品近几年来在出口市场基本企稳，国际市场虽然不确定性因素过多，但已基本趋于饱和。其中我国产番茄酱、黄桃、柑橘、蘑菇、芦笋等罐头产品在国际市场上所占比例已基本稳定，在增加出口量方面很难再有大的发展。内销方面虽然近几年发展良好，产品销量逐年有所提升，但依然存在着产品同质化严重等问题。预计在 2017 年，随着国内全面“三品”行动的推动，罐头行业也将逐步进行产业升级，在产品开发、工艺改进、新包装应用、食品安全和品牌培养等方面进行推动，提高产品附加值，增加产品科技含量，适应市场多样化的需求和拓展行业发展空间。罐头行业将逐步摆脱以往的低端同质化价格竞争局面，转为以创新、品质取胜的良性竞争。

另外，由于罐头产品在生产中耗能较大，行业下一步发展方向将重点在节能降耗方面，发展节能降耗，不仅降低了对环境的污染，还有助于降低产品成本，提高产品竞争力。行业在使用循环水、杀菌减少热量流失方面将加大科技投入力度，开发新技术。

品种繁杂，产品附加值低导致罐头行业在企业的机械化、连续化方面落后等情况在今后也将进一步改善，加快机械化、连续化的技术改造，提高生产效率，发展规模化、现代化的种植，建立自己的产业基地等等。总之，在今后罐头行业还将进一步发展壮大，行业集中度将进一步提升，企业机械化水平、产品附加值和知名度增高，行业将持续健康、平稳发展。

【e. 政策建议】

1. 制定相关标准法规，促进国内罐头市场健康发展

根据罐头产品易于储存的特性，制定相关罐头产品流通类标准，对罐头产品在流通过程中的生产日期和临售保质期限作以阐释和规定，作为罐头食品销售中不同于“快消品”所遵循的依据。

2. 鼓励加工企业指导甚至自建原料基地，保障优质原料供给

通过政策扶持等综合手段，鼓励企业牵头发展规模化、自有种植基地，形成品种更优、品质更有保证、生产能力更成熟、成本更优化等的原料供应模式，增强我国罐头产品市场竞争力。

3. 尽快出台有关文件，确定团体标准法律地位

加快对团体标准的法律地位进行确定，有助于保障食品安全，提高产品品质，辅助“三品”战略更好的实施。

4. 支持产品出口，并及时预警

当企业在出口中遇到技术性贸易壁垒、反倾销等问题时有关部门可以从政策、资金和技术等方面给予支持和帮助，并及时发布出口预警报告。维持行业稳定，让企业免受不必要的损失。

5. 推广宣传罐藏食品工艺原理，消除民众对罐头食品的误解

向公众普及罐藏食品工艺原理，抵制市场上关于罐头的谣言和消除民众对罐头食品的误解，还罐头食品正身。

查长全 晁 曦

2.12 调味品制造业

2016年，中国调味品行业发展呈平稳增长的态势，市场需求不断释放，人均消费量随着餐饮业的变化而逐渐提升；产品结构调整加速，集中度逐步提高，产业的升级速度也在进一步加快；龙头企业规模效应持续显现，中小企业优胜劣汰趋势明显，行业企业国际化和专业化并购重组现象较多。这一系列的发展变化促进了我国调味品行业的持续发展。根据中国调味品协会对中国调味品著名品牌100强2016年度数据统计汇总分析得知，调味品品牌企业的总产量保持7%以上的增长率，总销售收入保持6%以上的增长率，总体呈现平稳增长的现象，增速趋缓。

【a. 概况】

1. 主要经济指标

根据国家统计局对规模以上企业统计的数据分析，2016年，调味品和发酵制品制造主营业务收入3064.1亿元，同比增长6.7%；利润总额302.6亿元，同比增长11.7%，增速可观。

表1 2016年调味品、发酵制品经济效益

	企业数/个	主营业务收入/亿元	同比增长/%	利润总额/亿元	同比增长/%
调味品、发酵制品制造	1209.0	3064.1	6.7	302.6	11.7
味精制造	76.0	462.6	-0.1	40.8	20.4
酱油、食醋及类似制品制造	418.0	1041.4	4.7	129.7	6.8
其它调味品发酵制品制造	715.0	1560.1	10.3	132.0	14.3

资料来源：国家统计局

根据中国调味品协会对著名品牌100强企业统计得知，2016年，调味品行业生产产量为928.7万吨，同比增长7.2%；销售收入为613.7亿元，同比增长6.2%。统计内的总产量在10万吨以上的企业有21家，5–10万吨的企业有21家，5万吨以上的企业占总数的46.7%。

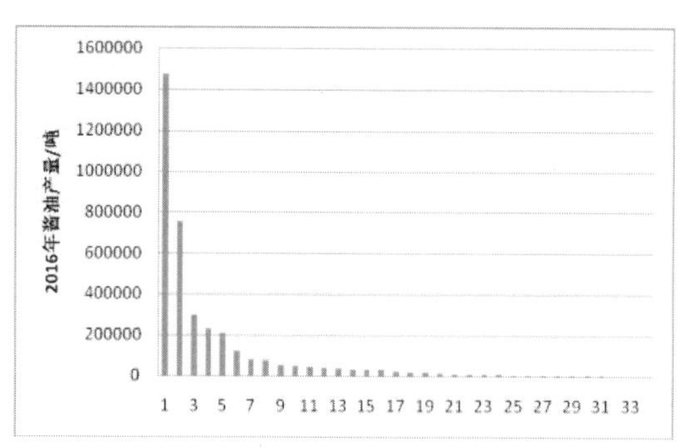

图1 2016调味品企业累计生产规模

资料来源：中国调味品著名品牌企业100强2016年度数据统计汇总分析（90家）

中国调味品著名品牌100强2016年度数据统计汇总分析内的12个分支产品品类中，除了味精产业出现产量下降之外，其余品类的总产量均呈现稳步增长的趋势，其中增速较快的产业依次为火锅调味料、料酒、复合调味料，而作为行业内总产量占比较大的酱油、食醋、调味酱等分支产业，增速都较为稳定。

表2 2016年调味品行业重点分支产业产量及增长率

	企业数/个	2015年产量/t	同比增减/%
酱油	34	3702160	7.5
食醋	35	1664899	6.1
酱类	32	797398	7.7
复合调味料（不含鸡精、鸡粉）	27	420987	10.7
鸡精（鸡粉）	15	353341	2.4

	企业数/个	2015年产量/t	同比增减/%
味精	8	139006	-6.3
酱腌菜	15	323382	5.8
火锅调味料	6	117424	12.7
香辛料和香辛料调味品	5	102851	3.7
调味料酒	14	204578	11.7
蚝油	7	534626	8
腐乳	10	137398	5.2

资料来源：中国调味品著名品牌企业 100 强 2016 年度数据统计汇总分析（90 家）

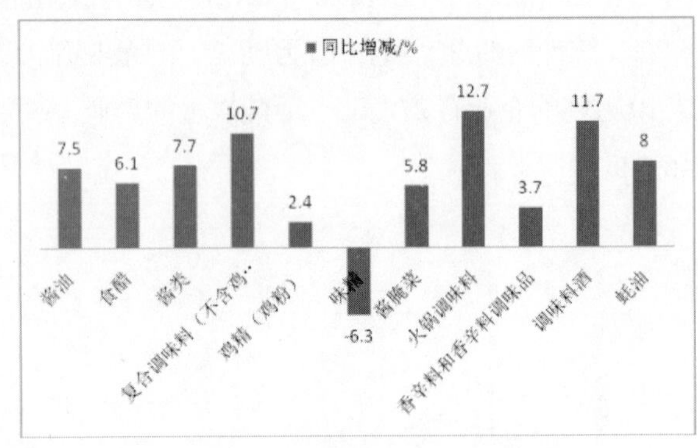

图2 各子类调味品产量同比增减

资料来源：中国调味品著名品牌企业 100 强 2016 年度数据统计汇总分析（90 家）

2. 行业发展分析

（1）价格

2016 年，调味品产品出现价格增长现象，并有短期内持续的趋势。行业内大型上市企业涉及到酱油、酱、食醋、酱腌菜等品类的产品在价格上都有不同程度的增长，增幅在 5%–12% 不等。增长的原因有 4：

①成本、费用上升的压力；

②产品附加值提升；

③消费者生活水平与消费理念的改变。

④整体物价水平的增长。

（2）市场

2016 年，调味品行业整体发展平稳，各产业的企业之间、上下游企业的联动在增强，不少企业抓住供给侧结构性改革的机遇，创新发展，取得了成效；有小部分企业出现了负增长，分析原因：

①老旧管理模式无法适应新兴市场环境；

②市场集中度提高和竞争加剧；

③企业自身产品结构调整和企业转型；

④市场对各细分产业与产品的自然选择，导致部分功能单一的产业中优势不强的企业面临淘汰，以味精企业尤为明显。

2016 年，调味品行业原有区域性品牌企业边际成本增加，但边际效应在递减，比如原来以省会为主的调味品企业，虽然是品牌企业，但是这几年的效益并不明显，若不改革或者尽快采取措施，可能面临淘汰的危险。与此相对应的是，有一部分全国调味品品牌企业的边际效应在递增，比如已经在主或者新三版上市的现代企业。

老字号企业的发展呈现两个趋势，一种经过兼并重组的改革快速适应了新形势，在传承创新中发展成了区域乃至全国的强势品牌；一部分没有及时调整创新，受到严重的市场冲击，发展形势严峻。

（3）投资

继金龙鱼、中粮、鲁花、雅克等食品行业发展较为稳定的品牌企业开始涉足调味品行业之后，新希望集团成立调味品公司；涪陵新区与富氏食品成立独立法人公司，建设年产 10 万吨酱油、辣酱及川渝特色食品项目；中炬高新增资美味鲜。总体来讲，投资公司、风险投资机构更加关注调味品行业的发展趋势，尤其是酱油、调味酱、复合调味料等调味品的重点产业受到资本以及整个食品行业的关注度较高。国际食品集团方面，有雀巢、联合利华、卡夫亨氏等外企加速扩张调味品市场，并且在陆续注资和收购区域发展势头良好、并且在全国有一定影响力的企业，这个现象目前集中在华中地区。

（4）区域分布

据 2016 中国（国际）调味品及食品配料博览会的产品样本得出，调味品企业在全国分布较为均匀，相对来说华东、华中、华南的企业数目较多，分别占 42.5%、17.9%、17.0%，华南的大型企业较多。调味品企业区域发展特色较为明显，主要体现在：华东地

区企业数量较多，发展类型多样、包容性较强；华南地区大型企业较多，市场发育较为完善，代表调味品行业最先进的发展方向；华北地区部分区域性的企业创新和整合速度较慢，企业发展受限；西南地区区域性的品牌较多，产品较为多样化；华中地区不乏具有特色的大企业，外资企业较为集中。

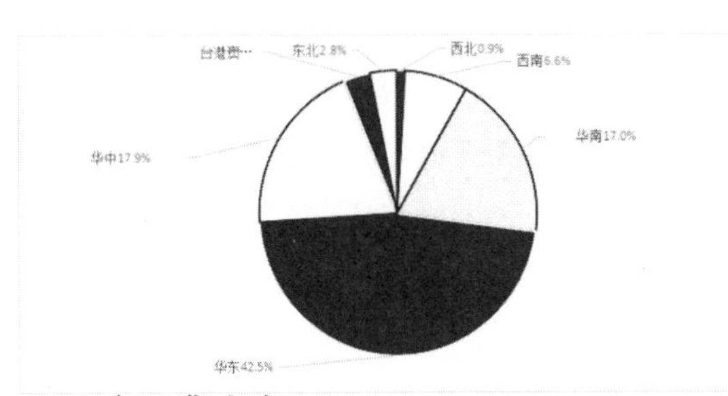

（5）行业集中度

中国调味品行业近3年产销量持续增长，增速相对趋缓，行业集中度提高明显，尤其表现在酱油、食醋、调味酱、复合调味料产业。大企业发展速度加快，中小企业的发展有所受限。中国调味品著名品牌100强2016年度数据统计汇总分析内的上市企业（12家）的产量占总产量（90家）的46%，并且增速略高于行业的总体增速。

（6）重点行业概况

调味品行业的酱油、食醋、调味酱、复合调味料等的发展将很大程度上反映整体行业的发展水平，中国调味品著名品牌100强2016年度数据统计汇总分析内的酱油、食醋、调味酱产类的企业数共达到73%，其中酱油产业的产量同比增长7.5%、食醋产业的产量同比增长6.1%，调味酱产业的产量同比增长7.7%，正处于平稳发展阶段。

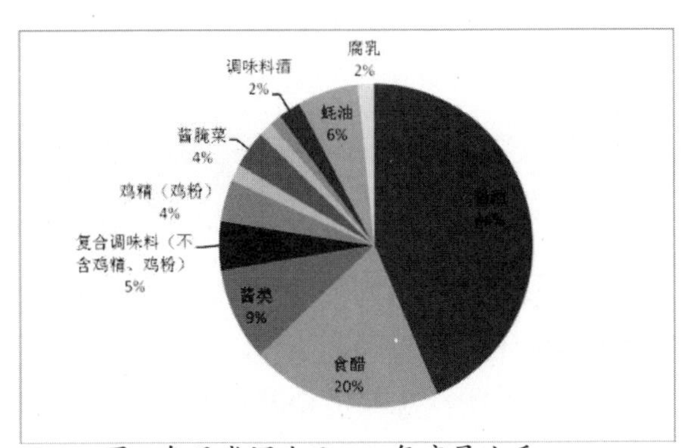

图3 各子类调味品2016年产量比重

资料来源：中国调味品著名品牌企业100强2016年度数据统计汇总分析

①酱油酱油产业是我国调味品行业的第一大产业，产销量和企业规模均居调味品行业首位，产业发展潜力巨大。近年来酱油企业开始注重品牌发展、文化和标准建设以及国际市场开拓，各方面都卓有成效，带动了调味品行业整体的发展。2016年，酱油产业龙头企业在渠道精细化、产品细分化之后，开始通过全国性的广告宣传、全渠道营销策略和并购重组的方式快速扩张，并开始多元化经营，成为我国调味品行业的整合者。

2016年，调味品著名品牌企业100强中酱油（34家）总产量达到370万吨，同比增长7.5%。产品产量上，前3名的企业为佛山市海天调味食品股份有限公司、广东美味鲜调味食品有限公司、李锦记（新会）食品有限公司，产量分别为147.4万吨、75.5万吨和29.8万吨，32%的企业的产量同比增长率大于10%。产量在5万吨以上的企业有10家，占总数的29.4%。11家企业出现了下降，占总数的32.4%。

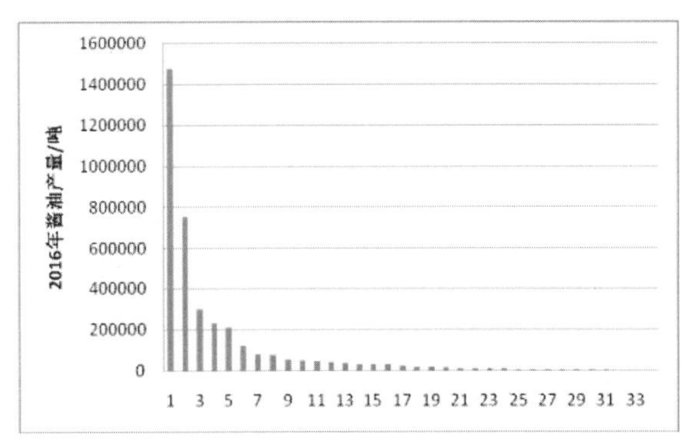

图4 2016年度酱油产量

资料来源：中国调味品著名品牌企业100强2016年度数据统计汇总分析

②食醋食醋企业依然面临着激烈的市场竞争，产品的同质化现象明显，企业的经营战略和营销策略传统中缺乏一些创新。食醋产业作为调味品行业的支柱产业，在家庭消费、餐饮市场和食品加工工业三个环节占有非常重要的作用和地位。食醋产业的发展与调

味品行业的整体发展趋势基本保持一致，在产销量呈现上升趋势的同时，同比增长率略有下滑。

2016 年，调味品品牌企业 100 强中食醋（35 家）总产量达到 166.5 万吨，同比增长 6.1%。产量在 5 万吨以上的企业有 9 家，占总数的 25.7%。产品产量上，前 3 名的企业为江苏恒顺集团有限公司、山西水塔醋业股份有限公司和山西紫林醋业股份有限公司，产量分别为 307.8 万吨、270.3 万吨和 145.6 万吨；7 家企业出现了下降，占总家数的 20%。

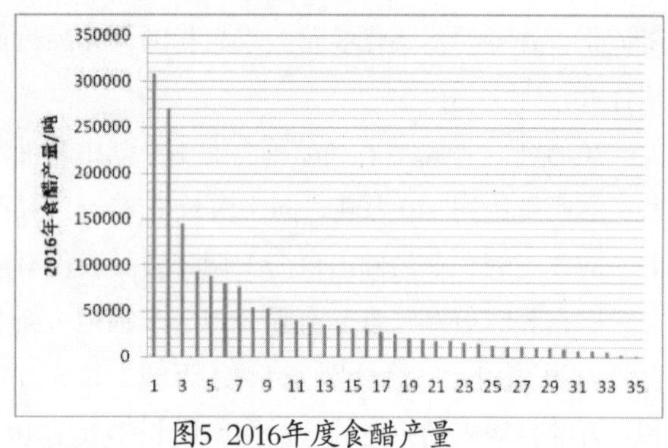

图5 2016年度食醋产量

资料来源：中国调味品著名品牌企业 100 强 2016 年度数据统计汇总分析

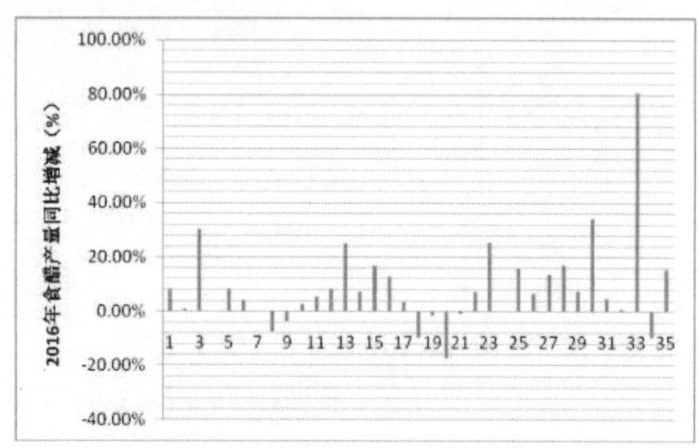

图6 2016年度食醋产量同比增减

资料来源：中国调味品著名品牌企业 100 强 2016 年度数据统计汇总分析

③调味酱调味酱产业近些年的发展态势良好，前景广阔。调味酱产量持续上升、品类发展完善、产品多样化、市场发展成熟、标准体系健全，并在互联网+的市场格局下，实现了营销模式的创新与变革。

调味酱产品呈现比较明显的 5 个特点：一是调味酱品牌发展快，品牌数量略多于酱油、食醋等重点分支产业的品牌数量；二是调味酱产品的新品涌现速度快；三是调味酱的区域性品牌较多；四是调味酱产品的价格区间也比较大；五是调味酱产品的包装有很多新颖的方式；六、调味酱企业正在尝试新的营销模式。

2016 年，调味品品牌企业 100 强中调味酱（32 家）总产量达到 79.7 万吨，同比增长 7.7%。产量在 5 万吨以上的企业有 5 家，占总数的 15.6%。产品产量上，前 3 名的企业为海天调味食品股份有限公司、鸡泽县天下红辣椒有限公司、天津市利民调料有限公司，产量分别为 21.6 万吨、10.2 万吨和 8.6 万吨；6 家企业出现了下降，占总家数的 18.8%。

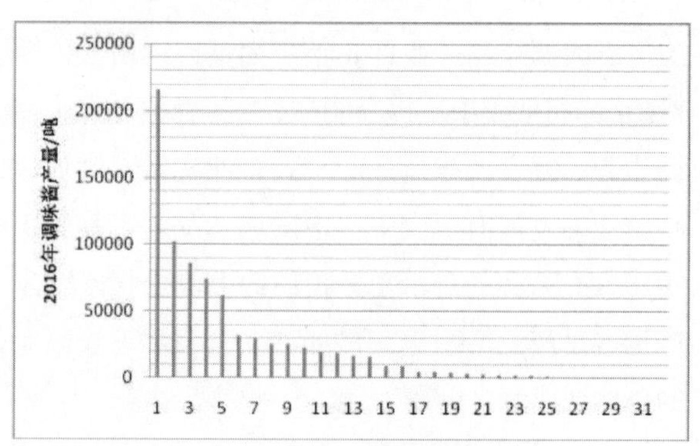

图7 2016年度调味酱产量

资料来源：中国调味品著名品牌企业 100 强 2016 年度数据统计汇总分析

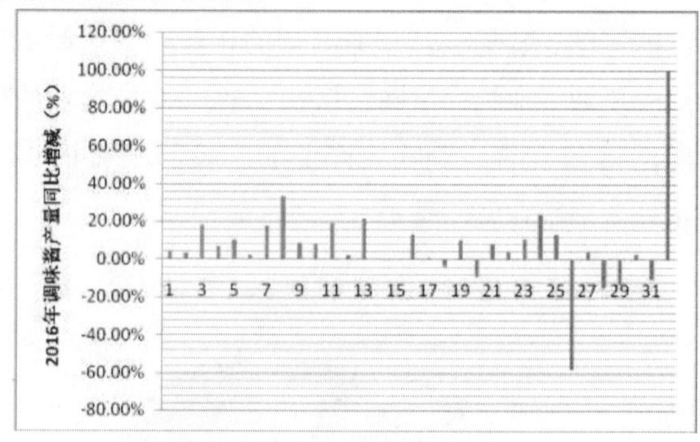

图8 2016年度调味酱产量同比增减

资料来源：中国调味品著名品牌企业 100 强 2016 年度数据统计汇总分析

④复合调味料据 2016 中国（国际）调味品及食品

配料博览会的产品样本得出，生产复合调味料的企业数目远远大于了其它产品。多样化、复合化的高品质产品是当前及未来调味料的发展方向。复合调味料对中餐的规范化、标准化及工业化生产起着至关重要的作用。

2016 年，调味品品牌企业 100 强中复合调味料 (24 家) 总产量达到 42.1 万吨，同比增长 10.7%。前 3 名的企业为李锦记（新会）食品有限公司、安徽强旺调味食品有限公司、上海味好美食品有限公司，产量分别为 9 万吨、6 万吨和 4 万吨。4 家企业出现了下降，占总家数的 14.8%。相比之下，复合调味料的产量同比增速高于酱油、食醋、调味酱，也高于行业平均水平。从近几年的市场需求和表现来看，复合调味料的发展还有很大空间。

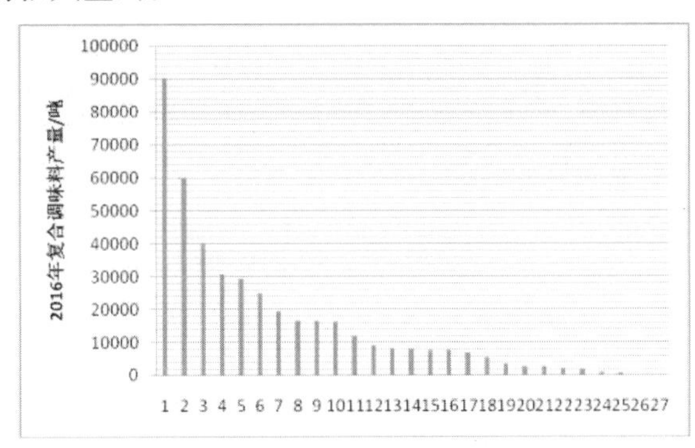

图9 2016年度复合调味料产量

资料来源：中国调味品著名品牌企业 100 强 2016 年度数据统计汇总分析

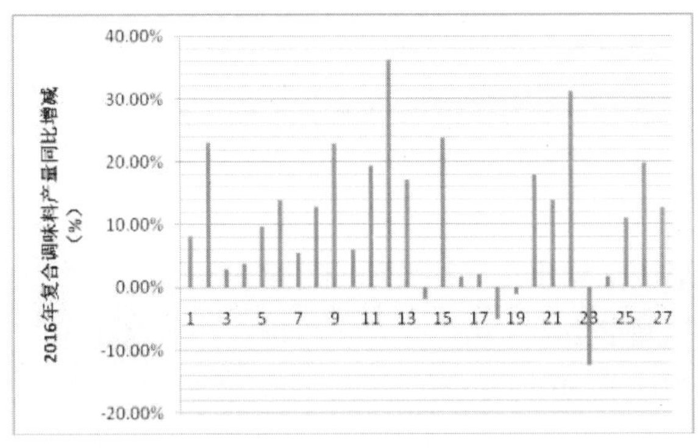

图10 2016年度复合调味料产量同比增减

资料来源：中国调味品著名品牌企业 100 强 2016 年度数据统计汇总分析

（7）“三品”战略实施情况

2016 年 5 月，国务院办公厅发布《关于开展消费品工业“三品”专项行动营造良好市场环境的若干意见》，部署开展消费品工业增品种、提品质、创品牌“三品”专项行动。2016 年，调味品行业积极推行“三品”战略的事实，践行供给侧结构性改革的思路，促进资源有效整合，并取得了成效。

①增品种

调味品行业，复合调味料和调味酱企业的思路较为活跃，开发了不少迎合市场的新品种，尤其是定制化的产品。

食醋产业在技术研发、市场功能开拓方面取得了成效。食醋产品的市场需求不断释放，营养功能受到重视，醋饮料、醋保健品、清洁美容产品等相关产业的产品不断开发。

调味酱产业为迎合新的市场需求，开发了迎合线上消费需求的新品种，比如明星林依轮开发的“饭爷”鱼香肉丝酱、相声演员岳云鹏的“耗辣椒”辣椒酱以及恰恰食品推出的“蓝瘦香菇肉丝酱”，都迎合了新的消费形式及消费者心理。

复合调味料企业开发了不少迎合餐饮新需求的定制化产品，根据餐饮企业的标准化流程要求，研发一步到位的简便、高效、安全的复合调味料。西贝、吉野家、和合谷、永和等连锁餐饮店对便捷、健康、定制化的标配调料包需求潜力释放，快速提升了复合调味料的需求量，也加速了针对烧烤、火锅、快餐、汤料等定制型复合调味料新产品的开发。

②提品质

调味品行业始终注重食品安全、保证消费者的食用健康，在源头到餐桌的品质安全的基础上追求美味。2016 年，中国调味品协会成立辣椒产业专业委员会，致力于促进原材料的安全把控、生产环节的无缝对接，从而更加保证产品的高品质。

值得一提的是，调味品中的调味酱产品存在地域性的差别，品种相对丰富，原料差别大，因此调味酱标准体系中比重最大的是企业标准。现行的相关标准有：食品安全标准《酿造酱》，国家标准《黄豆酱》、《酱卫生标准》；行业标准《甜面酱》、《番茄调味酱》、《虾酱》、《蛋黄酱》、《沙拉酱》、《芥末酱》、《甜面酱检验方法》、《黄豆酱检验方法》；北京市地方标准《半固态（酱）调味品卫生要求》、云南省地方标准《滇味酱》等。

调味品行业也有大型企业引入先进技术，提高品质。以海天酱油为例，由规模化、自动化生产向智能化、数字化生产转型升级，使海天的产品质量、生产效率、资源利用率、食品安全等进一步提升。在注重品质方面，致力于将科技成果转化为生产力，建立起完整的产品数据信息链，率先引入智能制造系统。海天高明生产基地整洁的生产车间里，全自动智能化包装生产线快速运转。四五个工人操作的生产线上，高度自动化，每小时罐装48000瓶酱油，效率比过去提升了数倍。引入的智能制造系统让产品出品更安全、酿造酱油品质更高、每一瓶产品可追溯、全程为人工接触成为现实。全程质量监控系统贯穿于整个产品的生产过程，一瓶酱油从黄豆进厂到包装完成，要经过至少119个质量监控点的检测。在规模化生产中保持传统酱油的原汁原味，是海天工艺提升的重要方向。海天全面利用大数据技术，推动酱油生产的智能化、标准化，从原料、菌种、制曲、晒制、灌装到产品检测等，依托大数据的监测、采集和分析，每个环节的生产工艺都得到进一步的提升。

③创品牌

经过多年的发展，调味品行业涌现出了不少驾驭呼啸的品牌。尤其是酱油、食醋、调味酱、复合调味料产业，均有表现突出的企业，它们注重品牌的宣传、社会影响力，将品牌力融入到消费者的理念。

酱油品牌发展较为完善，既有发展历史悠久的老字号酱油品牌，如致美斋、珠江桥、金狮；也有新兴发展的品牌，如富氏。既有全国性的强势品牌，如海天、厨邦、加加、李锦记；也有地方特色品牌，如千禾、味莼园。

酱油产业以海天味业作为典型举例：海天味业作为行业内产销量第一的企业，也是世界酱油产量第一的企业。依据中国调味品协会2015年品牌100强数据统计分析，海天在市场占有率、产销量、品牌知名度、企业综合实力等各方面均排在行业前列。海天味业在2013年突破百亿销值，成为调味品行业首个破百亿航母企业。2014年，海天味业登陆A股市场，正式在上海证券交易所挂牌交易，同年，海天宿迁投资建设项目正式启动，标志着海天全国布局设厂拉开帷幕。2016年，品牌评级权威机构Chnbrand发布了2016年（第六届）中国品牌力指数(下简称C-BPI)品牌排名和分析报告。海天酱油连续6年行业第一、海天醋品连续五年行业第一，两个品类均入选“C-BPI黄金品牌榜”。世界权威咨询机构凯度消费指数发布了拥有过亿城市购买家庭的品牌榜单，海天以1.16亿户家庭消费者成为唯一进入榜单的调味品企业。国际著名品牌研究机构胡润研究院发布《2016胡润品牌榜》，海天味业以193亿元的品牌价值，再次在调味品行业名列第一。

食醋产业仍然呈现山西老陈醋、镇江香醋、阆中保宁醋、福建红曲醋四大名醋为主要品牌的格局，各区域中不乏代表性的企业，比如恒顺醋业、山西老陈醋、水塔醋业、紫林醋业、四川保宁醋、福建永春等知名企业。

食醋产业以江苏恒顺醋业股份有限公司为典型举例：江苏恒顺醋业股份有限公司是食醋中产业产量领先的企业，于2001年上市，是调味品行业上市较早的企业，目前是中国调味品协会的会长单位。依据中国调味品协会2015年品牌100强数据统计分析，恒顺醋业在市场占有率、产销量、品牌知名度、科技创新等各方面均排在行业前列。恒顺醋业在醋文化传承、先进科研成果应用、全国市场布局等方面都是食醋产业里的典型优秀代表。恒顺醋业在作为“国家高新技术企业”，坚持科技兴业，生产经营中尤其注重技术改造、科学技术升级，企业于2016年启动了恒顺新研发中心，助力企业、食醋产业的长远发展。

调味酱产业的品牌企业较多，发展较好的品牌有海天味业、李锦记、天津利民、安庆胡玉美、香其酱业、北京丘比、四川远达等。以下就行业内知名品牌企业简单举例：

调味酱企业以李锦记酱料集团为典型举例：李锦记酱料集团的产品远销世界各地。李锦记的产品曾作为北京奥运会餐饮供应企业、上海世博会事务局官方推荐的餐饮原辅材料供应企业、广州亚运会酱料供应商，并且在2012年入选航天食品，成为神舟九号载人宇宙飞船宇航员使用酱料，真正实现“有人的地方就有李锦记”这一企业愿景，李锦记连续五年助力中国航天事业，六款酱料随“神舟十一号”航天员一同飞天，为航天员太空生活提供佐餐酱料。在技术升级方面，2014年，节能减排、支持新能源，李锦记新会生产基地导入光伏项目，成为全国率先启用光伏项目的调味品企业。2015年，连续蒸煮及圆盘制曲系统正式启用。2016年，李锦记新会生产基地检测中心顺利通过中国合格评定国家认可委员会（CNAS）对于ISO/IEC17025实验室质量管理体系的评审并取得CNAS认可证书。

复合调味料以上海太太乐为典型举例：上海太太乐食品有限公司开发了以鸡肉为基料的第三代复合鲜味料，取名鸡精，意为“鲜鸡之精华”。生产产量已从2014年突破13万吨，全国人均达到100克，是家喻户晓的鸡精品牌。2016年，由太太乐人主编，上海科学普及出版社出版的《鲜味科学与鸡精调味料工艺概论》一书出版，生动而系统地介绍了鲜味科学知识及其工业化发展之路，填补了鲜味科学的空白。

（8）包装与装备

据2016中国（国际）调味品及食品配料博览会的产品样本得出，718个单品，产品种类最多的企业所展出的产品也大多以瓶装和袋装为主，少部分使用盒装。企业选择瓶装和袋装的总占比大于90%，瓶装接近50%，袋装也超过了40%，并且袋装比上一年所占份额更大，可见传统与经典的包装模式仍然持续受青睐，袋装产品有增长趋势。此外，针对性的，提供给中央厨房的包装、连锁快餐店的定制型调味料包装袋装产品有增多趋势。据统计，不论是以克计还是以毫升计的产品包装规格，都主要集中在中档包装。城市居民偏向中小型包装，农村消费者较多选择大包装。另一方面，餐饮工业使用大包装，而作为礼品时中小型包装更受青睐。

我国调味品机械设备升级换代势在必行。相对而言，我国食品工业中的包装、机械设备制造与国际水平存在较大差距。目前，调味品行业里的机械企业或上市，以获得更大发展资源与空间；或需求国际化并购与重组，以实现我国传统酿造设备制造业与国际先进制造业水平的快速融合和历史性跨越。

【b.行业面临的问题分析】

1.政策与市场

（1 舆论管理

2016年，调味品行业出现了两起影响较大的媒体炒作事件，一是“4–甲基咪唑”事件，二是“矿物油”事件，均因为不良媒体炒作而引起消费者恐慌、影响行业声誉，也给企业造成了不必要的负担。调味品行业，包括整个食品行业，仍然需要加大科普宣传的力度，加强对媒体炒作事件的监管，对恶意炒作行为追究法律责任。

（2）原材料基地建设

调味品产品在近两年价格略有上扬，其中有成本上涨的原因，原材料的成本上升就是其中之一。目前大型调味品企业有自建的原材料基地，但是中小型企业基本采用原辅料从第3方采购的模式，这样就造成很多中小企业的原材料采购还不具备固定性、长久性，从而增加成本、存在安全隐患。从成本及质量安全考虑，原材料基地的自建和加强长期的产业链对接模式将是一种较为科学发展的方式。

2.科技创新

2016年，调味品行业的科技创新呈现三大特点：一、调味品行业越来越重视科技的推广应用，全国与食品专业有关的大学在研究重点和关键技术上取得了重要突破。二、科技成果的产业化成为推动行业升级换代的主要标志。一方面，行业内品牌企业成为产业化的重要载体；另一方面，企业家成为行业先进技术转化为生产力的带头人。三、调味品行业的稳步增长为行业和企业的科技进步提供了发展机遇。一方面企业靠市场开发与创新促进市场发展，一方面靠技术支撑和质量保证维系核心竞争力。调味品行业不乏在包装设备、技术创新方面较为领先的企业，如安琪酵母的国际化发展和在行业的应用与创新；海天现代化酱油生产企业的智能化管理；宁波味华酿造设备的更新换代和恒顺醋业研发中心的产业布局等。

2016年，较为领先的大型企业在科学技术的研发有很大程度的改善，也因此促进了企业的转型升级与快速发展，但大量的科研成果的转化仍然需要进一步释放能量。调味品行业内连续五年进行了科技论文大赛，其中不乏优秀的作品、有潜力的科研结果，可见大专院校、科研院所的研发能力有很大程度的提高，并且有不少颇有前景的项目，而这些优良科研成果亟待进行向生产力的转化。

【c. 发展趋势】

未来我国调味品行业有很大的发展空间，市场前景广阔，体现在消费潜能进一步释放、优胜劣汰加剧、资本整合速度加快、国际化趋势加快、供给侧结构性改革推动调味品产业升级、全产业链联动促进行业发展等方面。

1. 消费潜能释放

饮食结构的调整与餐饮业的发展，将促进调味品产业的消费提升。另外，消费者健康意识的增强，以及为迎合渠道需求而产生的新型高端消费，也为高档调味品消费量的上升提供了契机。同时，连锁快餐店食品安全的重视与严格要求，以及餐饮消费占有率与对标准化制作的调料需求量逐步攀升，使得复合调味料的消费量大幅度提升。

优胜劣汰加剧，资本整合力量加强，产业升级换代与集中度提升

具有一定影响力及发展历史悠久的品牌企业，开始受到了资本市场的高度关注，同时食品相关企业也开始涉足调味品产业，希望分享调味品产业快速发展的成果。

2. 国际化进程加快

中国调味品产业的国际化需要着力于三个方面：建立国际化运营思维；国际食品企业并购与资本合作；拓展国际渠道。企业国际化的进程，首先需要建立国际化运营的思维、学习国际上先进企业的管理及运营水平。国际企业的并购与资本合作是我国调味品产业国际化进程中的一条捷径。如太太乐与雀巢的并购、亨氏与卡夫的合体等。

3. 供给侧结构性改革推动调味品产业升级

供给侧结构性改革主要体现在创新驱动、结构优化、要素升级三个方面。调味品行业的供给侧结构性改革特征较为明显，在大形势下的应变与创新能力将成为未来发展的关键。

4. 全产业链联动和整合将促进行业的整体发展

终端调味品的发展已经较为完善，更全面的管理与经营理念正在被提上日程，发展前景可期。重点表现在原材料采购基地的建立与合作、单一调味品与复合调味品生产企业之间的紧密接洽、生产企业与下游经销商组织的新渠道模式建立、异地建厂等方式，产业链兼顾整合的模式将在更大程度上保障食品安全，促进产销体系的完善。

5. 餐饮业格局的变化与发展带动了调味品市场消费量的提升

连锁餐饮店企业涉足调味品产品的开发，向产业上下游延伸的速度加快，比如呷哺呷哺火锅底料产品2016开始在天猫、京东等第三方线上平台销售，海底捞火锅底料的销售增长迅速，西贝的标准化烧烤用调味品需求量逐年攀升。

【d. 政策建议】

1. 加强食品安全舆论监督管理

鉴于个别不清楚事实的媒体随意公布食品安全相关信息、造成舆论恐慌、影响行业声誉的现象时有发生，而目前食品安全预警信息虽然有系统的公布流程，却缺乏对随意公布不实信息的相关媒体行为的惩戒制

度与措施，建议相关部门建立健全食品安全相关信息发布的管理制度，对于恶意炒作、刻意传播不实信息、造成不良社会影响的新闻媒体的一些行为，形成有约束力的制度，并依法追究法律责任。

2. 建立原材料基地，加强产业链对接

建议通过政策鼓励与扶持，带动企业积极性，自建或者精准对接原材料基地，从而促进全产业链的良性发展。大豆、玉米、大米等原材料价格的变化，直接影响到调味品生产的成本，希望借助原材料基地的自供应或者长期供应保证，减少产品的生产成本；健全原材料基地的质量检测技术、加大原材料产品的检测覆盖面、促进检测结果的可靠性，同时保证原材料渠道供应链的安全，从而进一步保证从源头到餐桌的食品质量安全。

3. 加大科研成果转化为生产力的投入，扶持发展型企业的技术改造与科研项目应用。

调味品行业的企业目前呈现明显的优胜劣汰现象，大型品牌企业专注于科技创新与技术改造的投入，取得了一定的成效。但是一部分的中小型企业由于经营成本的限制，无法引入更为先进的科技技术，从而造成产能落后、品质提升缓慢。建议从政策上支持企业对新技术的研发应用，形成产学研的有效对接。具体表现为加大对科技创新、技术应用的在企业生产中应用的政策资金支持，促进大专院校、科研院所的研究成果与生产企业的对接。

4. 加快团体标准相关配套政策措施的出台

调味品行业的国家标准、行业标准、企业标准等都较为完善，行业标准也完成了从商务部向工信部的移交，正在有序的制修订过程中。2016 年，政府扶持团体标准发展的宗旨和目标明确，很多食品相关协会都在开展团体标准的起草工作，为促进我国调味品行业标准化工作的进步，充分发挥市场主体参与标准制定的作用，增加标准的有效供给，逐步建立与国家标准、行业标准等相互协调、互相支撑的中国调味品行业团体标准体系，中国调味品协会也于 2016 年印发了《中国调味品协会团体标准管理办法（试行）》。为深化标准化工作改革，加快标准化法修法进程《标准化法（修订草案）》已经提请审议，内容提到赋予团体标准法律地位，希望相关政策配套措施尽快出台。

李慧丽

2.13 生物发酵（氨基酸）工业

【a. 概况】

1. 产品产量

2016 年，全国氨基酸产量为 460 万吨，随着产品统计范围的扩大和产量的增长，同比增长 24%，全国氨基酸产能已超过 500 万吨，成为历史新高峰。

（1）谷氨酸（味精）

2016 年，全国谷氨酸（味精）产量为 270 万吨，同比增长 17.4%。5 年来，平稳期之后谷，氨酸产量再度增长较高一年，全国的谷氨酸发酵产能 290 万吨左右。经过近几年的行业整合，企业数量虽然减少，但生产企业规模越做越大，再加上技术的提高和工艺的改进，产出不断加大。现有的 7–8 家谷氨酸发酵企业都不甘落后，积极提升各自的生产能力，促进了产量的再次攀升。同时，2015 年，产品价格持续低迷现象刚刚缓了一缓，还没稳定住，今年下半年，价格又开始下落。产量的过剩使市场竞争越来越剧烈，产品价值始终也得不到应有的体现和提升。

（2）赖氨酸

2016 年，总产量 135 万吨，同比增长 35%。据了解，全国 8–9 家赖氨酸生产企业产能超过 20 万吨，总产能可达到 170 多万吨。吉林大成集团经过两年的调整，今年也已恢复生产，产能仍为国内最大。由于，赖氨酸受国际经济和其它行业的影响较大，行情不稳定，价格也忽高忽低，导致产量也随之起起落落。上半年，多数企业由于赖氨酸价格较低，经济效益很差。下半年，受到饲料行业的影响以及原材料涨价、运输费用提高等因素的刺激，赖氨酸价格突然提高几乎翻倍，各企业有了盈利空间。这种现象无疑刺激企业的生产行为，造成产量不稳定，价格不稳定、市场不稳定的局面。

（3）苏氨酸

2016 年，苏氨酸全年产量 48 万吨，同比增长 50%。生产企业有 6–7 家，规模超 10 万吨的有两家、超 5 万吨的各有 2 家，它们也都是生产大宗氨基酸产品的大型企业，全国总产能达 50 万吨。苏氨酸以及色氨酸都与赖氨酸相同，属于饲料用氨基酸，或相互匹配生产，因此，这几种产品的生产量、市场价格等情况都存在一定的不稳定性。

（4）其它种氨基酸

通过对小品种氨基酸的调查统计，我国的色氨酸、丙氨酸和三支链氨基酸产能都已超过万吨以上，其它产品产能相对较小。我国小品种氨基酸综合产能约在 10 万吨左右，2016 年，实际产量为 7 万吨，（例如：三支链氨基酸产能达 1.6 万吨，实际年产 6000 多吨；色氨酸产能 3 万吨，实际年产 1 万多吨）。因此，这些产品仍有一定的生产空间，随时可以调剂生产，进一步满足市场需求。

【b. 产品进出口情况】

2016 年，我国氨基酸产品出口量为 99.8 万吨，同比增长 11.8%，出口额为 15.2 亿美元，同比减少 0.6 亿美元；谷氨酸类产品全年出口 45.6 万吨，产量和出口额同比基本持平；赖氨酸类产品出口 33.5 万吨，同比增长 27.3%；出口额为 3.65 亿美元，同比增长 14%；其它氨基酸产品出口量为 20.7 万吨，同比增长 14.3%，出口额为 6.7 亿美元，同比略有减少。总体来说，

主要是赖氨酸出口量增大，但总出口额涨幅不大。

我国是世界第一氨基酸生产大国，产品进口数量相对较少，每年需有1万吨左右的产品进口，但在进口量没有多少变化的前提下，2016年，进口额为7300万美元，同比增加了1倍多。

【c. 技术指标情况】

行业生产工艺不断改进，节能降耗、投入产出的指标仍有提升，效果明显。谷氨酸发酵95%采用了温敏菌种发酵，产酸率可达20g/dl以上，增长100%，转化率也有所增长，降低了粮耗、能耗和水耗，减少了COD的产生，起到节能降耗作用。目前，行业中还有5%左右的等电离交工艺在生产，5五万吨以下的落后工艺已经被彻底淘汰，大部分企业都采用新型浓缩连续等电提取技术，降低了消耗，提高了产品质量，效果很明显。同时，经过新工艺节水节能技术改造，提高了水资源利用率，现大部分味精吨耗水量很低，优秀的企业可以做到吨产品取水量在15吨以下，节能方面也是采取了多项措施，综合能耗也可降至1吨标煤/吨产品以下的较好水平。其它各产品通过对菌种和生产工艺的不断改进，生产技术指标均也比过去逐步提高，正在赶超世界先进水平。

【d. 行业面临的困扰和压力】

1. 大宗产品和中低端产品供需矛盾仍在加剧，产能产量仍在扩大

近几年，通过行业自律，有些产品已经消减了部分落后产能，经济效益也略有改善。出于企业发展策略和竞争手段的考虑，出现了扩产和技术提升改造加大产量的现象。继续产量扩张发展不符合我国的工业发展策略，并与行业发展的客观要求是相悖的，需要企业理智认知市场，稳定各自的产能，回归理性生产，控制大宗产品再度扩张，确保今后持续稳定发展。

2. 业内竞争导致产品价值不能正常体现，经济效益无法提高

在当前各行各业以及人力和服务等社会各方面价值都在不断提高的情形下，我们的大宗产品的价值持续多年低迷。在2016年下半年，生产成本随着原辅材料的大幅上涨而增加，特别是化工、煤炭、运输等费用大幅上涨，平均成本费用每吨增加近千元，产品价格与价值脱轨，可以说企业经济压力雪上加霜。原因有大的经济环境不景气的影响，也有对产品的正确宣传力度不够的问题，重要的是个体利益竞争所致产品越来越不值钱，产品逐渐被社会消费大众轻视，导致了产品的社会地位越来越低。

3. 小品种氨基酸在生产和开发高档产品、健康产品方面急待加强

2016年，停留在生产原料药层面的小品种氨基酸，在质量的提升上急需更进一步。同时，衍生产品、定制产品开发不够，要围绕健康食品、功能性饲料、医药保健品、化妆品、生物材料、生物环保等密切相关的领域，更多开发新型衍生产品。向产品多样化、高附加值、规模适中、利益最大化方向发展。

4. 环保压力增加

味精行业环保的问题主要来自于味精的生产工艺及后处理技术的方法和水平，2016年，针对高浓废水的处理基本均采用喷浆造粒技术，产生的废气势必造成空气的二次污染，同时，采用喷浆造粒技术生产的复合肥在生产应用时也遇到了日益严格的产品生产及监管政策的限制。对行业来说，单纯的针对气体二次污染或者针对高浓度废水去治理，已经不能满足日趋严苛的环保要求，味精行业需要对整个后处理工艺进行研发改进，从根本上解决环保问题。

5. 产品应用创新压力

我国氨基酸生产企业，大多数以生产销售单品氨基酸为主，这些单品氨基酸大部分直接销售给饲料和医药企业作为原料使用，应用范围窄、利润空间有限。纵观国际市场，氨基酸产品可广泛的应用空间，譬如日化用品、洗涤用品、保健品，就是国内氨基酸生产企业可以关注和发展的方向。同时，氨基酸产品的研发应用必不可少，需要各大科研院校的支持。

6. 知识产权认识增强

近几年，我国氨基酸生产企业的自主研发能力逐渐增强，自有菌种、自有技术等数量逐年提升，为了

提高竞争能力，将自有的生产能力用产权加以保护，是发展中的必要保障。

7. 氨基酸行业标准紧缺

我国氨基酸产品的数量较多，但我国制定的氨基酸标准不能满足发展的需要，有些甚至是制约发展。因此，修订不合理的标准，制定缺乏的标准，是发展的必要手段之一。

【e. 协会的主要工作】

2016 年，氨基酸分会的工作紧张有序的开展，具体情况如下：

1. 组织召开行业会议及活动

（1）4 月 7 日，召开氨基酸分会理事会，23 家企业的 40 余名代表参加会议。

（2）5 月 22 日，氨基酸重点企业座谈会。

（3）5 月 23 日，2016 氨基酸产业技术应用于发展论坛。

（4）9 月 21 日，希杰总部考察。

（5）10 月 22 日，2016 生物基材料及产品研究应用与发展趋势研讨会。

（6）11 月 14 日，氨基酸重点企业座谈会。

（7）11 月 29 日，味精行业市场会议。

2. 参加行业相关会议

（1）1 月 27 日，参加团体标准专家委员会成立会议。

（2）4 月 7 日，参加协会第二届二次理事会。

（3）7 月 26 日，参加清洁生产评价指标体系编制启动会。

（4）8 月 18 日，参加味精清洁生产评价指标体系起草会。

（5）11 月 15 日，DL 丙氨酸第二次起草组工作会议。

（6）12 月 7 日，专项技术中心复评会。

3. 组织企业申报

（1）2 月，组织企业申报轻工行业十强。

（2）5 月，组织企业申报制造业单项冠军培育提升专项。

4. 向国家部委提交行业建议及资料

（1）3 月，提交急需支持氨基酸产品资料。

（2）3 月，税费改革建议。

（3）5 月，编写味精清洁生产白皮书

（4）11 月，氨基酸产品税率调整建议。

5. 提供行业服务

（1）为企业开具行业相关证明。

（2）与沁阳政府人员座谈我国甘氨酸市场及生产情况。

（3）与安徽华恒有限公司座谈我国氨基酸产业情况。

（4）与沈阳税务局座谈氨基酸企业生产及税收问题。

6. 行业信息服务工作

（1）行业统计工作

按时完成“味精行业生产技术指标”统计工作及季度分析工作，了解和掌握行业生产运行状况，为各单位的技术进步提供了更多的帮助。并对赖氨酸、色氨酸及其它小品种氨基酸进行半年、全年产量统计。

（2）氨基酸行业经济运行情况分析

根据行业统计数据，对氨基酸行业经济运行情况进行分析，并写相关报告。

田玉兰

2.14 发酵制品（酵母）工业

【a. 概况】

2016年，中国酵母企业未进行较大的产能新建扩建项目投产，各酵母企业主要通过技改、内部挖潜等方式提升产能。截止2016年，我国酵母行业总产能约37.2万吨，中国酵母行业工厂数量（不含啤酒酵母源）25家。安琪酵母中国产能16.5万吨（占比44.3%），乐斯福中国6.7万吨（占比18%），AB马利中国4.7万吨（占比12.6%），乐斯福已超越AB马利成为中国第2大酵母厂商，行业前3大公司产能占比75%，行业集中度提高。

2016年，中国酵母类制品产销约33万吨，同比增长4%。其中活性酵母类24万吨，酵母抽提物类7万吨，其它酵母制品2万吨。产能利用率89%，产销规模继续保持小幅增长，全行业销售收入超过70亿人民币，3年复合增长率6%。

2016年，酵母产品进口量同比下降8.3%，进口额同比下降31.4%（见表1）。其中，非活性酵母的进口量减量最大，活性酵母和发酵粉进口量均有所增长。

表1 2015、2016年酵母产品进口量及进口额

品种	进口量（千克）		进口额（美元）	
	2015	2016	2015	2016
活性酵母	586, 258	737, 467	6, 452, 132	6, 735, 882
非活性酵母；已死的其它单细胞微生物	1, 366, 504	909, 245	16, 398, 575	8, 725, 578
发酵粉	412, 610	520, 864	1, 007, 422	895, 314
合计	2, 365, 372	2, 167, 576	23, 858, 129	16, 356, 774

2016年，酵母出口量同比增长3.4%，出口额同比增长2.4%（见表2），酵母及其制品的出口量占总产量的比重达到38.5%。

表2 2015、2016年酵母产品出口量及出口额

品种	出口量（千克）		出口额（美元）	
	2015	2016	2015	2016
活性酵母	96, 703, 992	103, 555, 597	218, 578, 162	225, 597, 482
非活性酵母；已死的其它单细胞微生物	20, 322, 588	16, 826, 485	38, 993, 158	37, 745, 118
发酵粉	6, 069, 399	6, 858, 530	8, 600, 244	9, 182, 074
合计	123, 095, 979	127, 240, 612	266, 171, 564	272, 524, 674

由图1及表3可以看出，从2010-2016年酵母产品出口一直保持较高增长。中国已成为酵母产品重要出口国。

图1 2010-2016年酵母产品出口情况变化趋势

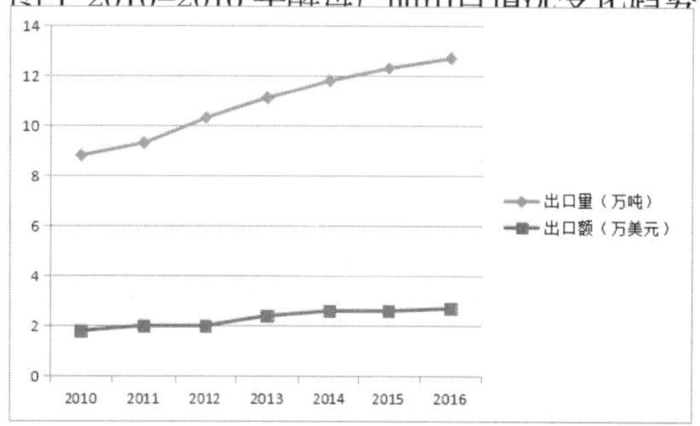

表3 2010-2016年酵母产品出口量及出口额情况

年份	出口		年增长率（%）	
	总量（万吨）	金额（亿美元）	总量（%）	金额（%）
2010	8.8	1.8	14	13
2011	9.3	2.0	5.4	12
2012	10.3	2.0	11	0
2013	11.1	2.4	7.9	18
2014	11.8	2.6	6.7	7.7
2015	12.3	2.6	3.9	2.7
2016	12.7	2.7	3.4	2.4

【b. 行业发展特点】

1. 中国酵母行业继续加快标准建设，规范行业管理

2016 年，由行业协会、科研院所、企业共同努力加快推进中国酵母行业标准化工作，共计制订或修订了 12 项酵母相关标准，使酵母行业的标准体系基本成型。包括强制性国家标准 2 项：《食品安全国家标准 酵母》、《食品安全国家标准营养强化剂富硒酵母》；推荐性国家标准 5 项：《食品加工用酵母》、《酵母抽提物》、《食品生产用酿酒酵母菌种鉴定技术规程》、《富营养素酵母》、《酵母浸粉质量控制技术要求》；行业标准 4 项：《发酵行业（味精、木糖（醇）、酵母、黄原胶）清洁生产评价指标体系》、《酵母行业污染防治技术政策》、《饲料原料酿酒酵母细胞壁》、《酿酒酵母及其制品中甘露寡糖的测定方法》；团体标准 1 项：《酵母调味料》。

2016 年 9 月，《酵母产品分类导则》国家标准正式实施。

2. 中国酵母行业持续推进整合与发展，行业发展呈现分化

2016 年，安琪酵母继续加大酵母产业的投资，俄罗斯利佩茨克州年产 2 万吨酵母新建项目稳步推进，预计 2017 年 7 月将建成投产；选址广西柳州二期扩建 1.5 万吨酵母抽提物项目同步推进，预计 2017 年底建成投产；此外安琪酵母已公告将搬迁赤峰工厂扩建 2.5 万吨酵母项目。2016 年，安琪酵母销售及利润将均创新高，发展趋势良好。

2016 年，乐斯福对 2015 年 12 月并购控股的广西湘桂酵母进行了生产、市场、人员整合，乐斯福中国总产能进一步增长，国际国内销售均保持稳步增长。珠海天香苑、内蒙佰惠生、海纳生物等涉及酵母产业的企业已陆续在新三板上市，显示看好中国酵母产业发展前景。

与此同时，AB 马利、黑龙江九鼎受制于糖蜜原料供应及成本，产能发挥和市场销售受到较大影响，盈利能力下降甚至有亏损。

中国糖业竞争力进一步下降，对中国酵母产业的进一步扩张发展产生重大影响与制约，中国北方尤其是东北甜菜种植严重萎缩。2016 年 9 月，英国 ABF 公司向南宁糖业出售其在中国南方的甘蔗制糖业务，AB 马利短期不会实施南方酵母项目。

3. 环保问题依然是重中之重

政府对环保治理的政策加码以及行业协会的监督核查，一方面对业内企业起到了很好的指引与推动作用，国内各酵母工厂都加大了对环保治理的重视与投入，取得了良好成效。另一方面，也将起到优胜劣汰、提高行业门槛的效果，缺乏资金实力及环保治理能力弱的酵母公司，将面临生存挑战。

【c. 行业活动】

1. 承担“酵母行业污染防治技术政策研究”项目

继续开展环保部下达的“酵母行业污染防治技术政策研究”项目，完成了项目开题论证、专家咨询论证等工作，待修改完善后在社会上广泛征求意见。

2. 承担《发酵行业（酵母）清洁生产评价指标体系》项目

2016 年 6 月开始承担了国家环保部与国家发改委共同下达的《发酵行业（酵母）清洁生产评价指标体系》项目，组建了编制起草小组，并完成了开题论证，根据专家意见修改完善后，在社会上广泛征求意见。

3.《酵母工业水污染物排放标准（GB25462-2010）实施评估》项目申报

2016 年环保部就《酵母工业水污染物排放标准（GB25462-2010）实施评估》项目公开向社会招标，与环保部环境规划研究院联合申报，参加了项目答辩。

4. 积极推进行业标准化工作

——参与《酵母抽提物》国家标准修订工作；

——申请国家标准《取水定额酵母》立项。

5. 反映行业诉求

酵母生产原料糖蜜问题目前越来越突出，随着产能的扩张和制糖业的不景气，糖蜜供应减少，而进口糖蜜由于国家有关标准的缺失导致无法入关，鉴于此种情况，协会与有关部门积极联系，反映行业情况，督促有关标准的尽快落实。

6. 其它工作

参加发酵行业 10 强评选工作。

李建军

2.15 生物发酵（酶制剂）工业

【a. 概况】

近年来，我国酶制剂工业保持了持续较快增长，根据分会的调查统计及估计，2016 年，我国酶制剂行业平稳增长，产量约为 128 万（标）吨，同比增长 6.6%。产品方面，根据现有统计数据，国内酶制剂企业所生产的酶制剂主要品种有：糖化酶、植酸酶、中温淀粉酶、高温淀粉酶、碱性蛋白酶、中性蛋白酶、酸性蛋白酶、多肽酶、角蛋白酶、中性纤维素酶、酸性纤维素酶、中性木聚糖酶、酸性木聚糖酶、甘露聚糖酶、谷氨酰胺转氨酶、β－葡聚糖酶、半乳糖苷酶、果胶酶、β－淀粉酶、真菌淀粉酶、脂肪酶、凝乳酶、葡萄糖氧化酶、普鲁兰酶、过氧化氢酶、乳糖酶、角质酶、核酸酶、脱氨酶、溶菌酶、饲用复合酶、纺织复合酶、啤酒复合酶等。产品品种自 2014 年以来未有变化。

进出口方面，2016 年，酶制剂产品进口量继续呈现增长态势，同比增长 13.6%，进口额同比增长 1.7%，这表明进口酶制剂价格有所下降。出口方面，出口量同比下降 4.6%，出口额同比下降 3.0%。

表1 2015、2016年酶制剂产品进出口比较

进口量（吨）		进口额（万美元）		出口量（吨）		出口额（万美元）	
2015	2016	2015	2016	2015	2016	2015	2016
15960	18141	24218	24620	89999	85854	35641	34584
同比增长：13.6%		同比增长：1.7%		同比增长：-4.6%		同比增长：-3.0%	

比较近年来酶制剂的出口情况，由图 1 及表 2 可以看出，在 2010 年以前，持续几年酶制剂出口量保持增长的态势后，2011-2013 年，开始出口量下降，2014 年，形势趋好，恢复了较快增长，2015 年，增幅变缓，2016 年，又开始下降。

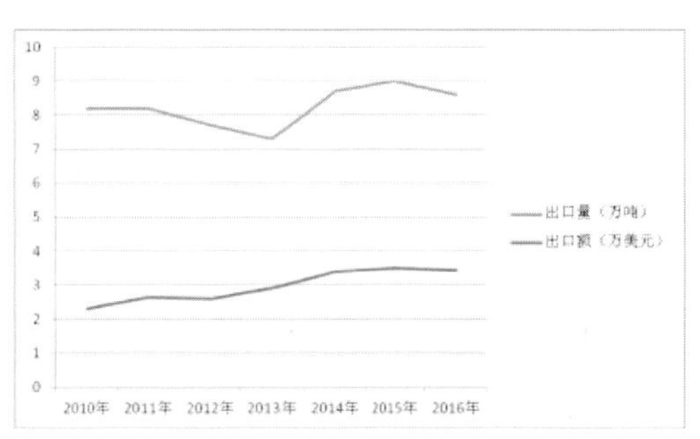

图1 2010-2016年酶制剂产品出口情况变化趋势

表2 2010-2016年酶制剂产品出口量及出口额情况对比

年份	出口		年增长率（%）	
	总量（万吨）	金额（亿美元）	总量（%）	金额（%）
2010	8.2	2.3	21	15
2011	8.2	2.6	0.2	13.8
2012	7.7	2.6	-6.5	-1.6
2013	7.3	2.9	-4.2	11.3
2014	8.6	3.3	17.4	16.0
2015	9.0	3.6	3.9	5.8
2016	8.6	3.5	-4.6	-3.0

价格方面，同比除碱性蛋白酶、木聚糖酶、糖化酶、中性淀粉酶保持价格不变以外，其余价格均有不同程度的下降。

【b. 行业发展特点】

（1）行业继续进行深度调整和整合，并借助资本市场开拓业务。

（2）企业继续加大创新投入，全行业累计 R&D 投入超过 2 亿元 / 年，较 4 年前翻了一番。

（3）行业知识产权保护意识增强，专利数量快速增长，近 3 年酶制剂重点生产企业累计获得酶制剂相

关的授权发明专利超过160项；

（4）企业不仅注重新的应用市场开拓，对现有酶制剂的改造和提升也加快了步伐，对于国产酶制剂在中国市场的份额重新分配起到了积极作用；

（5）企业差异化发展战略在行业内得到初步认同，盲目的价格战有所缓解。

【c. 存在问题】

（1）虽然国内酶制剂企业研发受到高度重视，创新投入逐年增加，2016年多数企业采取的仍然是跟随战略，实现产业化的酶制剂品种大多为市场上已经有的产品，要想真正做到像国外大公司那样开拓创新、从无到有，还需要相当长一段路要走；

（2）复合酶制剂的研发和产业化相对落后，由于复合酶的开发必须要有很强的应用研究为基础，而国内大部分酶制剂企业在这一方面尚缺乏技术实力；

（3）洗涤酶的开发依然任重道远，虽然最近几年许多高校、科研院所、企业都投入了大量的人力和财力试图在这方面有所突破，但迄今为止，形势依然不容乐观，国内洗涤剂市场的酶制剂供应国内企业依然空白。

【d. 行业活动】

1、2016年1月25日，召开“酶制剂专题研讨会”，此次会议主要议题为1）讨论确定酶制剂专题研讨会工作计划；2）研究确定拟向国家有关部门申请酶制剂重大项目事宜；3）报告酶制剂领域最新研究动态。

2、2016年6月17日，召开“酶制剂在啤酒行业的应用研讨会”。会议由中国生物发酵产业协会酶制剂分会、中国酒业协会啤酒分会共同主办，青岛蔚蓝生物集团协办。华润雪花啤酒（中国）有限公司、嘉士伯啤酒集团、青岛啤酒股份有限公司、百威英博啤酒有限公司等国内啤酒巨头受邀到会交流。会议主要内容如下：1）《我国酶制剂行业发展概况》报告；2）《中国啤酒行业发展概况及酶制剂在啤酒行业的应用前景》报告；3）《酶制剂先进技术发展趋势》报告；4）《蔚蓝生物在产业发展过程的创新发展模式》报告；5）会议研讨。

3、2016年9月13日，召开“第五届全国酶制剂研究开发应用技术研讨会”。会上，中国农业大学张建华副校长致开幕词；中国生物发酵产业协会石维忱理事长发表重要讲话，对我国酶制剂行业现状、发展特点以及目前存在的主要问题进行了全面介绍和分析。13位来自大学、科研院所的酶工程著名专家，从各自不同的研究角度做了精彩的学术交流报告。评选出10篇优秀论文。同期，召开分会理事会。

4、开展“第五届全国酶制剂行业重点生产企业”认定工作。

开展企业调研。为及时了解我国酶制剂生产企业现状，2016年走访了山东隆大、青岛蔚蓝、武汉新华杨、广州溢多利、南京百斯杰、江苏奕农等6家酶制剂企业。此外，参加轻工行业10强企业评选等活动。

【e. 行业标准】

组织开展了《酶制剂分类导则》国家标准的修订工作，参与了《食品安全国家标准食品加工用酶制剂》的修订工作.

王 晋

2.16 有机酸工业

【a. 概况】

1. 受葡萄糖产量下降幅度较大原因有机酸产品整体略有下降

（1）柠檬酸行业

2016年，柠檬酸行业全年总产量137万吨左右，同比增长2.24%，柠檬酸行业2014年以来，发酵生产企业还有7家，其中，东部地区6家，西部地区1家。2016产量生产企业排名顺序稍有变化，宜兴国信协联产量增长较快，排名上升，由搬迁生产厂中，粮生化产量下降。

（2）乳酸行业

2016年，乳酸全年产量预计在13.1万吨左右，同比增长2.34%。产量排名前2位的企业没有变化，两家企业产量占全国总产量的85%以上。山东百盛产量增长很快，逐渐进入第一集团。

（3）葡萄糖酸

2016年，我国葡萄糖酸产量预计在50万吨左右，同比下降16.67%。低品质的葡萄糖酸系列产品出现了过剩，部分企业出现了停产、转产。

（4）其它有机酸

衣康酸近几年来产量变化不大，2016年，全年产量约5万吨。

2. 技术指标持续向好，消耗指标继续进步

近年来，柠檬酸的技术指标每年都在持续的进步，但是，进步幅度在不断的降低，柠檬酸的技术进步空间在缩小。2016年，柠檬酸行业的平均产酸率为16.35%,，同比增长0.49%，行业平均发酵周期为62.36h；20，行业平均总收率为90.20%，同比增长0.34%。

2016年，柠檬酸行业平均成品粮耗为1.748吨/吨，同比节粮1.08%；柠檬酸行业平均汽耗为2.97吨/吨，同比节约1.32%；柠檬酸行业平均耗电693度/吨，同比节电5.71%；柠檬酸行业平均水耗16.81吨/吨，同比节水1.23%。

3. 柠檬酸、葡萄糖酸、乳酸出口增长

2016年，柠檬酸产品总进口量3064吨，同比增长52.36%；总进口额1163万美元，同比增长20.52%。其中：柠檬酸进口量2030吨，进口额655万美元；柠檬酸盐及酯进口量1035吨；进口额508万美元。

2016年，柠檬酸产品总出口量为100.37万吨，同比增长4.70%，总出口额74164万美元。同比下降2.36%。其中，柠檬酸出口84.93万吨，同比增长3.13%，出口额61707万美元，同比下降3.74%；柠檬酸盐和酯出口15.44万吨，同比增长14.28%，出口额12457万美元，同比增长4.99%。前6月，柠檬酸出口价格呈现近乎斜线下降，

下降速度和前几年都相差不大，后几个月价格有所好转，预计2017将有增长。

2016年，乳酸及其盐和酯进口量6938吨，同比下降16.96%；进口额1454万美元，同比下降18.45%。乳酸产品进口量、进口额连续2013–2014两年大幅上升后，2015年，开始出现进口量增幅减缓，进口额下降，2016年进口量、进口额均出现大幅度的下降。

2016年，乳酸及其盐和酯出口量43650吨，同比增长17.00%；出口额5772万美元，同比增长13.13%。从2011年到2015年乳酸出口量持续走低，国际市场份额在不断流失，可喜的是2016年乳酸出口回升了。主要原因在于山东百盛刚刚崛起，急欲抢占市场，把整个市场价格体系打破，市场价格不断下滑，现在乳酸国内市场价格为近年来的最低点，国际进口商没有优势，国内出口占据了一席优势。

2016年，葡萄糖酸及其盐和酯进口量816吨，同比增长43.15%；进口额264万美元，同比增长26.28%。

2016年，葡萄糖酸及其盐和酯出口量16.10万吨，同比增长12.51%；出口额9852万美元，同比下降5.52%。葡萄糖酸产品出口价格波动较大，但近几年来持续走低，出口价格屡创最低点。

2016年与2015年有机酸产品出口量及出口额对比

单位：千克、美元

品种	15年出口量	15年出口额	价格	16年出口量	16年出口额	价格
柠檬酸	823, 534, 079	641, 083, 527	778. 45	849, 260, 184	617, 073, 765	726. 60
柠檬酸盐及酯	135, 067, 683	118, 456, 716	877. 02	154, 414, 766	124, 571, 199	806. 73
柠檬酸产品	958, 601, 762	759, 540, 243	792. 34	1, 003, 674, 950	741, 644, 964	738. 93
乳酸及盐和酯	37, 308, 080	51, 016, 410	1, 367. 44	43, 649, 748	57, 717, 581	1, 322. 29
葡萄糖酸及其盐和酯	143, 078, 124	104, 284, 597	728. 86	160, 995, 007	98, 518, 429	611. 93

4. 乳酸出口价格渐趋理性、柠檬酸有向好苗头、葡萄糖酸出口价格不断走低

（1）柠檬酸

近几年，柠檬酸企业、柠檬酸盐企业变化不大，柠檬酸酯发展较快。截止2016年，生产的柠檬酸企业共有7家，东部地区集中6家企业，规模较大，开工也存在不足。西部地区1家企业，规模较小，处于停停打打半生产状态，开工率很低。下图可见2016年6月，701美元/吨是近8年来的最低点，在此之前基础上逐月走低，2016年7月，开始逐步走高，到10月达到了750美元以上，行业有走出困境的苗头。柠檬酸盐及酯价格也在6月份后逐步回升，行业有趋好迹象。

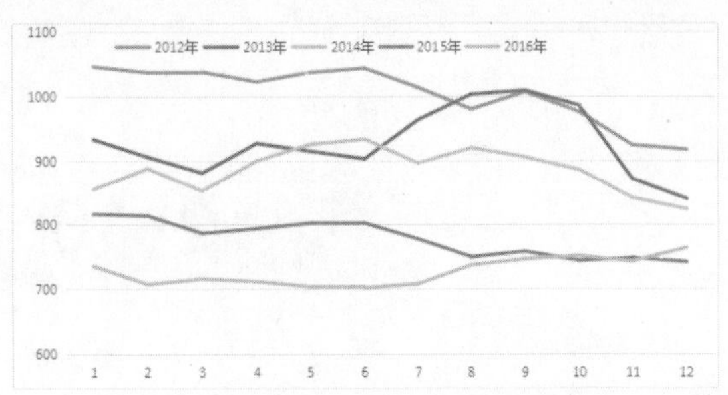

图1 柠檬酸近5年出口价格变化曲线

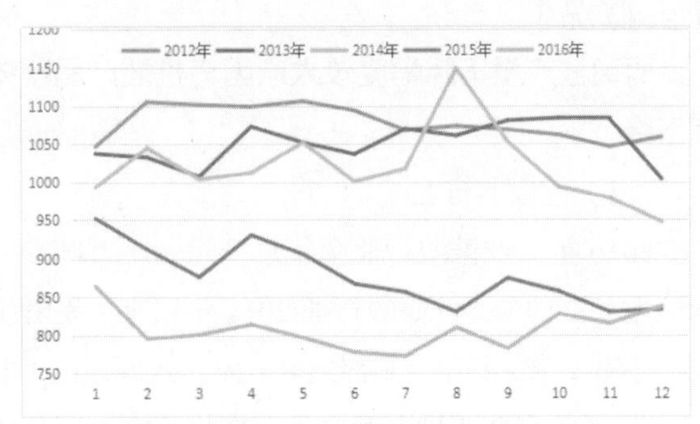

图2 柠檬酸盐及酯近五年出口价格变化曲线

（2）葡糖糖酸

2012、2013两年葡萄糖酸发展过于太快，出现了产能过剩，特别是低品质的葡糖糖酸产品过剩幅度已经非常大，甚至超出柠檬酸过剩比例。2016年葡萄糖酸平均出口价格比2014年下降了200多美元，而且呈现继续下降趋势，行业发展环境恶化明显。

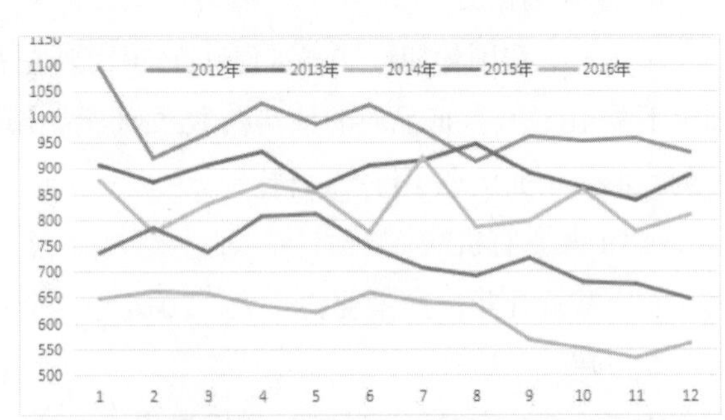

图3 葡萄糖酸产品近五年出口价格变化曲线

（3）乳酸

近几年，乳酸行业出口量、出口比例有所减少，但是2016年出现了较大幅度的增长。出口量的降幅是

在2011年的基础上，2012年下降了15%、2013年再下降2.33%，2014年再下降1.35%，2015年继续下降13.68%，2016年比2015年增长17.00%，出口额增长13.13%。从2011年以来乳酸出口量持续走低，国际市场份额在不断流失，2016年，乳酸出口量回升了，当然了价格还是比较低。

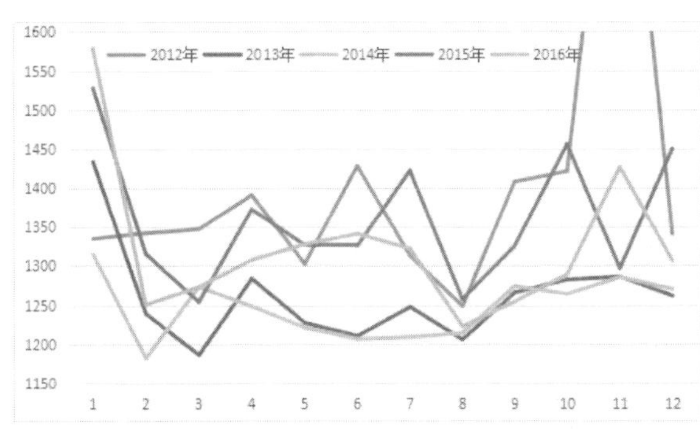

图4 乳酸产品近五年出口价格变化曲线

5. 关注2016年柠檬酸产品出口出现新动向

（1）出口国别集中度进一步加强，柠檬酸前10国家占比由43.87%增长到55.33%，柠檬酸盐及酯前10国家占比由47.36%增长到557.13%；

（2）出口企业集中度进一步加强，生产企业出口占全国出口比例由2015年的79%左右上升到2016年的83%以上，生产企业市场控盘能力得到了强化。

（3）日本、澳大利亚、荷兰、波兰成为出口价格最好的目的地；

（4）印度、土耳其、韩国、泰国都是出量较大的目的地国家，但是价格较低；

（5）印度、印度尼西亚、俄罗斯、墨西哥继续成为出口大国，这些都是转口国家，我们给它们的价格极低，特别是俄罗斯是我们出口最低价格的国家，这些国家赚取了我们本应得的利润和血汗。

【b. 行业存在的问题及发展建议】

有机酸行业存在的最主要问题还是销售价格问题，中国人长期以来的形成的思想："价格是争夺市场的利器"，近几年出口恶性竞争，使的柠檬酸、乳酸企业已经初步认识到出口的价格即使低下来也不会对出口量有较大增长，价格的下滑只会适得其反，柠檬酸行业过去经过了很多的反倾销、反补贴的贸易纠纷很多，就是这个低价竞争使得我们在国际市场竞争中处于弱势，是被反倾销的主要问题，另外这些纠纷的处理结果可以看到销售价格高的企业反倾销税率低一些，反倾销后具有一定的市场优势，销售价格低的企业反倾销税率高，雪上加霜失去市场。欧盟反倾销的结果是我们作出价格承诺，也就是不低于双方谈判认可的价格。目前，转口贸易走墨西哥、印度、泰国、印尼等这些国家，量很大，价格很低，这些国家利用转口赚了钱，我们躲避了贸易壁垒，似乎使我们增加了出口，其实这是饮鸩止渴，市场本身就有这么多的需求，无论我们是否通过这些国家转口市场需求还是那么多，我们所有企业团结起来，共同不做转口，价格问题、市场问题就会得到有效解决。

【c. 有机酸分会工作】

1. 发酵行业总氮减排实施方案分析

承担了中国环境科学研究院"全国主要污染物排放总量控制实施课题"中的"发酵行业总氮减排实施方案分析"，并与2016年12月19日提交了"发酵行业总氮减排实施方案分析报告"。

2. 发酵行业（柠檬酸）清洁生产评价指标体系

根据《清洁生产评价指标体系制（修）订计划》（第二批）[国家发改委、环境保护部、工业和信息化部公告(2016年第8号)]的要求，中国生物发酵产业协会负责发酵行业（柠檬酸）清洁生产评价指标体系（以下简称"指标体系"）的编制工作，现已征集完柠檬酸行业生产企业参编单位，并已和部分企业共同编制完初稿。

3. 组织召开"有机酸行业重点企业座谈会"

2016年4月，协会组织召开了二届二次理事会暨二届二次常务理事会，借此机会，有机酸分会与装备环保分会联合召开了"有机酸与装备环保行业重点企业座谈会"。座谈会上，针对节能减排的现状及今后如何推广绿色标识、技术创新、企业经济运行情况等问题进行了交流与讨论。此次交流会为企业更好的而了解行业发展现状、未来发展方向及存在问题提供了良好的时机，也为分会及时了解企业发展动向，如何开展今后针对企业服务工作奠定了基础。

4. 协助召开“2016 生物制品安全、营养与健康高峰论坛”

为响应国家建设“健康中国”的战略，推进生物制品行业的健康发展，搭建生物制品安全营养健康信息交流和技术学习的平台，有机酸分会协助协会于 9 月 7 日在上海举办“2016 生物制品安全、营养与健康高峰论坛”，论坛邀请了中国科学院院士邓子新教授、中国生物发酵产业协会石维忱理事长、天津科技大学副校长路福平教授、江南大学副校长金征宇教授分别做了专题报告，共同探讨了生物科技进步、生物制品安全营养健康及其发展现状与趋势。为生物制品行业发展提供新思路、新技术，推动我国生物制品产业稳定健康发展。

冯志合

2.17 营养与保健食品制造业

2016 年，保健食品的销售收入同比增长 14.2%，利润额同比增长 13.8%，均明显比食品制造业的平均发展水平高。“十三五”期间将支持保健食品的发展，同时，在保健食品监管上，随着注册制和备案制的落实，预计 2017 年将成为营养保健食品行业快速发展的一年。由于，我国无营养食品的明确定义和相关法规标准，且统计分类和食品监管分类有所冲突，因此，本篇相关内容主要针对保健食品行业。

【a. 概况】

1. 主要经济指标

保健食品行业是我国食品行业的重要支柱产业之一，已列入“十三五”国家食品安全规划，是促进我国健康服务业和养老产业发展的重要行业，也是推进健康中国建设、促进“大健康”产业发展的重要组成部分。

根据中国保健协会的调查，2016 年，我国保健食品主营业务收入 4568 亿元，同比增长 14.2%。2011 年以来，我国保健食品的销售产值一直处于高速增长中 (详见图 1)。根据国家食品药品监督管理总局的相关数据，截至 2016 年，我国已审批保健食品产品 16544 件，其中，国产保健食品 15792 件，进口保健食品 752 件。同比新增保健食品 309 件，新增进口保健食品 6 件。在申报的保健食品中，增强免疫力、营养素补充剂、缓解体力疲劳、辅助降血脂、增加骨密度、辅助降血糖等保健功能食品申报频次明显高于其它保健功能食品。

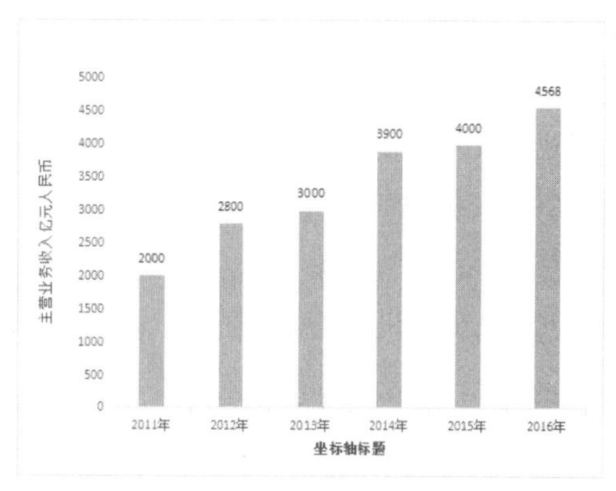

图1 2011---2016年我国保健食品主营业务收入情况

数据来源：中国保健协会

在申请注册的产品中，各省市注册保健食品批注数量不等，具体区域分布见图 2。其中，北京、广东明显领先于其它城市，北京、广东两地注册总数占全国注册总数的 27.41%。这除了与北京、广东政策宽松、注册方便外，还与两地的消费与养生观念密不可分。

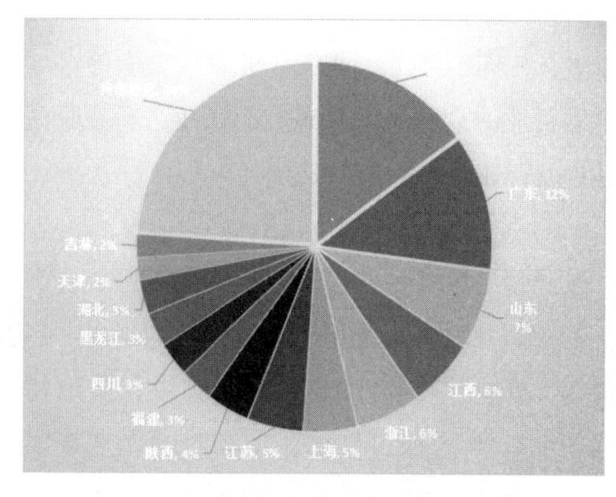

图2 我国国产保健食品申报注册区域分布

数据来源：中国保健协会

2. 行业发展分析

（1）投资

2016 年，中国保健品生产企业规模普遍偏小，在现有的 3000 多家保健品生产企业中，其中，总投资在 1 亿元以上的大型企业只占 1.45%；投资额在 5000 万元到 1 亿元的企业占 38%；投资额在 100 万元到 5000 万元之间的企业占 6.66%；投资额在 10 万元到 100 万元之间的企业占到 41.39%；投资不足 10 万元的企业占 12.5%。

（2）区域分布

从企业的区域分布看，我国保健食品企业区域布局不尽合理，产地过度集中。在我国已获批准的国产保健食品中具有增强免疫力功能的 1503 家生产厂商中，居第 1 位的是广东就有 240 家，占全国的 15.97%；居第 2 位的是北京市，有 234 家，占全国的 15.57%；山东省有 133 家，占全国的 8.85%，居第 3 位。广东、北京、山东、浙江、江苏、上海这 6 个省市就占全国的 61.54%，之后的排名是江西、福建、辽宁、陕西、四川、湖北等。

（3）科研投入

在保健食品的科研投入方面，研发经费投入强度较高的是广东、江苏、北京、上海、浙江等区域；创新企业平均项目数较高的区域是山东、江苏、浙江等；新产品比重较高的区域是北京、上海、浙江、广东等；技术消化吸收投入比重较高的是江苏、上海、浙江等。总体上，广东、江苏、浙江、北京、上海等区域的保健食品行业的创新水平较高，而江西、新疆等区域的保健食品行业创新水平较低。

（4）原料

保健食品原料主要包括普通食品原料、食品添加剂、药食同源物品、可用于保健食品的物品、新食品原料等。2016 年在市售的保健食品中，使用药食同源原料的频次达到 25.71%，中药材的使用频次达到 32.2%，营养物质的使用频次达到 17.3%。相同原料重复开发的比较多，相对集中在螺旋藻、褪黑素、鱼油、灵芝、虫草、甲壳质、银杏等。

（5）跨境并购

2016 年，保健食品行业跨境并购迭起。据统计，发生在上市企业的营养保健食品行业并购案就高达 14 起，重大的并购案例见表 1。跨境并购兴起的原因有两个：一方面，2014 年以后由，于跨境电商政策的驱动，跨境电商平台、分销商及代购自媒体十分活跃，广泛的跨境营销使得消费者对于核心国家（美国、澳大利亚、加拿大）的保健食品品牌的认知度逐步加大，跨境保健食品行业销售额高速增长。另一方面，跨境并购满足了国内上市公司外延扩张的需求，由于，中国保健食品市场尚有较大增长潜力，同时行业盈利性显著，催生了跨境并购的热潮。

① 2016 年 6 月底，

草根知本集团全资并购拥有 27 年品牌历史的澳大利亚保健品品牌 ANC 未公布。

② 2016 年 8 月 24 日，

澳优乳业发布披露收购澳大利亚高端营养及保健品公司 NutritionCare，收购金额约合人民币 1.6 亿元。

③ 2016 年 9 月 20 日，

运动保健品公司加拿大 KerrInvestmentHoldingCorp.100%48.7 亿元人民币股份，交易价格约为人民币 48.7 亿元。收购全部完成后，公司将持有 Kerr80% 的股份，春华资本持有 Kerr20% 的股份

④ 2016 年 12 月 15 日，

合生元国际控股有限公司发布公告，宣布以 3.11 亿澳元收 3.11 亿澳元购 Swisse 剩余小股东 17% 的股权，实现 Swiss 的完全控股。

⑤ 2016 年 12 月 16 日，

上海医药公司下属全资子公司 SIIC 于 2016 年 8 月 3 日，在澳 9.38 亿元人民币，大利亚悉尼就共同私有化 Viaco 项目签署了收购安排实施协议，拟以现金约 9.38 亿元收购 Vitaco60% 股权。12 月 16 日，此次交易的交割完成。

⑥ 2016 年 12 月 20 日，

江苏艾兰得营养品有限公司旗下子公司

AlandNutritionEurope 未公布 B.V. 正式完成对英国两家营养保健品企业 BrunelHealthcareMan-UfacturingLimited 和 BiocareLimited 的全资收购。

⑦ 2016 年 12 月 26 日，

仙乐健康已完成对欧洲知名软胶囊生产商 AyandaGmbH&Co. 未公布 KG 的收购，Ayanda 成为仙乐健康全资控股企业 .

数据来源：中国保健协会

（6）进出口

①进口统计数据显示：2016 年 , 中国保健食品进口金额为 31.03 亿美元，同比增长为 7.7%。中国保健食品的贸易顺差为 50.17 亿美元，同比增加 8.4%。

从 2016 年进口保健食品的产品类别分布（图 3）看，制成品的进口额最高，金额为 15.37 亿美元，其它依次为氨基酸类、植物提取物、维生素类、鱼油、蜂产品、辅酶 Q10、硫酸软骨素。在上述 8 类产品中，2016 年，进口额增速最快的是硫酸软骨素，同比增速为 40.64%，其次为植物提取物和维生素类，同比增速分别为 27.84% 和 21.96%，其它产品同比增长率详见图 3.

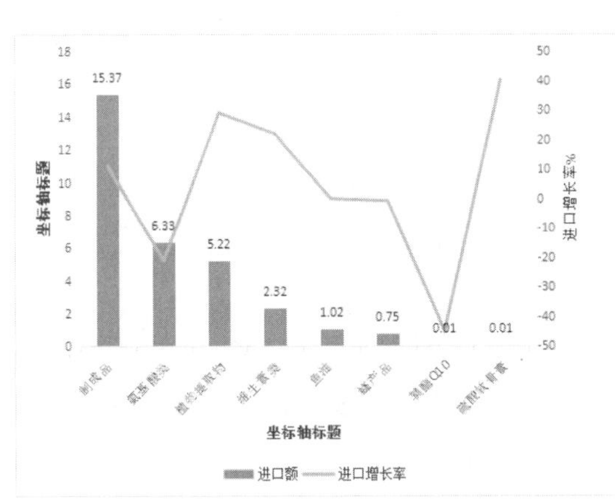

图3 2016年进口保健食品产品分布

数据来源：中国医药保健品进出口商会膳食补充剂专业委员会

近几年，各国营养保健企业纷纷将中国作为其新的增长引擎，不断加大对中国市场的开拓力度，产品进口规模持续快速增长。从 2008--2016 年营养保健食品进口规模图（图 4）看，进口额从 2008 年的 4.08 亿美元增长至 2016 年的 15.38 亿美元，8 年间年均复合增长率高达 18%。

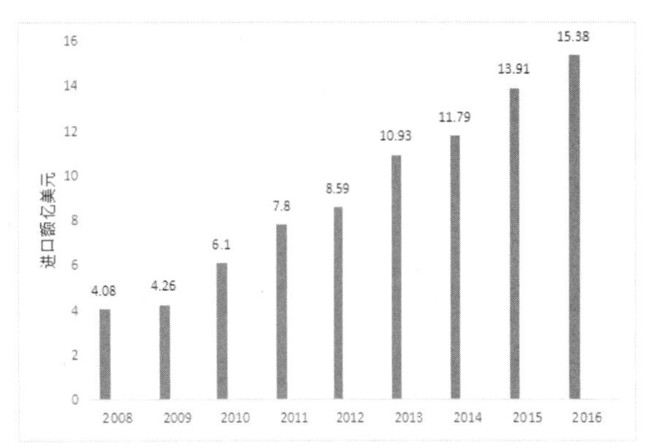

图4 营养保健食品进口规模图

数据来源：中国医药保健进出口商会膳食补充剂专业委员会

②出口统计数据显示：2016 年，中国保健食品出口金额为 81.2 亿美元，同比增长 8.1%。

从 2016 年出口保健食品的产品类别分布（图 5）看，维生素类保健食品的出口额最大，出口额为 21.65 亿美元，其它依次为植物提取物、氨基酸类、制成品、蜂产品、硫酸软骨素、鱼油、辅酶 Q10。在上述 8 类产品中，2016 年，出口额增速最高的是氨基酸类，同比增速为 24.71%；其次为维生素类和制成品，同比增速分别为 14.23% 和 7.31%；其它产品同比增长率详见图 5。

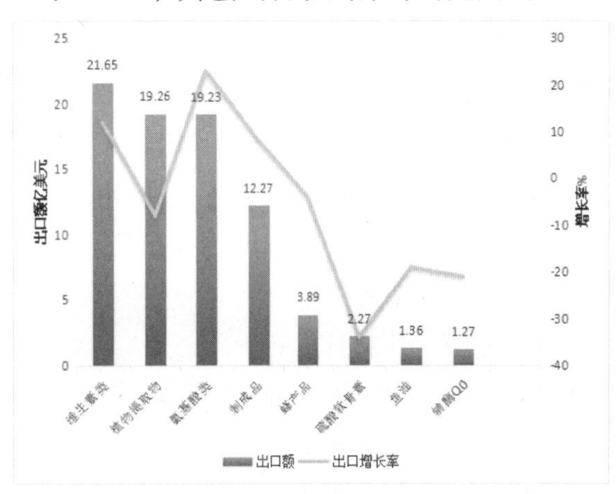

图5 2016年出口保健食品产品分布

数据来源：中国医药保健品进出口商会膳食补充剂专业委员会

从2008--2016年营养保健食品出口规模图（下图6）看，我国营养保健食品出口规模呈现逐年增长趋势。出口额从2008年的3.08亿美元增长至2016年的12.27亿美元，8年间年均复合增长率高达18.7%。

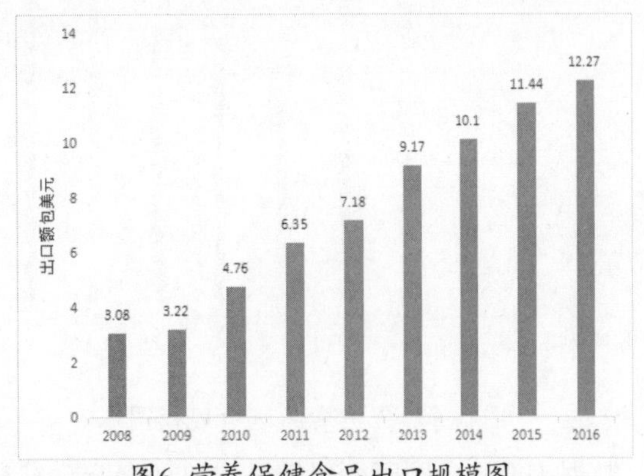

图6 营养保健食品出口规模图

数据来源：中国医药保健品进出口商会膳食补充剂专业委员会

（7）基本监管情况

①相关法规标准 2015年新修订的《食品安全法》规定将保健食品纳入特殊食品实行严格管理，明确了原料管理、功能声称管理、注册与备案分类管理、原料目录与功能目录、生产经营许可、标识和广告审查等一系列监管制度。

2016年，根据新修订的《食品安全法》的要求，目前已经制定并发布《保健食品注册与备案管理办法》、《保健食品原料目录（一）》和《允许保健食品声称的保健功能目录（一）》、《食品生产经营日常监督检查管理办法》、《网络食品安全违法行为查处办法》、《保健食品生产许可审查细则》、《保健食品注册审评审批工作细则》、《保健食品注册申请受理服务指南》及相关文书等配套文件。

《保健食品原料目录（一）》已经正式发布，自2017年5月1日起，对使用列入《保健食品原料目录（一）》的原料生产和进口保健食品的，国内生产企业和境外生产厂商应当按照《保健食品注册与备案管理办法》及相关规定进行备案。国内生产企业在所在地省级食品药品监督管理部门备案；境外生产厂商在食品药品监督管理总局备案。国家食品药品监督管理总局不再受理上述保健食品的新产品注册、已批准注册产品的变更注册、转让技术注册和延续注册申请。

②国家食品监管机构监管执行情况

2016年，各级食品药品监管部门严格落实“四个最严”要求，把监管抽检作为重要抓手，以督促企业落实主体责任、引领公众科学消费、引导社会全面共治为目标，有序有力、全面深入推进食品安全监管工作。食品安全抽检结果显示，当前我国食品安全形势总体平衡。

根据抽检和舆情监测发现的突出问题，2016年食药监总局组织各地集中开展保健食品、配制酒、玛咖制品专项治理，严厉打击产品非法添加、非法声称疾病预防、治疗和保健功能等违法违规行为，全系统共出动执法人员50余万人次，检查三类产品生产企业4900余家，经营企业近60万家，抽检产品9026批次，合格率98.06%；共立案1094件，其中移交公安101件，累计罚没款2261万元。2015--2016年共抽检保健食品样品13155批次。

从2014--2016年的抽检情况看，保健食品抽检合格率逐年升高。2016年食品药品监管部门共抽检保健食品共计4268批次，样品合格数量为4185批次，不合格样品数量为83批次，抽检样品合格率为98.1%。

（8）“三品”战略实施情况

①增品种

2016年，中国营养保健食品企业在国家政策法规的指引下，结合企业自身实际情况和市场发展情况，通过增加研发投入、扩大并购和技术转让、产学研结合等方式，开发新产品，为消费者提供了更多选择。以下是不同企业在增品种方面的举措和成就。

无限极公司每年投入数亿元用于产品研发与技术提升，已拥有500余项专利、多项自主科研技术及核心自主知识产权，在卓越研发管理模式和创新产品开发模式下，新产品开发周期大大缩短，研发上市的新产品品种也在不断增加。目前公司已拥有5大系列、6

大品牌、110多款健康产品，包括：无限极健康食品、维雅护肤品、萃雅护肤品、植雅个人护理品、帮得佳家居用品、享优乐养生用品。

碧生源公司则从以下三个方面增加新品种：①通过并购和技术转让，提升企业的技术储备及产品研发能力，增加新品储备；②通过与科研院所合作开发新品，通过产学研合作，充分利用科研院所的技术优势，提升企业的产品研发能力；③加强自身研发队伍建设，提升自主产品研发能力，推出营养代餐和益生菌两个品类，实现了产品的多元化发展及布局。

②提品质

生产合格满意的产品，必须通过建立和落实严谨的质量管理体系来实现。营养保健食品公司积极引进和推广落实国际先进的质量管理体系，包括ISO9001、HACCP、ISO22000、FSSC22000、保健食品GMP、ISO22716等体系，以确保满足质量安全标准和提拱顾客满意的产品。

在生产过程的体系动作中，无限极、完美等公司建立了相应的机制，明确各部门职责和权限，成立了以质量为主导的审核小组、质量改进QCC小组、星级现场管理小组等组织，联同主要职能部门，对体系有效动作，现场规范化管理，进行有效的策划、组织、协调、检查和监督，从而保证和提高了产品质量，形成PDCA（又名戴明环，即计划（Plan）、实施（Do）、检查（Check）、行动（Action）的质量管理循环）的质量管理循环。

碧生源公司根据保健食品GMP、ISO9001、ISO22000、HACCP等要求建立完整的质量管理体系，依据国家相关法律法规制定了相应的质量管理手册及质量管理制度，依据相应的管理制度制定相关的操作规程，使每个环节、每个工序都能做到有法可依。

③创品牌

当下品牌观念日益提升，消费者对品牌的选择性在不断增强。在消费市场调研中发现，很多消费者对健康保健类的产品选择越来越趋向于“品牌化”，消费者会主动选择市场中那些“品牌型”企业和产品。这是市场消费趋势，没有品牌竞争力的企业和产品如何去参与未来的市场竞争。为摆脱“信任危机”的困扰，保健食品企业更需要品牌建设，这些已成为企业日益紧迫、亟需解决的课题。

保健食品的基本特征，一是安全性，二是功能性。人们在选择保健食品时，首先考虑的是实际的科技内涵和质量。要创名牌，切忌急功近利以及不实的广告宣传。要十分重视产品的研制与创新，在研究开发上增加资金投入，依靠广大职工，特别是要发挥科技人员的积极性和创造性，注重吸收外国的先进技术与管理方法。

为此，众多保健食品生产企业充分利用多样化的品牌传播平台，借力权威媒体增加品牌曝光及消费者信任，提升外部及内部新媒体应用与传播力度，并通过开展一系列品牌传播活动，扩大品牌知名度和影响力。

【b. 行业面临的问题】

1. 市场

按照国家规定，保健食品的科研经费应占其利润的3%~5%，但很多保健食品企业在科研上的投入不及利润的3%，重营销轻研发的情况依然比较普遍。研发能力弱、创新不足已经严重阻碍了我国保健食品行业的发展。

2. 生产经营中存在的问题

（1）针对老年人群的虚假宣传严重

中国消费者协会曾发布过一份关于中国老年消费者权益保护的调查报告，其中的的数据显示，中国老年人中有21.9%的人平常会服用保健品，而且近7成服用者的保健品是自己购买的。随着保健食品科普知识的宣传，很多年轻消费者已经逐渐了解到相关知识及法律法规，自觉防范和抵制保健食品销售中的虚假宣传、聚众营销等非法行为的能力增强，但很多老年人群消费者由于受自身学习和辨别能力的限制，很容易受到保健食品虚假宣传的影响，主要问题如下。第一，虚假宣传和夸大保健品的功效。保健品的消费人群以中老年人群为主，因为许多老年性疾病无法完全治愈，给了保健品夸大其功效的宣传空间。一些保健品在名称制定以及广告宣传方面故意夸大效果，使用一些含有暗示性词语的现象十分普遍，不少中老年消费者都被误导上当受骗。第二，销售方式有明显的欺诈倾向。目前,大多数中老年人购买保健品的渠道并非在药店，多数是通过电话销售和大型健康咨询会现场，产品绕过了政府相关部门有监管。有一些人假借某某医学研究会、保健学会或编造一个根本就不存在的医学机构，开办大型健康咨询活动推销保健品。第三，虚高价格骗取老年消费者的钱财。在非正规渠道销售的保健品，即使是真货，销售者也是以一个虚高价格卖给中老年人。推销者往往以进口产品、高科技制品、新产品、具有特殊功效等这些“理由”标出极高价格。虚假保健品屡禁不绝。

（2）非法添加

为使产品表面上有快速成效，部分生产厂家向产品中违法违规添加药物。2016 年保健食品生产中非法添加的违法违规现象依然严重，例如：在声称减肥的功能产品中非法添加药物成分盐酸西布曲明、酚酞等。此类非法产品上市后，将会对消费者的健康和财产安全造成损失。

（3）假冒“保健食品”现象突出

通过对涉及 2025 家企业的 2951 个市售保健食品进行调查和分析，发现有 767 个、超过总量四分之一的保健食品为假冒产品。

假冒保健食品超过 100 个的有 9 个地区。其中，内蒙古、安徽、河南位列 3 位；而在直辖市和省会城市中，北京以 68 个假冒产品位居 4 个直辖市榜首，呼和浩特则以 90 个假冒产品成为省会城市中的“重灾区”。

这些非法产品体现出来的问题可分为四类：一是产品外包装标示的产品名称和出品企业名称与国家审批文件不符；二是产品外包装无批准文号；三是产品外包装标示的保健食品批准文号不存在；四是产品外装标示的产品名称与国家审批文件不符。

3. 销售渠道中存在问题

（1）讲座、会议等方式进行虚假宣传

近几年，随着生活水平的提高，人们对健康的重视程度越来越高。特别是一些老年人，随着年龄增长、身体健康状况下降，对保健食品产生了一定的心理依赖，于是“健康讲座”“会议”“体验馆”“附赠礼品”等销售保健食品的方式发展迅猛,同时也存在着隐忧。一些经营者采用一些所谓的报告会、健康讲座、义诊、免费体验、送礼品等形式，肆意虚假宣传产品，夸大产品功效，甚至宣传其产品有防癌抗癌的功效，并大打亲情牌，促使一些老年人不惜重金购买保健食品，贻误病情，造成很大的经济损失和精神伤害，在社会上引起很大反响。

（2）跨境电商销售渠道的保健食品监管仍存在不确定性

鉴于跨境电子商务贸易缺乏食品安全监管法规，2016 年国家食品监管机构正在加强跨境电同食品安全方面的临控。除安全监管方面，政策上国家相关机构也加强了调控，财政部等部门相继发布了《关于跨境电子商务零售进口税收政策的通知》《关于公布跨境电子商务零售进口商品清单的公告》《关于公布跨境电子商务零售进口商品清单（第二批）的公告》等法规。

《跨境电子商务零售进口商品清单（第二批）》有关商品务注的说明中提到，自 2016 年 7 月 1 日起，首次进口的保健食品必须向食品药品监督管理总局申请注册，首次进口的补充维生素、矿物质等营养物质的保健食品必须向食药总局备案。通过跨境电子商务零售保健食品的，也应当遵守上述规定。但在 2016 年 11 月 15 日，商务部称进一步延长跨境电商零售进口监管过渡期至 2017 年底。在过渡期截止前，保健食品的监管方式仍然存在不确定因素。

（3）药店销售

保健食品作为药店中的高利润产品，其销量较依赖于店内人员的介绍和推销。在互联网平台和信息高速发展的 2016 年，不仅药店渠道受到冲击，店内推销员也不再是最受消费者信任的咨询信息源。

【c. 发展趋势】

1. 中国孕婴类保健食品市场发展空间大

2016年，中国实施二孩政策，意味着所有家庭现时可有两个子女，而非过去仅有一个子女。这可能促使出生率于短期内增加，从而带动孕妇、婴幼儿及儿童保健食品的需求，原因是中国家庭素来更愿意为其子女的健康花费。预期新生婴儿数目将会增加，由2015年的1660万升至2020年前的1760万。

另外，由于生活水平提高，中国消费者日益注重健康。中国消费者最关注的是孕妇、婴幼儿及儿童健康，这可能带动中国保价食品市场未来增长，尤其是孕妇、婴幼儿及儿童保健食品类别的保健食品。

2. 中药类保健食品是未来的发展趋势

随着《中医药法》的颁布实施以及《中医药发展“十三五”规划》等文件的出台，中药类功能性食品仍会是营养功能性食品未来发展的重要方向之一。

截至2016年，我国有保健食品批文近16000项，其中除部分维生素、矿物质类营养补充剂外，大部分是以中药材原料为主的保健食品，如西洋参、灵芝、枸杞等传统中药材在保健食品中有着广泛应用。中国有着悠久的食疗和食养传统，几千年的实践积累了大量的养生保健经验，形成了大量的养生保健药方，建立了独特的保健食品科学。中医中药是我国保健食品研制的重要理论基础和有效的物质来源，自2006年以来，在国家食品药品监督管理总局批准的保健食品初次注册申请中，中药保健食品（纯中药、含中药或含中药提取物）所占的比例一直保持在40%以上。

3. 保健食品监管将更加严格

国家食品药品监督管理总局正在推进保健食品注册与备案制改革，完善保健食品保健功能目录，科学调整功能表述。制定保健食品原料目录、可用和禁用于保健食品物品名单。严厉打击保健食品虚假宣传、商业欺诈、诱骗消费者购买等违法行为。严格特殊医学用途配方食品、婴幼儿配方乳粉产品配方注册管理。

4. 保健食品监管政策双轨制

国家食品药品监督管理总局发布的《保健食品注册与备案管理办法》已于2016年7月1日正式实施，相关配套法规已在2016年陆续发布，过渡政策也已落地。“双轨制”新政的落实，让企业进入保健食品领域的成本大幅降低，必将吸引大批社会资本进入该领域，2017年将成为营养保健食品行业快速发展的一年。

【d. 政策建议】

1. 深入推进“三品”建设项目

推进我国保健食品独特资源优势和传统优势生产的产业化。鼓励企业建立我国保健食品独特资源优势原料和食药两用中药材源料基地，发挥其带动作用，推进大宗独特资源优势原料和食药两用中药材原料生产的规模化和产业化。提高企业核心竞争力，培育和保护知名品牌。对拥有区域性和全国性知名商标的企业要给予必要支持和保护，做好商标保护和宣传，提高产品的竞争力。进一步扩大开放，鼓励和支持中国企业参与国际竞争，争创国际保健食品知名品牌。

2. 促进行业可持续发展

中国营养健康食品产业起步晚、基数小、成长快，已形成一批有竞争力的大型企业，市场品牌的认同度有所提高。但是，从总体上看，中国的营养健康食品产业还存在不少问题如下。

（1）规模小，质量差，寿命短。绝大多数企业的生产规模小；企业数量多、产品重复多；产品科技含量低、管理水平低、开发能力低；企业寿命短。

（2）多头管理，监管滞后，执行不力。

（3）虚假宣传，炒作概念，市场信任度差。健康功能食品历来是假冒伪劣的“重灾区”，一些企业的虚假、夸大宣传和概念炒作，导致消费者对整个营养健康食品产业产生了信任危机。

建议从生产源头、生产过程、后期处理及产品宣传等方面严格规范行业，使我国营养保健食品产业走向科学化、正规化、健康化的可持续发展道路。

3. 扩大保健食品备案原料目录品种范围

建议扩大保健食品备案原料目录品种范围，尤其是老百姓长期食用、实践证明对健康有益的常用中医食疗原料品种、“药食同源”的中药材迫切需要增加到目录中来。另外，建议将有长期食用历史、无毒副作用的中药材扩充到“药食同源”目录中来，以促进保健食品行业的创新和发展。

4. 扩大保健食品功能范围

保健食品功能范围共有27项，如增加免疫力、辅助降血脂、辅助降血糖、抗氧化等。以上功能已实施近20年，未做大的调整和补充。而且这些功能名称和评判体系的制定也中采用西医的标准，并不能适应当前以中药材为原料的保健食品的自身特点和发展要求。建议在现有的27项保健功能基础上，按照中医理论，增加设立以中医中药理论为基础的中医术语保健食品功能范围，以体现其独到之处。

5. 加强保健食品科普及消费者教育

大力开展保健食品科普宣传教育，引导公众理性消费。提高消费者特别是中老年人对保健食品的辨知能力和防范能力，正确引导消费者合理使用保健食品，养成科学饮食、安全消费的习惯。此外，监管机构和协会组织可利用互联网、手机客户端等多种形式开展保健食品的科普宣传，进一步提高消费者保健食品安全维权意识。

中国保健协会

2.18 盐 业

【a. 概况】

2016 年是盐行业发展承上启下的一年，在国家发改委、工信部等相关部委的带领下，行业上下多方努力，共同积极应对来自国内外经济上行下效的重重压力，取得了行业改革的初步进展，行业整体发展情况如下：

1. 原盐产能和产量情况

2016 年，我国原盐产能达到 11125 万吨，原盐产量 8765 万吨，同比下降 1.2%，其中，海盐产量 2676 万吨，下降 17.2%；井矿盐产量 4978 万吨，增长 11.9%；湖盐产量 1111 万吨，下降 7%。

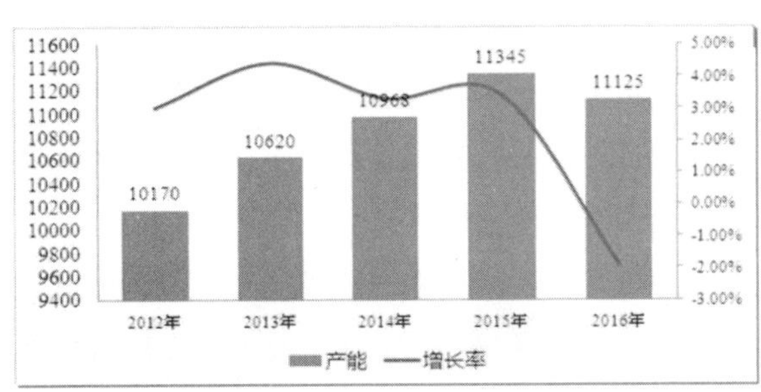

2012年–2016年我国原盐产能情况（单位：万吨）

2016年我国原盐产量（单位：万吨）

2. 原盐消费量情况

2016 年，我国原盐消费量 9642 万吨，同比增长 3.5%，其中，两碱工业盐消费量 8249 万吨，同比增长 4.6%；食用盐消费 882 万吨，同比下降 4.7%；小工业盐及其它消费 391 万吨，同比增长 1.4%；出口 120 万吨，同比下降 7.7%。

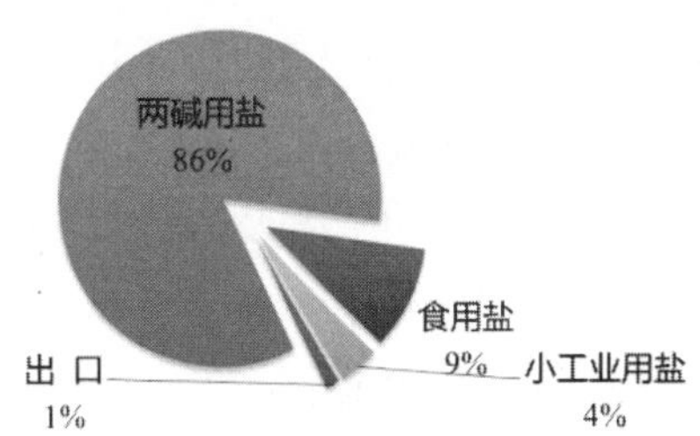

2016年我国盐的下游消费结构（百分比）

3. 原盐进出口情况

2016 年，中国累计进口盐 525 万吨，其中，工业盐 495 万吨，同比下降 17.5%。从印度进口原盐 307 万吨，占 62%；从澳大利亚进口原盐 140 万吨，占 28%。中国累计出口原盐 120 万吨，同比下降 7.7%。

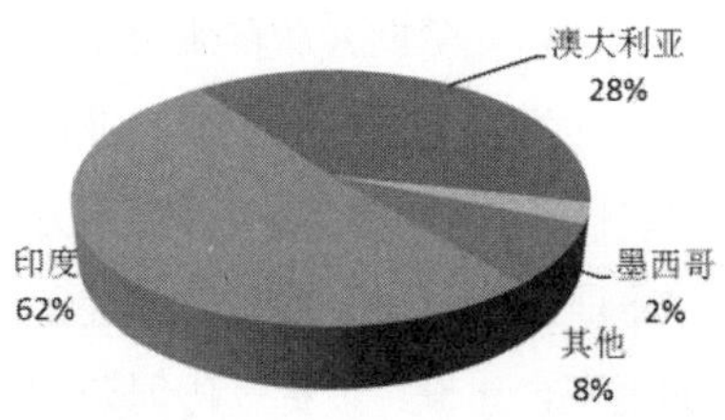

2016年中国原盐主要进口国家（百分比）

2016 年，全国盐业批发企业从业人员 67922 人，资产总额534亿元，主营业务收入277亿元，利润总额37亿元，净利润28亿元。我国制盐企业从业人员95596人，资产总额1157亿元，主营业务收入386亿元，利润总额14亿元，净利润10亿元。全国盐业从业人员163518人，资产总额1691亿元，主营业务收入663亿元，利润总额51亿元，净利润38亿元。

【b. 协会主要工作】

1. 承担并开展盐业改革项目研究。

2. 协助修改盐业法规条例。

3. 监测盐业经济运行。

4. 引导行业改革舆论导向。

5. 参与编制盐业“十三五”发展指导意见。

6. 食盐电子追溯体系建设。

7. 盐业信用体系建设。

8. 参与举办全国盐业创新发展论坛。

9. 举办2017年全国食盐订货会暨首届中国食盐产品、包装新材料展览会。

10. 开展“盐业去产能及转型升级专题调研。

11. 搭建多方位合作平台。

12. 协调资源税率问题。

13. 发挥官网功能对行业重大热点事件及时报道，对大家关注的问题设置专题栏目。

14. 行业数据统计与分析。

15. 编辑行业刊物。

16. 国际交流与合作。

17. 加强党建工作。

【c.2017年重点工作】

1. 关注盐业经营动态，加强经济运行监测；

2. 统一认识，全面开展食盐电子追溯体系建设；

3. 稳健起步，全面开展食盐企业信用体系建设；

4. 提升能力，继续为企业办实事办好事；

5. 注重职工教育，开展多方面业务、技能培训；

6. 加强平台建设，发挥宣传展示作用；

7. 加强自身建设，构建有竞争力、凝聚力的品牌协会。

【d. 大事记】

1月14日，工业和信息化部在北京组织召开食盐质量安全追溯体系建设试点工作启动会。

1月15日，广州盐业公司自然食用盐生产线在广州盐业塞坝口生产基地正式投产。

1月21日–22日，中国盐业总公司在京召开2016年度工作会议。1月29日，广东省盐业集团与新西兰GMP公司商务洽谈会议在广州盐业公司举行。

3月8日–10日，由商务部消费与流通研究所杨东旭副所长为组长的调研组一行，对南京市内贸流通体制改革发展综合试点工作进行中期评估。

3月22日，芬兰农业及环境保护部部长田力凯（KimmmoTiilikainen）率团访华，并在北京芬兰大使馆举办芬兰食品商贸洽谈会。

3月24日，由山西省供销社控股的山西晋泰融资担保有限公司，山西省盐业公司独资成立的山西盐业投资有限公司开业仪式暨业务推介会在省盐业公司隆重举行。

4月12日，《浙江通志·盐业志》复审稿专家评审会在省方志办会议室召开。

5月8日，锡盟盐业公司180吨“母亲湖”牌工业盐通过二连口岸顺利出口到蒙古国乌兰巴托。

6月17日，长三角地区化工盐市场联系协调会第10次会议在安徽合肥召开。

6月30日，国家发展改革委、工业和信息化部于在国家发改委召开了经济体制改革工作部级联席会议(盐业专题)。

6月16日，《中国井矿盐》第十八届期刊理事编委会在西安富海明都会议室举行，

8月8日，美丽的高原古城——夏都西宁，青海盐业首届“茶卡湖盐论坛暨茶卡盐新品发布会”如约而至。

8月16日，云南盐化宣布自即日起，公司中文名称由“云南盐化股份有限公司”变更为“云南能源投资股份有限公司”，证券简称由“云南盐化”变更为“云南能投”，证券代码不变，仍为002053。

9月5日，一辆载有4吨贡晶盐的货车缓缓驶出

莆田盐场大门，前往 G20 峰会主办地杭州，标志着莆田盐场生产的贡晶盐成为 G20 峰会的食用盐之一。

9 月 8 日，工业和信息化部办公厅、国家发展和改革委员会办公厅关于做好改革过渡期间食盐定点生产企业进入食盐流通销售领域和食盐批发企业开展跨区经营有关工作的通知。

10 月 18 日 –20 日，由中国盐业协会和中国盐业总公司主办，由天津科技大学和中盐（天津）盐化科技信息有限公司承办的全国盐业创新发展论坛于在天津滨海新区召开。

10 月 27 日下午，“广东省盐业集团与省属企业合作协议签约仪式”在广州白云宾馆二楼白云国际会议厅举行。

10 月 28 日，由陕西省盐业专营公司主办的陕西冰凌盐品供销有限责任公司揭牌仪式暨加盟恳谈会在西安举行。

11 月 8 日，联合国粮农组织副司长贾建三，联合国粮农组织官员穆罕默德·哈桑，比利时根特大学荣誉教授、世界水产学会前主席、欧盟粮食与食品领域资深专家帕特里克·索格罗斯及参加联合国粮农组织会议的专家到汇泰集团考察。

11 月 15 日，中国盐业协会组织召开了《盐行业“十三五”发展指导意见》（以下简称《指导意见》）专家验收会。专家组听取了起草组对《指导意见》内容及其编制过程的说明，对《指导意见》进行了审议。

11 月 27 日 –11 月 29 日，中国盐业协会在杭州白马湖展览中心举办 2017 年全国食盐订货会暨首届中国食盐产品、包装新材料展览会。

12 月 12 日，山东省盐业集团与福建省盐业集团战略合作协议签订仪式在济南举行。

11 月 18 日，湖北盐业产销联盟成立大会在云梦县召开。12 月 21 日，工业和信息化部办公厅、国家发展改革委办公厅关于加强改革过渡期间食盐专营管理有关工作的通知。

12 月 22 日 –23 日，国家发展改革委体制改革司巡视员王强任组长，中国盐业协会副理事长杜茂华等人员组成的国家督查组到广州、佛山督查广东省食盐储备情况并参加广东食盐储备专项督查座谈会。

12 月 27 日，由中国盐业协会主办、北京国富泰信用管理有限公司承办的“盐行业信用体系建设启动大会暨中国盐业协会第七届三次理事扩大会”在北京召开。

张 君

2.19 食品及饲料添加剂制造

【a. 概况】

2016 年，食品添加剂和配料行业在新常态经济形势下，整体呈现稳定发展的态势。全年食品添加剂的产量达 1056 万吨，同比增长 6%；销售额达 1035 亿元，同比增长 5.8%。总体来看，全行业总利税率在 15%，大宗产品竞争更加激烈，利润水平低，小品种产品利润水平高一些。主要品种出口约 37.5 亿美元，同比基本持平。柠檬酸、苯甲酸钠、山梨酸钾、糖精、木糖醇、维生素 C 和维生素 E、乙基麦芽酚等品种在国际贸易中已起到举足轻重的作用，处于领先地位。天然抗氧化剂如茶多酚、天然甜味剂如甘草提取物、天然抗菌剂大蒜素、天然色素和天然香料等天然抽取物受到国际市场的青睐。

2016 年，行业企业的生产经营受到原材料和劳动力成本、环保压力增大等多种外界因素的影响，压缩了企业的利润空间，但大多数行业企业都把困难化做动力，坚持抓科技进步和管理创新，把提高产品质量、降低成本、新品开发、改进和提高销售及技术服务力度等作为工作重点，取得了良好成效。许多行业企业在国内外大环境诸多不利因素的困扰下软硬件实力进一步提升，继续保持稳定发展。

1. 着色剂

2016 年，我国食用着色剂产业产销量和销售额同比略有下降，但总体保持平稳发展。产量达到 80.09 万吨，同比下降 2.3%；总销售额超过 47.03 亿元人民币，同比下降约 15%，主要是大多数天然着色剂品种价格下滑；出口超过 0.95 万吨，同比增长 5%，出口创汇总额超过 2.2 亿美元，同比下降 24%。其中，食用着色剂最大品种焦糖色，产销量 78.14 万吨，天然着色剂 1.45 万吨，食用合成着色剂产销量 0.5 万吨。

焦糖色和食用合成着色剂产销稳定。天然着色剂品种繁多，各个品种生产销售情况各有不同。辣椒红色素产业去产能效果显著，前 3 年积压的库存已销售一空，价格有所增长，生产企业的利润有所增加。这是辣椒红色素产业进行供给侧结构性改革成功的典范。但是，行业要随时警惕由于价格增长太快而导致出现供大于求的震荡局面再次发生。万寿菊—叶黄素产业 2015–2016 年度，在万寿菊花的种植面积上又有增加，从而导致万寿菊浸膏和叶黄素的价格有 10% 以上幅度的下滑。红曲红色素、红曲黄色素、栀子黄色素等由于产能过剩原因，导致一定幅度的产销量和价格的下滑。水溶性花色苷色素表现喜人，在全国各行业经济下滑的形势下仍然表现稳增长态势。类胡萝卜素（胡萝卜素、叶黄素、玉米黄质、角黄素、虾青素）微胶囊化制剂产品和叶黄素保健品增长较快，这个品种的发展处于比较健康的状态。

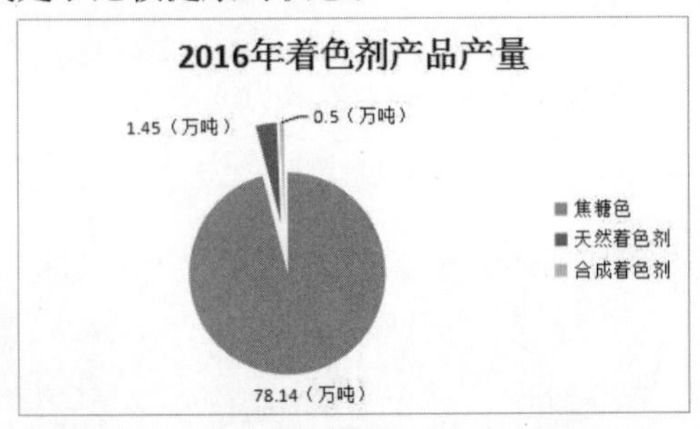

数据来源：中国食品添加剂和配料协会

2. 甜味剂

2016年，甜味剂产品总体形势为产量稳定，高倍甜味剂产品价格和出口下滑，部分产品产能过剩，市场竞争加剧。高倍甜味剂行业产销量达到11万吨（不含复配），同比下降8%。甜菊糖产量约3700吨，销售量同比略有下降，受美国消费量提高以及原料增产影响，出口同比略有增长；糖精（钠）全年销售量约2.5万吨，同比持平，销售价格总体平稳；甜蜜素生产能力约4.0万吨，受到国际石油价格影响变化，成本下降，产销量同比下降，销售价格总体稳定；安赛蜜产量约6000吨，同样受到消费量同比下降的显著影响，同时，2016年11月底，国内3家安赛蜜生产企业受到美国337调查，出口继续受到影响，企业利润同比下降，效益同比下降；阿斯巴甜产量约为1.0万吨，85%–90%都出口到欧洲等地，今年价格下降。三氯蔗糖受环保督察影响，生产和出口受到影响，产量略有下降，但价格有所增长。木糖醇、木糖、麦芽糖醇、赤藓糖醇价格受原材料价格、成本增长等影响，价格保持稳定且小幅上升。国际订单受整体市场需求不旺的影响销量有所下降，木糖产量4.5万吨，木糖醇3.8万吨，同比下降幅度较大。

数据来源：中国食品添加剂和配料协会

3. 食用香精香料

2016年，食用香精香料行业经济运行走势稳中有升，香料销量和销售额同比增长8%，出口同比略有增长。食用香精产销量和销售额同比基本持平。咸味香精行业产销量同比略有增长。其中，酵母抽提物产销量增长较为明显，主要生产企业安琪酵母的酵母抽提物产量同比增长10%，销售额同比增长15%，市场形势良好。这与国内烘焙与发酵面食领域、食品调味领域的产品销售有所增长直接相关。

4. 防腐剂和抗氧化剂

2016年，天然防腐剂乳酸链球菌素、纳它霉素和聚赖氨酸市场需求量增加，乳酸链球菌素的产销和出口继续保持稳定发展，纳它霉素产量同比增长20%，销售额同比增长15%。新品种聚赖氨酸销量和销售额同比增长超过200%，预计2017年在生产和应用方面会更加成熟，发展势头良好。

2016年，受食品工业增长变缓和食品安全监管严格等影响，国内的化学合成防腐剂和抗氧化剂产品产量同比基本持平。苯甲酸和苯甲酸钠产销量5.5万吨，苯钾酸钠价格和销量基本平稳，但有下降趋势；山梨酸钾在国际市场的使用量基本稳定，国内使用量也相对平稳，但价格波动较大，主要由于山梨酸的原料巴豆醛的价格回升增。几家龙头企业宁波王龙设计能力4–5万吨，南通醋酸化工设计能力1万吨，山东罗氏设计能力2万吨，产能过剩，市场竞争激烈。脱氢醋酸钠由于漯河双汇的使用量增加很多，全国肉制品行业的增加量较大，全国的销售额同比增长10–20%；尼泊金酯的国际市场需求量增长较多，国内主要在日化品如牙膏等产品上，有增长的趋势。双乙酸钠由于以药品中作为防腐剂使用效果较好，所以总体使用量增加，但在食品内的销售量没有明显的增长，主要还是受限于应用技术开发，产品需进一步提升品质以及使用范围的限制。丙酸钙由于使用后味道大，不适合面包等淡味产品，2016年又有一些企业进入这个领域，使得产量过剩的同时在食品中的使用量又下降，价格竞争达到白热化。

2016年，复配防腐剂的市场需求量增加了10%以上，复配产品的协同增效作用以及使用上的便捷，对复配产品的依赖性高，其开发和应用是发展方向，食品企业和复配产品的生产企业应加强交流合作，尤其是生产企业在产品的配方以及应用技术服务方面应加大投入，提升这方面的服务水平，这是进一步扩大市场的有效方式。

5. 增稠剂、乳化剂和品质改良剂

2016年，增稠－乳化－品质改良剂行业在国内外经济复苏乏力的大环境下，产销量基本保持了稳步增长的态势，但由于各类成本的增加或是价格的下滑，企业利润同比下降。乳化剂类产品总产量约为8.2万吨，同比增长约2.5%，价格同比基本持平。单甘酯产销同比基本稳定，利润同比缓慢下降；蔗糖酯、斯盘、吐温等产品低谷徘徊，投资、供给侧逐渐恢复理性。复合膨松剂（泡打粉）销量4万吨左右，同比持平。土豆资源主食等品种增长幅度较大，给增稠、乳化、品质改良剂带来了新需求。行业在发展过程中面临的问题主要包括生产成本上升，环保压力增大，法规标准问题，无序竞争等。各企业在不利形势下，能够积极应对，加大研发投入，开展科技创新，推动企业转型升级，取得了很好的效果和成绩。

6. 营养强化剂

随着近几年全球尤其是国内各类营养保健品、功能饮料市场需求的进一步扩大，我国营养强化剂及相关功能性配料的发展一直保持平稳增长势头。2016年，国家发布了《健康中国2030规划纲要》并组织制定《国民营养计划》。市场的需求和政策导向的落实也大大地促进了营养健康产业的平稳发展。营养强化剂单品和复合营养素类产品的产销稳步增长。维生素C、E、D3等在世界上占有领先优势，例如：东北制药、华北制药、江山制药和石药集团控制着世界60%以上的VC产能，新和成和浙江医药控制着全球约50%的VE产能，浙江花园和金达威VD3的产能全球50%以上。2015年以来，维生素产品价格逐步增长，叶酸价格、泛酸钙、VB1、VB2、VB6大幅增长。骨干企业浙江新和成公司、新昌制药厂等企业相关产品的销售额和利润均大幅增长。氨基酸市场类产品赖氨酸、苏氨酸、蛋氨酸等产销量也大幅提高，相关企业纷纷扩产，产能过剩逐渐显现。2016年，我国的食物营养强化与发达国家相比差距还很大，与营养相关的如功能性配料的研发应用应加强，而法规标准的滞后急待解决。未来在尽快稳妥地解决好现在问题的基础上，我国营养强化剂和功能配料行业的发展前景良好。

【b. 行业面临的问题分析】

1,. 食品添加剂相关的法规标准不完善

食品添加剂制剂类产品没有相应的管理法规或标准，企业生产无标可循，只能以复配食品添加剂申领生产许可证，给这些产品的生产经营以及监管造成很大困惑，亟待解决；焦糖色素国家标准所列各种指标每批产品都须检测，给生产企业造成一定负担；《食品用香料通则》规定了香料主成分含量的要求，对于有异构体存在的化合物而言，这个含量是指异构体的总和还是单一主成分，标准没有明确，该标准对含量的测定采用毛细管柱气相色谱法，该检测方法不能适用于所有的香料含量检测，有些高沸点成分还需要用液相色谱或化学法来测定；复配防腐剂（复配食品添加剂）的生产本身是物理混合工艺，但在有些地区被强行归于化工企业管理，要求企业入驻化工园区，在行政监管上被套上不必要的枷锁。

2. 企业负担持续加重，企业效益下滑

主要原材料价格、员工成本、能源成本等依旧上升，企业各项税费负担没有明显减轻，影响企业的生产经营，企业效益同比下降。

3. 产能过剩，同质化产品低价竞争现象依然存在

一些品种如辣椒红色素、甜菊糖苷、三氯蔗糖、万寿菊浸膏、阿斯巴甜等产能过剩的状况没有得到改变，这种情况也直接导致了低价抢占市场份额的恶性竞争，企业利润被压缩，效益下降，长期以往甚至会危害行业的整体效益和健康发展。

4. 环境保护和节能减排问题

国家在环保监管上进一步加大力度，对于排放不达标企业采取限产或停产措施，使企业的生产受到影响。近几年，国内大、中型企业在节能、降耗、减排的投入不断加大，取得了很好的效果。但以中、小规模企业居多的食品添加剂和配料行业在工艺改造、设备更新、废弃物回收利用方面还有需要加大投入，这是行业必须尽早解决的突出问题。

孙 瑾

2.20 酿酒工业

2016 年是《中国酿酒产业“十三五”发展规划》的开局之年，是国民经济面临多重困难和严峻挑战，最终保持持续健康发展的关键时刻，也是酿酒行业通过深度调整，由平稳发展逐步走向复苏的一年，全酿酒行业继续保持了经济发展稳中向好的局面。

【a. 概况】

2016 年，全国酿酒行业规模以上企业完成酿酒总产量 7226.30 万千升，同比增长 0.75%。规模以上企业累计完成产品销售收入 9780.63 亿元，同比增长 6.27%；累计实现利润总额 1094.47 亿元，同比增长 7.22%。

主要经济效益汇总的 2742 家规模以上企业，其中，亏损数为 324 家，亏损面为 11.82%，亏损企业累计亏损额 47.33 亿元，同比下降 6.15%。

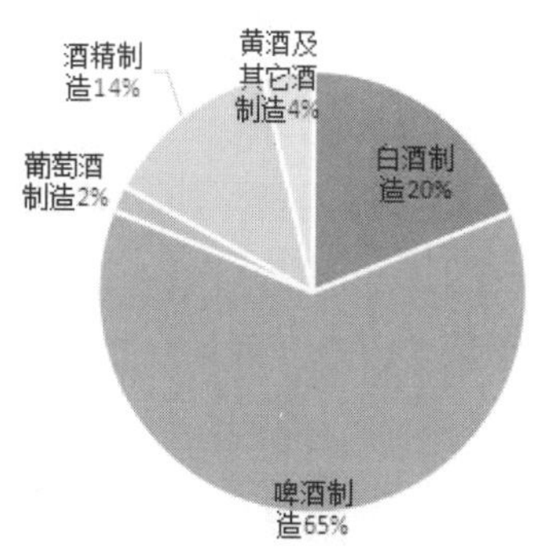

图1 2016年酿酒行业企业数量分布情况

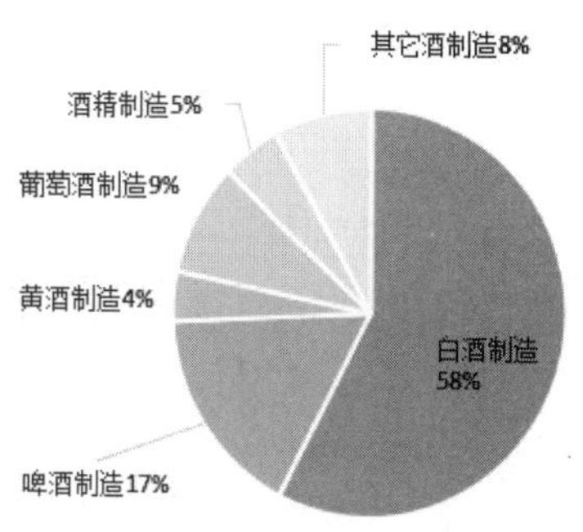

图2 2016年酿酒行业产品产量分布情况

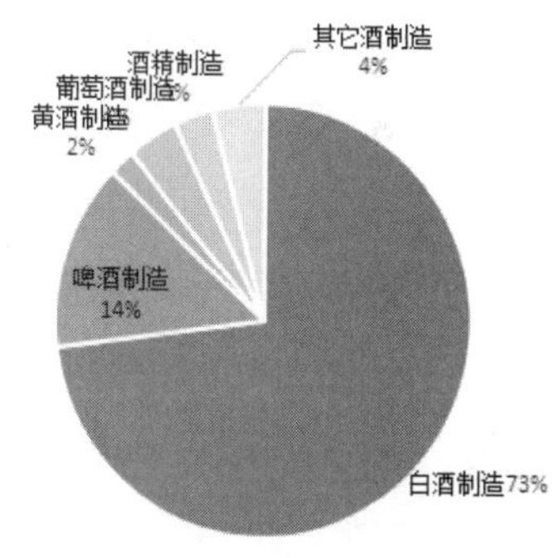

图3 2016年酿酒行业销售收入分布情况

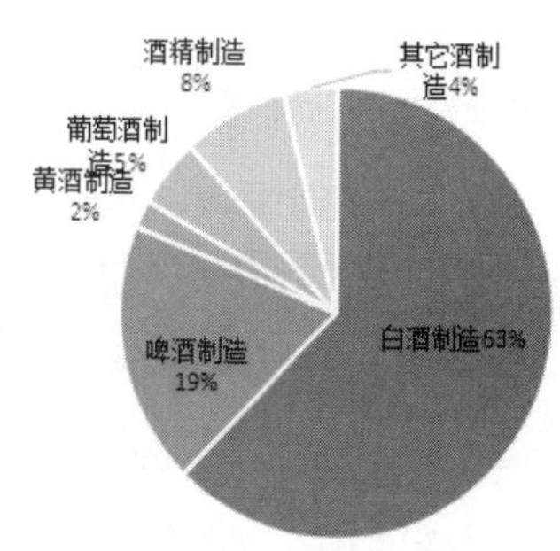

图4 2016年酿酒行业利润分布情况

资料来源；国家统计局

【b. 主要经济指示】

1. 主营业务收入

2016 年，全国酿酒行业累计完成销售收入 9780.63 亿元，同比增长 6.27%。其中，白酒行业完成销售收入 6125.74 亿元，增长 10.07%；啤酒行业完成销售收入 1832.69 亿元，下降 1.29%；葡萄酒行业完成销售收入 484.54 亿元，增长 3.97%；黄酒行业完成销售收入 198.23 亿元，增长 13.92%；其它酒行业完成销售收入 328.72 亿元，增长 8.96%；发酵酒精行业完成销售收入 781.52 亿元，下降 2.51%。

2. 利润

2016 年，酿酒行业完成利润总额 1094.47 亿元，同比增长 7.22%。其中，白酒行业完成利润总额 797.15 亿元，增长 9.24%；啤酒行业完成利润总额 150.76 亿元，增长 5.70%；葡萄酒行业完成利润总额 48.70 亿元，下降 6.59%；黄酒行业完成利润总额 18.60 亿元，下降 1.54%；其它酒行业完成利润总额 41.25 亿元，下降 8.16%；发酵酒精行业完成利润总额 38.00 亿元，增长 17.10%。

由以上酿酒行业经济效益数据（图 1）并结合（图 2）产量情况看出，饮料酒行业总体经济效益向好，而部分行业则出现不同幅度下降。

注明：饮料酒包括 13 种，麦芽酿造的啤酒、葡萄汽酒、鲜葡萄酿造的酒、味美思酒、黄酒、蒸馏葡萄制得的烈性酒、威士忌酒、朗姆酒、杜松子酒、伏特加酒、利口酒及柯迪尔酒、龙舌兰酒、白酒。数据来源：国家统计局。

【c. 行业发展分析】

经历了几年市场需求深度调整的“阵痛期”，2016 年，我国酿酒产业在深度调整中稳步发展，酿酒总产量出现增长，经济效益整体趋好，产品、渠道、商业模式等创新步伐加快，市场进一步稳定。2016 年，酿酒产业继续保持新常态，产业和产品结构持续调整，酒类消费需求越来越趋于理性化、个性化、多样化，酒产品价格带调整适应市场的经济大环境，流通体系变革持续发酵，多元化消费潮流不断升级。

1. 价格

2016 年，全国居民消费价格指数同比增长 2.0%，而酒类产品消费价格指数仍然降低，全国白酒批发价格总指数同比增长 0.11%，涨幅微弱。白酒、啤酒、酒精制造业利润总额均有所增长（图 4），黄酒、葡萄酒和其它酒利润总额均下降。从单位产品利润上看，除葡萄酒制造行业有所下降外，各酿酒子行业有所增长。酿酒行业仍处于调整阶段，酒类产品价格仍体现酒类市场资源配置和市场调整状态，以经济指标占比最大的白酒为例看价格走势。我国规模以上白酒企业累计完成销售收入 6125.74 亿元，同比增长 10.07%；累计实现利润总额 797.15 亿元，同比增长 9.24%，均创下了近几年白酒行业收入和利润增长的最高速，白酒行业收入和利润增速明显恢复。白酒行业出现复苏势头增强、价格回升的迹象，但是，2016 年，白酒消费市场需求并无大的实质性改变，与 2012 年相比，白酒价格仍处于底部区域，要回升到 2012 年价格高点仍然任重道远。

分月来看（图 5），上半年全国白酒批发价格月度同比指数虽然有所反复，但跌幅在逐步收窄，呈现稳步回升势头，已接近实现在增长的临界点。其中 1 月份，下降 0.46%、2 月份，下将 0.57%，3 月份，下降 0.87%、4 月份，下降 0.56%、5 月份，下降 0.32%、6 月份，下跌 0.02%。从 7 月份开始，全国白酒批发价格月度同比指数开始转正，增长 0.07%，随后一路走高，8 月份，增长 0.19%，9 月份，增长 0.44%，10 月份，增长 0.8%，11 月份，增长 1.19%，12 月份，增长 1.38%。

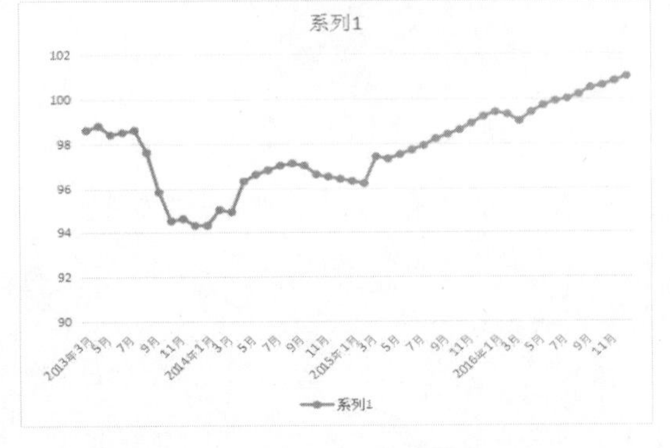

图5 全国白酒批发价格同比总指数

资料来源 :2016 中国白酒价格运行报告

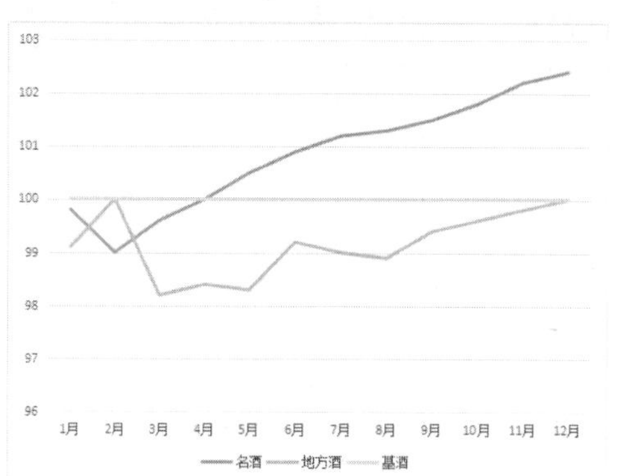

图6 2016年全国名酒、地方酒和基酒批发价格同比指数

资料来源：2016 中国白酒价格运行报告

分类来看（图 6），名酒价格同比走势更强，5 月份增长 0.34%，月度同比近几年来第一次出现正增长。6 月份名酒价格增长 0.5%，12 月份增长 2.63%，显示出更强的反弹势头。相对名酒，地方酒走势弱一些，全年月同比下降在 0.13%--1.83% 之间，指数仍处于下降区间，但 12 月份下降仅 0.13%，。基酒同比价格指数整体运行平稳，全年围绕 99.94 上下波动，最大下降 0.08%，高低只相差 0.4 个百分点，但仍处于下降区间，从价格角度暗示白酒行业去产能问题依旧严峻。

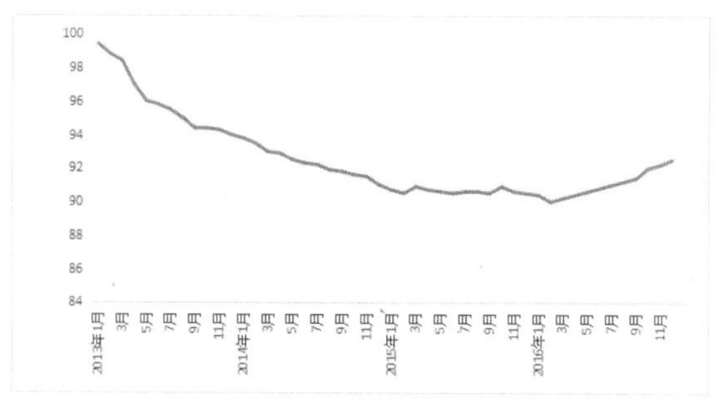

图7 全国白酒批发价格定基指数

资料来源：2016 中国白酒价格运行报告

从判断价格长期走势的定基指数看（图 7），2016 年全国白酒批发价格月度定基指数下降在 8.29%--10.11%，其中，12 月份下降 8.29%，是近 2 年多来下降最小的 1 个月。从 2013 年以来的走势看，出现底部回升势头，全国白酒批发价格月度定基指数正缓慢脱离底部区域。不过由于白酒市场的调整并未真正完成，不支持白酒价格全面、快速、大幅增长，因而与 2012 年相比，白酒价格仍未脱离底部区域。

总体来看，全国白酒批发价格指数下半年同比由现将变增长，意味着回升后的价格已超过上年同期价格水平。反映了企业控量保价、控量提价，叠加市场环境改善，推动了白酒价格逐步回升。一方面全国白酒批发价格定基指数正缓慢脱离底部区域，另一方面要回升到 2012 年价格高点仍任重道远，未来要走出底部区域有赖于名酒价格指数的走高拉动。

2. 市场

在宏观经济步入新常态的背景下，酿酒行业企业在经历了需求和市场深度调整的适应期后，也进入了新的发展阶段。通过改革，调整了经营策略、产品战略，不能适应的酒企业或被收购、兼并、或关闭、转行，初步实现了市场出清，优胜劣汰，我国酒行业的调整的成效已初步显现，逐步回归理性发展轨道。2016 年，随着高端酒去库存成效显著，市场逐渐恢复，其基本面大为改善。国内居民消费已从基本消费逐步转变为个性化、多样化的高品质消费阶段。随着国内消费升级，高端消费人群增多，“少喝酒喝好酒”逐渐被人们接受，成为新的饮酒理念，使得高端酒市场处于扩容状态，市场需求回暖，高端酒销售情况改善消费场景转化，大众消费越来越受重视。中国酒类市场正经历着从商务需求向自我享受及休闲社交的需求转换，酒将从政商社交逐步过渡到休闲社交、自我享受和娱乐，酒文化将从商务场合挪向一般的大众餐桌，酒类消费的大众化趋势愈加明显。注重高端向以高中低端兼顾的产品结构转变、从注重追求外观包装向注重产品质量健康为主的功能定位转变、从注重公务和商务消费向以大众消费为主的市场定位转变、从注重追求高价格高利润向合理价值价格回归的发展理念转变。伴随着互联网经济的迅猛发展和个性化消费的流行，定制酒逐渐被大众市场认知并发展成为一个新兴的潜力消费大市场时，厂家面临的将是一个数量庞大的新增量消费市场。借助互联网这个平台和工具，定制酒有可能成为酒行业新的蓝海。通过互联网平台实现行业与消费市场的对接，解决了产品与消费者之间的沟通问题，更加注重消费者需求和体验。国内酒类品牌在国际市场上的认可度依旧不高，依然没有突破华人圈，未能实现真正的“走出去”。随着国内市场的逐步饱和，中国文化在世界范围内的影响逐步增强，“一带一路”国家战略的出台，国内酒企越来越重视走出国门，开拓海外市场。

3. 投资

2016年，全国酿酒行业规模以上企业共亏损324家，亏损面为11.82%，亏损企业累计亏损额47.33亿元，同比下降6.15%。

4. 区域分布

2016年，我国酿酒产量最大的五个地区：山东、河南、四川、江苏、广东五省酿酒总产量3137.83万千升，同比增长5.22%，占全国酿酒总产量的43.42%。其中，山东省酿酒总产量最大，达到822.50万千升，增长1.79%；河南省酿酒总产量701.82万千升，增长1.77%；四川省酿酒总产量679.24万千升，增长7.11%；江苏省2016年酿酒总产量489.19万千升，增长6.68%；广东省酿酒总产量445.08万千升，增长增速为13.60%，增速最快。

5. 行业集中度

酿酒行业属于传统行业，既有白酒、黄酒等本土酒种也有啤酒等舶来酒种。一直以来，我国酿酒产业的重心是伴随我国经济重心的变化而变迁的。自2012年以来，我国酿酒产业的集中度有进一步提高，但由于各酿酒子产业发展状况不同，集中度也有所差别，整体表现为企业数量众多、单体规模偏小，2016年，仅有啤酒形成了具有较高集中度的产业。

我国啤酒市场份额日益向大集团集中。以华润雪花、青岛啤酒、百威英博和燕京啤酒以及嘉士伯啤酒为首的5大啤酒集团，从近几年来的市场占有率变化情况来看，自2010年至2015年，5大集团的市场占有量不断提升，至2015年已达到78.3%。通过计算赫希曼指数（HHI）得知，年间市场结构由竞争I型，迅速升级至低寡占II型，到2014年HHI突破1400，发展成为低寡占I型，2015年HHI指数微增至1486，保持低寡占I型。结合我国产业、经济及政策形势，未来啤酒产业集中度将会在一定范围内继续提高，但随着中小企业的逐渐减少，可并购资源的匮乏以及我国反垄断政策的进一步加强，市场集中度提高的空间将不断受限，发展成为高寡占型的几率较小。

看一个行业成熟与否，其标志就是要看这个行业的品牌集中度。一个成熟行业或产业，主流的品牌一般不会超过10个，但是掌控着70%的市场份额。我国白酒行业龙头企业茅台、五粮液的总体销售加在一起还不到行业的10%，这种情况不符合产业发展规律。因此，行业调整推动白酒强弱分化，其实是在淘汰劣势企业，推动行业向高性价比的名优酒聚拢，实现行业集中度的提高。2016年白酒行业进入了深度分化期，中低端白酒市场的竞争将更加激烈，酒企业绩分化趋势也将增大，强者会越来越强，弱者会逐渐边缘化。未来品牌集中度将进一步提升，全国和地方名优酒会越来越好，缺乏历史底蕴和消费者品质认同的中小企业，品牌的竞争和生存环境将更加惨烈，大洗牌下小酒厂或逐步被淘汰。目前白酒行业仍然在加大分化，这就是趋势，为白酒行业的兼并重组，优胜劣汰做好了铺垫。这也是行业实现并购整合，提升白酒产业集中度难得的机遇窗口。不过通过并购提升集中度的逻辑，还需具体情况具体分析。高端酒之间的并购几无可能，一方面高端酒的消费、竞争格局趋于固化，很难出现全面危机，从而给收购方机会；另一方面地方政府不会轻易放弃控制权。因而高端名酒企业长期并存的可能性远大于并购。真正存在较大并购空间的应该在中低端领域。如古井贡在2016年5月以自有资金8.16亿元完成对湖北酒企黄鹤楼51%股权的收购。未来可能出现高端酒企为进入某一地区市场而收购地方名酒，中端酒企为补短板，收购非名酒企业，低端酒企为求生存，抱团取暖。在市场扩容空间有限的背景下，如果整合得当，并购有可能达到“1+1>2”的积极效应。

葡萄酒、黄酒等其它酿酒子产业集中度不高，市

场竞争结构离散，短时间内集约化进程缓慢，集中度也均处于较低水平。

6. 进出口

根据海关总署数据，2016年，饮料酒及发酵酒精制品累计进出口总额56.64亿美元，同比增长13.37%。其中，累计出口额13.33亿美元，增长14.16%；进口额43.31亿美元，增长13.15%。白酒进口同比增长63.36%，同比大幅度上涨。啤酒进口同比增长20.06%，同比增长幅度趋缓。葡萄酒进口增长15.36%，同比下降。由进出口数据可以看出，我国酒类商品进出口贸易在2016年进一步回缓。

注：（1）其它饮料酒包括：葡萄汽酒（未加香料）、小包装的味美思酒及类似酒（容器容量≤2升；加植物或香料的用鲜葡萄酿造的酒）、装入>2升的容器的味美思酒等酒、蒸馏葡萄酒制得的烈性酒、威士忌酒、朗姆酒及蒸馏已发酵甘蔗产品制得的其它烈性酒、杜松子酒、伏特加酒、利口酒及柯迪尔酒、龙舌兰酒、未改性乙醇（按容量计酒精浓度<80%）及其它蒸馏酒及酒精饮料、中药酒。

酒精包括：未改性乙醇（按容量计酒精浓度≥80%）、任何浓度的改性乙醇及其它酒精。

资料来源：海关总署

7. 重点行业及“三品”战略实施情况

（1）重点行业概况

在宏观经济步入新常态的背景下，白酒行业也进入了新的发展阶段。企业在经历了需求和市场深度调整的适应期后，通过改革，调整了经营策略、产品战略，而不能适应的白酒企业或被收购、兼并，或关闭、转行，初步实现了市场出清，优胜劣汰，我国白酒行业的调整的成效已初步显现，白酒行业逐步回归理性发展轨道。因此，白酒行业最坏的时期可能已经过去，整个行业进入修复期。白酒行业的回暖不可能一蹴而就，它是一个缓慢的过程，但迹象已经比较明确了。不过由于行业产能过剩难题短期难以破解，实现新的量价平衡仍需较长时间，未来虽然行业环境有所改善，

反弹难演化成反转的预期不改，白酒行业仍将呈现低速增长，企业分化的慢复苏、不平衡格局。2016年白酒行业继续进行深度调整，由被动接受到心态放稳，由不适应到积极应对，由措施不得力到思变创新，中国白酒复苏迹象显现。消费升级助力中国名酒需求增长，结构调整助力骨干企业效益提升，服务升级助力品牌企业赢取市场，多元营销扩大产品覆盖，争取更多消费者喜欢，技术创新提升品质增强企业竞争力，社会责任担当塑造产业形象。消费升级推动，名酒需求渐旺，名酒价格回升，白酒价格带趋稳；产业调整筑底，低质产品、落后产能淘汰，品质提升、品牌集中，产能压力缓解、产业结构重组；震荡后的产业新格局形成。但也需要清醒认识到，目前白酒行业和价格的回升更多的是中高端白酒对于核心产品的控量或提价，带动白酒价格回升，行业回暖。但目前行业是局部解冻而不是全行业的普遍回暖，龙头企业涨价是阶段性行为还是长期政策，白酒行业增长提速是暂时现象还是趋势性的，还需观察。但未来有可能迎来白酒行业的后调整期，即行业从止跌回升的恢复期，到保持适度增长的新常态。

啤酒行业在出现连续两年市场萎缩和销量下降之后，有暂时止跌企稳的迹象。啤酒消费市场的结构性调整和变化仍是行业和啤酒企业关注的焦点，行业以及业内重点企业启动啤酒品类优势文化培育成为当务之急。从销售收入情况来看，啤酒产品在各酒种中的弱势地位仍未得到改善。即使是在如今消费者的消费能力大幅提升的情况下，以及消费者对啤酒产品的品质、口味、安全和新鲜度更加注重，售价已经不再是首选条件的消费趋势面前，仍有部分啤酒企业似乎仍然按照惯性思维的营销方式，保重已是习惯性打法。中小企业生存处境艰难；大中型啤酒企业面对这种做法很头痛，但也无法可想；再者，啤酒企业暂时也没有新的、更有效的营销手段应对市场变化。在亏损企业情况来看，与其它酒种相比，啤酒行业的亏损面仍是最大的，达31.4%，且亏损企业数量增幅也是最大的，但亏损额略有降低，和行业盈利水平的表现情况相符。虽然，啤酒业单位产品利润水平较上年有所回落，综

合来看，目前我国啤酒业仍处于相对底部的调整期，也未走出过度竞争的状态。伴随着惯性市场压力，预计短期内竞争态势无法得到缓解。2016年啤酒产品的进出口情况中，进口啤酒的增长无疑仍是焦点，在连续四年(2012--2015年)爆发式的增长之后，增速放缓。啤酒产品没有建立品类文化，更加没有优势文化积淀，在消费层面留下的都是过度竞争时期的廉价、寡淡、单一、啤酒肚等不健康的劣势文化。另外，我国啤酒原料种植业仍延续散户种植的小农经济模式，传统的栽培方法以及落后的管理和收储方式，使产业失去了良性发展的基础。

国内葡萄酒市场仍处于调整期，市场预期不可盲目乐观，这是自2013年以来的连续第4年下滑。进口葡萄酒在国内市场的占有率持续提升，给国产葡萄酒造成很大的冲击。从2016年数据看，在国产葡萄酒产量下降的情况下，进口瓶装酒无论是数量、进口额都保持两位数增长。进口酒的市场份额在不断扩大。在全球经济一体化和进口关税逐年降低的趋势下，进口葡萄酒以汹涌之势攻城略地，中国葡萄酒产区、企业、产品和文化等，均面临进口葡萄酒的全面挑战与危机。在发达的城市，进口酒几乎都占据了主导。虽然近几年国产葡萄酒的质量在提升，营销上也在创新，但面临的形式还是非常严峻的。

2016年，黄酒行业基本保持稳中有升的良好局面，传统产销区和非传统产销区均有不错的发展形势。但是，黄酒在全国酒类行业中是名副其实的小酒种，销售份额不足2%，利润贡献度1.85%，税金贡献度1.27%。黄酒行业业内极少数高端企业及高端市场在销售规模上并不具备优势，而产品的附加值优势以及盈利能力在整个黄酒行业处于领先地位，能够对为依然偏低的整体利润空间实现稳中有升提供保障。黄酒行业成本费用总额同比增幅高于主营业务收入，同时也是酿酒行业中成本费用总额增幅最高的行业。成本费用增长，不仅使该行业销售增速稍显乏力，只带来较为低微的利润增长，高投入低产出，特别是全行业整体产品附加值过于低下，成为黄酒行业整体利润空间多年来止步不前的根本因素。

在现阶段白酒行业逐渐回暖，拉动了其对食用酒精的总体需求，发酵酒精行业总产量略有上升。但整体利润水平很低，行业整体开工率严重不足，再加上经济下行压力加大也影响了工业酒精的需求。一方面是酒精市场下游需求不足，另一方面是我国发酵酒精产能严重过剩，决定了酒精价格严格跟随主要原料价格变化而变化，同时也受到一些中国特色的补贴政策影响。同时，国内酒精市场又受大量进口乙醇和化工合成乙醇的影响也越来越严重。同比上涨8.88%。

（2）重点企业介绍

贵州白酒“三品”战略推动白酒转型升级

2016年5月，国务院正式发布《关于开展消费品工业“三品”专项行动营造良好市场环境的若干意见》，部署开展消费品工业增品种、提品质、创品牌“三品”专项行动，提出通过营造良好市场环境，更好满足和创造消费需求，不断增强消费拉动经济的基础作用，促进消费品工业迈向中高端。9月，贵州省政府办公厅印发《贵州省开展消费品工业“三品”专项行动营造良好市场环境的实施方案》，全面实施增品种、提品质、创品牌“三品”工程，改善全省消费品市场供给，更好地满足人民群众消费升级的需求。9月，贵州省政府办公厅还印发了《贵州省推动白酒行业供给侧结构性改革促进产业转型升级的实施意见》，提出“到2020年，全省白酒产量达到80万千升，完成工业总产值1200亿元，力争贵州白酒在全国的销量占比达到8%”。对今后贵州白酒行业重点任务进行了全面部署，其中“树品牌、提品质、优品种”的“三品”战略被定位为发展主线，要求通过打造贵州白酒整体品牌，形成各个梯度产品协同发展的良好格局，构建“品牌强大、品质优良、品种优化、集群发展”的贵州白酒产业发展体系。根据贵州白酒产业特点，“三品”侧重以“树品牌、提品质、优品种”为主，其中“树品牌”为打造贵州白酒整体品牌，“提品质”为提升酱香酒产品品质、“优品种”为调整优化产品层次，这三者相辅相成，相互促进，稳步推进贵州白酒转型升级。

①打造贵州白酒整体品牌

在企业方面，茅台一直以来都是全国白酒行业的标杆。除了茅台以外，继续加强品牌梯度培育，打造一批包括习酒、金沙、国台、董酒、酒中酒、青酒、珍酒、安酒等在内的知名品牌企业。打造“贵州白酒”集体商标、围绕“贵州白酒”整体品牌大力开展宣传和营销、开展贵州十大金质名酒、十大银质名酒等名优白酒评选活动、充分利用传统媒体和新兴媒体以及酒博会等平台，多层次、全方位宣传推介，丰富了打造贵州白酒整体品牌的形式和内容，进一步提高白酒区域品牌影响力、知名度、美誉度。

②调整优化产品层次

贵州白酒产品方面曾经提出“浓酱并举，兼顾其它”，而贵州白酒闻名于世的是以酱香型为主，重要的落脚点也应该在酱香型白酒，“优品种”也不是单纯的“增品种”那么简单，调整优化产品层次是以市场需求为导向，既做“名酒”，也做“民酒”。“名酒”需要长时间的深耕积累，最有名的“名酒”有茅台“民酒”茅台可以做，其它企业也可以做，就市场而言，“名酒”是高价酒、优质酒、名牌酒的代名词，“民酒”更多的是适应市场需求在价格上亲民，在品质和品牌上做到符合大众口味。

③提升酱香酒产品品质

优良稳定的产品品质，是打造产品品牌的决定性因素，而产品品牌是打造企业品牌的决定性因素，产品、企业则是打造区域品牌的决定性因素。优质的酱香酒产品往往最能体现精益求精的工匠精神，而决定酱香酒产品品质的因素多种多样，巩固传承酱香酒酿造历史、文化和传统技艺这个是先决条件，鼓励和支持企业依托“千企改造”工程开展技术创新、装备创新和产品创新，大力推进智能制造，提升酱香酒产品品质。

8. 包装与装备

我国酿酒装备不断通过转型升级寻求在技术、运营和管理上的突破，装备技术水平与国际先进水平的差距不断缩小。酒类包装和装备企业科技创新能力显著增强，企业间、企业与科研院所间技术合作日益频繁。酿酒装备、灌装装备、酿酒配套辅助装备的制造技术和能力已经达到一定水平，新建厂中装备配套能力和高精度机械制造能力已经基本实现自给。此外，包装材料，包括硅酸盐玻璃、分离材料、造纸、印刷等行业的生产和供给也达到国际要求。随着我国整体消费水平的提高、物流和互联网的发展，差异化、个性化、便携化的酒类包装形式将越来越受到消费者的青睐，酒类包装和装备产业发展形势良好。

我国啤酒装备制造业已建立起了比较完整的装备制造体系，低速贴标装备和低速灌装装备基本实现了国产化，高速贴标和灌装关键部件质量与国际顶尖水平差距较大，国产高速灌装设备尚在研究或实验阶段，未见啤酒厂使用。在其它设备如杀菌机、洗瓶机、麦芽处理设备等已基本实现了国产化，质量已接近或达到国际水平。国际装备智能化尚在研究和实验阶段，啤酒厂真正应用很少，随着劳动力成本的上升，是未来的发展趋势。葡萄酒行业的装备进步迅速，关键设备已经基本实现国产。作为我国传统产业，大部分白酒企业的生产工艺技术装备水平相对落后，多数工序环节仍采用传统的手工或半机械化生产方式，行业整体机械化水平较低。通过使用信息技术和智能化技术改造提升传统装备，结合实验和检测先进技术的推广应用，机械制造业的整体水平得到提高。黄酒行业七十年代曾发起机械化、大罐发酵、黄啤合一等技术革新，其后少数企业机械化蒸饭、大罐发酵、机械化压榨和煎酒等工序得以保留，但再未有实质跨越性进展。技术水平和装备水平基本停留在原有状态。

【d. 行业面临的问题分析】

我国酿酒行业经济发展基本平稳，增长方式发生转变，产业结构深度调整，产品结构进一步优化，消费市场回归理性，整个酿酒产业实现了由快速增长向平稳增长的过渡。但是，发展过程中积累的政策、市场和创新方面得诸多问题和所面临的困难依然严峻，需要继续深入关注和探讨。

1. 政策与市场

（1）政策调整需强化自主调节，市场监管应力推

行业自律

长期以来，酒类产业受政策约束较大，酒类生产企业在立项、扩能、税收、环评等各环节受到严格的控制。在自由竞争的环境下，市场根据供需关系自身可以产生良性的发展轨迹，但对酿酒产业的一些政策限制了市场自动调节能力，以产业发展产生了一定影响。

我国法律法规特别是食品安全有关法律进一步完善。2015年新的《食品安全法》实施，强调充分发挥消费者、行业协会、媒体等监督作用，形成社会共治格局。然而，随着酒类市场消费形势的不断变化，适应酒类生产流通特点的专门性法律法规仍然十分缺乏；涉及检测、流通等方面的标准仍然较少。立法和标准的滞后，造成对酒类商品的监管困难。需要进一步加快相关工作的进行，并应着力强调行业协会的作用，引导企业自律生产经营。

（2）社会舆论关注提升，预警机制亟待健全

随着人民生活水平的提高，食品质量安全意识不断加强，作为特殊食品的酒类产品，倍受社会各界的关注。酒类产品的质量安全，关系到生产企业的命脉，关系到整个酿酒产业的健康发展。特别是白酒行业，舆论关注度高，影响面大，公众美誉度亟待提高。面对行业热点与社会误读，行业与企业仍欠缺快速应变能力和有效的危机公关能力。尽快建立健全行业预警机制，有效组织与引导企业开展行业自律，加强消费教育，普及酒文化知识，倡导理性饮酒，强化社会责任意识，树立行业正面形象，努力营造行业的社会美誉度，应该作为全行业的一项重要工作。

（3）产能增长速度过快，市场应变能力滞后

行业高速发展时期企业产能大量增加，国内外资本大量涌入，地方政府的政策性保护等等，加剧了酿酒规模的扩张。行业进入深度调整期后，产能增长遗留下库存压力过大、销售渠道不畅、消费能力不足，利润空间降低的危机。面对新的市场变化，面对国内外整体经济形势的压力，面对节俭治国的社会环境，部分企业地深度调整的心理落差准备不足，仍然心存幻想，缺乏适应新常态变化的决心，调整发展战略的能力不强，应对市场变化的措施滞后。进一步解放思想，树立信心，主动适应市场形势新常态，积极寻找新的经济增长点，以市场需求定产量，是保障行业稳步发展的必修功课。

（4）经济效益提升困难，企业发展后劲不足

为应对社会环境与市场环境的新变化，绝大多数企业积极调整产品结构，重新构建价格体系，降低了高端产品价格，加大了中低端产品的生产规模，取得了一定的成效，但却造成收入稳中有升，利润与税金持续下降的被动局面。产品利润率的降低，削减了企业发展后劲，制约了行业科技投入，影响了行业持续健康发展。在控制总量的基础上，建立科学的产品结构体系，控制产品成本，主动适应消费需求，稳定产品价格，是创造企业核心竞争力的必然选择。

2. 科技创新

酿酒行业的科技创新能力明显不均衡，啤酒、葡萄酒行业通过引进吸收国外技术装备，促进了生产水平的提升，但自主研发和自主创新能力尚有不足；白酒、黄酒行业通过加大机械化生产试点，在一定程度上提高了生产效率，但与机械化、自动化、智能化、信息化先进水平差距仍然较大。酒精行业规模企业通过升级改造，技术水平的产品质量逐步提升，但是在全面实现循环经济，资源重复利用，进而提高产出效益方面尚无重大突破。科学建立行业创新机制，加大力度提高自主研发能力，树立传统产业向现代工业迈进的坚定信心，推动酿酒行业现代化工业进程，是我国实行中国制造2025需要，也是整个酿酒产业的重要任务。支持具有一定规模和实力的装备生产企业，培育成为水平较高的龙头骨干企业；支持中小企业走专业化、配套生产之路。同时紧紧抓住“中国制造2025”实施的契机，大力发展具有自主知识产权的酿酒设备，促使行业向集成化、智能化、高端化发展。

【e. 发展趋势】

我国酒类行业发展已经进入“新常态”，未来市场发展将呈现新变化和新趋势。酿酒行业在适应市场

需求、实现转型升级、探索创新发展过程中，必须保持清醒地头脑，客观地态度，深刻洞察市场的新特点。

1. 消费总量趋于趋定，增速将自然回落

目前，虽然我国整体宏观经济形势仍保持稳中有进、稳中向好的态势，我国城镇居民酒类产品消费量已经达到高点，商务消费和民间消费难有爆发性增长，此后将趋于稳定；农村居民消费量目前处于相对稳定状态。因此，从酒类消费总量来看，未来需求继续大幅增长的空间有限，市场需求增速将自然回落，企业靠规模化增量的可能继续下降，去产能、去库存的结构性改革仍需继续深化。

2. 主力消费群体转换，消费将呈现个性化、年轻化、多元化特征

因为，随着80、90后逐步成为消费主力群体，其消费个性化的特征也深深反映在酒类消费上，而互联网经济的崛起也为这一趋势提供了可能性。未来，80、90后必然成为社会的消费中坚，而酿酒企业如何年轻化对接新生代是其长久发展的关键。面对庞大的年轻消费群体，国内多家酒企已“先下手为强”，通过“年轻化产品”，加入了这场“年轻人争夺战”。酒消费除了个性化、年轻化外，市场进一步细分的多元化趋势也较为明显，庆典、会展、收藏、纪念、礼品等市场需求也稳定增长。

3. 购买渠道多样化，电商扮演的角色愈加重要

酿酒行业的传统渠道大致可分为商超、酒店、餐饮和烟酒店，渠道层级复杂、管理复杂，价格秩序混乱，串货现象严重，经销商和批发商之间，渠道和厂商之间利益博奕复建。而随着消费者网购渗透率的不断提升，网骆消费习惯的逐步稳固，运营效率更高的电商渠道在快速崛起。特别是随着物流体系的完善，具有区域性限制的酒企业能够借助互联网开拓更大的市场。电商对于酒业的影响并不单纯是卖产品，更能推动产品创新。消费者留在电商的信息，有助于建立一个庞大的消费者数据库，通过大数据分析，在大量的“个性”中寻找“共性”，用到产品的研发与推广中，开发出更适销对路的新产品，实现市场占有率的有效提升。

4. 国内市场的逐步饱和，海外市场渐受重视

我国是世界酒生产大国、消费大国、文化大国，但不论是出口数量还是出口金额，相对国内总产量和白酒工业销售收入，占比均不足1%，在世界蒸馏酒市场占有率也不到1%，且主要出口的是港澳台等传统华人圈，在拥有与华相似风俗习惯的韩、日市场认可度也相对高一些。总的来看2015年白酒出口总量已是2009年的4倍，但在国际市场认可度依旧不高，依然没有突破华人圈，未能实现真正的“走出去”。随着国内市场的逐步饱和，中国文化在世界范围内的影响逐步增强，“一带一路”国家战略的出台，国内酒企越来越重视走出国门，开拓海外市场。

【f. 政策建议】

1. 支持传统行业技改及装备升级，提高企业自主创新能力

加快运用高新技术和先进适用技术改造提升传统产业，促进信息化和工业化深度融合，重点对产业升级带动作用大的重点项目给予政策倾斜。出台鼓励措施，支持酿酒行业在提高自主创新能力、促进节能减排、提高产品质量、改善安全生产条件、保障酒业食品安全等方面开展的技术改造项目。

2. 提升传统产业文化宣传，推进民族品牌建设

五千年文明史造就了我国传统产业拥有着深厚的文化内涵，民族品牌代表着民族文化，更是民族实力和国家影响力的象征，国家应该对着力提升传统产业文化宣传，对传统产业民族品牌进行保护、鼓励和支持，推进民族品牌建设。在保留深层次文化基因的基础上，创新发展适应时代潮流、符合科学理念的“新文化”。在产业升级、产品结构调整继续深化的同时，加大对提升传统产业企业文化、品牌文化、消费文化等方面指导、开发与探讨。

3. 积极践行企业社会责任，实现行业可持续发展

行业和企业社会责任现已成为行业健康、可持续发展的重要推动力，协会及业内企业近年越来越重视社会责任的践行。青岛啤酒、茅台集团等业内大型集团每年都发布企业社会责任报告，协会每年均针对其

报告进行点评，但发布企业占比很小。建设针对酿酒行业企业社会责任报告制定相关发布政策，规定符合相应标准的企业均应每年发布社会责任报告，以推动整个酿酒行业健康发展。

4. 理性饮酒推进政策化，行业引导规范化

国家相关政令法规的持续推动，使得理性饮酒推进不断深化。出台相关政策法规，以便于行业引导更加规范、合理、有效，有利于将理性饮酒推广及酒类知识普及社会化、透明化，有利于推动酿酒产业健康发展，有利于科学引导消费者健康消费。

5. 调整酿酒行业税收政策，引导行业健康发展

近几年，协会积极关注酿酒产业税收调整和变化，并为维护行业竞争环境，引导产业健康发展，积极推动酿酒产业税制改革，通过努力，相关部门取消了酒精消费税，解决了酒精行业多年来税负不公平竞争现象，使行业走向良性发展。现今，随着市场环境和消费环境的变化，建议对白酒和啤酒等税收政策进行研究并给予调整，以推动行业的有序、合理、良性竞争，促进行业健康发展。

王延才

2.21 啤酒制造行业

【a. 概况】

我国啤酒行业自2014年起进入行业调整期，产销量均开始下降，但从2016年8月开始，啤酒产量增速开始由负转正，12月，啤酒产量当月同比更是实现了15.20%的增长，行业拐点隐现。随着中央“稳增长、调结构、惠民生”等决策和政策的实施，以大众消费为主流市场的啤酒工业会逐步提升，稳中求进。

1.2016年全国各省市自治区产量和增长率排序

序号	单位	排序		产量[万千升/年]		2016年	
		2016年产量	2015年增长率	2016年	2015年[调整值]	同比增长[%]	占全国产量[%]
1	山东	1	6	600.13	589.40	1.82	13.32
2	广东	2	22	405.92	424.15	-4.30	9.01
3	河南	3	7	396.92	390.38	1.67	8.81
4	浙江	4	14	246.58	251.02	-1.77	0.05
5	辽宁	5	19	232.59	242.00	-3.89	5.16
6	四川	6	1	232.11	221.00	5.03	5.15
7	黑龙江	7	17	200.75	208.14	-3.55	4.45
8	广西	8	25	182.17	200.12	-8.97	4.04
9	湖北	9	31	180.52	277.48	-34.94	4.01
10	江苏	10	16	177.72	184.21	-3.52	3.94
11	河北	11	26	165.00	181.75	-9.22	3.66
12	福建	12	24	160.94	170.24	-5.46	3.57
13	吉林	13	12	137.08	138.51	-1.03	3.04
14	北京	14	15	135.27	138.21	-2.12	3.00
15	江西	15	30	110.94	134.00	-17.21	2.47
16	安徽	16	27	105.95	119.20	-11.12	2.35
17	云南	17	8	105.29	103.70	1.53	2.34
18	贵州	18	3	100.37	96.40	4.12	2.23
19	内蒙古	19	21	99.83	104.09	-4.10	2.22
20	陕西	20	13	92.79	94.10	-1.39	2.06
21	重庆	21	10	76.09	76.71	-0.80	1.69
22	湖南	22	20	71.56	74.60	-4.07	1.59
23	上海	23	9	60.80	61.10	-0.49	1.35
24	甘肃	24	4	59.10	57.80	2.25	1.31
25	新疆	25	11	46.39	46.80	-0.88	1.03
26	山西	26	29	33.96	39.47	-13.96	0.75
27	天津	27	5	31.95	31.34	1.93	0.71
28	宁夏	28	23	25.14	26.40	-4.79	0.56
29	西藏	29	2	16.55	15.80	4.75	0.37
30	青海	30	18	10.68	11.10	-3.82	0.24
31	海南	31	28	5.36	6.20	-13.57	0.12
	全国			4506.44	4715.72	-4.4	

2016年，因为，受到自然环境和居民收入水平提高的影响，啤酒需求多样化，并且市场趋于饱和状态，所以，增长放缓。而原产量水平低的省份，主要是中西部省份，因原有消费水平低，随着人们对啤酒的认识及国家发展扶持政策的倾斜等外部因素，啤酒消费量出现增长，宏观影响到2016中西部省份同比增长率局部增加。国内啤酒工业战线各集团、公司依然面对国际、国内经济增长减速和国民消费意识转变等不利形势，稳妥的处理了“调整经济结构，国民消费趋势和树立品牌意识”的关系，克服了各种不利因素，抓住有利条件，创造发展机会和空间，使中国啤酒行业在相对萧条的状态下取得低速、稳步、健康的发展。全国啤酒产量前10个省市同比有所增长，同比增长省市分别是山东、广东、河南、浙江、辽宁、四川、黑龙江、广西、湖北和江苏。全国啤酒产量20万千升

以上啤酒集团公司共 11 家，其合计产量占全国产量的 82.89%，其中，华润雪花啤酒集团公司达到 1187.72 万千升 / 年，居全国首位。

2.2016 年全国啤酒产量 20 万 KL 以上啤酒集团公司

序号	所在地区	企业名称	产量（kl）		2016年	
			2016年	2015年	增长(%)	占全国产量[%]
1	北京市	华润雪花啤酒〔中国〕投资有限公司	11877238	11742474	1.15	26.36
2	山东省	青岛啤酒股份有限公司	7412677	7474625	-0.83	16.45
3	上海市	百威英博啤酒投资〔中国〕有限公司	7275983	7054324	3.14	16.15
4	北京市	北京燕京啤酒集团有限公司	4543187	4830689	-5.95	10.08
5	广东省	广州嘉士伯咨询管理有限公司	2178306	2317386	-6.00	4.83
6	河南省	金星啤酒集团有限公司	1917975	1900617	0.91	4.26
7	广东省	广州珠江啤酒集团有限公司	1153140	1150311	0.25	2.56
8	河北省	蓝贝酒业集团有限公司	360386	433200	-16.81	0.80
9	山东省	烟台啤酒青岛朝日有限公司	232238	405997	-42.80	0.52
10	云南省	云南澜沧江酒业集团有限公司	229280	235495	-2.64	0.51
11	浙江省	杭州千岛湖啤酒有限公司	200499	200449	0.00	0.44
	合计		37948517	37745567	0.54	84.21
	全国		45064366	42907437		
	合计/全国[%]		同比增长（-4.4%）	同比增长（-5.06%）		

从上表可知：百威英博逆市增长，增长率 3.14% 比其它啤酒企业为增长，但同比增长值下降 1.92%；20 万千升 / 年以上企业 11 家的产量占全国产量的 84.21%；20 万千升 / 年以上企业 11 家的总产量现隐形回温的拐点，同比增长 0.54%；国内啤酒企业受到转变发展模式，调整产品结构，保护环境，节能减排，天气等方面影响，一些企业建设新厂扩建改造老厂兼并整合或其它因素造成企业减产或停产，最终导致部分企业产量下降，虽受到外部影响，但由于企业本身制定合理的应对方案并加以实施，2016 年全国啤酒总产量虽然同比去年有所下降，但同比去年增长率却有所回升。

【b. 主要经济指标】

2016 年，受国民消费意识转变、市场趋于饱和和自然现象（天气）等影响，中国啤酒业从 2014 年开始啤酒产量出现负增长，行业总体同比仍然持续降温状态。

1.2016 年中国啤酒每月产量及增减变动

时间	啤酒产量_当期值(万千升)	啤酒产量_累计值(万千升)	啤酒产量_同比增长(%)	啤酒产量_累计增长(%)
2016年12月	274.2	4506.4	15.2	-0.1
2016年11月	252.9	4244.6	1.6	-1.1
2016年10月	300.6	3985.3	0.9	-1.4
2016年9月	409.6	3685.3	4.9	-1.7
2016年8月	517.2	3275	4.2	-2.3
2016年7月	507.9	2759.6	-0.8	-3.5
2016年6月	480.7	2251.6	-3.6	-4.3
2016年5月	425.1	1769.7	-5.2	-4.2
2016年4月	357.8	1342.8	-8.6	-6.3
2016年3月	384.3	1002.6	-2.2	-1.6
2016年2月		631.6		-1.9

从上表可知：啤酒作为典型的季节性快消品，在每年气温较高的二季度，其销量要比其它几个季度高出几倍，夏秋两季的产销量决定了全年啤酒的产销量水平；2016 年在销售黄金期取得的业绩并不乐观，几家啤酒生产企业的半年业绩都不理想，啤酒行业出现了旺季不旺的局面。包括青岛啤酒、百威英博、嘉士伯等在内的啤酒“巨头”销售均出现不同程度的下滑，其中嘉士伯更是关闭了 11 家在华工厂；12 月份产量同比增长 15.2%。2016 年 12 月，全国啤酒产量为 274.2 万千升，同比增长 15.2%。2016 年，啤酒产量最多的月份为 8 月。

通过表 4 得出结论：2016 年中国啤酒经济指标仍然在走下坡路。

2. 消耗指标

2016 年，根据啤酒企业报表，主要技术指标就是原辅材料消耗指标和能耗指标。在统计时规定以 110P 啤酒的酒损、粮耗和能耗指标作为考核的标准，因此需要做大量的查询、统计和换算工作，才能得到 110P 啤酒的平均技术指标。本年度除了大中型企业之外，

还有相当多的企业由于种种原因还处在较高的成本消耗水平，特别是能耗指标，不少企业达不到国家约束性的指标要求，甚至差距很大。

中国大中型啤酒集团的消耗指标居国内行业领先水平，有的指标达到世界先进水平。

中国啤酒大中型啤酒集团的主要消耗指标 [以 110P 啤酒为准]

指标名称	产量 [4kl/a]	酒损 [%]	粮耗 [kg/kl]	水耗 [m3/kl]	电耗 [kWh/kl]	煤耗 [kg标煤/kl]	综合能耗 [kg标煤/kl]
华润雪花	11877238	3.07	149.75	3.04	47.26	31.14	37.73
青岛啤酒	7412677	2.53	151.50	3.87	64.73	41.42	50.37
百威英博	7275983	2.36	145.17	2.93	73.84	28.36	37.69
燕京啤酒	4543187	3.18	153.99	4.57	74.46	46.20	56.05
珠江啤酒	1153140	3.89	149.01	4.52	78.73	28.28	39.12
重庆啤酒	802443	0.20	116.10	3.40	66.50		290.90
澜沧江啤	229280	4.05	151.27	5.75	71.91	58.22	64.36

从表中可以看到：

酒损：重庆啤酒最低，其后依次是百威英博、青岛啤酒、华润雪花、燕京啤酒、珠江啤酒、澜沧江啤。

粮耗：重庆啤酒最低，其后依次是百威英博、珠江啤酒、华润雪花、澜沧江啤、青岛啤酒、燕京啤酒。

水耗：百威英博最低，其后依次是华润雪花、重庆啤酒、青岛啤酒、珠江啤酒、燕京啤酒、澜沧江啤。

电耗：华润雪花最低，其后依次是青岛啤酒、重庆啤酒、澜沧江啤、百威英博、燕京啤酒、珠江啤酒。

煤耗：珠江啤酒最低，其后依次是百威英博、华润雪花、青岛啤酒、燕京啤酒、澜沧江啤。

（说明：重庆啤酒煤耗未得到准确数据，因此煤耗排名不计）

综合能耗：百威英博最低，其后依次是华润雪花、珠江啤酒、青岛啤酒、燕京啤酒、澜沧江啤、重啤。

以上各项指标的第一名均居国内领先水平，达到或超过世界先进水平。这是重点发展循环经济、充分利用有效现有资源、实行清洁生产、有效综合治理，大力保护环境取得的显著效果。

【c. 主要调研工作】

5 月 8 日，为了贯彻中国食协关于食品行业改革发展情况调研工作的精神，更好地为企业做好服务，中国食协啤酒专业委员会秘书长曹会军带领有关工作人员走访了华润雪花啤酒公司总部，与公司总部李季副总经理进行了亲切交谈，就新形势下啤酒企业改革等方面进行调研。

6 月初，中国食协啤酒专业委员会秘书长曹会军与前来本会访问的百威英博亚洲总监方嘉喜进行交谈，并与百威英博亚洲总监方嘉喜就行业发展话题展开了讨论 .

6 月 16 日，中国食协啤酒专业委员会秘书长曹会军前往北京燕京啤酒集团公司总部进行调研，并与燕京集团常务副总经理谢广军、总工程师贾凤超就行业发展及打造中国啤酒文化等话题展开了深入讨论。。

7 月间，中国食协啤酒专业委员会秘书长曹会军前往青岛啤酒集团公司进行调研，并与青岛啤酒集团公司总酿酒师董建军就行业发展及打造中国啤酒品牌等话题展开了深入讨论。

【d. 协会工作】

1. 主要会议活动

召开“第八届啤酒国家评委年检暨新老评委重新登记会议”和“2016 中国食协啤酒专业委员会年会”。10 月 6 日到 9 日在杭州举办了第八届中国啤酒国家评委考评会议和 2016 中国食协啤酒专业委员会年会，来自全国各大啤酒生产集团的 100 余名专家参加了本次会议。会议内容包括：

（1）审议中国食协啤酒专业委员会章程

（2）审议中国食协啤酒专业委员会十三五规划

（3）审议 2015 全国啤酒企业经济技术指标汇总

（4）召开 2016 年“第八届啤酒国家评委年检暨

新老评委重新登记会议”

本次会议通过技术培训、理论考试和品评测试，完成对第七届中国啤酒国家评委的“年检”工作；同时择优聘任，增补为“第八届中国啤酒国家评委”，以保持中国啤酒国家评委的充足实力。

2. 其它业务活动

1. 本年度完成政府部门委托的其它行业调查、反垄断审查、项目审批等工作，提出行业意见。为会员单位、啤酒工厂提供各种咨询服务。

2. 行业信息统计。

3. 办好本会会刊《中国啤酒》。

4. 办好本会官方网站《中国啤酒网－中国食品工业协会啤酒专业委员会》（www.chinaibeer.com）。

5. 政策服务。

6. 建立啤酒行业舆情监测系统。

7. 国际交流与合作。

曹会军

2.22 饮料制造业

【a. 概况】

2016 年，我国饮料行业发展与我国食品工业经济走势大体相当，主要经济指标增速基本企稳，在消费升级的推动下，产业转型升级成果初步显现，经济发展的活力再次转强，是我国消费品中的发展热点和新增长点之一。

1. 饮料总产量

根据国家统计局数据显示，2016 年，我国饮料行业全年累计总产量 18345.2 万吨，同比增长 1.90%。从月度产量增长率来看，同比显示，3 月份产量增速 11.8%，为全年最高点；4 月份下降 6.6%、5 月份下降 9.2%，增速呈大幅下滑趋势，5 月份增长率达全年最低；8–12 月份，产量增速呈回升态势，保持在 3% 左右的增长率。

从各季度饮料产量变化情况来看，一季度 4241.5 万吨，产量基本平稳；受季节影响，二季度 4738.0 万吨，产量明显上升，6 月份产量达全年最高值，为 1794.4 万吨；三季度 5174.7 万吨，继续保持增长；四季度 4191.0 万吨，产量逐渐走低，10 月份产量 1337.0 万吨，为全年最低。

2. 饮料类零售情况

据国家统计局对全国限额以上（企业）单位商品零售值统计，2016 年，我国饮料类商品零售额 2175.0 亿元，同比增长 10.5%，增速同比回落 4.3 个百分点。

从月度来看，饮料类商品零售额总体相对平稳，各月零售额均在 147 亿元以上，季节性消费特征明显。1–3 月份，零售额呈缓慢上升趋势；下半年零售额 1192.5 亿元，好于上半年，其中，9 月份达全年最高值为 198.5 亿元。

从增长率来看，全年保持稳定增长，各月增速保持在 8.8%—12.6% 区间内，前三季度增速较快，增长率在 11.0% 以上，其中 7 月份增速最高达 12.6%，四季度稍有回落。

3. 行业主要经济指标

（1）亏损企业的亏损金额基本持平

2016 年，我国规模以上饮料行业企业总数量为 2110 个，同比增长 6.6%。其中，亏损企业为 224 个，同比持平；亏损企业亏损总额为 38.10 亿元，同比增长 0.47%；行业存货金额为 388.36 亿元，同比增长 6.07%；应收账款为 436.37 亿元，同比增长 8.82%。

2016 年，饮料行业企业数量进一步增长，而亏损金额同比基本持平。

（2）主营业务收入平稳增长

2016 年，我国规模以上饮料制造企业实现主营业收入 6429.80 亿元，同比增长 4.24%。其中，主营业务成本 4996.88 亿元，同比增长 4.93%。饮料制造企业主营业务收入平稳上升，主营业务成本同样逐年增加，差额逐步扩大，2016 年饮料行业主营业务收入与主营业务成本的差额是 1432.92 亿元，同比增长 2.34%，饮料企业的获利能力逐步增长，在食品工业中保持较高水平。

（3）利润总额基本持平

2016 年，我国规模以上饮料制造企业实现利润总额 559.93 亿元，同比增长 0.68%。行业营业费用

609.20亿元，同比增长2.14%，营业费用率9.47%；管理费用227.54亿元，同比增长5.01%，管理费用率3.54%；财务费用42.66亿元，同比下降2.94%。

【b. 饮料细分行业运行分析】

按照国民经济统计分类标准，我国饮料行业分为：碳酸型饮料制造、瓶（罐）装饮用水制造、果汁及果菜汁饮料制造、含乳饮料和植物蛋白饮料制造、固体饮料制造、茶饮料制造及其它饮料制造。

1. 生产情况

碳酸型饮料类：从产品产量看，2016年总产量1752.2万吨，同比下降3.71%；各月份产量变化季节性生产特征明显。

瓶（罐）装饮用水类：从产品产量看，2016年总产量9458.5万吨，同比增长4.42%；受季节因素影响，产量变化较为明显，总体呈上升趋势。6–8月为产量高峰期，且逐月上升。

果汁及蔬菜汁饮料类：从产品产量看，2016年总产量2404.9万吨，同比增长1.02%。

2. 企业数量及亏损情况

碳酸型饮料制造：碳酸饮料制造企业数量178个，饮料行业占比8.44%。其中，亏损企业23个，亏损企业亏损金额3.93亿元，同比增长4.52%，占比10.31%。行业亏损同比有所增长。

瓶（罐）装饮用水制造：企业数量696个，饮料行业占比32.99%。其中，亏损企业63个，亏损企业亏损金额4.94亿元，同比下降1.20%，占比12.96%。

果汁及果菜汁饮料制造：企业总数560个，饮料行业占比26.54%。其中，亏损企业59个，亏损企业亏损金额5.34亿元，同比下降2.55%，占比14.02%。子行业发展经过调整趋于平稳。

含乳饮料和植物蛋白饮料制造：企业数量为286个，饮料行业占比13.55%。其中，亏损企业14个，亏损金额1.63亿元，同比下降7.39%，占比4.28%。在所有子行业中亏损金额最小。

固体饮料制造：企业数量118个，饮料行业占比5.59%。其中，亏损企业18个，亏损金额1.87亿元，同比增长136.71%，占比4.91%。行业亏损同比大幅增长。

茶饮料及其它饮料制造：企业总数272个，饮料行业占比12.89%。其中，亏损企业47个，亏损金额20.39亿元，同比下降3.50%，占比53.52%；子行业亏损占比最大，但逐年回落。

从各子行业对比看，瓶（罐）装饮用水制造企业数量最多，饮料行业占比三分之一；固体饮料制造企业最少，与瓶（罐）装饮用水制造企业相差近6倍。

饮料制造各子行业亏损金额占比由大到小依次为：茶饮料及其它饮料制造53.52%、果汁及果菜汁饮料制造26.54%、瓶（罐）装饮用水制造12.96%、碳酸饮料制造10.31%、固体饮料制造4.91%、含乳饮料和植物蛋白饮料制造4.28%。

3. 主营业务情况

碳酸型饮料制造：碳酸饮料制造企业实现主营业务收入823.36亿元，同比增长0.94%，饮料行业占比12.81%。其中，主营业务成本598.91亿元，同比增长0.91%。

瓶（罐）装饮用水制造：实现主营业务收入1354.04亿元，同比增长5.90%，饮料行业占比21.06%。主营业务成本1011.41亿元，同比增长5.89%。

果汁及果菜汁饮料制造：实现主营业务收入1253.36亿元，同比增长4.72%，饮料行业占比19.49%。主营业务成本1031.94亿元，同比增长4.67%。

含乳饮料和植物蛋白饮料制造：实现主营业务收入1192.01亿元，同比增长3.84%，饮料行业占比18.54%。主营业务成本936.10亿元，同比增长3.78%。

固体饮料制造：实现主营业务收入608.37亿元，同比增长11.00%，饮料行业占比9.46%。主营业务成本493.74亿元，同比增长12.32%。

茶饮料及其它饮料制造：实现主营业务收入1198.66亿元，同比增长1.51%，饮料行业占比18.64%。主营业务成本924.77亿元，同比增长4.37%。

从各子行业主营业务收入同比增长率看，固体饮料制造还保持2位数增长达到11.00%，果汁及果菜汁

饮料制造增速回升到4.72%比上年发展良好，碳酸饮料制造在子行业中增速最为缓慢仅有0.94%。

4. 利润总额情况

碳酸型饮料制造：碳酸饮料制造企业实现利润总额43.14亿元，同比下降15.11%，饮料行业占比7.70%。

瓶（罐）装饮用水制造：实现利润总额124.58亿元，同比下降2.16%，饮料行业占比22.25%。

果汁及果菜汁饮料制造：实现利润总额100.26亿元，同比下降1.67%，饮料行业占比17.91%。

含乳饮料和植物蛋白饮料制造：实现利润总额159.34亿元，同比增长5.80%，饮料行业占比28.46%。在子行业中比重最大。

固体饮料制造：实现利润总额41.64亿元，同比增长10.72%，饮料行业占比7.44%。在子行业中，增速最为明显。

茶饮料及其它饮料制造：实现利润总额90.98亿元，同比增长3.62%，饮料行业占比16.25%。

饮料制造各子行业利润总额占比由大到小依次为：含乳饮料和植物蛋白饮料制造28.46%、瓶（罐）装饮用水制造22.25%、果汁及果菜汁饮料制造17.91%、茶饮料及其它饮料制造16.25%、碳酸型饮料制造7.70%、固体饮料制造7.44%。

从各子行业利润总额同比增长率看，三大主流饮料——碳酸型饮料、瓶（罐）装饮用水、果汁及果菜汁饮料均出现下滑，其它饮料行业呈现增长。

【c. 饮料行业市场特征】

1. 消费转变促进行业转型升级

消费群体、消费理念以及消费习惯的转变，是制约饮料行业业绩下滑的主要原因，主流消费群体从碳酸饮料过渡到茶饮料后又过渡到包装水和健康饮料。从产品品类结构的变化来看，近年来健康型饮料占比不断上升，据中国食品工业协会行业统计调查，从各类饮料产量占比可见，2016年，瓶（罐）装饮用水类的占比继续加大，占到51.6%，同比增加2.0个百分点；碳酸型饮料类占比重为9.6%，同比下降0.6个百分点；果汁及蔬菜汁类占比为13.1%，同比下降1.2个百分点；“非三大”饮料占比为25.7%，同比下降1.0百分点。在“非三大”饮料中，2016年，凉茶行业市场销售收入达561.2亿元，同比增长4.2%，占整个饮料行业市场份额的8.8%，继续保持较好的增长趋势，位居饮料行业第四大品类。其中，加多宝品牌凉茶以52.6%的销售额市场份额位居中国凉茶行业市场首位；在整个罐装凉茶行业市场，加多宝品牌凉茶以70.7%的销售额市场份额位居中国凉茶行业罐装市场第一名。茶饮料、功能饮料和健康饮用水所占份额在不断提高，碳酸饮料市场进一步被蚕食。消费者对于健康诉求的提升，以凉茶、纤维饮料、近水饮料为代表的新品类迅速增长，在市场份额中挤入主流。

2. 市场消费需求总体向好

作为重要的嗜好类快消品，消费者对饮料的选择是随时随地，2016年，饮料消费增长总体呈上升趋势，饮料类商品零售额同比增长10.5%，增速同比回落4.3个百分点，但对比1.90%的产量增长、4.24%的营收增长等生产数据，可以看到消费需求总体向好；饮料制造行业市场产销率达97.2%，市场供需关系比较稳定，总体可控。

3. 投资增速继续放缓

据国家统计局数据，2016年，我国规模以上饮料生产企业资产总计4839.29亿元，同比增长4.98%，投资继续放缓。其中，果蔬汁类饮料的资产累计增长最多，为10.07%；含乳和蛋白饮料增长速度其次，为8.20%；碳酸饮料增长速度为7.26%；固体饮料增长速度为5.70%；瓶（罐）装饮用水增长速度为1.15%；茶饮料及其它饮料增长速度为0.80%。

【d. 饮料行业展望】

目前，国家出台一系列相关产业政策：《国务院办公厅关于开展消费品工业“三品”专项行动营造良好市场环境的若干意见》国办发〔2016〕40号、“国务院关于印发《中国制造2025》的通知”国发〔2015〕28号、“关于促进食品工业健康发展的指导意见”发改产业〔2017〕19号，饮料行业面临着新的形势、新的机遇、新的发展。

饮料行业要坚持“创新、协调、绿色、开放、共享”的发展理念，保持有序、有度、可持续发展；要与适度地发展水平与潜在的经济增长率相适应，由产量增长型向销售收入增长型转变，配方型创新向研发型创新转变；不断创新，驱动产业发展升级，满足绿色消费、健康消费需求，保障有效供给。

随着居民消费需求的个性化、品质化以及“绿色发展”理念的深入人心，与品质消费、绿色消费相关的新产品将保持快速增长；新兴零售业态保持快速发展的同时，传统零售业态也在不断创新经营模式、拓宽销售渠道；产品品类结构将进一步优化，低热量饮料、健康营养饮料、凉茶饮料、植物性含乳饮料等前景良好，含乳饮料和植物蛋白饮料市场份额将表现出良好的成长性，功能饮料与健康性饮料将得到较快的发展，而碳酸型饮料市场份额将进一步下降。

饮料行业企业要把握国家“一带一路”战略的深入推进，加快走出去步伐，在提品质、增品种、创品牌上下功夫，宣传中国制造、中国品牌，积极开拓海外市场。

创新是中国未来经济发展的主旋律，同时也是中国饮料行业发展的主旋律，从产品创新、原料创新、包装创新、设备创新、管理创新、模式创新等方面，全面提升饮料行业的整体竞争力，“工业 4.0”、“中国制造 2025”概念的新一轮科技革命和产业革命同样会在饮料行业中呈现，智能化应用将更广泛地运用于饮料行业的各个领域，我们相信，用创新促进发展，中国饮料行业会创造出更大的辉煌。

中国食品工业协会

2.23 精制茶

2016年，中国茶叶总产量与农业产值继续保持增长，种植面积增速减缓趋于合理，消费人群年轻化程度提高且人口占比明显增加，金融资本持续投入力度不减，出口量价额受汇率影响出现齐升。但受宏观经济环境与政策面影响，消费总量增速趋缓、低于产量增幅，市场存量增多、有待消化，价格保持平稳、增幅继续放缓，传统渠道亟需转型升级，企业经营压力明显增大，一二三产融合发展趋势明显。

【a. 生产保持平稳】

1. 面积增速继续放缓

2016年，全国18个产茶省（区）茶园面积同比增加115.48万亩，总面积达4454.14万亩，同比增长2.66%，同比减少2个百分点。其中，湖北、陕西、四川3省茶园面积增加较多，均超过15万亩；贵州、云南、湖北、四川的茶园面积居全国前4，分别为693.2万亩、610万亩、501.8万亩、497.55万亩，4省合计面积占全国的51.69%。开采茶园面积3622.06万亩，增加251.53万亩，增长7.46%。其中，贵州新增可采摘面积达75.9万亩，占全国新增面积的30.18%

省份	茶园总面积（万亩）				采摘面积（万亩）			
	2016年	2015年	增减数	增减%	2016年	2015年	增减数	增减%
江苏	51.00	51.00	0.00	0.00	44.50	44.30	0.20	0.45
浙江	298.00	295.00	3.00	1.02	268.00	266.00	2.00	0.75
安徽	266.00	255.00	11.00	4.31	241.00	222.00	19.00	8.56
福建	380.00	375.17	4.83	1.29	355.00	340.28	14.72	4.33
江西	148.60	139.50	9.10	6.52	122.80	103.20	19.60	18.99
山东	58.19	54.73	3.46	6.32	44.47	41.27	3.20	7.75
河南	237.60	230.70	6.90	2.99	168.32	154.17	14.15	9.18
湖北	501.80	479.30	22.50	4.69	381.10	357.20	23.90	6.69
湖南	206.60	199.20	7.40	3.71	166.40	157.40	9.00	5.72
广东	76.50	74.07	2.43	3.28	71.00	69.00	2.00	2.90
广西	106.00	103.00	3.00	2.91	103.00	100.00	3.00	3.00
海南	2.00	1.96	0.04	2.04	1.65	1.61	0.04	2.48
重庆	72.30	68.17	4.13	6.06	49.59	47.87	1.72	3.59
四川	497.55	482.56	14.99	3.11	370.93	344.63	26.30	7.63
贵州	693.20	689.10	4.10	0.59	499.10	423.20	75.90	17.93
云南	610.00	608.00	2.00	0.33	575.00	550.00	25.00	4.55
陕西	231.70	215.90	15.80	7.32	149.40	138.10	11.30	8.18
甘肃	17.10	16.30	0.80	4.91	10.80	10.30	0.50	4.85
合计	4454.14	4338.66	115.48	2.66	3622.06	3370.53	251.53	7.46

（数据修订：中国茶叶流通协会）

2. 产量保持稳定增加

全国干毛茶总产量约为244万吨，同比增加16.25万吨，增幅7.14%，同比减少2个百分点。其中，福建、云南、四川、贵州、湖北五省的产量均超过20万吨，居全国前5位，分别为38.7万吨、37.7万吨、29.6万吨、27.2万吨和20.4万吨，5省产量之和占全国总产量的62.9%；中西部各省继续增产增收，贵州增产4.9万吨、四川增产3.2万吨、云南增产1.5万吨、湖南增产1.2万吨，贵州、四川两省增产之和占年度总增产量的49.8%。

干毛茶总产量（吨）				
省份	2016年	2015年	增减数	增减%
江苏	14401	14006	395	2.82
浙江	169822	176000	-6178	(3.51)
安徽	121826	113200	8626	7.62
福建	386850	379600	7250	1.91
江西	56479	50356	6123	12.16

干毛茶总产量（吨）				
省份	2016年	2015年	增减数	增减%
山东	23402	21474	1928	8.98
河南	66808	59560	7248	12.17
湖北	203837	196906	6931	3.52
湖南	185230	172355	12875	7.47
广东	83909	79167	4742	5.99
广西	66000	60000	6000	10.00
海南	561	441	120	27.24
重庆	32930	31098	1832	5.89
四川	295686	262319	33367	12.72
贵州	272140	223285	48855	21.88
云南	377469	362359	15110	4.17
陕西	81474	74195	7279	9.81
甘肃	1335	1302	33	2.53
合计	2440159	2277623	162537	7.14

（数据修订：中国茶叶流通协会）

3. 农业产值持续提高

全国干毛茶总产值达到1682亿元，同比增加163亿元，增长10.7%，同比减少1.9个百分点。其中，贵州、福建两省的产值均超过200亿，分别达257亿元和214亿元，各占总值的15.27%、12.72%，居全国前2位；贵州、四川的干毛茶产值分别增加45亿元、33亿元，增幅超过21%，陕西、河南和湖北也均增10多亿元。

干毛茶总产值（万元）				
省份	2016年	2015年	增减数	增减%
江苏	247538	215904	31634	14.65
浙江	1736000	1686000	50000	2.97
安徽	840520	820000	20520	2.50
福建	2140000	2100000	40000	1.90
江西	450844	422477	28367	6.71
山东	520026	456379	63647	13.95
河南	1162313	1047800	114513	10.93
湖北	1237063	1129338	107725	9.54
湖南	775459	710809	64650	9.10
广东	402200	332200	70000	21.07
广西	314620	292420	22200	7.59
海南	5688	5488	200	3.64
重庆	184607	157570	27037	17.16
四川	1900000	1570000	330000	21.02
贵州	2570150	2113150	457000	21.63
云南	1187470	1111564	75906	6.83
陕西	1122127	997514	124613	12.49
甘肃	23200	22600	600	2.65
合计	16819825	15191213	1628612	10.72

（数据修订：中国茶叶流通协会）

4. 名优茶增幅减缓

名优茶产量107万吨，同比增长8.1%，同比减少2个百分点；大宗茶产量137万吨，同比增长6.3%，同比减少1.7个百分点。名优茶产值1170亿元，同比增长12.5%，增幅同比明显减缓；大宗茶产值510亿元，增长6.2%，同比有所增加。名优茶与大宗茶产量占比分别为44%和56%，同比变化不大；产值占比分别为69.6%和30.4%，同比增长和下降1.3%。

2016年全国茶叶名优茶与大宗茶产值对比

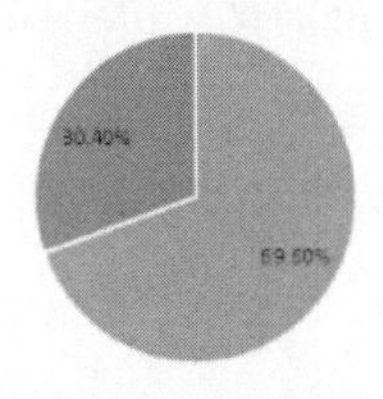

■名优茶 ■大宗茶

2016年全国茶叶名优茶与大宗茶产量对比

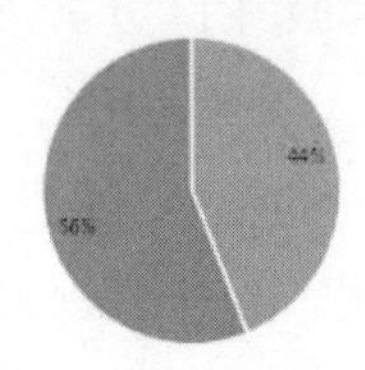

■名优茶 ■大宗茶

5. 六大茶类继续增产

茶类结构优化，比例更加均衡，绿茶、乌龙茶占总产量的比重持续下调，分别达到63%、11%，红茶、黑茶、白茶、黄茶占比增长。绿茶增产8.6万吨，达到152.4万吨，同比增长5.97%，增幅同比减少1.5个百分点；乌龙茶增产1.56万吨，达到27.4万吨，同比增长6.02%；红茶增产4.8万吨，达到30.6万吨，同比增长18.6%，各省普增，其中，贵州、湖北合计增加3万吨；黑茶增产1.46万吨，达到31.2万吨，同

比增长4.92%，增幅明显减缓；白茶增产2717吨，达到2.25万吨，同比增长13.74%，主要是福建增产近2000吨；黄茶增产3184吨，达到0.7万吨，同比增长91.73%11.64%，主要是安徽省增产近3000吨。

2016年全国各地区六大茶类产量（吨）						
地区	绿茶	青茶	红茶	黑茶	黄茶	白茶
江苏	11651.95		2470.00	150.00		
浙江	151950.00	470.00	6640.00	5600.00	20.00	320.00
安徽	109953.00	157.00	7994.00	255.00	5400.00	
福建	122000.00	220000.00	48000.00			20500.00
江西	44785.60	1164.00	10206.30	700.00	8.80	
山东	22202.22	3.65	2765.01		0.10	0.15
河南	54975.00	0.00	8810.00	2600.00		3.00
湖北	130618.00	2402.00	30828.00	42858.00	5.00	1763.00
湖南	81817.00	3345.00	21792.00	76715.00	961.00	601.00
广东	31900.00	39800.00	5080.00	7233.00	12.00	75.00
广西	30606.00	1100.00	28500.00	5754		40.00
海南	282.00		358.00			
重庆	28153.45	500.00	3921.60	355.90		
四川	235300.00	4000.00	12300.00	28200.00	200.00	
贵州	221000.00	800.00	42000.00	8200.00	50.00	1000.00
云南	171730.00	690.00	72435.00	129809.00		189.00
陕西	73719.20	41.50	2004.50	3260.00		
甘肃	1294.10		18.90	22.00		
总计	1523937.52	274473.15	306123.31	311711.90	6656.90	22491.15

6. 提质增效明显

茶园结构优化，无性系良种茶园面积比例达58.6%，同比增加2个百分点，有机茶园面积比例7.2%，增加1个百分点。茶园平均亩产量55.8公斤、增加2公斤，亩产值3900多元、同比增加270多元。另据2016年农业部农产品质量安全例行监测：全年茶叶农药残留检测合格率99.4%，同比增加1.8个百分点。

7. 抵御灾情能力提升

2016年初，寒潮致使广东、云南等省茶区发生低温冰冻灾害，3月“倒春寒”使浙江、江苏等部分绿茶主产省的茶叶开采被迫推迟，夏季水灾及初秋的“莫兰蒂”、“鲇鱼”台风使福建、江西多地茶园受灾，但由于全国各主产区重视基础茶园条件改良，不断增强茶园管护能力，规范执行相关管理措施，重视茶叶种、采、制技术的提升，保证了产量与质量的稳定发展。

8. 主要问题仍待解决

（1）产销平衡亟待解决，库存减压难度大，潜在产能巨大仍需缓释。

（2）茶农持续增收压力增大，生产成本增加，市场量价收紧，剪刀差效应明显。

（3）茶园季节性用工矛盾凸显，多地茶业生产用工老龄化、雇工难、薪酬高、劳动效率低等现象成为常态。

【b. 内销量额缓增】

1. 量价配合基本稳定，略有回调

2016年，受宏观政策与市场环境的影响，全国茶叶内销市场整体保持平稳，尽管热点品种与品牌营销现象的炒作引起些许市场微澜，但调整格局维持不变；各茶类板块随季节变化迅速轮动。

全国茶叶内销总量约为181万吨，同比增长5.2%。从各茶类表现中，绿茶稳定占据主导地位，占比约为52.32%；红茶和黑茶被越来越多的消费者所接受，占比同比继续增长，分别达到12.52%和12.75%；乌龙茶占比同比则持续下降至11.22%；白茶继2015年后，仍旧受到市场关注，但因总量基数低，因此，市场份额仍仅为0.92%；极小品种的黄茶尚处于市场培育阶段，销量同比稳定增长至0.27%；在加工茶的主要品类——茉莉花茶，占比为4.26%；其它茶为5.74%。

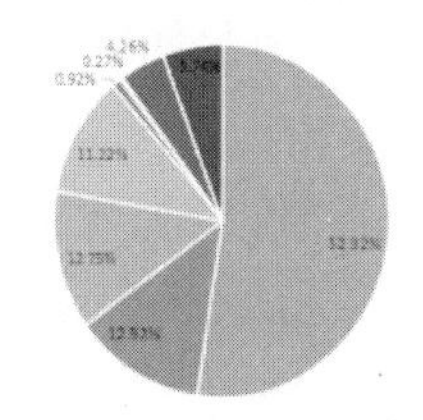

2007–2016年我国茶叶内销量变化情况

（单位：万吨）

2007	2008	2009	2010	2011	2012	2013	2014	2015	2016
87.6	90	100	110	118	130	153.2	160	172	181

（数据来源：中国茶叶流通协会）

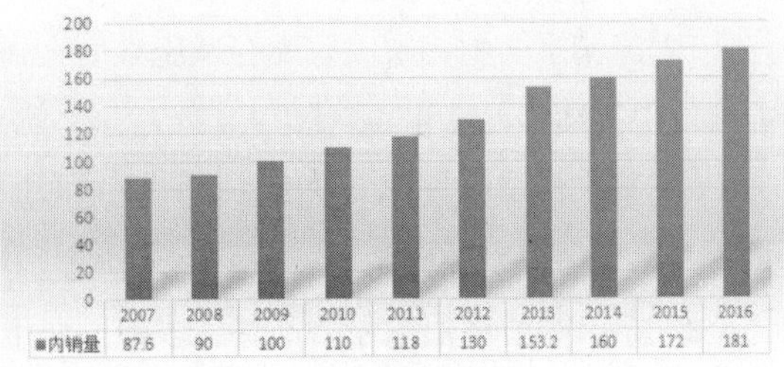

数据来源：中国茶叶流通协会

纵观 2016 年，价格保持稳定，均价在 110 元 / 公斤左右，同比增长 4%。高档茶价稳量减，中、低档茶均呈价升量增的态势，两者之间的价格差距进一步缩小，茶产品利润空间仍在受到挤压。

2007–2016 年我国茶叶内销额变化情况（单位：亿元）

2007	2008	2009	2010	2011	2012	2013	2014	2015	2016
541	626	724	839	971	1176	1385	1669	1869	2148

（数据来源：中国茶叶流通协会）

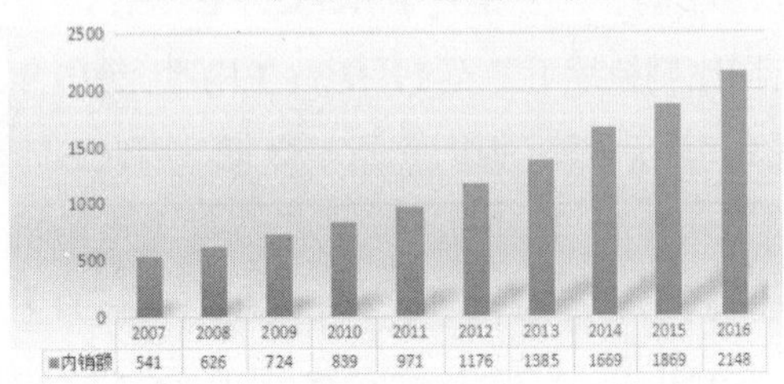

数据来源：中国茶叶流通协会

从时间维度看，3–4 月份的明前茶因量产有限，故价格虽高，但供需平衡；此后，受开采迟及市场观望情绪浓厚等因素影响，不少地区的消费高峰延迟至 7、8 月份；9 月中旬、中秋前后，秋茶全面上市，市场价格逐步回归中档；10 月初 –11 月中旬，受“国庆档”及“双十一”带动，价格稳中略升；12 月份，节前市场不温不火，销量同比略减。

2. 消费市场更加细分，反应良好

等因素的影响，产品的价格区间逐步形成“橄榄型”，“倒逼”各茶叶生产区域及企业调整了生产思路、大胆进行创新，以求在狭窄的利润空间中寻找生机。而这一创新调整恰恰迎合了消费者的需求，吸引并促进消费者有效释放了其消费欲望，带动了茶叶消费群体的增长。

据统计，2016 年，我国茶叶消费群体增长至 4.8 亿人。广东、山东、河南、云南、四川、河北等传统消费大省延续市场规模上的优势，贡献了更高的茶叶消费量。产区茶叶消费水平的提升成为市场区域变化中新的亮点，催生形成茶叶消费新的热点区域。从人均角度观测，各省间的差距正在逐步缩减，除广东、北京两省市人均消费量较高，大多数省份都在 1.2–1.5kg/ 人的区间内浮动。

在全国整体消费市场有待提振回升的同时，市场中多元化消费需求不断增大，形成了“买个性、卖个性”的消费热潮。随着年轻消费者的增加与细分化要求的增强，茶行业在聚焦“多样化”发展，开拓便捷化、年轻化等新路径的同时，深挖品种、产地、风格、工艺等多种元素，以满足更具好奇心且追求细致感官体验的高端消费需求，催生了多款新品，如“山头茶”、“小青柑”等。但是在这些茶品火爆的同时，也明显可以看出资本的操控力量对普洱茶市场的影响。

3. 开启现代营销模式，优胜劣汰

中国茶叶的分销渠道主要有：以产品零售与体验为主要功能，面向终端消费者为主的连锁专卖店和商超；以批发和大宗销售为主，兼顾零散终端消费者的批发市场；主打便捷性消费，依托互联网、物联网所构成的、以天猫、京东为代表的网络购物平台；突出服务功能，着力第三产业附加值的茶馆业、原产地旅游产品等。

2016 年，受“互联网 +”影响，茶业电商、微商业务量继续增长，但增速变缓（电商移动化引领的渠道下沉，开拓了二三线城市与农村市场）；传统零售门店、批发市场继续受到冲击，但出现复苏迹象；产销企业勉力支撑，剩者为王；茶馆、茶楼等传统服务业的消费仍有待提振；茶旅结合成为拉动茶叶消费的新卖点，以茶馆业为代表的第三产业重新发力，“茶

叶 +”的复合型业态茶产业成为新亮点。

在营销案例方面，2016 年度最为夺目的品牌无疑是“小罐茶”。它以现代营销理念为引领，在竞争中尽显优势——7 月，该公司产品正式上市；5 个月后，销售突破 1 亿元。网络上有多篇解读，简而言之：古老的茶品要现代化，品牌之路是必选项；复杂的产品要做减法，简单极致是王道；用户的痛点要清楚，成本、效率、体验是影响消费的三大要素；等等。总之，通过对消费者 / 市场、包装 / 产品、营销 / 品牌三个主要方面进行分析，并始终保持两个能力（通用型的用户洞察能力，对某个具体行业的深入能力）建设，该公司成功地引起了行业内外的高度关注。

4. 进口茶叶质量提升，量减价增

近年来，中国茶叶进口稳步增长。自 2012 至 2016 年，五年间，茶叶进口量的年均复合增长率为 5%，进口额的年均复合增长率为 12%。据我国海关统计，2016 年全年我国茶叶进口总量为 2.27 万吨，同比下降 1.38%；进口金额 1.11 亿美元，同比增长 5.11%；进口均价 4.92 美元 / 公斤，同比增长 6.58%。斯里兰卡、印度为我国进口茶叶的最大来源国，分别占所有进口茶数量的 37.5% 和 24.1%。此外，大陆每年向台湾地区进口茶叶数量不断攀升，2016 年同比增长 26.98%，但均价同比下降了 13.92%。从数据可知，我国茶叶进口趋势整体平稳，进口量稍呈有紧缩，品质及价格略有上升的趋势。进口国家趋向更为集中在以斯里兰卡、印度、中国台湾为首的三大茶叶进口来源地。其进口茶叶数量、金额增多，但价格有所下降。

从茶类上看，进口茶以红茶为主。2016 年，红茶进口量占茶叶进口总量 83%，达 1.9 万吨，同比上升 3%；进口来源国主要是斯里兰卡、印度和印度尼西亚；绿茶进口量为 1606 吨，主要来源国或地区是印度尼西亚、中国台湾、印度；乌龙茶进口量 1522 吨，主要来源地区是中国台湾；花茶进口量 211 吨，主要来源国家是德国。从国别上看，斯里兰卡红茶进口占绝对优势。2016 年，我国自斯里兰卡进口茶叶 8526 吨，占进口总量 37%。其中，红茶 8464 吨，占红茶进口总量 42%，进口额 4236 万美元，占红茶进口总额 52%。

2016年1-12月我国茶叶进口海关统计分国别和地区前20位

（单位：美元、千克）

	国别（地区）	进口量	进口额	均价	数量同比%	金额同比%	均价同比%
1	斯里兰卡	8, 525, 851	42, 360, 882	4. 969	9. 30	8. 68	-0. 57
2	印度	5, 486, 462	19, 042, 391	3. 471	14. 65	5. 95	-7. 59
3	台湾省	2, 715, 751	27, 872, 854	10. 263	26. 98	9. 31	-13. 92
4	印度尼西亚	1, 651, 285	3, 148, 215	1. 907	-49. 90	-45. 22	9. 34
5	肯尼亚	761, 599	2, 013, 219	2. 643	-10. 26	-14. 81	-5. 08
6	阿根廷	615, 887	857, 379	1. 392	11. 43	-26. 40	-33. 95
7	莫桑比克	513, 493	777, 618	1. 514	14. 88	45. 55	26. 70
8	布隆迪	473, 958	1, 089, 533	2. 299	288. 39	198. 36	-23. 18
9	马拉维	397, 620	719, 812	1. 810	-32. 56	-28. 96	5. 33
10	坦桑尼亚	208, 900	408, 502	1. 955	473. 93	447. 53	-4. 60
......							
合计		22, 735, 798	111, 868, 881	4. 920	-1. 38	5. 11	6. 58

5. 值得关注的情况

（1）内销被动存量仍在加大，释能不容小觑，据调查估计目前全国茶叶库存量接近 80 万吨，“去库存”任务紧迫。

（2）消费市场亟需加快培育，政策面与宏观环境持续影响市场，新旧消费理念尚需调和。

（3）产品结构有待继续优化，以消费者为中心的创新产品、定制产品有待丰富。

（4）“线上线下”整合步伐急待提速，“互联网 + 茶叶”与实体经济相融合尚无成功经验。

【C. 外销市场】

1. 出口量升价增

据我国海关统计，2016 年我国茶叶出口总量 32.9 万吨，同比增长 1.2%；出口金额 14.8 亿美元，同比增长 7.5%；出口均价 4.49 美元 / 公斤，同比增长 21.7%。

红茶增势喜人，绿茶和乌龙茶保持平稳，花茶和普洱茶呈下降态势。2016 年，红茶出口量达 3.3 万吨，占茶叶出口总量 10%，同比增长 17.9%；绿茶出口量达 27.1 万吨，占茶叶出口总量 82.4%，同比小幅下降 0.5%；乌龙茶出口 1.6 万吨，同比增长 3.8%；花茶和

普洱茶分别出口 5803 吨、2938 吨，同比分别下降 4.0%、10.6%。

茶类	出口量（万吨）	出口额（亿美元）	出口均价（美元/千克）	出口量同比增长	出口额同比增长	出口均价同比增长
绿茶	27.09	10.65	3.93	-0.48%	5.26%	5.93%
红茶	3.31	2.56	7.73	15.11%	20.70%	6.92%
乌龙茶	1.6	0.9	5.63	3.75%	6.67%	2.36%
花茶	0.58	0.48	8.22	-3.45%	-6.25%	-2.95%
普洱茶	0.29	0.26	8.95	-13.79%	-38.46%	-17.66%

2. 市场相对集中

2016 年，我国茶叶出口至 130 个国家和地区。茶叶出口超过万吨的国家和地区共有 11 个，占我国出口总量的 65.1%。分别是：摩洛哥（6.7 万吨）、乌兹别克斯坦（1.9 万吨）、塞内加尔（1.8 万吨）、加纳（1.7 万吨）、美国（1.67 万吨）、俄罗斯（1.43 万吨）、毛里塔尼亚（1.38 万吨）、阿尔及利亚（1.28 万吨）、中国香港（1.26 万吨）、日本（1.2 万吨）和德国（1.1 万吨）。

2016年1-12月我国茶叶出口海关统计分国别和地区前20位（单位：美元、千克）

	国别（地区）	出口量	出口额	均价	数量同比%	金额同比%	均价同比%
1	摩洛哥	67,284,612	226,684,583	3.369	4.42	0.05	-4.18
2	乌兹别克斯坦	19,159,349	31,505,390	1.644	-28.50	-37.50	-12.59
3	塞内加尔	18,228,159	78,321,327	4.297	5.85	3.90	-1.84
4	加纳	16,939,921	74,558,166	4.401	96.33	92.80	-1.80
5	美国	16,702,783	90,618,651	5.425	2.09	-0.77	-2.80
6	俄罗斯联邦	14,295,788	41,055,733	2.872	11.94	10.38	-1.40
7	毛里塔尼亚	13,821,285	59,914,111	4.335	7.43	7.64	0.20
8	阿尔及利亚	12,755,187	46,849,598	3.673	-11.21	-10.30	1.02
9	香港	12,633,257	162,902,272	12.895	22.52	39.52	13.88
10	日本	11,998,672	50,935,956	4.245	-8.22	-10.11	-2.06
11	德国	11,069,381	43,698,141	3.948	-11.29	-12.08	-0.89
12	多哥	8,919,370	39,098,484	4.384	-33.00	-34.84	-2.76
13	巴基斯坦	8,122,139	18,883,289	2.325	22.69	-8.96	-25.80
14	喀麦隆	6,446,114	5,621,772	0.872	-13.91	-11.91	2.33
15	泰国	6,443,050	38,599,225	5.991	56.57	105.44	31.21
16	贝宁	5,925,381	9,289,391	1,568	29.82	18.84	-8.46
17	马里	5,351,256	22,396,470	4.185	-9.12	-19.43	-11.35
18	法国	3,850,311	19,361,929	5.029	-30.40	-33.54	-4.51
19	缅甸	3,815,644	29,318,370	7.684	51.15	39.40	-7.77
20	冈比亚	3,770,864	12,420,473	3.294	-18.51	-34.39	-19.49
	……						
	合计	328,693,746	1,484,887,139	4.518	1.15	7.48	6.25

2016年1-12月我国茶叶出口海关统计分国别和地区前20位（单位：美元、千克）

在中国茶叶出口的前几大传统市场中，除乌兹别克、阿尔及利亚、日本和德国下降外，其它国家和地区都有增长，其中，俄罗斯、加纳两国增幅最高。

3. 出口此消彼长

非洲是我国传统茶叶出口市场，呈不断增长态势。2016 年，非洲市场占我国出口份额 53.75%，比 2010 年增长 7%。摩洛哥是我国第一大茶叶出口市场，出口量 6.7 万吨，占我国茶叶出口总量的 20%。与此同时，由于，饮茶习惯和技术壁垒等原因，我国茶叶对欧美市场的出口呈下降态势，所占份额由 2010 年的 24.12% 降至 2016 年的 18.36%。

4. 中西部各省发力

我国中西部地区成本优势明显，出口潜力大，东部沿海地区出口茶产业正逐渐向中西部地区转移。其中，湖北出口 1.1 万吨，同比增长 22%；四川出口 9015 吨，同比增长 63%；云南出口 8985 吨，同比增长 23.4%。中国中西部地区成本优势明显，出口潜力大，东部沿海地区茶产业正逐渐向中西部地区转移。

省市	2016年出口量	2016年出口额	2016年均价	数量同比	金额同比	均价同比
浙江	47,222,803	461,652,157	3.136	-6.66	-11.17	-4.83
安徽	56,760,511	242,789,422	4.277	0.35	6.97	6.60
湖南	34,827,587	91,250,253	2.620	-2.11	-0.33	1.82
福建	19,583,557	219,509,620	11.209	13.40	26.31	11.38
上海	12,185,920	77,647,420	6.372	11.53	-13.55	-22.48
湖北	11,467,744	113,271,713	9.877	22.03	43.28	17.42
四川	9,015,432	23,926,915	2.654	63.19	15.87	-29.00
云南	8,985,163	37,935,228	4.222	23.41	24.51	0.89
江西	6,808,391	47,996,228	7.050	-13.83	8.12	25.46
广东	6,024,727	73,108,694	12.135	18.67	79.47	51.24
河南	5,415,999	37,972,548	7.011	50.48	258.59	138.29
重庆	3,961,513	3,198,100	0.807	141.58	113.45	-11.64
贵州	2,931,620	19,792,899	6.752	6.57	-12.06	-17.48
广西	1,404,212	13,017,983	9.271	11.41	170.58	142.86
江苏	78,963	7,124,111	7.277	-21.73	-58.36	-46.80
海南	94,980	546,776	1.854	-27.56	-13.18	19.85

省市	2016年出口量	2016年出口额	2016年均价	数量同比	金额同比	均价同比
陕西	79, 213	8, 636, 601	30. 932	496. 86	1227. 26	122. 37
山东	76, 899	1, 418, 152	5. 122	-41. 61	-16. 54	42. 94
天津	71, 264	371, 966	5. 220	135. 90	92. 31	-18. 48
黑龙江	63, 456	444, 192	7. 000	-0. 58	4. 05	4. 66
内蒙古	62, 716	22, 568	0. 360			
北京	54, 397	1, 182, 538	21. 739	-13. 74	27. 70	48. 04
宁夏	14, 590	2, 018, 250	138. 331			
辽宁	1, 005	14, 360	14. 289			
新疆	56	24, 917	32. 959	355. 42	307. 07	-10. 62
山西	10	11, 128	35. 897	-98. 70	-91. 54	549. 12
青海	18	2, 400	133. 333			
河北				-100. 00	-100. 00	-100. 00
甘肃				-100. 00	-100. 00	-100. 00
	28, 693, 746	1, 484, 887, 139	4. 518	1. 15	7. 48	6. 25

【d. 产业投资】

2016 年，金融资本继续看好茶行业，产业投资热度不减，热点频出。

1. 醉品·茶帮通，使“农业互联网 +”再成热点

农业创业在近年被不断提及，无论是在国家政策领域还是在市场投资界，农业互联网 + 都被作为当下中国社会乃至全球全面转型互联网时代的最重要的一个环节。

2016 年 6 月，雷军再次巨额投资茶产业“互联网 +”平台——醉品·茶帮通。其投资理由：一方面，茶叶作为国饮，沉淀悠远，无论在国内还是代表中国出现在国际市场上都有比较雄厚的群众基础，千万亿的市场体量，使得茶产业在与时代碰撞时，会有非常大的可能性空间，发展潜力巨大；另一方面，现行的作业模式，产业链过多过长，每个环节都低效低能，且茶叶生产者与消费者的信息不畅通，而生产与消费不匹配的时候，一切都会是徒劳。比如茶产品质量参差不齐，同质化严重，价格不统一等，特别是三公消费的限制，使得高端茶快速遇冷，传统茶企收入锐减等。所以“无论是从市场需求出发还是从产业骄傲出发都赋予了茶产业必须改变的时代契机。”

据介绍，雷军投资醉品·茶帮通，看重的是模式。醉品商城、茶帮通、醉品朴茶是醉品旗下的三个主要的平台，它们独立存在，又相互依托共同组成了茶产业第一条从源头到平台到线下门店至消费者体验的全产业生态链，已经成功实现了 O2O 闭环。此外，醉品没有生产团队，其定位为一个茶产业的全产业链服务平台，实现溯源、建立原产仓、自有平台检测机制及供应链淘汰机制等一系列规范产业链的制度，对产业链上所有的环节进行有效的环环控制，层层把关，保证其供货产品的安全。

投资者认为: 现在社会从“粉丝时代”进入到了“社群时代”，如何维护才是重点，这就需要借助大量的互联网工具才能完成。其次，互联网扁平化了地理空间，数据化了信息处理，无论是传统企业还是已发展的电商企业，先发制人是关键，持续更新创新是动力，而数据跟体量是炊食之米。再次，移动互联网的兴起不但使得用户体量得到前所未有的提升，还拾起了用户的碎片化时间，这是一个值得全体茶产业同仁为之努力的重点方向。

2. 因味茶（inWE），建立全球时尚茶饮品牌

对于坚持做门店、做直营，而并非茶饮站或电商的茶饮品牌——因味茶（inWE）来说，在改变生活方式这件事情上，空间很重要；空间就是品牌和用户黏着在一起的地方，是品牌传递文化价值的载体。2016 年 7 月 14 日，因味茶（inWE）获得刘强东个人的 5 亿元人民币投资。

在产品上，因味茶认为决定企业成败的是后台系统，供应链尤为重要。它们在国内外寻找符合因味茶定位的茶，并主导了茶饮口味的选择和设计；创业前期，在产品的采购和研发上花费了超过 35% 的时间。在泡茶技术上，因味茶通过自主研发智能泡茶机，服务员根据茶的特性，通过操作 iPad，便可以泡出最好喝的口感。此外，因味茶也开始拓展电商业务，上线不久就占据销售额 30% 以上。在顾客群对标方面，因味茶服务于有商务和社交属性的、对品牌和快捷的都市生活有依赖性的人群。

此外，“可见即可售”的服务方式是因味茶所希望带动一种生活方式，在休闲时顾客可以选择自己想

要的东西，把生活形态融入因味茶的休闲空间。在因味茶的线下门店，顾客眼前所见的茶的周边、桌椅均可通过扫码购买，通过扫码链接到因味茶的京东店铺，产品通过京东直送到顾客的家。因味茶可出售的衍生商品来自于品牌或设计师的合作。

综观因味茶，其最核心的优势是强大的企业后台运营管理，其中包括供应链管理、IP 开发、物流等。惟其如此，才能稳定提供高品质的产品以及良好的顾客体验。

3. 股份制改造，使茶企所有制改革

（1）所有制改革渐行渐近

2016 年前后，茶业集团组建风起云涌，成为茶界的热点。其中，以生产安吉白茶的安吉茶产业集团有限公司为典型，该集团沿着产业链上中下游整合资源，异军突起，市场表现可圈可点，成为其它茶区借鉴的案例。此外，产销梧州六堡茶的广西六堡茶股份有限公司，江西的江茶集团，湖北的湖北茶业集团等纷纷以各自方式组建成立茶业集团，拉开了一场轰轰烈烈的产业整合大剧。混合所有制尝试正在茶业领域的发生、蔓延。

（2）成长中的新三板上市茶企

新三板对挂牌企业不做财务要求，使得新三板成为一个低门槛、类“注册制”的资本市场。配合协议转让、做市转让等公开交易方式，挂牌企业的股权流动性得到了一定提升，让上市公司有了更好的融资渠道，给企业发展注入了资金活力，品牌知名度明显上升。但也应看到：很多茶企缺乏市值管理经验，尚不能有效发挥产业优势，与资本市场进行有效融合。

2016年茶企新三板上市公司主要财务信息

证券简称	证券代码	营收（万元）	净利（万元）	毛利率（%）	营收增长率（%）	净利增长率（%）	所属分层
八马茶业	834754	46196	3975	55.5	14.3	26.8	创新层
七彩云南	835024	20927	5025	67.7	5.9	-3.5	创新层
松萝茶业	838465	19543	1168	13.6	21.0	242.2	基础层
苍源种植	831597	15046	4254	69.0	10.9	1.0	创新层
谢裕大	430370	14762	854	43.6	-0.1	54.8	基础层
美灵宝	870120	14115	1374	23.2	502.4	244.5	基础层
茗皇天然	838158	12618	1836	36.4	43.3	138.0	基础层
梅山黑茶	834573	10694	1444	42.9	54.9	133.1	基础层
茶乾坤	831108	8373	766	20.5	61.5	72.0	创新层
白茶股份	832946	7504	1208	36.5	55.8	24.7	基础层
龙生茶业	871313	6960	461	21.3	-1.3	11.6	基础层
中吉号	838212	6721	1071	43.9	38.5	83.6	创新层
恒福股份	832453	5227	382	62.7	-33.8	-76.7	创新层
雅安茶厂	832057	4326	410	44.8	-13.9	-70.6	基础层
抱儿钟秀	838947	4130	335	30.0	16.3	0.7	基础层
黑美人	831443	3460	613	42.9	20.9	-9.1	基础层
三十九铺	871355	3150	445	44.7	33.3	52.8	基础层
清雅源	871006	2713	361	30.6	-15.6	30.7	基础层
茶人岭	836369	2378	134	52.5	3.2	300.5	基础层
京东农业	832687	1995	156	20.6	76.3	9.1	基础层
天池股份	837681	1176	91	54.8	11.9	-44.2	基础层
朵云清	834120	772	166	42.8	14.4	445.7	基础层

数据来源2016年年报

4. 茶叶金融交易平台建设活跃

茶业发展史的长短与文化的差异性决定了国内外茶业的交易模式存在明显差别。简单说，中国茶业有批发市场、无大宗现货市场；而在国际茶叶市场上，大部分的大宗茶叶交易都是通过茶叶现货市场实现的。由于经历了较长时间发展，国际茶叶现货市场已经形成了良好的商业氛围，贸易商养成了在茶叶现货市场交易交割的习惯。目前，国际茶叶现货市场主要采取拍卖模式进行交易，除了拍卖现货外，部分还对产能进行拍卖。

随着 WTO 的渐行渐近，为了尽快融入国际化交易模式，我国茶叶现货市场也开始快速发展。2016 年，区域茶叶交易中心蓬勃发展。截至 12 月底，全国已成立 30 余个茶叶交易所（金融平台）。其中，知名度较高的有蒙顶山茶叶交易所、陆羽国际茶叶交易中心、大圆银泰普洱茶交易中心，其它正在营业的还有上海茶业交易中心、广东茶票茶叶交易中心股份有限公司等。这些茶叶交易中心均多现货发售作为主营业务，业务模式与盈利模式较为单一，金融服务茶产业的模式尚未完善。。

特别是在运作之初，有的茶叶交易中心存在类期货交易模式，明显违背国务院 37 号和 38 号文；有的茶叶交易中心并未引导茶叶生产企业上市交易交割，而是由交易中心将茶叶从生产企业处购回，在自己的交易平台上胡乱炒作，谋求暴利；有的茶叶交易中心鼓励会员单位做市甚至自行做市，操纵产品价格；有的茶叶交易中心借交易之名，发行理财产品，存在非法集资嫌疑。2016 年，监管层对我国茶叶现货市场进行了一次清理整顿，一些没有批文、交易规则明显违法违规的交易场所已不复存在，以国家级交易场所领头创新、区域性交易场所蓬勃发展的整体态势正在逐渐形成。

【e. 相关建议】

1. 提质增效，绿色发展，做大做强全茶产业

根据 2017 年中央一号文件精神，农业部门应推动实施优势特色农业提质增效工作，促进茶产业提档升

级，开展标准化生产示范，推进茶叶区域公用品牌建设；行业组织应主动作为，承担政府交办的行业管理和推广品牌工作，组织龙头企业，配合地方政府改造提升传统名优品牌、共同打造区域特色品牌，做大做强茶产业。

2. 提升标准，质量兴茶，突出优质安全导向。食品安全事关重大

随着2015年我国新修订的《食品安全法》的出台，食品监管已日趋完善，茶叶质量安全工作将长期处于高压态势。各产茶区政府应加快实施茶业标准化战略，健全标准体系，强化品牌保护，引导企业争取国际有机认证，深入开展农药残留超标治理，严厉打击违禁行为；行业组织应配合食药监与农业部门共同建立健全互联共享的茶业追溯监管综合服务体系与平台。

3. 稳中求进，培育动能，推进供给侧改革

稳中求进既要防止过快，也要防止过慢；茶业经济向更高阶段演化的过程中，做好实体才是关键；应破除资金“脱实向虚”、扰乱实体经济信心的问题，鼓励多种形式的金融创新，引导资金更好地为实体经济服务，培育壮大新动能；茶产业供给侧结构性改革以“去库存”、控产能为重点；在加大供给渠道疏通力度的同时，激发消费潜力。

4. 促进融合，三业并举，实现协同共享多赢

全行业应共同促进社会资源对产业的提升，推行专业化生产方式，鼓励专业化营销企业、创意企业、管理企业投身茶产业建设；加大精深加工力度，生产特色茶叶产品；充分发挥乡村各类物质与非物质资源富集的独特优势，以“旅游+”、“生态+”等模式，推进茶业与旅游、教育、文化、康养等产业深度融合；引导企业相互融通，重点围绕第三产业加大开发力度，提高综合开发能力。

5. 扩大开放，加强合作，推动开拓海外市场

中国正走向世界舞台的中央，政府应完善法治建设，改善投资环境，扩大开放领域，积极吸引外资；应培育具有国际竞争力的中国茶业大企业、大集团，配套出台相关政策与措施，扶助茶叶行业开展对外经贸文化交流，以“一带一路”沿线及周边国家和地区为重点，扎实推进海外推介力度。行业组织应利用自身的社会组织属性优势，搭建国际产销交流平台，加强国际经贸文化合作，积极参与国际贸易规则和国际标准的制定修订，不断树立并强化话语权。

注：文中部分数据为中国茶叶流通协会独家数据，未经授权，请勿引用或转载。

梅 宇

蘭陵王酒
王者归来
蘭陵王
中华老字号
China Time-honored Brand

国窖董酒 懂健康
富含52种萜烯类物质
贵州董酒股份有限公司
GUIZHOU DONGJIU CO.,LTD.
尊享热线
4006-090909
扫一扫、了解
更多董酒信息
地址：贵州省遵义市董公寺镇扬帆路198号　网址：http://www.chinadongjiu.com

滨河集团
THE BINHE GROUP
人至诚
酒至醇
业至远
鸟瞰滨河集团
COMPANY
PROFILE
公司简介
甘肃滨河食品工业集团成立于1984年,后经几十年的不断拓展、创新和提升，已于2003年以卓越的绩效强势跻身中国白酒工业100强，位列第41名，同年被省政府确立为甘肃省60家重点工业企业。
滨河集团的核心产业是白酒和葡萄酒，年生产能力分别达到2万吨和1万吨，公司在具有显著地理优势的甘肃张掖、四川蒲江共建立了3个酿酒基地，从而具备同时生产浓香、清香、酱香、九粮香型等优质白酒和优质有机葡萄酒的工艺技术实力。由公司独创的“九粮九轮酿造工艺技术”获得了国家专利；荣获省级非物质文化遗产；是滨河集团拥有自主知识产权的核心技术。目前，公司科研中心是省级技术中心，现有国家级品酒师7人，省级品酒师26人，科研创新能力处于全国前列，科研团队曾被中华全国总工会授予“五一劳动奖状”。甘肃首家获得“省政府质量奖”的白酒企业。
“滨河”、“滨河九粮液”、“滨河九粮春”商标均为中国驰名商标，“滨河国风”商标为甘肃省著名商标，“滨河九粮液”、“隴派”、“国风系列有机葡萄酒”均为甘肃省名牌产品，滨河集团旗下的甘肃滨河九粮酒业公司为“中华老字号企业”。
滨河集团将秉承“人至诚、酒至醇、业至远”的核心价值观和“务实、开拓、创新、奉献”的滨河精神，以“弘扬自成一派品类、培育最具价值品牌”为使命，为“力争早日挺进中国酒企第一阵营”的愿景而努力奋斗。
濱河九粮液
——地产高端白酒典范——
www.binhe.com

小粒的
味更香
影视新星 楼佳悦
长安花
高原小粒
菜籽油
只选高原小粒菜籽为原料！高原小粒菜籽是生长在西北高原地区的原生小粒菜籽品种，非转基因，远离工业污染，原生态和多样性的动植物环境和高原地带的巨大温差，使其积累了更多的营养和风味物质，比一般菜籽更具浓郁香味。
小榨风味
扫码油礼
更多惊喜
石羊集团 | 长安花粮油股份有限公司
客服电话：400-029-9800

龙江家园酒业简介

黑龙江龙江家园酒业有限公司位于黑龙江省南部，松嫩平原腹地，历史名城双城。这里有8.46万平方公里中国最大的原始森林；这里有北纬45度中国最广阔的肥沃黑土；这里出产中国最好的稻米和高粱；这里流过中国东北最大的水系；这里是中国生态白酒核心产区。

黑龙江龙江家园酒业有限公司，占地面积40万平方米。拥有全套自动化酿造生产设备，工艺先进、技术精湛、检测手段齐全。园区内5000多口窖池，规模庞大，这是农业文明留给现代中国的印记。

东北是中国蒸馏酒发源地，作为满族发祥地之一的双城，肃慎故地，得天独厚，酒文化源远流长。公元698年，《新唐书·渤海传》记载：随粟、麦、稻、豆的普遍种植，酿酒开始在白山黑水兴起。公元1115年，哈尔滨地区出土了大量辽金时代的鸡腿坛、鸡冠壶及烧酒所用的天锅，用实物证实了《辽史》中对辽金时期东北地区盛产白酒的记载。公元1368年《本草纲目》记载：“烧酒，其法用浓酒和糟入甑（蒸锅），蒸令气上，用器承滴露。”明代烧酒酿造技术日臻成熟。公元1810年，《辞海》中记载“高粱是酿造白酒之物，东北最适宜种植。” 东北大地，“车载烧酒贩卖者，正不可计数”。龙江家园酒业传承明代初期的酿造工艺古老的酿酒工艺，在龙江家园的酿造车间，几百年后依然不失活力。传奇黑土，孕育出龙江家园人开拓、爽朗的东北性格；纯粮佳酿，浸润着龙江家园悠长的历史积淀和企业精神。龙江家园酒业专注品质，路前行。

1996年，依据古法酿制艺术开始试制纯粮烧酒。1997年，试制成功中国首创袋装纯粮烧酒产品畅销东北三省。2000年，龙江家园实现企业第一次转型，成功研发出龙江家园品种白酒，开始向品牌化进军。2005年，龙江家园酒业与北京和君创业管理咨询有限公司建立了战略合作伙伴关系，是龙江家园拥有了独特的销售模式，成功的进入北京、天津、河北、河南、山东等市场。2006年，龙江家园酒业作为唯一一家白酒企业，应约中国政府组织的澳大利亚中国企业年会。2007年，产品通过ISO9001质量管理体系认证；旗下品牌“龙江家园”获得“黑龙江省著名商标”、“中国优质白酒”、“中国驰名商标”等荣誉称号。2009年， “龙江家园”荣膺全国同类产品最受欢迎十大畅销品牌。2011年，成为中国白酒粮心产区首创者，被中国酒类流通协会授予“中国复合爽朗型白酒开创品牌”荣誉证书。20年执着的古法酿造为龙江家园酒业带来独特的味道；20年坚守的纯粮固态发酵为龙江家园酒业带来稳定、一流品质。

龙江家园酿酒工艺严格执行中国国态法白酒执行标准，精选当地特有的红高粱、云米、小麦、大米、糯米五种粮食为原料，加入龙江家园北方独特地理环境制造出来的酒曲，酒曲中含有大量的有益酿酒维生物，龙江家园所在的松嫩平原湿度尤为适合维生物自然生长，空气纯洁无污染，水源酿造出的酒体清冽甘甜，经过窖池长期发酵，每一滴酒都蕴含着自然的精华，而现代化科技的融合则让古老的酿酒工艺更加精进，焕发新的生命力。龙江家园以战略眼光广泛吸收业内先进技术，成立了一支由著名专家组成的研究团队，高月明：中国著名白酒专家，全国一至五届白酒优质评选中全程参与且唯一健在者。庄名扬：中国著名微生物专家，中国科学院四川分院微生物研究所教授、博士生导师。栗永清：中国著名白酒专家，原黑龙江省酒业协会会长，中国白酒协会专家组成员，教授级高级工程师。李克明：中国白酒第五届国家评委，著名酿酒专家。韩兴林：中国食品发酵研究院，发酵专业博士、学科带头人，高级工程师，白酒行业国家评委。曹忠民：中国白酒第六届、第七届、第八届、第九届国家评委，中国白酒公益大使，高级工程师。强大的科研力量确保了酿酒工艺的不断改进，最终形成了龙江家园独树一帜的北国风味。目前，已成功开发出醇柔，珍品高粱等多款产品国内市场飞速发展为中国白酒行业做出贡献，彰显名酒风范。

同时，龙江家园酒业积极与教育部直属、国家“211工程”重点建设高校江南大学开展联合办学，把以课堂传授间接知识为主的教学环境与直接获取实际经验与能力为主的生产环境有机结合起来，既解决了学校实验、实训资源场所不足，学生就业困难的问题，也为龙江家园酒业提供了源源不断的优秀技术人才储备。

长风破浪会有时，直挂云帆济沧海！每一天，龙江家园都在用心酿造好酒，用心酿造欢乐的生活。从手到口，从口到心，龙江家园人延续着对自然和传统特有的感知方式，只要点燃烧锅，每一个龙江家园人，都会在某个瞬间，亲手创造瓶中的非凡史诗。而召唤他的，不仅是熟悉的味道还有口传心授的虔诚信仰。未来，龙江家园酒业将用品质不断夯实企业基础，用汗水凝聚创新发展的强大合力，在致力于打造中国纯粮酿造固态发酵白酒核心产区，致力于为老百姓提供真正意义上的高品质白酒的道路上续写传奇！不懈前行！

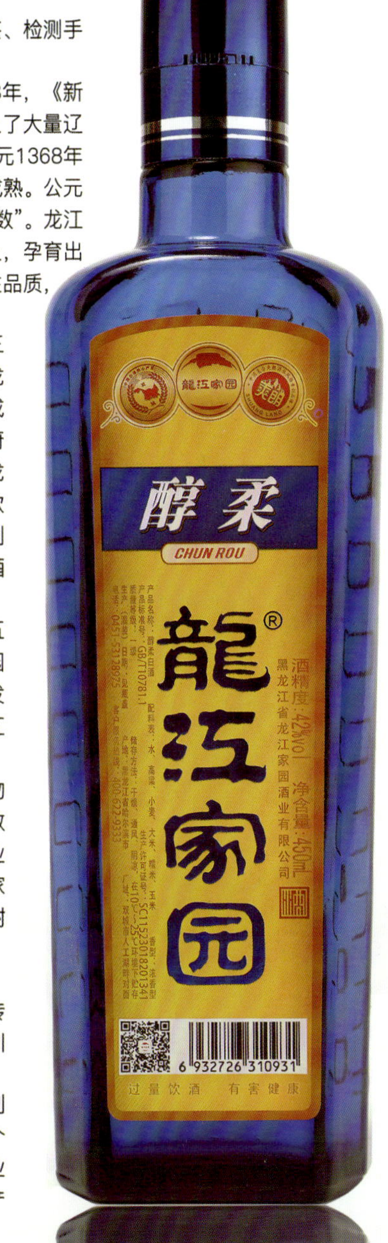

中国贵州茅台酒
500ml
KWEICHOW MOUTAI
53%vol
贵州茅台酒
贵州
茅台酒股份有限公司出品
PRODUCE OF
KWEICHOW MOUTAI CO., LTD.
53% vol. 106PROOF. 500mL. 16. 94FL. OZ.

ZI TAN
紫潭
潭
16

tanjiu
from chishui river basin
潭
红潭酱酒
酱香型白酒
净含量:500ml
中国四川仙潭酒厂

售价338元/瓶

瀘州老窖集团有限责任公司
LUZHOULAOJIAO GROUP CO.,LTD
泸州老窖是在明清36家古老酿酒作坊的基础上，发展起来的大型酿酒集团，是享誉海内外的百年老字号企业。集团坚持酒业、金融业“双轮驱动”，集团旗下拥有泸州老窖股份有限公司、泸州酒业集中发展区有限公司、华西证券有限责任公司、龙马兴达小额贷款股份有限公司、泸州市商业银行、四川中国白酒产品交易中心有限公司、泸州老窖房地产开发有限公司、泸州红高粱现代农业开发有限公司、四川优派科技有限公司、泸州老窖智同商贸股份有限公司、泸州老窖养生酒公司、泸州老窖集团（香港）投资有限公司等一大批在行业内颇具实力和影响力的骨干子公司。泸州老窖集团业态涵盖三大产业，分别为：一产——泸州老窖现代农业示范区；二产——泸州老窖股份有限公司和中国白酒金三角产业园；三产——华西证券、泸州市商业银行、龙马兴达小额贷款等金融产业。
集团实施“双品牌塑造、多品牌运作”的品牌战略，拥有国窖1573、泸州老窖特曲、百年泸州老窖等众多品牌，在行业内首家荣获五枚中国驰名商标，也是中国白酒行业首家拥有文化遗产“双国宝”的企业。
瀘州老窖·國窖1573
泸州老窖热线：4008881573
Http://www.lzlj.com
國窖
THE FIRST CELLAR IN
國窖®
1573
浓香型白酒
1573国宝窖池群酿造
瀘州老窖

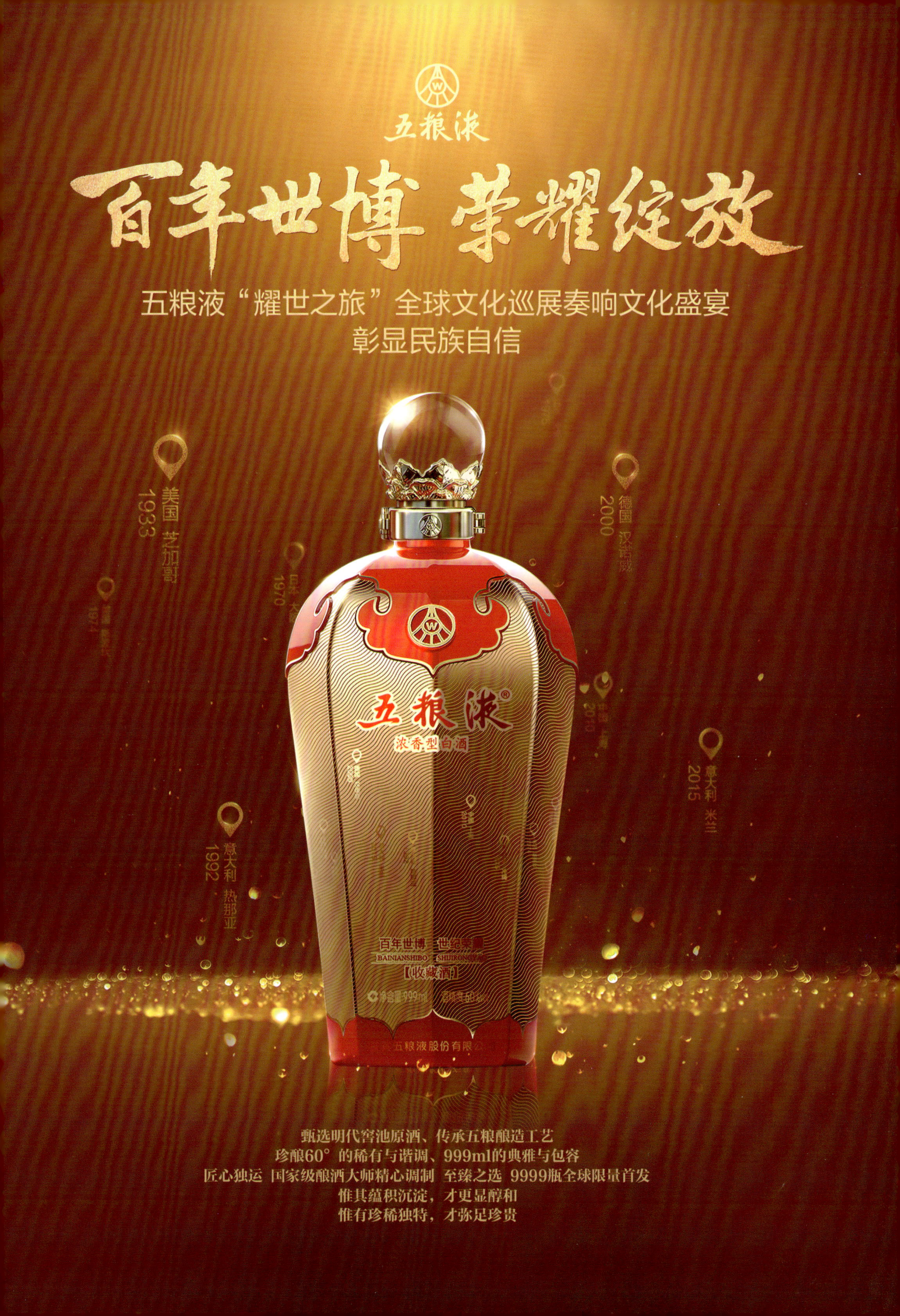
五粮液
百年世博 荣耀绽放
五粮液“耀世之旅”全球文化巡展奏响文化盛宴
彰显民族自信
美国 芝加哥 1933
德国 汉诺威 2000
意大利 热那亚 1992
意大利 米兰 2015
五粮液®
浓香型白酒
甄选明代窖池原酒、传承五粮酿造工艺
珍酿60°的稀有与谐调、999ml的典雅与包容
匠心独运 国家级酿酒大师精心调制 至臻之选 9999瓶全球限量首发
惟其蕴积沉淀，才更显醇和
惟有珍稀独特，才弥足珍贵

金辉煌秋月

匠心比心·成就辉煌

金辉煌，始创于1996年，凭借无可争议的经营实力和品牌价值，成为湛江家喻户晓的民心品牌。金辉煌食品20年来，以赤诚之心善待消费者，以虔诚之心面对事业，把“将心比心”的经营理念贯穿食品安全生产的始终，严格把控从原材料到生产等各层面的问题，用细节为食品保驾护航；在技术方面，公司突破了传统食品加工的瓶颈，利用信息化研发生产传统美食，更加突出了营养、美味、安全等特点。金辉煌拥有卓越的产品供应链，以将心比心的宗旨，让舌尖上的欢乐，从此不再被食品安全所打断，尝尝快乐，尝尝金辉煌。

金辉煌中秋月饼，邀请工匠级大师加入制作，在保持和发扬传统工艺、特色风味的同时，注重现代人的口味口感，不断深入挖掘、摸索和创新，创造出让人想一尝再尝，更独特的美味。

金辉煌秋月之莲蓉系列

选用湖南湘潭寸三莲所制，质地细腻，清香鲜甜；
在工艺上，采用铜锅炒制莲蓉，令莲香味更浓；
在饼皮上，大胆加入曲奇饼皮创意，时尚又创新；
金、红、白莲蓉三种口味，搭配鲜打蛋黄，更飘香四溢。

加头双黄白莲蓉月饼
600克（150克×4）

加头双黄金莲蓉月饼
600克（150克×4）

加头双黄红莲蓉月饼
600克（150克×4）

迷你蛋黄红莲蓉月饼
400克（50克×8）

迷你蛋黄金莲蓉月饼
400克（50克×8）

迷你蛋黄红莲蓉月饼
400克（50克×8）

金辉煌 何叔

金辉煌秋月之伍仁系列

精选上好伍仁，果仁香醇，内馅丰富，口感更松脆；搭配酵醇火腿肉，风味十足，缔造多层次口感体验；金黄饼皮，配合醇香花生油，令口感绵软带酥。

金腿伍仁大月饼
1.5 千克 ×1

金辉煌秋月之七星伴月系列

多种沁心口味巧思搭配，融化每一颗思归之心；
七星旋绕一轮明月，寓意花好月圆，欢聚一堂；
中秋饼礼，幸福分享，经典包装，更尊贵体面。

金腿伍仁月饼 200 克 ×1，
蛋黄白莲蓉月饼 100 克 ×1，
冬蓉月饼 100 克 ×1，
蛋黄红豆沙月饼 100 克 ×1，
蛋黄红莲蓉月饼 100 克 ×1，
紫薯月饼 100 克 ×1，
金桔月饼 100 克 ×1，
蛋黄金莲蓉月饼 100 克 ×1）

七星伴月月饼 900 克

金腿伍仁月饼 200 克 ×1
蛋黄白莲蓉月饼 100 克 ×2
冬蓉月饼 100 克 ×1
蛋黄红豆沙月饼 100 克 ×1
蛋黄红莲蓉月饼 100 克 ×1
蛋黄金莲蓉月饼 100 克 ×2

金装七星伴月锦盒（广式组合月饼） 900 克

河北衡水高新技术产业开发区

--国家新型工业化产业示范基地
食品产业绿色创新发展引领示范区

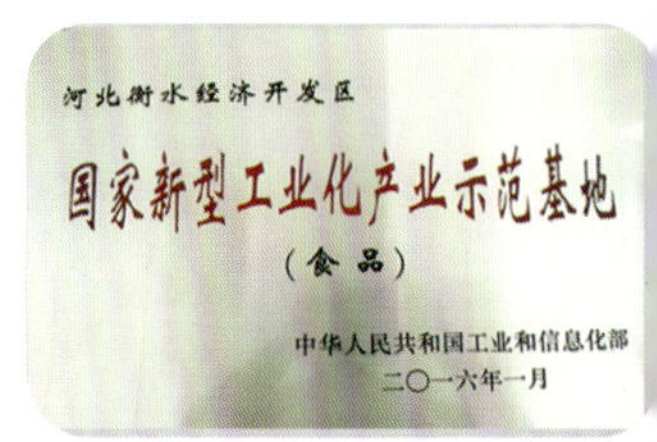

从首都北京出发，经雄安新区后南行百公里，就是河北衡水高新技术产业开发区（简称衡水高新区），衡水高新区2012年设立，时称衡水工业新区，几年间，以科技创新为经济换道赶超的先手棋和引爆点，以高补晚，以新求快，2016　年完成地区生产总值153.2亿元，工业总产值413.8亿元，财政收入41.7亿元，2011年到2016年，三项指标实现五年翻两番；R＆D高达5.03，综合竞争力显著提升。

2016年7月8日至9日，中国食品工业龙头企业峰会暨“百家食品名企进衡水”活动在衡水举办，国家部委、中央党校、省市食协领导及百余家食品产业龙头企业负责人等近300人参会，通过活动向广大客商展示了优质的承接食品产业转移的“衡水平台”，国内食品龙头企业签署的《衡水宣言》得到了广泛认同，中国食品产业发展史册上有了“衡水符号”，中国食品产业有了“衡水标签”，衡水食品产业的知名度得到了进一步提高。

一、区位优越 四通八达

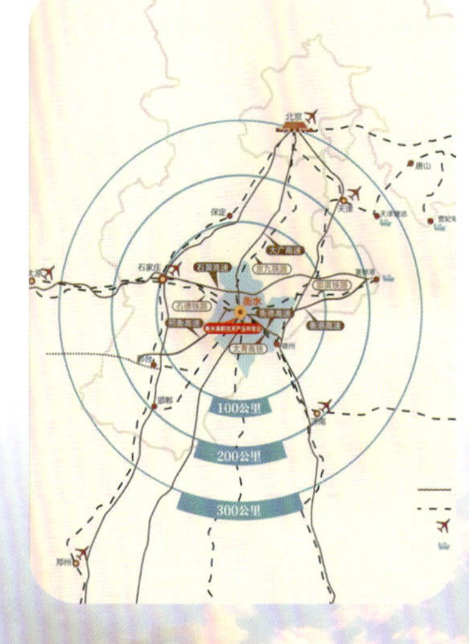

衡水高新区身处京津冀鲁核心区域，北京、天津、济南、石家庄“四城合抱”，与雄安新区“邻里相生”。京九、石德、邯黄、石济客专，4大铁路干线穿境而过，大广、石黄、衡德、邢衡，4条高速公路纵横交织；抬脚乘高铁，出门上高速。从衡水高新区乘车，2.5个小时内可直达黄骅港、天津港，与在建的衡水内陆港相融互通，畅连全球。

二、产业兴旺 平台坚实

衡水高新区，以领跑衡水“迈进高铁时代、迈进智慧城市时代、迈进千亿产业时代”为目标，以“存量绿色化、增量高端化”为路径，以创新驱动新旧动能转换，调旧育新齐头并进，养元、老白干、葵花、英利、精信等龙头企业，竞相创新，集群发展；中科院钒钛产业全系、中科院超临界CO2发电装备、中美（衡水）国际生命科学产业苑等10余个百亿级项目启动建设，其中，中美（衡水）国际生命科学产业苑项目2013年诺奖获得者托马斯·聚德霍夫先生欣然加盟。

高新区围绕打造千亿级园区、500亿产业、百亿企业，着力建设食品、新能源新材料、大健康、高端装备制造等5个专业园区；再加上时尚产业园精准发力，全力推进宝云生态城和高铁商务区第三产业和新兴业态，完善公共配套设施和城市功能，建设以完整产业链为基础，集生产、商贸、金融、居住、教育、科研于一体的现代化产业新城区。

三、政策优惠 服务一流

衡水高新区对新建项目给予政策、资金和技术全系支持。设立高康创业风投基金、“蓝火熙业”投资基金、“银政通”业务基金、宝云建设投资基金“康”“熙”“通”“宝”四只基金，对重大项目的固定资产投资、基础设施建设和流动资金，以及企业科技创新、转型升级、成果孵化予以扶持。投资18亿元建设以“中科院+”为核心的衡水科技谷，抢占科技创新和成果转化的至高点，放大科技招商的虹吸效应，满足企业转型升级的技术需求。

高新区创新行政审批改革，打造高效透明的政务环境，审批全程服务，手续限期办结。养元公司三期项目从开工到投产只有6个月，被誉为“养元速度”。

922中科衡水科技成果转化中心院士工作站启动仪式

《汇源衡水公司》中国汇源果汁集团衡水果蔬汁生产公司办公楼及广场

衡水高新区

四、环境优美，生态宜居

衡水高新区以“最美城区、最绿园区”为目标，整体提升改造生态景观，藉衡水主城区之便宜，打造更加宜居、宜业、宜商的高新区气候群。拥有从幼儿园到高中的一流教育，衡水中学桃李天下、誉满全国；北大医疗集团高新区第一医院医术精湛，大医为民，提供完善的医疗保健服务。无线网络全覆盖，先进的通讯服务，让您掌握世界商机。

五、机遇凸显，蓄势待发

京津冀协同发展战略、雄安新区规划建设，需要大规模综合性产业承接平台和配套服务，衡水高新区生逢其时，是国家新型工业化食品产业示范基地、京南国家科技成果转移转化示范区、环境污染第三方治理国家首批试点单位、全国工程橡胶产业品牌示范区、全国纺织产业转移试点园区、河北省战略性新兴产业示范基地、河北省综合示范试点开发区，威克多、中粮、中国广核、中国杭萧等一批京津乃至国内外名企落户于此。“一带一路”战略离不开基础产业支撑，衡水高新区中铁建集团、宝力集团等近70家企业异军突起，市场及品牌占有率高，产业发展蓄势进发。

古法20年衡水老白干

老酒– 张二合摄

六个核桃

工厂流程图

正门

汤阴县食品工业年鉴（2017）

一、汤阴县总体概况

汤阴县地处豫北平原，晋、冀、豫、鲁四省交界，总面积 646 平方公里，辖 1 乡 9 镇，298 个行政村，总人口 49.8 万。区位优越，交通便利。自古汤阴就是南北通衢要道，境内京广铁路、京港澳高速、晋豫鲁铁路成“双十字”交汇，京港澳高速公路、107 国道、302 省道纵横交织，豫东北机场加快建设，形成“铁路公路航空”立体式交通格局。历史悠久，人杰地灵。汤阴是中华群经之源《周易》发祥地、民族英雄岳飞故里、神医扁鹊悬壶济世之地，素有“三圣文化之乡”的美誉。民风淳厚朴实，被著名历史学家史式称为“讲道义、守诚信、重然诺、轻生死”的忠义之乡。智慧文化都、生态幸福城。汤阴县大力弘扬“汤阴精神”，唱响“五风”主旋律，坚持“开放招商、项目带动、创新驱动”战略，突出“培训、培育、提升”路径，聚力转型发展“五项举措”，着力打造中国主食工业化生产基地，强力推进食品医药产业转型升级，逐步成为一座“功能完善、特色鲜明、生态宜居、文明有序”的智慧文化都、生态幸福城“新都市区”。

2017 年 6 月 30 日汤阴县委书记宋庆林 在全国食品安全宣传周主场活动“第九届中国食品安全论坛”做典型发言

二、汤阴县食品工业发展情况

近年来，汤阴县立足实际、着眼民生，大力发展以农产品为原料的食品工业，实现了由传统农业县向食品工业强县的跨越。先后荣获“国家新型工业化示范基地”、“国家食品安全示范县”、“国家农产品加工业示范基地”、“中国食用菌行业标准化生产示范县”等称号。汤阴县连续六届十二年被评为“全国食品工业强县”，并被中国食品工业协会命名为全国首个“中国食品工业名县”，“京津食品产业园”成功落户汤阴。目前，我县食品产业发展呈现出集聚程度高、产品种类全、产业链条优、食品监管严、带动效应强五大特色。

（一）集聚程度高。全县食品工业企业达 159 家，其中规模以上食品企业达 50 余家。益海嘉里、濠吉六粮方便面、川辣妹、博大面业、永达清真食品、众品食业、今麦郎面粉、今麦郎饮品、嘉士利饼干、丹尼斯克甜味剂等一大批国内外知名食品企业入驻食品产业集聚区。拥有益海嘉里“香满园”面粉、“永达”肉鸡、阳光油脂“奥利福”食用油等八大中国名牌。

（二）产品种类全。汤阴县食品产业主要包括小麦及面制品加工、油脂类加工、畜禽肉制品加工及啤酒饮品、调味料和食品添加剂、休闲食品、高档保健品等多个领域，含 590 多个系列产品。其中，众品食业荣获“中国肉类食品产业最具价值品牌”，“江顺”饼干、“甲家”面粉、“永达”肉鸡、“众品”冷鲜肉等产品被评为“中国名牌”，“火龙岗”小杂粮等被评为省级优质农产品。

（三）产业链条优。汤阴县紧密结合食品产业发展需求，深入研究产业的上下游产品，绘制产业链图谱，同时注重企业对上下游产业的带动作用，培育发展了小麦、玉米、大豆、肉鸡、生猪、肉奶牛、食用菌、蔬菜等 9 条食品产业链条。在培育桥接，找准着力点进行“建链”，围绕现有产业链条的缺失环节进行“补链”，对现有 9 条优势产业链，从科技、金融、信息化方面提升以及品牌引领入手进行“强链”。深入挖掘现有企业潜能，推进骨干企业与省企、央企联姻，通过“战略重组”、“强强联合”，打造具有特色和优势的产业集群。

（四）综合配套完善。高标准实施产业集聚区基础配套设施建设。加快推进投资 12 亿元的安阳机场、轻轨及口岸综合保税区等公铁空海“四港联动、多式联运”战略支撑项目建设；投资 1.3 亿元启动食品检验检测中心主体建设；建成联接“西气东输”主干线的 65 公里供气管网。严格落实四级分包项目建设和企业发展兜底服务机制，成立企业

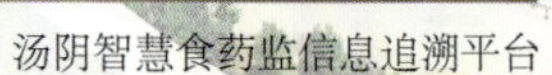
汤阴智慧食药监信息追溯平台

中国食品安全体验馆

服务中心，实现审批“一站通”；统筹运作建投、文投、弘达等金融平台，为 32 家企业提供资金服务 5.9 亿元。

近年以来，汤阴县始终把招商引资作为“一举应多变，一招求多效”的战略举措，紧紧围绕健康食品、生物医药、高端制造等主导产业，更加注重选商引资，更加注重项目质量，更加注重项目落地，更加注重真抓实干，招商引资工作保持了好的趋势、好的态势和好的气势，推动全县经济社会实现了又好又快发展。

汤阴县重点食品工业企业商标汇总

三、汤阴县食品安全监管情况

汤阴县委、县政府审时度势，自我加压，继续实施“五条路径”，发动全民参与，创建食品安全县。建立“从农田到餐桌”的全程可追溯食品安全保障体系，把汤阴打造为餐桌最安全、食品最放心的“中国食品名县”。

（一）“领跑”体制改革。为强化政府监管责任，汤阴在全省率先启动了食药监体制改革，成立“公安、农安、食安”三安联动指挥中心，联席、联勤、联动，行刑衔接，打造汤阴“食安卫士”。按照统一服装、统一标识、统一制度、统一装备“四统一”抓好基层食品药品监管所规范所建设，乡镇农业、畜牧站与食药监所合署办公，构建从农田到餐桌全过程监管体系。建立县级区域性检验检测中心，统一规划、统一检测、统一发布，逐步形成权威、高效的检验检测体系和信息发布平台。

（二）“创新”智慧溯源。进一步完善食品全程追溯信息平台，开通食品生产经营者、监管部门和消费者“三大信息终端”。设置绿色农田、放心菜市场、食品生产、食品销售、餐饮服务等“五大透明板块”，达到食品生产经营全产业链、全过程、全要素的透明公开和智慧追溯。利用“福码”追溯体系，打造“智慧食品”。创建“食安易源”微商城，利用“互联网＋”技术，“打包”本地企业产品及文化，向全国推广“汤阴放心食品”。

（三）“完善”诚信保险。汤阴发扬“岳飞故里、忠义之乡”传统，打造“放心食品，诚信汤阴”品牌。建立信用档案，将全县食品企业纳入征信体系，对守信单位进行金融培育。广泛推行守信承诺，强化企业主体责任意识。施行“红黑榜”制度，奖励“红榜”，惩处“黑榜”。连续三年推行食品安全责任保险，逐步完善保险制度。如因汤阴食品发生安全问题，消费者可通过保险体系立即得到赔偿，最大限度、最快速度保障消费者权益。

（四）“倡行”科普宣传。食品安全，人人有责。汤阴不断加大食品安全科普宣传力度。打造我国首个规模性安全食品体验馆，打造政府、企业、媒体和公众共享共建的互动体验平台。建立食品药品宣传教育中心，对食品生产加工从业人员、社会公众、中小学生开展食品安全法律和食品安全知识普及宣传教育活动。拍摄食品安全微电影《苏雅的春天》，引领食品安全正能量。受邀参加全国食品安全宣传周“双安双创”成果展并布展，“汤阴经验”多次在国家级食品安全论坛上得到推介。开展轰轰烈烈的食品安全宣传周暨假冒伪劣食品集中销毁仪式，营造社会共治氛围。

（五）“优化”生态保障。安全的食品来自安全的生产要素。制定长远规划，对水、土壤、空气等生产要素逐步进行改良。鼓励企业引进纯水制作、废水净化工艺。扩建、新建 3 个污水处理厂，确保县域内地表水符合国家标准。同时，投资 1.5 亿元实施安全饮水工程，让在汤居民都能喝上安全放心水。大力推广配方施肥、测土施肥技术等无公害种植技术，减量农药化肥使用量，降低全县土壤污染和农药残留。汤阴建设 3 条 30 米宽的环县域、环县城、环集聚区防护林，加快汤河湿地公园建设，安装自动监控设备，综合治理大气污染，确保县域内空气质量达标。

食品产业园区全景图

世界 500 强—益海嘉里（安阳）食品工业有限公司

绿色、创新、安全、健康、诚信
中国食品工业强县—泗水县

泗水县位于山东省中南部，总面积1119平方公里，辖11个镇、2个街道办事处、1个省级经济开发区，63.8万人。

泗水因古老泗河发源于境内而得名，人文历史悠久，是东夷文化的摇篮，儒家学说的发详地。区位优势明显，日兰高速、京台高速、京沪高铁、济宁机场、济南机场、日照海港，构筑起四通八达的交通网络。自然生态优良，森林覆盖率达50.46%，山青水秀，林密泉美，名胜众多，素有“海岱名川”之美誉，被评为“中国宜居宜业典范县城”。泗水拥有省级开发区1处，规划总面积100平方公里，形成了以食品饮料、包装彩印、机械电子、生物医药为主导产业的多元化发展格局。被评为“山东省投资环境最佳园区”，建立了“济宁国家高新区泗水产业园”。

近年来，泗水县牢固坚持“生态优先、绿色发展”理念，实现了经济发展和生态建设互促并进，走出了一条绿色崛起之路，2014年被山东省委、省政府确定为全省两个“县域经济科学发展生态文明建设类试点县”之一。大力发展食品产业，形成了矿泉水及果蔬饮料、肉类加工、薯类淀粉制品、粮油精深加工四大食品产业，食品产业已经成为泗水县的支柱产业，荣获“全国食品工业强县”称号。2017年食品生产企业达到200余家，全国食品工业优秀龙头企业2家，省级农业产业化龙头企业3家，市级农业产业化龙头企业27家，建成国家级高新技术企业2家，省级企业技术中心2个，市级企业技术中心3个，拥有“驰名”商标1个，省著名商标3个，省名牌产品8种，企业创新能力不断提升。年加工各类食品200多万吨，产品达10大系列500多个花色品种，畅销全国各地并远销30多个国家和地区。

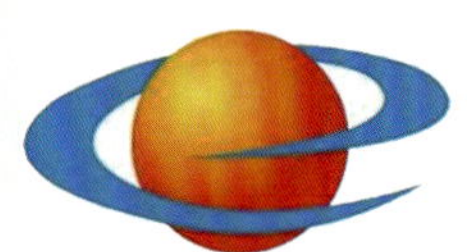

济宁鸿润食品有限公司logo.

济宁鸿润食品有限公司

锦川食品

科学的规划为食品产业集聚发展描绘了美好蓝图。编制《泗水县食品工业“十三五”发展规划》，明确了绿色食品产业发展目标和各项措施。坚持以县经济开发区及各镇街产业园区为重点，按照“布局集中、产业集聚、土地集约、生态保护”的原则，整合、优化、提升现有务类工业园区，加快建设区中园、园中园、专业园，形成集聚效应、洼地效应的产业集群。

优质原材料基地为食品产业集聚发展提供了良好平台。全县“三品”认证基地达66处、近40万亩，各类规模化养殖场3300多个。所有基地推行“统一农资供应、统一技术指导、统一生产管理、统一质量检测、统一收购销售”的五统一管理模式，实现了基地生产标准化、规模化和产品的无公害化、优质化。不断完善基地与农户、生产企业的利益联结机制，保证了良品工业优质专用原料的有效供给。

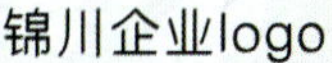

锦川企业logo

泗水利丰食品有限公司

柳絮

利丰食品

龙头企业为食品产业集聚发展发挥了强势带动作用。泗水县坚持招商新上项目和壮大原有企业双轨并进，康师傅、娃哈哈、汇源、鸿润等国内食品行业巨头相继落户泗水，利丰、新绿、锦川花生等规模企业增资扩能，形成了产业龙头带动四大链条发展的良好格局。

优质高效的服务环境为食品产业领取发展增强了核心竞争力。针对食品产业成立了由县级领导、有关部门和镇街主要负责人组成的服务组，帮助企业协调项目用地、环保容量等指标，为企业“量身定做”融资方案；对食品项目实行县级领导包保、专门小组推进和项目服务“绿色通道”，建立“一站式”服务，确保项目快建设、快达产；对食品企业实行县级领导联系、“挂牌保护”，积极为企业排忧解难，确保企业快速健康发展。基于优越的服务环境，汇源、娃哈哈 、康师傅等项目，都实现了当年开工建设、当年投产达效，在山东省形成了轰动一时的“泗水现象”。

展望未来，泗水县将始终坚持绿色发展，建立门类齐全、市场互补、链条紧密、循环持续的产业体系，着力打造全面食品产业集聚地，使食品工业成为我县经济发展的一大支柱产业，引领和推动泗水县域经济科学发展、跨越发展。

娃哈哈标志及卡通

济宁娃哈哈饮料有限公司

肉松、汤块.

山东味珍食品有限公司

巨峰食品商标

巨峰食品.

万载县国家现代（有机）农业示范区

万载县从1999年开始规模化发展有机农业，历时18年，已成为长江以南起步早、起点高、规模大、品种全、品牌响、监管严的“江南有机农业第一县”。有机农业生产基地已由茭湖乡逐渐发展到高村、仙源、赤兴、三兴等11个乡镇，目前全县有机认证面积41.2万亩，其中耕地面积9.2万亩，野生采集面积32万亩。开发了粮油、果蔬、畜禽等三大类160多个有机加工产品，稻米、毛豆、木姜等38个农产品分别获得欧盟、美国、日本和国内有机产品认证。全县有家庭农场375家，农民专业合作社728家，从事有机农业生产的达到336家，获得国家级示范社的有3家，带动了7万多农民参与有机种养与生产。以千年食品、恒晖大农业、金源农业、青叶食品、水晶百合、锦江食品、宜万佳、德顺米业等21家食品龙头企业，带动了全县有机食品的生产、加工、销售，产品销往国内外市场，年创汇上千万美元。先后被认定为“国家有机食品生产基地”、“中国绿色名县”、“江西省绿色（有机）食品十强县”、“江西省绿色（有机）食品加工产业基地”、“国家现代农业示范区”、“国家有机产品认证示范区”、“江西省休闲农业示范县”、“国家农业科技园三兴核心区”和“全国农村产业融合试点示范县”。

示范区着力构建农业与二三产业交叉融合的现代产业体系，全面推行有机种养、精深加工、科研培训、商贸物流、旅游休闲“五位一体”的融合发展模式，促进农业增效、农民增收和农村繁荣，努力把万载示范区打造成全国现代农业发展的样板区、健康安全食品的标杆区、生态文明建设的引领区和一二三产融合发展试点区。主要围绕有机（绿色）粮油、果蔬、畜禽等主导产业，按照成片开发、整体推进的原则，重点建设农业科技园和健康食品产业园。

农业科技园规划面积3万亩（2015年被国家科技部认定为宜春国家农业科技园万载县三兴核心园），涵盖有机生产与加工、示范推广、产业孵化、辐射带动、科普培训和休闲旅游6大功能，形成组合有序、优势互补、整体协调、持续发展的具有空间集聚效应的现代农业体系。已建成理念超前、概念新颖的“一楼三馆一园一中心和十七大基地”的恒晖科技示范园，良种繁育中心，教育培训中心，芦笋科研所，华中地区有机农产品检验检测区域分中心等。

健康食品产业园规划面积1万亩，位于万载县城东北部的三兴镇，距万载县城15公里，交通便利，园区采取依山就势，分台建设的渐进模式，实现粮油、果蔬、畜禽、仓储物流、生产资料和产业配套综合服务的协同开发，实现开发一片、投产一片、收效一片、再投产一片的良性循环，整个园区达到零排放、零污染，基本保留原有山体植被，不破坏原有体系，将打造成江南特色风貌的、全省唯一的有机食品加工基地，目前已建成的第一期基础设施园区面积4000亩，可容纳近100家大型企业落户，提供近万个就业岗位。

江西万载千年食品有限公司

江西万载千年食品有限公司是农业产业化经营省级龙头企业、全国食品工业优秀龙头食品企业、全国农产品加工创业基地，是万载县有机加工资质认证的食品加工企业。公司成立于2001年9月，注册资金2000万元，厂区占地面积72亩，共有各类生产线10条，年生产能力达5000吨。

产品以“绿色、健康、环保”为主题，崇尚回归自然、地方特色，并顺利通过了“国家原产地标记注册证”。ISO9001质量管理体系、ISO22000食品安全管理体系、绿色食品、有机食品、出口食品备案登记等认证。秉承内强素质，外树形象的管理观念。多年来，管理上“以人为本”，注重加强企业管理，努力提升员工素质。经营上开拓创新，注重产品研发，提升产品质量。主导产品南酸枣糕等11个产品荣获国家绿色食品标志证书，葛粉、葛片荣获有机食品认证，公司“千年”牌注册商标多次评为“江西省著名商标”，2013年12月荣获为“中国驰名商标”。

公司绿色食品发展经历了由单一到品种并进的开发过程。通过10余年的努力和开拓，“千年”品牌系列绿色产品日趋丰富，由初期的南酸枣糕单一品种，逐渐孕育出了以南酸枣糕为代表的果蔬蜜饯类系列产品；以百合粉、百合面为代表的百合制品系列产品；以葛粉、葛片为代表的保健系列产品；以桃酥为代表的天然谷物系列产品等四个系列50多个品种。产品享誉国内，远销海外。

近几年来，“千年”品牌提升，企业声誉日盛。公司南酸枣糕、果蔬糕、百合粉、葛粉2008年评为“江西名牌农产品”和“江西市场最畅销商品”；南酸枣糕、葛粉2010年入选上海世博会江西馆特供品；南酸枣糕、百合粉、葛粉2010和2011年评为“中国国际农产品交易会金奖”，2009年起连续5年获“江西名优农产品（上海）展示展销会金奖”。公司2009年获“全国农产品加工创业基地”；2010年获“全国食品工业优秀龙头企业”；2012年获“江西省质量信用AAA级企业”；2013年获“全国守合同重信用AAAA公示单位”“江西省劳动关系和谐企业”2014年获“全省优秀农业产业化龙头企业”；2015年获“全国食品工业优秀龙头食品企业”、“江西省守合同重信用AAA公示单位”；2016年评为“全国有机农业产业重点龙头企业”、“中国品牌价值评价”；2008年起连续8年获“农业产业化经营省级龙头企业”，2010年起连续5年被中国食品工业协会授予“食品安全示范单位”，2012年起连续三年在全国同类生产行业前三名。

郑州市平江商会 调味面制品行业简介

调味面制品，起源于湖南岳阳市平江县清朝著名贡品——平江酱干，它是集鲜、嫩、咸、辣、甜五香于一体的平江传统名吃，是以小麦粉为主要原料，添加适量辅料，经配料、挤压熟制、成型、调味、包装而成的即时性方便休闲食品。

据统计，至 2016 年底，全国拥有调味面制品食品生产企业 580 家，主要分布在河南、湖南两地。全国年总产值 330 亿元，市场销售额 510 亿，整个行业年用面粉 150 万吨，食用油 48 万吨，辣椒 9 万吨，安排就业 50 多万人次，上缴利税 10 几亿元，拉动相关消费逾 30 亿元，捐资公益慈善事业近 4000 万元，行业规模企业 40 家，已然是当代经济社会发展的一支重要力量。如"卫龙"、"君仔"、"佳龙"、"津津友味"、"琼宇"、"笑笑"、"祥云园"、"麦小呆"、"麦动"、"周小玲"、"翻天娃"、"飞旺"、"玉峰"、"双仔"、"宇仔"等。调味面制品是中国休闲食品的新贵，更是辣味食品的领跑者，行业正在向生态化、健康化、营养化的目标前行，为中国食品工业做出自己应有的贡献。

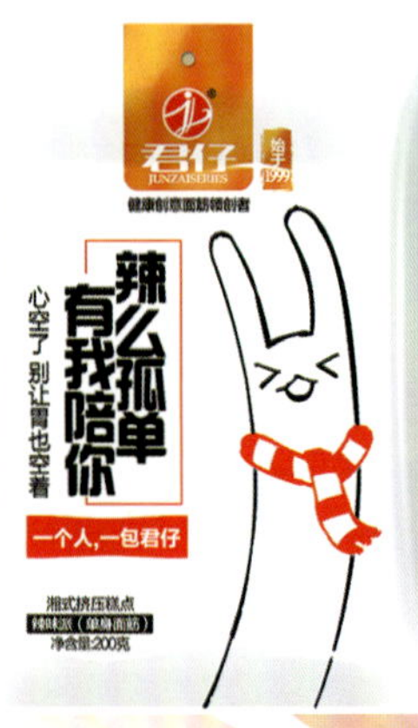

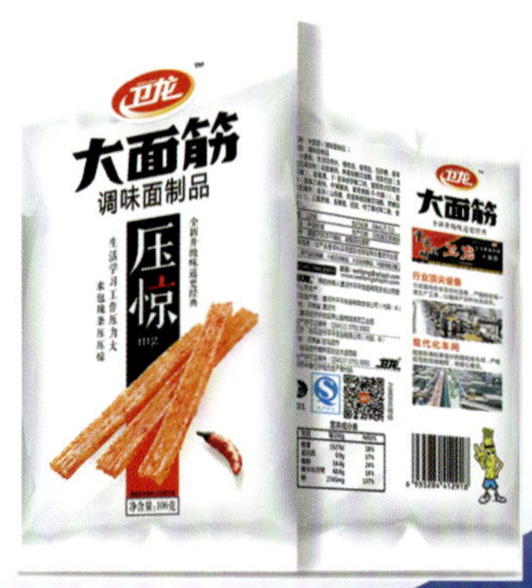

遂平县食品工业发展状况

遂平县位于河南省中南部，总面积1080平方公里，总人口55万，辖3乡8镇3个街道办事处、2个景区管委会、1个产业集聚区和1个新区，201个村（居委会）。遂平县区位优越，交通便利，农副产品资源丰富，种植养殖基础较好，是全国商品粮生产基地县、全国食品工业强县、全国食品工业十大发展特色县、全国食品安全示范县。

遂平县现有食品企业120家，其中规模以上企业61家，食品工业成为推动遂平县经济社会快速发展的一个重要增长点。

遂平名牌食品企业成为亮点。近几年来，先后引进了英联饲料、众品食业、徐福记食品、燕京啤酒、扬翔饲料、益康面粉、思念冷冻食品、克明面业、今麦郎、五得利等一批国内外名牌食品加工企业，成为遂平县食品工业的骨干；食品产业链条不断延伸。遂平县食品工业初步形成了面粉、挂面、糕点、速冻食品、肉制品、啤酒饮料等门类齐全的食品工业体系。

遂平资源充足价廉，遂平县位于国家粮食生产核心区，粮食和畜产品产量大、质量优。劳动力资源丰富，用工、用地都比较廉价，工业用电供应充足；市场占有广泛，徐福记食品、克明挂面已覆盖全国大中型连锁超市，益康面粉为统一集团、康师傅方便面全国唯一定点供应产品，一加一面粉已占据河南市场，众品食业生鲜肉已覆盖长三角、珠三角、闽三角、华中及环渤海等18个省（市）肉制品企业、连锁餐饮业的上链供应等高端市场；创新能力较强。遂平县有6家省级研发中心、3家市级企业研发中心；龙头企业迅速成长。年销售收入10亿元以上的企业2家、5亿元以上的企业9家、亿元以上的企业11家。

遂平健全监管网络，建立了从产品设计到售后服务的工业品全过程监管链条，从种植养殖到餐饮消费的食品全过程监管链条；建立产品质量和食品安全质量追溯体系和责任追究体系，严格落实食品进货索证、标识标签管理、市场检验检测、食品经营实名登记、卫生监督公示等制度；推行标准化生产，深入开展“无公害农产品生产基地”建设和产品认证、产地认定等工作。无公害产品、绿色食品、有机食品认证达到46个，国家地理标志农产品2个，省名优产品、知名商标、放心面粉、省免检产品和著名商标产品等20余项。

地址：遂平县建设路中段 **电话**：0396-4926953 **邮编**：463100 **邮箱**：spxxmb@126.com **网址**：www.spzsyz.com

中国休闲食品之都—临颍

临颍

临颍县隶属中国食品名城漯河市，全县辖11镇4乡，367个行政村，人口76万，面积821平方公里，耕地面积88万亩，属典型的平原农业县。近年来，临颍县依托农副产品和农产品深加工的资源优势，把休闲食品产业作为全县的主导性产业致力培育、精心打造，县域经济实现持续快速发展，先后荣获全国食品工业强县、全国食品安全示范县、全国科技进步先进县、河南省对外开放先进县等荣誉称号，并被中国食品工业协会命名为“中国休闲食品产业基地”。休闲食品产业在临颍规模化、特色化、集群化发展，已成为临颍县最具支撑作用的产业

- 首批国家级农业产业化示范基地
- 全国食品工业强县
- 中国休闲食品产业基地
- 全国食品安全示范县
- 国家火炬休闲食品特色产业基地
- 全国科技进步先进县
- 全国粮食生产先进县
- 全国依法治理百强县
- 全国生猪调出大县
- 全国农业标准化示范县

发展现状

近年来，临颍县始终坚持做大做强做优休闲食品主导产业不动摇，强化创新驱动，着力提升功能食品、绿色健康食品、高附加值食品比重，加快传统休闲食品产业向高端化转型升级，倾力打造更具竞争力的中国休闲食品产业基地。

通过多年来的精心培育，临颍县食品产业形成了一定的规模竞争优势和区域特色。

- 全县食品产业实现主营业务收入330亿元，占全县规模企业比重达到66.4%
- 实现税收4.8亿元，占全部工业税收的73.8%
- 培育出南街村、亲亲、盼盼、联泰、养元、嘉美等税收千万元以上食品企业11家，其中养元公司纳税超过3亿元

休闲食品产业发展层次和质量效益显著提升，为县域经济快速发展提供了核心支撑，主要呈现以下几个特点：

一、产业集聚 横向成群
二、产业配套 纵向成链
三、名企荟萃 名牌聚集
四、龙头带动 集群发展
五、注重创新 以研促产
六、监管有力 品质可靠
七、快速增长 势头强劲

产业集聚 横向发展

全县休闲食品集聚特色明显，拥有各类规模以上休闲食品企业100多家，其中60%集中在产业集聚区，从业人员5万多人，年加工小麦130万吨、加工玉米100万吨。

产品包括烘焙、膨化、糖果、果冻果脯、功能饮料等8大类2000多个品种，其中薯片、虾条、法式小面包、果冻、巧克力棒等拳头产品日产量全国最大，国内市场占有率30%以上

名企荟萃 名牌聚集

临颍县先后培育引进知名休闲食品企业50多家，主要有：

- 世界500强——美国嘉吉
- 国内最大的蛋白饮料生产企业——河北养元智汇饮品
- 最大的法式面包生产企业——福建盼盼
- 最大的糖果生产企业——福建雅客
- 果冻行业前三强——福建亲亲
- 肉制品加工龙头企业——南京雨润
- 天然色素行业标准制定企业——河南中大生物
- 凉茶饮料领导者——加多宝
- 罐装行业领军企业——奥瑞金公司和中国食品包装公司
- 全国最大工业化营养膳食企业——伍氏美食公司
- 亚洲最大生物秸秆提取低聚木糖企业——河南路得生物科技

拥有中国驰名商标16个（南街村、上好佳、加多宝、盼盼、亲亲、雅客、养元、中大、雨润、喜盈盈、万事兴等），省级著名商标32个（巧巧、巧玲珑、香当当、功夫道、琅琅脆、漯宝、颍旺、恒源、鱼得水等）

来自沂蒙山的绿色食品基地
——山东省沂水县

沂水县位于鲁中南地区、沂蒙山腹地，总面积 2434.8 平方公里，在全省县级区划面积中列第二位，辖 18 个乡镇（街道），1 个经济开发区，1040 个行政村，总人口达 113.2 万人。沂水县历史悠久，民风朴实，具有光荣的革命传统，是“红嫂”的故乡、沂蒙精神发祥地之一。2014 年沂水县被民政部确认为中国地名文化遗产“千年古县”，2015 年、2016 年、2017 年连续三年成功入围全国投资潜力百强县市。

近年来，沂水县围绕“品种多样化、生产规模化、经营国际化、加工自动化、产品品牌化”的发展要求，积极引导食品产业从中低档产品向高档食品、焙烤食品、淀粉糖转变，加快由传统向先进、由低端向高端发展，食品产业已成为全县经济发展的支柱产业，2017 年完成产值近 300 亿元。

品牌悠久。食品产业作为沂水县的传统产业，起源于上世纪 80 年代，经过三十余年的发展，沂水县已成为闻名全国的食品城。沂水县先后被评为“中国食品城”、“全国食品工业强县”、“中国优质饼干加工示范基地”、“全国食品安全示范县”、“国家火炬计划功能性生物糖特色生产基地”、“山东省新型工业化示范基地（焙烤食品和淀粉糖）”、“省级产业集群（沂水县食品产业集群）”。

实力雄厚。全县获证食品企业已发展到 290 余家，其中规模以上工业企业达到 79 户，固定资产达到 60 余亿元，从业人员 5 万余人。年加工各类食品 400 余万吨，主要有玉米淀粉及淀粉糖、饼干、糖果、方便食品、休闲食品等，畅销全国各地并远销 30 多个国家和地区。

定位高端。青援、鼎福、正航等 5 个商标被认定为“中国弛名商标”，青援食品公司的小麦粉、饼干、方便面和辣酱、鲁洲集团的食用植物油、沂蒙山酒业公司的浓香型白酒等 13 种产品被评为“山东名牌产品”，鼎福、青援、康柏、雪婷、沂蒙山、大仓等 13 个商标被认定为 “山东省著名商标”。青援食品公司、鲁洲集团等 5 户企业先后被评为“全国食品工业优秀龙头食品企业”。

行业领先。目前全县食品行业拥有国家级企业技术中心 2 个，省级 3 个，市级 5 个；省级重点实验室 2 个；省级工程技术研究中心 1 个，市级 2 个；省级工程研究中心 1 个；博士后科研工作站 2 个；院士工作站 1 个。鲁洲集团参与和主持制定了食用葡萄糖、低聚异麦芽糖、果葡糖浆、麦芽糖、麦芽糊精、葡萄糖浆等国家行业标准，隆科特酶制剂公司先后参与制定了 7 项酶制剂国家标准、4 项行业标准和一项酶制剂企业生产规范。

鲁洲食品集团有限公司研发中心

山东鼎邦健康食品有限公司厂区

青援食品有限公司厂区

沂蒙山酒业

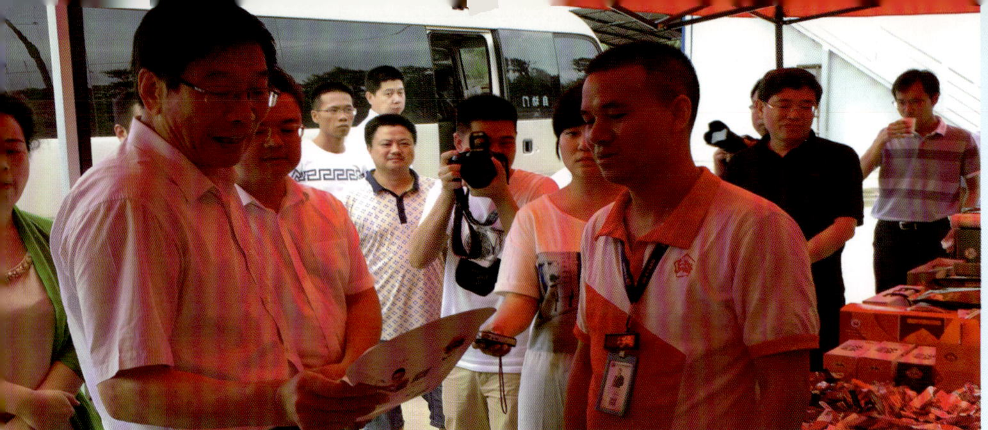

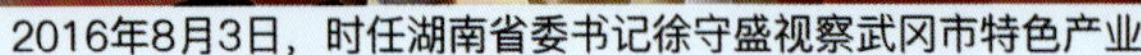

2016年8月3日，时任湖南省委书记徐守盛视察武冈市特色产业

武冈市特色产业产品

武冈市特色产业发展概况

近年来，武冈市先后被命名为“中国卤菜之都”“中国豆制品加工50强县市”“湖南省十大湘菜产业县（市）”“湖南湘菜原材料示范供应基地”、湖南省非物质文化遗产保护先进单位。武冈特色产业逐步走出了一条以基地建设为载体，以地方特色产品为品牌的产业发展之路。

一、产业发展

2016年武冈特色产业总产值28亿元，卤菜产业、铜鹅产业、豆制品初加工产业就业人数达到2.8万多人。全市拥有年产值过亿的卤菜加工企业4家、年产值过千万的16家、小型加工企业300余家，年出笼铜鹅2000羽以上的规模养殖场18个,年出笼武冈铜鹅100万羽。武冈卤菜已形成卤豆腐、卤铜鹅、卤猪肉、卤牛肉、卤蛋等10多个系列100多个品种，武冈卤菜产品畅销全国21个省市区。

武冈市特色产品

二、品牌创建

截至2016年底，武冈卤菜行业共拥有品牌商标38件。其中，中国驰名商标2件（华鹏和武冈卤菜），国家地理标志证明商标7件,省著名商标11件，邵阳市知名商标18个。武冈卤菜列入了湖南省第二批非物质文化遗产保护名录，武冈铜鹅列入了邵阳市非物质文化遗产名录。

武冈市特色卤菜，铜鹅产品

三、2016年度武冈特色产业突出成绩

1、我市首次进入“中国豆制品加工50强县市”

2016年4月，在首届中国国际大豆食品节上，武冈市被评为“中国豆制品加工50强县市”。这标志着我市豆制品产业从此进入全国豆制品先进行业。

2、武冈卤菜惊艳八大菜系品鉴会

9月8日，武冈卤菜参加了2016中国食品博览会之“美满中华八大菜系品鉴会”。此次品鉴会汇集了全国各菜系最著名的菜品，经过食客对所有菜品打分武冈卤菜得分为1792分，稳居第一，成为此次品鉴会的抢手货。

3、特色企业参展2016年中国中部农博会荣获金奖

11月29日，我市组织8家武冈卤菜、武冈葛根特色企业，参加由农业部主办的2016中国中部农业农博会。本次农博会，来自境内外的参展企业达3000多家。我市参展特色企业和旺公司的野生纯葛粉在数以万计的参展产品中脱颖而出，荣获金奖。

哈尔滨市双城区食品产业发展简介

双城区位图

双城区是哈尔滨市新区，幅员面积3112平方公里，辖10个街道、17个乡镇、246个行政村、1个省级经济开发区、1个省级生态农业开发区，总人口83万。双城于公元1814年（清嘉庆19年）建城设治，因境内有金代达禾、布达二古城，遂定名双城，1988年撤县设市，2014年撤市设区。

近年来，双城食品产业异军突起。先后被评为全国牛奶生产第一县、粮食生产先进县、食品工业百强县、食品工业十大发展特色县、国家新型工业化食品示范基地、全国十大魅力城区、全国区域最具竞争活力县（市）、全国首批‘百县百品’农产品上行十佳县、全省放心食品产业城、全省首批电子商务产业示范基地，跻身国家现代农业示范区、国家农业产业化示范县、第三批全国发展改革试点城镇和全国蔬菜产业重点县行列。

2016年末，全口径食品工业产值实现438亿元；规模以上食品加工企业76户，规上食品工业产值163.4亿元，食品工业税收占全部税收84%左右。

——**优越的区位交通**。双城区地处东北亚经济圈中心地带，是辐射东三省和俄日韩等国家的重要枢纽；作为卫星城，处于哈尔滨半小时经济圈之内，是哈南工业新城和哈尔滨新区（临空经济区）规划的重要组成部分；是黑龙江省打造“东北亚绿色食品基地”，哈尔滨打造“哈尔滨长春城市群”中心城市；国家对俄合作中心城市；黑蒙沿边开放开发支撑带等国家和省市战略谋划区。区域内有京哈、拉滨铁路、哈大高铁及同三高速、102国道、202国道等多条干线公路穿境而过，距太平国际机场26公里，松花江流经双城并设有船站，形成了发达便捷的水、陆、空立体交通体系。哈双轻轨、双城区域通用机场正在筹划建设，未来双城的交通枢纽功能将更加凸显。

——**丰富的农牧资源**。双城位于北纬45°的“黄金奶道”和全球“玉米黄金带”上，所处松嫩平原更是世界三大黑土带之一，土地平坦肥沃，农牧资源极为丰富。全区耕地面积352万亩，粮食年产量40亿斤以上，绿色、有机、无公害作物220万亩，绿色果蔬年产量28.9万吨。以“两牛一猪两鸡一鹅”为重点的现代畜牧产业发展迅猛，奶牛存栏20万头、生猪150万头、肉牛50万头、家禽3000万只，畜牧养殖基本实现规模化，肉、蛋、奶产量和品质居全国前列，东北最大、全国第二的蛋禽批发大市场座落在双城。

——**完善的服务平台**。双城经济技术开发区是1992年经省政府批准的省级经济开发区，总规划面积87.5平方公里，建成区13.1平方公里，累计投资超过13亿元，入驻企业160户；水电路讯以及“三供两治”等基础设施完备；形成以食品加工园为牵动，装备制造、现代物流、电子商务为呼应的“一区四园”发展格局，开发区即将晋升国家级开发区，特别是随着总投资100亿元的汇源农业综合示范园项目正式奠基和海峡两岸农业及食品（哈尔滨）科技产业园14个合作项目的集中签约，开启了打造国家级新型工业化食品产业示范基地新篇章。

——**雄厚的产业基础**。从1987年雀巢公司入驻双城开始，成功引进了娃哈哈乳品、旺旺食品、洽洽食品、汇源果汁、完达山乳业、雨润食品等一批国际国内知名企业，培育发展了老村长酒业、龙江家园酒业、花园酒业、香其酱、天顺源清真食品等特色本土企业。全区拥有食品注册商标1500多个，中华老字号2个，中国驰名商标16个，省市著名商标和名牌产品90多个，认证绿色、有机、无公害和地理标识“三品一标”180多个。形成了乳、酒、肉、蛋、饮品、调味品、休闲食品、绿色有机蔬菜等八大食品产业集群。具备年加工120万吨鲜奶、200万吨粮食、30万吨肉制品、10万吨白酒、30万吨鲜蛋、70万吨蔬菜的生产加工能力。

作为哈尔滨市最年轻的一个区，双城以习总书记两次对黑龙江的重要讲话精神为引领，深入做好改造升级“老字号”、深度开发“原字号”、培育壮大“新字号”三篇大文章，大力实施“现代农业兴区、食品产业强区”两大发展战略，争做全国现代农业的实验田和农业结构性改革的先行区，强力推进招商引资战略升级。努力将双城的食品产业打造成千亿产业集群，倾心打造食品工业之都和现代文明新区。

双城食品

黑龙江省老村长酒业有限公司

哈尔滨绿色食品电子商务产业园

双城雀巢公司

全国食品工业强区—重庆江津德感工业园

重庆市江津区，位于重庆西南、三峡库尾，是“全国食品工业强区”。重庆市江津区德感工业园成立于 2002 年，是重庆市首批 16 个特色工业园区之一，地处二环边缘，坐拥“一江一铁二轨道六高速”。园内有国家级深水良港—兰家沱港，年吞吐能力 400 万吨；成渝铁路贯穿辖地；园区紧邻重庆绕城、成渝、渝滇、渝泸等六条高速干线，距“渝新欧”起点站仅半小时车程，是西南地区重要的水陆交通枢纽和物资集散地，可实现快捷的水、铁、公一体化联运。

园区总体规划面积 26 平方公里，建成区面积约 13 平方公里，重点发展装备制造、粮油食品加工、汽车整车及零部件制造三大主导产业，配套发展现代临港物流业。目前，累计入驻企业 520 家，其中包括瑞士 ABB 集团、中冶科工集团、中船重工集团、中国兵装集团、中粮集团、新加坡丰益国际集团、新兴际华集团、三一重工、北汽集团、中航工业集团、华电集团等 11 家世界 500 强企业，以及重庆潍柴、山东鲁花、广州双桥、武汉福达坊、沈阳桃李面包、江津酒厂集团、江津米花糖等知名企业来园投资发展。

园区将全力创建国家级装备制造业基地、国家级粮油食品加工基地和重庆市重点临港物流基地，力争到 2020 年，实现建成千亿工业园的宏伟目标。

第三部分

按照东部（10个）、中部（6个）、西部（12个）、东北部（3个）及特区顺序排列

3.1 北京市

【a. 概况】

2016 年，全市人民在党中央、国务院和市委、市政府的坚强领导下，牢固树立创新、协调、绿色、开放、共享的发展理念，围绕首都城市战略定位，大力推动功能疏解、京津冀协同发展，加快建设国际一流的和谐宜居之都，扎实推进供给侧结构性改革，经济社会保持平稳健康发展，实现了“十三五”良好开端。

1. 食品工业经济状况

农副产品加工业营业收入 4609325 万元，同比增长 10.5%；主营业务收入 4566083 万元，同比增长 10.4%；利润总额 201790 万元，同比增长 39.1%。食品制造业营业收入 52959522 万元，同比增长 2.60%；主营业务收入 5130402 万元，同比增长 2.60%；利润总额 341652 万元，同比增长 40.9%。酒、饮料和精制茶制造营业收入 1990286 万元，同比下降 3.40%；主营业务收入 1846075 万元，同比下降 5.1%；利润总额 63822 万元，同比下降 4.3%。

2. 主要产品产量

主要产品产量

产品名称	2016年产量（吨）	累计增长（%）	名次
小麦粉	704369. 61	-2. 50	16
大米	159583. 08	15. 79	24
精制食用植物油	33828. 95	-8. 24	29
鲜、冷藏肉	613107. 56	-6. 74	16
冷冻水产品	1070	8. 85	22
糖果	33369. 07	4. 53	16
速冻米面食品	29959. 03	0. 36	14
方便面	66324	-11. 71	18
乳制品	589764. 52	-0. 53	17
液体乳	589764. 52	-0. 02	14
其中乳粉	11164. 11	-33. 72	18
罐头	4199	-47. 81	27
酱油	21666. 65	-30. 89	21
冻冷饮品	135438. 05	10. 44	10
食品添加剂	31466. 55	28. 37	19
饮料酒	1674840. 17（千升）	0. 87	16
其中：白酒（折65度商品量）	310216（千升）	16. 73	11
啤酒	1352696. 13（千升）	-2. 11	14
葡萄酒	6369. 04（千升）	-14. 55	15
软饮料	4013282. 56	-7. 26	16
其中：碳酸型饮料	913880. 83	-1. 77	5
包装饮用水	1196769. 83	-10. 47	20
果汁和疏菜汁类饮料	547281. 26	3. 95	18

在国家统计的 22 种主要食品中，9 种食品产量同比增长，13 中食品产量同比下降。产量同比增长的食品有：食品添加剂，增长 28.37%；白酒，增长 16.73%；大米，增长 15.79%；冻冷饮品，增长 10.44%；冷冻水产品，增长 8.85%；糖果，增长 4.53%；果汁和疏菜汁类饮料，增长 3.95%；饮料增长 0.86%；速冻米面食品，增长 0.36%。产量同比下降的食品有：罐头，下降 47.81%；乳粉，下降 33.72%；酱油，下降 30.89%；葡萄酒，下降 14.55%；方便面，下降 11.71%；包装饮用水，下降 10.47%；精制食用植物油，下降 8.24%；软饮料，下降 7.26%；鲜、冷藏肉，下降 6.74%；啤酒，下降 2.11%；碳酸型饮料，下降 1.77%；乳制品，下降 0.53%；液体乳，下降 0.02%。

北京的碳酸型饮料产量，在全国排列第 5 位、冻

冷饮品排列第10位。

3. 食品价格：

2016年，北京全年居民消费价格同比增长1.4%。其中：食品价格增长3.3%。

2016年居民消费价格涨跌幅度

单位：%

指标	2016年
食品烟酒	3
其中：粮食	-0.9
鲜菜	10.3
鲜果	-2.1
畜肉类	6.5

4. 市场消费

2016年，北京全年实现社会消费品零售总额11005.1亿元，同比增长6.5%。其中：吃类商品2296.7亿元，增长5.4%。

2016年社会消费品零售总额

指标	零售额（亿元）	比上年增长（%）
社会消费品零售总额	11005.1	6.5
其中：吃类商品	2296.7	5.4

【b. 协会主要工作】

2016年，是"十三五"开局之年，北京食品协会坚持"服务"宗旨，认真履行协会职能，努力做好各项工作，为促进首都食品行业发展做出新贡献。

1. 推动产业优化升级

（1）多渠道搜集信息，为政府部门决策和行业发展提供服务。

（2）参加全国食品工业优秀龙头食品企业评选活动。

（3）参加了北京凯达恒业农业技术开发有限公司、燕京啤酒股份有限公司、北京麦帮食品有限公司、北京金田麦国际食品有限公司4个项目的工业发展资金支持项目验收。

（4）参与了北京华鹏食品有限公司、北京麦当劳食品有限公司、北京京日大东食品有限公司、亿滋食品（北京）有限公司、北京东方红生物制品有限公司等5家企业的清洁生产项目审核工作。

（5）与有关大卫共同举办"2016年中国食品产业发展高层论坛"活动。

2. 推动京津冀协同发展

（1）加强京津冀交流沟通。

（2）积极参与"首届京津冀农产品（食品）加工与品牌建设高端峰会"。

（3）组织会员企业到河北省沧州市（环渤海新区）参加第三届京津冀食品产业协同发展论坛。

（4）与河北省邯郸市人民政府共同主办第二届京冀（邯郸）食品行业对接会。

（5）与河北省玉田县人民政府举办"京津冀协同发展国家（玉田）农业园区招商推介会"。

3. 开展食品安全活动

（1）积极配合市卫生计生委做好《北京市食品安全企业标准》贯彻落实工作。

（2）寻访重点企业，深入开展诚信体系建设工作。

（3）与北京食品学会联合主办"2016第九届中国北京国际食品安全高峰论坛"。

4. 开展展览展示活动

（1）组织会员企业赴山东省烟台市参加了"第11届东亚国际食品交易博览会"；参加了第11届中国国际餐饮食品博览会；组团参加"2016中国上海国际食品博览会"。

（2）组织会员企业的80余名相关人员参与主题为"加强实验室能力建设，提高实验室检测水平"的第三届中国食品企业实验室检测与管理技术论坛。

（3）与北京食品学会共同主办"中国食品科技北京论坛"。

5. 加强协会自身建设

（1）参加北京市行业协会商会与行政机关脱钩动员部署大会，学习中共中央办公厅、国务院办公厅《关于改革社会组织管理制度促进社会组织健康有序发展的意见》和北京市行业协会商会与行政机关脱钩工作方案，理解协会脱钩工作总体安排，谋划协会换届工作。

（2）协会召开协会例会 12 次；协会杂志《北京食品信息》出刊 12 期；按照协会财务的管理，委托北京中会信诚会计师事务所对 2016 年期间的财务状况及相关会计资料进行审计并出具审计报告。在北京市民政局进行的“中国社会组织”等级评选中，再次被评为 4A 级协会。

（3）协会队伍继续扩大，北京凯达恒业农业技术有限公司、北京弘基农业科技发展有限公司、北京卓悦通源商贸有限公司经申请成为协会新会员。

北京市食品协会

3.2 天津市

【a. 概况】

1. 主要经济指标在结构调整中实现稳增长

2016年，全市食品工业325家规模以上企业实现主营业务收入2664.17亿元，同比增长8.7%。其中：农副产品加工业实现主营业务收965.1亿元，增长3.2%；食品制造业实现主营业务收入1459.72亿元，增长12.5%，占全行业的54.8%。食品制造业实现主营业务收入同比增长幅度比农副产品加工业高9.3个百分点。

2. 食品工业对全市和轻纺工业的贡献增大

全市食品工业实现主营业务收入占全市工业的9.57%，同比增加1.36个百分点；占全市轻纺工业的65.19%。

3. 经济运行的质量和效益明显提升

全市规模以上食品企业实现利税388.92亿元，同比增长12.6%；其中利润267.11亿元，增长18.7%；实现利润率为10.03%，比全市工业高2.9个百分点；每百元成本75.7元，比全市工业低9.8元。其中：食品制造业实现利税占全行业的81.85%，实现主营业务收入所占比例高；利润率为16.89%，比全行业高6.86个百分点；每百元成本为69元，比全行业低6.7元；农副产品加工业实现利税24.9亿元，同比增长37.5%，其中利润12.05亿元，增长132.7%。

4. 六个优势发展行业“四升两降”

保健食品制造业实现主营业务收入998.94亿元，同比增长17.3%，已多年排列全国第1。屠宰及肉类加工业实现主营业务收入96.73亿元，同比增长14.6%。冷食饮料行业实现主营业务收入150.47亿元，同比增长12.14%。乳制品制造业实现主营业务收入56.94亿元，同比增长3.1%，实现利税5.84亿元，同比增长24.7%。

食用植物油产量747.75万吨，同比下降1.9%；实现主营业务收入564.51亿元，同比下降11.4%。方便面及其它方便食品制造业近年来，由于，市场竞争加剧和原材料上涨等因素，整体出现下降，实现主营业务收入242.85亿元，同比下降1.4%，已第4年呈现下降。

【b. 协会主要工作】

1. 加大服务力度、结构调整工作平稳推进

（1）明确目标，坚定信心。。

（2）典型引路，促进调整。

（3）瞄准高端，加快调整。

（4）注重品牌建设，提升调整水平。

2. 编制了“十三五”规划，修改完善了加快发展对策研究

3. 开展了推进京津冀协同发展国家战略系列活动

（1）3月17—19日组织我市29家企业53人参加了在张家口举办的京津冀协同发展高层论坛。

（2）5月9日在天津现代职业技术学院，市食协与北京食品学会、北京食品协会、河北省食品协会联合举办了“京津冀协同发展高峰论坛”。

（3）6月13—15日组织我市32家企业56人参加了在河北黄骅举办的“第三届京津冀食品产业协同发展高层论坛”，

（4）12月16日组织32家企业48人参加了在北京举办的“2016中国食品产业发展高层论坛”。

4. 进一步加大了境内外合作交流工作力度

（1）组织企业参加了4月12日由市工信委组织

在远洋宾馆召开的速递行业与食品行业交流合作座谈会。

（2）5月6日组织参加了市工信委组织在天津大礼堂举办的候鸟养老座谈会。

（3）5月15日组织活力源、五格食品、正鑫德公司参加了在邯郸的招商会。

（4）6月22日组织9家企业参加了在天津塘沽举办的第三届食品包装安全论坛。

（5）8月3日组织仁杰、茅台酒销售公司参加了由河北食协在芦台举办的招商会。

（6）8月10日组织25家企业40人参加了由马来西亚政府举办的棕榈油健康与营养论坛。

（7）10月13日组织44家企业65人赴北京顺义参观了国际水展览会。

（8）市食协带领三家企业参加了“经济技术开发与加拿大CASG投资合作说明会”。

（9）阿尔法食品公司与加拿大保健食品公司就产品进口达成合作意向。

5. 成功举办了“2016食交会”。

6. 开展调研与培训，为搭建电商服务平台做好铺垫。

7. 市食协换届圆满完成，新老交替，充满活力。

安俊华 廉长和

3.3 河北省

【a. 概况】

2016 年，河北省食品工业拥有规上食品企业 1375 家，完成工业增加值 81.6 亿元，同比下降 1.9%，其中：农副食品加工业工业增加值为 34.0 亿元，增长 4.3%；食品制造业工业增加值 22.8 亿元，增长 10.7%；酒、饮料和精制茶制造业工业增加值 16.6 亿元，下降 3.8%；烟草制品业工业增加值 8.2 亿元，下降 15.8%。

食品工业实现主营业务收入 3995.38 亿元，同比增长 4.3%，占河北省工业主营业务收入的 8.55%；实现利润总额 240.29 亿元，同比增长 1.1%，占全省工业利润总额的 9.21%。食品工业产销率 98.71%。

【b. 大事记】

1. 按照省政府有关部门要求，做好每月开展食品行业统计分析、预测预警，撰写月度、季度、河北省食品工业经济运行分析报告。

2.3 月 18–19 日，为推进京津冀食品产业协同发展，在河北省张家口万全区召开第二届京津冀协同发展会议暨京津冀食品加工与品牌建设高端峰会。

3.4 月 28 日，在石家庄召开河北省食协五届三次理事会。

4.5 月 9 日，天津现代职业技术学院为京津冀三地食品产业产教对接搭建平台，举办产教发展天津峰会。

5.5 月 16 日，河北省食协、天津食协及两地食品企业参加邯郸市政府举办的重点合作项目集中签约仪式暨邯郸市主导产业对接洽谈活动。

6.6 月 13–15 日，由北京市科学技术协会和沧州渤海新区管理委员会主办，北京食品学会、北京食品协会、天津市食品工业协会和河北省食品工业协会联合承办的第三届京津冀食品产业协同发展论坛在河北省沧州渤海新区召开。

7.5 月 16 日，河北省食协、天津食协及两地食品企业参加邯郸市政府举办的重点合作项目集中签约仪式暨邯郸市主导产业对接洽谈活动。

8.7 月份，为了培育食品行业人才队伍，河北省食协在河北衡水举办了河北省参加第九届白酒国家评委考评人员的选拔推荐及聘任首届省级白酒评委活动。

9.7 月，在河北衡水经济开发区召开由中国食品工业协会、衡水市人民政府、河北省食品工业协会主办，衡水工业新区管理委员会、河北养元智汇饮品股份有限公司、河北衡水老白干酿酒（集团）有限公司、衡水汇源食品饮料有限公司承办的“2016 衡水－中国食品工业龙头企业峰会暨百家食品名企进衡水”会议。

10.8 月，省食协参加在北京举办的京津冀协同发展国家（玉田）农业园区招商推介会。

【c.2016 主要经济指标（数据）】

1. 工业增加值

河北省规模以上食品工业完成工业增加值 907.6 亿元，增长 3.2%，占全省规模以上工业增加值的 7.78%（见图一），比全省增长速度低 1.6 个百分点。其中：农副食品加工业完成工业增加值 364.6 亿元，增长 4.2%（见图二）；食品制造业完成工业增加值 257.5 亿元，增长 10.6%（见图三）；酒、饮料和精制茶制造业完成工业增加值 178.0 亿元，增长 5.5%（见图四）；烟草制品业完成工业增加值 107.5 亿元，下降 15.7%（见图五）。

图一 2016 年河北省食品工业增加值增速及走势（%）

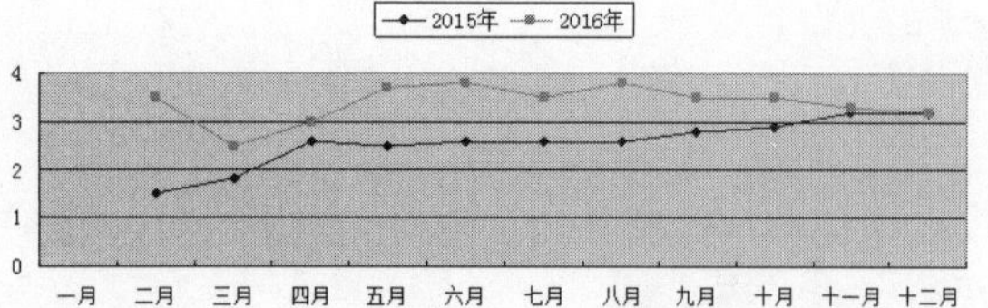

图二、2016 年河北省农副食品加工业工业增加值增速及走势（%）

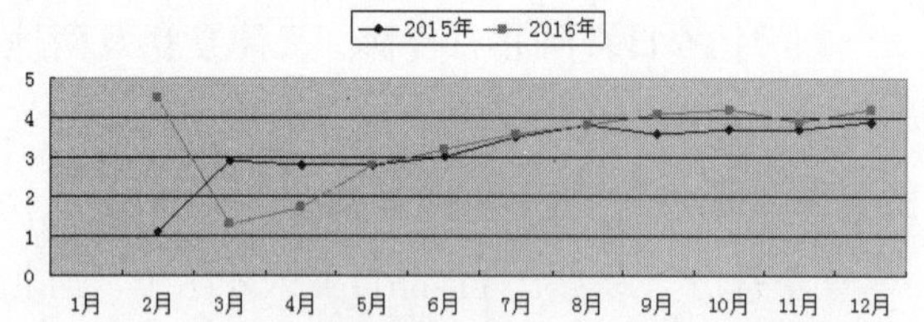

图三、2016 年河北省食品制造业工业增加值增速及走势（%）

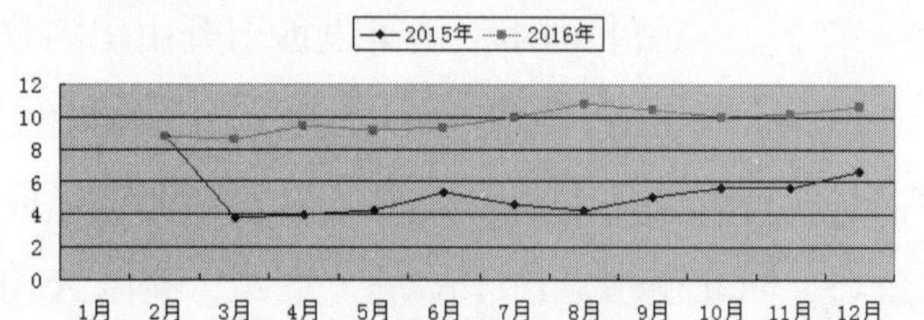

图四、2016 年河北省酒、饮料和精制茶制造业工业增加值增速及走势（%）

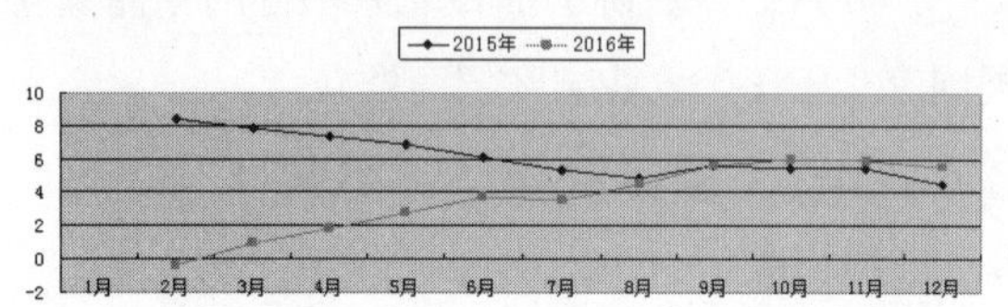

图五、2016 年河北省烟草制品业工业增加值增速及走势（%）

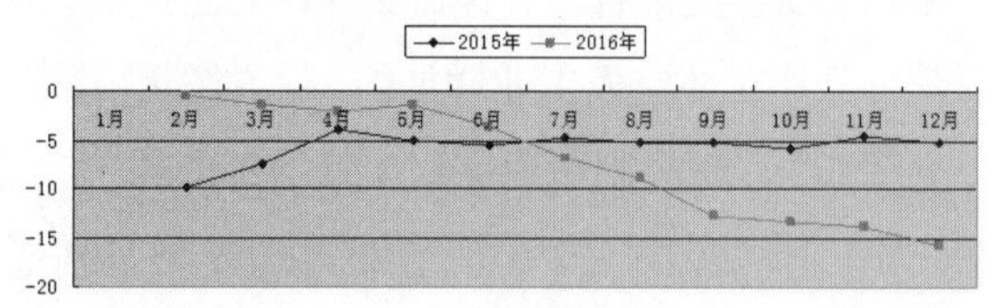

2. 工业总产值

河北省规模以上食品工业实现总产值 4192.59 亿元，增长 5.35%，占全部工业总产值的 8.66%。其中：农副食品加工业总产值 2335.85 亿元，增长 4.69%；食品制造业工业总产值为 1156.13 亿元，增长 11.19%；酒、饮料和精制茶制造业工业总产值为 554.49 亿元，增长 4.16%；烟草制品业工业总产值 146.12 亿元，下降 17.15%。

3. 工业销售产值

河北省规模以上食品工业销售产值 4107.39 亿元，增长 4.55%, 占全部工业销售产值的 8.69%。其中：农副食品加工业销售产值 2293.57 亿元，增长 3.23%；食品制造业工业销售产值 1127.11 亿元，增长 11.11%；酒、饮料和精制茶制造业工业销售产值 537.25 亿元，增长 4.06%；烟草制品业工业销售产值为 149.46 亿元，下降 15.16%。

4. 出口交货值

河北省规模以上食品工业出口交货值为 106.11 亿元，增长 6.13%，比全省工业出口交货值增速高 10.88 个百分点。其中：农副食品加工业出口交货值为 71.93 亿元，增长 1.31%，占全省食品工业出口交货值的 67.79%；食品制造业出口交货值 26.54 亿元，增长 16.5%，占全省食品出口交货值的 25.01%；酒、饮料和精制茶制造业出口交货值为 7.64 亿元，增长 23.24%，占全省食品出口交货值的 8.97%。

5. 产销衔接

河北省食品工业产销率 98.71%，其中：农副食品加工业产品销售率 98.19%，食品制造业销售率 97.49%，酒、饮料和精制茶制造业 96.89%，烟草制品业 102.28%。

6. 经济效益

河北省规模以上食品工业企业，实现主营业务收入 3995.38 亿元，增长 4.3%（见表一），占全省工业主营业务收入的 8.55%；实现利润总额 240.29 亿元，增长 1.1%，占全省工业利润总额的 9.21%。

表一2016年河北省食品工业主要经济指标完成情况

单位：亿元、%

指标 行业	资产合计	增长	主营业 务收入	增长	利润	增长
食品工业总计	2496.94	4.0	3995.38	4.30	240.29	1.1
农副食品加工业	1095.58	-4.4	2227.63	4.0	101.22	8.8

指标 行业	资产合计	增长	主营业务收入	增长	利润	增长
食品制造业	694.51	10.2	1118.24	10.2	70.25	-0.1
酒、饮料和精制茶制造业	563.61	15.5	501.46	-0.1	65.70	3.4
烟草制品业	143.24	4.5	148.05	-13.4	3.11	-71.4

（1）农副食品加工业

农副食品加工业主营业务收入2227.63亿元，同比增长4.0%；利润总额101.22亿元，同比增长8.8%。其中：

食用植物油加工业占全部食品13.95%，主营业务收入完成556.25亿元，同比增长6.5%，利润总额完成13.38亿元，同比增长9.3%；

谷物磨制行业占全部食品的10.02%，主营业务收入完成400.24亿元，同比增长6.3%，利润总额完成21.29亿元，同比增长13.6%；

屠宰及肉类加工行业占全部食品的10.11%，主营业务收入完成403.91亿元，同比增长7.2%，利润总额完成16.16亿元，同比增长6.9%；

蔬菜及水果加工占全部食品的3.69%，主营业务收入完成147.42亿元，同比增长17.1%，利润总额完成11.62亿元，同比增长10.1%。

（2）食品制造业

食品制造业主营业务收入1118.24亿元，增长10.2%；利润总额70.25亿元，下降0.1%。其中：乳制品制造业占全部食品的7.4%，主营业务收入完成295.48亿元，增长3.7%，利润总额完成18.48亿元，下降14.2%；方便食品制造业占全部食品的6.99%，主营业务收入完成279.15亿元，增长25.1%，利润总额完成12.17亿元，增长49%；

焙烤食品制造业占全部食品的3.53%，主营业务入完成141.12亿元，增长4.4%，利润总额完成9.37亿元，下降6.3%；糖果、巧克力及蜜饯制造业占全部食品的3.45%，主营业务收入完成137.68亿元，增长6.6%，利润总额完成13.33亿元，增长6.4%；

罐头食品制造业占全部食品的1.23%，主营业务收入完成49.19亿元，增长1.4%，利润总额完成3.87亿元，下降0.1%；

调味品及发酵制品制造业占全部食品的1.89%，主营业务收入完成75.34亿元，增长20.4%，利润总额完成4.72亿元，增长3.8%。

（3）酒、饮料和精制茶制造业

酒、饮料和精制茶制造业主营业务收入501.46亿元，下降0.1%；利润总额65.70亿元，增长3.4%。其中：饮料制造业占全部食品的6.9%，主营业务收入完成275.88亿元，增长1.2%，利润总额完成46.82亿元，下降1.4%；酒的制造业占全部食品的5.55%，主营业务收入完成221.75亿元，下降2.2%，利润总额完成18.74亿元，增长17.4%。

（4）烟草制品业

烟草制品业主营业务收入148.05亿元，下降13.4%；利润总额3.11亿元，下降71.4%。

【d. 产品产量】

2016年，河北省食品工业在入统的32种产品中，有23种产品为正增长，占统计品种的71.88%（见表二），罐头、糖果、速冻米面食品、冷冻饮品、方便面、膨化食品、小麦粉、冻肉、大米、成品糖、碳酸饮料、包装饮用水、婴幼儿配方奶粉和乳粉等14种产品产量增长都在10%以上；熟肉制品、卷烟、发酵酒精、果汁和蔬菜汁类饮料、蛋白饮料、白酒、啤酒、葡萄酒、果酒及配制酒均为下降。

表二2016年食品工业产品产量

产品名称	单位	产量	增长%
成品糖	万吨	32.80	367.52
速冻食品	万吨	94.82	62.54
速冻米面食品	万吨	69.08	40.92
冷冻饮品	万吨	1.38	30.03
罐头	万吨	60.39	29.21
大米	万吨	18.13	23.57 1
方便面	万吨	157.05	22.37
冻肉	万吨	9.18	15.52
糖果	万吨	7.89	14.91
软饮料	万吨	578.26 15.26	12.96

产品名称	单位	产量	增长%
其中：碳酸饮料	万吨	43.11	15.34
包装饮用水类	万吨	166.07	25.51
果汁和蔬菜汁类饮料	万吨	78.50	-1.99
蛋白饮料	万吨	16.46	-2.51
膨化食品	万吨	0.80	11.61
小麦粉	万吨	1121.45	10.88
食品添加剂	万吨	37.85	8.18
精制食用植物油	万吨	207.46	8.14
食醋	万吨	3.71	7.92
酱油	万吨	5.52	5.75
焙烤松脆食品	万吨	4.54	5.67
冷冻水产品	万吨	5.85	5.01
鲜、冷藏肉	万吨	115.18	4.47
乳制品	万吨	371.27	2.74
液体乳	万吨	361.18	2.53
固体及半固体乳制品	万吨	10.08	11.08
其中：婴幼儿配方乳粉	万吨	1.17	31.56
乳粉	万吨	5.06	17.44
冷冻蔬菜	万吨	7.61	0.40
熟肉制品	万吨	1.39	-1.12
卷烟	亿支	763.50	-10.02
饮料酒	万千升	194.36	-10.25
其中：白酒（折65度，商品量）	万千升	22.40	-8.70
啤酒	万千升	165.00	-9.22
葡萄酒	万千升	6.68	-9.46
果酒及配制酒	万千升	0.04	-98.35
发酵酒精（折96度，商品量）	万千升	14.95	-10.25

【e.先进企业和名优产品】

1.先进企业

（1）石家庄君乐宝乳业有限公司

石家庄君乐宝乳业有限公司成立于1995年，是河北省最大的乳制品加工企业，农业产业化国家重点龙头企业、国家高新技术企业、国家乳品研发技术分中心，公司现有员工8000余人，建有13个生产工厂和8个现代化牧场。以低温发酵乳、常温液态奶、奶粉、牧业四个事业部为引擎，建立起涵盖奶业全产业链的运营布局，上下游协同发展，为消费者提供营养、健康、安全的乳制品，低温酸牛奶、乳酸菌饮料市占率居全国第四位。

（2）今麦郎食品有限公司

今麦郎面品有限公司（以下简称公司）的前身是河北华龙集团，创建于1994年，是一家以方便食品为主业，集生产、销售、研发于一体的现代化大型综合食品企业集团。被农业部等八部委认定为农业产业化国家重点龙头企业、全国一二三产业融合发展领军企业。现设制面、面粉、饮品、综合、挂面五大事业部，以范现国董事长为首的决策者，始终将“产业报国，造福社会”作为企业的发展理念，凭借着得天独厚的资源优势、领先水平的专业优势、门类齐全的配套优势、优越的产品性价比优势、国内高覆盖率的市场优势，实现了企业超常规的发展，创造了中国食品界超速成长的奇迹。目前，公司在全国建有21个生产基地，员工1.5万人，方便面年产能120亿份，位居世界前三强，年处理小麦180万吨，年产饮品500万吨，挂面40万吨，卤蛋4.8亿枚。产品销售遍布全国，并远销40多个国家和地区。

2.名优产品

2016年，中国驰名商标32块；河北省食品名牌249项；河北优质产品209项；河北省著名商标166项；河北省质量效益型企业25家；中华老字号产品15项。“今麦郎”牌方便面、“五得利”牌小麦粉、“汇福”牌食用植物油、“奥开”牌冷鲜肉、“君乐宝”牌酸奶、“衡水”牌白酒、“养元”牌核桃乳饮料、“露露”牌杏仁露、“蓝猫”牌酸枣汁饮料、“小洋人”牌含乳饮料、“高碑店”牌豆制品等一大批品牌在省内外具有较大影响。“金凤”牌扒鸡、“衡水”、“三井十里香”牌白酒、“骊骅”、“玉星”牌淀粉糖及淀粉、“蜂王”牌蜂蜜麻糖等品牌被授予中华老字号产品称号。

3.河北省名牌评审：

组织食品专家组对君乐宝乳制品、施尔得肉制品、晨光色素、五得利面粉、骊骅淀粉糖、隆泉米业等15类的147项产品进行河北省名牌产品评审；

河北省优质产品评审：

组织食品专家组对燕南春、兴台酒业等57项产品

进行河北省优质产品评审；

4. 河北省质量效益型企业评审：

组织食品专家组对山庄集团、蓝猫公司、乐野公司等25家企业进行河北省质量效益型企业评审；

（4）河北省中小企业名牌评审：

组织食品专家对丸京公司的核桃系列、鹏达公司的罐头、燕山公司的板栗等64项产品进行河北省中小企业名牌评审；

（5）石家庄市十大工业名牌产品评选：

对申报石家庄市十大工业名牌产品的石家庄君乐宝乳业有限公司、石家庄洛杉奇食品有限公司、石家庄双鸽食品有限公司、石家庄兄弟伊兰有限公司进行评选。

【f. 市场开拓和产品开发】

1. 市场开拓

8月，省食协参加由河北绿岭果业有限公司主办的第六届绿岭核桃文化节。省食协秘书长、李保国妻子郭素萍、河北农业大学教授、河北绿岭果业有限公司董事长高胜福及河北邢台临城县领导出席了开幕式。

绿岭公司十七年的发展历程艰辛、成绩卓越，在时代楷模李保国老师的指导下，一步一个脚印的走到了核桃产业的新高度；在绿岭，李保国老师创造了荒山综合治理的模式，选育出目前中国综合性状最好的核桃新品种“绿岭”核桃，实现了核桃的良种化、品种化栽培和大面积推广。将荒芜丢进了历史，把绿色留给了未来，把荒岗野岭变成了绿岭金山。

省食协祝愿绿岭公司以高胜福领导的团队在企业转型升级关键时期，一要确保食品安全，加强全产业链追溯体系的建设；二要以创新统领企业发展，以信息化领跑企业腾飞；三要继续承担促进当地经济发展的社会责任，带领当地农民发展核桃特色产业，实现脱贫致富，为城乡一体化发展做出贡献。

11月，河北省食协组团参加由中国食品工业协会主办、光明食品集团承办的“2016中国国际食品博览会”。河北养元智汇饮品股份有限公司、河北纽康恩食品有限公司、承德裕民白荞面特产有限公司、河北天下红辣椒有限公司、邯郸市康园粮油有限公司等25家食品企业参加了博览会，“六个核桃”牌植物蛋白饮料、“纽康恩”牌速冻食品、“天下红”牌辣椒酱、“学步桥”牌小磨香油等产品受到了参观者的欢迎。我省为打造“冀货品牌”，在博览会上展示了河北食品的形象。

2. 产品开发

河北省食协向河北省工业和信息化厅申报的昌黎地王酿酒有限公司、秦皇岛骊骅淀粉股份有限公司等项目列入2016年河北省工业新产品新技术开发指导计划。

【g. 科技进步和科研成果】

1.2016年，食品工业资产投资达到1210.6亿元，同比增长6.6%，占全省固定资产投资的9.83%，分行业：农副食品加工业588.5亿元，同比下降2.8%；食品制造业406.3亿元，同比增长28.2%；酒、饮料和精制茶制造业213.3亿元，同比增长1.5；烟草制品业2.5亿元，同比下降22.5%。技术改造投资774.8亿元，同比增长13.4%，占全省工业技术改造投资的9.82%，分行业：农副食品加工业345.2亿元，同比下降2.1%；食品制造业292.7亿元，同比增长43.8%；酒、饮料和精制茶制造业134.5亿元。同比增长8.5；烟草制品业2.5亿元，同比下降22.5。

2. 河北省食品行业河北省级企业技术中心已达46个，2016年新增6家：邯郸丛台酒业股份有限公司、石家庄双鸽食品有限责任公司、河北新希望天香乳业有限公司、唐山海都水产食品有限公司、河北鑫海水产生物技术有限公司、河北绿岭果业有限公司。

3. 河北省食协向中食协推荐申报的河北高碑店豆豆食品（集团）有限公司、石家庄洛杉奇食品有限公司、唐山市施尔得肉制品有限公司、石家庄市兄弟伊兰食品配料有限公司等企业为食品区域和企业品牌培育示范试点单位。

4. 河北省食协向河北省工信厅推荐的秦皇岛骊骅淀粉股份有限公司、河北绿岭果业有限公司、河北邯郸丛台酒业股份有限公司为河北省管理创新示范企业。

5. 组织食品企业申报了2016年中国食品工业协会科学技术奖项目。

【h. 食品安全】河北省食品工业大力提升食品安全水平

1. 据河北省食品药品监督管理局发布

2016年前三季度，省食品药品监管局组织完成国抽（转河北）监督抽检3283批次，合格3213批次，不合格70批次，合格率为97.87%；省本级常规监督抽检8285批次，合格7840批次，不合格587批次，合格率为94.63%；乳品专项抽检1143批次，合格率为100%。省食药监局共检查食品生产经营单位271319家，排查食品安全隐患5935个。省公安厅系统侦办食品犯罪案件599起，抓获犯罪嫌疑人526人，捣毁制售假劣食品“黑工厂”、“黑作坊”、“黑窝点”194个，涉案金额1.5亿元。省农业厅、省林业厅、省粮食局、省卫计委、省工商局、省质监局、河北出入境检验检疫局也在大力落实职责，全省食品企业强化行业自律理念增强，食品安全水平明显提高。

2. 6月13日，河北省食协参加食品安全宣传周活动

由河北省政府食品安全办公室、省食药监局、省文明办、省教育厅、省工信厅等17个单位共同主办的食品安全宣传周活动在石家庄举办，活动以“尚德守法共治共享食品安全”为主题，与全国食品安全宣传周同步开展。河北省副省长许宁出席主场活动并讲话。

3. 整顿治理粉丝粉条行业

8月，为整顿治理粉丝粉条产品存在的铝残留、二氧化硫残留超标问题，在秦皇岛市昌黎县召开全省粉丝粉条行业质量安全整治工作会议。秦皇岛市、县政府部门领导及协会、粉条粉丝淀粉制品企业负责人，共计150余人参加会议。省食药监局刘江海处长强调要加强粉丝粉条等淀粉及淀粉制品行业管理的工作，抓好粉丝粉条专项整治工作，大力贯彻落实省食品药品监督管理局及《关于加强食品生产环节行政处罚工作的通知》精神，要提高认识，落实到位，要依法依规处罚到位，集中力量开展自查，强化督导检查，积极营造良好执法气氛。大力实行查处“两超一非”问题的通告制度。要求省食协积极做好“食品安全督导员”制度的探索创新工作。会议通过了省食协起草的《河北省食品安全督导员管理办法》，并在粉条行业试行督导员队伍的建设及开展工作。

4. 组织召开两次全省婴配及乳制品质量安全工作会议

6月、12月，为加强乳制品质量安全管理工作，贯彻落实国家及省监管部门对婴配及乳制品质量安全管理工作的有关要求，省食协受省食药局的委托，在石家庄召开两次婴配及乳制品质量安全工作会议，会议邀请省直有关部门领导参会，并做了关于乳制品国家产业政策导读、三品提升战略实施、诚信体系建设的夯实及乳制品行业现在的发展态势及展望发言，省食药监局通报国家总局婴配质量安全审计情况；通报2015年及2016年1、2、3季度国家、省食药监总局婴配及乳制品监督抽检情况通报及分析；2015年婴配及乳制品预警情况分析；通报2016年国家、省对婴幼儿配方乳粉及乳制品监督抽检、风险监测工作的有关安排；食品召回管理办法、《食品抽检管理办法》、《食品生产经营风险分级管理办法》解读、学习讲解了新版食品生产许可审查通则及《食品生产许可现场核查记录评分表》；通过了《评选乳制品行业优秀化验员和优秀管理者的办法》，对参会同志进行了食品安全管理人员测试答卷；乳制品企业实验室检验能力验证考核；婴配及乳制品生产企业的质量管理人员、检验人员近100人参加会议。

【i. 食品工业园区情况】

1. 河北唐山玉田食品加工园

玉田是农业大县，玉田农产品（食品）加工园是玉田国家现代农业示范区、玉田国家农业科技园区的核心区。劳动力资源充裕，全县有产业工人10万人，剩余劳动力6.5万人。已经形成了以农业、粮食产业、瘦肉型猪产业、蔬菜产业、林果产业、中药材产业、奶牛产业、中华鳖产业为主导的综合性园区。

2. 河北邢台市隆尧食品园区“东方食品城”

园区形成了以方便面、饮料为主导，调味品、食品添加剂、彩印包装等配套功能齐全的产业集群。园

区基础设施建设投资累计8.67亿元。目前是全国最大的方便面生产基地，被农业部命名为“全国农产品加工业示范基地”，被省政府确定为“重点产业聚集区”。

3. 石家庄市经济开发区绿岛食品园区

绿岛食品产业园区已形成乳制品制造、肉食面点加工、优质白酒灌装配送为主的产业格局。君乐宝乳业、洛杉奇食品、泸州老窖华北罐装基地、康师傅饮品、雨润农产品全球采购中心、奇特包装、中京酒业、石家庄家家惠大众厨房等30多家知名食品及配套企业汇集园区，堪称奶、肉业超级“摇篮”。

4. 邯郸市大名经济开发区食品园区

园区入区企业有五得利面业等90余家，实现主营业务收入180.8亿元，税收6800万元。园区划分为“食品加工区、装备制造区、商贸物流区、塑编包装产业区、新材料产业区和纺织服装产业区”六大功能区。

5. 衡水市深州食品园区

园区已有河北五得利集团深州分公司，山东鲁花集团深州分厂，湖南克明面业投资的深发克明面业公司，隆邦食品工业集团等食品生产企业入住，均有较强的发展势头。

6. 承德市平泉县兴平绿色食品加工园区

设果蔬、肉类、粮食、食用菌四大农产品深加工区。被农业部认定为“国家农业产业化示范基地”。

【j. 人才培育】

1. 获得国家第九届白酒评委名单

承德避暑山庄企业集团有限责任公司刘淑杰

河北邯郸丛台酒业股份有限公司郭桂梅

河北衡水老白干酒业股份有限公司白光辉

河北衡水老白干酒业股份有限公司张福艳

河北衡水老白干酒业股份有限公司王新磊

河北十里香酒业股份有限公司沙均响

2. 继续聘任的国家白酒评委有

河北衡水老白干酒业股份有限公司李泽霞

河北衡水老白干酒业股份有限公司张煜行

河北邯郸丛台酒业股份有限公司杨军山

被聘为第九届白酒特邀国家评委的是：

河北衡水老白干酿酒（集团）有限公司张志民

河北古顺酒业有限责任公司武光路

3. 获河北省食协白酒评委聘书的国家评委（15名）：

张煜行 李泽霞 武光路 商丽云 宁明理王士敏 杨军山李研科 李秋志 王 普 姚红梅 侯延臣 孙玉玲 安东海 连雪娇

4. 首届河北省食协白酒行业评委（53名）

张福艳 王新磊 白光辉 王明远 吴胜利 单凌晓王 丹

皮寒玉倪靖岳 刘宗寅王文晶 刘淑杰 郭桂梅 沙均响

谢黎明 尹翠娟刘福 黄胜坤 王冰 刘立宁 苏亚娜

杨丽晔梁建国周 慧刘志强 刘智远韩 金 武 艺

李志强陈玉芬 赵宇筝 王洪伟刘桂恒 刘淑艳 杨玉改

史百福 李桂娥 张文然 刘光帅 杨月轮赵秉谦 许正伟

王国明 卢小明 秦荣丽 朱立宁 李咏熠 武志强张建国

杨志刚 闫 炜 马晓伟 郝利波

5. 河北省食协白酒行业资格评委（11名）

孟海英 焦德彦张雪来 刘 磊 王成功 范希强陈 臣

任长成 井龙飞 乔维超 杜铁龙

6. 河北省食协白酒行业特邀评委（5名）

唐 帅 李 志 李 衡 梁栋 李晓东

吴龙妹

3.4 上 海 市

【a. 概况】

2016 年，面对复杂多变的国际环境和艰巨繁重的国内发展改革稳定任务，国民经济在新常态下保持平稳运行。

上海市规模以上食品工业企业 387 家，完成总产值 1927.6 亿元，同比下降 6.6%，占全市工业 6.1%；完成主营业务收入 2129.3 亿元，同比下降 4%；完成出口交货值 61.2 亿元，同比增长 6.1%；实现利润 297.6 亿元，同比下降 7.7%。

食品工业受烟草制品业影响，生产、销售、赢利均有小幅下降，进出口贸易增长，食品安全水平进一步提高。

1. 生产小幅下降

受市场环境、食品生产企业减少、生产场地搬迁等因素影响，2016 年，食品工业生产处于低位运行态势。前三季度，产值降幅呈扩大趋势，四季度开始产值降幅逐渐收窄。

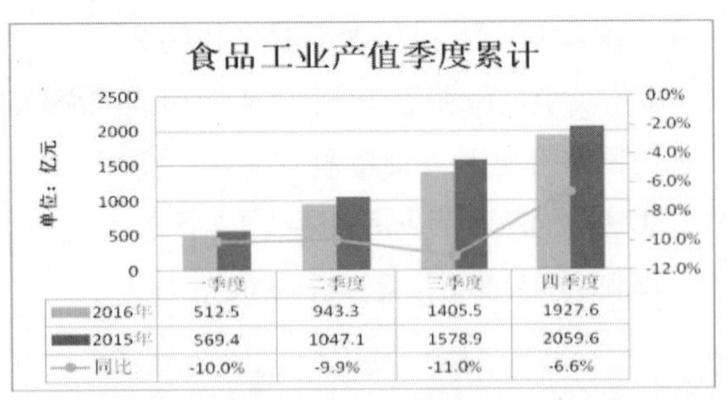

分行业来看，农副食品加工业中，受进口市场影响，牲畜屠宰业产值跌幅较大，累计产值同比下降 43.5%；饮料、酒和精制茶制造业整体颓靡，10 个子行业中，有 8 个产值下降，下降最大的是其它酒制同比造业产值，同比下降 66.5%，2015 年，预调鸡尾酒的昙花一现使得其它酒制造业呈现爆发式增长，而随着 2016 年预调鸡尾酒市场的迅速转冷，也使得其它酒制造业产值下降严重。除此之外，下降较大的还有茶饮料及其它饮料制造业，产值同比下降 35.7%。

上海是资源匮乏城市，劳动力成本逐年增高，部分企业出于淘汰落后产能、下降生产成本等因素，将生产重心移至外省市以致国外，也是产值下降的主要原因之一，未来生产外移的趋势会进一步加大。

2. 营收增长由正转负

2016 年，上海食品工业完成主营业务收入 2129.3 亿元，同比下降 4.0%。完成产销率 99.5%，产销基本平衡。

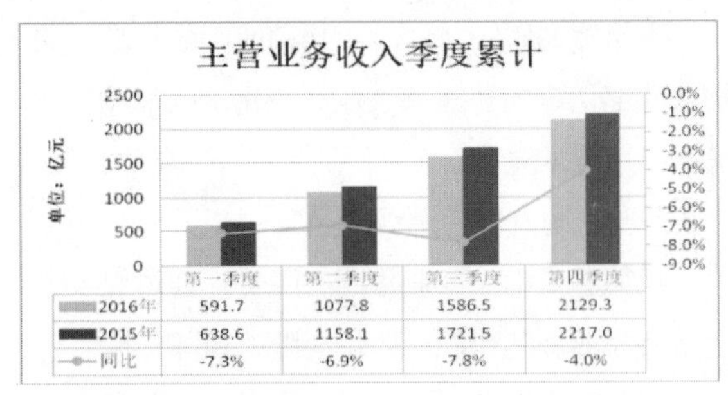

四个食品行业中，农副产品加工业方面，食用植物油加工仍保持较好增长，同比增长 11.0%，肉制品及副产品加工同比增长 8.5%。而牲畜屠宰大幅下降，同比下降 44.9%；食品制造业方面，乳制品制造业，饼干及其它焙烤食品制造业，其它未列明食品制造业，糖果、巧克力制造业，糕点、面包制造业等主要行业主营业务收入有升有降，波幅较为平稳；而饮料、酒和精致茶制造业方面，其它酒制造业以及茶饮料及其

它饮料制造业受市场影响，主营业务收入同比大幅下降；烟草制品业方面，由于受国家禁烟政策影响，营收大幅下降，同比下降9.6%，是导致2016年上海食品工业营收下降的主要因素。

3. 赢利下降

2016年，实现利润297.6亿元，同比下降7.7%。子行业亏损面占26.6%，同比减少3.2个百分点。

2016年，全年利润处于下降趋势，二季度下降至17.4%，为全年最低点，而后三季度开始逐渐收窄。

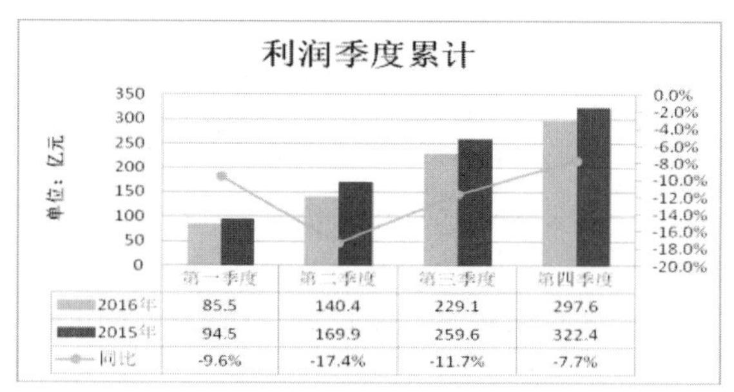

分行业看，虽然农副产品加工业全年利润保持较高速度的增长，但是受到酒、饮料和精制茶制造业的大幅下降以及烟草制品业的下降影响，使得食品工业整体利润下降显著。

食品全行业主营业务收入利润率为14.0%，同比减少0.6个百分点。若除去烟草制品业，食品工业主营业务收入利润率为5.3%，同比减少0.6个百分点。

2016年主营业务收入利润率(%)

	主营业务收入利润率%	
	2016年	2015年
食品工业总计	14.0	14.6
其中：农副食品加工业	3.3	3.1
食品制造业	6.0	6.4
饮料、酒和精制茶制造业	7.5	11.7
烟草制品业	25.8	25.1

实现利税1061.9亿元，同比下降8.8%，烟草制品业仍是食品工业利税的主要来源，占全部食品工业的89%，同比持平。

4. 进出口增长

不计烟草，2016年，上海市食品类产品进出口总额2197.5亿元，同比增长21.2%。其中：进口1653.6亿元，增长15.1%；出口543.8亿元，增长10.7%。出口方面，各类农副产品、水海产品、粮食、蔬菜的增长是促使出口额增长的主要因素；而进口方面，增长最快的是肉及杂碎，同比增长58.4%，其次是水海产品以及豆饼豆粕分别增长30.0%和28.8%。

5. 月饼市场日新月异

自国家八项规定之后，上海月饼市场一度萧条。然而，上海市民对于"中秋吃月饼"的情怀却没有随之消失，经过几年的发展，上海月饼市场又有了一番新景象。2016年，上海月饼产销量预计2.1万吨，同比增长10%，销售额预计达到17亿元。

如今的月饼，不再有高昂的价格，高档的礼盒，取而代之的是亲民的价格，时尚的简包装，得到了众多上海市民的认可。除此之外，各种新潮的馅料口味，也受到年轻消费者的喜爱。

6. 企业转型升级步伐加快

2016年，本市规模以上工业企业387家，同比减少6家。食品工业企业两级分化加剧，行业平均员工数量同比下降8.5%，同比增加5.5个百分点。资产总计同比增长3.2%，同比减少5.6个百分点。食品生产企业生产基地外移现象加剧。融资手段升级，上海已有多家食品企业相继上市。

7. 严抓严管，构建食品安全社会共治

上海市食品监管部门认真贯彻中央关于"四个最严"的要求，继续深化本市食品安全监管体制改革，加强食品安全科学全程监管。坚持一手抓食品安全监管体制改革和队伍融合，完善和创新监管制度；一手抓重点领域和薄弱环节的专项整治，强化综合治理，从严监管，攻坚克难，严惩重处食品安全违法犯罪行为，督促企业落实主体责任，不断加强食品安全风险交流和宣传培训，进一步消除食品安全风险隐患。

2016年，上海市共监督抽查各类食品样品198630件，其中：合格为195653件，合格率98.5%，同比增加0.3个百分点。快速检测152.1万项次，同比下降9.7%，快速检测筛检阳性率为0.75%，同比减少0.15

个百分点。合格率呈逐年增长的趋势。

社会方面，市民对食品安全满意度为72.3分，对食品安全的总体认同率也同比有所增长。在一项调查中，市民认为本市食品安全状况“很安全”、“比较安全”和“一般”的，三者合计达到了98.6%，同比增加2.1个百分点。在此项调查中，还反应出市民参与创建良好食品安全氛围意愿提高，对实现食品安全社会共治的局面起到积极作用。

8. 持续开展诚信体系建设，树立食品企业诚信观念

为贯彻实施工信部关于在食品工业企业开展诚信管理体系建设的要求，上海持续开展推进食品工业企业建立诚信管理体系的工作。

至2016年底，本市已有52家食品工业企业建立诚信管理体系，并有20家企业通过了第三方评价。

【b. 协会工作】

1. 联合有关兄弟行业协会及专家审定，79家企业的134款产品认定为2016年度“上海名优食品”，5家企业的6款产品认定为2016年度“上海市食品行业优秀新产品”，36家企业的62款产品通过2016年度“上海名优食品”复评，8家企业的14款产品互认为“长三角名优食品”。

2. 积极组团参与2016中国上海国际食品博览会。

3. 上海特色旅游食品评选展示积极融入上海旅游节活动。

4. 协办“上海味道——上海银行杯上海优礼食品创新设计大赛”，主办了“甜颜蜜意”蛋糕创意设计大赛。

5. 举办首届“南顺杯”蝴蝶酥技能大赛。

6. 发挥“诚信管理体系评价机构资质”的平台作用。

7. 用好“上海市中小企业服务平台”、“上海中小商贸流通企业公共服务平台”，多形式为企业服务。

8. 开展协会企业家沙龙活动。

9. 举办“食品安全和食品产业发展高级研修”系列讲座。

10. 受市社团局和市经团联委托，发布2016年度上海市食品行业社会责任报告。

【c. 主要数据】

1. 主要经济指标

指标	单位	食品工业合计		其中：农副食品加工业		食品制造业		饮料制造业		烟草制品业	
		2016年	同比增长%	2016年	同比增长%	2016年	同比增长%	2016年	同比增长%	2016年	同比增长%
工业总产值	亿元	1927.6	-6.6%	323.8	-2.9%	587.7	-1.2%	97.0	-10.9%	919.0	-10.6%
销售产值	亿元	1908.6	-6.4%	323.8	-2.9%	582.5	-2.4%	98.2	-9.1%	904.0	-9.7%
主营业务收入	亿元	2129.3	-4.0%	400.0	5.6%	699.4	-0.5%	126.8	-6.8%	903.1	-9.6%
出口交货值	亿元	61.2	6.1%	9.0	26.8%	32.4	0.6%	7.1	6.0%	12.7	8.5%
利润	亿元	297.6	-7.7%	13.2	14.2%	42.0	-5.7%	9.5	-38.6%	232.9	-7.1%

指标	单位	食品工业合计		其中：农副食品加工业		食品制造业		饮料制造业		烟草制品业	
		2016年	同比增长%	2016年	同比增长%	2016年	同比增长%	2016年	同比增长%	2016年	同比增长%
利税合计	亿元	1061.9	-8.8%	20.2	14.6%	80.7	-4.5%	18.1	-29.7%	942.9	-9.0%
资产总计	亿元	2410.9	4.0%	277.1	5.9%	752.0	9.4%	143.4	8.1%	1238.3	0.1%
企业数	个	387	-1.5%	135	-2.2%	216	-0.5%	34	-5.6%	2	0.0%
平均从业人员	人	108585	-8.8%	26198	-6.8%	67667	-8.3%	10801	-18.2%	3919	0.1%

注：1、本文数据为规模以上食品工业企业 2、工业总产值与同比增长率。

2. 上海名牌产品

品牌	产品	生产企业
元宝	大豆油	上海嘉里食品工业有限公司
大白兔	糖果	上海冠生园食品有限公司
太太乐鸡精	鸡精调味料	上海太太乐食品有限公司
锐澳RIO	鸡尾酒	上海巴克斯酒业有限公司
元祖食品GANSO	糕点，蛋糕，月饼	上海元祖梦果子股份有限公司
清美	豆制品	上海清美绿色食品有限公司
石库门	黄酒	上海石库门酿酒有限公司
和	黄酒	上海石库门酿酒有限公司
天喔	休闲食品（蜜饯，炒货，休闲肉制品）	天喔食品（集团）有限公司
昂立	保健食品	上海交大昂立股份有限公司
瀛丰五斗、光明米业	大米	光明米业（集团）有限公司
三得利	啤酒	青岛啤酒上海闵行有限公司

品牌	产品	生产企业
金枫	黄酒	上海石库门酿酒有限公司
红宝石Ruby	鲜奶蛋糕	红宝石食品有限公司
冠生园	蜂蜜	上海冠生园蜂制品有限公司
杏花楼	广式月饼，广式腌腊制品	杏花楼食品餐饮股份有限公司
金鹏	起酥油，代可可脂，人造奶油	嘉里特种油脂（上海）有限公司
正广和	饮用纯净水，蒸馏水，饮用天然矿泉水	上海正广和饮用水有限公司
天鱼	食醋，糟卤	上海宝鼎酿造有限公司
味好美	香辛调味料	上海味好美食品有限公司
上好佳	休闲食品	上好佳（中国）有限公司
聪尔壮Hikid	婴幼儿配方乳粉	上海晨冠乳业有限公司
潮香村	牛排系列产品	上海潮乡源食品有限公司
华佗牌	十全酒	上海冠生园华佗酿酒有限公司
融氏	淀粉糖	中粮融氏生物科技有限公司
三添	芝麻油	上海三添食品有限公司
海狮	食用油	上海良友海狮油脂实业有限公司
鼎丰	酱油，食醋，腐乳，酱，料酒，糟卤，南乳汁，火锅调料，鲜味汁等	上海鼎丰酿造食品有限公司
玉兰	食用油	上海良友海狮油脂实业有限公司
汉康	豆制品	上海汉康豆类食品有限公司
唐饼家	糕点及糖果制品	上海香奈食品有限公司
佛手	味精，鸡精调味料	上海冠生园天厨调味品有限公司
塞翁福	南北干货	上海塞翁福农业发展有限公司
上食	清真牛羊肉系列产品	上海市食品（集团）有限公司
功德林	净素月饼	上海功德林食品有限公司
玉棠	食糖小包装系列	东方先导糖酒有限公司
万有全	腌腊制品，豆制品	上海万有全（集团）有限公司
新雅牌	广式月饼	上海杏花楼（集团）股份有限公司新雅粤菜馆
森蜂园	蜂产品	上海森蜂园蜂业有限公司
立丰	肉干（片），真空（畜禽肉，禽内脏），广式香肠，肉松，肉枣（肠），肉脯（肉糜脯）	上海立丰食品有限公司
梅林	午餐肉罐头，火腿罐头，八宝饭罐头，番茄沙司罐头	上海梅林正广和股份有限公司

3. 上海市著名商标（食品）

商标名称	使用商品或服务项目	商标注册人
贝智康	婴儿食品；婴儿奶粉	上海花冠营养乳品有限公司
玉佛寺	月饼；糕点	上海玉佛禅寺
老大同	米	上海老大同食品有限公司
光明米业（图形）	米	光明米业（集团）有限公司
哈氏	糕点	上海哈尔滨食品厂有限公司
比瑞吉	饲料；宠物食品	上海比瑞吉宠物用品股份有限公司
九道菇	鲜食用菌	上海光明森源生物科技有限公司
孔雀	食用香精；香料	上海华宝孔雀香精香料有限公司
PU-JIE	香料	上海浦杰香料有限公司
蝴蝶	香精油；香料	上海万香日化有限公司
龙门（图形）	加工过的鱼；非活鱼；鱼制食品	上海水产（集团）总公司
三阳盛	桂圆；莲心；香菇；木耳；桂圆肉；红枣；桃仁；腰果；黄花菜；荔枝干	上海三阳盛食品有限公司
老杜	死家禽；肉	上海老杜农业发展股份有限公司
光明	牛奶；牛奶制品	光明乳业股份有限公司
松林	猪肉食品	上海松林工贸有限公司
邵万生	甲壳类动物；人类消费用水生甲壳类动物	上海邵万生商贸有限公司
梅林	肉罐头	上海梅林罐头食品厂有限公司
公鸡	醪糟；玉米；调味品	上海大陆酿造有限公司
鼎丰	腐乳；醋；酱油；香糟	上海鼎丰酿造食品有限公司
巴比	包子；粽子	上海中饮餐饮管理有限公司
诗蒂	巧克力；糖果	上海韦创贸易发展有限公司
味都	挂面	上海良友（集团）有限公司
丰裕	生煎馒头	上海丰裕餐饮管理有限公司
大白兔	糖果	上海冠生园食品有限公司
红宝石	蛋糕	红宝石食品有限公司
元祖食品	蛋糕；月饼；年糕；粽子	上海元祖梦果子股份有限公司
天鱼	醋；调味料	上海宝鼎酿造有限公司
昂立（图形）	非医用营养液；非医用营养胶囊，非医用营养颗粒；非医用营养片；非医用营养粉末	上海交大昂立股份有限公司
森蜂园	食用蜂花粉；食用蜂王浆；蜂蜜	上海森蜂园蜂业有限公司
杏花楼	糕点；月饼；餐馆	杏花楼食品餐饮股份有限公司
功德林	月饼；餐馆	上海功德林素食有限公司
世好吉祥	馄饨；餐馆	上海世好餐饮管理有限公司
金豆	动物饲料	东方希望企业管理有限公司
农灯	新鲜草莓	上海农灯草莓生产专业合作社
三净	新鲜蔬菜；西瓜；甜瓜	上海浦净蔬菜专业合作社
上蔬绿苑	新鲜蔬菜；鲜水果	上海蔬菜（集团）有限公司

商标名称	使用商品或服务项目	商标注册人
祥欣	活牲畜；种家畜；猪	上海祥欣畜禽有限公司
SYL	甜瓜；西瓜；新鲜菜花；新鲜大白菜；新鲜大蒜；新鲜甘兰；新鲜花椰菜；新鲜绿花菜；新鲜萝卜；新鲜生菜；玉米	上海银龙农业发展有限公司
美农	非医用饲料添加剂	上海美农生物科技股份有限公司
荷斯坦	饲料	上海光明荷斯坦牧业有限公司
友益	饲料	上海良友（集团）有限公司
桃咏	鲜水果	上海桃咏桃业专业合作社
越亚	鲜水果	上海越亚农产品种植专业合作社
丰科	鲜食用菌	上海丰科生物科技股份有限公司
石库门	黄酒	上海金枫酒业股份有限公司
和	酒精饮料	上海金枫酒业股份有限公司
熊猫	卷烟	上海烟草集团有限责任公司
牡丹	卷烟	上海烟草集团有限责任公司

4. 部分食品市场占有率

序号	产品	第一名		第二名		第三名		第四名		第五名	
		品牌	占有率%	品牌	占有率%	品牌	占有率%	品牌	占有率%	品牌	占有率%
1	食用油	金龙鱼	22.9	海狮	20.3	多力	16.1	鲁花	8.5	融氏	7
2	中国烟	中华	41	红双喜	19.4	利群	8.1	玉溪	5.6	双喜	5.1
3	黄酒	和酒	18.8	石库门	12.5	古越龙山	9.2	金色年华	9	金枫	5
4	啤酒	三得利	25	青岛	13.6	哈尔滨	12.3	百威	12.2	雪花	11.6
5	酱油	海天	40.2	欣和六月鲜	32	李锦记	9	千禾	6.7	鲁花	2.9
6	醋	宝鼎	19.8	恒顺	17	金山寺	12.5	东湖	10.2	海鸥	6.1
7	包装大米	光明米业	32.9	乐惠	29.8	金龙鱼	3.5	五丰	3	福临门	2.7
8	巧克力	德芙	36.1	费列罗	22.2	健达	13.8	士力架	8.1	好时	3.9
9	糖果	大白兔	20.2	徐福记	13.7	悠哈	7.8	台尚	5.4	阿尔卑斯	5.2
10	挂面	陈克明	25.2	顶味	10.5	味都	10.1	华龙	8.8	金龙鱼	4.2
11	膨化食品	乐事	42.5	旺旺	17.5	上好佳	13.6	好丽友	10.8	品客	1.6
12	饼干	奥利奥	18.5	百奇	9	闲趣	8.7	太平	3.8	好丽友	3.5
13	八宝粥	梅林	38	银鹭	32.7	娃哈哈	25.8	达利园	1.5	亲亲	0.8
14	肉（鱼）罐头	梅林	69.3	鹰金钱	7.6	甘竹	3.6	小胖子	3.1	鲜得味	3
15	冷鲜肉	五丰上食	9.4	雨润	9	苏食	8.1	金锣	5.9	双汇	5.3
16	冷饮	和路雪	28.6	梦龙	14.7	八喜	14.5	伊利	12.4	光明	10.6
17	奶粉	雀巢	38.5	伊利	14.9	光明	12	荷兰乳牛	11.7	安怡	10.6
18	国产液体奶	光明乳业	57.5	蒙牛	16.3	伊利	14.9	现代牧业	4.2	圣牧	1.7
19	饮用水	农夫山泉	34.5	景田百岁山	15.8	雀巢	13.4	怡宝	8.1	正广和	5.1
20	南北货	闽龙达	29.6	禾煜	29.3	丝宝宝	5.6	雄峰	4.6	塞翁福	3.4
21	瓜子	洽洽	42.7	张二嘎	12.1	阿明	11	恒康	7.8	华味亨	6.7
22	坚果	天喔	28.2	华味亨	15.7	百味林	6.3	恒康	5.5	阿明	4.5
23	休闲鱼（肉）制品	立丰	10	天喔	9.6	新东阳	8.6	小辣椒	4.8	双鱼	4.3
24	蜂制品	冠生园	67.4	妙语	7	蜂滋蜜	6	森蜂园	2.3	乡村蜂园	1.3
25	麻油	三添	39.1	龙溪一滴香	22.4	金龙鱼	12	淘大	5.6	鲁花	3.7
26	鸡精	太太乐	48.9	家乐	25.7	佛手	13.6	味美思	8	唯合	1.8
27	味精	双桥	40.8	佛手	33.1	太太乐	7.4	家乐	3.9	味之素	1.4
28	调味粉	味好美	56.5	太太乐	12	唯加	8.3	冠生园素易鲜	6.7	豪美佳	4
29	速冻调理品	湾仔码头	31.1	海霸王	10.2	三全	10	桂冠	9.5	思念	5.6
30	豆奶（浆）	维维	53.8	永和	25.5	九阳豆坊	6	智力	5.6	华精	3.2
31	果冻布丁	旺旺	13.3	统一	13.2	台尚	10.9	喜之郎	7.9	巧妈妈	7.3
32	沙琪玛	台尚	49.3	徐福记	28.6	壹格	7.5	日清	3.5	光明	3.1
33	冲调饮料	立顿	20.1	香飘飘	19.3	阿华田	12.6	果珍	10.6	福牌	8.7
34	酸奶	光明莫斯利安	69	伊利安慕希	18.8	蒙牛纯甄	7.9	伊利	2.7	圣牧	0.6
35	威化	雀巢	23.1	嘉顿	15.5	爱时乐	11	奥利奥	10.2	爱利地	8
36	派	好丽友	76	光明	3.3	中洋宝	0.8	乐天	0.6	达利园	0.6
37	蜜饯	华味享	28.3	天喔	13.7	益民	11.2	万顺昌	8.4	百味林	8
38	婴幼儿奶粉	惠氏	30.6	雅培	26.3	美赞臣	13.3	贝因美	9.1	雀巢	4.4
39	茶饮料	统一	33.4	康师傅	26.6	维它	25.7	统一小茗同学	9.2	农夫山泉	1.4
40	功能糖果	绿箭	34.2	荷氏	17.8	天明	7.2	京都念慈庵	6.9	金嗓子喉宝	6.4

施伟俊

3.5 江苏省

【a. 概况】

2016 年，全省食品工业适应经济发展新常态，围绕“三品”专项行动，加快推动供给侧结构性改革，经济运行总体平稳发展。

1. 规模效益持续增长

2016 年，全省规模以上食品工业企业 2288 家，完成现价工业总产值 8105.68 亿元，增长 8.95%，占全省工业总产值的 4.95%，列山东、河南、湖北之后，居全国第 4 位。实现主营业务收入 7944.31 亿元，增长 9.39%，增幅比全省工业 1.9 个高百分点；实现利润总额 668.86 亿元，增长 9.38%，增幅比全省工业低 0.64 个百分点，效益指标位居全国前列。全省食品分类齐全，其中：农副食品加工业完成工业总产值 5183.75 亿元，增长 9.85%，；食品制造业完成工业总产值 1081.91 亿元，增长 10.37%，；酒、饮料和精制茶制造业完成工业总产值 1203.61 亿元，增长 8.62%，；烟草制品业完成工业总产值 542.45 亿元，下降 1.61%，采盐业完成工业总产值 93.96 亿元，增长 15.50%。从细分行业看：谷物磨制、植物油加工、屠宰及肉类加工、乳制品、调味品及发酵制品、酒精制造、白酒、啤酒、黄酒等是省食品工业的优势行业，以上行业主营业务收入之和达 4409.1 亿元，占全省食品工业的 62.3%。

2. 产品结构呈现新变化

2016 年，全省食品工业产销率达 98.5%，比全国水平高。主要产品产量稳中有升，粮、油、肉、乳、糖、茶等日常生活主要食品供需平衡，产销同步增长，水果和坚果加工、速冻食品、罐头食品、营养食品、保健食品、白酒、茶饮料等高附加值食品需求增长较快。全年省主要食品产量居全国前 10 位的有：原盐 910.66 万吨，同比增加 7.11%、发酵酒精 186.77 万千升，同比增加 12.81%、白酒 106.89 万千升，同比增加 7.83%、液体乳 148.52 万吨，同比增加 5.14%、啤酒 177.72 万千升，同比下降 0.11%、卷烟 1027.68 亿支，同比下降 1.76%。

3. 企业创新能力日渐增强

2016 年，全省食品工业加快布局和整合，技术研发投入持续增加，龙头骨干企业带动作用明显。我省现拥有维维、中粮（张家港）、益海（连云港）、益海（泰州）、苏酒、雨润等 6 家过百亿企业，105 家超 10 亿企业；拥有国家级企业技术中心 3 家、省级企业技术中心 47 家，重点龙头企业的技术装备水平已达到国际先进水平；拥有中国驰名商标 70 个、中国名牌产品 26 个、江苏省著名商标 540 个、江苏名牌 262 个，长三角名优食品 151 个，食品品牌影响力进一步增强。

【b. 大事记】

1.3 月 11 日，省白酒评委专家组会议在南京召开。

2.4 月 18 日，在南京召开了“全省食品行业工作暨推进食品工业企业诚信管理体系建设会议”。

3.6 月 28 日 –29 日，在南京举办 2016 年全省食品工业企业诚信管理人员（内部核查员）培训班。

4.7 月 16 日，组织部分食品企业 45 人赴上海参观“2016 第二十二届上海国际加工包装展览会”，使与会者开拓了视野。

5.8 月 7 日 –11 日，在江苏今世缘酒业召开 2016 年省白酒评委年会。

6.9 月 10 日 –12 日，在无锡江南大学进行了预选的 30 名省评委集中强化培训考试，再选拔出了 13 名省白酒评委参加中国食协白酒国家评委考试。

7.11月13日–15日，组织部分重点餐饮企业负责人65人赴沪参观了“第20届中国国际食品、饮料、酒店、餐饮、烘焙、零售设备供应及服务展览”。

8.12月27日，在南京召开了2016年长三角名优食品授牌仪式暨2016年江苏省白酒创新产品新闻发布会。

【c. 固定资产投资】

2016年，江苏省食品工业固定资产投资总额1116.98亿元，其中：农副食品加工业609.39亿元，食品制造业353.72亿元，酒、饮料和精制茶制造业141.95亿元，烟草制品业11.92亿元。与此同时，投资总额中新建投资为493.66亿元，扩建投资213.54亿元，改建投资409.78亿元。在固定资产投资中，全年施工项目为1695个（其中新开工1411个），全部建成投产项目1360个，投产率达80.24%，其中：农副食品加工业项目957个（新开工811个），全部建成投产项目769个，其项目建成投产率为80.36%；食品制造业项目518个（新开工426个），全部建成投产项目413个，其项目建成投产率为79.73%；酒、饮料和精制茶制造业项目212个（新开工169个），全部建成投产项目174个，其项目建成投产率为82.08%；烟草制品业项目8个（新开工5个），全部建成投产项目4个，其项目投产率为50.00%。

【d. 行业管理】

2016年，协会全体同志坚持以服务大局、服务行业、服务企业为宗旨，紧紧围绕省经信委工作中心，根据行业和企业的需求，在产业、企业、产品三个层面，积极探索，创新谋划，做好各项工作，引导行业发展，取得了一定的成绩。

1. 积极参与产业发展规划编制，及时发布行业信息，引导行业健康发展。

2. 扎实推进食品工业企业诚信管理体系建设工作，建立保障食品安全长效机制。

3. 推动企业技术创新，促进行业转型升级。

4. 加强行业品牌培育，提升行业影响力。

5. 组织企业和行业管理人员走出去，加强行业的合作交流。

6. 为政府、行业、重点企业做好服务工作，增强协会的影响力。

7. 加强协会自身建设，不断提高协会工作人员整体素质。

【e. 江苏名牌产品】

为深入贯彻落实国务院《质量发展纲要》（国发〔2012〕9号）和省政府《关于加快推进质量强省建设工作的意见》（苏政发〔2012〕91号）精神，根据《江苏省名牌管理办法》的规定，经企业自愿申报，各地初审推荐，组织专家评审等程序，省名牌战略推进委员会审议确认，其中食品行业有106个产品为2016年度江苏名牌产品（见下表）。

2016年度江苏名牌产品名单

序号	产品名称	企业名称
1	波力牌休闲食品	波力食品工业(昆山)有限公司
2	川城牌绿茶	常熟市川城茶厂
3	虞山牌绿茶	常熟市虞山绿茶有限公司
4	沁雪牌水磨糯米粉	常州金坛江南制粉有限公司
5	裕华牌绿色食品	大丰市大中镇裕华大蒜协会
6	同乐牌小麦粉	丹阳市同乐面粉有限公司
7	南黄海牌紫菜	海安县兰波实业有限公司
8	佳丰牌蛋制品	海安县婷婷农副产品有限公司
9	淮安大米牌大米	淮安市粮食行业协会
10	金喜雀牌糖果	淮安甜蜜食品有限公司
11	金喜雀牌巧克力	淮安甜蜜食品有限公司
12	煮食生活牌保湿面系列	淮安唯新食品有限公司
13	百园春牌金坛雀舌茶	江苏方麓茶场有限公司
14	海苑牌海蜇	江苏海苑食品有限公司
15	东喜牌大米	江苏恒益粮油有限公司
16	华升牌小麦粉	江苏华升面粉有限公司
17	贺盛牌鸡精调味料	江苏吉祥贺盛食品有限公司
18	骥洋牌酱卤肉制品	江苏骥洋食品有限公司
19	嘉贤牌大米	江苏嘉贤米业有限公司
20	上一道牌小麦膳食纤维系列面粉	江苏江南上一道科技股份有限公司
21	样样红牌食用油	江苏金洲粮油食品有限公司
22	金莎牌巧克力及巧克力制品	江苏梁丰食品集团有限公司
23	龙嫂牌方便米线	江苏龙嫂绿色食品有限公司
24	茅宝牌葛根茶	江苏茅宝葛业有限公司
25	沛公牌白酒	江苏沛公酒业有限责任公司

序号	产品名称	企业名称
26	乾隆下江南牌芝浓复合香型白酒	江苏乾天酒业有限公司
27	乾隆下江南牌浓香型白酒	江苏乾天酒业有限公司
28	乾隆下江南牌芝麻香型白酒	江苏乾天酒业有限公司
29	乾天牌浓香型白酒	江苏乾天酒业有限公司
30	三鸿牌肉松	江苏三鸿食品有限公司
31	三鸿牌肉酥系列	江苏三鸿食品有限公司
32	苏三零牌挂面	江苏三零面粉有限公司
33	苏欣牌大米	江苏省甘泉山粮油食品有限公司
34	新象牌小麦粉'	江苏省淮安新丰面粉有限公司
35	垦佳牌大米	江苏省农垦米业集团黄海有限公司
36	双沟牌白酒	江苏双沟酒业股份有限公司
37	柔和双沟牌白酒	江苏双沟酒业股份有限公司
38	牡丹牌白酒	江苏双沟酒业股份有限公司
39	苏牌白酒	江苏双沟酒业股份有限公司
40	双沟大曲牌白酒	江苏双沟酒业股份有限公司
41	双沟五星牌白酒	江苏双沟酒业股份有限公司
42	双沟珍宝坊牌白酒	江苏双沟酒业股份有限公司
43	第6要素牌几丁聚糖胶囊	江苏双林海洋生物药业有限公司
44	四季红牌酱油	江苏苏美食品有限公司
45	四季红牌醋	江苏苏美食品有限公司
46	苏美牌酿造酱油	江苏苏美食品有限公司
47	苏美牌酿造食醋	江苏苏美食品有限公司
48	天成牌高档畜禽、水产饲料	江苏天成科技集团有限公司
49	天目云露牌白茶	江苏天目云露茶业有限公司
50	茗鼎牌茶叶	江苏天乙生态茶业科技有限公司
51	雨润牌冷鲜肉	江苏万润肉类加工有限公司
52	祥兴牌大米	江苏祥兴米业有限公司
53	典级牌典级大米	江苏兴化米业有限公司
54	古淮牌东海(老)淮猪肉	江苏东海老淮猪产业发展有限公司
55	鲜品湾牌果汁	江苏雅仕保鲜产业有限公司
56	发阳牌鱼用配合饲料	江苏银宝生物科技股份有限公司
57	永建牌二聚酸	江苏永林油脂化工有限公司
58	永建牌精制油酸	江苏永林油脂化工有限公司
59	凤塘牌鲜鸡蛋	金湖裕农农业发展有限公司
60	嘉喜牌水产配合饲料	江苏长寿集团股份有限公司
61	鑫长江牌饲料	江苏中煤长江生物科技有限公司
62	中洋牌南通长江河豚	江苏中洋集团股份有限公司
63	麓雨牌绿茶	金坛区麓雨茶场
64	伊香牌肉脯	靖江伊香食品有限公司
65	茅山长青牌茅山长青茶	句容市茶叶协会
66	平珠牌大米	连云港天谷米面有限公司

序号	产品名称	企业名称
67	可莱威牌畜禽复合预混合饲料	南京可莱威饲料有限公司
68	老山牌蜂蜜	南京老山药业股份有限公司
69	卫岗牌巴氏杀菌乳	南京卫岗乳业有限公司
70	卫岗牌灭菌乳	南京卫岗乳业有限公司
71	卫岗牌调制乳	南京卫岗乳业有限公司
72	卫岗牌发酵乳	南京卫岗乳业有限公司
73	赭洛山牌浦桥玉剑绿茶	南京赭洛山茶叶专业合作社
74	巴大牌水产饲料	南通巴大饲料有限公司
75	水明楼牌黄酒	南通白蒲黄酒有限公司
76	賽旭牌小麦粉	南通大兴面粉有限公司
77	美御牌海苔	南通海达水产食品有限公司
78	金茉莉牌醋酸纤维滤棒	南通烟滤嘴有限责任公司
79	山水啤酒牌山水啤酒	青岛啤酒(宿迁)有限公司
80	玉奇牌大米	如东玉奇米业中心
81	海丰牌优质大米	上海海丰米业有限公司基地分公司
82	射阳大米牌大米	射阳县大米协会
83	临港牌大米	沭阳县高墟镇御珍珠米业有限公司
84	美谷牌小麦粉	泗阳县中意粮油有限公司
85	碧螺牌洞庭山碧螺春茶	苏州东山茶厂股份有限公司
86	老相食牌植物蛋白饮料	苏州金记食品有限公司
87	玉品牌洞庭山碧螺春茶	苏州市洞庭山碧螺春茶业有限公司
88	泰兴白果牌泰兴白果	泰兴市银杏协会
89	金三麻牌糕点	泰州市红五星食品有限公司
90	安井牌速冻面米食品	无锡华顺民生食品有限公司
91	真正老陆稿荐牌卤菜等熟食制品	无锡市真正老陆稿荐肉庄有限公司
92	k.nine牌果蔬罐头	宿迁市罐头食品有限责任公司
93	晶绿缘牌大米	宿迁市和谐粮油有限公司
94	香樟牌小麦粉(通用)	徐州宏昌粮油购销有限责任公司
95	绿衣天使牌芦荟汁饮料	徐州华湍芦荟制品有限公司
96	三生有杏牌开心银杏仁	徐州银杏源生物工程有限公司
97	盐阜牌首乌粉	盐城陈氏食品有限公司
98	声牌肉松	盐城市费氏食品有限公司
99	苏香牌绿色食品	盐城市苏香食品有限公司
100	苏香牌熟粉及熟米制糕怠	盐城市苏香食品有限公司
101	三和四美牌酱腌菜	扬州三和四美酱菜有限公司
102	金元宝牌大米	益海(盐城)粮油工业有限公司
103	米芾牌长山剑毫茶	镇江市丹徒区现代茶业产业园发展有限公司
104	金山寺牌食醋	镇江市恒康调味品厂
105	金鼎牌食用植物油	中储粮镇江粮油有限公司
106	中zk科牌中科灵芝系列产品	中科健康产业集团股份有限公司

【f. 江苏省著名商标】

根据《江苏省著名商标认定和保护办法》（省政府令157号）的规定，2016年度江苏省著名商标认定工作，在商标注册人自愿申请，各地工商（市场监管）部门初步审查上报的基础上，省著名商标认定委员会办公室对申报商标组织了认定。经公示调查、材料审查，征询有关地区、部门、行业组织和社会团体的意见，省著名商标认定委员会研究，决定重新认定1158件、新认定624件注册商标为“江苏省著名商标”。其中食品行业有196件。

【g. 长三角地区名优食品】

根据《长江三角洲地区名优食品认定办法》的认定程序，经企业自愿申请，各地区（城市）食品（工业）协会、行业主管部门初审推荐、省级食品行业协会审核，长三角名优食品评审委员会评审。长江三角洲地区（城市）食品（工业）协会联席会审议确定，江苏有55个产品被认定为2016年度长江三角洲地区名优食品（见下表）：

2016年度长江三角洲地区名优食品名单

编号	地区	企业名称	品牌	产品名称
CSJ-J-178	南京	南京甘汁园糖业有限公司	甘汁园	功能性红糖
CSJ-J-179	南京	南京甘汁园糖业有限公司	甘汁园	姜汁红糖
CSJ-J-180	南京	江苏三鸿食品有限公司	三鸿	肉松
CSJ-J-181	南京	南京天环食品（集团）有限公司	天环	天环香肠
CSJ-J-182	南京	南京小苏州食品有限公司	小苏州	月饼
CSJ-J-183	南京	南京清真桃源村食品厂有限公司	桃源村	月饼
CSJ-J-184	南京	南京禄口禽业发展有限公司	六口	鸡蛋
CSJ-J-185	徐州	徐州惠农鸭业有限公司	惠农神星	酱卤肉制品
CSJ-J-186	徐州	徐州佳合食品有限公司	众寻食品	白条鸭
CSJ-J-187	徐州	徐州天意生态茶饮有限公司	荟畅	芦荟饮料
CSJ-J-188	徐州	徐州银杏源生物工程有限公司	三生友杏	开心银杏仁
CSJ-J-189	徐州	徐州韩氏食品有限公司	韩世	糖果
CSJ-J-190	徐州	徐州黎明食品有限公司	爱立特	黑蒜
CSJ-J-191	徐州	江苏云雪粮油科技实业有限公司	云雪	小麦粉
CSJ-J-192	徐州	徐州香道食品有限公司	香道	卤蛋
CSJ-J-193	徐州	徐州忠意食品有限公司	忠意	白条鸭
CSJ-J-194	徐州	徐州汉戌堂食品有限公司	汉戌堂	沛县狗肉
CSJ-J-195	徐州	江苏高祖酒业有限公司	高祖	白酒
CSJ-J-196	徐州	江苏伊例家食品有限公司	伊例家	酱油
CSJ-J-197	徐州	江苏君乐宝乳业有限公司	君乐宝	每日活菌乳酸菌饮料
CSJ-J-198	徐州	维维食品饮料股份有限公司	维维	豆奶
CSJ-J-199	徐州	江苏伟楼生物科技有限公司	伟楼	银杏核桃牛奶复合蛋白饮料
CSJ-J-200	常州	常州市西林康王食品厂	康王	芝麻糖
CSJ-J-201	常州	江苏园外园食品有限公司	园外园	园外园汤团
CSJ-J-202	常州	常州市蒋记食品有限公司	蒋凤记	五香牛肉
CSJ-J-203	常州	常州市鑫灿食品有限公司	三聚阁	桃酥
CSJ-J-204	苏州	昆山市周庄镇万三食品有限公司	万三	万三蹄
CSJ-J-205	苏州	苏州大福外贸食品有限公司	大福金缘	速冻年糕
CSJ-J-206	南通	江苏鲜之源水产食品有限公司	蘇蕊	烤海苔
CSJ-J-207	南通	如东县狼山鸡种鸡场	Langshan	狼山鸡
CSJ-J-208	南通	江苏品王酒业集团股份有限公司	品王	圆梦鼎酒
CSJ-J-209	南通	江苏新中酿造有限责任公司	新中	腐乳
CSJ-J-210	南通	南通北渔人和水产有限公司	仙缘	三矾海蜇皮
CSJ-J-211	连云港	江苏海州湾酒业集团股份有限公司	海州湾	白酒
CSJ-J-212	连云港	江苏汤沟两相和酒业有限公司	汤沟	汤沟国藏酒
CSJ-J-213	连云港	江苏汤沟两相和酒业有限公司	汤沟	汤沟世藏酒
CSJ-J-214	连云港	江苏汤沟两相和酒业有限公司	汤沟	汤沟窖藏酒
CSJ-J-215	淮安	江苏淮安苏食肉品有限公司	苏食	红烧肉
CSJ-J-216	淮安	江苏老侯珍禽食品有限公司	老侯	鸭肫
CSJ-J-217	淮安	外婆家食品股份有限公司	外婆家	外婆家醉鱼
CSJ-J-218	淮安	江苏康强食品有限公司	康强	捆蹄
CSJ-J-219	盐城	江苏桂花养殖有限公司	黄海	冻光鸭
CSJ-J-220	扬州	高邮市秦邮蛋品有限公司	秦邮	咸鸭蛋
CSJ-J-221	镇江	江苏源春食品科技发展有限公司	源春	水晶肴蹄
CSJ-J-222	镇江	江苏源春食品科技发展有限公司	源春	水晶肴肉
CSJ-J-223	镇江	丹阳颐和食品有限公司	万善	黄酒
CSJ-J-224	镇江	丹阳市亭亭食品有限公司	亭	肴肉
CSJ-J-225	镇江	镇江丹和醋业有限公司	丹玉	酿造食醋
CSJ-J-226	镇江	镇江丹和醋业有限公司	丹玉	镇江香陈醋
CSJ-J-227	泰州	靖江三阳食品有限公司	可其	精制猪肉脯
CSJ-J-228	宿迁	江苏洋河酒厂股份有限公司	微分子	洋河微分子酒
CSJ-J-229	宿迁	江苏双沟酒业股份有限公司	双沟莜清	双沟莜清酒
CSJ-J-230	宿迁	百事美特食品宿迁有限公司	百事美特	果蔬罐头
CSJ-J-231	宿迁	百事美特食品宿迁有限公司	百事美特	肉类罐头
CSJ-J-232	宿迁	宿迁市项王食品有限公司	楚霸王	山楂糕

【h. 江苏省食品行业优秀品牌企业名单】

根据省经信委《关于组织开展江苏省消费品行业优秀品牌企业宣传活动的通知》(苏经信消费(2015)484号）精神，省食品工业协会组织开展了2015年度江苏省食品行业优秀品牌企业评选活动。通过企业自愿申

报、各市行业主管部门及食品行业协会推荐，省食品工业协会组织专家评审，共评选出南京卫岗乳业有限公司等37家企业为“2015年度江苏省食品行业优秀品牌企业”，在2016年全省食品行业工作暨推进食品工业企业诚信管理体系建设会议上受到表彰。

【i.江苏省白酒行业优秀科技成果和江苏省白酒大师名单】

按照《关于开展江苏省白酒行业优秀科技成果评选工作的通知》（苏食协〔2015〕3号）和《关于印发江苏省白酒大师等荣誉称号评定实施办法（试行）的通知》（苏食协〔2014〕14号）要求，省食品工业协会组织开展了江苏省白酒行业优秀科技成果评选及江苏省白酒大师等荣誉称号评定工作。经企业及个人自愿申报，各市行业主管部门及食品行业协会初评推荐，省食品工业协会组织专家进行综合评定，共有31个科研项目被评为“江苏白酒行业优秀科技成果”，37名个人获得“江苏省白酒大师”等荣誉称号，在2016年全省食品行业工作暨推进食品工业企业诚信管理体系建设会议上受到表彰（名单如下）：

1.江苏省白酒行业优秀科技成果名单

一等奖：(9个)

序号	项目名称	申报单位
1	白酒特征风味微生物群的组合优化及白酒品质提升技术	江南大学
2	复合菌种耦合发酵技术在绵柔型酒生产应用的研究	江苏洋河酒厂股份有限公司
3	现代生物制曲技术的研究及应用	江苏洋河酒厂股份有限公司
4	能源信息化管理系统在白酒企业生产过程中节能减排的研究	江苏洋河酒厂股份有限公司
5	中国绵柔型风格白酒的研制与开发	江苏洋河酒厂股份有限公司
6	白酒中四甲基吡嗪全程代谢机理研究	江苏今世缘酒业股份有限公司
7	全自动装甑机器人在酿酒机械化生产中的技术研究及应用示范	江苏今世缘酒业股份有限公司
8	汤沟“芳香、醇甜、淡雅、净爽”大曲酒的研究	江苏汤沟两相和酒业有限公司
9	食药同源物质与红曲菌在酒用调味酒中的应用	江苏天地通生物制品有限公司

二等奖：(15个)

序号	项目名称	申报单位
1	柔和味感调味源生产技术的研究	江苏洋河酒厂股份有限公司
2	绵柔型生态窖泥的研究	江苏洋河酒厂股份有限公司
3	绵柔型白酒酿造关键技术集成研究	江苏洋河酒厂股份有限公司
4	绵柔型酿造工艺提高酒体绵柔度的研究	江苏洋河酒厂股份有限公司
5	傅立叶变换近红外光谱仪在酒醅检测中的应用	江苏洋河酒厂股份有限公司
6	全自动凉茬机在白酒企业生产过程中的酿酒机械化研究	江苏洋河酒厂股份有限公司
7	基于白酒全自动码垛仓储系统关键技术研究	江苏洋河酒厂股份有限公司
8	优先透醇膜分离技术提升中低档基酒品质的研究	江苏洋河酒厂股份有限公司
9	固态酿酒智能化装备关键技术研发及产业化	江苏今世缘酒业股份有限公司
10	全回流白酒冷冻过滤装置及方法	江苏今世缘酒业股份有限公司
11	白酒酿造过程中农检测方法构建及变化律研究	江苏今世缘酒业股份有限公司
12	企业资源计划管理（ERP）	江苏汤沟两相和酒业有限公司
13	白酒自动勾调控制系统的开发与研究	江苏汤沟两相和酒业有限公司
14	绵柔型芝麻香白酒生产工艺	江苏乾天酒业有限公司
15	白酒品酒杯设计	宿迁市产品质量监督检验所

三等奖：(7个)

序号	项目名称	申报单位
1	黄水综合利用新技术的研究	江苏洋河酒厂股份有限公司
2	绵柔型白酒影响因子相关性研究	江苏洋河酒厂股份有限公司
3	基于RFID和国密算法技术的防伪标签研制	江苏洋河酒厂股份有限公司
4	酒糟综合利用	江苏今世缘酒业股份有限公司
5	废水综合治理、循环利用工程	江苏汤沟两相和酒业有限公司
6	食药同源物质与红曲菌在健康白酒中的应用	江苏天地通酒业有限公司
7	白酒总酯检测设备开发	宿迁市产品质量监督检验所

2.江苏省白酒大师等荣誉称号名单

江苏省白酒大师：（7人）

赵国敢江苏洋河酒厂股份有限公司

方志华江苏今世缘酒业股份有限公司

费志刚江苏今世缘酒业股份有限公司

封萍江苏汤沟两相和酒业有限公司

汤化军江苏汤沟两相和酒业有限公司

程静江苏分金亭酒业有限公司

顾成兵江苏人酒业江苏有限公司

江苏省白酒工艺大师：（14人）

林洋江苏洋河酒厂股份有限公司

张广松江苏洋河酒厂股份有限公司
胡继洋江苏洋河酒厂股份有限公司
崔如生江苏洋河酒厂股份有限公司
时晓江苏洋河酒厂股份有限公司
陆其刚江苏双沟酒业股份有限公司
汤井立江苏汤沟两相和酒业有限公司
顾锡荣江苏汤沟两相和酒业有限公司
张洪宝江苏汤沟两相和酒业有限公司
于飞跃江苏乾天酒业有限公司
张子顺江苏分金亭酒业有限公司
万红娣江苏江府酿酒有限公司
梁辉江苏高祖酒业有限公司
孙彬江苏沛公酒业有限责任公司
江苏省白酒评酒大师：（16 人）
谢巍然江苏洋河酒厂股份有限公司
史修磊江苏洋河酒厂股份有限公司
张红敏江苏洋河酒厂股份有限公司
朱法余江苏双沟酒业股份有限公司
王卫东江苏双沟酒业股份有限公司
朱红青江苏双沟酒业股份有限公司
汪宝华江苏今世缘酒业股份有限公司
周维军江苏今世缘酒业股份有限公司
汪艮红江苏今世缘酒业股份有限公司
陆步钊江苏汤沟两相和酒业有限公司
司占忠江苏汤沟两相和酒业有限公司
王同成江苏汤沟两相和酒业有限公司
孙敏江苏分金亭酒业有限公司
朱栋江苏太平洋酒业有限公司
石汉江苏双沟酿酒厂
张永民江苏沛公酒业有限责任公司

【j. 诚信管理体系企业名单】

2016 年，江苏省食品行业积极贯彻落实国家工信部有关精神，继续推进食品工业企业诚信管理体系建设工作，省食品工业协会组织专家进行初次评价、跟踪监督审核和再评价，截止 2016 年底全省共有 62 家企业通过了食品工业企业诚信管理体系评价已获证书，通过企业数量位居全国各省市前列（名单如下）。

市别	企业名称	证书编号
苏州	东洋饮料（常熟）有限公司	11-AJFI(苏)13-0001
无锡	无锡市天资乳品饮料厂	11-AJFI(苏)13-0003
无锡	无锡市振太酒业有限公司	11-AJFI(苏)13-0004
镇江	中储粮镇江粮油有限公司	11-AJFI(苏)14-0001
苏州	江苏张家港酿酒有限公司	11-AJFI(苏)14-0002
南京	南京光明乳品有限公司	11-AJFI(苏)14-0003
宿迁	蒙牛乳业宿迁有限公司	11-AJFI(苏)14-0004
苏州	伊利苏州乳业有限责任公司	11-AJFI(苏)14-0005
常州	常州优蕾营养乳品有限公司	11-AJFI(苏)14-0006
盐城	阜宁县恒河油脂有限公司	11-AJFI(苏)14-0007
宿迁	江苏乾天酒业有限公司	11-AJFI(苏)14-0008
泰州	泰兴苏中制粉有限公司	11-AJFI(苏)14-0009
徐州	徐州绿健乳品饮料有限公司	11-AJFI(苏)14-0010
南京	南京大旺食品有限公司	11-AJFI(苏)14-0011
宿近	江苏御珍酒业有限公司	11-AJFI(苏)14-0012
镇江	镇江宴春酒楼有限公司	11-AJFI(苏)14-0013
镇江	丹阳市练湖乳品有限公司	11-AJFI(苏)14-0014
盐城	盐城市费氏食品有限公司	11-AJFI(苏)14-0015
徐州	徐州卫岗乳品有限公司	11-AJFI(苏)14-0016
连云港	江苏万千食品投资有限公司	11-AJFI(苏)15-0001
淮安	江苏广原油脂有限公司	11-AJFI(苏)15-0002
镇江	江苏省丹阳酒厂有限公司	11-AJFI(苏)15-0003
盐城	东台市宇航奶业有限公司	11-AJFI(苏)15-0004
苏州	明治乳业（苏州）有限公司	11-AJFI(苏)15-0005
南京	江苏雨润肉食品有限公司	11-AJFI(苏)15-0006
盐城	江苏人酒业江苏有限公司	11-AJFI(苏)15-0007
镇江	镇江金莲食品有限公司	11-AJFI(苏)15-0008
宿迁	江苏通瑞包装有限公司	11-AJFI(苏)15-0009
泰州	江苏新海油脂有限公司	11-AJFI(苏)15-0010
徐州	维维乳业有限公司	11-AJFI(苏)15-0011
盐城	盐城市泰来神奶业有限公司	11-AJFI(苏)15-0012
盐城	江苏海亚食品有限公司	11-AJFI(苏)15-0013
盐城	江苏小鹰豆制食品有限公司	11-AJFI(苏)15-0014
扬州	扬州仪扬茶社食品有限公司	11-AJFI(苏)15-0015
南京	南京卫岗乳业有限公司	11-AJFI(苏)15-0016
无锡	江阴市美天奶业有限公司	11-AJFI(苏)15-0017
镇江	江苏天琦生物科技有限公司	11-AJFI(苏)16-0001
镇江	丹阳市正大油脂有限公司	11-AJFI(苏)16-0002
镇江	丹阳市亭亭食品有限公司	11-AJFI(苏)16-0003
泰州	江苏双鱼食品有限公司	11-AJFI(苏)16-0004
泰州	泰州卫岗乳品有限公司	11-AJFI(苏)16-0005
连云港	江苏三元双宝乳业有限公司	11-AJFI(苏)16-0006
苏州	新希望双喜乳业（苏州）有限公司	11-AJFI(苏)16-0007

市别	企业名称	证书编号
镇江	江苏恒顺醋业股份有限公司	11-AJFI(苏)16-0008
扬州	扬州市扬大康源乳业有限公司	11-AJFI(苏)16-0009
南通	南通红梅乳业有限公司	11-AJFI(苏)16-0010
无锡	无锡市马山牛奶有限公司	11-AJFI(苏)16-0011
南京	南京桂花鸭（集团）有限公司	11-AJFI(苏)16-0012
淮安	盱眙国盛矿工业发展有限公司	11-AJFI(苏)16-0013
徐州	江苏君乐宝乳业有限公司	11-AJFI(苏)16-0014
常州	常州红梅乳业有限公司	11-AJFI(苏)16-0015
苏州	惠氏营养品(中国)有限公司	01-CCAI(苏)12-0001
南京	华润雪花啤酒（南京）有限公司	01-CCAI(苏)12-0004
连云港	连云港福润食品有限公司	01-CCAI(苏)13-0003
镇江	丹阳市康力乳品有限公司	01-CCAI(苏)13-0007
常州	江苏春晖乳业有限公司	01-CCAI(苏)13-0009
盐城	江苏宁富食品有限公司	01-CCAI(苏)13-0010
宿迁	宿迁宝迪肉类食品有限公司	01-CCAI(苏)13-0011
淮安	淮安旺旺食品有限公司	01-CCAI(苏)13-0016
宿迁	江苏洋河酒厂股份有限公司	CADA-CMS-2015001
南京	南京克莉斯汀食品有限公司	01-CCAI(苏)15-0001

【k. 主要经济数据】

1. 主要食品产量

（万吨、万千升）

产品名称	2016年产量	同比增长%	全国位次	产品名称	2016年产量	同比增长%	全国位次
原盐	910.66	7.11		酱油			
大米				发酵酒精	186.77	12.81	
小麦粉				白酒	106.89	7.83	
食用植物油				啤酒	177.72	-0.11	
糖果							
速冻米面							
方便面				卷烟（亿支）	1027.68	-1.76	
乳制品	148.52	5.14					

2. 规模以上食品工业企业主要经济指标

（单位：亿元）

项目	农副食品加工业	食品制造业	酒、饮料和精制茶制造业	烟草制品业	合计
企业单位数(个)	1679	429	189	6	2303
工业总产值(现价)	5076.24	1181.98	1187.29	524.46	7969.97
新产品产值	345.79	100.89	169.00	6.17	621.85
工业销售产值(现价)	5073.24	1152.39	1158.53	530.20	7914.36
出口交货值	112.12	114.73	5.07	0.19	232.11
流动资产合计	892.30	362.31	654.98	476.18	2385.77
应收帐款	207.98	105.88	94.99	22.77	431.62
存货	286.12	84.52	249.51	233.60	853.75
固定资产合计	762.75	272.56	339.28	62.80	1437.39
资产总计	1908.19	783.35	1170.85	601.52	4463.91
负债合计	1002.25	362.00	469.03	66.56	1899.84
所有者权益合计	896.87	420.37	701.58	534.96	2553.78
主营业务收入	5100.74	1162.85	1154.51	533.47	7951.57
主营业务成本	4488.09	910.91	844.74	113.92	6357.66
利润总额	325.18	82.71	178.96	85.42	672.27
平均用工人数（万人）	22.56	9.51	7.89	0.62	40.58

3. 国有控股食品工业企业主要经济指标

（单位：亿元）

项目	农副食品加工业	食品制造业	酒、饮料和精制茶制造业	烟草制品业	合计
企业单位数(个)	37	17	12	6	72
流动资产合计	41.40	24.17	115.74	476.18	657.49
应收帐款	3.17	7.99	34.48	22.77	68.41
存货	13.00	7.38	48.51	233.60	302.49
固定资产合计	29.04	26.48	49.62	62.80	167.94
资产合计	77.00	71.52	180.01	601.52	930.05
负债合计	55.67	33.92	99.25	66.56	255.40
所有者权益合计	19.98	37.21	80.77	534.96	672.94
主营业务收入	156.18	103.92	79.56	533.47	873.13
主营业务成本	141.20	76.52	41.35	113.92	372.99
利润总额	4.63	10.89	24.12	85.42	125.06
平均用工人数（万人）	0.50	0.80	0.96	0.62	2.88

4. 私营食品工业企业主要经济指标

（单位：亿元）

项目	农副食品加工业	食品制造业	酒、饮料和精制茶制造业	合计
企业单位数(个)	1240	222	87	1549
流动资产合计	374.29	97.71	55.92	527.92
应收帐款	87.94	20.80	13.03	121.77

项目	农副食品加工业	食品制造业	酒、饮料和精制茶制造业	合计
存货	120.18	27.34	16.29	163.81
固定资产合计	415.14	84.80	60.14	560.08
资产总计	889.84	206.80	135.76	1232.40
负债合计	388.48	101.47	61.13	551.08
所有者权益合计	495.49	104.81	74.39	674.69
主营业务收入	2804.12	417.17	252.71	3474.00
主营业务成本	2463.26	358.86	210.26	3032.38
利润总额	179.81	29.34	23.75	232.90
平均用工人数（万人）	13.82	3.70	1.41	18.93

5. 外商投资和港澳台商投资

（单位：亿元）

项目	农副食品加工业	食品制造业	酒、饮料和精制茶制造业	合计
企业单位数(个)	161	103	60	324
流动资产合计	318.71	168.42	82.98	570.11
应收帐款	58.61	47.93	26.80	133.34
存货	115.68	31.25	24.44	171.37
固定资产合计	179.87	116.86	110.57	407.30
资产总计	571.33	376.72	214.24	1162.29
负债合计	341.96	162.05	104.24	608.25
所有者权益合计	229.37	214.66	109.99	554.02
主营业务收入	1188.47	475.62	254.97	1919.06
主营业务成本	1051.28	334.81	196.29	1582.38
利润总额	81.15	33.02	25.24	139.41
平均用工人数（万人）	3.96	3.22	1.51	8.69

6. 大中型食品工业企业主要经济指标

（单位：亿元）

项目	农副食品加工业	食品制造业	酒、饮料和精制茶制造业	烟草制品业	合计
企业单位数(个)	133	72	41	4	250
流动资产合计	347.66	177.67	548.20	473.53	1547.06
应收帐款	74.81	45.40	71.42	22.68	214.31
存货	114.03	37.27	210.88	233.22	595.40
固定资产合计	309.69	146.34	222.17	54.71	732.91
资产总计	749.15	427.88	916.03	589.56	2682.62
负债合计	418.97	198.63	348.09	64.95	1030.64
所有者权益合计	330.18	229.25	567.94	524.61	1651.98
主营业务收入	1987.50	666.96	808.95	530.05	3993.46
主营业务成本	1726.08	494.15	553.67	112.15	2886.05
利润总额	139.51	49.18	152.27	84.90	425.86
平均用工人数（万人）	8.52	5.24	6.05	0.58	20.39

7. 各市食品工业产值统计

（单位：亿元）

市别	农副产品加工业	食品制造业	酒、饮料和精制茶制造业	烟草制品业	合计	排位
合计	5076.23	1182.01	1187.29	542.47	7988.00	
南京	140.28	130.78	57.12	202.59	530.77	9
无锡	16.62	65.02	50.50		132.14	12
徐州	936.26	165.25	421.47	207.50	1730.48	1
常州	28.73	56.12	8.80		93.65	13
苏州	280.61	256.49	51.22	1.07	589.39	7
南通	521.40	59.21	24.28	11.48	616.37	6
连云港	460.78	145.95	89.62		696.35	5
淮安	737.02	57.80	41.76	119.83	956.41	2
盐城	482.89	40.19	54.96		578.04	8
扬州	182.62	15.51	14.64		212.77	11
镇江	231.50	28.42	12.96		272.88	10
泰州	734.48	81.75	48.10		864.33	3
宿迁	323.04	79.52	311.86		714.42	4

另：采盐业完成工业产值93.96亿元。（省统计局2017江苏统计年鉴提供。

唐建泽

3.6 浙江省

【a. 概况】

2016 年，浙江省委省政府围绕供给侧与需求侧同时发力，在注重经济增长的高质量和均衡性等方面采取一系列举措，取得了良好成效。全省食品工业共有规模以上企业”）1345 家，从业人员 20.18 万人。全年实现工业总产值 2643.51 亿元，同比增长 1.82%, 位居全省各工业行业第 9 位。

2016 年，工业增加值稳步增长，全省食品工业完成工业增加值 798.27 亿元，同比增长 3.48%，比全省工业低 2.72 个百分点。其中：农副产品加工业完成工业增加值 123.43 亿元，同比增长 2.9%；食品制造业完成工业增加值 146.32 亿元，同比增长 6.1%；饮料制造业完成工业增加值 114.86 亿元，同比下降 1.5%；烟草制品业完成工业增加值 413.66 亿元，同比增长 4.2%。

主要行业产品产量同比增减基本持平。列入统计的 33 种主要产品，有 16 种产品产量同比下降，其中鲜冷藏肉、婴幼儿配方乳粉、冷冻饮品、味精、白酒、蛋白饮料、果酒及配制酒和营养、保健食品下降幅度均在 10% 以上。17 种产品产量实现同比增长，仅有 5 种产品产量增长保持在 10% 以上，其中熟肉制品增长 66.1%，液体乳增长 28.9%，包装饮用水增长 26.1%，膨化食品增长 16.6%，果汁和蔬菜汁饮料增长 14.9%。

2016 年，产销对接较好，全省食品工业实现销售产值 2592.24 亿元，同比增长 3.83%；全行业产销率为 98.73%，同比增加 2.45 个百分点，比全省工业高 2.01 个百分点。其中农副食品加工业产销率为 96.05%，增加 0.37 个百分点；食品制造业产销率为 95.80%，下降 1.36 个百分点；饮料制造业产销率为 96.71%，增加 0.31 个百分点；烟草制品业产销率为 106.37%，增长 10.49 个百分点。

2016 年，出口持续增长，全省食品工业完成出口交货值 290.84 亿元，同比增长 4.60%。从分行业情况看，农副食品加工业完成出口交货值 164.00 亿元，增长 3.10%；食品制造业完成出口交货值 93.52 亿元，增长 10.63%；饮料制造业完成出口交货值 29.70 亿元，下降 5.67%；烟草制品业完成出口交货值 3.61 亿元，增长 22.72%。

2016 年，经济效益水平小幅提升，全省食品工业实现利税总额 593.38 亿元，同比增长 7.66%，比全省工业 12.04% 的增幅低的很多。其中：实现利润总额 157.26 亿元，增长 2.48%，比全省工业 16.15% 的增幅低的很多。从分行业看，农副产品加工业和饮料制造业利润保持增长，同比增长分别为 15.72% 和 28.04%，食品制造业同比下降 19.05%，烟草制品业同比下降 7.67%。

科技创新能力提升。2016 年，全省规模以上食品工业企业科技活动经费为 18.87 亿元，同比增长 5.57%，其中：食品制造业为 7.32 亿元，增长 9.00%；农副产品加工业为 6.49 亿元，增长 7.09%；饮料制造业为 3.26 亿元，增长 2.24%。全省规模以上食品工业新产品产值为 401.72 亿元，同比增长 14.57%，其中：农副产品加工业为 156.00 亿元，增长 7.61%；食品制造业为 145.70 亿元，增长 12.97%；饮料制造业为 97.92 亿元，增长 36.93%。

【b. 大事记】

1月1日,《浙江省食品经营许可实施细则(试行)》正式施行，标志着浙江食品流通许可证与餐饮服务许可证“两证合一”的新版《食品经营许可证》正式启用。

1月28日，浙江省政府办公厅发布了《关于推进茶产业传承发展的指导意见》(以下简称“《意见》”)，明确浙江省今后推进茶产业传承发展的总体要求和发展目标、主要任务、保障措施，以促进茶叶这一历史经典产业做大做强。

3月15日，浙江省政府办公厅印发《关于开展浙江省食品安全市、县(市、区)创建工作的指导意见》(以下简称《意见》)，对全省食品安全市、县(市、区)创建工作作出具体部署，浙江省食品安全市县创建工作全面启动。

5月27日，由中国酒业协会牵头，浙江古越龙山绍兴酒股份有限公司、会稽山绍兴酒股份有限公司、上海金枫酒业股份有限公司、江苏张家港酿酒有限公司、浙江塔牌绍兴酒有限公司、湖州老恒和酿造有限公司等国内6家知名黄酒企业共同发起的“中国黄酒业发展创新奖励基金”在浙江绍兴正式成立，旨在鼓励黄酒产业科技、文化创新，推动整个黄酒产业的发展提升。

6月14日，由浙江省食安办、省委宣传部、省经信委等21个部门联合2016年浙江省食品安全宣传周活动正式启动。各部门围绕各自职能设计了54项活动，包括食品工业企业诚信管理体系宣贯、食品安全社区行、食品安全大讲堂等。同期，由52名委员组成的浙江省食品安全专家委员会在杭州成立。

10月9日，浙江省政府办公厅印发《关于加强食品安全社会共治的指导意见》(浙政办发〔2016〕121号，以下简称《意见》)，就新形势下织密食品安全监管网络、引导公众有序参与、提升食品安全保障水平和公众获得感、满意度，加强食品安全社会共治提出“八个强化”要求、十大重点任务，在全国率先迈出食品安全社会共治新步伐。

11月3日，省政府办公厅正式印发了《浙江省食品药品安全“十三五”规划》(以下简称《规划》)，以“三网六体系”为总体构架，以最严谨的标准、最严格的监管、最严厉的处罚、最严肃的问责“四个最严”为总要求，坚持创新、协调、绿色、开放、共享五大发展理念，全面实施食品药品安全战略。

11月10日，《浙江省食品行业供给侧结构性改革研究》顺利通过专家组验收。课题对浙江省食品行业结构性调整提出了明确意见，提出了行业发展的重点方向和对策，对浙江传统特色食品、健康食品等行业发展具有良好的指导性。

12月27日，2016年长三角名优食品授牌仪式在南京召开，对获得2016年长江三角洲地区名优食品的97个产品授牌。来自浙江省的大好大炒货、真真老老粽子、白塔黄酒等28个产品成功入选。

【c. 政策、法规】

1月1日,《浙江省食品经营许可实施细则(试行)》正式施行;

1月28日，浙江省政府办公厅发布了《关于推进茶产业传承发展的指导意见》;

7月12日，《浙江省食品药品行政处罚自由裁量指导意见(试行)》发布实施;

10月9日，浙江省政府办公厅印发《关于加强食品安全社会共治的指导意见》。

【d.2016年主要经济指标】

1. 分行业主营业务收入表

	主营业务收入(亿元)	同比±%
全省工业	65307.62	4.12
全省食品工业合计	2559.39	4.59
农副食品加工业	1049.16	5.03
食品制造业	569.82	4.34
饮料制造业	457.57	1.89
烟草制品业	482.84	6.58

2. 主要经济效益指标

	单位	全省工业		食品工业	
		2016	同比+%	2016年	同比+%
企业个数	家	40219	0.10	1345	2.05
亏损企业个数	家	5307	4.33	189	-3.08
亏损企业亏损额	亿元	312.82	-10.48	15.90	17.88
新产品产值	亿元	23860.65	11.64	401.72	14.576.22
资产合计	亿元	69755.30	6.58		
流动资产合计	亿元	38603.86	6.19	2567.88	5.92
从业人数	万人	677.09	-1.61	1545.2120.18	-12.05
主营业务收入	亿元	65307.62	4.12	2559.39	4.59
主营收入利润率	百分比	14.60	4.51	14.70	-8.24
科技活动经费支出	亿元	983.09	14.91	18.87	5.57

3. 分行业经济效益

	利税总额（亿元）	同比±%	利润总额（亿元）	同比±%
全省工业	7075.56	12.04	4322.72	16.15
全省食品工业合计	593.38	7.66	157.26	2.48
农副食品加工业	53.29	14.32	39.616	15.72
食品制造业	59.20	-11.15	36.78	-19.05
饮料制造业	75.50	16.74	45.68	28.04
烟草制品业	405.39	8.62	35.16	-7.67

4. 分行业出口交货产值表

	出口交货产值（亿元）	同比±%
全省工业	11707.48	-3.70
全省食品工业合计	279.58	-5.27
农副食品加工业	158.30	-3.15
食品制造业	85.85	-9.13
饮料制造业	32.48	-5.33
烟草制品业	2.94	2.10

【e.2016 年主要产品产量】

指标名称	计量单位	产品产量	同比增长（%）
小麦粉	吨	869710.9	7.7
大米	吨	834488.0	5.8
精制食用植物油	吨	521795.2	-9.3
鲜、冷藏肉	吨	344060.0	-23.7
熟肉制品	吨	3336.2	66.1
冷冻水产品	吨	1421524.7	3.5
冷冻蔬菜	吨	16180.5	-5.1
膨化食品	吨	42185.9	16.6
糖果	吨	28231.9	-7.2
速冻食品	吨	135260.6	5.2
其中：速冻米面食品	吨	107631.5	4.5
方便面	吨	295907.4	4.7
乳制品	吨	625401.2	23.5
其中：液体乳	吨	566927.8	28.9
固体及半固体乳制品	吨	58473.4	-12.4
乳粉	吨	25470.1	-34.9
其中：婴幼儿配方乳粉	吨	9477.11	-36.8
罐头	吨	535850.1	-6.4
味精（谷氨酸钠）	吨	16583.4	-12.7
酱油	吨	190161.7	7.0
食醋	吨	5091.0	2.7
营养、保健食品	吨	8876.6	-42.4
冷冻饮品	吨	73987.4	-16.7
食品添加剂	吨	431524.7	8.8
饮料酒	千升	3114890.6	-2.5
其中：白酒（折65度，商品量）	千升	11493.2	-21.1
啤酒	千升	2465814.4	-1.8
黄酒	千升	613286.1	-5.1
果酒及配制酒	千升	1826.7	-30.0
软饮料	吨	8426349.1	10.0
其中：碳酸饮料类（汽水）	吨	572710	-3.8
包装饮用水类	吨	3190366.1	26.1
果汁和蔬菜汁饮料类	吨	1391380.3	14.9
蛋白饮料	吨	156439.2	-26.91
精制茶	吨	318239.5	3.3
卷烟	万支	9158010	-3.4

【f.2016 年名优产品】

1. 主要新增及复评浙江名牌产品

序号	产品名称	申报企业名称	商标
1	果汁类饮料	农夫山泉股份有限公司	农夫果园
2	烤鱼片	浙江瑞松食品有限公司	瑞松（图标）

序号	产品名称	申报企业名称	商标
3	发糕	浙江德辉食品有限公司	善蒸坊
4	豆制品	杭州豆制食品有限公司	鸿光浪花
5	运动饮料	农夫山泉股份有限公司	尖叫
6	糕点	杭州知味观食品有限公司	知味观
7	小麦粉	杭州牡丹面粉有限公司	牡丹
8	菜籽食用油	浙江新市油脂股份有限公司	如意（图标）
9	黄酒	浙江嘉善黄酒股份有限公司	汾湖((西塘)
10	味精、鸡精	浙江蜜蜂集团有限公司	蜜蜂牌
11	啤酒	燕京啤酒（浙江仙都）有限公司	仙都
12	山梨酸、山梨酸钾	宁波王龙科技股份有限公司	王龙
13	鱼干系列食品	绍兴市咸亨酒店食品有限公司	咸亨牌
14	绍兴黄酒	浙江塔牌绍兴酒有限公司	塔牌（图标）
15	绍兴黄酒	会稽山绍兴酒股份有限公司	会稽山（图标）
16	啤酒	英博双鹿啤酒集团有限公司	雙鹿啤酒（图标）
17	啤酒	浙江英博雁荡山啤酒有限公司	雁荡山（图标）
18	炼乳	浙江熊猫乳业集团股份有限公司	熊猫牌
19	肉制品	杭州唯新食品有限公司	唯新
20	酿造酱油	杭州市食品酿造有限公司	湖羊
21	月饼	杭州市食品酿造有限公司	五味和
22	方便米饭	杭州冠华王食品有限公司	冠华王
23	蜗牛（肉）	嘉兴市潜福食品有限公司	潜福
24	鲜猪肉	浙江青莲食品股份有限公司	膳博士
25	金华火腿	金华火腿实业有限公司	金都
26	液体奶	浙江金华市佳乐乳业有限公司	佳乐
27	酥饼	金华默香食品连锁有限公司	默香
28	食用菌	景宁畲族自治县中信实业有限公司	金信JINXIN
29	炒货食品	宁波恒康食品有限公司	恒康
30	鱼糜系列产品	宁波飞日水产实业有限公司	飞日
31	榨菜	余姚市备得福菜业有限公司	备得福
32	面条	浙江巨香食品有限公司	巨香（JUXIANG）
33	速溶茶	浙江茗皇天然食品开发股份有限公司	茗皇
34	酥饼系列	浙江德辉食品有限公司	德辉
35	干菜系列	文成县亨哈山珍食品有限公司	亨哈（图标）

2. 长江三角洲名优食品名单

序号	企业名称	品牌	产品名称
1	杭州天堂食品有限公司	天堂	西湖藕粉
2	浙江富春江酒业有限公司	富春江	黄酒
3	浙江美丽健乳业有限公司	美丽健	（原味）酸奶
4	杭州下沙酒厂	乔农坊	白酒（原浆）
5	杭州超达食品有限公司	雪海梅香	杨梅蜜饯
6	杭州牡丹面粉有限公司	牡丹牌	面粉
7	浙江蓝海星盐制品有限公司	浙盐蓝海星	食用盐
8	浙江瑞松食品有限公司	瑞松	烤鱼片
9	温州山民食品有限公司	山民	酱腌菜
10	浙江英博雁荡山啤酒有限公司	雁荡山	鲜之爽啤酒
11	浙江大好大食品有限公司	大好大	炒货
12	瑞安市华忠水产食品有限公司	华辉	冻鱼糜制品
13	绍兴白马湖食品有限公司	白马湖	醉鱼干
14	绍兴白塔酿酒有限公司	白塔	黄酒
15	嘉兴市真真老老食品有限公司	真真老老	粽子
16	桐乡市一品斋茶食有限公司	分水墩	糕点（姑嫂饼）
17	平湖市老鼎丰酿造食品有限公司	群欢	酿造酱油
18	嘉兴市食品肉类有限公司	大不同	熟牛肉
19	宁波义茂食品有限公司	义茂	年糕
20	宁波佐餐王调味食品有限公司	佐参王	食醋
21	宁波新紫云堂水产食品有限公司	紫云堂	雪菜
22	浙江耕盛堂生态农业有限公司	惊雷	竹笋制品
23	中国水产舟山海洋渔业公司	明珠	休闲水产品
24	浙江德辉食品有限公司	德辉	薄酥饼
25	浙江巨香食品有限公司	巨香	挂面
26	浙江田歌实业股份有限公司	田歌	咸鸭蛋
27	金华市大麻子食品连锁有限公司	大麻子	酥饼
28	浦江万方工贸有限公司	万方	腐乳

【g. 科技进步和科研成果】

1. 杭州娃哈哈精密机械有限公司申报的中国轻工业食品饮料智能制造及装备重点实验室入选2016年中国轻工业联合会首批中国轻工业重点实验室。

2. 杭州贝因美豆逗儿童营养食品有限公司“谷基配方营养米粉酶法工艺关键技术及产业化研究”、浙江老树根油茶开发股份公司的“山茶油绿色安全高效加工关键技术研究与应用示范”、香飘飘食品股份有限公司的“浓缩奶茶饮料的开发”3项目研究获2016中国食品工业协会科学技术奖一等奖。

3. 舟山市海洲水产有限公司的“鲣鱼冷冻调理食

品加工与质量安全控制关键技术研究与产业化”获评2016年浙江省优秀工业新产品（新技术）。

浙江古越龙山绍兴酒股份有限公司的“精品绍兴酿制原材料选择标准制定及品种培育开发研究”获2016年中国酒业协会科学技术进步奖二等奖；“基于乳酸菌直投菌技术的黄酒浸米工艺改进关键技术与工业化开发示范”“黄酒原料大米模式识别及大罐陈化技术升级中试示范”“绍兴黄酒酿造微生物研究及产业化应用”等系列省级和国家级科研项目通过验收。

5. 熊猫乳业集团股份有限公司“调制淡炼乳”荣获2016年中国乳制品工业协会技术进步奖二等奖。

6. 浙江工业大学教授孙培龙、浙江省工业大学副教授邵平、杭州市农业科学研究院高级工程师邹礼根3人获2016年全国食品工业科技创新卓越工作者荣誉。

7. 浙江科技学院生化工程学院承担的“低定量水果绿色保鲜指版的研究开发”项目获2016年浙江省科技进步三等奖。

安圣康

3.7 福建省

【a. 概况】

2016年，全省规模以上食品工业企业个数2349个，同比增长7.31%，完成工业总产值（不计烟草制品业）5389.49亿元。总产值5389.49亿元，同比增长9.7%，同比增速下降0.8个百分点；其中：农副食品加工业总产值3020.95亿元，增长10.1%，增速下降1.3个百分点；食品制造业工业总产值1442.90亿元，增长10.8%，增速下降4.7个百分点；酒、饮料和精制茶制造业总产值925.64亿元，增长6.6%，增速下降2.3个百分点。规模以上食品工业总产值占全省消费品工业总量的24.78%。

销售产值（不计烟草制品业）5262.53亿元，同比增长9.9%，增速同比下降2.1个百分点；其中：农副食品加工业达2947.42亿元，增长10.6%，增速下降0.5个百分点；食品制造业达1411.75亿元，增长11.5%，增速下降3.6个百分点；酒、饮料和精制茶制造业达903.37亿元，增长5.4%，增速下降5个百分点。

出口交货值（不计烟草制品业）819.96亿元，同比增长13.8%，增速同比下降4个百分点；其中：农副食品加工业达605.57亿元，增长12.7%，增速增加1个百分点；食品制造业达194.28亿元，增长17.7%，增速增加16个百分点；酒、饮料和精制茶制造业达20.11亿元，增长1.5%，增速下降34.4个百分点。

列入统计的28类主要食品中，食品产量位居全国各省市前10位的产品分别是：糖果、罐头位列第1位，冷冻水产品位列第2位，乳粉位列第4位，精制茶位列第5位，配合饲料位列第7位，果汁和蔬菜汁饮料类位列第8位，饲料第9位。各类产品产量增幅位于全国各省市前10位的有9类，分别是：配合饲料位列第3位，果汁和蔬菜汁饮料、液体乳位列第4位，冷冻水产品位列第6位，饲料位列第7位，乳制品、食品添加剂位列第8位，软饮料、包装饮用水位列第10位。

【b. 主要经济指标（数据）】

1. 规模以上食品工业分行业产销情况

行业分类	工业总产值（亿元）	同比增长±%	销售产值（亿元）	同比增长±%	出口交货值（亿元）	同比增长±%	产销率%	同比增长±%
食品工业总计（不计烟草制品业）	5389.49	9.7	5262.53	9.9	819.96	13.8	97.64	0.24
农副食品加工业	3020.95	10.1	2947.42	10.6	605.57	12.7	97.57	0.37
食品制造业	1442.90	10.8	1411.75	11.5	194.28	17.7	97.84	0.74
酒、饮料和精制茶制造业	925.64	6.6	903.37	5.4	20.11	1.5	97.59	-1.11

2. 全国及福建省食品工业分行业效益情况

行业分类	地区	汇总企业单位数（个）	累计产成品（亿元）	同比增长±%	累计资产总计（亿元）	同比增长±%	累计主营业务收入（亿元）	同比增长±%	累计利润总额（亿元）	同比增长±%
食品工业总计	全国	41616	3788.61	4.7	66428.78	5.7	11342.06	6.4	7269.72	6.1
	福建	2349	213.55	5.3	2714.24	4.8	5202.88	9.4	370.41	14.94

3. 福建省食品工业主要产品产量

产品名称	计量单位	12月	同比增长%	1-12月累计	同比增长%
原盐	万吨	1.2	-54.1	20.6	-29.5
小麦粉	万吨	9.1	-2.7	119.4	7.2
大米	万吨	15.5	-3.6	181.2	-1.7
饲料	万吨	119.5	16.5	1203.8	13.6
其中：配合饲料	万吨	80.0	17.6	832.6	13.9

产品名称	计量单位	12月	同比增长%	1-12月累计	同比增长%
混合饲料	万吨	8.9	26.9	78.1	-12.0
精制食用植物油	万吨	17.5	4.1	207.4	9.4
成品糖	万吨	2.1	-29.4	2.1	-76.6
鲜、冷藏肉	万吨	7.5	-11.7	90.3	0.7
冷冻水产品	万吨	14.4	11.4	142.2	16.2
糖果	万吨	7.9	-5.0	74.5	11.7
速冻米面食品	万吨	0.2	-15.5	4.2	5.3
方便面	万吨	1.1	-23.3	13.3	-18.9
乳制品	万吨	1.6	12.4	16.3	-20.8
其中：液体乳	万吨	1.0	5.8	10.1	-36.9
乳粉	万吨	0.6	19.0	5.7	34.9
罐头	万吨	26.1	7.4	284.1	6.8
酱油	万吨	2.7	96.6	11.8	-16.8
冷冻饮品	万吨	0.0	-15.5	0.9	-9.5
食品添加剂	万吨	1.4	17.4	12.2	8.6
饮料酒	万千升	8.5	-9.0	194.3	-4.4
白酒（折65度，商品量）	万千升	0.6	18.7	5.4	22.1
啤酒	万千升	6.2	-13.6	170.2	-6.4
软饮料	万吨	34.2	21.0	518.7	1.3
其中：碳酸饮料类（汽水）	万吨	3.2	5.0	52.9	4.7
包装饮用水类	万吨	16.3	28.2	216.8	1.2
果汁和蔬菜汁饮料类	万吨	6.9	0.1	94.0	-1.6
精制茶	万吨	2.0	7.1	21.7	4.3

【c. 食品安全监督】

1. 为推动流通环节食品安全监管工作的落实，健全完善食品流通监管长效机制，省食药监局下发《关于开展2016年流通环节食品质量可追溯体系示范点建设工作的通知》，部署各地开展2016年流通环节食品质量可追溯体系示范点建设工作。

2.6月6日，国家总局稽查局在福州召开食品安全信用体系建设工作推进会。全国有13个省（市）局信用体系建设工作负责人参加会议。会议通报了信用体系建设工作推进情况及下一步工作要求，介绍了福建、上海、河北、湖北等4个省（市）局开展信用体系建设试点工作进展情况，研究探讨了《食品药品严重失信者惩戒管理规定》，并座谈交流了试点工作经验和做法。

【d. 食品科技】

1. 国家星火计划重大项目“大黄鱼产业化集成与示范推广”通过专家验收。

2. 国家星火计划重大项目“乌龙茶产业关键技术优化升级与示范推广”集合18家科研、生产企业共同实施，从供给侧着手推动乌龙茶产业的转型升级，目前该项目已顺利通过专家验收。

3. 省重大专项专题项目“苦瓜商业化育种技术体系建设”通过省科技厅组织的专家验收。

4. 依托福建农林大学建设的“国家菌草工程技术研究中心”通过了国家科技部验收，并予以正式命名，这是我省农业领域首个建成的国家工程技术研究中心。

【e. 协会主要工作】

1. 受泉州市政府委托，协会组织省内食品行业专家共同商讨制定了“泉州市食品产业转型升级路线图”，现已通过评审并得到泉州市政府通过。

2.3月15日，福建省和福州市相关职能部门联合在福州举行“3·15”国际消费者权益日纪念活动，协会作为国家工信部食品工业企业诚信管理体系委托认证机构，被省政府授予了“诚信鼎传递活动示范单位”牌匾，并在明信片上盖下“诚信鼎”图章。

3.3月21日，协会在福州举办“2016食品工业企业诚信体系内部核查员培训班”。

4.3月30日，举行福建省2016年水产品企业技术提升辅导启动仪式。

5.5月16日，受中国食协委托，协会在南平市光泽县组织召开光泽县创建“中国生态食品名城”项目专家论证会。

6.6月20日，受福建省卫计委委托，协会组织福建省食品行业专家组，在福建农林大学召开含虾膨化食品铝本底值问题专家论证会。

7.7月6日，福建省卫计委向国家卫计委食品司发出了《关于建议修订虾条虾片类膨化食品标准的铝本底值限量的函》，建议国家卫计委对虾条虾片类膨化食品标准的铝本底值限量进行修订。

8.7 月 14 日，由协会、台湾食品发展协会、台湾整厂发展协会、台湾包装设计协会、欧中食品文化交流协会共同主办的第三届闽台（泉州）食品交易会在晋江开幕。

9. 由企业提出的即食海蜇产品存在防腐剂超标的问题，协会收悉后当即组织专家深入相关海蜇加工企业进行调研。

10.8 月 3 日，在国家卫计委官方网站发布公告《关于抗坏血酸棕榈酸酯（酶法）等食品添加剂新品种的公告》，明确了即食海蜇中山梨酸钾的最大使用量为 1.0g/kg，彻底地解决了我省即食海蜇产品防腐剂超标的问题。

11.8 月 8 日，“首届福建省烘焙食品产业发展高峰论坛”在回头客食品集团股份有限公司召开。

12.9 月 24 日上午，“回头客杯”福建省第三届大学生食品创新创意大赛启动仪式于福建农林大学禧强楼学术报告厅举行。

13.9 月 26 日，龙岩市经信委邀请协会专家，对龙岩市各县区经信部门负责人、食品工业企业相关负责人，进行食品工业企业诚信管理体系 QB/4111–2010 标准中的诚信管理体系通用要求、原则、诚信方针、策划等结合案例进行解读。

14. 协会组织企业参加中国食协开展的“第九届白酒国家评委考试”活动。

15.12 月 16 日，厦门市经济和信息化局在厦门举办食品工业企业诚信管理体系建设培训班。

16.2016 年是我国经济发展“十三五”规划的开局之年，我协会将继续深入贯彻落实党的十八届五中全会精神，根据《福建省人民政府关于产业龙头促进计划实施方案的通知》（闽政文〔2014〕26 号），《中国食品工业协会关于开展 2014–2015 年度全国食品工业优秀龙头食品企业认定工作的通知》（中国食协〔2015〕21 号）的精神，我会开展食品工业行业标杆认定工作，目前共有 44 家食品工业企业被认定为行业标杆企业。

17. 协会科技成果评审办公室分别组织专家对福建农林大学、莆田市汇龙海产有限公司联合完成的“太阳能－热泵联合干燥高品质海洋珍品产业化关键技术研究与示范”等 8 个项目进行科技成果评审，均顺利通过评审。

18. 由福建师范大学、福建惠泽龙酒业股份有限公司联合完成的《基于红曲黄酒生产的专利技术集成创新与应用》获 2015 年度中国酒业协会科学技术发明奖三等奖；由福建师范大学、福建永春老醋有限责任公司、福建永春津源酱醋厂有限公司联合完成的《永春老醋高酸度液态深层发酵清洁生产新工艺及产业化》。

19. 我省厦门市丝浓食品有限公司、福建双牛酒业有限公司、福建德顺酒业有限公司、福建亲亲股份有限公司、福建正大食品有限公司等 5 家企业经评价通过食品工业企业诚信管理体系评价并获得证书。

【f. 品牌建设和创优工作】

1.“中国茶叶区域公用品牌价值评估”评选结果揭晓，安溪铁观音以 60.04 亿元的品牌价值位居“2016 中国茶叶区域公用品牌价值十强”榜首。

2. 为推动福建省工业企业质量信誉建设，省经信委开展 2016 年“福建省工业企业质量信誉承诺活动”。

3. 国家工信部发布了《2016 年中国工业百强县（市）发展报告》，我省 7 县（市）入围 2016 年中国工业百强县（市），分别为：晋江（第 5 位）、南安（第 27 位）、石狮（第 46 位）、福清（第 52 位）、惠安（第 55 位）、长乐（第 57 位）、龙海（第 83 位）。

4. 为培育和推动高成长企业发展，促进全省工业创新转型稳定增长，经企业申报、各设区市经信部门推荐，福建省经信委筛选确定了 266 家企业作为 2016 年度省级工业和信息化高成长企业，其中食品企业 31 家。

5. 根据《福建省著名商标认定、管理和保护办法》的规定，按照《福建省工商局关于 2016 年申请认定及延续认定福建省著名商标工作的通知》（闽工商标〔2016〕61 号）要求，经 2016 年 12 月 30 日福建省工商局局长办公会议研究，决定对福建杨振华 851 生物

科技股份有限公司“851”等716件商标认定为福建省著名商标，其中食品类233件，达32.5%。

序号	企业名称	商标及产品名称
1	福建春伦茶业集团有限公司	春伦+图形牌茶叶【花茶、绿茶、乌龙茶】
2	福州海汇生物科技实业有限公司	图形牌单一饲料（乌贼膏）
3	福州恒丰米业有限公司	金日恒丰+图形牌大米
4	福州旭煌食品有限公司	了不得+图形牌速冻食品{速冻其它食品【速冻肉制品】（鱼饺）}
5	长乐闽发食品水产有限公司	闽发+图形牌速冻刺鲳鱼
6	福建省闽清茶口粉干有限公司	茶口粉干+图形牌茶口粉干
7	福州联合闽津茶业有限公司	闽津+MINJIN+图形牌茶叶（绿茶、红茶、乌龙茶、花茶）
8	福建省麒麟山茶业发展有限公司	麒麟山QILINSHAN+图形牌乌龙茶
9	福建泉景兴农业科技有限公司	泉景兴+图形牌尖椒
10	福州养心生态农业开发有限公司	养心园+图形牌肉鸡
11	闽清金水湾生态农业有限公司	大明谷+图形牌鲜蛋
12	福建省连江天源水产有限公司	浪涛4+图形牌干海带
13	福建大北农水产科技有限公司	DBN+图形牌水产饲料
14	东山县永隆水产食品有限公司	隆盛达+图形牌冻煮鲍鱼
15	福建东山海源水产有限公司	澳角海源+图形牌冻蟹肉
16	东山县东盛食品有限公司	烨煌东盛+图形牌冻蟹肉
17	东山县茂源水产有限公司	东群+图形牌冻蟹肉
18	福建紫山集团股份有限公司	Q51+图形、紫山+图形牌果蔬罐头
19	漳州市紫山食品工业有限公司	紫山+图形牌鱼类罐头
20	福建海山食品有限公司	海之山+图形牌蘑菇罐头
21	福建糖业股份有限公司	白玉兰+BAIYULAN+图形牌白砂糖
22	福建合口味食品工业有限公司	合口味+图形牌速冻面米食品
23	福建合茶道生态农业有限公司	合缘茶道+图形牌茶叶
24	福建省绿麒食品胶体有限公司	金闽南JINMINNAN+图形牌琼脂
25	福建升隆食品有限公司	升隆+图形牌速冻丸子
26	漳浦县进丰冷冻食品有限公司	进丰+图形牌新鲜蔬菜（青葱）
27	龙海市闽隆农产品专业合作社	南太武+图形牌结球甘蓝
28	福建万辰生物科技股份有限公司	万辰菇业+图形牌食用菌
29	漳州市新南盛生物科技有限公司	南盛+图形牌杏鲍菇
30	福建省中延菌菇业有限公司	中延ZHONGYAN+图形牌杏鲍菇
31	东山博广天兴食品股份有限公司	博广天兴+图形牌冻章鱼块
32	龙海市格林水产食品有限公司	格林氏+gelins+图形牌冻鱿鱼
33	东山县乐兴水产有限公司	乐兴+图形牌冻竹叶鱼
34	漳州顺益食品有限公司	顺渔福+图形牌速冻对虾
35	东山县亨立水产食品有限公司	图形牌冻章鱼
36	龙海奥瑞水产食品有限公司	野渡+YEDU+图形牌冻梭子蟹
37	福建铭兴食品冷冻有限公司	铭海+图形牌冻水产品（冻海鲇鱼、冻剥皮鱼）
38	泉州市泉港科山海藻有限公司	科山+图形牌三藻胶
39	福建顺成面业发展股份有限公司	多见面+图形牌面粉
40	福建好彩头食品股份有限公司	小样+图形牌小样酸Q糖
41	福建好来屋食品工业有限公司	好来屋+图形牌糖果
42	福建省燕京惠泉啤酒股份有限公司	欧骑士牌欧骑士啤酒
43	达利食品集团有限公司	乐虎牌乐虎牌氨基酸维生素功能饮料
44	福建省永春县华锋茶叶有限公司	绿芳+图形牌永春佛手
45	福建永春县万品春茶业有限公司	万品春牌茶叶（乌龙茶）——永春佛手
46	福建省誉丰国心茶业有限公司	国心名茶+图形牌铁观音
47	福建省永春万特实业有限公司	全特牌永春佛手
48	永春县岵山津源酱醋厂有限公司	酸梅+图形牌食醋（酿造食醋）——永春老醋
49	金维它（福建）食品有限公司	第三主粮+图形牌麦片
50	安溪县山格淮山专业合作社	山格淮山+图形牌山格淮山
51	福建省晋江市绿色保健蛋品有限公司	家鳳+JIAFENG+图形牌鸡蛋
52	福建第五季农业科技开发有限公司	山纳源水+图形牌香水柠檬
53	晋江鸿盛果蔬综合特色农产品有限公司	鸿湖+HONGHU+图形牌花生
54	福建省双秋农业有限公司	双秋+图形牌茶叶（乌龙茶、红茶）
55	福建一笔峰茶业有限公司	一笔峰+图形牌乌龙茶、红茶
56	福建省宏硕生态农业发展有限公司	宏态+图形牌白鹜鸭
57	福建丰茂生物科技有限公司	天湖神山牌海鲜菇
58	福建建宁日鑫菌业科技有限公司	恒珍源+图形牌鲜食用菌（金针菇）
59	莆田市汇丰食品工业有限公司	御厨长+图形牌水产制品
60	莆田市汇龙海产有限公司	宴厨+图形、捞得星+图形牌鲍鱼罐头
61	福建天兰农业综合开发有限公司	天兰TIANLAN+图形牌西芹
62	莆田市银江农业开发有限公司	银江+图形牌菲律宾蛤仔
63	福建浦城县三叶食品有限公司	三叶+图形牌浦城薏米
64	福建省政和东平老窖酒业有限责任公司	东坪+图形牌白酒
65	武夷山市通仙茶业有限责任公司	通仙+图形牌茶叶（乌龙茶）
66	政和县东平宏达茶厂	一世清茗+拼音+英文+图形牌政和白茶
67	顺昌县新庄稼人果蔬农民专业合作社	森官+senguan+图形牌芦柑
68	建瓯市富民农业发展有限公司	良麟及图+图形牌鲜葡萄
69	福建顺昌兆丰生物科技有限公司	兆丰精灵+图形牌真姬菇

序号	企业名称	商标及产品名称
70	福建龙岩闽雄生物科技股份有限公司	闽雄+图形牌猪配合饲料
71	福建省长汀盼盼食品有限公司	盼盼+图形牌法式小面包
72	福建省长汀盼盼食品有限公司	盼盼+图形牌蛋糕
73	福建省长汀盼盼食品有限公司	艾比利+图形牌薯片
74	龙岩市福欣牧业发展有限公司	福欣牧+图形牌肉鸡
75	龙岩市通贤兔业发展有限公司	通贤乌兔牌通贤乌兔
76	上杭县鑫成农业发展有限公司	才溪+CAIXI+图形牌纽荷尔脐橙
77	福建省越丰农产品有限公司	YF+图形牌食用菌（鲜香菇）
78	福建钦龙食品有限公司	KLF+图形牌黄鱼鲞
79	福建省广福茶业有限责任公司	皇家百合+图形牌福鼎白茶
80	福建省宁德市赤溪茶叶有限公司	老傅+图形牌茶叶（红茶、绿茶）

序号	企业名称	商标及产品名称
81	福建新味食品有限公司	新未+图形牌坦洋工夫红茶
82	福建省天禧御茶园茶业有限公司	御茶园+图形牌高山红（金闽红）茶
83	宁德市九龙峰农业综合开发有限公司	一旗九龙峰+图形牌红茶
84	福建省天荣茶业有限公司	东顶云雾+图形牌坦洋工夫红茶
85	闽东张一元茶叶有限公司	双芽+图形牌绿茶
86	福建省闽绿立体农业综合开发有限公司	绿珑纯+图形牌生猪
87	福建正茸农业发展有限公司	正茸+图形牌有机瓶栽杏鲍菇
88	福建钦龙食品有限公司	KLF+图形牌冻水产品
89	福建申石蓝食品有限公司	九洲石蓝+图形牌干紫菜
90	霞浦县永兴水产工贸有限公司	恒绿+图形牌海带
91	宁德市齐民农工商有限公司	溪田+图形牌冰鲜大黄鱼

林玉明 林辉

3.8 山东省

【a. 概况】

2016年，全省规模以上食品工业企业实现主营业务收入17620.7亿元，同比增长4.61%，主营业务收入占全国食品工业15.82%，保持全国食品工业第1位，增速比全国食品工业低近2个百分点；实现利润991.4亿元，同比增长2.69%，利润额占全国食品工业13.64%，居全国食品工业第1位，增速比全国食品工业低3.3个百分点。

国家统计的23种产品中，12种产品实现同比增长，其中：产量同比增长较大的产品有：果汁和蔬菜汁饮料，增长13%；发酵酒精，增长9.36%；小麦粉，增长8.64%；碳酸饮料，增长8.33%。11种产品产量出现同比下降，其中：产量同比下降较大的产品有：大米下降，37.95%；冷冻饮品，下降29.29%；包装饮用水，下降21.97%；冷冻水产品，下降19.33%；糖果，下降18.37%。全省优势行业中，鲜冷藏肉、啤酒、葡萄酒3种产品产量保持全国第1位，小麦粉居全国第2位、食用植物油居第3位、乳制品居第4位、白酒居第3位。

在优势行业中，粮食加工收入，同比增长6.3%，利润同比增长6.8%；食用植物油收入，同比增长8.4%，利润同比增长13.5%。粮油行业由于受原料价格影响，生产经营摆脱近几年低迷状态，呈现恢复性增长。肉制品加工收入，同比增长7.4%，利润同比增长2.8%。肉制品加工同比收入及利润增速明显回落，主要是受生猪价格大幅上涨影响，市场消费减少；水产冷冻加工收入，同比增长4.9%，利润同比3.5%；蔬菜加工收入，同比增长2%，利润同比增长-3.8%。冷冻水产品及蔬菜加工同比增速小，主要是出口持续低迷；乳制品收入，同比增长5.5%，利润同比下降6.2%；酱油食醋收入，同比增长9.4%，利润同比增长10.5%；营养食品收入，同比增长9.7%，利润同比增长10%；白酒收入，同比增长6.8%、利润同比下降1.8%；啤酒收入，同比下降3%、利润同比下降3.2%；葡萄酒收入，同比下降3.2%、利润同比下降8.5%。

2016年，全省食品出口额377.26亿美元，进口108.58亿美元，实现顺差268.68亿美元。

出口优势产品中：冻畜禽肉出口量同比下降28.94%、出口额同比下降31.7%；冻水产品出口量同比增长1.79%、出口额同比下降0.58%；干制蔬菜、冻干腌渍贝参蛤类、冷冻及保鲜蔬菜、冷冻及保鲜水果和坚果出口量及出口额同比呈现较大增长。

进口食品呈现较大变化，进口量较大的产品有：冻畜禽肉27.21万吨，同比增长62.13%；冻水产品89.43万吨，同比下降5.9%；植物油45.29万吨，同比下降18.78%；糖63.17万吨，同比下降55.48%；乳制品10.13万吨，同比增长39%；葡萄酒1.29万吨，同比增长17.69%。

全省进出口食品突出的变化：一是已由畜禽产品、水产品出口大省变成了畜禽、水产进口大省，二是方便食品、烘焙食品、乳制品、葡萄酒等快消品进口量同比呈现快速增长，对国产同类产品冲击较大。

【b. 协会主要工作】

1月，指导编制完成了《枣庄市山亭区休闲食品暨航空食品产业规划》。

1月29日，参加在济南市布谷鸟特需儿童之家启动活动。并为其捐赠了食品。

3月，组织企业参加了由中国食品工业协会组织的2016“中国食品工业协会科学技术奖”的评审活动。

4月20日–22日，举办第五届山东省食品行业（调味品、焙烤、肉制品、速冻食品、乳制品、粮油等行业）评委换届考聘会。

4月，编写了《山东省食品产业转型升级实施情况评估报告》。

5月6日–8日，主办了“2016中国（潍坊）国际糖酒食品博览会暨食品科技展览会”。

5月20日–22日，举办了《第十届全国食品博览会》。

6月2日，在济南参与泰国工业部经济办公室来山东招商活动。

6月20日–22日，在济南举行了第五届白酒省评委换届暨第九届白酒国家评委考生推荐考评会。

8月12日，中国食品工业协会海洋食品专业委员会成立大会在山东省荣成市召开。

8月15日，山东省食品工业协会和山东省包装技术协会在烟台联合承办了《山东省首届“省长杯”工业设计大赛食品与包装分赛区》答辩评审会。

8月16日–17日，举办了全省焙烤食品、调味品行业产品感官质量品评会。

8月25日–27日，举办了“2016中国（北方）国际食品博览会暨食品科技展览会”。

11月6日–11日，组织我省调味品和焙烤食品骨干企业负责人赴广东、福建两省考察学习交流。

12月23日，省企业技术进步促进中心、省食品工业协会联合举行山东省白酒国家评委表彰会。

【c. 主要经济数据】

1. 主要经济指标

（单位：亿元）

行业名称	企业数（个）	主营业务收入	同比增长率	利润总额	同比增长率
采盐	44	101.1	–11.60%	8.5	–9.60%
谷物磨制	435	1204.4	6.30%	67.5	6.80%
饲料加工	623	1627	0.60%	66.2	4.60%
食用植物油加工	264	1747.8	8.40%	76.7	13.50%
非食用植物油加工	24	48.4	–1.40%	2.1	–19.20%
制糖业	11	179.3	13.90%	3.6	44.00%
牲畜屠宰	163	642.5	4.70%	31.1	3.30%
禽类屠宰	319	1459.1	3.30%	59.1	10.70%
肉制品及副产品加工	250	1178.6	7.40%	63.1	2.80%
水产品冷冻加工	432	1741.9	4.90%	91.7	3.50%
鱼糜制品及水产品干腌制加工	39	142.2	2.70%	10.7	1.90%
水产饲料制造	34	87.6	20.00%	4.6	17.90%
鱼油提取及制品制造	6	17.5	42.30%	0.7	16.70%
其它水产品加工	21	63.2	–0.50%	2.4	–20.00%
蔬菜加工	703	1324.1	2.00%	89.2	–3.80%
水果和坚果加工	295	590	1.40%	34.7	–6.50%
淀粉及淀粉制品制造	116	744.6	8.40%	30.9	6.60%
豆制品制造	63	116	12.60%	6.4	10.30%
蛋品加工	50	86.4	3.80%	6.1	7.00%
其它未列明农副食品加工	131	273.4	–1.50%	17.2	4.20%
糕点、面包制造	68	78.7	9.20%	4.9	14.00%
饼干及其它焙烤食品制造	96	202.1	10.40%	14.4	5.10%
糖果、巧克力制造	36	50.5	0.40%	3	–9.10%
蜜饯制作	63	90.6	–7.10%	5.3	–17.20%
米、面制品制造	50	75.2	18.10%	4.6	12.20%
速冻食品制造	68	79.8	6.40%	5.4	–3.60%
方便面及其它方便食品制造	29	77.8	–14.30%	5	–23.10%
乳制品制造	58	322	5.50%	25.6	–6.20%
肉、禽类罐头制造	8	15	10.30%	1.1	10.00%
水产品罐头制造	4	6.4	4.90%	0.3	0.00%
蔬菜、水果罐头制造	93	167.2	–12.00%	10.3	2.00%
其它罐头食品制造	9	9.2	9.50%	0.4	0.00%
味精制造	13	45.6	–12.10%	3.6	5.90%
酱油、食醋及类似制品制造	57	141.4	9.40%	10.5	10.50%
其它调味品、发酵制品制造	105	344.6	8.90%	26.2	10.50%
营养食品制造	20	106.6	9.70%	12.1	10.00%
保健食品制造	34	25.2	–9.40%	2.1	0.00%
冷冻饮品及食用冰制造	29	43.7	–10.10%	3.9	8.30%
盐加工	15	37.4	4.50%	2.1	–4.50%
食品及饲料添加剂制造	226	727.5	5.30%	49.4	3.80%
其它未列明食品制造	31	72.2	3.60%	4.7	–2.10%
酒精制造	12	52.9	3.30%	1.6	–20.00%
白酒制造	159	438	6.80%	26.8	–1.80%

行业名称	企业数（个）	主营业务收入	同比增长率	利润总额	同比增长率
啤酒制造	45	312.8	-3.00%	27.5	-3.20%
黄酒制造	5	7.5	-11.80%	0.6	0.00%
葡萄酒制造	54	249	-3.20%	29.1	-8.50%
其它酒制造	13	15.9	8.20%	1.2	0.00%
碳酸饮料制造	10	35.1	-2.50%	2.3	-54.00%
瓶（罐）装饮用水制造	44	61.6	4.60%	4.7	4.40%
果菜汁及果菜汁饮料制造	51	176.8	9.50%	13.5	-24.20%
含乳饮料和植物蛋白饮料制造	32	107.7	-7.00%	13	-2.30%
固体饮料制造	4	11.6	2.70%	0.8	14.30%
茶饮料及其它饮料制造	16	31.3	-0.90%	0.8	-42.90%
精制茶加工	28	26.7	2.30%	2.1	-4.50%

2. 主要产品产量

产品名称	单位	产量	同比增长%
原盐	吨	15803219.63	-2.89
小麦粉	吨	25652480.3	8.64
大米	吨	344076.54	-37.95
饲料	吨	32751447.87	-0.88
其中:配合饲料	吨	21606249.79	2.54
混合饲料	吨	6338638.88	-9.37
精制食用植物油	吨	6929614.34	0.46
成品糖	吨	1943	4.69
鲜、冷藏肉	吨	9905567.31	3.43
冷冻水产品	吨	829007.64	-19.33
糖果	吨	263064	-18.37
速冻米面食品	吨	71727.54	-3.91
方便面	吨	339028.36	1.47
乳制品	吨	2598678.3	4.26
其中:液体乳	吨	2436020.91	5.57
乳粉	吨	37739.09	5.15
罐头	吨	1061743.8	-0.48
酱油	吨	763379.48	-2.04
冷冻饮品	吨	78828.65	-29.29
食品添加剂	吨	2232535.28	10.71
发酵酒精（折96度，商品量）	千升	555141	9.36
饮料酒	千升	7669868.65	1.28
白酒（折65度，商品量）	千升	1126360.45	-0.72
啤酒	千升	6001270.88	1.81
葡萄酒	千升	398288.1	-1.52
软饮料	吨	6631182.35	-14.25
其中:碳酸饮料类（汽水）	吨	706022	8.33
包装饮用水类	吨	4240504.82	-21.97
果汁和蔬菜汁饮料类	吨	779071.56	13.1
精制茶	吨	2684.18	0.11

【d. 山东省著名商标】

1. 山东省著名商标

根据《山东省著名商标认定和保护办法》及有关规定，山东省食品工业产品78件注册商标认定为山东省著名商标，

部分企业名单如下：

申请单位	注册商标	注册证号	认定商品或服务
山东高速生物工程有限公司	特地	9931806	牛奶；酸奶
青岛妙品巧克力股份有限公司	妙缘	4280574	巧克力
青岛琅琊台集团股份有限公司	小琊高	9027873	白酒
山东新希望六和集团有限公司	六和美食及图	9334982	肉
莱阳梨润堂食品有限公司	梨润堂	9963385	秋梨膏
蓬莱京鲁渔业有限公司	京鲁远洋及图	9152703	虾（非活）；鱿鱼；鱼（非活的）
青州市顺丰食品有限公司	哎啃	6017246	山楂片；蜜饯
山东佳和利食品有限公司	昊瑞福食品及图	7996013	肉；死家禽
山东微山湖经贸实业有限公司	微山湖及图	7374049	皮蛋（松花蛋）；熟咸蛋；五香扒鸭
山东海之宝海洋科技有限公司	海芝宝及图	7135038	海带；紫菜；干蔬菜
山东盛世共青茶业有限公司	共青绿及图	3434060	茶；茶叶代用品
山东众诚鸭业有限公司	众志及图	4129081	家禽（非活）
花冠集团酿酒股份有限公司	冠群芳	7397348	酒
巨野县华粮面粉厂	华鲁及图	1084168	面粉

2. 予以续展的山东省著名商标

根据《山东省著名商标认定和保护办法》及有关规定，山东省食品工业产品187件著名商标符合续展要求，予以认定，部分企业名单如下：

申请单位	注册商标	注册证号	认定商品或服务
山东中烟工业有限责任公司	将军及图	515264	卷烟
济南市益康食品厂有限公司	益利思及图	1205213	糕点；月饼；元宵

申请单位	注册商标	注册证号	认定商品或服务
青岛食品股份有限公司	青食及图	3023644	饼干；糕点；米粉；巧克力
青岛崂山矿泉水有限公司	崂山	381702	矿泉水；汽水；水果饮料
嘉里粮油（青岛）有限公司	胡姬花	1043095	食用油
山东周村烧饼有限公司	月华及图	170453	糖酥烧饼
山东扳倒井股份有限公司	国井	1675480	白酒
山东得益乳业股份有限公司	得益乳业及图	3098443	酸奶；奶酪
山东半球面粉有限公司	半球及图	1185118	面粉；面条
烟台张裕葡萄酿酒股份有限公司	黄金冰谷	5613180	葡萄酒；果酒（含酒精）
烟台婴儿乐集团有限公司	婴儿乐	3217321	饼干
山东鲁花集团有限公司	鲁花图形	519402	食用植物油
山东龙大肉食品股份有限公司	龙大肉食	5189737	肉；猪肉食品；火腿
瑞福油脂股份有限公司	瑞福及图	983014	食用油脂（香油）
山东景芝酒业股份有限公司	景芝及图	127698	酒（白酒）
山东日照碧波茶业有限公司	日照碧波	4561752	茶
山东兰陵企业（集团）总公司	兰陵及图	127174	酒
古贝春集团有限公司	贝春	1559739	白酒
保龄宝生物股份有限公司	BAOLINGBAO	1571130	低聚糖
山东德州扒鸡股份有限公司	华一及图	1550532	死家禽(扒鸡系列制品)；肉
山东香驰粮油有限公司	香驰及图	1514358	食用油
邹平三星油脂工业有限公司	长寿花及图	1670777	食用油脂

【e. 山东名牌产品】

依据《山东名牌认定管理办法》，泰安市泰山女儿旅游商贸有限公司等63家食品企业的产品荣获2016年度山东省名牌产品，部分食品企业名单如下：

序号	行政区划	单位名称	产品名称	品牌
01	泰安市	泰安市泰山女儿旅游商贸有限公司	茶叶	泰山女儿
02	日照市	山东日照碧波茶业有限公司	绿茶	碧波茶业
03	日照市	日照市御园春茶业有限公司	绿茶	御园春
04	青岛市	青岛柏兰集团有限公司	芝麻油	柏兰集团
05	青岛市	嘉里粮油（青岛）有限公司	花生油	胡姬花
06	烟台市	山东鲁花集团有限公司	食用调和油	鲁花
07	烟台市	龙大食品集团有限公司	花生油	龙大
08	潍坊市	瑞福油脂股份有限公司	香油（芝麻油）	崔字牌
09	滨州市	山东西王食品有限公司	玉米胚芽油	西王
10	滨州市	山东三星玉米产业科技有限公司	玉米油、葵花籽油	长寿花
11	滨州市	山东香驰粮油有限公司	大豆油	天下五谷
12	青岛市	青岛康大食品有限公司	康大牌调理海产品	康大，KONDE
13	烟台市	山东东方海洋科技股份有限公司	三文鱼制品	东方海洋
14	潍坊市	山东佳士博食品有限公司	冷冻调制海产品	佳士博
15	威海市	山东好当家海洋发展股份有限公司	冷冻调制海产品	好当家
16	威海市	荣成泰祥食品股份有限公司	冷冻调制海产品（速冻调理水产品）	泰祥
17	日照市	山东荣信水产食品集团股份有限公司	蒲烧鳗鱼	山东荣信
18	德州市	山东福田药业有限公司	木糖醇	福甜
19	德州市	保龄宝生物股份有限公司	低聚果糖	保龄宝
20	德州市	山东龙力生物科技股份有限公司	低聚木糖	龙力

【f. 山东省食品行业产品感官质量金奖、银奖名单】

1. 月饼

（1）金奖（15个）

（2）银奖（4个）

2. 饼干

金奖（5个）

3. 中式糕点

（1）金奖（3个）

（2）银奖（3个）

4. 面包

(1) 金奖（2个）

（二）银奖（1个）

5. 馅料

（1）金奖（5个）

（2）银奖（2个）

6. 酱油

（1）金奖（14个）

（2）银奖（7个）

7. 食醋

（1）金奖（14个）

（2）银奖（2个）

8. 酱类

（1）金奖（15个）

（2）银奖（6个）

9. 酱菜

金奖（4个）

10. 固体调味料

（1）金奖（9个）

（2）银奖（3个）

11. 香油

金奖（4个）

【g. 白酒国家评委（山东省）名单】

1. 第九届白酒国家评委（山东省）名单

序号姓名性别单位名称

1 孙泽青男山东扳倒井股份有限公司

2 王荣荣女花冠集团酿酒股份有限公司

3 汪慧慧女山东百脉泉酒业有限公司

4 张田田女山东扳倒井股份有限公司

5 尹福男山东兰陵美酒股份有限公司

6 任满刚男古贝春集团有限公司

7 阚玲女山东蒙山酿酒有限公司

8 肖培领男泰山酒业集团股份有限公司

9 孙伟男山东景芝酒业股份有限公司

10 武金玲女山东青州云门酒业（集团）有限公司

11 张梦梦女济南趵突泉酿酒有限责任公司

12 李宝华男山东景芝酒业股份有限公司

13 张东跃男山东景芝酒业股份有限公司

14 王建男山东天地缘酒业有限公司

15 管桂坤男山东兰陵美酒股份有限公司

16 胡风艳女山东天地缘酒业有限公司

17 付静静女山东扳倒井股份有限公司

18 董利胜男泰山酒业集团股份有限公司

19 郝芳女山东兰陵美酒股份有限公司

20 孟宪军男山东金彩山酒业有限公司

21 孙守营男山东红太阳酒业有限公司

22 晁进福男青岛琅琊台集团股份有限公司

23 西玉玲女山东秦池酒业有限公司

24 赵佃臣男古贝春集团有限公司

25 邢克喜女山东大禹龙神酒业有限公司

26 张爱霞女山东四君子集团有限公司

27 李佳利男山东济宁心心酒业有限公司

28 王寿杰男济南趵突泉酒业有限责任公司

29 杜祥宝男山东百脉泉酒业有限公司

30 张秀敏女山东昌邑乾隆杯酒业有限公司

31 何向荣女花冠集团酿酒有限公司

32 郭建民男花冠集团酿酒有限公司

33 耿衍瑞男山东黄河龙集团有限公司

34 潘学森男山东青州云门酒业（集团）有限公司

35 王新山男山东日照尧王酒业集团有限公司

36 王海忠男山东金贵酒厂有限公司

37 吕月明男山东温和酒业有限公司

38 申作树男山东福瑞王酒业有限公司

39 武金华女泰山酒业集团股份有限公司

40 王金亮男花冠集团酿酒股份有限公司

41 王民男济南百老泉酒业有限公司

42 张洪奇男山东曲阜孔府家酒酿造有限公司

43 王秀丽女山东郓城水浒酒业有限责任公司

44 张锋国男山东扳倒井股份有限公司

45 杨秀丽女山东孔府宴酒业有限公司

46 唐丽云女山东沂蒙老区酒业有限公司

2 第九届白酒国家特邀评委（山东省）名单

序号姓名性别单位名称

1 赵纪文男山东扳倒井股份有限公司

2 于成华男山东颐阳酒业有限公司

【h. 市场开拓】

5月，在潍坊举办了“2016中国（潍坊）国际糖酒食品博览会暨食品科技展览会”；在济南国际会展中心举办了《第十届全国食品博览会》。

8月，在青岛国际会展中心举办了“2016中国（北方）国际食品博览会暨食品科技展览会”。

【i. 科技进步与科研成果】

1.2013-2015“中国食品工业协会科学技术奖”（山东省）

一等奖

（1）大宗低值海藻碳汇生态养殖、精深加工关键技术的研究及高值化利用——山东海之宝海洋科技有限公司、德国慕尼黑工业大学、中国科学院青岛生物能源与过程研究所

（2）白羽肉鸡产业化健康养殖技术的研发与应用——山东凤祥股份有限公司

（3）动物源性产品中兽药残留快速检测技术研究与应用——山东龙大肉食品股份有限公司、山东农业大学、山东雨霖食品有限公司

（4）绵柔芝麻香型白酒生产技术研究与应用——山东景芝酒业股份有限公司

（5）功能性微生物偶联技术在传统白酒中的应用—山东扳倒井股份有限公司

（6）白酒生产过程关键参数近红外快速检测技术研究及应用——山东景芝酒业股份有限公司

（7）菊花曲制造关键技术及其在发酵产业的应用——山东沂蒙老区酒业有限公司、山东省轻工业学院

二等奖

（1）海参加工副产物高值化利用关键技术研究及产业化——好当家集团有限公司、山东省科学院生物研究所

（2）冷冻调理食品临界冰点蛋白胶粘技术集成与产业化——荣成泰祥食品股份有限公司

（3）生物活性窖泥的研发及应用——花冠集团酿酒股份有限公司

2.2013-2015“全国食品工业科技创新卓越领导者”奖励名单（山东省）

张贵选、孙永军、牟伟丽、王金亮、赵纪文、王进圣、赵德义、

李钰金、倪海平、张锋国

3.2013-2015“全国食品工业科技创新卓越工作者”奖励名单（山东省）

唐丽云、张辉、毕志明、信春辉

4.全国食品工业科技竞争力卓越企业名单（山东省）

山东海之宝海洋科技有限公司

好当家集团有限公司

威海市桢昊生物技术有限公司

山东沂蒙老区酒业有限公司

蓬莱京鲁渔业有限公司

山东景芝酒业股份有限公司

山东扳倒井股份有限公司

5.全国食品工业质量竞争力卓越企业名单（山东省）

花冠集团酿酒股份有限公司

山东景芝酒业股份有限公司

荣成泰祥食品股份有限公司

山东凤祥股份有限公司

山东扳倒井股份有限公司

6.2016年山东省技术发明奖

一等奖：

（1）扇贝分子育种技术创建与新品种培育

（2）海藻糖生产关键技术研发与产业化应用

7.2016年山东省科技进步奖

一等奖：

（1）济薯系列专用甘薯新品种培育与加工利用

二等奖：

（1）花生优异突变体的创制与新品种培育

（2）抗逆辣椒砧木雄性不育系创制及新品种选育与应用

（3）、优质设施西瓜甜瓜系列新品种选育及高效栽培技术

（4）果蔬中抗氧化、抗炎活性物质制备关键技术及产业化

（5）肉鹅营养需要与饲料高效利用技术

（6）水产胶原蛋白与胶原肽研究、技术开发及产业化

（7）食品专用变性淀粉生产关键技术及应用

（8）、葡萄糖酸钠绿色高效生物制造关键技术及产业化

（9）、食品专用变性淀粉与专用糖浆绿色制备关键技术创新与应用

三等奖：

（1）苹果高效授粉树新品种创制与应用

（2）金铎果树营养套餐技术研发与应用

（3）核桃主要性状遗传发育与抗炭疽病品种选育

（4）L- 天冬氨酸和 L- 丙氨酸高效生物转化及产业化

张 毅 张迎春

3.9 广东省

【a. 概况】

2016年，全省食品工业在国内外经济下行压力较大、经济环境持续低迷的形势下，以推进供给侧结构改革为主线，以提高发展质量和效益为中心，以实施增品种、提品质、创品牌的“三品”战略为抓手，从全产业链寻求发展，总体呈现平稳增长态势，实现“十三五”良好开局。

全省食品工业生产企业获生产许可证21206个，同比增加4157个，已获SC食品生产许可证的4157个，获QS认证的17049个。其中：食品工业规模以上企业1932家，全省规模以上食品工业总产值7073.21亿元，占全省生产总值的8.9%；其中：农副食品加工业3299.32亿元，食品制造业2084.84亿元，酒、饮料和精制茶制造业1255.19亿元，烟草制品业433.86亿元。

1.2016年发展特点

（1）实现稳中有进。全省食品工业克服资源环境压力增大、生产要素成本上升的挑战，围绕结构调整和转变经济发展方式，着力推进供给侧结构性改革，在市场需求放缓和产品竞争加剧中实现可持续发展。主要经济指标波动幅度较小，新常态下实现缓中趋稳、稳中有进的态势，为市场提供有效的供给。

（2）盈利能力提升。规模以上食品工业企业累计利润总额522.97亿元，其中：农副食品加工业利润总额141.77亿元，同比增长18.3%；食品制造业利润总额252.36亿元，同比增长8.5%；酒、饮料和精制茶制造业利润总额78.44亿元，同比下降14.8%；烟草制品业利润总额50.40亿元，同比增长8.3%。

（3）产品增长减缓。全省食品产量在全国省市中位居前六的分别有凉茶、软饮料、碳酸饮料类（汽水）、包装饮用水类、酱油列第1位，糖果第2位，方便面第4位，精制食用植物油第6位。其中：列入统计的主要食品产量同比实现增长的有大米、速冻食品、乳制品、酱油、冷冻饮品等12类，大部分子行业从高增长趋向较为平缓的低速增长甚至负增长阶段。

（4）出口形势好转。全省食品工业出口实现低位回升。规模以上食品工业出口交货值370.02亿元，占全国食品工业交货值8.15%。其中：农副食品加工业248.79亿元，同比增长8.2%；食品制造业111.60亿元，同比增长17.4%；酒、饮料和精制茶制造业7.84亿元，同比下降5%；烟草制品业1.79亿元，同比增长14.6%。分别占全国出口交货值的8.19%、9.28%、3.01%、4.38%。

2. 工业生产

全省食品工业主营业务收入6639.92亿元，占全国规模以上工业主营业务收入的5.54%；其中：农副食品加工业主营业分别为3311.02亿元，同比增长10.9%；食品制造业1862.24亿元、同比增长4.7%；酒、饮料和精制茶制造业1055.49亿元、同比下降0.8%；烟草制品业411.17亿元，同比下降5.4%。

全省食品工业增加值1832.91亿元，同比增长0.7%，其中：农副食品加工业，食品制造业，酒、饮料和精制茶制造业，烟草制品业工业增加值分别为439.51亿元、715.31亿元、358.84亿元、319.25亿元，同比增长7.2%、–0.6%、3.1%、–6.6%。

3. 市场销售

全省实现食品工业销售产值6755.95亿元，产销率为95.5%；其中：农副食品加工业，食品制造业，酒、饮料和精制茶制造业，烟草制品业销售产值为

3252.41、1843.68、1134.51、525.35亿元，同比增长8.5%、2.0%、3.0%、-6.8%；产销率分别为98.6%、88.4%、90.4%、121.1%。在限额以上批发和零售业商品零售额中，粮油、食品、饮料、烟酒类增长9.5%。其中：粮油、食品类1010.68亿元，同比增长8.9%；饮料类155.59亿元，同比增长8.9%；烟酒类251.43亿元，同比增长12.4%。

4. 食品出口

全省食品工业出口交货值370.02亿元，约占全国食品工业出口交货值8.15%。其中：农副食品加工业248.79亿元，同比增长8.2%；食品制造业111.60亿元，同比增长17.4%；酒、饮料和精制茶制造业7.84亿元，同比下降5%；烟草制品业1.79亿元，同比增长14.6%。

全年出入境检验检疫局出口食品备案企业1199家，同比增加7家；出口食品首次申请企业71家，出口食品注销企业22家。

全省184家出口食品企业成功上线中国国家认证认可监督管理委员会“同线同标同质”信息公共服务平台，1194家出口食品生产企业建立了符合自身特点的有食品防护功能的HACCP体系。

5. 固定资产投资

全省食品工业固定资产投资640.99亿元，全部用于项目投资。其中：农副食品加工业254.00亿元，同比增长3.5%，食品制造业253.29，同比增长10.0%。

【b. 大事记】

1月4日，广州市天河区食品药品监督管理局向食品经营者颁发了本辖区第一张《食品经营许可证》，是全省范围内食品药品监管部门颁发的第一张“两证合一”《食品经营许可证》。

1月7日，由广东省食品行业协会、广东省医药行业协会联合举行的“2015年度广东省食品医药行业创新发展工作会议暨协会年会”在广州召开。

2月3日，2016年广东省食品行业协会凉茶分会会员代表大会在省食协会议室召开。

4月17日，中共中央政治局委员、国家副主席李源潮在对雅安地震灾后首个签约的核心重大示范项目——王老吉雅安生产基地视察时，高度赞扬了王老吉对雅安灾后重建所作出的贡献。

4月20日，全国人大常委会副委员长沈跃跃率执法检查组到江门市开展食品安全法执法检查，并实地查看了李锦记（新会）食品有限公司，详细了解新食品安全法颁布之后的食品安全工作情况。

5月25日，广东省第十二届人民代表大会常务委员会第二十六次会议审议通过新修订《广东省食品安全条例》。该条例将于2016年9月1日起施行。

6月6日-11日，由中国食品工业协会、广东省食品行业协会主办的第七届中国（道滘）美食文化节在东莞市道滘镇举行。活动吸引60多万人次游客参与活动，实现现场食品销售总额突破3000万元，订货金额突破4亿元，拉动消费突破2亿元。

6月13日，广东省食品安全宣传周活动启动仪式在广州维家思广场举行。

5月25日，广东省第十二届人民代表大会常务委员会第二十六次会议审议通过新修订《广东省食品安全条例》。该条例将于2016年9月1日起施行。

6月6日-11日，由中国食品工业协会、广东省食品行业协会主办的第七届中国（道滘）美食文化节在东莞市道滘镇举行。

6月13日，广东省食品安全宣传周活动启动仪式在广州维家思广场举行。

11月4日，中俄贸易对接会暨俄罗斯食品专场推介会在广州举行。

11月9日，省食协和省医药协在广州珠江宾馆召开“广东省食品医药行业落实‘三品’专项行动，促进产业发展动员大会”。

11月9日，广东省食品工业标准化技术委员会在广州珠江宾馆召开第七届标委会换届选举大会暨座谈会。通过了《广东省食品工业标准化技术委员会工作规则》以及第七届标委会组成和第七届广东省食品工业标准化技术委员会工作思路。。

11月11日，统一企业与广东健力宝集团有限公司签署股权转让合同，拟以9.5亿元将其全部持有健力宝贸易100%股权出售给健力宝集团，回购后定位民族品牌策略。统一中国透露，此次投资获得了2.5倍的投资回报。

11月，法国达能集团与中国企业盈投控股集团有限公司达成协议，乐百氏品牌、6家位于广州、北京、天津、成都、重庆和中山的乐百氏工厂及员工，将整体转移到盈投控股旗下。

11月28日，统一企业旗下全资子公司“开曼统一控股有限公司”与“广东健力宝集团有限公司”签署了股权转让合同，将其持有的“佛山市三水健力宝贸易有限公司”100%股权作价9.5亿元，全部出售给健力宝集团。

11月30日，由省总工会、省人力资源和社会保障厅、省经济和信息化委员会及省科技厅联合主办，省社会组织工会工作委员会和省食品行业协会承办的“2016年度广东省食品检验工（食品鉴评师）技术大赛决赛”在茂名市举行。择优决出食品鉴评大师5名、食品鉴评师37名、食品鉴评员33名。

12月6日，广东省食安办首次组织召开全省食品行业社会组织工作经验交流会。广东省食品（医药）行业协会党委副书记冯惠钊出席会议并代表省食协就加强行业自律、搭建沟通桥梁、积极服务企业等情况作了典型发言。

12月7日，福建好邻居股份有限公司以2.06亿元的价格，全资收购中粮金帝食品（深圳）有限公司。收购金帝是为了弥补好邻居公司在大众市场、节庆市场经营巧克力的短板。

12月15日上午，湖北省副省长童道驰、中国商业联合会会长张志刚等领导参观第25届中国食品博览会暨交易会广东展区。

12月22日，受广东省著名商标评审委员会委托，广东省食品行业协会负责对申请认定“广东省著名商标”的食品企业出具综合评价意见。委托广东省南方食品医药行业评估中心组织专家组进行行业评价。

12月25日，被誉为南中国“经济界奥斯卡”的2016广东年度经济风云榜在清远揭晓。李锦记获颁“2016广东年度经济风云企业”。广东天农食品有限公司董事长张正芬和广东石湾酒厂集团有限公司范绍辉获“风云人物”。

【c. 经济指标（数据）】

1. 主要经济指标

行业	生产总值（亿元）	主营业务收入(亿元)	同比增长（%）
农副食品加工业	3299.32	3311.02	10.9
食品制造业	2084.84	1862.24	4.7
酒、饮料和精制茶制造业	1255.19	1055.49	-0.8
烟草制品业	433.86	411.17	-5.4

2. 规模以上企业和平均用工数

行业	规上企业（家）	平均用工人数（万人）	同比增长（%）
农副食品加工业	957	16.64	-0.2
食品制造业	703	17.91	-2.0
酒、饮料和精制茶制造业	261	8.15	-12.7
烟草制品业	11	0.75	-3.8

3. 利润总额及其增长速度

行业	利润总额（亿元）	同比增长（%）
农副食品加工业	141.77	18.3
食品制造业	252.36	8.5
酒、饮料和精制茶制造业	78.44	-14.8
烟草制品业	50.40	8.3

4. 主要产品产值

行业	工业总产值（千元）	工业增加值（千元）
农副食品加工业	329932350	43950645
谷物磨制	22066049	2080828
饲料加工	119548390	14166484
植物油加工	58652871	3161390
制糖业	13388900	2641630
屠宰及肉类加工	31472075	4994618
水产品加工	61888135	11659725
蔬菜、水果和坚果加工	12790847	3265503
其它农副食品加工	10125083	1980466
食品制造业	208483754	71531394
焙烤食品制造	17722943	4411241

行业	工业总产值（千元）	工业增加值（千元）
糖果、巧克力及蜜饯制造	34440937	14045014
方便食品制造	19415512	4787865
乳制品制造	14476769	3707501
罐头食品制造	9644788	2538508
调味品、发酵制品制造	46009564	15104940
其它食品制造	66773241	26936325
酒、饮料和精制茶制造业	125518657	35884165
酒的制造	23526278	8231845
饮料制造	98476605	26913656
精制茶加工	3515774	738664
烟草制品业	43386488	31924763
烟叶复烤	176744	173916
卷烟制造	41639179	31475055
其它烟草制品制造	1570565	275791

5. 销售产值

行业	工业销售产值（亿元）	同比增长（%）
农副食品加工业	3252.41	8.5
食品制造业	1843.68	2.0
酒、饮料和精制茶制造业	1134.51	3.0
烟草制品业	525.35	-6.8

6. 限上批发和零售业食品类值增长情况

指标名称	绝对量（亿元）	累计增速（%）	同比增减（百分点）
粮油、食品类	1010.68	8.9	-8.7
烟酒类	251.43	12.4	-3.7
饮料类	155.59	8.9	-9

7. 居民食品价格分类指数

指标	价格指数（上年=100）	同比涨跌幅度（%）
居民消费价格指数	102.3	2.3
食品烟酒	104.8	4.8
其中：粮食	100.8	0.8
食用油	100.9	0.9
鲜菜	116.6	16.6
畜肉类	111.3	11.3
禽肉类	103.5	3.5
水产品	104.3	4.3
蛋类	97.6	-2.4

【d. 主要产品产量】

1. 广东食品工业发展较快的产品

（1）凉茶饮料。随着消费者对于健康诉求的提升，凉茶饮料为代表的健康品类在市场份额中挤入主流。加多宝和王老吉约占90%的市场份额，其中：加多宝凉茶以52.6%的销售额市场份额位居中国凉茶行业市场首位。

（2）酱油。酱油是广东优势产品，产量500万吨，国内市场占有率50.5%。目前已经形成了规模化的生产集群和品牌效应，一直保持着较高的发展速度。

（3）月饼。广式月饼、港式月饼仍旧占据主流市场，按照馅料种类分，多口味馅饼、五仁、豆沙、蛋黄、蛋黄莲蓉等传统口味类型的月饼依旧大受欢迎。根据中商产业研究院资料，美心、荣华、华美、利口福月饼居中国月饼行业十大品牌前四位。

（4）蛋白饮料。近年来，植物蛋白饮品正成为饮料市场的亮点，以“天然”及“健康”的概念吸引消费者。越来越多的消费者愿意购买植物蛋白饮料产品，也越来越受年轻消费群体的青睐。

2. 主要食品产量

产品名称	计量单位	产量	同比增长%	全国排位
小麦粉	吨	2800053.7	-0.1	8
大米	吨	1533216.7	8.8	
精制食用植物油	吨	4512989.0	-12.6	6
成品糖	吨	1211410.9	-5.9	3
糖果	吨	747336.4	-1.8	2
速冻食品	吨	117858.1	7.0	
其中：速冻米面食品	吨	106904.1	8.9	
方便面	吨	549371.7	3.9	4
乳制品	吨	691337.7	4.1	13
液体乳	吨	492477.0	7.7	17
罐头	吨	446146.6	-14.7	9
味精（谷氨酸钠）	吨	43418.0	1.9	
酱油	吨	5004848.0	14.9	1
冷冻饮品	吨	156688.6	8.2	7
软饮料	吨	28751693.2	0.2	1
其中：碳酸型饮料（汽水）	吨	3425740.2	5.6	1
包装饮用水	吨	14629157.4	-1.1	1
果汁和蔬菜汁类饮料	吨	1121068.1	-4.8	10

产品名称	计量单位	产量	同比增长%	全国排位
蛋白饮料	吨	249261.2	30.9	
精制茶	吨	14761.0	-9.6	
卷烟	万箱	270.82	-3.5	

3. 新产品开发

根据《关于组织申报2016年广东省高新技术产品认定的通知》（粤高企协〔2016〕12号）的要求，经企业申报、专家评审、公示、申诉处理等规定程序，广东省高新技术企业协会认定13647项产品为广东省2016年高新技术产品。其中食品工业产品类占2.08%。

【e. 重点行业和重点企业】

1. 重点行业

（1）凉茶饮料

根据中国食品工业协会数据，2016年凉茶行业市场销售收入达561.2亿元，同比增长4.2%，占整个饮料行业市场份额的8.8%，继续保持较好的增长趋势，位居饮料行业第四大品类。

其中：加多宝品牌凉茶以52.6%的销售额市场份额位居中国凉茶行业市场首位；在整个罐装凉茶行业市场，加多宝品牌凉茶以70.7%的销售额市场份额位居中国凉茶行业罐装市场第一名。

据企业透露的信息和第三方数据显示，加多宝和王老吉全年的销售增速均保持在两位数。广东的凉茶品牌如王老吉、加多宝、邓老、黄振龙、潘高寿、深晖、徐其修、沙溪等凉茶品牌获2016年中国凉茶十大品牌企业。

（2）焙烤食品制造

饼业是茂名市的传统产业，形成以茂名城区糕点、电白区炒米饼和化州市拖罗饼的产业集群。其中月饼制作历史悠久，文化底蕴深厚，制作技艺源远流长，富有地方特色。茂名又是广东第一农业大市，粮食、水果、生猪、海产品等生产位列全省第一，月饼生产用料（如粮油、禽蛋、鲜果、肉松等）资源丰富、品质优良。

由于传统节日应节消费的刚性需求，国家开放企业员工福利，经前几年行业洗牌，优胜劣汰，商家选择有实力、大规模的厂家合作，广东品牌月饼定牌生产和贴牌生产（OEM）保持两位数增长。

2016年，月饼的原材料价格普遍上涨，但月饼定价与去年持平。如广州酒家55款产品中接近80%的品种售价在200元以下。月饼以传统产品为主，占总销售的70–80%。但随着消费者口味越来越多样化，月饼的口味更加多元化，如广州酒家推出榴莲、芒果口味的水果冰皮月饼，还研制了芝士流沙奶黄月饼。陶陶居推出好靓仔/好靓女月饼；美心则推出星球大战系列、迪士尼系列月饼。南方月推出了健康类型的“辣木月饼”，使糖尿病人也可享受月饼美食。公司与俄罗斯食品生物工程博士卡巴估夫联合精心研发了“低脂、低糖、低盐”的三低健康月饼产品，受到消费者的喜爱。

（3）调味品、发酵制品制造

广东调味品在全国具有规模大，品种多，产量高，品质好，品牌强的特点。其中我省酱油产量占全国产量的50.5%，在国内具有绝对的市场和品牌优势。广东酱油凭借卓越的市场表现，在2016年4月份发布的2016C–BPI中国品牌力指数排行榜前11位中有7个广东品牌，占列入品牌的64%。

Chnbrand2016年中国品牌力指数SM（C–BPI®）酱油行业广东企业排名

说明：

①品牌上榜条件是“未提示提及率≧7%”；

②得分基于1000分制

2016排名	排名变化	品牌	C-BPI得分	品牌认知			品牌关系		
				第一提及（%）	未提示（%）	有提示（%）	品牌联想（%）	品牌忠诚（%）	品牌偏好（%）
1	—	海天	560.2	46.8	90.5	96.2	34.9	50.6	38.4
2	—	李锦记	454.0	21.1	77.7	90.7	40.5	51.3	20.4
6	—	美味鲜	271.6	2.1	30.0	58.2	37.4	51.2	3.2
7	+1	厨邦	265.8	1.9	21.6	47.0	44.5	55.8	2.3
9	new	致美斋	239.7	0.5	10.5	22.3	53.6	59.4	0.8
10	-1	东古	237.6	2.4	20.1	40.1	37.9	49.2	4.0
11	new	味事达	202.8	0.9	11.9	28.6	29.2	54.4	0.9

（4）饮料制造

表2016年全国饮料产量与广东饮料产量、比值

	软饮料	碳酸饮料	包装饮用水	果汁和蔬菜汁饮料
全国产量（万吨）	18345.2	1752.2	9458.5	2404.9
广东产量（万吨）	2875.2	342.6	1462.9	112.1
全国占比（%）	15.7	19.6	15.5	4.7

由品牌排行网主办的“2016年度中国矿泉水十大品牌评选”，是全网范围最广、规模最大的品牌综合实力排名评选活动。鹤山市华山泉食品饮料有限公司“华山泉”、广州市长寿村饮品（连锁）有限公司“天源长寿村”、昆仑山矿泉水有限公司“昆仑山”、深圳达能益力泉饮品有限公司“益力”、深圳景田食品有限公司景田“百岁山”获“2016年度中国矿泉水十大品牌”，占全国50%。

经中国饮料工业协会综合评价，广东鼎湖山泉有限公司、鹤山市华山泉食品饮料有限公司、华润怡宝（中国）有限公司、深圳达能益力泉饮品有限公司、深圳市景田食品饮料有限公司（根据企业名称首字母排序）等6家广东企业在产品质量安全、生产规模及管理水平、社会公益活动参与度、对行业的贡献等方面表现突出，被认定为“2016中国桶装饮用水优秀企业（首批）”，占全国1/3。

2016年，凯度消费者指数发布，深圳维它（光明）食品饮料有限公司（维它奶Vitasoy）、黑牛食品股份有限公司（黑牛）列入植物蛋白饮料十大品牌榜。

（5）乳制品制造

广东乳制品产量在全国乳制品产量中占比为2.3%，列全国第13位。乳及乳制品中重金属、食源性致病菌、邻苯二甲酸酯类等大部分监测项目未超标。2016年度广东省生鲜奶购销价与去年持平。全省各乳品加工企业继续发挥顾全大局和勇于担当的精神，切实担负起生鲜乳收购责任，避免年初倒奶事件的再次发生。

（6）保健食品

广东保健食品在全国占有较大的比重，产值约占全国的1/7，销售额占全国1/6，全国百强保健食品企业广东占1/5。截止2016年，广东省保健食品自主生产企业136家、委托生产企业51家，食品生产（保健食品）企业67家，获批准证书2562个。

中国农业科学院油料作物研究所和无限极（中国）有限公司等合作完成的“油料功能脂质高效制备关键技术与产品创制”项目荣获国家科学技术进步奖二等奖。无限极功能油脂提取制备技术是行业领先的绿色提取制备技术，来自于油料所在科研领域的专注耕耘和产学研的有效转化。极大地解决了功能油脂稳定性差、易氧化损失、溶出率低、难以满足不同人群营养健康的需求等问题。

广东省食药监局受国家食品药品监督管理总局委托，通报2016年国家保健食品安全抽检部分涉及广东省生产经营企业的情况，具体包括减肥、改善睡眠、辅助降血糖、辅助降血压、辅助降血脂、缓解体力疲劳、通便、清咽等功能类别和营养素补充剂类保健食品，共计28类356批次保健食品，其中：不合格保健食品4批次，合格率98.9%。

（7）屠宰及肉类加工

全年广东肉类总产量415.49万吨，同比下降2.1%。其中：猪肉产量264.38万吨，同比下降3.6%；禽肉产量135.08万吨，同比增长0.2%。

为进一步加强肉制品生产监督管理，严厉打击违法违规行为，切实解决肉制品生产加工环节的突出问题，广东省食品药品监管局在全省部署肉制品生产企业专项整治行动。专项整治将坚持全面规范与突出重点相结合，全面清查肉制品（包括腌腊肉、酱卤肉、熏烧烤肉、熏煮香肠火腿、发酵肉制品、速冻肉制品等）生产企业，以及肉制品生产加工小作坊。

（8）糖果、巧克力及蜜饯制造

箭牌口香糖有限公司、东莞徐记食品有限公司、广州旺旺食品有限公司糖果、巧克力及蜜饯制造行业销售收入前十位。箭牌口香糖有限公司、东莞徐记食品有限公司糖果、巧克力及蜜饯制造行业利润前十位企业排名前两位。

中国糖果市场集中度不高，徐福记17.46%的占有率领先其它品牌。其中新年期间的销售额占到现代卖场全年销售份额的30%，2016年新年糖品类在现代卖场增长8%。近年随着农村建设发展和返乡潮的出现，三四线城市对新年糖的消费需求增长更明显；另外，电商渠道也成为当前消费的新趋势，徐福记近年也在积极发展电商渠道。

（9）其它

广州珠江啤酒股份有限公司2015年、2016年连续两年入围具有国际公信力的BrandZTM最具价值中国品牌100强，品牌价值达2.89亿美元。

2. 重点企业

2016年，全省食品工业企业积极推进供给侧结构性改革，助力产业转型升级，打造新的竞争优势，以满足食品消费多样性，实现供给创造需求。坚持稳中求进，提质增效，在落实"增品种、提品质、创品牌"发展战略中，涌现出一批重点企业。

入选2016年中国企业500强的广东省食品类企业

排名	公司名称	营业收入（百万元）	利润（百万元）
128	广东温氏食品集团股份有限公司	48237.37	6205.37
434	佛山市海天调味食品股份有限公司	11294.38	2509.63
439	广州东凌国际投资股份有限公司	11154.06	42.66

由工业和信息化部、国家工商总局支持，全国工商联发布《2016中国民营企业500强》。

2016中国民营企业500强广东省食品类企业

序号	企业名称	营业收入总额（万元）
73	广东温氏食品集团股份有限公司	4823736
180	广东海大集团股份有限公司	2556740
394	东凌控股有限公司	1263166
443	佛山市海天调味食品股份有限公司	1129438

广东省企业联合会、广东省企业家协会发布2016年广东省企业500强排行榜。

2016年广东省企业500强排行榜名单
（包括含食品类的集团公司）

序号	公司名称	2015年营业收入（万元）
2	华润（集团）有限公司	48,122,063
30	深圳市大生农业集团有限公司	4,911,064
31	广东温氏食品集团股份有限公司	4,823,737
63	广东海大集团股份有限公司	2,556,740
100	东凌控股有限公司	1,263,166
101	广州岭南国际企业集团有限公司	
106	佛山市海天调味食品股份有限公司	
122	健康元药业集团股份有限公司	
170	益海（广州）粮油工业有限公司	
175	广东恒兴饲料实业股份有限公司	
187	华润五丰（中国）投资有限公司	
197	深圳市粮食集团有限公司	
219	广州珠江啤酒集团有限公司	
220	深圳市大富科技股份有限公司	
258	雅士利国际控股有限公司	
259	中炬高新技术实业(集团)股份有限公司	
271	深圳市金新农饲料股份有限公司	
288	汤臣倍健股份有限公司	
295	广东太阳神集团有限公司	
306	湛江国联水产开发股份有限公司	
307	广东省食品进出口集团有限公司	
323	珠海中富实业股份有限公司	
334	深圳市农产品股份有限公司	
377	天地壹号饮料股份有限公司	
397	广东鹰唛食品有限公司	
418	广东燕塘乳业股份有限公司	
423	广东嘉士利食品集团有限公司	
430	华润雪花啤酒（广东）有限公司	
474	深圳南顺油脂有限公司	
482	广东溢多利生物科技股份有限公司	
492	广州市和兴隆食品科技股份有限公司	
498	名臣健康用品股份有限公司	

中国证券监督管理委员会广东监管局公布广东辖区（除深圳外）上市公司名录。

广东辖区（除深圳外）食品类上市公司名录表

证券代码	证券简称	公司中文名称	所属板块
000524.SZ	岭南控股	广州岭南集团控股股份有限公司	主板
000529.SZ	广弘控股	广东广弘控股股份有限公司	主板
000576.SZ	广东甘化	江门甘蔗化工厂（集团）股份有限公司	主板
000659.SZ	珠海中富	珠海中富实业股份有限公司	主板
000893.SZ	东凌国际	广州东凌国际投资股份有限公司	主板
002311.SZ	海大集团	广东海大集团股份有限公司	中小企业板
002387.SZ	黑牛食品	黑牛食品股份有限公司	中小企业板
002461.SZ	珠江啤酒	广州珠江啤酒股份有限公司	中小企业板
002495.SZ	佳隆股份	广东佳隆食品股份有限公司	中小企业板
002732.SZ	燕塘乳业	广东燕塘乳业股份有限公司	中小企业板

证券代码	证券简称	公司中文名称	所属板块
300094.SZ	国联水产	湛江国联水产开发股份有限公司	创业板
300143.SZ	星河生物	广东星河生物科技股份有限公司	创业板
300146.SZ	汤臣倍健	汤臣倍健股份有限公司	创业板
300147.SZ	香雪制药	广州市香雪制药股份有限公司	创业板
300149.SZ	量子高科	量子高科(中国)生物股份有限公司	创业板
300381.SZ	溢多利	广东溢多利生物科技股份有限公司	创业板
300498.SZ	温氏股份	广东温氏食品集团股份有限公司	创业板
600866.SH	*ST星湖	广东肇庆星湖生物科技股份有限公司	主板
600872.SH	中炬高新	中炬高新技术实业（集团）股份有限公司	主板
603288.SH	海天味业	佛山市海天调味食品股份有限公司	主板
603336.SH	宏辉果蔬	宏辉果蔬股份有限公司	主板

东方财富 Choice 数据中国上市公司市值 500 强榜单显示，在全球各地上市的中国公司的市值排名最终排定。

中国上市公司市值500强的广东食品企业

排名	证券名称	2016年	2016年
45	温氏股份	1532	1658
98	海天味业	793	957
495	海大集团	232	215

2016 年广东省食品行业特殊贡献企业、优秀企业

为进一步落实国务院和工信部、省政府有关增品种、提品质、创品牌的“三品”专项行动部署，经企业自愿申报，广东省食品行业协会委托广东省南方食品医药行业评估中心组织专家对申报企业基本情况严格审核，并经南方食品医药网和广东省食品工业企业诚信信息公共服务平台公示无异议后，决定授予加多宝（中国）饮料有限公司、广州王老吉大健康产业有限公司等 10 家企业为“2016 年广东省食品行业特殊贡献企业”称号，授予广州市香雪亚洲饮料有限公司等 27 家企业为“2016 年广东省食品行业优秀企业”称号。

2016 年广东省食品行业特殊贡献企业

加多宝（中国）饮料有限公司
广州王老吉大健康产业有限公司
广州王老吉药业股份有限公司
广州酒家集团利口福食品有限公司
广东燕塘乳业股份有限公司
广州皇上皇集团股份有限公司
佛山市海天调味食品股份有限公司
广东鹰唛食品有限公司
李锦记（新会）食品有限公司
广东笑咪咪食品有限公司

2016 年广东省食品行业优秀企业

广州市香雪亚洲饮料有限公司
广州南联航空食品有限公司
广州珠江美乐多饮品（香港）有限公司
广州百花香料股份有限公司
广州市名花香料有限公司
广州金司奇米面制品有限公司
深圳金谷园实业发展有限公司
深圳市东鹏饮料实业有限公司
珠海元朗食品有限公司
汕头鱼露厂有限公司
广东万士发饼业有限公司
佛山市顺德区屏荣食品发展有限公司
东莞华美食品有限公司
东莞市永益食品有限公司
东莞市金富士食品有限公司
东莞荣华饼家有限公司
广东广益科技实业有限公司
东莞市福地饮用水有限公司
东莞石龙津威饮料食品有限公司
鹤山市东古调味食品有限公司
鹤山市华山泉食品饮料有限公司
广东美怡乐食品有限公司
广东珠江桥生物科技股份有限公司
中山市华联食品有限公司
广东省肇庆香料厂有限公司
河源合成米面制品有限公司
广东佳宝集团有限公司

【f. 品牌产品】

由工业和信息化部消费品工业司、中小企业发展促进中心为指导与主管单位的中国企业品牌研究中心

（Chnbrand），发布2016年（第六届）中国品牌力指数（C-BPI®）品牌排名和分析报告。

2016年（第六届）中国品牌力指数广东列前3的食品品牌

品类	2016C-BPI 第一品牌（得分）	连续年数	2016C-BPI 第二品牌（得分）	2016C-BPI 第三品牌（得分）
口香糖	绿箭（577.4）	2年		
巧克力			金帝（398.6）	
饼干/威化				徐福记（343.2）
速冻食品	湾仔码头（495.5）	1年		
冰淇淋/雪糕				和路雪（449.4）
食用油	金龙鱼（558.6）	6年		
婴幼儿乳粉			美赞臣（421.1）	
酱油	海天（560.2）	6年	李锦记（454）	
食醋	海天（427.8）	5年		
功能饮料	脉动（636.8）	2年	红牛（473.5）	
凉茶	加多宝（577.9）	3年	王老吉（574.8）	

由《品牌观察》杂志社联合国内200多家机构共同主办第十届中国品牌价值500强评选活动揭晓，中国品牌价值500强评审委员会发布第十届中国品牌价值500强榜单。其中：广东入榜食品工业企业占全国入榜食品工业企业的18.3%。

第十届中国品牌价值500强广东食品工业企业榜单

排名	品牌名称	价值	运营商
48	加多宝	543.66	加多宝（中国）饮料有限公司
73	王老吉	404.25	广州王老吉大健康产业有限公司
101	海天	313.36	佛山市海天调味食品股份有限公司
152	脉动	206.33	乐百氏（广东）食品饮料有限公司
185	合生元	180.11	广州市合生元生物制品有限公司
200	喜之郎	165.66	广东喜之郎集团有限公司
204	恒大冰泉	165.27	深圳市恒大饮品有限公司
217	汤臣倍健	156.14	汤臣倍健股份有限公司
328	天地壹号	105.11	天地壹号饮料股份有限公司
411	健力宝	85.01	广东健力宝集团有限公司
422	东鹏特饮	81.56	深圳市东鹏饮料实业有限公司
452	厨邦	77.13	广东美味鲜调味食品有限公司
465	太阳神	75.03	广东太阳神集团有限公司

由世界品牌实验室主办的“世界品牌大会”在北京举行，会上发布2016年（第十三届）《中国500最具价值品牌》名单。

中国500最具价值品牌（广东省食品工业类）

排名	品牌名称	品牌拥有机构	品牌价值	主营行业	上市
169	金龙鱼	益海嘉里食品营销有限公司	220.72	食品饮料	否
316	双喜	广东中烟工业有限责任公司	102.29	烟草	否
355	海天	佛山市海天调味食品股份有限公司	81.62	食品饮料	是
361	喜之郎	广东喜之郎集团有限公司	80.82	食品饮料	否
373	大印象	广东大印象（集团）有限公司	65.72	保健品	否

胡润研究院发布《2016胡润品牌榜》，200个最具价值中国品牌上榜，其中国有品牌95个，全国共有食品类品牌35个上榜。

2016胡润品牌榜广东食品企业

排名	品牌	品牌价值（亿元）	行业
34	红双喜	290	烟草
54	海天	193	食品饮料
126	汤臣倍健	52	保健品
162	加多宝	35	食品饮料
198	王老吉	25	食品饮料

广东省农业厅发布《关于表彰2016年广东省名牌产品（农业类）生产企业的决定》。决定在全省范围内对获得2016年广东省名牌产品（农业类）的生产企业予以通报表彰，并颁发“广东省名牌产品”证书。

2016年广东省食品类（未含饲料）名牌产品（农业类）名单（复审）

企业名称	注册商标	产品名称
广东海兴农集团有限公司	海兴农	南美白对虾苗
广州大丘有机农产有限公司	大丘（图形）	火龙果
广州力智农业有限公司	力智+图形	杜洛克种猪
广州力智农业有限公司	力智+图形	长白种猪
广州丽恒科技开发有限公司	丽恒+图形	脐橙
广州市百兴畜牧饲料有限公司	穗香（图形）	穗香鸡
广州市宝生园股份有限公司	宝生园（图形）	槐花蜜
广州市番禺区农业科学研究所	禺山（图形）	奥尼罗非鱼苗
广州市国营珠江华侨农工商联合公司	万珠（图形）	黑珍猪猪肉
广州市良种猪场	广良+图形	猪肉
广州市清香农产有限公司	粤清香	荔枝干
广州市盛洲德威粮油食品有限公司	德威（图形）	咸蛋黄
广州市谭山蜂业有限公司	谭氏	荔枝蜜
广州市先步农业科技有限公司	先步+图形+xianbu	鳄龟苗种
广州市洲星食品有限公司	洲星（图形）	马蹄粉
广州天科生物科技有限公司	Tanke（图形）	奇力锌

企业名称	注册商标	产品名称
增城市粮食局新塘粮食管理所	挂荔（图形）	增城丝苗米
华润五丰农产品（深圳）有限公司	田夫+图形	西瓜
华润五丰农产品（深圳）有限公司	田夫+图形	脐橙
深圳市宝安沙井水产公司	沙香+图形	沙井蚝油
深圳市光明集团有限公司	光明+图形	乳鸽（活）
深圳市农牧实业有限公司	美益（图形）	深农猪配套系种猪
深圳市农牧实业有限公司	美益（图形）	美益猪肉
广东乡意浓农业科技有限公司	寰宝+图形+HONEYBUN	油粘米
广东富味制果厂有限公司	富味+图形	苹果脆
汕头市白沙禽畜原种研究所	狮头	狮头鹅
佛山金葵子植物营养有限公司	金葵子（图形）	腐秆剂
佛山市南海百容水产良种有限公司	百容	草鱼苗
佛山西江农业生态园有限公司	绿之选+Lvzhixuan	菜心
广东金友集团有限公司	金友+JINYOU	贡米（美香粘）
广东省翁源县茂源糖业有限公司	李花+Lihua+图形	白砂糖
韶关市七里香粮油实业有限公司	国粤天香	象牙粘
韶关市詹氏养蜂场蜂业有限公司	詹氏（图形）	槐花蜜
始兴县古塘实业开发有限公司	古印（图形）	古塘板鸭
河源市绿之宝食品有限公司	绿之宝（图形）	甜酸萝卜
河源市石坪顶茶业发展有限公司	石坪顶+图形+SHIPINGDING	螺绿茶
河源市天仙湖农业发展有限公司	圣仙湖（图形）	灵芝茶
河源市万家香实业有限公司	图形	金贡米
紫金县黄花茶业有限公司	黄花+图形+HUANGHUA	黄花闺秀（绿茶）
紫金县金山茶业科技发展有限公司	武顿山+图形+WUDUNHILL	绿茶（一级）
丰顺县黄金食品厂	黄金（图形）	可口姜糖
广东健神科技股份有限公司	健神+图形	健神茶
广东蓝田农业有限公司	图形	杏鲍菇
广东龙岗马山茶业股份有限公司	马山（图形）	马山绿茶（本土高山茶）
广东梅龙柚果股份有限公司	嘉誉梅龙	嘉誉梅龙金柚
广东侨微生物科技有限公司	侨微（图形）	原木赤灵芝孢子粉
广东省大埔县西岩茶叶集团有限公司	西竺（图形）	西岩单丛茶
广东省大埔县西岩茶叶集团有限公司	西竺（图形）	西岩奇兰茶
广东省大埔县西岩茶叶集团有限公司	XiYanShan	西岩红茶
广东省大埔县西岩茶叶集团有限公司	西竺（图形）	岩中玉兔茶
广东省大埔县西岩茶叶集团有限公司	西竺（图形）	西岩黄枝香茶
广东顺兴种养股份有限公司	太子妃	太子妃名柚（蜜柚）
广东银新现代农业股份有限公司	银新+图形+YINXIN	黄花菜
梅县西南泰岭水果专业合作社	泰岭+TAILING+图形	金柚
梅县雁南飞茶田有限公司	雁南飞（图形）	金单枞乌龙茶
梅州市稻丰实业有限公司	金良稻丰	晚籼米
梅州市惠兴米业发展有限公司	君惠	丝苗米

企业名称	注册商标	产品名称
平远源丰农业发展有限公司	石正云雾	石正云雾（绿茶）
五华登云嶂云雾茶叶有限公司	登云嶂（图形）	黄金芽绿茶
梅州市松岗嶂绿色生态茶园	七畲径	绿茶（单枞茶）
广东中源农业发展有限公司	美之源+Meizhiyuan	中源尖椒
惠东县四季鲜荔枝专业合作社	四季鲜+sijixian	石硖鲜龙眼
惠州李艺金钱龟生态发展有限公司	李艺	石金钱龟（黄喉拟水龟）
惠州市煌粮实业有限公司	益绿香	丝苗米
惠州市鹏昌农业科技有限公司	御家农庄	鲜鸡蛋
惠州市四季绿农产品有限公司	四季绿如蓝+图形	苦瓜
惠州市四季绿农产品有限公司	四季绿如蓝+图形	薯苗心菜
惠州市四季鲜绿色食品有限公司	粤农+YUENONG	龙眼干
惠州市四季鲜绿色食品有限公司	九龙峰（图形）	蜂蜜金桔
惠州顺兴食品有限公司	唐顺兴+TANGSHUNXING	冰鲜鸽
广东九华马铃薯产业有限公司	九华+图形+JIUHUA	马铃薯
海丰县勤之富种养专业合作社	勤之富+图形	木瓜
东莞市金峰生态农业有限公司	报丰年	黄金花芒
东莞市新泰粮食有限公司	醉兰	香粘米
东莞市养生源蜂业有限公司	养生源+图形	洋槐蜜
东莞市银华生物科技有限公司	普罗宝	酶解蛋白粉
东莞市永益食品有限公司	凤球唛	番茄沙司
广东星河生物科技股份有限公司	玉龙洞+图形+WINSO-ESLTHMUSHROOM	白玉菇
广东省中山食品水产进出口集团有限公司	宝平+BAOPING+图形	冻罗非鱼片
广东省中山食品水产进出口集团有限公司	宝平+BAOPING+图形	鳙鱼
中山市黄圃银华腊味有限公司	建华（图形）	腊鱼
中山科朗农业科技股份有限公司	科朗+图形	鲜鸡蛋
恩平基龙实业有限公司	基龙（图形）	基龙凤山鸡
鹤山市墟岗黄畜牧有限公司	旺禽（图形）	墟岗黄鸡
江门市大光明农化新会有限公司	大光明+图形+DAGUANGMING	绿福乳油
江门市丰正食品有限公司	丰正+图形+FENGZHENG	即食天然海蜇
江门市江帆水产制品厂有限公司	江帆+图形	即食天然海蜇
江门市新康虫草有限公司	岗州春（图形）	蛹虫草
台山市粮食购销总公司	珍香（图形）	丝苗米（五星）
广东嘉华生物化工有限公司	阳灵+图形+YANGLING	脱水甜玉米
广东顺欣海洋渔业集团有限公司	顺兴+图形+SHUNXING	罗非鱼片
广东阳帆食品有限公司	阳帆+图形	阳江豆豉
广东阳江八果圣食品有限公司	八果圣+BAGUOSHENG	橄榄干
阳江市阳东区洋宏益智专业合作社	洋宏智益+图形+YANGONGYIZHI	益智果
阳江大发益智珍果有限公司	珍果+图形+ZHENGUO	甜酸益智
阳江大发益智珍果有限公司	珍果+图形+ZHENGUO	甜酸仁面
广东绿环水产有限公司	TSQC+图形	冻虾仁
广东省丰收糖业发展有限公司	蜂泉+图形	白砂糖

企业名称	注册商标	产品名称
广东省华海糖业发展有限公司	雄鸥/勇士	蒸青绿茶
广东源泰农业科技有限公司	绿力+图形+LULI	龙优665
广东湛江海丰水产有限公司	调顺渔家	淡晒马友鱼片
广东正茂农业科技有限公司	万有引力+图形+WANYOUYINLI	万有引力锌米
廉江市劳福茂茶业有限公司	劳福茂（图形）	乌龙茶
品先（湛江）水产有限公司	SAVVY+图形	冻裹面包屑虾
品先（湛江）水产有限公司	SAVVY+图形	冻虾仁
吴川市天然食品加工有限公司	博茂+图形	即食海蜇
亚洲海产（湛江）有限公司	ASAJ+图形	冻罗非鱼片
湛江港洋水产有限公司	港洋+图形+GANGYANG	块冻南美白熟虾
湛江国联水产开发股份有限公司	GUOLIAN+图形	熟凤尾虾
湛江国联水产开发股份有限公司	GUOLIAN+图形	南美白对虾苗
湛江恒兴水产科技有限公司	恒兴恒+图形	罗非鱼片
湛江虹宝水产开发有限公司	ZJRAINBOW+虹宝	冻虾仁
湛江市东海岛东方实业有限公司	新宝	南美白对虾苗
湛江市霞山粮食企业集团公司	三餐+图形	象牙米
湛江市霞山粮食企业集团公司	三餐壹号	三餐壹号米
湛江新昶食品有限公司	AUSTAR	冻虾仁
电白亿顺食品有限公司	亿品+图形	鲜鱼丸
高州市丰盛食品有限公司	桂康+图形+GUIKANG	桂圆干
高州市燊马生态农业发展有限公司	马头+图形+MATOU	桂味荔枝
广东丰利农业综合开发有限公司	丰利王+图形+Fengliwang	肉鸽
广东绿洲农业有限公司	水东鸡心芥+图形	水东鸡心芥
广东天力大地生态农业有限公司	水东清心芥	水东芥菜
广东杨氏农业有限公司	绿杨+Luyang+图形	鲜鸡蛋
广东永发水产有限公司	永发（图形）	速冻虾仁
化州市益利化橘红专业合作社	橘利（图形）	化橘红
茂名市金信米业有限公司	锦旺+图形+JINWANG	旺上旺靓米
茂名市金阳热带海珍养殖有限公司	正金阳+图形	斑节对虾苗
茂名市茂南三高渔业发展有限公司	三高奥雄+图形	奥本系奥尼罗非鱼苗
茂名市泽丰园农产品有限公司	图形	荔枝
信宜市钱排供销社三华李专业合作社	钱排李（图形）	钱排三华李
肇庆市高要区鼎峰食品有限公司	金达喜+图形	咸蛋
广东天农食品有限公司	凤中凤+图形+FENGZHONGFENG	清远鸡
广东天农食品有限公司	凤中皇+图形+FENGZHONGHUANG	清远鸡
清远震兴农产品有限公司	巧口	即食脆笋
广东林中宝食用菌有限公司	林中宝	灵芝
潮州市朝阳农业开发有限公司	朝阳盛+ZHAOYANGSHENG	潮州柑
潮州市雅力斯科技实业有限公司	雅力斯+图形	芡实维钙片
广东潮盛食品实业有限公司	潮盛+图形+CHAOSHENG	橄榄菜

企业名称	注册商标	产品名称
广东宏伟集团有限公司	凤凰山+PHOENIXMOUNTAIN	宋种茶
广东康辉集团有限公司	康辉+KANGHUI	话梅
广东康辉集团有限公司	康辉	香瓜子
饶平县高堂一卜食品有限公司	一卜（图形）	高堂菜脯
饶平县高堂裕盛食品厂	高堂大嫂	高堂菜脯
饶平县凌旭茶业有限公司	凌旭	凉瓜茶
无穷食品有限公司	无穷	盐焗鸡翅
广东广信食品有限公司	广信	香蕉片
广东京明茶叶综合发展有限公司	京明（图形）	红心铁观音茶
广东农夫山庄食品工业有限公司	农夫山庄（图形）	九制杨梅
揭西县同心食品有限公司	粤揭同心（图形）	地瓜干
揭阳市普侨区富德园果蔬种植有限公司	富德园（图形）	佛手
广东大唐农林科技有限公司	奋成	湿加松
广东温氏佳润食品有限公司	温氏+图形	温氏冻（鲜）鸡
广东温氏食品集团股份有限公司	温氏+图形	温氏新兴麻鸡（黄油鸡）
新兴县金穗米业有限公司	马林	贡米（籼米二级）
郁南县富康农业发展有限公司	郁江+图形	沙糖桔
广东广三保养猪有限公司	广三保+图形	大白种猪
广东省金稻种业有限公司	图形	天优122
广东省金稻种业有限公司	图形	天优3618

经企业自愿申报，广东省食品行业协会委托广东省南方食品医药行业评估中心，组织专家对申报企业基本情况和产品严格审核，推荐27家企业58个产品为2016年广东省食品行业名牌产品（月饼类）：

为克服食品企业分散现状，进一步提高产业知名度，庵埠镇积极组建食品产业品牌联盟，引导企业主动出击、抱团发展。以数百款拳头产品代表庵埠镇食品形象，通过企业间的联盟合作，进一步开拓市场空间，引领企业顺利转型升级，力促庵埠镇食品产业持续健康发展，全方位打响“中国第一食品名镇”品牌。

自2015年4月升级金罐以来，加多宝全面开启了国际化战略，强化了金罐加多宝凉茶在国际市场的核心竞争能力。2016年，随着走进联合国、推出限量版小鸟金罐凉茶、助阵里约奥运会等一系列举措，加多宝凉茶的国际化已进入了新的征程。为了布局海外市场，加多宝加快海外建厂步伐。继马来西亚的生产基地落成后，加多宝集团与泰国合作方签约，在泰国建立生产基地，以便最大程度满足日益增长的国际市场

消费需求，全面推进品牌国际化战略。2016年，加多宝集团受国务院新闻办领导，中国外文出版发行事业局（中国国际出版集团）管理的国家重点新闻网站——中国互联网新闻中心邀请,代表中国品牌走进联合国，参加“中国品牌文化与全球商业发展”论坛。

在中国品牌价值100强榜单上，珠江啤酒连续7年上榜，2016年以43.48亿元的品牌价值，在美国波士顿揭晓的2016（第22届）中国品牌价值100强名列62位，在七个上榜的啤酒品牌中排名第四，品牌价值比2010年增长51.23%。

【g. 食品安全】

1. 加快完善食品安全制度
2. 强化食品安全风险防控
3. 加大食用农产品源头治理力度
4. 加大食品安全专项治理力度
5. 严格落实各方主体责任
6. 保持严惩重处违法犯罪高压态势
7. 加强食品安全监管能力建设
8. 全力推进重点民生实事办理
9. 推动食品安全社会共治
10. 完善统一权威的监管体制

【h. 诚信建设】

由海关总署、国家工商行政管理总局、国家质量监督检验检疫总局、国家粮食局和中国食品工业协会联合主办,农业部和国家卫生和计划生育委员会支持，国家食品安全风险评估中心和食品安全治理协同创新中心学术支持，中国食品安全报社承办的第十四届中国食品安全年会在北京人民大会堂召开，加多宝、无限极（中国）有限公司、广州市长寿村饮品（连锁）有限公司、深圳市福荫食品集团有限公司、广东灿城农产品集团有限公司、深圳市誉兴饮食管理有限公司、深圳市晨光乳业有限公司、深圳市一町食品有限公司、深圳绿源餐饮管理有限公司、深圳富锦食品工业有限公司、绿雪生物工程（深圳）有限公司、深圳面点王饮食连锁有限公司等企业获“全国食品安全百家诚信示范单位”称号。

【i. 食品科技】

1. 2016年度国家科学技术进步奖

由广州王老吉药业股份有限公司参与的中草药DNA条形码物种鉴定体系项目，荣获2016年度国家科学技术进步二等奖，成为凉茶行业首家获此殊荣的品牌。

无限极（中国）有限公司和中国农业科学院油料作物研究所等合作完成的“油料功能脂质高效制备关键技术与产品创制”项目荣获国家科学技术进步奖二等奖。

2. 2016年度广东省科学技术奖

（1）2016年度广东省科学技术奖获奖项目

一等奖

项目名称	主要完成单位
中草药活性多糖快速筛选、制备关键技术及产业化应用	无限极（中国）有限公司、华南理工大学

二等奖

项目名称	主要完成单位
食品安全高风险因子现场快速检测体系的构建及其标准化	中华人民共和国珠海出入境检验检疫局
广式传统肉制品加工关键技术研究与产业化	仲恺农业工程学院、广东真美食品实业有限公司、广州皇上皇集团有限公司、广州酒家集团利口福食品有限公司

三等奖

项目名称	主要完成单位
南亚热带生态茶园栽培关键技术集成与应用	广东省农业科学院茶叶研究所、华南农业大学
银杏加工技术及其产业化	仲恺农业工程学院、广东金友集团有限公司等
油茶良种选育及栽培技术推广应用	华南农业大学、广东新大地生物科技有限公司
供港澳肉鸡生产关键技术研究与推广应用	广东温氏食品集团股份有限公司、华南农业大学等
食品添加剂检测技术的研究和检测标准的研制	广东出入境检验检疫局检验检疫技术中心
酒精酵母固定化多尺度优化与应用	广东省生物工程研究所（广州甘蔗糖业研究所）、广东徐闻三和发展有限公司等
一步法风味鸡粉生产关键技术及产业化	广东佳隆食品股份有限公司
基于生物技术的高品质奶味香精生产关键技术及应用	广州市名花香料有限公司

《广东省科学技术厅关于印发2016年度广东省产业技术创新联盟认定名单的通知》（粤科产学研字〔

2016〕175 号），认定全省 82 家创新联盟为 2016 年度广东省产业技术创新联盟。

（2）2016 年度广东省（食品类）产业技术创新联盟

联盟名称	秘书处单位	主管单位
广东省蜂产业技术创新联盟	广东省生物资源应用研究所	广东省科学院
广东省瓜类蔬菜产业技术创新联盟	广东省农业科学院蔬菜研究所	广东省农业科学院
广东省鲜食玉米产业技术创新联盟	广东省农业科学院作物研究所	广东省农业科学院
广东省特殊医学用途配方食品产业技术创新联盟	广东省农业科学院蚕业与农产品加工研究所、广州白云山汉方现代药业有限公司	广东省农业科学院
广东省食品冷链物流产业技术创新联盟	广东天源农产品供应链有限公司	广东省供销合作联社
广东省食品副产物增值加工产业产业技术创新联盟	暨南大学	暨南大学
广东省食品安全产业技术创新联盟	广东星创众谱仪器有限公司	广州市科技创新委员会
广东省食品添加剂产业技术创新联盟	广州嘉德乐生化科技有限公司	广州市科技创新委员会
广东省油茶产业技术创新联盟	广东播龙农业科技发展有限公司	揭阳市科学技术局

3. 广东省 2016 年高新技术企业

经广东省高新技术企业认定管理机构［广东省高新技术企业认定管理工作领导小组办公室（省科技厅代章）］上报，全国高新技术企业认定管理工作领导小组办公室（科技部火炬中心代章）批复，对广东省 2016 年第一批（15 家）、第二批（15 家）、第三批（48 家）公示无异议的企业予以高新技术企业备案。

【j. 标准化建设】

1. 省卫生计生委征集 2016 年食品安全地方标准

2016 年 5 月 10 日，广东省卫生和计划生育委员会办公室发布《广东省卫生计生委关于征集 2016 年食品安全地方标准制修订建议的通告》，在全省范围内公开征集 2016 年食品安全地方标准制修订建议。

广东食品标准备案/食品安全企业标准备案流程，产品如无相应的国家标准和行业标准，或产品的技术指标高于国家标准和行业标准，根据《中华人民共和国标准化法》的规定，需要为产品制定企业标准并到相关部门备案。2016 年共征集广东省食品安全企业标准备案数 11 批，共 5457 条。

2. 广东省率先发布非预包装即食食品微生物限量地方标准

为促进广东省非预包装即食食品产业的健康快速发展，深圳市食品药品监督管理局、深圳市计量质量检测研究院、广东省疾病预防控制中心、广东省食品药品检验所等单位联合起草了《广东省食品安全地方标准非预包装即食食品微生物限量》（DBS44/006-2016），这是广东省率先发布非预包装即食食品微生物限量地方标准。本标准规定了非预包装即食食品微生物指标、评价等级和检验方法，适用于非预包装即食食品，包括散装即食食品和现制现售即食食品。广东省卫生和计划生育委员会于 2016 年 7 月 27 日发布了本标准，本标准将于 2017 年 2 月 1 日正式实施。

3. 三部门发布食品类地方标准废止后有关问题的通告

8 月 18 日，广东省质监局发布《关于征求废止广东省食品类地方标准意见的通知》，将拟废止的 114 项广东省食品类地方标准予以公告。

4. 广东检验检疫局用标准化手段促进优质食品供给

广东出入境检验检疫局在“同线同标同质”（以下简称：“三同”工程）工程推进过程中，以服务社会为宗旨，运用标准化技术手段，把标准化理念和方法融入“三同”工程，促进检验检疫管理更加科学，市场监管更加规范有序。

（1）满足“消费升级”，推行国际先进标准体系

现代社会要用标准化手段提升产品和服务质量，广东局发挥标准化连接国内和国际标准优势，积极向企业推行国际先进标准的认证认可 HACCP 体系，成立了广东局领导挂帅的“三同”工程帮扶行动领导小组，制定工作方案，同时要求各分支局成立帮扶工作组，成员包括出口企业备案注册认证监管人员、卫生注册评审员、企业日常监管负责人、HACCP 认证机构审核员等。

截至 2016 年，广东局辖区内 1194 家出口食品生产企业都建立了符合自身特点、有食品防护功能的国际先进标准体系。

（2）强化“标准引领”，提升“三同”工程质量

质检总局将“标准化”作为抓手，国家认监委统

一部署了“三同”工程的标准化措施，提出了“出口食品企业实施内外销‘同线同标同质’方法指南”“出口食品企业内外销‘同线同标同质’公共服务平台建设和运行指南”等4项行业标准，规范“三同”工程，以标准助力经济社会发展，充分应用标准化和认证认可的方法，促进出口食品企业提质增效。

辖区出口食品企业HACCP认证从去年的199家增加到271家，近三分之一的出口食品企业获得第三方HACCP认证。

（3）实施“监管标准”，有效防范风险

绷紧监管本职弦，优化方式“标准化”。按照“检验检疫机构促进出口食品企业内外销‘同线同标同质’工作指南”行业标准要求，广东局强化质量技术监督职能，对实施“三同”企业进行监管，强化认证机构认证审核和后续监督审核的符合性、有效性进行验证，确保企业持续符合“三同”要求。

5.第七届广东省食品工业标准化技术委员会换届选举大会召开

为贯彻落实《国务院深化标准化工作改革方案》以及质检总局、国标委《关于培育和发展团体标准的指导意见》等系列文件精神，2016年11月9日，广东省食品工业标准化技术委员会（以下简称“标委会”）在广州珠江宾馆召开第七届标委会换届选举大会。会议首先表决通过了《广东省食品工业标准化技术委员会工作规则》以及第七届标委会主任委员、副主任委员、秘书长、副秘书长及委员。

6.《地理标志产品东陂腊味》省地方标准通过审定

《地理标志产品东陂腊味》省地方标准顺利通过审定。此地方标准项目由连州市市监局组织申报，省质监局批准立项，连州市东陂腊味协会组织起草。

【k. 行业管理】

1. 政府监督管理

（1）制定《2016年广东省食品生产监管工作要点》

（2）加强风险排查治理，全面提升监管效能

（3）探索创新监管模式，强化基础支撑体系

（4）积极履行岗位职责，落实党风廉政责任

2. 行业自律管理

（1）加强党建工作，带动行业自律。

（2）实施三品战略，强化行业自律

（3）提升服务水平，促进行业自律

3. 企业质量管理

质量是品牌的生命和基石，而创新对于品牌发展也尤其重要。为了提升品质、练好内功，加多宝一直在坚守“工匠精神”及“创新精神”。加多宝开创“集中提取，分散灌装”的大工业化生产模式，并在高品质原材料基础上建立360度生态品管体系，使加多宝的产品不仅在国内深受广大消费者喜爱，还远销东南亚和欧美国家。2016年，加多宝提出《新经济条件下的质量管理》研讨新课题，认为在新经济技术条件下，质量产生影响的相关方要素发生的变化，质量管理应在标准化、人员素质、消费心理、市场需求等进行调整，将管理理念思维引领到新的制高点，为进一步提高企业质量管理水平奠定基础。

张俊修　钟　华

3.10 海南省

【a. 概况】

2016年，海南省食品工业规模以上企业共98家，农副食品加工业57家，食品制造业16家，酒、饮料和精制茶制造业25家。全省规模以上企业工业总产值202.71亿元，农副食品加工业实现工业总产值143.87亿元，同比增长6.8%。食品制造业完成工业总产值28.17亿元，同比下降10.6%；酒、饮料和精制茶制造企业完成工业总产值30.67亿元，同比增长2.6%，主要产品产量：罐头19.28万吨，同比下降20.5%；软饮料67.75万吨，同比增长4.1%。

【b. 主要行业情况】

1. 制盐业

2016年，海南省省内全年食盐销量5.17万吨，同比下降1.34%，其中：小包装盐全年销量2.43万吨，下降3.18%；多品种盐全年销量0.71万吨，增长23.15%，腌制盐及其它全年销量2.03万吨，下降5.79%。海南省盐业总公司合并口径（包括盐业总公司及全资子公司晶辉公司、进出口公司）全年营业收入9709.26万元，同比增长1.89%；营业利润1722.96万元，同比增长27%；利润总额1734.15万元，同比增长22.28%；净利润1183.30万元，同比增长23.66%。国有资产同比增长4.61%。销售企业职工年平均收入同比下降29.54%；加工企业职工年平均收入44287元。

2016年，分别在海口、儋州、琼海、三亚举办了食盐监管培训班，共有600多人参加。在涉盐违法专项整治活动中，共检查食盐生产企业3家，零售企业（商）801家，食品加工企业222家，渔产品加工企业51家，集体用盐单位347家。查处违法违规零售企业（商）9家，食品加工企业4家，渔产品加工企业16家，集体用盐单位17家；查获各种非法盐产品6.5吨。全省碘盐普及率达到90%以上。

2. 制糖业

2016年，全省规模以上制糖企业10家，全年完成工业总产值6.80亿元，同比下降41.61%。2015/2016榨季甘蔗种植面积47.55万亩，同比减少27.80万亩；收获面积41.07万亩，同比减少30.10万亩；加工甘蔗123.14万吨，同比减少105.10万吨；产成品糖15.09万吨，同比减少13.14万吨；蔗糖分14.35%，同比增长1.20%；混合产糖率12.26%。

在全国糖业“绩效同业对标”的糖料甘蔗含糖分单项评比中，全省东方糖业以15.73%名列第2、昌江糖业以15.54%名列第2。

符燕燕

3.11 山西省

【a. 概况】

2016年，是全面实施“十三五”规划的开局之年，也是我省食品工业全面适应经济新常态发展的重要一年。随着新《食品安全法》的颁布和实施，食品工业发展进入了全新的阶段，在新的形势下山西食品工业将在反思与调整中稳步前行。

2016年，山西省食品工业发展迅速，已形成了以酿酒、食醋、乳制品、肉禽加工、食用油、饮料制造等为代表的门类齐全的产业结构，但目前存在准入门槛低、标准技术落后、行业集中度低、违法行为多发等许多不尽人意之处。在《“十三五”国家食品安全规划》以及我省《2016年全省食品药品监督管理工作要点》中已将食品安全监管列为重点工作，要求抓住重点品种、重点区域、重点单位、突出整治重点，加大整治力度。

全省规模以上食品工业企业301家，完成主营业务收入668.6亿元，实现利润总额33.2亿元，完成工业总产值643.3亿元，利税80.1亿元；工业增加值完成175.6亿元。

【b. 重点行业运行情况】

1. 农副食品加工业

2016年，全省156家规模以上企业，实现主营业务收入305.5亿元，同比下降1.9%；利润总额11.3亿元，同比增长32.3%；利税总额11.9亿元，同比增长13.33%；工业总产值341.2亿元，同比增长3.69%。其中：饲料加工行业保持快速增长，在主营业务收入与去年基本持平的情况下，利润总额同比增长1700%，利税总额同比增长1700%，工业总产值同比下降1.92%。

2. 食品制造业

2016年，全省83家规模以上企业，实现主营业务收入115.7亿元，同比增长16.8%；利润总额7.4亿元，同比增长12.1%；利税总额10.0亿元，同比增长4.17%；工业总产值130.8亿元，同比增长5.41%。

从数据表明，乳制品制造业发展势头强劲，以蒙牛（山西）、古城乳业、大同夏进乳业、山西雅士利、九牛牧业为主要代表的乳企，全年共完成主营业务收入47.1亿元，同比增幅54.9%；利润总额达到2.3亿元，同比增幅228.6%；利税总额同比增幅86.67%，工业总产值同比增幅17.41%。

3. 酒、饮料和精制茶制造业

2016年，全省实现主营业务收入205.3亿元，同比增长2.8%；利润总额9.4亿元，同比下降6.0%；利税总额29.8亿元，同比增长4.2%；工业总产值129.2亿元，同比增长13.01%。其中：白酒制造业总体稳中有升，全省以汾酒为代表的清香型白酒共计14家，累计完成主营业务收入153.3亿元，同比增长8.6%，利润总额同比回落6%，利税总额同比增长7.8%，工业总产值同比增长29.5%。

4. 烟草制造业

2016年，完成主营业务收入42.1亿元，利润总额5.2亿元，利税总额28.5亿元，工业总产值42.1亿元。

【c. 大记事】

1月22日，山西省食品冷链行业协会在太原成立，2016大数据下山西冷链产业联盟发展论坛同日举行。

2月1日，山西海玉食品有限公司生产的2700箱、货值23220美元“海玉牌”苏打饼干顺利在非洲加纳通关，这是山西省饼干企业自主品牌首次出口，也是地地道道的“山西味道”。

3月17日，为认真贯彻落实新修订的《食品安全法》，推进我省食品生产检验制度建立，山西省食药监局编印了《建立食品生产检验制度工作指南》，从制度内涵、概念解析、建立要求三方面，明确了建立食品生产检验制度的目的、步骤、要求及工作重点，对推进我省企业建立食品生产检验制度，保证食品安全具有积极的指导作用。

3月28日，国家质检总局发布《获得生态原产地保护产品名单的公告》（2016年第16号），由山西出入境检验检疫局审核推荐的“沁州牌”沁州黄小米榜上有名，成为我省首个获得保护的生态原产地产品，标志着我省生态原产地保护工作实现“零的突破”。

6月28日，为认真贯彻落实新修订的《中华人民共和国食品安全法》，深入推进建立食品安全全程追溯制度，山西省食品药品监督管理局组织编写统一印发了《建立食品安全全程追溯制度工作指南》，为全省各级监管部门和食品生产经营企业提供了监管指导服务和实践借鉴参考。

9月25日，2016中国国际薯业博览会，山西岚县的马铃薯宴首次亮相。据介绍，岚县马铃薯种植历史超过200年，依托高品质的马铃薯产业，已打造了包括“金丝绣球”、“泰汁土豆卷”、“岚州一品鲍”在内的108道土豆风味系列小吃和土豆宴。

9月26日，大同县黄花菜、祁县黄粉虫、盐湖区酥梨、绛县水果、曲沃县蔬菜获批新增成为山西省出口食品农产品质量安全示范区。山西已建成国家出口食品农产品质量安全示范区16个，总数位列全国第四，走在了全国示范区建设前列。

11月6日，由山西省食品工业协会组织的2016版《食品生产许可审查通则》和辐照工艺知识普及公益培训班在交城县举办，来自全省60多家食品生产企业的负责人、高管等100多名代表参加了培训。

11月15日，为推动山西酥梨顺利敲开加拿大市场大门，祁县出口企业在农业化学品投入、病虫无公害化防控、果品质量安全监测、出口果品标准化生产等环节都进行了严格把关，从符合要求的果园采摘酥梨，在包装车间进行严格的吹刷、挑选、分级、包装等过程，以确保酥梨美味可口、绿色健康。实现了山西酥梨出口加拿大市场的历史性突破。

【d. 协会工作】

为推进我省食品工业品牌健康快速发展，在中国食品工业协会的指导下，由山西省食品工业协会组织承办“2016消费者喜爱的食品品牌山西调查活动”于2016年6月16日正式启动投票.

6月4日，山西省食品工业协会组织相关领导及企业代表、专家等一起走进永济市开张镇杜村的高作义家庭农场，对农场的农作物种植及产品生产全过程进行全面了解，并举行富硒农产品示范基地挂牌仪式。

6月28日，由山西省食品工业协会主办的“2016消费者喜爱的食品品牌山西调查活动”走进晋城古陵山食品有限公司；同日，山西省食品工业协会晋城地区工作站挂牌仪式在该公司举行。

7月1日，由中国食品工业协会主办，意大利百年橄榄油世家翡丽百瑞赞助的中食协2016消费者喜爱的食品品牌调查活动，在北京信德公证处的监督公证下正式启动。

10月24日在上海举办的2016中国食品产业发展论坛现场向社会公布并颁发获奖证书。

“2016消费者喜爱的食品品牌”全国前十名（山西）名单有：

1、山西天赐绿珍农业科技有限公司

2、山西香汇食品有限公司

3、山西省平遥牛肉集团有限公司

4、山西九牛牧业有限公司

5、太原六味斋实业有限公司

6、山西星昶贸易有限责任公司

7、兴县山花烂漫农业综合开发有限公司

8、晋城市古陵山食品有限公司

9、山西汾珍食品有限公司

10、山西清徐金华醋业有限公司

“2016消费者喜爱的食品品牌”十大区域品牌（山西）名单有：

1、山西老陈醋集团股份有限公司

2、太原双合成食品有限公司

3、山西紫林醋业股份有限公司

4、山西水塔醋业股份有限公司

5、山西古城乳业集团有限公司

6、山西厦普赛尔食品饮料股份有限公司

7、平遥县晋升食品有限公司

8、山西绿色山区农副产品有限责任公司

9、山西晋绥枣业有限责任公司

10、晋城市伊健食品有限公司

12 月 27 日，首届山西食品安全年会暨 2016 首届山西食品行业产销对接会、山西省食品工业协会五届三次年会在太原举行。

本次大会以“行走中互联，互联中发展”为主题，旨在搭建全省工商联手平台，开展产销对接合作，帮助企业拓宽经营思路，推动山西食品工业健康快速发展。

【e. 首届面食文化节】

8 月 26 日上午，2016 中国（山西）食品餐饮旅游博览会暨首届中国山

西面食文化节在太原煤炭交易中心开幕，博览会为期 3 天。山西省政府副省长王一新，山西省商务厅厅长孙跃进出席了开幕式。

本次博览会由山西省饭店业商会、山西省食品工业协会等联合举办，展会共设舌尖味道园、砥柱中流苑、景区景点篇、名优特产园等 6 个展区。主题为建设品牌山西，打造面食王国，搭建合作平台，促进企业发展。坚持“创新、协调、绿色、开放、共享”的办展理念，精心培育山西特色展会平台，促进山西食品餐饮旅游文化融合发展，推动品牌山西建设和企业交流合作，为山西省食品餐饮旅游文化产业做大做强和塑造山西美好形象，实现山西振兴崛起做出积极贡献。此外，开幕式上，大上海吉尼斯代表为山西面锅、面塑、面刀申报者颁发了证书。

图为山西会馆的“全面宴”。

获大上海吉尼斯纪录的山西面塑鹳雀楼，高7.39米、直径10米、总重7300斤

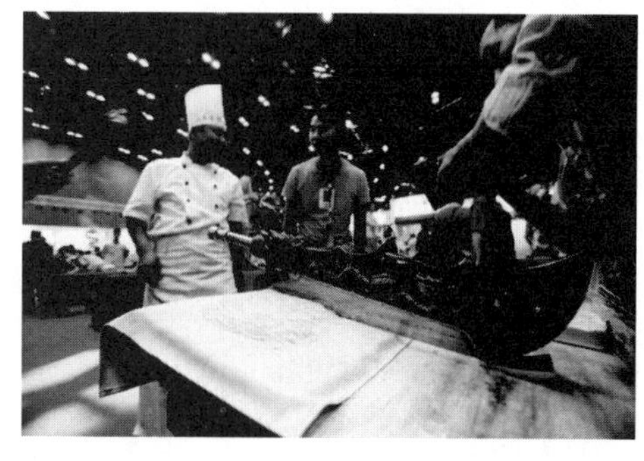

获大上海吉尼斯纪录的大面刀，长3尺2、重28斤的关乡“面刀”

【f. 通过食品工业企业诚信体系企业】

1、山西古城乳业集团有限公司

2、山西雅士利乳业有限公司

3、山西太谷通宝醋业有限公司

4、内蒙古蒙牛乳业（集团）山西乳业有限公司

5、蒙牛乳业（太原）有限公司

6、大同夏进乳业有限责任公司

7、山西双合成商贸有限公司

8、山西海玉食品有限公司

9、山西泽榆畜牧业开发有限公司

10、山西田森农副产品加工有限公司

11、太原六味斋实业有限公司

12、山西水塔醋业股份有限公司

13、北京燕京啤酒（晋中）有限公司

14、北京红星股份有限公司六曲香分公司

15、山西厦普赛尔食品饮料股份有限公司

【g. 主要经济数据】

1. 食品工业主要效益指标（分地区）

单位：亿元

指标代码	企业单位数	主营业务收入		利润总额		利税总额		工业总产值	
		1-12月（亿）	增减%	1-12月（亿）	增减%	1-12月（亿）	增减%	1-12月（亿）	增减%
山西	301	668.6	1.6	33.2	-0.9	80.1	-3.0	643.3	4.8
太原	36	108.2	-3.8	9.5	-11.2	34.7	-11.5	108.6	-3.4
大同	13	10.2	-8.1	1.0	0.0	1.3	-7.1	10.8	8.0
阳泉	4	3.6	-26.5	0.0	-100.0	0.0	-100.0	5.9	1.0
长治	28	53.5	54.2	1.6	-15.8	2.5	-10.7	55.1	17.5
晋城	11	10.7	13.8	0.1	-50.0	0.1	-50.0	11.1	18.1
朔州	21	21.5	-17.3	0.5	-16.7	1.3	-23.5	22.9	-17.9
晋中	41	78.6	8.3	1.5	200.0	3.5	29.6	98.3	12.9
运城	59	116.3	-7.6	6.7	-13.0	7.7	-12.5	145.3	1.9
忻州	19	8.7	6.1	0.4	0.0	0.6	0.0	10.2	10.7
临汾	14	11.7	7.3	0.3	50.0	0.3	0.0	16.4	16.6
吕梁	55	245.5	1.6	11.7	13.6	28.2	13.7	158.8	7.1

2. 主要产品产量及其增长速度

产品名称	计量单位	总产量	同比增长（%）
粮食	万吨	1318.5	4.7
其中：玉米	万吨	888.9	3.0
小麦	万吨	273.4	0.7
谷子	万吨	42.7	20.6
豆类	万吨	36.9	20.8
薯类（折粮）	万吨	48.7	32.6
油料	万吨	15.4	0.9
蔬菜及食用菌	万吨	1294.5	-0.6
水果	万吨	840.8	-0.2
其中：瓜果类	万吨	86.9	-0.1
园林水果	万吨	753.9	-0.2
食用坚果	万吨	22.3	19.7
其中：核桃	万吨	21.8	20.5
精制食用植物油	万吨	25.25	-28.41
鲜、冷藏肉	万吨	70.9	-3.0
其中：猪肉	万吨	57.5	-4.5
牛肉	万吨	5.9	0.7
羊肉	万吨	7.4	7.6
禽、蛋	万吨	89.1	2.1
水产品	万吨	5.2	-0.3
方便面	万吨	3.13	-17.5
小麦粉	万吨	15.59	-8.24
乳制品	万吨	57.40	18.61
液体乳	万吨	56.10	24.44
乳粉	万吨	1.39	4.30
罐头	万吨	1.48	2.70
糖果	万吨	0.24	3.52
冷冻饮品	万吨	0.25	0.91
白酒（折65度商品量）	万千升	10.32	28.61
啤酒	万千升	33.96	-12.82
饮料酒	万千升	44.98	-7.44
软饮料	万吨	137.11	17.10
其中：碳酸饮料类	万吨	15.36	-16.16
包装饮用水	万吨	24.16	12.90
果汁和蔬菜汁饮料	万吨	39.79	-17.08
卷烟	亿支	155.5	-4.9

王 彬

3.12 安徽省

【a. 概况】

1. 产业规模不断扩大

2016年，全省规模以上食品工业企业2614家，实现工业增加值925.4亿元，同比增长6.2%，食品工业增加值占全省规上工业的比重由2010年的7.7%提高至2016年的9.2%，支柱地位不断提升；实现主营业务收入4441.7亿元，同比增长7.2%，比全国快0.7个百分点；实现利润227.4亿元，同比增长3.9%。

2. 产品结构不断优化

全省食品种类不断丰富，形成了34个大类、22个中类、57个小类，共计3万余种食品。2016年，全省食品工业主要产品产量小麦粉1690万吨，居全国第3位；白酒44.9万千升，居全国第10位，白酒行业拥有4家上市公司，居全国第1；方便面52万吨，居全国第5位；乳制品106.2万吨，居全国第10位。

3. 品牌影响持续增强

目前，全省食品行业拥有74件“中国驰名商标”，其中：酒类14件，茶叶14件，食品加工类42件，另外4户是流通和种植企业。我省既有古井、口子、洽洽、溜溜果园、同福碗粥等本土驰名商标企业，此外，双汇、蒙牛、伊利、旺旺、养元（六个核桃）等外来中国驰名商标企业也已纷纷在安徽投资布局。

4. 资本市场充满活力

目前，全省食品行业拥有6家上市公司，其中：白酒行业拥有古井、金种子、迎驾、口子等4家上市公司，数量居第1。19家白酒上市公司业绩中，全省古井、口子、迎驾、金种子营业收入分别居6、8、9、14位，净利润分别居5、7、8、18位，总市值达800亿元。

【b. 行业动态】

1. 农副食品加工业

2016年，全省农副食品加工业企业数量多，龙头企业少，企业数1745户，占食品工业企业数量的66.8%。全省农副食品加工业保持平稳增长，实现增加值526.6亿元，同比增长5.8%；实现主营业务收入3107.5亿元，同比增长7.1%；利润116.4亿元，同比下降0.8%。

2. 食品制造业

2016年，全省食品制造业规模小，在食品行业中所占比例低，增加值占全部食品工业的17.8%。食品制造业企业数479户，实现增加值165.5亿元，同比增长8.1%；实现主营业务收入690.2亿元，同比增长10.9%；利润35亿元，同比增长11.7%。

3. 酒、饮料和精制茶制造业

2016年，全省酒、饮料和精制茶制造业保持平稳发展，其增加值占全部食品工业的25.2%。酒、饮料和精制茶制造业企业数390户，实现增加值233.3亿元，同比增长5.6%；实现主营业务收入644.0亿元，同比增长3.9%；利润75亿元，同比增长8.1%。

【c. 存在问题】

1. 发展速度逐渐趋缓

近年来，食品工业的发展速度一直低于全省规模以上工业的平均增速。2016年，全省规模以上食品工业增加值增速6.2%，虽同比增加0.4个百分点，但仍比全省平均水平低2.6个点。实现主营业务收入同比增长7.2%，虽比全国高0.7个百分点，但比全省平均水平低1.1个点。

2. 高品质食品有效供给不足

全省食品工业粗放型发展方式尚未得到根本性扭转，以米、面、油等粮食粗加工为主，精深加工不足，产业链条短，附加值低，资源综合利用率不高。我省农副食品加工业主营业务收入占全省食品工业的比重70%，其中：米面油粮食初（粗）加工占全省食品工业的比重达40%，附加值较高的食品制造业和饮料制造业占比较低。食品同质化严重，低端产品产能相对过剩，中高端产品偏少，高品质食品供应与市场需求不匹配，不能很好适应消费变化。

3. 龙头企业少，品牌带动能力不强

2016年，全省食品企业主营业务收入超30亿元4户，超10亿元53户，至今没有过百亿的食品企业。特别是全省自主品牌目前较少，缺乏知名龙头企业。产品科技含量、生产效率较低，品牌效应、综合利用较差。

4. 自主创新能力有待提高

全省食品工业企业自主创新能力不强，产品技术含量低，精深加工、专用型、功能性产品较少。企业创新主体地位不突出，创新意识不强，对创新人才的培养、研发投入和技术研发的应用不足，科技成果转化率较低，新产品开发、升级换代速度缓慢。

【d. 下一步主要工作】

1. 抓“基地＋集群”促集聚发展

推动企业向基地集聚，促进食品产业集聚发展，一是充分发挥区域和资源优势，壮大皖北、合肥都市圈、沿江和皖南四大农副食品加工密集区。二是立足现有食品产业集群专业镇和食品工业园区，科学制定规划，优化产业布局，引导和支持企业、项目、要素向现有园区集中，积极推动产业集聚发展。形成一批“大而优”、“小而专”的产业集群基地和中小企业产业园。三是开展高起点大规模不间断的技术改造，防止低水平无效投入，不断优化技改投资结构。四是着重发展精深加工。鼓励企业采用食品精深加工技术，提高中高档食品比重，促进食品产业由低端向中高端延伸。

2. 抓“龙头＋配套”促全产业链发展

实施“龙头企业带动”工程，探索建立大企业大集团重点培育制度，培育行业领军型企业。一是鼓励龙头企业开展跨地区、跨所有制兼并重组，支持骨干企业做大做强，着力培育一批单打冠军。引导中小企业找准定位，与龙头企业开展配套协作，走“专精特新”发展之路。形成以骨干企业为龙头、小微企业为支撑的协调发展格局。二是加大招商引资力度，积极承接产业转移，不断壮大食品及相关配套产业规模。推动产业链关联的龙头企业和配套企业集群发展，提升食品产业整体规模和效益。三是完善食品产业链条。建立从原料控制、食品加工制造、食品包装、装备制造、安全控制、物流配送和终端销售等方面的完整食品产业链，推进一二三产融合发展。

3. 抓“宣传＋网络”促品牌培育

（1）鼓励企业加强品牌建设，提升产品附加值和软实力。加强对我省传统食品的传承、保护和发展工作，打造具有徽风皖韵的“皖”字号食品品牌，培育百年食品品牌。

（2）实施增品种、提品质、创品牌“三品”行动和“精品安徽”战略。不断优化产品结构，发扬“工匠精神”，发展中高端食品。

（3）创新商业模式，利用线上、线下相结合的方式拓宽销售渠道，提升市场占有率，扩大品牌知名度。四是强化部门联动，加大宣传力度。扎实开展“皖产工业名品全国行、网上行”活动，组织企业参加省内外展会，扩大我省品牌的影响力。

4. 抓“创新＋特色”促差异化协调发展

坚持走绿色化、品牌化、高端化的发展道路，着力推进食品产业向安全健康、营养方便、休闲养生和功能保健等方向发展。一是充分发挥资源优势，走差异化发展的道路。加快推进合肥都市圈发展精深加工食品，皖北地区重点发展粮油制品和白酒等，皖南和大别山区发展坚果、茶叶等高附加值产品，沿江、皖南地区重点发展矿泉水等饮料制品，实现布局集中、用地集约、产业集聚和链条完整。二是强化企业创新主体地位，支持企业加大科技创新投入，推行关键技术、行业共性技术研发，提高食品工业创新能力。三是推

进“两化”融合，支持企业运用现代高新技术和信息技术改造提升传统食品产业。推进个性化定制和柔性化制造，鼓励重点食品企业建设数字化车间，提高智能化水平。

5. 抓“资金＋人才”促要素保障

强化要素保障，多渠道缓解食品工业企业融资、人才、用工、交通等需求。

充分发挥财政专项资金政策导向作用，重点支持一批重大食品产业基地，一批重大食品工程，一批重大食品技术改造项目，重点支持新产品开发、服务平台、质量安全等方面重大项目建设，积极构建创新型现代食品产业体系。

积极拓宽融资渠道，引导金融机构加大对食品工业企业的信贷支持。

加强全省食品工业人才队伍建设。发挥我省科教资源优势，着力培养领军人物。加快发展现代职业教育，培养和造就一批高素质产业工人。四是完善监管体系，建立从原料生产到食品加工、储运、销售等全过程可监控的食品质量管理追溯机制。

【e. 主要经济指标（数据）】

1. 规模以上食品工业增加值表

行业	工业增加值（亿元）	同比增长（%）
食品工业	925.4	6.2
农副食品加工业	526.6	5.8
食品制造业	165.5	8.1
酒、饮料和精制茶制造业	233.3	5.6

2. 规模以上食品工业效益表

行业	企业数	主营业务收入（亿元）	同比增长（%）	利润总额（亿元）	同比增长（%）
食品工业	2614	4441.7	7.2	227.4	3.9
农副食品加工业	1745	3107.5	7.1	116.4	-0.8
食品制造业	479	690.2	10.9	35.0	11.7
酒、饮料和精制茶制造业	390	644.0	3.9	75.0	8.1

3. 食品工业主要产品产量

产品名称	计量单位	年产量	全国排位
小麦粉	万吨	1689.9	3
精炼食用油	万吨	143.4	17
糖果	万吨	9.8	11
方便面	万吨	51.9	5
乳制品	万吨	106.2	10
罐头	万吨	60.0	7
冷冻饮品	万吨	6.2	18
白酒	万千升	44.9	10
啤酒	万千升	105.9	16
软饮料	万吨	379.4	17

季 敏

3.13 江西省

【a. 概况】

2016 年，江西省规模以上食品工业企业 792 家，同比增加 62 家，同比增长 8.5%；江西省规模以上食品工业总产值 3280.47 亿元，同比增长 8.4%，产品销售率达 99.5%；工业增加值 838.07 亿元，同比增长 7.0%；主营业务收入 3081.67 亿元（不含烟草制品业），同比增长 8.7%，增速比全国食品工业平均水平高 2.6 个百分点；利税总额 312.13 亿元（不含烟草制品业），同比增长 11.2%；利润总额 221.16 亿元（不含烟草制品业），同比增长 16.4%，增速比全国食品工业平均水平高 10.3 个百分点；资产总计 1419.24 亿元（不含烟草制品业），同比增长 12.2%；产成品存货 82.65 亿元，同比增长 11.9%；出口交货值 140.63 亿元，同比下降 8.4%。水产品冷冻加工、罐头制造和精制茶加工外贸出口继续保持增长，分别增长 22.9%、11.0% 和 7.3%。

【b. 大事记】

1.3 月 11 日，全省食品工业工作会议在九江市庐山区召开。

2.4 月 5 日 –9 日，组织 26 家黄酒企业 30 人赴浙江绍兴黄酒企业学习考察。

3.5 月 6 日，江西省食品工业“十三五”发展规划专家论证会在南昌召开。

4.7 月 2 日 –4 日，中国食品工业协会白酒专家委员会部分专家研讨会在井冈山召开。

5.8 月 8 日 –12 日，江西省第十一届白酒评委换届选聘暨产品质量感官品鉴会在永修县举行。

6.10 月 27 日，江西省食品工业协会第五届会员代表大会在南昌召开。

【c. 行业发展主要特点】

1. 三大行业利润全面增长

2016 年，农副食品加工业实现利润 139.70 亿元，同比增长 22.1%，增幅比全省食品工业高 5.7 个百分点；食品制造业实现利润 49.61 亿元，同比增长 9.35%；酒、饮料和精制茶制造业实现利润 31.84 亿元，同比增长 5.2%。

2. 主要产品产量降多增少

全省 12 种主要食品工业产品中只有 5 种产品产量继续保持增长，其中精制食用油 224.14 万吨，同比增长 16.8%；冷冻饮品 10.12 万吨，同比增长 11.4%；乳制品 34.70 万吨，同比增长 4.4%；液体乳 30.54 万吨，同比增长 2.9%；罐头 15.29 万吨，同比增长 1.3%。7 种产品产量呈下降趋势，降幅最大的是软饮料，同比下降 19.6%；包装饮用水同比下降 15.9%；白酒同比下降 12.2%。

3. 各设区市食品工业发展良好

全省各设区市食品工业保持良好发展态势。其中：南昌市总产值 1194.96 亿元，同比增长 5.1%，继续保持全省领先；宜春市总产值 492.78 亿元，同比增长 14.0%；吉安市总产值 381.07 亿元，同比增长 17.4%；九江市总产值 363.29 亿元，同比增长 1.4%；赣州市总产值 315.87 亿元，同比增长 14.8%；上饶市总产值 199.35 亿元，同比增长 8.8%；抚州市总产值 132.49 亿元，同比增长 10.1%；新余市总产值 96.82 亿元，同比增长 9.8%；萍乡市总产值 46.42 亿元，同比增长 7.3%。

【d. 办公室和协会主要工作】

1. 全省食品工业工作会议在九江市庐山区召开

3 月 11 日，全省食品工业工作会议在九江市庐山

区召开。会议通报了2015年全省食品产业发展情况，交流了食品产业发展经验，提出了2016年的工作目标和任务，参观了中粮粮油工业（九江）有限公司、青岛啤酒九江分公司和江西美庐乳业集团有限公司等重点食品企业。

2. 推动产业集聚发展

通过加强公共服务平台建设，积极帮助承接产业转移，重点支持上高县和庐山区2个省重点产业集群发展，支持南昌小蓝、青山湖区等8个具一定规模特色产业集群进一步提升竞争力。支持新建长埈等符合条件的食品产业集群（基地）申报省级食品产业基地和国家新型工业化产业示范基地。引导推动具特色食品资源的县（市、区）向产业集群化发展。

3. 做好企业服务

审核推荐江西神州通油茶产业园项目申报2016工信部国家专项建设基金项目。推荐江西省绿滋肴实业有限公司、江西省鸽鸽食品有限公司、江西金源农业开发有限公司、江西万载青叶食品有限公司等企业项目为2015年工业转型升级强基工程项目。推荐江西正邦科技股份有限公司、江西省绿滋肴实业有限公司、江西精伟电子科技辐照有限公司等企业有关项目为工业转型升级重点项目。帮助丰城圣迪乐村生态食品有限公司、江西圣农食品有限公司出具国家鼓励发展的内外资项目确认书，协助其办理进口设备免税手续。推进我省相关食品企业与阿里巴巴南昌产业带合作，2016年新增参与合作食品企业33户，目前已有88户食品企业进入阿里巴巴南昌产业带平台。组织行业企业申报2016中国食品工业协会科学技术奖。根据设区市申请，组织开展对江西臻品实业有限公司、江西赣酒酒业有限责任公司等企业白酒生产项目的产业政策认定。

4. 开展行业交流

7月8日–9日，组织企业参加了由中国食品工业协会举办的2016中国食品工业龙头企业峰会。2016年4月5日–9日，组织26家黄酒企业30余人赴浙江古越龙山绍兴酒股份有限公司、会稽山绍兴酒股份有限公司、浙江塔牌绍兴酒有限公司、绍兴女儿红酿酒有限公司、绍兴白塔酿酒有限公司和绍兴王宝和酒厂学习考察，为我省黄酒企业增长了见识，开阔了眼界，启迪了思维，坚定了信心，增强了沟通，寻找了差距，明确了发展方向。

5. 印发江西省食品工业“十三五”发展规划

8月2日，江西省工业和信息化委员会印发了《江西省食品工业“十三五”发展规划》，规划提出了“十三五”期间我省食品工业发展需遵循市场导向，推动发展；科技支撑，创新发展；集聚集约，绿色发展；四化同步，协调发展四项基本原则。提出了到2020年，全省食品工业主营业务收入达到5000亿元，年均增长率为10.5%左右；利税达到700亿元，年均增长率为11%左右；工业增加值达1250亿元，年均增长率为10%左右，食品工业总产值与农业总产值的之比为1.5 ：1的发展目标。重点发展粮油加工业、畜禽加工业、果蔬加工业、水产品加工业、酒和饮料制造业、精制茶加工业、方便休闲食品制造业、营养保健食品制造业八大产业。推动实施企业培育、重大项目引领、集群发展推进、“互联网+食品”升级、创新提质增效、原料供应保障、品牌培育、食品安全保障八大工程。着力加强强化要素保障机制、加大创新支持力度、拓宽产业融资渠道、优化人才激励政策、健全招商引资机制、提升园区发展水平、强化行业协调服务七个方面工作。

6. 强化食品质量和食品安全能力建设

指导乳制品、肉制品、粮油加工等行业骨干企业，加强产品检测体系、质量追溯体系建设及关键技术装备改造升级，帮助和指导四特酒有限责任公司起草制定江西省特香型白酒基础酒和酿造用大曲地方标准，支持江西省食品发酵研究所创建国家级食品企业质量安全检测技术示范中心。组织企业参加工信部举办的食品工业企业诚信管理体系培训班，组织企业参与中食协2016年度全国食品工业企业质量竞争力评价活动，配合省食安办做好2016年全省食品安全宣传周活动宣传工作。

7. 举办江西省第十一届白酒评委换届选聘暨产品质量感官品鉴会

8 月 8 日 –12 日，江西省第十一届白酒评委换届选聘暨产品质量感官品鉴会在永修县举行，全省 60 多家企业 150 多名相关人员参加了培训。会议聘请周筱春等 13 位同志为江西省第十一届白酒专家组成员。根据考核成绩，按照“择优录取”的原则，聘请刘锦武等 18 位同志为江西省第十一届白酒资深评委；聘请苏宏盛等 65 位同志为江西省第十一届白酒评委；聘请闻丘雄等 39 位同志为江西省第十一届白酒资格评委；聘请杨思奇等 13 位同志为江西省第十一届白酒特邀评委。

8.10 月 27 日，江西省食品工业协会第五届会员代表大会在南昌召开。

江西省政协副主席李华栋、中国食品工业协会常务副会长刘治、江西省工业和信息化委员会副主任江明成、江西省社会组织党工委副书记王永出席大会并讲话。协会专家委员会成员和会员单位代表共计 200 多人参加大会。

【e. 统计数据】

1. 江西省规模以上食品工业主要经济指标（不含烟草制品业）

分类	单位	2016年	同比增长（%）
主营业务收入	万元	30816740	8.7
利润总额	万元	2211554	16.4
利税总额	万元	3121298	11.2
资产总计	万元	14192362	12.2

2. 江西省规模以上食品工业增加值

单位：万元

分类	2016年	同比增长（%）
食品工业合计	8380736	7.0
农副食品加工业	4455519	10.5
食品制造业	1563410	10.8
酒、饮料和精制茶制造业	979495	4.7
烟草制品业	1382312	-5.0

3. 江西省规模以上食品工业产值表

单位：万元

分类	2016年	同比增长（%）
食品工业合计	32804654	8.4
农副食品加工业	21667949	9.7
食品制造业	5992115	10.2
酒、饮料和精制茶制造业	3391242	4.8
烟草制品业	1753349	-4.8

4. 江西省食品工业主要产品产量

产品名称	单位	2016年	同比增长（%）
包装饮用水	吨	1681809	-15.9
软饮料	吨	3322310	-19.6
精制食用油	吨	2241366	16.8
白酒	千升	160143	-12.2
冷冻饮品	吨	101204	11.4
大米	吨	7193635	-4.8
液体乳	吨	305391	2.9
罐头	吨	152850	1.3
乳制品	吨	346983	4.4
卷烟	万支	6461000	-4.7
啤酒	千升	1255067	-3.1
精制茶	吨	85757	-0.5

陈叔然

3.14 河 南 省

【a. 概况】

1. 主要经济指标

指标名称	企业单位数	主要业务收入	同比增长	利润总数	同比增长
	个	亿元	%	亿元	%
农副食品加工业	2085	6806.82	12.2	502.34	11.0
食品制造业	911	3215.20	14.6	282.11	8.5
酒、饮料和精品茶制造业	528	1629.55	10.3	131.74	14.2
A. 烟草制造业	11	411.57	-12.2	50.27	-29.6
总计	3535	12063.5	11.5	966.46	7.5

2. 主要产品产量

产品名称	计量单位	年产量	同比增长（%）
小麦粉	万吨	5657.04	3.9
大米	万吨	638.54	3.7
饲料	万吨	2268.09	-0.2
精制食品植物油	万吨	474.06	12.2
鲜、冷藏肉	万吨	451.47	1.7
冻肉	万吨	3.13	7.4
冷冻蔬菜	吨	14278	76
速冻米面食品	万吨	381.50	4.1
方便面	万吨	409.17	3.5
乳制品	万吨	306.54	23.3
味精（谷氨酸钠）	万吨	35.62	5.3
发酵酒精（折96度）	万吨	150.23	-0.3
白酒（折65度）	万吨	117.50	3.7
啤酒	万吨	396.92	1.7
软饮料	万吨	1726.30	12.1
精制茶	吨	27430	10.4
卷烟	亿支	1528.06	-8.7

【b. 协会主要工作】

1.3 月，河南省食品工业协会参加了新乡市食品工业“十三五”发展指导规划的招投标工作。

2.4 月 15 日 –17 日，河南省食品工业协会与商贸部外贸事务发展局作为主办单位，与鹤壁市人民政府合作，在鹤壁市会展中心举办了“2016 年中国（鹤壁）快餐食品博览会”。

3.5 月 16 日 –18 日，河南省食品工业协会与漯河市人民政府、省商务厅、省工信委共同举办了“2016 年第十四届中国（漯河）食品博览会”。

4.5 月 22 日，河南省食品工业协会与永城市人民政府共同承办的第八届中国（永城）面粉食品博览会，在永城市会展中心成功举办。

5.7 月 8 日，由中国食品工业协会、河北省食品工业协会、衡水市人民政府主办，衡水工业新区管理委员会承办的 2016 衡水，中国食品工业龙头企业峰会暨“百家食品企业进衡水”活动在衡水湖畔成功举行。

6.8 月 2 日 –8 日，河南省食品工业协会组织的第九届白酒国家评委资格选拔暨“第三届河南省白酒高级评酒师考评活动”在洛阳市成功举办。

7.10 月 12 日 –14 日，组织了我省宋河、宝丰、赊店、张弓、皇沟、杜康和张弓老酒酒业 7 家白酒企业九位高水平的白酒评酒专家，参加了在北京举行的第九届全国白酒评酒委员选拔考评活动。

8.10 月 26 日 –28 日，第三次组织部分市、县（区）人民政府和部分优秀龙头食品企业，参加中国（上海）国际食品博览会，取得了积极成果。2016 年中国（上海）国际食品博览会，在上海展览中心成功举办。

【c. 食品类百强企业名单（16 家）】

序号	单位名称
1	河南省漯河市双汇实业集团有限责任公司

序号	单位名称
2	河南中烟工业有限责任公司
3	乐天澳的利饮料有限公司
4	河南众品食业股份有限公司
5	周口金丝猴食品有限公司
6	漯河临颍县亲亲食品有限公司
7	河南大用（集团）实业有限公司
8	河南省北徐集团有限公司
9	河南省淇县永达食业有限公司
10	漯河晋江福源食品工业有限公司
11	新乡娃哈哈昌盛饮料有限公司
12	河南省潢川华英禽业总公司
13	蒙牛乳业（焦作）有限公司
14	河南省科迪食品集团股份有限公司
15	河南省莲花味精集团有限公司
16	河南财鑫集团有限责任公司

【d. 国家食品工业品牌示范企业（2）家】

1. 好想你枣业股份有限公司
2. 河南仰韶酒业有限公司

【e. 食品工业品牌培育示范企业（4）家】

1. 河南何凡提食品有限公司
2. 周口市雪菜面粉有限公司
3. 河南明正清真食品有限公司
4. 河南卢师傅食品有限公司

【f. “互联网 +” 食品工业创新示范企业（4）家】

1. 河南省漯河市双汇实业集团有限责任公司
2. 冷谷红葡萄酒股份有限公司
3. 永生堂饮品股份有限公司
4. 河南梦想食品有限公司【g. 食品工业新增中国驰名商标（8）家】

序号	注册商标	商标注册人	类别	认定商品
1	万事兴及图	河南金龙面业有限公司	30	面粉
2	广义GUANGYI及图	信阳市广义茶叶有限公司	30	茶、茶叶、茶叶代用品
3	久居香及图	河南久居香调味品有限公司	30	调味品、味精、鸡精
4	豫花及图	河南省大程面粉实业有限公司	30	面粉、面条
5	华夏百分及图	商丘市百分食品有限责任公司	30	饼干、方便面
6	诚实人及图	河南省诚实人食品有限公司	30	挂面、面粉、方便面
7	开漳圣王	河南固始双板桥酒业有限公司	33	酒
8	米多奇及图	河南米多奇食品有限公司	30	米果

【g. 新认定食品工业的河南省著名商标（133）个】

序号	注册商标	商标注册人	类别	认定商品	商标注册号
1	御味祥UWISH及图	郑州御味祥企业管理咨询有限公司	29	烧鸡（加工过的肉食品）	7010181
2	真的常想你	郑州市帅龙红枣食品有限公司	29	干枣；海枣；水果蜜饯	6424780
3	够交情及图	河南铁大哥商贸有限公司	29	以果蔬为主的零食小吃、精制坚果仁、干枣	9796215
4	雏牧香CHUMUXIANG	雏鹰农牧集团股份有限公司	29	猪肉、猪肉食品、火腿	10627108
5	汇洽HUIQIA及图	河南豫源生态农业科技有限公司	29	以果蔬为主的零食小吃；干食用菌；果酱	7401448
6	张学堂创于1745年	洛阳学堂油脂食品有限公司	29	芝麻油、食用油、芝麻酱	7702051
7	辛丰	洛阳市辛丰农业食品厂	29	蔬菜罐头、腌制蔬菜、蔬菜色拉	4167473
8	豫享丰	平顶山市享丰肉类食品有限公司	29	猪肉食品、肉、香肠	9046441
9	罗锅及图	新乡市富达食品有限公司	29	熟肉	520871
10	朝东	新乡市朝东食品厂	29	食用蛋白、豆腐制品、腐竹	10011908
11	世魁SHIKUI及图	卫辉市世魁清真肉制品有限责任公司	29	加工过的牛肉	1311558
12	云台康利达及图	焦作康利达食品股份有限公司	29	猪肉食品、猪肉、血肠	54441175
13	钟瑞及图	河南大行食品有限公司	29	鸡肉、鸭肉、肉	5265498
14	淇花及图	河南省淇花食用油有限公司	29	食用油	10700358
15	Feelfine	河南非凡食品集团有限公司	29	花生酱、食用肉、精制坚果仁	99227724
16	秋之香及图	三门峡华阳食品有限公司	29	精制坚果仁	7359423
17	众佳及图	长葛市食品开发总公司	29	猪肉食品；肉；猪肉	10219713
18	瑞康盛	许昌盛丰农业发展有限公司	29	猪肉；肉；蛋	8898620
19	双百及图	许昌市双百粮油有限公司	29	食用油；芝麻油；芝麻酱	4709147
20	金铭诚 NMINGCHENG JINMINGCHENG	漯河铭诚油脂有限公司	29	食用油脂、果酱、使用蛋白	7899241
21	鲜在	漯河御味坊食品有限公司	29	肉、肉干、鱼制食品	7980480
22	叮当牛及图	河南叮当牛食品有限公司	29	牛奶；牛奶制品	4598917
23	三源	河南三源粮油食品有限责任公司	29	食用油	10168680

序号	注册商标	商标注册人	类别	认定商品	商标注册号
24	馬伍記及图	河南马五清真食品有限公司	29	牛肉、羊肉、牛肉清汤汤料	3922008
25	阿诚及图	平舆康博汇鑫油脂有限公司	29	芝麻油、芝麻酱、熟芝麻	10684277
26	铜山湖 TONGSHANHU	泌阳县王店黑花生专业合作社	29	加工过的花生、精制坚果仁、五香豆	7598688
27	华英	河南华英农业发展股份有限公司	29	分割鸭、分割鸡、分割鹅	9296143
28	山净及图	河南大别山茶油科技有限公司	29	食用油	3243942
29	王俊杰及图	巩义市孝义老君烧鸡店	29	肉、烧鸡	1698712
30	张波	兰考县张波香油有限公司	29	食用油脂；芝麻酱；腐乳	6920286
31	京東JINGDONG及图	兰考县东山油脂有限公司	29	香油、花生油、豆油	613295
32	李刚LIGGANG及图	兰考文博清真食品厂	29	烧鸡、肉	5028799
33	胡云章及图	滑县道口魁盛合胡云章烧鸡有限责任公司	29	肉、死家禽	9040537
34	徐福勤XUFUQIN	滑县徐福勤烧鸡有限公司	29	烧鸡、软包烧鸡,冻田鸡腿	8744638
35	申源及图	固始县豫申粮油工贸有限公司	29	食用油、使用菜籽油、蔬菜色拉	4037576
36	福晶园及图	郑州福晶园企业管理有限公司	30	蛋糕；面包；糕点	3234683
37	毕之蜂及图	郑州毕之蜂养蜂专业合作社	30	蜂蜜；使用蜂胶（蜜蜂胶）；非医用蜂王浆	4105021
38	容大	郑州容大食品有限公司	30	食用淀粉产品，天然增甜剂，食用香料	4770131
39	百思宝BAISIBAO	郑州哈尔九宝食品有限公司	30	鸡精；调味品	3005384
40	状元ZHUANGYUAN	三全食品股份有限公司	30	饺子	4168891
41	七若滋及图	河南七若滋食品有限公司	30	蛋糕、面包、月饼	8048588
42	嵩山SONGSHAN及图	郑州市泰松食品厂	30	玉米花；锅巴	3683056
43	汇洽HUIQIA及图	河南豫甲资产管理有限公司	30	以谷物为主的零食小吃；含淀粉食用油面团；谷类制品	7401447
44	天宜园及图	郑州市天宜园食品有限公司	30	面粉制品；锅巴；米果	10017315
45	兴乐源	郑州市益乐食品有限公司	30	饼干；面包；糕点	11261783
46	傻妹妹及图	郑州市绿香园调味食品有限公司	30	粉丝（条）；白糖；五香粉	3175982
47	王老胖及图	郑州大裕调味食品有限公司	30	糖；谷类制品	7074486
48	原味宝	开封市富康面业有限公司	30	面粉；面粉制品；米	10774331
49	何其美HEQIMEI	河南何其美农业有限公司	30	挂面，豆类粗粉，食用淀粉	9772474
50	亿佳雪	洛阳维雪面业有限公司	30	面粉；米；挂面	9997900
51	颐维健	河南三块石健康产业发展有限公司	30	非医用营养胶囊，蜂蜜，食用王浆	8908506

序号	注册商标	商标注册人	类别	认定商品	商标注册号
52	凤泉湖及图	延津县世纪福农业种植服务专业合作社	30	食用面粉；玉米面；面粉制品	9792110
53	海利缘及图	河南其乐食品有限公司	30	怪味豆；糕点；谷类制品	9463087
54	同盟山及图	获嘉县嘉禾农业专业合作社	30	谷类制品；面粉制品；挂面	7604009
55	喜世	河南喜世食品股份有限公司	30	元宵；饺子；馒头	6403856
56	八里沟	辉县市八里沟贸易中心	30	茶；茶叶代用品；粉丝（条）	9944227
57	米多奇及图	河南米多奇食品有限公司	30	面粉制品；米果	1626885
58	赫尼及图	河南康尔生物科技有限公司	30	蜂蜜；使用蜂胶	8593947
59	九曲宴	原阳县国玉米业有限公司	30	谷类制品；米；面粉制品	6952579
60	陈家沟	修武县日泽食品厂	30	食用淀粉；粉丝（条）；含淀粉食品	8017385
61	华象	河南鸿瑞食品有限公司	30	方便面；面粉制品；面条	7770555
62	慷达及图	河南省慷达食品有限公司	30	饺子；包子；元宵	6741016
63	瑞龙	濮阳市瑞龙面业有限公司	30	食用面粉；面粉	10104773
64	木伦河MULUNHE及图	河南省乌兰木伦食品有限公司	30	可可制品；冰淇淋；糕点	10102226
65	辣之恋	河南辣状元食品有限公司	30	调味品	8100179
66	高蛋高	漯河联泰食品有限公司	30	华夫饼干、糕点、饼干	8408771
67	雪佳XUEJIA	河南金龙面业有限公司	30	面粉	1288913
68	佳源牧场及图	河南佳源乳业股份有限公司	30	糕点	8149761
69	南街村及图	河南省南街村（集团）有限公司	30	面条	1141227
70	初度西饼及图	惠跃先/南阳初度食品有限公司	30	饼干、蛋糕、面包	10120814
71	鑫光桐葛及图	鑫光（桐柏）葛业有限公司	30	含淀粉食品、食用淀粉、粉丝	10171481
72	鸿四方	南阳鸿四方食品有限公司	30	方便面；饼干；锅巴	6067511
73	白硕及图	河南白硕面业有限公司	30	面粉制品；面条；挂面	10406583
74	赊店shedian及图	社旗县赊店三粉制品有限公司	30	粉条、粉皮、粉丝	1108941
75	想念及图	河南想念食品有限公司	30	面粉制品、面条、挂面	1714697
76	银菊及图	虞城县鑫丰面粉有限公司	30	面粉	1303854
77	一加一	一加一天然面粉有限公司	30	面粉	8721593
78	桂雪GUIXUE	河南金利源农产品有限公司	30	谷类制品、食用面粉、面粉制品	5446677
79	濮公山及图	信阳安信茶业有限公司	30	咖啡；茶；茶饮料	11059994
80	贡仓及图	淮滨县鑫隆粮食加工有限责任公司	30	面粉	4862637

序号	注册商标	商标注册人	类别	认定商品	商标注册号
81	豫信yuxin及图	信阳市昌东商贸有限公司	30	茶饮料，茶叶代用品	6142941
82	天山承伟	罗山县天山粮贸有限公司	30	谷类制品；米；以谷物为主的零食小吃	7812267
83	金刚台野茶	河南省商城县金刚台自然保护区茶场	30	茶；冰茶；茶饮料	5427986
84	黄柏山及图	商城县黄柏山茶叶专业合作社	30	茶；茶饮料；冰茶	5623640
85	谷友GUYOU	河南富贵食品有限公司	30	饼干；蛋糕；糕点	7155916
86	瞭望台	信阳市瞭望台茶业开发有限公司	30	茶；茶饮料；糖果	8736556
87	金豫南JINYUNAN及图	淮滨县金豫南面粉有限责任公司	30	面粉；面粉制品；米	3499420
88	杜甫春及图	潢川县绿缘种植专业合作社	30	茶、茶叶代用品	9953694
89	五岳红及图	河南五岳神针生态茶园旅游有限公司	30	茶	8582252
90	富兴山及图	河南富兴粮业有限公司	30	食用面粉、米、汤元粉	8421309
91	元典	巩义市津津食品有限公司	30	糕点、面包	9080872
92	张光绪珍品及图	郑州市鑫隆酱业调料有限公司	30	酱菜、调味酱、豆酱	8807761
93	老管家	永城市佳源商贸有限公司	30	调味品；辣椒油	9468772
94	金丝燕	固始县金丝燕制面有限责任公司	30	面条、面粉制品、方便面	3359928
95	华阳御前	固始华阳湖生态旅游产业开发有限公司	30	茶、茶叶代用品、茶饮料	7919025
96	莹坤食品及图	新蔡县莹坤薯业有限公司	30	食用淀粉、粉丝、食用木薯粉	9988784
97	天和地邦及图	河南天邦农产品开发有限公司	31	新鲜蔬菜；鲜水果	4922197
98	君源农场	新郑市君源生态农业科技有限公司	31	谷（谷类）；新鲜蔬菜	10884906
99	雁鸣湖及图	中牟雁鸣湖旅游开发有限责任公司	31	蟹（活）	3216411
100	JADEELEPHANT及图	郑州喜万年食品有限公司	31	新鲜蔬菜；鲜食用菌；食用植物根	7872604
101	第8905538号图形	郑州新农村蔬菜食品有限公司	31	树木；谷（谷类）	8905538
102	弘亿国际农业	河南省弘亿国际农业科技股份有限公司	31	鲜水果、新鲜蔬菜、草莓	10516514
103	雨泽田及图	通许县雨田种植专业合作社	31	谷（谷类）；新鲜蔬菜；植物种子	10929794
104	长生乡	偃师市长生农产品发展有限公司	31	新鲜水果，新鲜蔬菜，苹果	10640946
105	JINNUO及图	新乡市金诺饲料有限公司	31	家畜催肥熟饲料；动物催肥剂；饲养备料	9787542
106	新佑	河南新佑饲料有限公司	31	猪饲料；饲料；未加工谷种	9675054
107	博农及图	焦作市博农种子有限责任公司	31	小麦种子；大豆种子；瓜菜种子	1135583
108	永名	安阳市永富饲料有限责任公司	31	猪饲料、动物饲料、非医用饲料添加剂	4238434
109	阳光益农及图	汤阴县益农饲料有限责任公司	31	非医用饲料添加剂；饲料	5356489
110	哥仨	内黄县兴农果树栽培有限公司	31	鲜水果；桃	6751285
111	众家	河南天邦菌业股份有限公司	31	新鲜蘑菇，新鲜块菌，鲜食用菌	9103390
112	浚单	河南永优种业科技有限公司	31	小麦；玉米	4037584
113	寺河山	灵宝市园艺场	31	鲜苹果	649379
114	第10487411号图形	河南澳标有机农场发展有限公司	31	谷；活家禽；新鲜蔬菜	10487411
115	大方种业及图	河南大方种业科技有限公司	31	未加工谷物；谷种；植物种子	7709746
116	崇一	商丘市和昌饲料有限公司	31	动物饲料、猪饲料、饲料	10622351
117	奥农	河南省奥农种业有限公司	31	植物；植物种子；新鲜蔬菜	4527553
118	骄都JIAODU及图	河南省椒都种业有限公司	31	植物种子；植物种籽；辣椒	3628887
119	豫东马头YUDONGMATOU及图	宁陵县豫东牧业开发有限公司	31	活动物、活家禽、饲料	3213540
120	益农丰达及图	河南益农丰达农业科技有限公司	31	新鲜水果、新鲜蔬菜	10388966
121	萝卜哥及图	滑县萝卜哥种植农民专业合作社	31	树木、谷、植物	10301112
122	好润	河南阿凡提食品股份有限公司	32	水、无酒精果汁饮料、果汁	1647444
123	吴莱福田	新乡市吴来福饮品有限公司	32	无酒精果汁；果汁；水	6216228
124	粒汁健及图	孟州市粒汁健饮品有限公司	32	水果饮料；植物饮料；果汁饮料	6708408
125 4	名仁	焦作市明仁天然药物有限责任公司	32	苏打水；矿泉水；果汁	8348123
126	通达基泰及图	禹州市通达实业发展有限公司	32	纯净水	3800977
127	恒利康及图	南召宝天曼药业有限公司	32	无酒精饮料，植物饮料，蔬菜汁	3605013
128	鼎香	永生堂饮品股份有限公司	32	果汁、花生牛奶、花生奶	6277595
129	天宇川原	河南益多天宇饮品有限公司	32	矿泉水；纯净水	6891523
130	顿丘	濮阳市顿丘酒业有限公司	33	酒	4689756
131	久力健及图	河南省久力健酒业有限公司	33	黄酒；烧酒；酒	5334076
132	光照GUANGZHAO	郑州市光照酒业有限公司	33	黄酒	6927701
133	鹿邑LUYI及图	河南省宋河酒业股份有限公司	33	酒	117058

【h. 延续认定的食品工业河南省著名商标（161）个】

序号	注册商标	商标注册人	类别	认定商品	商标注册号
1	香都	尉氏天沁食品有限公司	29	咸蛋、豆腐制品	4808732
2	楚龍翔及图	洛河楚龙油脂食品有限公司	29	食用油、芝麻酱	4639328
3	天润真露	河南天润真露饮料有限公司	29	奶酪、牛奶饮料	6840033
4	王中王	河南华商食品有限公司	29	火腿、香肠、猪肉食品	3185808
5	第8251862号图形	卫辉市世魁清真肉制品有限责任公司	29	肉；香肠；牛肚	8251862
6	味思利	安阳市双强豆制品有限公司	29	豆腐制品、腐竹	6767481
7	安诺ANNOO	安阳市诺金食品有限责任公司	29	火腿、香肠	5453916
8	星河及图	河南省星河油脂有限公司	29	植物油	955499
9	老憨及图	濮阳县红星食品有限公司	29	加工过的瓜子	3268060
10	雪牛及图	河南雪牛集团有限公司	29	牛奶饮料、牛奶制品、酸奶	3129720
11	子晶ZIJING及图	濮阳市子晶乌鸡养殖有限公司	29	家禽、乌鸡蛋	3179645
12	道德金DAODEJIN及图	南乐县道德金农产品开发有限公司	29	肉、豆腐制品、腌制蔬菜	6871269
13	豪嘉及图	许昌世纪豪嘉食品有限公司	29	豆腐制品、腐竹	1408850
14	好好嫂子及图	许昌好嫂子食品有限公司	29	豆腐制品、腐竹、人食用蛋白质	1997983
15	溢口香	漯河市恒欣食品有限公司	29	食品用胶、果冻、食用果冻	33244949
16	乐牛及图	南阳市乐乐牛乳业有限责任公司	29	牛奶	1438753
17	娜韵XIANGYUN	商丘市乡味浓食品有限公司	29	芝麻油、食用油、酱菜	1768217
18	高星高老莊及图	河南高老庄食品有限公司	29	肉、鱼、肉罐头	7362524
19	好源及图	民权县清河源食品有限公司	29	鱼制食品、水产罐头、食用油	5900631
20	邓城及图	商水县邓城叶来食品厂	29	猪肉食品、猪肉、肉	1494342
21	长永	河南省长永油脂有限公司	29	食用油脂、芝麻油、食用油	1396820
22	豫宝乐及图	河南宝乐奶业有限公司	29	牛奶制品	1706683
23	邦杰	周口华发清真食品有限公司	29	猪肉食品、猪肉、肉	4238556
24	华英HUAYING及图	河南华英农业发展股份有限公司	29	分割鸡、分割鸭、分割鹅	903447
25	奥龙及图	信阳万富油脂有限责任公司	29	食用菜籽油、食用花生油、食用豆油	700153
26	山魂及图	商城县华报茶油有限责任公司	29	食用油	1257467
27	四方乐AIFANGLE	光山县四方植物油有限公司	29	食用油、芝麻油	7391813
28	伊思特YISITE	济源市伊思特生物科技有限公司	29	豆奶、奶茶、酸奶	6792288
29	吕运成及图	兰考县平安清真食品厂	29	肉、烧鸡	4217488
30	画寳刚HUABAOGANG及图	滑县画寳刚烧鸡有限责任公司	29	猪肉食品、死家禽	6769880
31	娃娃鱼及图	邓州市永盛油脂有限公司	29	植物油	633835
32	南湾鱼	信阳市南湾水库渔业开发有限公司	29	活鱼	5382253
33	变地金及图	河南省变地金粮油食品有限公司	30	燕麦片、八宝饭、豆类粗粉	4093349
34	蜜乐及图	河南蜜乐源养蜂专业合作社	30	蜂蜜、食用蜂胶、非医用蜂王浆	7243168
35	康加益及图	河南省益康蜂业有限公司	30	蜂蜜、食用蜂胶、非医用蜂王浆	6621898
36	嘉佳友及图	郑州市嘉嘉友饼业有限公司	30	月饼、饼干、糕点	4359195
37	豫鑫YUXIN及图	开封市六福面粉有限公司	30	面粉	1954507
38	豫林及图	洛阳洛康食品有限公司	30	醋、酱油、调味品	4285032
39	鸿磊及图	洛阳鸿磊面业有限公司	30	食用面粉、面粉、面条	6707217
40	九九龄及图	洛阳九九龄醋业保健品有限公司	30	醋、酱油、调味品	1393519
41	全福食品及图	洛阳市全福食品有限公司	30	面包、馅饼、月饼	6218979
42	维尔健	洛阳维尔健生物工程有限公司	30	非医用营养粉、非医用营养胶囊、非医用营养片	4880948
43	李大厨及图	平顶山市李大厨食品有限公司	30	调味品、辣椒粉、佐料	3234127
44	卫丰及图	卫辉市龙升面业有限公司	30	面粉	713537
45	米米佳及图	新乡市米米佳食品有限公司	30	米饼、饼干	1967132
46	俊杰JUNJIE及图	新乡市俊杰食品有限公司	30	饺子、元宵、粽子	3117807
47	五庆WUQING	焦作市五庆面业有限公司	30	食用面粉、面粉、糕点用粉	3375225
48	麦香那及图	修武县红三角粮油食品有限公司	30	面粉、方便面、饺子	174885
49	奥润及图	焦作市奥润生物工程有限公司	30	食用香料、除香精油外的调味品、调肉味汁	3892112
50	人可及图	河南鑫源生物科技有限公司	30	食用糊精、食用淀粉	1102453
51	菡香HANXAING	河南菡香生态农业专业合作社	30	米、面粉	6239384
52	劲力郎及图	河南省金米郎食品有限公司	30	锅巴、米果	4473462
53	豫竹及图	焦作市方便面厂	30	方便面	281532
54	昌逵及图	林州市昌逵面粉有限公司	30	面粉	1502164
55	中鹤ZHONGHE	河南中鹤现代农业开发集团有限公司	30	谷类制品、面条	6269909
56	百翼BAIYI	河南省百翼蜂业有限公司	30	蜂蜜	6559801
57	鹤康大山	河南省大山绿色食品有限公司	30	糖、蜂蜜、食用蜂胶	6007897
58	桃园建民	河南省桃园建民食品有限公司	30	调味品	3404645
59	安松山ANSONGSHAN及图	河南松山面业股份有限公司	30	面粉、面粉制品、糕点用粉	4351910

序号	注册商标	商标注册人	类别	认定商品	商标注册号
60	女郎山及图	卢氏县女郎山调味食品有限公司	30	调味品	3404645
61	卓宇	河南卓宇蜂业有限公司	30	蜂蜜、食用蜂胶、食用王浆	4128479
62	仙芝	许昌麦乐佳面业有限公司	30	挂面	4140260
63	龙雲及图	河南省龙云集团有限公司	30	挂面、龙须面、鸡蛋面	658169
64	功夫道	河南豪峰食品有限公司	30	糕点、糖、糖果	7317031
65	巧玲珑QIAOLINGLONG	巧巧（漯河）食品有限公司	30	虾味条、膨化土豆片、米果	1964321
66	鱼得水	河南开口笑食品有限公司	30	糕点、虾味条、膨化土豆片	4898099
67	卫龙WEILONG	漯河市平平食品有限责任公司	30	玉米花、大米花、虾味条	3864004
68	马草原及图	漯河市金成视屏有限公司	30	饼干、糕点、锅巴	6334244
69	马金成及图	漯河市金成食品有限公司	30	饼干、蛋糕、面包	4862642
70	奥逵利及图	漯河郑氏实业有限公司	30	饼干	1953191
71	小帅才及图	漯河市恒达食品工业有限公司	30	蛋糕、膨化土豆片	3099796
72	邦瑞特及图	河南邦瑞特实业有限公司	30	非医用营养液、非医用营养膏、非医用营养粉	4657301
73	界中及图	南阳界中酿造有限公司	30	醋、酱油	219187
74	群友QUNYOU及图	河南省虞城县群友食品有限公司	30	面粉、挂面、方便面	1245111
75	千家万户QIANJIAWANHU	虞城县兴旺食品有限公司	30	面粉、食用面粉、面粉制品	3171090
76	诚实人及图	河南诚实人实业集团有限责任公司	30	挂面、方便面、面粉	1698943
77	华夏百分及图	商丘市百分食品有限责任公司	30	方便面、饼干、面粉	1990348
78	神农助及图	商丘双龙粉业有限公司	30	面粉、粗面粉、食用面粉	4602911
79	庄周梦碟及图	民权县庄周面粉有限公司	30	面粉、挂面、面粉制品	5740621
80	曹春海食品及图	柘城县春海辣椒食品有限公司	30	调味品、调味料	7301406
81	白师傅及图	河南省白师傅清真食品有限公司	30	调味酱、调味品、面粉制品	4173658
82	路凯LUKAI及图	河南省路凯面业有限公司	30	食用面粉、豆类粗粉、面粉	4602911
83	秋迪及图	河南省秋迪糖业有限公司	30	冰糖、糖	826999
84	枣花及图	河南枣花面业有限公司	30	面粉、挂面、食用淀粉	7578785
85	升起及图	项城市升起食品有限公司	30	调味品、各种调味酱、豆制品	1041612
86	天豫及图	河南天豫薯业股份有限公司	30	淀粉、粉条	759571
87	永花好吃料及图	项城市永花调味品有限公司	30	鸡精、调味品、调味肉汁	4034023
88	信天下及图	周口市雪荣面粉有限公司	30	馒头、面粉、面条	544237
89	广利发及图	郸城县广东广利发饼干厂	30	饼干、糕点、面包干	1286306
90	豫桐花及图	遂平桐花面业有限公司	30	谷类制品、食用面粉、面条	5249603
91	健力源JILIYUAN	遂平健力源食品有限公司	30	面粉	6543223
92	申利达	驻马店市驿城区申利达面包房	30	面包、糕点、月饼	4404894
93	福记堂	河南福记堂食品有限公司	30	调味品	6212112
94	弋和	潢川县仁和粮油购销有限责任公司	30	谷类制品、食用面粉、面条	7762690
95	雪崖及图	潢川县裕丰粮业有限责任公司	30	糯米粉	530038
96	豫南香及图	河南忠兴粮油有限公司	30	面粉、挂面	4931049
97	HUAIHE淮河及图	河南友利粮业股份有限公司	30	大米、面粉、挂面	1663267
98	SHENLIN及图	信阳申林茶叶开发有限公司	30	茶	4424617
99	仙灵XIANLING及图	罗山县灵山茶叶有限责任公司	30	茶、茶叶代用品	3233770
100	健铭JIANMING	罗山县健民粮业有限公司	30	大米、谷类制品	5388472
101	赛山玉莲	信阳赛山云雾茶叶有限公司	30	茶	1137376
102	先福及图	河南大别山詹氏蜜蜂园有限公司	30	蜂蜜、非医用蜂王浆、花粉健身膏	4854969
103	金弟JINDI	光山县金丰园面粉加工有限责任公司	30	面粉、米、挂面	7610342
104	和林茶叶HELINCHAYE	信阳市和林茶叶有限公司	30	茶、茶叶代用品	7261630
105	豫龙及图	河南巨龙生物工程股份有限公司	30	食用葡萄糖、食用淀粉产品、食用淀粉	5524316
106	梦想及图	河南梦想食品有限公司	30	饼干、糕点、面粉	6669493
107	久友	邓州市久友面粉有限公司	30	面粉	981570
108	卢师傅LUSHIFU	河南卢师傅食品有限公司	30	月饼、糕点、面粉	6752221
109	蓼城LIAOCHENG及图	固始县富东米业有限责任公司	30	米、糯米	3219842
110	翰墨茶园	固始县翰墨茶园茶业文化有限公司	30	茶、茶叶代用品	6638834
111	顺兴莲	固始县顺兴粮油有限责任公司	30	米、面粉、大米花	3819783
112	毛庄绿园及图	郑州毛庄绿园实业有限公司	31	新鲜蔬菜	1996828
113	GROUND及图	河南广安生物科技股份有限公司	31	动物饲料	1223768
114	豫禾	河南省豫玉种业股份有限公司	31	植物种子、谷种、未加工谷种	3555411
115	豫研YUYAN及图	河南豫研种子科技有限公司	31	棉花种籽、花生种籽	1539255
116	亿万中元及图	河南亿万中元生物技术有限公司	31	饲料	1367198
117	金博士SOLDOCIOR及图	河南金博士种业股份有限公司	31	植物种籽	1955559
118	久星及图	平顶山市园艺科学研究所	31	种子	1229792
119	津思味及图	封丘县青堆树莓专业合作社	31	鲜水果、植物、籽苗	7096031
120	祥利及图	卫辉市永康生态农牧有限公司	31	新鲜蔬菜	6888220
121	畅源及图	焦作市三福饲料有限公司	31	饲料、动物饲料	4738747

序号	注册商标	商标注册人	类别	认定商品	商标注册号
122	东姚及图	林州市红旗渠东姚粮油有限公司	31	燕麦、小麦、谷类	5228489
123	永优	鹤壁市农业科学院	31	玉米种子、小麦种子	9283216
124	许科XUKE及图	河南省许科种业有限公司	31	植物种子	3015751
125	粮源农庄	河南省粮源农业发展有限公司	31	植物种子、小麦、玉米	5760212
126	河甲HEJIA及图	镇平县康苑鳖业有限责任公司	31	活甲鱼	3771061
127	黄泛区及图	河南省黄泛区农场	31	鲜水果、树木、植物	6044742
128	翔鸽岭	信阳市兴达生态农业开发有限责任公司	31	活动物、孵化蛋	8703533
129	先天下及图	河南先天下种业有限公司	31	谷种、种植种子、植物种籽	1731064
130	固始鸡	河南三高农牧股份有限公司	31	活动物、活家禽、种家禽	2016479
131	双方有情及图	开封市双方有情花生制品有限公司	31	果汁、花生牛奶、植物饮料	4048585
132	水泉石窟	洛阳市泉中泉饮品有限公司	31	水、汽水、果茶	626518
133	友趣YOUQU	封丘县友趣饮品厂	31	苏打水、无酒精饮料、植物饮料	4048585
134	天蕴泉TIANYUNQUAN	河南天蕴泉饮品有限公司	32	苏打水、矿泉水	5411183
135	琦露	鹤壁市富邦食品有限公司	32	无酒精饮料、果汁饮料	1711330
136	腊梅园	鄢陵腊梅园饮业有限公司	32	水、矿泉水、果汁	3535654
137	南街村及图	河南省南街村（集团）有限公司	32	啤酒、矿泉水	1243635
138	谷源及图	民权县谷源饮品有限公司	32	无酒精饮料、绿豆饮料、玉米饮料	3277253
139	雨瑞YURUI及图	河南新雨瑞饮品有限公司	32	矿泉水、果汁饮料、花生牛奶	3155869
140	第5594403号图形	固始金马园旅游开发有限公司	32	啤酒、无酒精饮料、矿泉水	5594403
141	第7157803号图形	郑州元亨利贞商贸有限公司	32	酒、开胃酒、酒精饮料	7157803
142	华豫及图	新乡市华豫食品有限公司	32	酒精饮料、白酒、果酒	4030111
143	百泉春	河南省百泉春酒业有限公司	33	白酒、果酒、食用酒精	1286693
144	红旗渠及图	林州红旗渠酒业有限责任公司	33	白酒	1169646
145	淇水HONGSHUI	鹤壁市淇水酒业有限公司	33	酒、米酒	7294142
146	新境界XINJINGJIE	河南省新境界酒业有限公司	33	白酒	1474410
147	豫及图	河南养生殿酒业有限公司	33	酒	629873
148	淮河源及图	桐柏淮河源酒业有限公司	33	蒸馏酒精饮料、蒸煮提取物、含酒精液体	3709783
149	南阳关	河南省南阳关酒业有限公司	33	果酒、酒	4030106
150	与君吟	河南金木瓜实业有限公司	33	果酒、烧酒、米酒	7811289
151	民权	民权九鼎葡萄酒有限公司	33	葡萄酒、果露酒、含酒精饮料	1169611
152	邑源及图	民权邑源酒业有限公司	33	葡萄酒、含酒精液体、黄酒	3709783
153	亿得利	冷谷红葡萄酒股份有限公司	33	葡萄酒、果酒	6951317
154	林河及图	河南林河酒业有限公司	33	酒	117011
155	王贡及图	河南省王贡酒业有限公司	33	酒	171358
156	汉梁王HANLAINGWANG	河南省汉梁王酒业有限公司	33	烧酒、果酒、蒸馏酒精饮料	6095090
157	万姓缘	河南省四方绿原保健品有限公司	33	果酒、开胃酒	5767851
158	兆丰恒	沈丘兆丰酒业有限公司	33	酒	634040
159	乌龍	河南五谷春酒业股份有限公司	33	酒	211380
160	鸡公山JIGONGSHAN	信阳市鸡公山酒业有限公司	33	酒	542201
161	赛仙诺三九企业集团	兰考葡萄酒业有限公司	33	葡萄酒、酒、果酒	1474553

万保建

3.15 湖北省

【a. 概况】

1. 经济运行情况

（1）生产平稳增长。全省食品行业（含烟草）运行总体保持相对平稳态势，全行业规模以上工业增加值同比增长4.1%，其中：农副食品加工、食品制造业增加值增长8.9%、9.4%；酒、饮料和精制茶制造业增加值增长10.5%；烟草行业下降14.2%。

（2）经济效益稳步提升。全行业实现主营业务收入8450亿元，同比增长7%，实现利润467.3亿元，同比增长4.8%。其中：农副食品加工业实现主营业务收入4884.8亿元，增长7.8%；食品制造业实现主营业务收入1235.5亿元，增长8.4%；酒、饮料和精制茶制造业实现主营业务收入1719.8亿元，增长5.4%；食品产业规模继续位居全省各大产业之首，稳居全国第三位。

（3）重点企业发展壮大。2016年稻花香集团实现产值510.7亿元，跃居“中国企业500强”第302位，“稻花香”品牌价值达到431.68亿元；湖北枝江酒业集团完成产值210.5亿元，入选中国民营企业500强；劲牌公司完成产值84.79亿元，同比增长11.03%，上缴税收25.01亿元，连续十年位居全国同行业第一；安琪酵母股份有限公司已成为世界最大酵母提取物制造商、世界第三大酵母制造商。

2. 深化供给侧结构性改革情况

（1）重点项目建设提速。全省食品产业围绕补短板加快项目建设。全年完成固定资产投资1532亿元，同比增长5.6%。宜昌娃哈哈饮料有限公司投资10亿元的启力食品新项目建成达产；宜昌绿源生物技术有限公司投资11亿元建设的茶产业工业园项目、湖北黄冈伊利乳业公司投资6.5亿元建设的年产万吨酸奶及乳酸菌饮料项目已进入设备安装调试阶段；白云边集团投资20亿元打造的再造一个白云边“2211”工程二期、正大食品（襄阳）有限公司投资11亿元建设年产10万吨肉质熟食项目、武汉欢乐家食品有限公司投资7.5亿元建设5万吨水果罐头生产线项目即将竣工；宜昌贝因美食品科技有限公司投资15亿元建设宜昌贝因美婴童食品产业园、黄冈康宏粮油现代农产业园投资10亿元建设日产600万吨大米制品生产线等一大批项目正在抓紧建设之中。这批重点项目的建设极大地提高了全省食品产业的竞争力。

（2）“三品”战略加快实施。全省食品工业围绕补短板加快组织实施“三品”专项行动。一是增品种。仙桃市围绕食品产业发展，不断引进企业和产品，已落户江浙顾大嫂、四川米老头、福建泡吧、广东华美等知名企业，形成了饼干、糕点、果冻、巧克力、面条、麦芽、糖果、果粒果冻、焙烤食品、中高档休闲食品和饮料等众多食品品种；二是提品质。湖北梨花村酒业公司成功引入苏酒集团（洋河股份）后，投资2.55亿元进行技术改造，提升白酒品质，形成梨花村系列高、中档酒1万吨生产能力。武汉黄鹤楼酒业公司与安徽古井贡酒业重组后，投资8.16亿元将传统名牌注入新资本和新技术，2016年武汉黄鹤楼酒业实现产值、销售、利税、职工收入4个翻一番，实现双赢。三是创品牌。仙桃市食品产业集群着力抓好品牌建设，目前旺旺、亲亲、华美、武汉黑鸭等中国驰名商标和知名品牌已达到33个，安琪、楚福、九珠、奥星、毛嘴卤鸡、沙湖皮蛋等湖北省著名商标已达到15个。

3. 创新驱动培育产业新动能情况

（1）创新驱动促企业技术进步。萧氏茶叶与宜昌人福强强联合，研发专为手术病人术能饮料项目顺利投产。鄂州市绿色农产品产业园区内的食品企业先后获批建成了省级技术研究机构6个，获授权专利12项，发明专利32项。劲牌公司自主制订并全面实施的企业标准总计3206项，其中有195项高出国家标准。该公司参与完成的“基于活性成分中药质量控制新技术及在药材和红花注射液等中的应用”项目荣获国家科技进步二等奖，“中药复方保健酒技术集成创新能力建设”项目获得湖北省科技进步二等奖。

（2）智能制造助推产业转型升级。湖北米婆婆生物科技公司是以生产系列传统米酒为主的食品企业，该公司投资2000万元完成数字化蒸饭、数字化恒温发酵、智能化杀菌冷却、智能化自动灌装生产线的升级改造，并联合三江航天集团共同研发将传统劳动密集型包装工艺改造成智能化机器人生产线，完成实现从人工包装到智能化包装的转型，开创了我省米酒行业智能化产业发展的新模式。劲牌公司利用先进的物联网、云计算与制造管理平台技术，通过对酿酒生产基地的自动化、信息化与智能化改造，将机械化生产技术和先进的自动化控制技术融合到传统白酒酿造生产工艺之中，实现传统白酒生产的高品质、高效率、低成本、低能耗。2016年劲牌公司“保健酒智能制造项目”入围2016年国家智能制造试点示范项目名单，并荣获“2016年中国食品工业智能制造试点示范企业”称号。

（3）“互联网+”创新行业营销模式。随着电子商务的蓬勃发展，良品铺子在同行业竞争越来越激烈的形势下，投资5000万建设大数据系统，打通了设计研发、生产供应、仓储物流等全产业链，销售终端的每一项数据可以实时反馈到原始供应商、研发部门及生产、物流等各个环节，数据流的聚合极大提升企业要素竞争的水平和效率，使该公司与同行业的竞争已经脱离了中低端区域，成为休闲食品行业的领军企业。仟吉食品公司投资3000多万元，建立了自己的大数据管理平台，该公司未来几年增长将提高20%以上。

【b. 存在的主要问题】

1. 行业增幅放缓

受烟草行业增长乏力影响，全省食品行业（含烟草）主营业务收入增长7%，同比放缓3.9个百分点，实现利润增长4.8%，同比放缓5.4个百分点。烟草行业工业增加值累计下】降14.2%。

2. 高品质食品有效供给不足

随着食品消费结构升级和生活方式的变化，消费者对食品的方便性、营养化和安全水平更加关注，但高品质食品供应与市场需求不相匹配。

3. 循环经济发展水平较低

食品行业副产物综合利用率不高，部分产品单位能耗、水耗和污染物排放仍然较高，节能减排压力加大。

【c.2017年全省食品产业发展趋势及预期】

当前，我国经济发展进入了“新常态”，食品产业正面临艰难的转型期，随着食品消费结构升级，食品产业发展模式从量的扩张向质的提升转变，食品产业继续保持以往的高速发展难度加大。

2017年，随着国家系列战略持续推进，食品产业发展也迎来重大机遇。《中国制造2015》全面实施，专业型、大型化、成套化、精细化、自动化和智能化的国产食品加工关键装备发展将步入快车道，食品工业智能化改造提速，生产方式柔性化、智能化、精细化转变加快，精准制造、敏捷制造能力将得到提高。“一带一路”战略全面推进，促进食品产业“走出去”和过剩产能消化，推进食品产业结构优化。“四化同步”战略的实施，在促进食品产业新型化、信息化发展的同时，进一步夯实食品产业的原料基础，促进食品产业消费需求扩大。我省食品产业区域发展将更趋协调，产业特色将更加突出。预计全省食品产业将保持平稳增长，稳中向好的态势。

省经信委

3.16 湖南省

【a. 概况】

2016 年，全省规模食品工业（不含烟草）增加值同比增长 8.4%，增速同比减少 1.5 个百分点；完成主营业务收入 5002.0 亿元，同比增长 9.9%；实现利润总额 209.6 亿元，同比增长 5.0%。2016 年，全省食品规模以上企业共有 2167 家，同比增加 294 家。全省 14 个重点子行业除水产品加工和酒的制造业外，其余 12 个重点子行业同比均保持不同程度的增长，其中：乳制品制造、罐头制造、调味品制造、果蔬加工、精制茶加工、饲料加工等 6 个子行业增速比全省食品工业平均水平高，且均实现两位数增长。全省 14 个市州规模食品工业生产均保持平稳增长，其中：娄底、常德、郴州、自治州、衡阳、永州等 6 个市州规模食品工业增加值增速超过全省平均水平，且实现两位数增长。

1. 产业集聚持续扩大

2016 年，长沙粮油乳茶、岳阳粮油茶调味品、株洲肉乳、常德粮油水产品、湘潭肉莲、邵阳酒果蔬糖、怀化粮油果蔬、永州酒油果蔬、益阳粮茶水产品等 9 个食品加工产业集群实现主营业务收入 4147.2 亿元，占全省规模食品工业主营业务收入的 82.9%。排全省前 4 位的岳阳、长沙、常德、益阳规模食品工业全年共完成主营业务收入 2941 亿元，占全省总额的 58.8%，分别实现主营业务收入 1141.3 亿元、717.7 亿元、555.7 亿元、526.3 亿元。

2. 项目建设强力推进

2016 年，全省食品行业完成工业投资 1424.3 亿元，同比增长 14.6%，其中：农副食品加工业 792.1 亿元，同比增长 16.1%；食品制造业 366.7 亿元，同比增长 10.0%；酒、饮料和精制茶制造业 265.5 亿元，同比增长 16.9%。一批食品重点项目建设强力推进，皇氏集团优氏乳业有限公司投资 5 亿元、年产 10 万吨液态奶项目建成投产，达产后预计可实现年产值 8 亿元；中粮可口可乐华中饮料有限公司总投资 2.34 亿元，在望城新建一条 800 瓶 / 分钟吹灌一体化水产品生产线，同时从湖南中粮可口可乐饮料有限公司搬迁三条汽水生产线；湖南湘典食品有限公司投资 8000 余万元建设的高标准预制菜生产线建成投产。

3. 龙头企业加快发展

重点企业兼并重组步伐加快，实力不断增强。2016 年，我省食品行业有 6 家重点企业实施了 8 宗兼并重组，其中澳优乳业以 3160 万澳元（约人民币 1.59 亿元）收购澳大利亚 NutritionCare 的业务和资产，标志着澳优乳业正式携手 NutritionCare 进入国际营养品市场；唐人神投资 4.95 亿元收购龙华农牧 90% 的股权，实现了从饲料加工到生猪养殖、肉类加工全产业链布局；湖南粮食集团兼并湖南银光粮油股份有限公司实施重组后，拟投资 15 亿元在祁阳经开区建设湘粮粮油产业园。

4. 产销对接成效显著

2016 年，中国食品餐饮博览会在长沙举办，共吸引国内外 791 家特色食品、餐饮企业参展。其中：省茶叶集团、唐人神、湘窖酒业、省粮食集团等 300 余家省内食品企业积极利用本次展会平台，加强品牌推广，扩大产品销售市场。第二届吐鲁番国际干果交易会暨 2016 年湖南—新疆（吐鲁番）产业合作对接会成功举办，我省 50 家食品企业的 400 多个产品在交易会上展示展销，并成功签约 12 个合作项目，投资金额共计 6 亿元，积极推动本省企业加快“走出去”步伐。

5. 质量安全管理加强

15 家重点食品企业参加工信部食品工业企业诚信管理体系培训班，龙牌酱业等 10 家企业通过评价，全省累计通过诚信评价企业总数达到 37 家。着力推动乳制品、食用植物油、白酒等领域重点企业产品质量安全追溯体系建设，已有澳优乳业等 20 多家骨干企业建立了产品追溯体系。

【b. 存在问题】

2016 年，湖南食品工业实现平稳健康发展，但也存在着一些问题。

1. 产业结构不够合理

代表食品工业精深加工水平的食品制造业和饮料制造业主营业务收入只占全省食品产业的 35.3%，比上年仅提高 0.7 个百分点，而农副食品加工业占 64.7%。饮料制造业增加值仅增长 4.5%，低于全省平均水平 3.9 个百分点。

2. 重点地区增长仍然乏力

岳阳、长沙两市一直是全省食品工业大市，2016 年，两市规模食品工业增加值分别只增长 3.4% 和 6.9%，分别比全省平均水平低 5.0 和 1.5 个百分点，与 2015 年比再次降低 2.7 和 0.5 个百分点。长沙市主营业务收入为零增长，对全省食品工业增速影响较大。

3. 企业产能利用率不高

受国际国内经济下滑的影响，食品销售市场持续处于低迷状态，重点企业普遍反映市场开拓难度越来越大，导致产能得不到有效发挥。部分大项目建成后因市场需求不旺等因素迟迟不能投产，有的只是季节性生产，大量车间和设备闲置。

【c. 经济指标图】

1. 各主要子行业增加值及增速完成情况

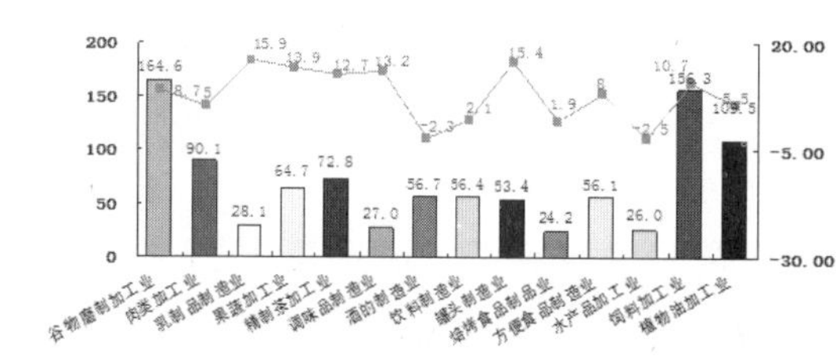

2. 各主要子行业主营业务收入及增速完成情况

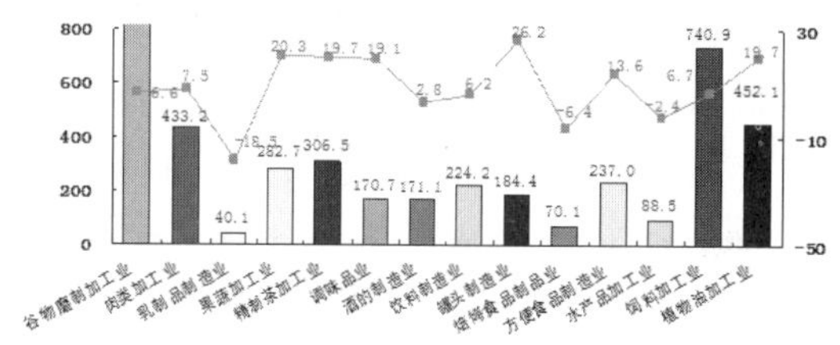

陈　赛

3.17 内蒙古自治区

【a. 概况】

1. 总产值及销售产值情况

（1）食品工业及农副食品加工业总产值：2016年，全区共有获证食品生产企业及农副食品加工企业共有3356家，保健食品生产企业19家，获证食品添加剂生产企业38家，其中规模以上食品工业企业数842家，在全部食品生产企业中所占比重为25.09%；规模以上食品工业完成工业总产值2959.36亿元，同比增长11.3%，占全区消费品工业总量的30.0%。其中，农副食品加工业1832.15亿元，增长8.1%；食品制造业770.86亿元，增长7.5%；酒、饮料和精制茶制造业356.35亿元，增长5.0%。

（2）食品工业及农副食品加工业销售产值：2812.75亿元，同比增长5.44%；其中：农副食品加工业达1778.74亿元，增长8.2%；食品制造业达711.26亿元，增长23.2%；酒、饮料和精制茶制造业达322.75亿元，增长6.4%。

2. 食用畜产品、农作物总产量及食品行业标志性产品总产量情况

（1）食用畜产品生产量。2016年，全区肉类总产量258万吨，同比增长5.4%。其中：猪肉产量达到72.1万吨，增长1.8%；牛肉产量达到55.6万吨，增长5.1%；羊肉产量达到99万吨，增长6.9%。牛奶产量734.1万吨，下降8.6%；禽蛋产量58万吨，增长2.8%。

（2）食用农作物生产量。2016年，全区粮食总产量2780.2万吨，同比下降1.7%；油料总产量225.5万吨，同比增长16.5%；甜菜总产量266.8万吨，同比增长15.9%；蔬菜产量1502.3万吨，同比增长3.9%；水果（含果用瓜）总产量316.3万吨，同比增长6.6%。

（3）食品行业标志性产品生产量。2016年，全区乳制品生产总量为336.52万吨，同比增长14.6%，其中：液体乳产量313.84万吨，同比增长16.0%。

在列入统计的35种主要食品中，有24种产品产量同比有增长，占比68.57%；其中：增长达到10%以上的有9种，占比25.71%。内蒙古自治区食品产量在全国位列前6位的是羊肉、乳制品、液体乳、乳粉、味精（谷氨酸钠）、白酒。

【b. 主要经济指标（数据）】

1.2016年内蒙古规模以上食品工业分行业产销情况

行业分类	工业总产值（亿元）	同比增长 ±%	销售产值（亿元）	同比增长 ±%
农副食品加工业	1832.16	8.1	1778.74	8.8
食品工业总计（不计烟草制品业）	763.40	7.5	711.26	4.6
酒、饮料和调味品	356.35	5.0	322.75	7.7
合计食品工业总计	2951.90	11.3	2812.75	5.44

2.2016年全国及内蒙古规模以上食品工业分行业效益

（1）

行业分类	地区	汇总企业单位数（个）	全年累计存货（亿元）	同比增长（%）	全年累计产成品（亿元）	同比增长 ±%	全年累计资产总计（亿元）	同比增长 ±%
食品工业总计	全国							
	内蒙	842	210.7	1.45	98.6	4.89	1998.9	8.21
采盐业	全国							
	内蒙	4	0.5	0	0.5	25	8.1	1.3

行业分类	地区	汇总企业单位数（个）	全年累计存货（亿元）	同比增长（%）	全年累计产成品（亿元）	同比增长±%	全年累计资产总计（亿元）	同比增长±%
农副食品加工业	全国							
	内蒙	586	102.2	9.2	52.2	4.2	740.4	8.9
食品制造业	全国							
	内蒙	134	63.6	-11.5	31.6	-3.4	971.7	7.8
酒、饮料和调味品	全国							
	内蒙	118	44.4	6.2	14.3	32.4	278.7	8.1

（2）

行业分类	地区	1-12月累计主营业务收入（亿元）	同比增长±%	1-12月累计主营业务成本（亿元）	同比增长±%	1-12月累计主营业务税金及附加（亿元）	同比增长±%	1-12月累计利润总额（亿元）	同比增长±%
食品工业总计	全国								
	内蒙	2950.3	6.47	2473.6	6.0	276.8		199.8	3.64
采盐业	全国								
	内蒙	1.5	-11.8	0.9	-18.2	0.5		0.1	0.0
农副食品加工业	全国								
	内蒙	1657.5	6.0	1443.4	6.0	127.9		86.1	2.3
食品制造业	全国								
	内蒙	988.2	7.9	786.2	5.6	105.4		96.6	11.8
酒、饮料	全国								
	内蒙	303.1	4.7	243.1	7.6	43		17.0	-23.1

3. 内蒙古食品工业主要产品产量

产品名称	计量单位	12月	同比增长%	1-12月累计	同比增长%
原盐	万吨	3.53	-44.4	148.89	-6.1
小麦粉	万吨	9.07	15.7	105.26	7.8
大米	万吨	13.44	18.2	128.40	24.0
饲料	万吨	46.36	-0.5	527.09	8.3
其中：配合饲料	万吨	16.45	0.1	157.95	7.6
混合饲料	万吨	25.65	6.3	309.41	9.4
精制食用植物油	万吨	5.31	5.2	61.21	5.2
成品糖	万吨	14.17	-0.4	72.25	5.2
鲜、冷藏肉	万吨	17.89	-6.0	176.55	-1.7
冻肉	万吨	0.41	11.9	3.20	-1.8
熟肉制品	万吨	1.41	-11.4	24.66	8.7
冷冻水产品	万吨	0.0	0.0	0.0	0.0
冷冻蔬菜	万吨	0.0	0.0	0.0	0.0
膨化食品	万吨	0.09	33.4	0.34	-54.9
焙烤松脆食品	万吨	0.05	-1.5	0.62	-2.5
糖果	万吨	0.01	-40.3	0.26	45.9
速冻食品	万吨	0.0	0.0	0.0	0.0
其中：速冻米面食品	万吨	0.0	0.0	0.0	0.0
方便面	万吨	0.0	0.0	0.0	0.0
乳制品	万吨	34.96	21.8	336.52	14.6
液体乳	万吨	31.90	19.7	313.84	16.0
固体及半固体乳制品	万吨	3.06	48.8	22.67	-1.8
其中：婴幼儿配方乳粉	万吨	0.0	0.0	0.0	0.0
其中：乳粉	万吨	1.52	9.2	13.98	-9.1
罐头	万吨	0.01	-31.0	0.15	9.8
味精（谷氨酸钠）	万吨	15.33	11.9	180.96	1.8
酱油	万吨	0.13	50.7	1.90	-37.6
食醋	万吨	0.006	0.0	0.07	0.0
营养、保健食品	万吨	0.02	0.5	0.35	2.3
冷冻饮品	万吨	0.15	29.8	12.88	12.5
食用盐	万吨	0.43	-8.0	9.21	6.1
非食用盐	万吨	0.09	-24.1	4.14	-36.2
食品添加剂	万吨	1.43	53.1	13.47	17.6
饲料添加剂	万吨	0.72	15.2	6.57	15.7
发酵酒精（折96度，商品量）	万千升	5.25	-3.3	61.52	22.6
饮料酒	万千升	12.71	5.0	176.45	1.3
其中：白酒（折65度，商品量）	万千升	6.28	7.4	75.14	8.8
啤酒	万千升	6.27	2.3	99.83	-4.1
黄酒	万千升	0.008	15.1	0.22	4.9
葡萄酒	万千升	0.023	-13.7	0.304	-4.7
白兰地	万千升	0.0	0.0	0.0	0.0
果酒及配制酒	万千升	0.0	0.0	0.0	0.0
软饮料	万吨	18.57	8.6	245.33	-10.9
其中：碳酸型饮料（汽水）	万吨	1.78	16.5	27.34	55.4
包装饮用水	万吨	4.80	11.6	91.25	-30.1
果汁和蔬菜汁类饮料	万吨	8.01	-4.2	57.25	-1.9
蛋白饮料	万吨	1.22	191.8	4.49	4.0

陶格苍

3.18 广西壮族自治区

【a. 概况】

1. 产值效益持续稳定增长

全区食品工业在满足市场需求、转变发展方式、加快产业升级的基础上,继续保持行业稳定健康增长。

2016 年，全自治区规模以上食品工业总产值 3500.87 亿元，占全区工业总产值 15.5%，比 2010 年的 1568.69 亿元增长 123.2%，年均递增约 17.4%，有力带动了农业、流通服务业及相关制造业发展，对“扩内需、曾就业、促增收、保稳定”发挥了重要的作用。

2016 年，全自治区规模以上食品工业实现利润总额 251.82 亿元，比 2010 年增长 42.6%，年均增长 7.4%。上缴税金总额 248.35 亿元，比 2010 年增长 89.5%，年均增长 13.6%。

全自治区规模以上食品工业与农林牧渔业总产值之比由 2010 年的 0.58:1 提高到 2016 年的 0.83:1，食品工业在国民经济中的支柱产业地位进一步提升。

2. 产业结构不断优化完善

全区食品工业加快转变经济发展方式、着力调整经济结构、不断提高经济增长质量和效益，经济增长趋向平稳，增长动力趋向多元，经济结构进一步优化。

食品工业企业不断发展壮大，生产集中度进一步提升。2016 年，规模以上食品工业企业 812 家，比 2011 年增加 61 家，食品工业加工与制造的比值（农副食品加工业与食品制造业以及酒、饮料和精制茶制造业、烟草制造业总产值之比）为 2.04，比 2010 年的 2.54 降低了 0.50.2011 年至 2016 年，共创广西名牌 73 个。

3. 建设投资保持快速增长

全区食品工业固定资产投资保持快速增长，建设成就明显，工业生产能力进一步提高，行业整体保持良好的发展势头。

2016 年全区食品工业完成固定资产投资 652.02 亿元，比 2010 年增长 163.9%，年均增长 10.4%。

4. 食品安全形势稳中向好

全区食品工业认真贯彻落实国家有关加强食品安全工作的精神，坚持诚信守法，自觉建设和维护良好的食品安全社会环境，维护行业形象与利益，承担起食品企业应负职责。在经济下行压力加大、增速放缓的背景下，经过全行业共同努力，实现生产平稳增长，产品合格率不断上升，食品安全保障程度逐年提升，经济与社会效益协调发展，使行业食品安全形势总体稳定并继续向好。

【b. 存在问题】

1. 转化能力不足，增值幅度偏低

全区食品工业整体加工转化能力仍然偏弱，产业结构不够合理。我区的农产品加工率偏低，2016 年，全区食品工业总产值与农业总产值的比值仅为 0.83:1，比全国比值 1.06:1 低，比发达国家的 2.0¯3.7:1 的比例相差更远。而行业结构扔以初加工为主，精深加工次之，初级加工产品居多，高附加值的深加工产品较少。农副食品加工与包括食品制造以及酒、饮料和精制茶制造、烟草制造在内的总产值之比为 2.02:1. 而物流基础设施落后，也使企业生产销售成本居高不下，制约了我区食品工业的发展。2016 年全区食品工业增加值 693.48 亿元，仅比 2010 年增长了 27.93%。此外高新技术如互联网 + 在食品行业的应用水平依然偏低，产业创新发展能力偏弱，经营机制不活，食品行业受农产品市场波动影响较深等诸多因素，使我区食品工业发展面临严峻的考验。

2. 规模企业不多，原料基地滞后

2016年，全自治区规模以上食品工业企业812家，约占食品工业企业总数的6%，绝大部分仍是属于规模以下的中小型企业。集中度依然不高。虽然中小企业对安置就业有较大贡献,但如市场内共存企业过多、过小，则行业整体技术水平和生产效率都会降低，竞争力被削弱。且容易引发过度的无序竞争，使规模企业难以迅速扩大市场占有率而形成规模效应，直接影响行业的健康发展。此外，原料基地建设滞后也是影响全区食品工业做强做大的因素，企业普遍缺乏稳定的标准化优质原料基地，由分散农业提供的原料在品种、品质、规格、数量等方面与加工要求不尽适应，致使生产受到制约。

3. 研发力量薄弱，创新能力不强

全区食品工业的科技研发投入与全国总体状况大致相同。行业的企业规模普遍较小，大多数中小型企业的资金有限，研发机构和经费投入不足人才队伍缺乏，主要从事食品生产活动。企业对研发的管理也比较薄弱，基本上仍处于技术人员自发创造型和投资驱动型相结合的模式，食品加工的关键技术难以突破。因此，研发投入不足和管理方式落后，致使食品工业技术创新不足，从而造成产品品种少、档次偏低、技术含量不高，影响和制约企业的发展。

黄永燕

3.19 重庆市

【a. 概况】

2016年是"十三五"开局之年，食品行业同全国其它行业一样也面临低迷下行，劳动力成本增高、产能过剩、市场竞争激烈等各种困难和问题。全市规模以上食品工业企业760户，实现食品工业产值1730.4亿元，同比增长12%，同比增加0.3个百分点，占全市规模以上消费品工业产值的46.4%，同比增加0.8个百分点。实现主营业务收入1649.7亿元，同比增长12.1%，税利总额253亿元，同比基本持平，其中：利润总额114.3亿元，增长10.6%。

【b. 大事记及协会工作】

3月17日，组织部分食品企业及部分协会的代表参加由市经信委召开的座谈会，听取食品企业反映的困难、诉求和问题。

3月18日，由重庆市经济和信息化委员会主办、重庆市食品工业协会承办的上市培训在金质花苑酒店举行。

3月3日—24日，组织企业前往成都参加春季糖酒会机械展览及论坛。

4月6日，为桶（瓶）装水企业办理绿色通行证。

4月11日，举办《食品检验工》、《食用调料制作工》高级技工、一、二级技师培训、评审。

5月17日，组织企业参加的由市经信委主办的"重庆市消费品行业企业'互联网+'培训会"。

6月2日–3日，市经信委领导为食品企业介绍我市食品工业"十三五"期间发展思路；市中小企业服务中心有关人员解读中小微企业转贷应急周转资金管理暂行办法及操作细则。

6月13日，组织近100家食品企业参加由市卫生计生监督局的重庆市2016年食品安全标准宣贯培训。

6月中旬，重庆市食品工业协会与市调味品协会、重庆市职业技能鉴定指导中心共同举办食品检验工、食用调料制作工三级技师、技师、高级技师培训。

6月22日上午，由重庆市经济和信息化委员会主办、在天友乳业公司乳品二厂召开食品工业企业诚信体系建设宣贯培训会。

7月4日，我市有关食品行业协会参加在重庆工商大学环境资源学院召开的食品科学与工程专业培养方案研讨会。

7月12–14日，我市有关食品协会组织50余家企业的负责人及相关人员赴上海参加2016上海国际加工包装展览会，。

7月中旬，有关食品行业协会广泛收集我市食品企业"关于制定泡卤花生地方标准的需求建议"。

8月4日，组织多家企业，参加由市经信委举办的，大龙网领导讲解利用跨境贸易平台做进出口渠道的知识，介绍了我国目前跨境电子商务交易情况，跨境电子商务交易流程等。

8月23日，召开了我市部分企业与专家科技对接会。

8月26日，举办了食品企业智能化应用与财务管控培训会。

10月18日，邀请三峡银行进行金融产品推介，介绍该行推出

的"小微快"等系列产品。

12月13日，我市召开了部分水企业负责人会议。

【c. 政策、法规】

2016年8月1日，重庆市政府办公厅以渝府发

（2016）144 号文，公布《重庆市促进食品工业发展行动计划（2016—2020）》的通知。12 月 6 日，重庆市卫计委以渝卫疾控（2016）74 号重庆市卫生和计划生育委员会关于印发《重庆市食品安全企业标准备案管理办法》的通知。4 月 1 日，重庆市卫计委发布通告，决定从 2016 年 11 月 13 日起，废止《食品安全地方标准风味水产品》（DBS50/013—2014）；同时于 2016 年 9 月 22 日起，停用大足冬菜、传统风干榨菜、榨菜调味液等三项食品安全地方标准。

【d. 主要产品产值和产量】

名称	计量单位	本月止累计
原盐	吨	511312.00
小麦粉	吨	144926.00
大米	吨	2021449.00
饲料	吨	4825029.00
精制食用植物油	吨	1528077.00
鲜、冷藏肉	吨	774882.00
熟肉制品	吨	31639.00
冷冻蔬菜	吨	24201.00
膨化食品	吨	7916.00
焙烤松脆食品	吨	7125.00
糖果	吨	68433.00
速冻食品	吨	9709.00
方便面	吨	61995.00
乳制品	吨	247393.00
罐头	吨	123489.00
味精（谷氨酸钠）	吨	68819.00
酱油	吨	92741.00
食醋	吨	2654.00
营养、保健食品	吨	434.00
冷冻饮品	吨	7216.00
食品添加剂	吨	24.00
发酵酒精（折96度，商品量）	千升	7477.00
饮料酒	千升	990637.00
软饮料	吨	2899168.00
精制茶	吨	86341.00
卷烟	万支	4404000.00

邹世云

3.20 四川省

2016年，全省工业战线干部职工全面贯彻落实中央和省委、省政府决策部署，牢固树立“五大发展理念”，坚持以“经济强省首先是产业强省，特别是工业要强”的要求为着力点，狠抓企业项目投资和重点产品开发，顺应供给侧结构性改革，促进农产品深加工业和食品工业转型升级，保持行业发展稳定在合理区间；以支持农产品深加工企业为纽带，助力全省脱贫攻坚，较好地完成了各项工作任务，为全省工业经济稳增长做出了积极贡献。

【a. 概况】

2016年，行业保持稳定发展，全省规模以上农产品加工企业3943家，累计完成工业总产值11301.78亿元，同比增长10.76%。完成销售产值10924.06亿元，同比增长11.48%，产销率为96.66%。全行业实现主营业务收入10507.3亿元，同比增长10.65%；实现利润总额668亿元，同比增长7.1%；完成利税1229.4亿元，同比增长2.42%。其中：全省规模以上饮料食品企业2299家，累计实现工业总产值7628.98亿元，同比增长10.7%；实现销售产值7336.04亿元，同比增长11.81%；产销率为96.16%。全行业实现主营业务收入7047.4亿元，同比增长10.2%；实现利润总额475.2亿元，同比增长8.25%；完成利税913.5亿元，同比增长2.03%。饮料食品工业总产值排名居全省前三位的市（州）分别是：成都市1331.08亿元，累计增长2.46%；泸州市1296.86亿元，累计增长13.4%；宜宾市980.85亿元，累计增长12.33%。工业产品供给稳定（详见下表）。

名称	计量单位	产量	累计增长%
小麦粉	万吨	185.4	3
大米	万吨	583.6	12.8
饲料	万吨	1568.5	7.3
其中：配合饲料	万吨	859.5	3.4
混合饲料	万吨	351.3	-0.4
精制食用植物油	万吨	184.4	-7.3
成品糖	万吨	0.8	-33.3
鲜、冷藏肉	万吨	278.8	-0.4
冻肉	万吨	1.2	-14.3
熟肉制品	吨	76520.3	20.9
冷冻水产品	万吨	0.5	0
冷冻蔬菜	吨	19557	-2
膨化食品	万吨	3.9	18.2
焙烤松脆食品	万吨	0.4	100
糖果	万吨	14.5	13.3
速冻食品	万吨	13	21.5
其中：速冻米面食品	万吨	1.6	0
方便面	万吨	28.6	-2.1
乳制品	万吨	123.4	21.8
液体乳	万吨	109.7	19.4
固体及半固体乳制品	万吨	13.7	45.7
其中：婴幼儿配方乳粉	万吨	0	0
其中：乳粉	万吨	0.2	0
罐头	万吨	35.6	-0.6
味精（谷氨酸钠）	万吨	4.1	-8.9
酱油	万吨	38.8	-18
食醋	万吨	34.3	8.2
营养、保健食品	万吨	0	0
冷冻饮品	万吨	26.7	6.8
食用盐	万吨	2.9	70.6
非食用盐	万吨	44.6	13.2
食品添加剂	万吨	2.7	8
饲料添加剂	万吨	1	66.7
发酵酒精（折96度，商品量）	万千升	37.8	3

名称	计量单位	产量	累计增长%
饮料酒	万千升	641.5	7.4
其中：白酒（折65度，商品量）	万千升	402.7	8.7
啤酒	万千升	232.1	5
黄酒	万千升	0	0
葡萄酒	万千升	0.2	0
白兰地	万千升	0	0
果酒及配制酒	万千升	1.2	9.1
软饮料	万吨	1372.1	-0.1
其中：碳酸型饮料（汽水）	万吨	29.6	-6.6
包装饮用水	万吨	865.1	-5.3
果汁和蔬菜汁类饮料	万吨	245.3	17.4
蛋白饮料	万吨	13.6	946.2
精制茶	万吨	13.6	6.3
卷烟	亿支	668.2	-29.4

【b. 主要工作完成情况】

1. 持续推进重点行业转型升级

（1）按照《川茶加工业转型升级实施方案》确定的工作路线,以支持精制茶加工企业生产设备自动化、清洁化、连续化和新产品工艺创新为抓手，有重点地支持了全省31家茶叶加工企业的技改和创新项目，取得了较好成效。在设备改进方面，雅安、乐山等市名优茶生产企业新引进日本、国产成套连续化生产线7条，在提高名优茶品质和生产效率的同时，进一步稳定了大宗茶产品质量，在当地形成了技术示范效应；在产品创新方面，陆续推出兰花香型绿茶和茉莉香型红茶新产品，“藏茶汉饮”浓缩提取液在华南沿海地区受到普遍欢迎；在行业发展方面，预计全年规模以上企业总产值将突破200亿元，川茶集团和龙都香茗集团的销售收入均超过10亿元。

（2）顺应供给侧结构性改革，指导和推动食品工业企业面向中高端消费需求，增加新产品供给，一些行业和企业呈现出新亮点。马铃薯主粮化战略在方便食品开发领域成功落地，光友薯业通过技术创新开发的“重庆小面”、马铃薯粉丝深受消费者喜爱，出现供不应求态势。2016年1-10月，累计实现销售收入6850.3万元；“双11”当天，“重庆小面”线上销售325.5余万元；预计全年“重庆小面”、马铃薯粉丝可实现销售收入9000余万元，利税1000余万元，2个单品成为红薯方便粉丝产品后的第二大销量产品。在乳制品行业，新希望华西乳业、菊乐食品等省内知名乳企纷纷发力国内消费增长最快的常温酸奶市场，分别取得了单品销售收入超过3亿元和9000万元的业绩。茂华食品公司坚持品质优先，成功成为上海迪士尼乐园食品供应商，销售糖果产品8800件，货值140万美元，为企业高端产品走向全球高端主题旅游市场打下了坚实基础。

（3）推动食品工业向饮食消费成品化和便利化的服务制造型转变。在中餐标准化方面，促进工厂食品和餐饮消费食品有机对接，大力支持四川王家渡食品有限公司餐饮食品工业化、标准化生产，开创了国内餐饮食品与工厂食品结合的先河。在方便食品行业，继续支持了一批速冻米面主食加工业发展项目，2016年产值将超过250亿元。继续推动预制调味品和佐餐食品品种多样化，为我省方便食品产业配套发展提供了有力支撑。

2. 持续推进产业创新发展

（1）在省委组织部领导下，成功举办食品饮料产业政产学研用协同创新研讨班。邀请中国工程院院士、国家部委专家、学者、省内高校教授和金融机构、国有企业负责人为省内重点企业、院所、协会、产业园区和主管部门等120余人进行培训，组织研讨，搭建交流平台，为我省食品饮料行业在“十三五”期间协同创新发展提供了思路，指出了路径。

（2）继续推进农产品深加工企业开展触网行动，支持企业经营形态创新。鼓励企业参加“互联网+四川制造”活动，新增8家调味品、休闲食品企业,5家精制茶企业进驻天猫、天虎云商平台，提升企业线下市场与线上渠道同质同价营销能力。同时，利用四川电信实体营业厅遍布城乡社区的优势，为企业线上线下销售、配送产品创造便利条件，使O2O模式向能带来消费者体验的M2C模式演进。

（3）引导传统食品企业开展信息化改造，经吉香居、省食研院和电子科技大学联合攻关，“基于泡菜优势微生物及其生物反应器连续自控技术示范”项目，通过省级科技成果鉴定，实现了酿造技术由经验型向数字化，人工控制稳态连续发酵转变，为“四川泡菜”行业技术创新奠定了基础。

3. 持续推进产业投资项目建设

（1）认真组织2016年四川省技术改造和淘汰落后产能专项资金中小企业农产品深加工项目征集、评审工作。共安排100个固定资产投资项目，企业总投资24.2亿元，累计支持金额5000万元。建成后预期新增销售收入44亿元，利润约5.2亿元，税金约2.1亿元。

（2）推动各地食品饮料产业重大投资项目建设，指导有关市（州）工业主管部门跟踪服务好重大投资项目进展。成都市推进食品产业39个重大工业项目加快建设，总投资130.93亿元；其中2016年计划投资33.10亿元，已完成投资30.70亿元，完成年度计划92.7%；10个计划竣工投产项目已竣工投产4个。遂宁市引进的喜之郎食品有限公司、四川珠穆朗玛食品有限责任公司、福建中绿（遂宁）蓬溪西南生产基地等3个重大产业项目已形成实物投资量超过13亿元。

4. 认真完成特色行业调查研究

根据省政府、委领导安排，先后对核桃深加工业、茶叶产业、金川雪梨和牦牛产业开发工作进行了专题调研。期间，先后多次邀请行业专家、市（州）主管部门同志开会研讨，共议发展形势，共商后续工作举措，形成专题调研报告4个，提出了切实可行的建议、措施供领导参考决策。同时，根据调研期间发现的行业亮点和优势企业项目进行了现场指导，并拟作为2017年项目储备，积极支持上述企业尽快做大做强，形成行业领军骨干，有力有效地落实好领导交办的任务。

5. 持续支持企业开拓市场

（1）围绕农产品进城入市主题，召开食品工业企业开拓市场工作座谈会，现场组织流通协会、食品工业企业和大型商贸企业开展业务对接，促进我省加工食品更好地走近省内城乡消费市场。

（2）鼓励我省食品工业企业“走出去”。借助中国－白俄罗斯元首协议成果，组织40余家有走出去愿望的企业参加中－白工业园招商推介会，让我省食品企业有更多机会分享“一带一路”早收成果带来的发展机遇和政策红利，在沿线发展中国家中寻得商机。

（3）依托国内品牌展览展销活动，以展促销，以展促交流合作。全年共参加全国性、区域性和外向型农产品加工、食品工业类展会3次，组织98家食品工业企业参加第四届东亚食品博览会、34家企业参加第十九届中国国际农产品加工业贸易洽谈会和30家企业参加2016年中国海南国际热带农产品冬季交易会。在“中国农洽会”上，我省参会企业共取得现场交易额96万元，签订订单金额1385万元，达成意向性合作11个、合同金额1560万元。积极鼓励全省茶叶加工企业参加第五届中国（四川）国际茶业博览会，省内240多家规模以上企业参展，总成交10.15亿元。

6. 持续做好食品安全工作

围绕提品质，鼓励和引导食品饮料企业加强质量安全保障能力建设，利用现有资金渠道支持企业冷链发展项目和国家食品质量安全检验检测示范中心建设。省轻工院、省食研院分别完成企业、政府委托检测18600和3800批次，培训企业质检人员115和77人。在宜宾市组织开展了2016年全国食品安全宣传周四川省经信系统主题日活动，对白酒行业80家企业负责人和宜宾、自贡、泸州市主管部门同志进行了诚信管理体系（CMS）建设培训。

庄　艳

3.21 贵州省

【a. 概况】

2016年是中国经济结构深度调整的一年、“十三五”的开局之年，也是社会深刻变革的一年，供给侧结构性改革引领着中国经济的前进方向。在经济发展新常态下，全省食品工业继续发挥国民经济支柱产业的作用，努力完成中央提出的“去产能、去库存、去杠杆、降成本、补短板”5大任务，着力加强供给侧结构性改革，着力提高供给体系质量和效率，加大创新力度，加快转型升级，保持平稳健康发展。党的十八大和十八届三中、四中、五中、六中全会以来，在省委省政府的领导下，随着全面深化改革工作的深入，全省食品工业及食品企业面对错综复杂的宏观经济形势，坚持以制约行业发展的最突出问题为切入口，着力破解影响发展的体制机制障碍，以改革创新促发展、保稳定、惠民生；凝聚行业智慧，逆境崛起；加强企业间的沟通与合作，共享行业资源，共推发展；取得了省食品工业的新发展，实现“十三五”开门红。

1. 食品工业经济运行情况

2016年，全省食品工业保持了健康发展，“稳中有进”

持续增长，产业结构不断优化，效益继续改善，投资规模扩大，价格低位平稳运行，主要经济指标有不同程度提高，食品工业为保障人民生活，拉动消费增长，促进经济发展继续发挥着重要的支柱产业作用。

2. 基本情况

2016年，全省规模以上食品工业总产值完成2081.04亿元，同比增长14.1%；实现工业增加值1229.39亿元，同比增长7.5%，；主营业务收入1771.70亿元，同比增长15.3%；全行业实现利润349.60亿元，同比增长7.3%；上缴税收388.50亿元，同比增长4.0%。

（2）各产业情况：

①农副食品加工业总产值完成工业总产值414.69亿元，同比增长20.5%；工业增加值完成75.64亿元，同比增长19.4%；主营业务收入完成362亿元，同比增长27.41%；实现利润14.60亿元，同比增长36.45%；上缴税收5.1亿元，同比增长21.43%；

②食品制造业完成工业总产值205.11亿元，同比增长24.35%；工业增加值完成57.08亿元，同比增长67.71%；主营业务收入完成163.亿元，同比增长18.72%；实现利润17.3亿元，同比下降1.11%；上缴税收6.00亿元，同比下降3.23%。

③酒、饮料和精制茶制造业完成工业总产值1126.82亿元，同比增长22.42%；工业增加值完成815.09亿元，同比增长13.83%；主营业务收入完成903.70亿元，同比增长27.62%；实现利润289.00亿元，同比增长12.85%；；上缴税收156.10亿元，同比增长34.34%。其中：酒的制造完成工业总产值884.25亿元，同比增长16.76%；工业增加值完成815.09亿元，同比增长22.94%；主营业务收入完成691.00亿元，同比增长22.65%；实现利润268.3亿元，同比增长11.61%；上缴税收149.10亿元，同比增长35.91%。

④烟草制品业完成工业总产值334.42亿元，同比下降9.83%；工业增加值完成281.58亿元，同比下降7.90%；完成主营业务收入343,00亿元，同比下降9.42%；实现利润28.70亿元，同比下降35.89%；上缴税收221.30亿元，同比下降11.07%。

2. 全省食品工业经济运行解析

（1）全省规模以上食品工业完成工业总产值占全省规模以上工业总产值的16.65%。其中：农副食品加工业完成的工业总产值占全省规模以上工业总产值的3.32%；食品制造业完成的工业总产值占全省规模以上工业总产值的1.64%；酒、饮料和精制茶制造业完成的工业总产值占全省规模以上工业总产值的9.01%；烟草制品业完成的工业总产值占全省规模以上工业总产值的2.68%。由于，受国家控烟政策和国家烟草专卖局下调生产计划影响，下行压力较大，主要指标持续下降。

（2）全省规模以上食品工业完成工业增加值占全省规模以上工业增加值的31.52%。其中：农副食品加工业完成的工业增加值占全省规模以上工业增加值的1.94%；食品制造业完成的工业增加值占全省规模以上工业增加值的1.46%；酒、饮料和精制茶制造业完成的工业增加值占全省预计规模以上工业增加值的20.90%；烟草制品业完成的工业增加值占全省规模以上工业增加值的7.22%。

（3）全省规模以上食品工业企业到2016年底为876家，占全省规模以上工业企业的17.52%，新增202家，同比增长29.98%，是历年之最。其中：农副食品加工业322家，新增65家；食品制造业128家，新增37家；酒、饮料和精制茶制造业424家，新增100家。2011年即十二五开局之年，全省规模以上食品工业企业也只有267家，2016年比2011年净增609家，增长228%，年均增加121.8家。2016年全省规模以上食品工业企业平均每家完成工业总产值2.38亿元。

（4）在供给侧结构性改革引领下，全省食品生产企业面对市场需求，提高供给质量，努力生产适销对路的产品，主要产品产量同比有大幅增长，其中：大米增长13.10%；精制食用植物油增长9.90%；酱油增长64.80%；味精增长44.90%；食醋增长17.90%；熟肉制品增长49.2%；乳制品增长29.2%；果汁和蔬菜类饮料增长26.7.9%；蛋白饮料增长25.7%；罐头增长14.5%；糖果增长10.3%；饮料酒增长6.90%，其中：白酒增长10.50%，啤酒产量首次突破100万吨，葡萄酒与果酒及配制酒由于基数低，分别增长125.3%和69.1%；软饮料增长37.70%（包装饮用水增长37.80%，精制茶增长20.80%）。

3. 全省食品工业经济运行特点

（1）酒产业优势继续放大

全省酒的制造2016年的工业总产值占到全省食品工业工业总产值的42.49%。其中：白酒产量49.01万千升，同比增长10.5%。全年全国白酒产量1358.36万千升，我省占其中3.61%，在全国主要产酒大省中，增幅超两位数。

（2）部分行业和产品增长较快

2016年，全省粮油加工业产值突破800亿元，3大主要产品均有不同幅度的增长。全省粮食系统购进粮食573万吨，销售粮食448万吨，地方储备库存130万吨。全省粮油加工业产值突破800亿元，薏苡仁、荞麦等特色粮油产业发展提速，薏仁米产量105858.91吨，供给侧结构性改革取得进展。同时还引入大批外商参与贵州粮油经济开发，有效扩大贵州省粮食产业规模。近年来，贵州省各地利用山绿、天蓝、水清、地洁等生态优势，大力发展特色粮油产业，抓好订单粮食生产。红稻、黑稻、紫稻、糯稻、酿酒高粱、油茶籽等绿色优质粮油产品消费需求旺盛。同时，推进主食产业化发展，加快开发具有保健养生功能的荞麦面（粉）、薏仁面（粉）、山药面（粉）、土豆面（粉）等产品，加大宣传推广符合质量安全要求的放心米粉、放心馒头等主食品，以及学生午餐、旅游快餐、家庭早餐等主食经营品种，不断满足民生需求。调味品中的主打产品—酱油，我省的产量从2015年的31879.20吨猛增到2016年的52729吨，增幅达64.8%。

（3）辣椒制品首次出现下滑

经历了近二十年来的正增长，辣椒制品产量2016年增幅为–2.5%。以老干妈为代表的我省辣椒制品是我省食品工业中的大宗和强项产品，在国内外均有较强的市场竞争力，同时也成为国内同类产品生产企业的赶超对象。作为调味品的辣椒制品，市场需求逐年

有所增长，而没有明显的周期性、季节性特点，只是由于不同区域嗜辣水平、饮食习惯的不同，对辣椒制品品种类及辣度的需求会有所不同，呈现出一定的稳定性。近年来的我省辣椒产业的红利已被逐步吃净，需要新的产业扶持政策出台，同时要加大创新力度，积极研发市场需要的新产品，增大市场宣传力度。

（4）食品工业投资持续增长

2016年，全省规模以上（500万元）工业投资完成3076.5亿元，总体保持平稳，工业投资增速同比增长12%，项目建设取得积极进展，食品工业投资增长最快，同比增长66.6%。烟酒的投入也呈正增长，其中烟草制品业由于国家调减计划原因，工业投资较少。亿元以上的重点投资项目中，食品工业项目占到9.4%。在全省重点调度的23个总投资57亿元的食品项目，已投产19个项目，投产率为82.6%。

（5）关于农副食品加工业

农副食品加工业属于食品工业中物理性加工的基础产业，主要包括谷物磨制、饲料加工、食用植物油加工、制糖、屠宰及肉制品加工和副产品加工、蔬菜、水果和坚果加工等行业。这些行业历来是我省食品工业中的薄弱环节，2016年取得了长足的进步，其规模以上企业数、工业总产值、工业增加值、主营业务收入、利润总额、税金总额等主要经济指标同比均实现两位数的增长，分别是25.91%、20.5%、19.4%、21.9%、28.1%和13.3%，为历年之最。

（6）关于食品制造业

食品制造业属于食品工业中的技术含量高、资金密度大、产出效益好的关键产业，是我省食品工业中弱项产业，在全省食品工业总产值中占比不超过10%。主要包括烘烤食品制造；糕点、面包制造；饼干及其它焙烤食品制造；糖果巧克力蜜饯制造；方便食品制造；米、面制品制造；速冻食品制造；液体乳及乳制品制造；罐头制造；发酵品调味品制造；营养、保健食品制造和食品及饲料添加剂制造等。2016年，规模以上企业数、工业总产值、工业增加值、主营业务收入等项经济指标同比均实现两位数的增长，分别是40.65%、21.3%、13.2%、15.4%。而利润总额、税金总额同比反而出现负增长，分别是-1.1%、-6.3%，呈现产出增长与效益增长的不同步。

（7）白酒去库存显现

自2015年来，我省不少白酒生产企业均未投料或少投料，生产基本处于停滞状态，经济指标反映白酒产量增长从2011年的47.57%下降到2016年的10.5%，主营业务收入、利润总额、税金总额却较大幅度的增长。这是另一种产值与效益的不同步，生产减少销售增加，它反映出企业在积极调整生产结构，面向市场，逐步消化库存产品，产业调整在进行中。这种现象将会加大白酒生产企业的整合重组力度，品牌效应、经济效益趋向大中企业。

4. 食品安全形势

2016年，在省委省政府的领导下，政府各部门和行业协会加大了食品安全的监管、宣传和食品安全生产的力度，全省共开展食品抽检20636批次，覆盖了全省所有的县（市、区）和全部食品类别，抽检量较2015年增长16.09%。省级抽检合格率为97.85%，较2015年上升2.94%；国家对我省抽检合格率为99.4%，居全国上游。贵州省食品安全形势总体稳定趋好。

【b. 大事记】

1月9日，中国食协白酒专业委员会成立30周年座谈会。

1月11日，中国食协白酒专业委员会组织相关省市食品工业协会领导、行业专家及白酒骨干企业代表认真评选的”1985-2015中国白酒历史杰出贡献人物”和”1985-2015中国白酒历史标志性产品”新鲜出炉，茅台酒荣获”1985-2015中国白酒历史标志性产品”袁仁国、季克良荣获”中国白酒历史杰出贡献人物”称号

1月15日，贵州省食品工业协会与贵州省大数据交易所有限责任公司签订战略合作协议，充分利用大数交易平台，促进全省食品行业的发展。

1月16日，2016中国（贵州）首届食品安全高峰

论坛在贵阳举行。

1 月 23 日，由贵州省食品工业协会主办，贵州梓铭会展公司承办的 2016 年中国（贵阳）新春年货博览会开幕。

2 月 28 日，根据国家质检总局 2016 年第 10 号公告，我省六盘水市水城县茶叶发展有限公司、水城县姜业发展有限公司、贵州天刺力食品科技有限公司、盘县四格坡上马铃薯协会、贵州仙农园绿色食品有限公司、水城县满全农业开发有限公司等 6 家企业获批使用国家地理标志保护产品专用标志。

2 月 29 日，我省最大的猕猴桃加工项目在钟山经济开发区开工建设。带项目为猕猴桃酒饮料生产及深加工项目，用地约 50 亩，总投资 12000 万元，2016 年计划投资 6000 万元，建设工期两年，主要以生产猕猴桃酒、饮料及猕猴桃深加工系列产品为主。

3 月 02 日，贵州省政府食品安全办组织召开 2016 年食品安全形势分析会。

3 月 22 日，依据“国务院关于印发深化标准化工作改革方案的通知（国发 {2015}13 号）”和国家质检总局、国家标准委“关于培育和发展团体标准的指导意见”及贵州省视力技术监督局的授权，为更好的培育和发展贵州省食品工业协会团体标准，协会秘书长会议通过，成立贵州省食品工业协会团体标准领导小组，负责贵州省食品行业团体标准的立项、制定和发布。领导小组由吕云怀等 11 人组成，贵州省食品工业协会团体标准领导小组吕云怀同志任组长，杨世尧、王遵同志任副组长。

4 月 14 日，英国著名品牌评估机构 BrandFinance 权威发布”2016 全球烈酒品牌价值 50 强”排行榜，中国白酒品牌”茅台”以 57.71 亿美元价值排名榜首。

4 月 20 日，2016 中国·贵州国际茶文化节暨茶产业博览会开幕式在遵义市湄潭县茶博会展中心举行。

4 月 25 日，由贵州省食品工业协会承办的第十二届中国粽子文化节在贵阳举行。

5 月 10 日，由贵州省人民政府主办，中国酒业协会、遵义市人民政府、贵州茅台集团承办。以”融合创新发展共赢”为主题的”世界名酒高峰论坛”在贵州茅台集团国际会议中心举行。

5 月 15 日，贵州省食品工业协会发布《油辣椒加工技术规程》、《素辣椒加工技术规程》、《贵州辣椒面加工技术规程》、《糍粑辣椒加工技术规程》、《香酥辣椒加工技术规程》、《鲊辣椒加工技术规程》、《辣椒制品企业检验基本要求》7 个团体标准。

5 月 23 日，教育部向贵州省人民政府发函，同意设立由茅台集团举办的茅台学院。茅台学院系本科层次非营利性民办应用型高等学校，由贵州省领导和管理。

6 月 13 日，主题为“尚德守法共治共享食品安全”的贵州省 2016 年全国食品安全宣传周活动启动仪式在贵阳市举行。

6 月 14 日，中国金融租赁有限公司副总裁汤云柯率团来遵义市考察，与仁怀市市政府签订战略合作协议，在未来 5 年内，公司将对酱香白酒产业提供 200 亿元贷款。

6 月 27 日，由贵州省人力资源和社会保障厅授权的 2016 年贵州省食品行业技术职务评审工作启动。

7 月 05 日，贵州省第七届白酒评委考评培训开班。

7 月 12 日，2016“多彩贵州风、黔酒中国行”宣传推介活动在兰州市宁卧庄宾馆举办。

7 月 25 日，2016“多彩贵州风 黔酒中国行”宣传推介活动在陕西省西安国际会议中心曲江宾馆隆重举行。

7 月 27 日，贵州省食品工业协会组织相关食品专家，参加贵州省 2015 年贵州省名牌产品评审。

8 月 13 日，第二届黄果树国际啤酒节在安顺举行开城式。

8 月 14 日，贵州省参加第八届国家白酒评委考评考前培训开班。

8 月 19 日，贵州省食品工业协会发布《食用油中辣椒素及二氢辣椒碱的测定液相色谱－质谱联用法》、《辣椒及辣椒制品中辣椒素和二氢辣椒碱的测定高效液相色谱－荧光检测法》2 个辣椒素检测方法的团体

标准。

9 月 07 日，贵州省食品工业协会参与编纂，中国食品工业协会副会长、贵州省食品工业协会会长庹文昇作序的《贵州白酒百科全书》出版。

9 月 08 日，“贵州省食品工业协会首届酱酒发展座谈会”在贵阳隆重召开。

9 月 09 日，2016 年中国（贵州）国际酒类博览会将在贵阳市国际会议展览中心举行。

9 月 11 日，贵州茅台集团首次成为东博会战略合作伙伴亮相南宁会展中心。

9 月 19 日，贵州省第七届白酒评委会组建。

9 月 22 日，“毛尖茶城·名品博览”暨第十届都匀毛尖茶文化节将与都匀毛尖（国际）茶人会在都匀毛尖茶城同步举行。

9 月 23 日，贵州省第三届粮油精品展示交易会在凯里市民族风情园会展中心盛大开幕。

10 月 10 日，贵州省政府办公厅发布《贵州省推动白酒行业供给侧结构性改革促进产业转型升级的实施意见》。

11 月 19 日，首届贵州（铜仁）国际天然饮用水博览会在铜仁民族风情园隆重开幕。

11 月 27 日，贵州茅台酒厂（集团）获得 2016 中国食品企业社会责任金鼎奖。

12 月 07 日，在海口召开的 2016 年中国粮油“百强”企业年会暨“一带一路”粮油论坛会上，贵州鑫龙食品开发有限公司荣获全国杂粮加工“十强”企业称号。

12 月 26 日，

贵州省食品工业协会七届三次理事会在贵阳市召开。

12 月 30 日，贵州省食品安全地方标准审评委员会审查通过。

【c. 政策、法规】

2016 年，为了促进贵州食品工业的持续有效发展，加强食品安全的监管工作，根据国家相关食品法律法规的规定，贵州省食品药品监督管理局发布了如下政策和地方性法规：

1.《贵州省白酒生产加工小作坊监督管理规定（试行）》（黔食药监食生发〔2015〕393 号）2016.01.01 实施

2.《贵州省食品经营许可审查细则（试行）》（黔食药监发 [2016]2 号）

3.《贵州省食品经营许可实施办法（试行）》（黔食药监发 [2016]3 号）

4.《关于加强退市食品监管的指导意见》贵州省食品药品监督管理局 2016 年 6 月 17 日

5.《贵州省食品药品监督管理局关于进一步加强散装食用油监督管理工作的指导意见》（黔食药监食流发 2015〕432 号）

【d. 主要经济指标】

指标 行业	企业单位数（个）	工业总产值		工业增加值		主营业务收入		利润总额		税金总额	
		绝对数（亿元）	现价增速（%）	绝对数（亿元）	可比价增速（%）	绝对数（亿元）	现价增速（%）	绝对数（亿元）	现价增速（%）	绝对数（亿元）	现价增速（%）
食品工业合计	876	2081.04	14.1	1229.39	7.5	1771.70	15.3	349.60	7.3	388.50	4.0
农副食品加工业	322	414.69	20.5	75.64	19.4	362.00	21.9	14.60	28.1	5.10	13.3
食品制造业	128	205.11	21.3	57.08	13.2	163.00	15.4	17.30	-1.1	6.00	-6.3
酒、饮料和精制茶制造业	424	1126.82	19.5	815.09	12.8	903.70	24.9	289.00	12.1	156.10	33.6
酒的制造	161	884.25	16.3	734.99	11.6	691.00	22.3	268.30	11.4	149.10	36.9
烟草制品业	2	334.42	-9.0	281.58	-8.9	343.00	-8	28.7	-26.4	221.30	-10.0

注: 2000 万元以上规模企业（贵州省统计局提供）。

【e. 产品的产量】

名　称	计量单位	产量	累计增长%
小麦粉	吨	29171.00	2.0
大米	万吨	128.42	13.1
薏仁米（新增产品）	吨	105858.91	30.8
精制食用植物油	万吨	46.75	9.9
成品糖	吨	81174.07	-3.7
熟肉制品	吨	12886.98	49.2
冷冻蔬菜	吨	28638.16	0.0
膨化食品	吨	1960.00	129.7
焙烤松脆食品	吨	23773.00	17.0
糖果	吨	55036.26	10.3

名　称	计量单位	产量	累计增长%
方便食品(新增产品)	吨	63501.89	-1.2
方便面	吨	15327.00	36.6
乳制品	吨	105745.00	29.2
液体乳	吨	105745.00	29.2
罐头	吨	29897.87	14.5
味精（谷氨酸钠）	吨	2034.94	44.9
酱油	吨	52729.00	64.8
食醋	吨	13293.50	17.9
辣椒制品(新增产品)	吨	561889.92	-2.5
发酵酒精（折96度，商品量）	千升	0.00	0.0
饮料酒	万千升	152.79	6.9
其中：白酒（折65度，商品量）	万千升	49.01	10.5
啤酒	万千升	100.37	4.1
黄酒	千升	397.43	22.5
葡萄酒	千升	3350.58	125.3
果酒及配制酒	千升	4365.90	69.1
软饮料	万吨	768.60	37.7
其中：碳酸型饮料（汽水）	吨	43170.00	-8.5
包装饮用水	万吨	637.31	37.8
果汁和蔬菜汁类饮料	万吨	59.07	26.7
蛋白饮料	万吨	49.89	25.7
精制茶	吨	29646.00	20.8

注：按2000万以上规模企业统计（数据来源：贵州省统计局、中国知网）。

【f. 先进企业和名优产品】

1.2016年先进企业

（1）2016年贵州省“省长质量奖”

贵州茅台酒股份有限公司

（2）2016年贵州省五一劳动奖状（单位）

贵州茅台酒销售有限公司

（3）2016年贵州省工人先锋号（班组）

贵州勤邦食品安全科学技术有限公司技术中心

贵州阳春白雪茶业有限公司手工茶车间

六枝特区宜枝魔芋生物科技有限公司鲜魔芋烘干车间

贵州中烟工业有限责任公司毕节卷烟厂二车间

德江县兴农米业有限责任公司生产车间

贵州烟叶复烤有限责任公司湄潭复烤厂生产科周书远劳模创新工作室

贵州茅台酒股份有限公司酒库车间小型勾兑室

（4）2016年贵州省优秀质量管理奖

茅台股份公司技术中心菁华QC小组荣获“2016年贵州省优秀质量管理小组特等奖”

茅台股份公司制酒十五车间天成QC小组、勾贮车间腾飞QC小组荣获“2016年贵州省优秀质量管理小组”称号。

（5）2016全国食品工业质量竞争力卓越企业

贵州牛来香实业有限公司

贵州飞龙雨绿色实业有限公司

贵州旭阳食品（集团）有限公司

贵州茅台酒厂（集团）习酒有限责任公司

贵州鸭溪酒业有限公司

2. 名优产品

2016年贵州省名牌产品

序号	单位名称	商标	产品名称	规格型号
1	安顺经济技术开发区睿帝味业有限公司	睿帝	鸡精	（40克、80克、200克、400克）/袋
2	贵州安顺春来茶业有限公司	正维	绿茶	特级、一级、二级、三级
3	贵州高原颂食品有限公司	高原颂	风干牛肉	45g、88g、206g、208g、250g
4	贵州牛来香实业有限公司	牛来香	卤汁牛肉	60g～600g
5	贵州牛来香实业有限公司	牛来香	牛肉干	12g～500g
6	贵州鑫龙食品开发有限公司	会发	薏仁米	0.5～25kg/袋（盒）
7	镇宁禾馨食品有限公司	骏马牌	镇宁波波糖	118g～506g
8	毕节市富雄食品有限公司	富雄	食醋	438ml/袋、500ml/瓶、800ml/壶、1000ml/壶、2000ml/壶
9	大方县琼芳食品开发有限公司	琼芳	豆豉粑	500g×21坨/箱，350g×28坨/箱，200g×56坨/箱
10	贵州毕节恒有农产品开发有限责任公司	黔乡粹	毕节白蒜（大蒜）	10kg/袋、25kg/袋
11	贵州毕节恒有农产品开发有限责任公司	黔乡粹	竹荪	30g/袋、100g/盒、250g/盒
12	贵州奢香野生源食品饮料有限公司	美茹奢香	雪莲果汁饮料	500ml×15瓶/件、310ml×24罐/件
13	贵州省毕节绿色畜牧科技开发有限责任公司	陈二平	豆豉粑辣椒	100g/袋
14	贵州省金沙县贵奇酒厂	回沙老酱	白酒	酱香型，（49%voL、51%voL、52%voL），（100ml～500ml/瓶）
15	纳雍县百兴镇白泥屯特色产品有限公司	白泥屯	挂面	500g/把、800g/把、1kg/把、1.8kg/把2kg/把、2.5kg/箱、4kg/箱、5kg/箱

序号	单位名称	商标	产品名称	规格型号
16	黔西县精好徕食品有限公司	精好徕	挂面	1kg～6kg/盒、1.8kg～2kg/袋、0.8kg～2.5kg/把
17	黔西县绿原食品开发有限公司	金刺维	刺梨果干	50g/盒，130g/盒，200g盒/，100g/瓶，150g/瓶，200g/瓶
18	贵阳三联乳业有限公司	山花	酸奶	（草莓酸奶），200g/袋
19	贵阳三联乳业有限公司	山花	1953酸牛奶	200g/袋
20	贵阳三联乳业有限公司	山花	核桃牛奶	250ml/盒
21	贵州贵茶有限公司	绿宝石	绿茶	特级/一级
22	贵州开阳南江现代农业发展有限公司	欢祥	鸡蛋	30枚/盒、360个/箱
23	贵州赖永初酒业有限公司	赖永初	白酒	酱香型，53%vol，500ml
24	贵州赖永初酒业有限公司	恒兴烧坊	白酒	酱香型，53%vol，500ml
25	贵州赖永初酒业有限公司	赖恒	白酒	酱香型，53%vol，500ml
26	贵州老干爹食品有限公司	老干爹	油制辣椒	160g～300g/瓶
27	贵州泉铁松水业有限责任公司	铁松	贵州泉饮用泉水	桶装、瓶装
28	贵州三金圣果绿色食品有限责任公司	六广河	猕猴桃果汁饮料	280ml/瓶
29	贵州省开阳南贡河富硒茶业有限公司	南贡河	滢珠茶	特级、一级，（50～500）g/袋（盒、条）
30	贵州乡下妹食品有限公司	乡下妹	水豆豉	210g～1000g/瓶
31	贵州乡下妹食品有限公司	乡下妹	酸汤	200g～5000g/瓶
32	贵阳黔禾米业有限公司	黔禾	大米	一级、二级
33	贵州天刺力食品科技有限责任公司	天刺力	刺梨果脯	85g/袋，120g/袋，100g/盒，600g/提
34	贵州魏老妈食品有限公司	魏老妈	特色煳辣椒	100g/袋、240g/袋
35	贵州新乌蒙竹竹根水有限公司	乌蒙	竹根水	330ml、590ml、310ml、518ml瓶装，18.9L桶装
36	贵州信友实业有限公司核桃乳厂	信友	核桃乳	235ml、240ml、250ml
37	六盘水美味园食品有限公司	美味园	糟辣椒	480g、1.15kg
38	六枝特区月亮河有机农业专业合作社	月亮河	有机大米	1kg、5kg
39	盘县淤泥岩博农民养殖专业合作社	岩博养殖	绿壳鸡蛋	12枚/盒，15枚/盒，36枚/盒，48枚/盒，45枚/盒，100枚/箱。
40	水城姜业发展有限公司	姜太公	老姜汤	12包×10g
41	水城天瑞食品有限公司	福药	挂面	800g、900g、1.5kg、2.0kg2.5kg
42	水城县鸿源农业开发有限责任公司	黔宏	红心猕猴桃	特级、一级（5kg/盒、16个/盒）
43	贵州黎平县裕丰米业有限公司	刘红立	大米	25kg/袋10kg/袋
44	贵州青酒厂	青溪	洞藏青酒	酱香型，53%vol，500ml
45	贵州青酒厂	青溪	洞藏五星青酒	浓香型，52%vol，500ml
46	麻江县睿林蓝莓有限公司	白竹林	麻江蓝莓	125g×6/盒
47	黔东南佳味源食品有限公司	佳味源	米粉	800g
48	镇远县名城食品厂	冯三毛	柴火腊肉	380g/盒、500g/盒、1.0kg/盒、2.0kg/盒
49	贵州省榕江县粒粒米业有限公司	侗粮	锡利贡米	0.5kg×4合、0.5kg×8合、5kg、10kg
50	贵州省黎平县侗乡米业有限公司		大米	5kg、10kg、25kg
51	都匀市高寨水库茶场有限公司	摆忙高寨	都匀毛尖茶	特级、一级，50g～500g/（条、盒、袋装）
52	都匀市螺丝壳河头茶叶农民专业合作社	明黔	都匀毛尖茶	珍品、特级、一级、二级
53	都匀市匀山茶叶有限责任公司	匀山	都匀毛尖茶	特级(50g、100g、150g、200g、250g、500g)，珍品300g
54	都匀市匀山茶叶有限责任公司	匀山红韵	红茶	珍品(50g)、特级(100g)、一级(150g)、二级(200g)、三级(250g)
55	贵州都匀市酒厂有限责任公司	匀	白酒	匀香型，(38%vol、45%vol、50%vol)，500ml/瓶
56	贵州金晨农产品开发有限公司	金晨	米粉	1kg/袋、2kg/袋
57	贵州龙里县邓氏食品有限责任公司		鸡辣椒	35g～900g
58	贵州省广顺凉水井酒厂		天然饮用泉水	18.9L/桶、11.3L/桶、7.5L/桶
59	贵州省瓮安县阿乡食品有限责任公司		黄粑	38g/个、50g/个、200g/袋、380g/袋、400g/袋、600g/袋
60	贵州省瓮安县猴场左氏食品有限责任公司左氏食品		松花皮蛋	1×20枚、1×8枚、1×6枚
61	贵州永红酒业有限公司	涟江	惠水黑糯米酒	（3.5～25）%vol，(100～516)ml/瓶
62	贵州黔红食品有限公司	黔红	肉丝香辣椒	240g/瓶、200g/瓶
63	贵州特色制药有限责任公司	苗姑娘	姜茶	10g/袋
64	贵州醇酒业有限公司	贵州醇	白酒	浓香型(35%vol、38%vol、42%vol、52%vol)，500ml
65	贵州苗西南饮品有限公司	苗西南	饮用天然泉水	17L/桶、17.5L/桶、18.9L/桶
66	贵州省安龙县生态食品有限公司	雄业	藕粉	800克、700克、600克、650克、500克等
67	贵州省马大姐食品股份有限公司	灵凤子	油辣椒	220g/310g/280g/瓶
68	普安县周易农产品精加工厂	周易	野生鸡枞油	盒装和瓶装
69	黔西南州金艺商贸发展有限公司	青清源	清真卤牛肉	70g/罐、138g/袋、148g/袋、168g/袋、178g/袋、188g/袋、900g/提、1680g/提
70	黔西南州兴利园食品有限公司	味满兴	鸡爪	35g/袋、48g/袋
71	晴隆县吉祥茶业有限公司	禄祥	绿茶	特级、一级（100g/盒、150g/盒、250g/袋、500g/盒）
72	贞丰县顶罈椒业有限公司	顶罈	花椒粉	10g、25g、30g、40g
73	兴义黄盛记食品有限公司	黄盛记	油辣椒	瓶装
74	贵州国台酒业有限公司	国台	白酒	酱香型，53%vol，500ml/瓶

序号	单位名称	商标	产品名称	规格型号
75	贵州省仁怀市茅台镇酒神酒厂	酒神	白酒	酱香型，53%vol，500ml/瓶
76	贵州省仁怀市茅台镇黔国酒业有限公司	WANGYUNWAN	白酒	酱香型5，3%vol，100ml～5000ml/瓶
77	贵州茅台镇国威酒业（集团）有限责任公司	国威	白酒	酱香型，53%vol，500ml/瓶
78	贵州茅台镇国威酒业（集团）有限责任公司	迎宾	白酒	酱香型，53%vol，500ml/瓶
79	贵州黔酒酒业股份有限公司	黔九	白酒	酱香型，53%vol，500ml/瓶
80	贵州省茅台酒股份有限公司	茅台	茅台迎宾酒	酱香型，53%vol，500ml/瓶
81	贵州德江县康奇药植开发有限责任公司	山沟沟	德江天麻	500g/盒、400g/盒、300g/盒、250g/盒、150g/盒、5g*50包/82罐
82	贵州省思南县亿农绿色产业有限公司	亿农	糟辣椒	480g/瓶、1.15kg83/瓶、2.1kg/瓶、2.5kg84/袋
83	贵州铜仁和泰茶业有限公司	和泰之春	绿茶	珠茶，500g/85盒
84	贵州新景生态茶业有限公司	画廊雀舌	绿茶	特级，(50g～500g)/袋86(条、盒)87
85	印江土家族苗族自治县宏杨食品有限公司	洪发卢山	酱油	438ml（袋）、800ml88(壶)、1280ml（壶）89
86	印江土家族苗族自治县宏杨食品有限公司	洪发卢山	食醋	438ml（袋）、50090ml（瓶）
87	赤水市杪龙虫茶饮品有限责任公司	杪龙	虫茶	特级（10g～100g）、甲91级（10g～100g）、乙级（10g～10920g）
88	道真仡佬族苗族自治县博联茶业有限公司	仡山西施	红茶	250g/袋；144g93/盒；60g/罐；2.5kg94/袋
89	凤冈县宏发米业有限公司	玛瑙山	大米	2.5～25kg/盒95（袋）
90	贵州凤冈县神农米业有限公司	凤欣	大米	500g×6/盒、500g×968/盒5kg～25kg/袋97
91	贵州凤冈县仙人岭锌硒有机茶业有限公司	仙人岭	红茶	特级，120g/盒98
92	贵州红赤水集团有限公司	红赤水	老腊肉（竹熏风味）	480g/袋99
93	贵州红赤水集团有限公司	红赤水	老腊肠	480g/袋1
94	贵州红赤水集团有限公司	红赤水	赤水脆笋（秘制香辣味）	散装、计量称重
95	贵州红赤水集团有限公司	红赤水	山野金针菇（秘制香辣味）	散装、计量称重
96	贵州老锄头红稗食品科技有限公司	老锄头	红稗羹	20g/袋、100g/袋、360g/盒、600g/盒、720g/盒、1200g/盒
97	贵州湄潭兰馨茶业有限公司	兰馨	湄潭翠芽	4g×10袋×3盒、3g×4袋×10盒、3g×5袋×4盒
98	贵州湄潭茅坝龙脉皇米有限公司	茅坝	大米	一级
99	贵州梦润鹌鹑有限公司	梦润	卤鹌鹑蛋	4枚、5枚、10枚、12枚
100	贵州省湄潭县天利达食品有限公司	天利达	菜籽油	5升/瓶、15升/瓶、25kg/瓶
101	贵州省湄潭县野谷草食品有限公司	野谷草	红豆腐	200g/瓶、300g/瓶、750g/瓶
102	贵州省湄潭县永隆粮油有限责任公司	永隆	菜籽油	四级菜籽油，2L/瓶、5L/桶、15L/桶
103	贵州省湄潭县竹香米业有限责任公司	名镇竹香	大米	5kg/盒、5kg/袋、1kg/盒、2kg/盒、2.5kg/袋等
104	贵州旭阳食品集团有限公司	可可香	玉米花	桶装、袋装
105	贵州雅馨茶业有限公司		绿茶	50g～500g(条装、盒装)
106	务川山仙东升食品有限责任公司	仡乡源	腌制草石蚕	30g/98g/240g/260g/400g/500g/袋，1568g/盒
107	习酒有限责任公司	习	经典玉液酒	浓香型，(52%vol、46%vol、42%vol、38%vol)
108	习酒有限责任公司	习	方品习酒	酱香型，(53%vol、42%vol)，500ml
109	余庆县构皮滩茶业有限责任公司		绿茶	特级、一级，（100g、120g、200g）
110	余庆县农家人绿色食品开发有限公司	飞龙湖	泡辣椒	2kg～10kg/桶
111	余庆县土司风味食品有限责任公司		霉豆腐	220g/瓶、1320g/件
112	遵义市皇源米业有限责任公司	皇源	金饭碗大米	5KG/袋
113	遵义市佳禾米业有限公司	琊贡源	穗香米	5kg/袋、10kg/袋、25kg/袋
114	遵义市刘胡子食品有限公司	刘胡子及图	火锅底料	80g/袋、160g/袋、200g/袋、210g/袋、250g/袋、300g/袋
115	遵义市黔兴油脂有限责任公司	黔兴	菜籽油	4L、5L、18L
116	遵义市兴伟食品有限责任公司	精麦汇	儿童挂面	260g、350g
117	贵州湄窖酒业有限公司	湄	白酒	浓香型，52%vol，(500ml250ml100ml)/瓶
118	贵州竹乡鸡养殖有限公司	丹青竹乡鸡	绿壳蛋	散装、计量称重
119	遵义市郎笑笑食品有限责任公司	郎笑笑	金银花凉茶	310ml/罐

【g.市场开拓和产品研发】

1.市场开拓

白酒是贵州省食品工业的重要产业板块，为推动贵州白酒的市场开拓，由贵州省政府主办的“黔酒中国行”活动自2014年开始，连续三年在业内掀起热潮，也为黔酒走出贵州创造了前所未有的机遇。继2014年的“走遍大地神州，醉美多彩贵州”，到2015年的“贵在健康+，黔酒中国行”，再到2016年的“多彩贵州风，黔酒中国行”，“黔酒中国行”的内容已经越发丰富，从单一的推介酒企，发展到如今的白酒、茶叶和旅游联动推介。在贵州省政府的推动下，以茅台为引领，习酒、国台酒、董酒、酒中酒、金沙酒、贵州醇、茅台王子酒、珍酒、安酒、镇酒、贵州迎宾酒、夜郎古酒、黄果树酒、贵福酒等贵州白酒，通过政府搭建的平台，竞相展示自己的独特工艺和品牌、品质、品格魅力，

并拓展了黔酒的国内市场。

在茶叶主产区，建立茶叶产地批发市场，已投入运行的有1.3万平方米的湄潭西南茶城、0.2万平方米的都匀茶叶批发市场、1.4万平方米的贵州茶城、0.7万平方米的贵阳太升茶叶批发市场，以及位于贵州茶叶主产地域内的石阡、凤岗、黎平、雷山、纳雍等地的茶叶和茶青交易市场。打通了北京马连道、安徽安溪国家级的茶叶市场销售渠道，在北京、上海、广州、江苏溧阳、广西横桥等城市和茶叶批发市场建立了200多个专卖店。

同时以政府搭台、企业集群的方式在省内外开展了一系列的贵州茶叶推介会。以“贵州绿茶秀甲天下”为主题，组团参加北京、上海、广州、深圳、宁波、重庆、成都、西安以及香港、台湾等地的茶博会和推介会。

在贵州酒、贵州茶抱团拓展国内外市场的同时，我省其它食品行业也积极应对市场的变化，运用“互联网+”积极发展电商，实现市场线上、线下的互动，使以辣椒制品、酸汤等代表调味品产品，国内市场得以巩固提升，使具有贵州特色的薏苡仁产品在国内外形成了集加工、交易为一体，具有产量规模、品质优良和价格话语权的中心市场。

2. 产品研发

在产品研发方面，推出了“太给”生吃火腿、清酱兼香型白酒、西式（酱卤熏烤）牛肉、功能红糖、风味红糖等一系列在国内有影响力和有市场的新产品。在产品研发的同时，企业注重自有知识产权的研发和保护，2016年获发明专利6项：分别为张英研发的“一种富含活性酶的鲜香辣椒酱及其生产工艺”（公开号CN106722826A），贵州省民旺食品有限公司研发的“香鲜辣椒酱”（公开号CN106509824A）、“风味辣椒酱”（公开号CN106722797A），贵州遵义新佳裕食品有限公司研发的“一种青辣椒酱及其制备方法”（公开号CN106387848A），贵州旭阳食品（集团）有限公司研发的“辣椒酱的制作方法及辣椒酱”（公开号CN106260958A），贵州省遵义县贵三红食品有限责任公司研发的“一种发酵辣椒酱”（公开号CN106165877A）。

【h. 国际交流】

为促进贵州食品工业的发展和技术进步，我省食品工业行业加大了与国际同行的交流和合作。贵阳学院食品与制药工学院马立志院长应邀参加了在爱尔兰举办的“第十八届世界食品科技大会(2016.8)”。【i.科技进步与科研成果】

食品工业的科技创新是食品工业发展的动力，我省食品工业企业和食品专业院校积极开展食品工业的创新，并取得了较好的成果。贵州茅台酒股份有限公司研发的“白酒及其原辅料多农残监测平台升级建设与应用”，荣获2016“中国食品工业协会科学技术奖”一等奖；贵州五福坊食品股份有限公司研发的“小米鲊的产品开发研究与成果转化应用”荣获2016“中国食品工业协会科学技术奖”二等奖；贵州茅台酒股份有限公司研发的“现代物流技术在茅台酒生产中的开发研究”荣获2016“中国食品工业协会科学技术奖”二等奖；贵州茅台酒股份有限公司研发的“基于RFID的瓶装酒追溯和防伪系统的研发与应用”荣获2016“中国食品工业协会科学技术奖”二等奖；贵阳学院（贵州省果品加工工程技术中心）、贵州博兴生物技术有限公司研发的“贵州省果品加工工程技术中心建设项目”荣获2016“中国食品工业协会科学技术奖”三等奖。

由贵州国台酒庄有限公司完成的“酱香型白酒机械化酿造技术创新与应用”荣获贵州省科学技术进步奖；由贵州大学和贵阳三联乳业有限公司、贵阳市花溪区人民医院共同完成的“贵州液态奶加工关键技术集成与转化”荣获贵州省科学技术进步奖；由贵阳学院(贵州省果品加工工程技术中心)研发的“蓝莓保鲜”技术项目荣获2016年贵州省黔东南苗族侗族自治州政府科技进步三等奖。

杨世尧

3.22 云南省

【a. 概况】

2016 年，云南省食品工业在经济大环境继续低迷的不利条件下克服各种困难和不利因素，保持经济运行正常，实现中高速增长，取得比预想要好的多的结果。工业增加值同比增长 8.28%，增幅比全省工业增加值高 1.78%，比全国食品工业增加值高 1.08%；主营业收入同比增长 22.1%，增幅比全省工业高 17.4%，比全国食品工业高 16.16%；利税增长 22.66%，比全省工业高 40 个百分点以上。利税首次突破 100 亿元，达到 111.83 亿元。

通过结构调整规模以上企业数量突破 1000 家，达到 1019 户，规模性效果显现。

除大米、蔗糖、发酵酒精和酱油外，主要产品产量都有不同程度的增幅，蔗糖产量下降较大为 -11.5%。

【b. 经济运行情况】

1. 主要经济指标

2016 年，全省食品工业实现增加值 324.36 亿元，增长 8.28%，其中：食品加工 153.56 亿元，增长 7.04%，食品制造 58.97 亿元，增长 13.12%，酒、饮料和精制茶 111.03 亿元，增长 6.79%。

主营业收入 1229.14 亿元，增长 22.1%。其中：食品加工 703.73 亿元，增长 23.91%，食品制造 219.56 亿元，增长 12.66%，酒、饮料和精制茶 305.85 亿元，增长 25.45%。

实现税收 28.61 亿元，同比增长 14.39%，其中：食品加工 10.35 亿元，增长 5.08%，食品制造 6.16 亿元，增长 13.65%，酒、饮料和精制茶 12.1 亿元，增长 24.23%。

实现利润 83.22 亿元，同比增长 25.79%，其中：食品加工 36.65 亿元，增长 49.84%，食品制造 18.07 亿元，增长 11.2%，酒、饮料和精制茶 28.5 亿元，增长 11.99%，出口交货值 89.16 亿元以上，增长 38.99%。

2016年食品工业经济指标

单位：亿元、/%

行业	户	主营业收入	同比增长	增加值	同比增长	利税	同比增长
农副食品加工	597	703.73	23.91	153.56	7.04	47	37
食品制造业	179	219.56	12.66	58.97	13.12	24.23	12.12
酒、饮料和精制茶	243	305.85	25.45	111.03	6.79	40.6	15.37
合计	1019	1229.14	22.1	324.36	8.28	111.83	22.66

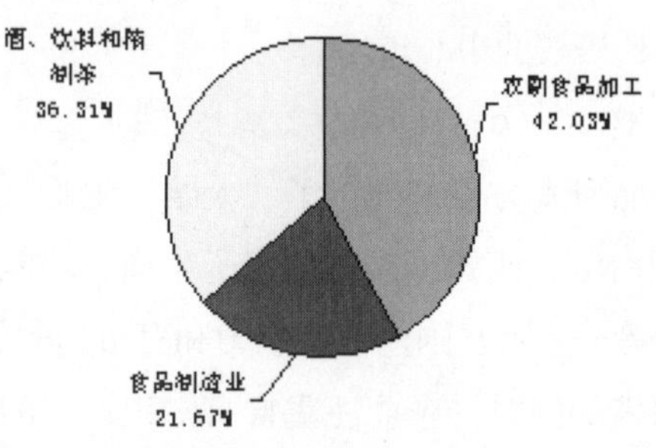

2016年食品工业主营业收入

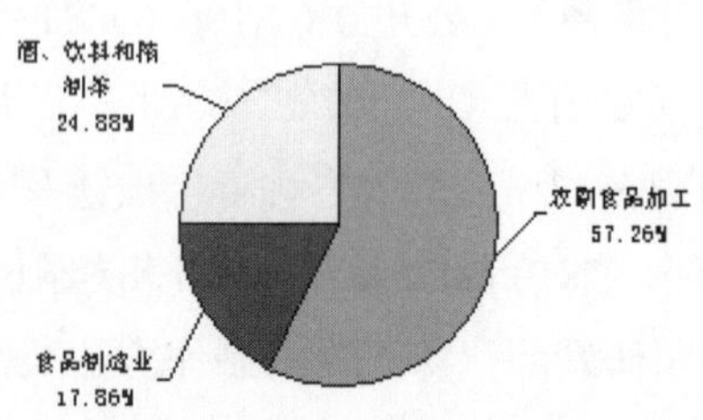

构成2016年食品工业利税构成

2. 主要产品产量

蔗糖 220.77 万吨，同比下降 11.5%，发酵酒精 18760.46 万升，同比下降 2.3%，精制茶 15.00 万吨，同比增长 5.4%，原盐 106.08 万吨，同比增长 4.4%。

饮料酒 121200.77 万升，同比增长 1.1%，其中：白酒 10173.85 万升，增长 6.2%，啤酒 105291 万升，增长 1.6%，葡萄酒 2676.8 万升，增长 7.8%。

软饮料 353.24 万吨，同比增长 4.7%，其中：碳酸饮料 289166 吨，下降 10.9%，果汁和蔬菜汁饮料 259611.94 吨，下降 6.8%，包装饮用水 2040809.25 吨，增长 2.9%。

鲜、冷藏肉 174268.81 吨，同比增长 31.3%，熟肉制品 40807.67 吨，膨化食品 17227.24 吨，同比增长 352.6%，焙烤松脆食品 5784.11 吨，同比增长 35.9%，营养保健食品 4581.42 吨，同比增长 91.6%，罐头 2.78 万吨，同增长 7.2%，乳制品 66.41 万吨，同比增长 15.6%，酱油 32729.5 吨，同比下降 %，大米 24.8 万吨，同比下降 4.0%，小麦粉 15.91 万吨，同比增长 45.4%，食用植物油 50.7346 万吨，同比增长 90.4%，方便面 4.95 万吨，同比增长 17.3%，饲料 394.08 万吨，同比增长 10.6%，咖啡 15 万吨，同比增长 8%。

3. 运行特点

（1）同比增速较高，环比逐月加快。

从食品工业增加值和主营业收入增幅看，全行业经济运行保持中高速增长，增加值和主营业额比全省工业高 1.78 个和 17.4 个百分点。食品工业增加值 324.36 亿元占全省工业增加值 7.83%，主营业务收入 1229.14 亿元占全省工业主营业务收入 11.88%。在工业统计数据中食品工业位居第 4 位，排在烟草、有色金属、电力之后。

2016 年，从主营业务收入环比增幅来看，6 月之前增幅在 12% 左右，7 月后开始加速，从 13.5% 升至 21%。

（2）经济效益好，利税总额首次超过 100 亿元，达到 111.83 亿元，同比增幅 22.6%，增长 14 个百分点以上，主要是农副食品加工的拉动作用。

分析其原因，

①是糖价的上涨，糖价今年从 4800 元 / 吨涨到 5300 元 / 吨，亏损减小，利税增加。

②是食用油和饮料酒的增长较快，食用油增幅高达 70%，白酒和葡萄酒产量增幅近 10%—13%，利润空间增大。

③营改增，减税效益。

（3）产品销售仍未脱离低迷，市场开发力度有在加强。

统计数据显示，全行业产销率只有 88%，比全省工业 95.5% 的平均产销率低 7.5 个百分点。比全国食品工业 97.7% 的产销率低了 9.7 个百分点。说明我们的去库存，去产能的工作任重道远，结构调整要大力推进，新的销售模式要跟进。

（4）除蔗糖、发酵酒精、大米、酱油外，主要产品产量呈高增长或低增长。小麦粉和植物食用油实现 45% 和 90% 以上的增长，方便面、乳制品、饮料酒达到 10% 以上的中速增幅。

4. 食品行业的新特点和新情况

（1）食品行业被省委、省政府列入云南省重点发展的八大产业之一。这是云南省改革开放以来，首次将食品行业列入重点发展产业，引起全省上下各级政府高度重视，成为 2016 年云南省食品行业最大事件。

（2）省政府大动作批复建设省级弥勒县和芒市食品工业园区，落实省委、省政府产业发展决策。现在正在加紧施工和招商引资，运行正常。由此全省将形成合理的省、市、县三级食品工业园区，为云南省食品工业“十三五”发展规划的实现创造了条件。

（3）结构调整有成效，聚集效应初体现。一批大项目建设和投产，例如：双汇年产 5 万吨肉类加工全面投产，20 万吨百威啤酒和 30 万吨金星啤酒建成投产，10 万吨汇源果汁开建，240 万吨可口可乐新生产基地建设，20 万吨欧亚乳业核桃乳建设投产。昆钢公司 2 亿元食品加工投资项目已进入设计阶段。

（4）电商、互联网 + 新的销售模式逐步被企业接

受，促进产品的销售，发展趋势较好。在糕点、特色产品等行业有较明显点优势。

（5）原料价格和用工成本上涨，造成产品成本增加，企业利润空间被压缩。最突出的是肉、糖、米、面粉、原料奶价格的上扬，加大其下游产品成本相对上升。

（6）市场竞争的加剧，价格和汇率的波动，进口和走私产品的冲击，中小企业融资的困难，新商业模式的迷茫，产业和投资结构的调整，大环境的不明朗都在困扰着食品行业。食品行业在困难中奋进。

【c. 协会工作】

1. 配合政府相关部门做好相关工作。

2. 深入企业调研，在经济下行压力较大的情况下，掌握行业运行情况和发展过程中的成绩与困难，做好为企业服务。

3. 做好第九届国家白酒评酒委员的培训和申报工作。

4. 成立协会酿酒专业委员会。

5. 加强食品安全工作，明确企业主体责任。

6. 加强协会信息沟通和宣传报道工作。

7. 承办“玫瑰馅料标准”制定工作，已进入审批阶段。

8. 政会分离相关政策不断出台，协会建设进入转折时期。

郭福生

3.23 陕西省

【a. 概况】

2016年，陕西食品工业强化供给侧结构性改革，加快产业转型升级步伐，围绕稳增长大局和建设“三个陕西”的目标，开展了富有成效的工作，保持了行业稳步发展、效益不断提高、经济运行良好，促进了陕西经济社会的进步，奠定了产业持续健康发展的良好基础。

1. 行业支撑经济社会发展能力显著增强

2016年，产业向上拉动陕西经济社会1.38个百分点，贡献力同比增长6.15%。大类食品经济稳步增长，供给侧结构调整效果初现。

农副食品加工业，食品制造业和酒、饮料、精制茶制造业，同比增速分别比全省工业平均水平高2.1、2.8和3.3个百分点。烟草制品业在国内政治大环境和结构性调整双重压力下，同比下降11、0%，初现了供给侧改革调整的预期效果。

2. 龙头企业支撑作用不断强化

2016年，陕西中烟公司、石羊集团和宝鸡阜丰生物科技有限公司等13户企业产值达到了550.28亿元，占全省食品工业产值的20.21%，凸显了骨干企业在全省行业中的支柱地位。

3. 投资持续强劲，行业发展后劲十足

2016年，食品行业固定资产投资520.21亿元，同比增长20.7%，比全省工业高19.5个百分点。分别占全省工业和消费品工业的9.3%和80.9%。其中，民间工业投资431.11亿元，同比增长12.3%，民间工业投资占全省食品行业固定资产投资的82.9%。

【b. 大事记】

1月，成功召开了“陕西省食品协会二届四次理事会”。按照省工信厅关于食品协会领导职务调整及任职的批复，表决通过了新任协会会长人选。

4月，与陕西振华国际会展公司，在西安曲江国际会展中心合作主办了《2016第八届中国西安国际食品博览会暨丝绸之路特色食品展》。

7月，根据中国食协白酒专业委员会“关于第九届白酒国家评委考评工作的通知”精神，商同省酒业协会组成考评领导小组，对西凤、太白、泸康、杜康等30余名酒类企业应试人员，以考试择优推荐的方式，经过多轮感官品评，将考评合格人员上报推荐给中国食协白酒专业委员会。

9月，协会配合省工信厅，组织粮油、肉制品、白酒、魔芋、红枣加工和调味品制造等30余家企业，参加了省政府在江苏南京举办的“陕西名特产品（昆明）展销会暨苏陕产业合作推介会”，得到了省政府领导的表扬与物质奖励。

11月，与旭峰会展公司在曲江国际会展中心合作承办了《第八届中国（西安）糖酒食品交易会》。总面积4万平方米，吸引了千余家采购商和全国50多个商协会参加。

12月，协会根据国家、省委省政府两办《关于印发〈陕西省行业协会商会与行政机关脱钩实施方案〉的通知》，积极稳妥地完成了协会与省政府的全部脱钩工作，更换了新法人，领取了民政厅民间组织管理局新证书。

协会协助省工信厅编制了《陕西省消费品工业“十三五”发展规划》。

配合中国食协开展了2014—2015年度国家食品强县、重点龙头企业推荐评审工作；

接受中过食协委托，安排有关同志赴河北隆尧县参加了工信部统一部署的“产业集群区域品牌”预审指导工作；

会同中国食协领导赴渭南市出席了《中国食品协会、渭南市经开区管委会合作共建食品产业园启动暨首批项目签约仪式》，并向渭南市经开区特授了“陕西省食品产业示范园区”牌匾；

按时向中国食协编撰上报了陕西2015年食品工业年鉴，向中轻联编撰上报了2015年陕西轻工业年鉴；

组织铜川利民公司、汉中卧龙茶叶公司、陕西康健生物科技公司等企业负责人，参加了中国食协“全国食品企业高级管理人员云南之行游学活动”；

介绍省轻工研究院，为陕西安康大健康产业开发公司编撰了“安康大健康产业园”可行性研究报告；

协助陕西志健和大咸德公司，争取了工信厅技术改造专项和省中小企业局标准化厂房建设财政专项资金。

【c. 政策、法规】

2016年，陕西省人民政府印发了《陕西省食品安全工作评议考核办法的通知》。陕西省食品药品监督管理局印发了《陕西省保健食品生产经营许可管理办法》的通知；加快推进白酒生产企业质量安全追溯体系建设的通知；《陕西省食品小作坊监督管理办法》的通知；进一步加强食品添加剂生产监管工作的通知。陕西省工业和信息化厅印发了《加快推进安康市富硒食品产业化的指导意见》；关于印发消费品工业“三品”工程对标示范企业管理办法（试行）的通知。

【d. 主要经济指标】

2016年，陕西1041家规模以上食品企业完成工业总产值2659.51亿元、主营业务收入2340.30亿元、利润204.30亿元，三项指标同比分别增长8.14%、11.70%和6.41%，产值和主营业务收入分别比全省工业平均水平高3.71和3.92个百分点。三项指标分别占全省工业的12.16%、11.83%和16.86%。全年从业人员14.5万人，总资产980亿元，产销率97.52%。

大类食品中，农副食品加工业完成产值1248.10亿元，食品制造业完成产值576.59亿元，酒、饮料和精制茶制造业完成产值642.95亿元，同比分别增长9.5%、10.2%和4.8%。烟草制品业完成产值191.87亿元，同比下降11个百分点。大类食品中，增加值增速分别为农副食品加工业同比增长11.0%，食品制造业同比增长12.6%，酒、饮料和精制茶制造业同比增长15.4。分别比全省工业高4.1、5.7和8.5个百分点。烟草制品业受政策影响同期下降10.9个百分点。2016年，食品工业百元主营业务收入成本为77.20元，同比增加了0.48元。主营业务收入利润率为8.73%，同比下降0.29个百分点。按全省工业17大行业排序，食品工业产值和主营业务收入首次超过煤炭居第1位，利润总额紧随煤炭居第2位。

【e. 主要产品产量】

2016年，陕西食品工业主要产品产量为小麦粉622.75万吨，精制食用植物油157.05万吨，饲料469.00万吨，乳制品143.73万吨，白酒14.25万千升，啤酒92.79万千升，软饮料670.05万吨，卷烟861.22亿支。

【f. 先进企业和名优产品】

通过多年发展，陕西拥有全国食品工业强县32个，全国食品工业优秀龙头食品企业136个，中、省级农业产业化重点龙头企业82个。培育出了陕西卷烟总厂、石羊集团、华秦农牧、西瑞粮油公司、益海嘉里（兴平）公司、康师傅（西安）饮品公司、国维淀粉、西凤酒集团、太白酒厂、海升果业、恒通果汁、西安顶益、银桥集团、宏兴乳品厂、青岛汉斯啤酒、米旗公司、安琪公司、陕富面粉、老牛面粉、秦宝牧业、锦泰集团、宝鸡阜丰、阳晨牧业、赛德集团等一大批行业骨干企业。

截止2016年，全省食品行业获得中国驰名商标产品5个，出口名牌4个，中国名牌产品7个（“秦俑奶粉”、“银桥”液态奶、“海升”浓缩果汁、“汉斯”啤酒、米旗糕点、陕富面粉和老牛面粉），陕西名牌产品182个，银桥系列产品连续7年被欧亚经济论坛选定为专供用品，“西凤”酒、“汉斯”啤酒、“秦俑”乳品还荣获了全国知名商标称号。

【g. 市场开拓和产品开发】

2016年，陕西果业保持平稳发展，种植规模和产量创历史新高。果园总面积1895.65万亩、同比增长1.6%，产量1713.96万吨、同比增长5.1%。果业"十三五"稳健开局，良好起步，果业主导地位得到进一步提升。果业增加值403.5亿元，同比增长5.4%，占全省种植业增加值32.2%，同比增加0.4个百分点。果业管理部门积极推进拳头品种苹果"北扩西进"战略和猕猴桃"东扩南移"战略，取得显著成绩。果业部门在强力推动做大做强苹果、猕猴桃等主导果品的同时,在其它时令特色水果方面,按照多样化发展原则,坚持"因地制宜、以优取胜"。依托资源禀赋，发展葡萄、樱桃、梨、柑橘、草莓、蓝莓、石榴等时令特色水果，打造果农增收新亮点。据海关统计，2016年，陕西企业自营出口果品30.64万吨，货值20.7亿元，分别同比增长25.0%和12.9%。其中：鲜果出口11.4万吨，货值6.81亿元，分别增长112.9%和80.3%；苹果浓缩汁出口18.93万吨，增长0.7%，货值13.48亿元，下降4.1%；其它加工产品出口3039吨，下降17.5%，货值4123万元，下降17.2%。

2016年，锦泰公司不断开拓国际市场，成功的将魔芋挂面系列产品批量销往美国、日本、新西兰、澳大利亚、香港等国家与地区。安康市立足陕南丰富的富硒生物资源，打造富硒食品全产业链取得了长足进步，目前已拥有5大系列50余个品种富硒食品上市。陕西羊乳产业近年发展迅猛，奶山羊数量、羊乳制品产销量均居全国第一，市场份额占全国80%以上。

【h. 国际交流】

2016年，协会主动与韩国驻西安领事馆洽谈，促成了陕、韩双方名优食品展会定期的良性互动。陕西锦泰魔芋公司派员，赴日本、韩国和香港详细考察魔芋精深加工、技术装备及市场销售情况，及时地掌握了国内外产业发展动态，商谈了相关合协作意向。上海玄龙公司常年与日方保持纳豆业务密切联系，积极协助陕西纳豆产业健康发展。陕西农垦集团和喀麦隆政府合作，在该国建起的大面积原料种植基地生产经营持续良好。石羊集团通过与澳大利亚、新西兰和巴西等国家稳定的国际贸易，顺畅解决了大豆原料的大宗进口。

【i. 科技进步和科研成果】

2016年，陕西科技大学研发生产出了水果香型纳豆片和固体饮料供应市场，此项专利产品填补了陕西纳豆市场空白。第四军医大充分利用药食同源材料，研发生产出了国家专利产品"王储三高"饮品和"复视明"保健品。西安合欢花公司通过提取桑叶粉，研发生产了桑叶粉系列产品。陕西天食食品有限公司在获得"馒头在线无菌热包装保鲜技术"国家发明专利基础上，进一步成功研发了凉皮、肉夹馍、蛋炒饭、带把肘子等多项实用配套技术。使这项专利实用范围有了大的扩充。西凤酒公司创新研发的首位品牌"旗帜"产品，投放市场后受到了国内多地区广大消费者青睐。陕西学前师范学院生物工程研究所立足地方资源搞研发，面向企业需求寻突破，已拥有开发应用技术成果40余项，实现成果转化18项。该所面向市场推出的杜仲系列保健饮料、石榴酒、山茱萸系列休闲食品、果蔬脆片系列休闲食品、蜂蜜酒、黄芪保健饮料、木瓜果脯等系列产品生产技术，已经和相关企业实施了产、学、研对接，产生出良好的经济和社会效益。该所还先后与天津国际生物医药研究院、太白县、杨凌开发区、渭南开发区、云智公司等20余家企业、科研单位联合，共同组建"秦巴山区生物资源开发利用研究中心(院)"、"云智生物农林资源研发中心"、"太白县林特产品研发中心"等。

林晓平

3.24 西藏自治区

【a. 概况】

全区食品企业约45844家，其中，生产企业154家，流通企业21690家，餐饮服务单位24000余家，流通环节食品大多数由外地输入，全区能自行生产的食品品种有19个大类，规模较大的有食用油、饮用水、酒类、乳制品等、食品安全水平得到进一步提高。（数据有待核实）

1. 产业规模逐渐壮大

2016年，全区规模以上食品生产企业28家，工业增加值达到15.43亿元，同比增长15.6%，食品行业积极适应新常态，推进产业结构调整，并初见成效。

全区食品生产企业中，饮用水生产企业6家，酒类企业6家，粮食加工企业11家，肉制品3家，植物油1家，乳制品1家，生产品种涵盖19个大类，高原之宝乳业，拉萨啤酒，圣鹿食用油，5100矿泉水，奇圣牛肉干等已形成优势品牌享誉区内外。

2. 食品安全体系不断健全

全区食品安全监管部门不断深化监管体系改革，加强食品安全全程监管。一手抓食品监管体制改革和队伍融合，完善和创新监管制度；一手抓重点领域和薄弱环节的专项整治，强化综合管理，督促企业落实实体主体责任，不断加强食品安全风险交流和宣传培训，严惩食品安全违法犯罪行为，进一步消除食品安全风险隐患。

2016年，全区食品药品监督管理局对食用农产品，餐饮食品，食用油、油脂及其制品，肉制品，调味品，酒类，方便食品，粮食加工品，茶叶及其相关制品，饮料，食品添加剂，淀粉及淀粉制品共12大类758批次产品进行了监督抽检（国家转移地方任务217批次，省级本级任务541批次）。其中，合格产品731批次，不合格产品27批次（国家转移地方任务合格产品207批次，不合格产品9批次；省级本级任务合格产品520批次，不合格产品18批次）。

2016年，全区新发放食品经营许可证4001件，其中：食品销售1684件，餐饮服务2198件，单位食堂119件。注销食品经营许可证592件，其中食品销售513件，餐饮服务76件，单位食堂3件。截至2016年12月底，全区共有食品经营许可证42053件，其中食品销售17885件，餐饮服务22252件，单位食堂1916件。

2016年，各级监管部门共检查食品生产企业290家次，出动检查人员725人次，抽检83家次，抽检产品105批次，其中不合格6批次，不合格率5.7%，发现违法违规问题2家，占检查总数的2%，移交稽查部门立案查处2家次，完成整改2家。2016年，各级监管部门共检查销售环节经营主体22863家次，发现违法违规经营主体数95家，完成整改313家；共抽检食品5294批次，抽检不合格食品10批次。检查餐饮服务环节经营主体23622家次，发现违法违规经营主体119家，完成整改128家；共抽检食品248批次，抽检不合格食品2批次；实施“明厨亮灶”的有1810户；动态量化等级评定总数3488户，其中：评定为优秀的108户、占3%，良好2015户、占58%，一般1365户、占39%。

3. 信用体系日益完善

为贯彻实施工信部关于在食品工业企业开展诚信管理体系建设的要求，遵循“客观、独立、公正”的原则，按照人民银行的统一部署，自治区积极组织开展企业

信用评价工作。依托“覆盖全国、标准统一、跨区域、跨行业、跨部门”的第三方大数据社会征信优势，依法采集、整理、保存，加工企业事业单位等组织的信用信息，提供信用调查、信用认证、信用评级、信用档案、信用记录、信用报告等专项征信服务，帮助企业见证信用，保障大众消费安全，配合政府监管市场，促进社会和谐发展。

【b. 主要企业名单和产品】

1. 西藏自治区食品加工业产业化经营龙头企业名单

国家级龙头企业（5家）		
序号	企业名单	主要产品
1	西藏高原之宝牦牛乳业股份有限公司	牦牛奶系列产品
2	西藏藏缘青稞科技有限公司	青稞白酒
3	西藏特色产业股份有限公司	精炼油
4	西藏银河科技发展股份有限公司	青稞啤酒
5	西藏自治区副食品公司	预包装食品
自治区龙头企业（11家）		
序号	企业名单	主要产品
1	西藏林芝市米林农场	水果
2	西藏藏北牦牛肉制品有限公司	牦牛肉制品
3	西藏藏泉实业股份有限公司	白酒
4	西藏金谷粮食产业集团有限责任公司	粮油销售
5	西藏日喀则市雅江源农业科技开发有限公司	马铃薯
6	雏鹰农牧集团（西藏）有限公司林芝县分公司	藏猪肉制品
7	西藏达热瓦青稞酒业股份有限公司	青稞酒
8	西藏白朗县康桑农产品发展有限公司	糌粑
9	西藏芒康县藏东珍宝酒业有限公司	葡萄酒
10	西藏奇圣土特产品有限公司	肉制品、土特产
11	西藏白玛甘泉水业股份有限公司	矿泉水

2. 西藏自治区驰名商标名单

序号	商标所有人	注册商标	使用商品	状态
1	西藏自治区藏药厂	甘露	藏药	驰名
2	西藏拉萨啤酒有限公司	拉萨啤酒	啤酒	驰名
3	西藏诺迪康药业股份有限有限责任公司	图样	人用药	驰名
4	西藏圣鹿科技农业股份有限公司	圣鹿	植物油	驰名
5	西藏藏缘青稞酒业有限公司	藏缘	青稞酒	驰名
6	拉萨玛吉阿米餐饮连锁有限责任公司	玛吉阿米	餐饮住宿	驰名
7	西藏冰川矿泉水有限公司	5100	矿泉水	驰名
8	布达拉宫管理处	布达拉宫		驰名

【c. 主要工作】

1. 积极组团参加2015、2016、2017成都春季糖酒会；

2. 组织企业参加了相关组织论坛；

3. 发挥“诚信管理体系评价机构资质”的平台作用；

4. 用好“西藏川特咨询公司服务平台”、“西藏川商小额贷款公司和西藏土特产品展销股份有限公司服务平台”，多形式为企业服务。

5.6、10月分别在湖北武汉、北京成功举办了“西藏好水世界共享”专场推荐活动。

6. 全区天然饮用水行业协会与中铁快运股份有限公司签订了西藏天然饮用水铁路运输物流总包协议，极大提升了西藏天然饮用水产品的市场竞争力。为西藏天然饮用水产业探索创新营销模式、推进电子商务和“互联网+”等奠定了坚实基础，将有力推动西藏天然饮用水产品走向全国。

7. 全区“西藏好水”行业协会组织制定了西藏天然饮用水企业联盟标准，推进西藏天然饮用水地理标志产品保护，提升行业质量水平。

8. 西藏自治区人民政府、工业和信息化部成功举办了第三届西藏旅游文化国际博览会西藏天然饮用水产业发展高峰会议。

郭思周

3.25 甘肃省

【a. 概况】

2016年，甘肃省规模以上食品企业479户，同比减少6户，占全省规模以上工业企业2106户的22.74%。其中农副食品加工业319户，同比减少2户；食品制造业79户，同比减少3户；酒、饮料和精制茶制造业79户，同比减少1户；烟草制品业2户，同比持平。

食品工业完成总产值861.14亿元，同比增加34.81亿元，同比增长4.21%，占全省工业总产值6877.56亿元的12.52%。

食品工业资产总计为852.48亿元，同比增加21.05亿元，同比增长2.53%，占全省规模以上工业企业资产总额11883.06亿元的7.13%。

食品工业完成营业收入648.28亿元，同比增加5.66亿元，同比增加0.88%，占全省规模以上工业企业营业收入7808.73亿元的8.76%。

食品工业完成利润总额32.10亿元，同比减少0.38亿元，同比下降1.17%。

食品工业完成利税总额146.03亿元，同比减少13.35亿元，同比下降8.38%，占全省利税总额609.55亿元的23.96%。

其中：农副食品加工业实现营业收入327.67亿元，利润总额9.81亿元，利税总额10.44亿元，分别占全省食品工业的50.55%、30.55%、7.15%。

食品制造业完成营业收入70.00亿元，利润总额6.01亿元，利税总额7.85亿元，分别占全省食品工业的10.80%、18.72%、5.38%。

酒、饮料和精制茶制造业实现营业收入102.63亿元，利润总额6.44亿元，利税总额16.45亿元，分别占全省食品工业的15.83%、20.05%、11.26%。

烟草制造业实现营业收入147.98亿元，利润总额9.85亿元，利税总额111.30亿元，分别占全省食品工业22.82%、30.68%、76.21%。

【b. 主要经济指标】

项目	食品工业小计	农副食品加工业	食品制造业	酒、饮料和精制茶制造业	烟草制品业
企业数（户）	479	319	79	79	2
工业总产值	861.14	467.41	89.17	158.92	145.64
资产总额	852.48	436.54	95.51	164.92	155.50
营业收入	648.28	327.67	70.00	102.63	147.98
利润总额	32.10	9.81	6.01	6.44	9.85
利税总额	146.03	10.44	7.85	16.45	111.30
税金总额	113.93	0.63	1.84	10.01	101.45
出口交货值	11.91	3.90	2.85	5.16	0

【c. 主要产品产量】

2016年食品行业主要产品产量

产品名称	计量单位	产量	同比增长%
小麦粉	吨	1164688.6	-3.0
大米	吨	0.0	0.0
饲料	吨	1855866.0	12.1
其中：配合饲料	吨	1039165.5	15.4
混合饲料	吨	592353.5	3.1
精制食用植物油	吨	72626.9	-57.7
成品糖	吨	35806.5	10.4
鲜、冷藏肉	吨	119145.8	-7.0
冻肉	吨	4018.0	-1.7
熟肉制品	吨	0.0	0.0
冷冻水产品	吨	0.0	0.0
冷冻蔬菜	吨	34888.0	-23.8
膨化食品	吨	0.0	0.0
焙烤松脆食品	吨	25459.0	-0.2

产品名称	计量单位	产量	同比增长%
糖果	吨	2212.0	-77.6
速冻食品	吨	4422.0	-54.1
其中：速冻米面食品	吨	0.0	0.0
方便面	吨	0.0	0.0
乳制品	吨	342221.7	1.6
液体乳	吨	320765.6	1.0
固体及半固体乳制品	吨	21456.1	10.7
其中：婴幼儿配方乳粉	吨	5344.6	63.3
其中：乳粉	吨	13289.1	26.1
罐头	吨	55627.7	-6.1
味精（谷氨酸钠）	吨	3143.0	9.9
酱油	吨	12783.0	-8.4
食醋	吨	15713.0	19.1
营养、保健食品	吨	1737.3	-20.0
冷冻饮品	吨	0.0	0.0
食用盐	吨	13757.6	-43.2
非食用盐	吨	0.0	0.0
食品添加剂	吨	489.4	-22.7
饲料添加剂	吨	3803.0	-16.1
发酵酒精（折96度，商品量）	千升	7268.0	-46.5
饮料酒	千升	658726.1	1.6
其中：白酒（折65度，商品量）	千升	46294.3	9.2
啤酒	千升	590994.6	2.2
黄酒	千升	370.0	-39.3
葡萄酒	千升	21065.9	-21.5
白兰地	千升	0.0	0.0
果酒及配制酒	千升	0.0	0.0
软饮料	吨	2303405.9	-4.7
其中：碳酸型饮料（汽水）	吨	210123.3	-5.2
包装饮用水	吨	844060.6	-9.3
果汁和蔬菜汁类饮料	吨	1004729.2	0.1
蛋白饮料	吨	8918.0	18.7
精制茶	吨	0.0	0.0
卷烟	万支	4790000.0	-7.0

【d. 协会主要工作】

1. 举办了2016年中国技能大赛“庄园杯”丝绸之路省级一类乳品质量安全－乳品检验员技能决赛和培训展示活动

2. 深入陇南、河西、兰州等地，了解企业生产、经营和行业发展共性问题。

3. 在白酒行业举办了全省白酒评委考评、葡萄酒评委换届活动，促进了行业学技术、比技能的氛围。

4. 积极响应党中央国务院绿色、环保发展理念，将《甘肃食品》纸质版内部连续性资料改版为“甘肃省食品工业协会”微信公众订阅号。得到了业界同仁的认可，受到了社会好评。

成富山　辛福

3.26 青 海 省

【a. 概况】

青海省地处青藏高原东部，位于祖国的内陆腹地，资源丰富，多民族聚居，孕育中华民族悠久历史和灿烂的文化，两江一河（长江、黄河、澜沧江）发源其间，堪称为“三江源”。全省土地面积70万平方公里，年末常住人口数593.46万人，少数民族人口283.14万人，是我国五大牧区之一。

2016年，全省规模以上食品工业完成增加值77.52亿元，同比增长25%。其中农副食品加工业完成工业增加值34.41亿元，增长18.1%；食品制造业完成工业增加值15.98亿元，增长26.8%；酒、饮料和精制茶制造业完成工业增加值27.13亿元，增长24.8%.

1. 增加值

单位：亿元

分类	2016年	同比增长（5）
食品工业合计	77.52	25
农副食品加工业	34.41	18.1
食品制造业	15.98	26.8
酒、饮料和精制茶制造业	27.13	24.8

2. 主营业务收入

单位：亿元

分类	主营业务收入	同比增长（%）
食品工业合计	136.22	17
农副食品加工业	71.26	7.7
食品制造业	28.82	57.8
酒、饮料和精制茶制造业	36.14	12.9

全年农作物总播种面积561.33千公顷，同比增加2.94千公顷。粮食作物播种面积281.05千公顷，同比增加3.99千公顷。其中：小麦86.27千公顷，减少1.94千公顷；青稞45.43千公顷，增加2.23千公顷；玉米26.62千公顷，减少0.88千公顷；豆类28.50千公顷，增加1.70千公顷；马铃薯93.11千公顷，增加2.99千公顷。经济作物播种面积177.40千公顷，同比增加0.38千公顷。其中：油料142.61千公顷，减少2.26千公顷；枸杞31.90千公顷，增加2.31千公顷。蔬菜及食用菌播种面积50.36千公顷，同比增加0.71千公顷。全年粮食产量103.45万吨，同比增长0.7%。

3. 主要农产品产量及增长速度

指标名称	产量（万吨）	同比增长（%）
粮食	103.45	0.7
#小麦	33.06	-3.1
青稞	9.73	4.1
玉米	18.07	-3.0
豆类	6.02	7.3
马铃薯	36.34	4.5
油料	30.04	-1.5
枸杞	6.56	11.7
蔬菜及食用菌	170.02	2.2
水果	1.29	-14.0
水产品	1.21	13.9

4. 主要畜产品产量及增长速度

指标名称	产量（万吨）	同比增长（%）
猪牛羊肉	34.67	3.9
猪肉	10.51	1.8
牛肉	12.18	6.0
羊肉	11.98	3.6
牛奶	33.00	4.8
禽蛋	2.39	5.8

【b. 主要产品产量】

1. 主要产品产量增长较快

青海省20种主要食品工业产品实现了不同程度的增长，其中，牛肉12.18万吨，同比增长6.0%; 羊肉11.98万吨、同比增长3.6%; 猪肉10.32万吨、同比下降2.0%; 牛奶31.50万吨，同比增长3.3%; 枸杞6.56万吨，同比增长11.7%; 蔬菜及食用菌170.02, 同比增长2.2%; 马铃薯36.34万吨，同比下降4.5%; 青稞9.73万吨，同比增长4.1%；食用植物油21.70万吨，同比增长7.2%。

2. 食品工业主要产品产量

产品名称	单位	2016年	同比增长（%）
牛肉	万吨	12.18	6.0
羊肉	万吨	11.98	3.6
鲜、冷藏肉	万吨	9.56	5.9
乳制品	万吨	19.38	-2.2
枸杞	万吨	6.56	11.7
白酒	千升	26259	42.2
马铃薯	万吨	36.34	4.5
豆类	万吨	6.02	7.3
青稞	万吨	9.73	4.1
饮料酒	万千升	13.31	2.9
食用植物油	吨	216990	7.2
蔬菜及食用菌	万吨	170.02	2.2
水果	万吨	1.29	-14.0
水产品	万吨	1.21	13.9

【c. 协会工作】

1. 督促企业提质增效

先后走访农副产品加工企业和食品制造企业近40家，督促企业围绕提高供货质量，提高有效供给，加强产品结构优化，增强在转型升级中实现快速增长的能力。

2. 组织企业参加行业交流

为提高食品生产经营者的诚信守法意识和乳品质量安全技能水平，向消费者提供营养健康安全放心的乳制品，组织我省乳制品企业，参加西部地区2016年“庄园杯”丝绸之路乳品质量安全技能大赛。

3. 继续推动协会工作社会化转型

成功组建由企业家组成的新一届食品协会领导机构，建立了包装食品协会专家服务中心，优化了专家服务队伍；建立食品企业信息平台，进一步完善服务手段；加强行业信息服务，实现食品行业信息共享。

4. 完成担负的“清食展”和“青洽会”工作任务

落实协办工作职责，整理、收集、推介清真食品工业项目53个，并完成接待宁夏代表团等各项服务工作。

5. 开展2016年全国食品安全宣传周活动

6月中旬，按照省政府办公厅的工作安排，组织社区居民消费者及省内主要媒体记者近40人，实地考察了圣湖乳业、三江雪食品集团二家企业并进行宣传报道。

6. 组织召开全国部分省市食品行业协会联盟座谈会

6月26至29日，全国省市食品协会联盟第四次会议在青海互助青稞酒股份有限公司召开。

7. 加强调查研究

落实两委加强调研的工作要求，自发组织单位工作人员，对海东市的互助、民和，海西州的德令哈、都兰，海南州的共和，海北州的海晏、门源，以及西宁经济技术开发区的近20家食品企业进行了调研。

8. 积极开展对外交流合作

加强与经信委有关处室的沟通协调，增进了对企业的了解，扩大了产品推介渠道。

【d. 青海“十三五”食品工业规划摘要】

1. 基本原则和主要目标及产业布局

（1）指导思想

全面贯彻党的十八大和十八届三中、四中、五中全会精神，坚持创新、协调、绿色、开放、共享的发展新理念，按照“131”总体要求，围绕“增品种、提品质、创品牌”主线，以市场需求为导向，以供给侧结构性改革和自主创新为动力，以特色动植物资源深度开发为重点，以园区建设为载体，着力构建特色鲜明、布局合理、创新驱动、绿色低碳、循环融合、效益显著的现代高原食品工业体系，促进食品工业规模化、标准化、品牌化、集群化发展，成为助力我省产业扶贫和实现全面小康的重要产业支撑。

（2）基本原则

①“三品”引领，创新驱动。强化“增品种、提品质、创品牌”在食品工业发展中的关键作用，着力推进原始创新、集成创新、引进消化吸收再创新和新产品开发，切实提高产品品质。加强品牌体系建设，培育壮大自主品牌，提升产品价值。

②集约高效，绿色循环。加强食品工业园区建设，健全产业配套服务体系，培育壮大产业集群。全面推行清洁生产，加强节能环保技术、工艺、装备的推广应用，着力推动高原特色动植物资源高效利用和产业循环发展。

③协调推进，融合发展。加快推进信息技术在食品工业领域的应用，促进产业发展质量、管理水平的双重提升和大中小企业共生、协调发展。全面推进一二三产业融合，完善产业链条，推进食品工业转型升级与其它产业的融合联动。

④内外统筹，开放合作。抢抓“一带一路”战略机遇，充分利用省内外两种资源、两个市场，深化技术、产能与市场合作，实现食品工业企业“走出去”和“引进来”的有机结合，提升食品工业对外开放水平。

（3）主要目标

到2020年，全省食品工业产业结构更趋合理，技术创新能力显著增强，资源综合利用率明显提高，安全保障体系更加健全，产业整体竞争力进一步提升。

①经济总量。全省规模以上食品工业总产值达到410亿元，年均增速15%左右；实现工业增加值125亿元。

②创新能力。重点企业的技术装备达到国内先进水平，科技贡献率进一步提升，建成2家省级重点实验室，3家省级企业技术中心，建立技术中心的企业科技投入占销售收入的比重达到3%以上。

③企业培育。着力培育一批竞争优势突出的大企业、大集团，形成辐射带动效应，培育主营业务收入超10亿元企业2户以上，5—10亿元企业10户以上，亿元以上企业30户以上。深入实施中小微企业培育工程，力争中小微食品企业数量和规模大幅提升。

④质量安全。基本建成符合国家食品安全体系要求的食品标准体系、食品安全认证体系、风险监测和风险评估体系；规模以上食品企业全部建立食品质量安全可追溯制度，建成食品安全控制和监管体系，形成全覆盖的食品安全可追溯体系，提高人民群众对食品消费安全的放心程度。大力推进食品工业企业诚信体系建设，培育诚实守信企业。

2. 发展重点

（1）挖潜提升特色传统农畜加工业

①肉制品和水产品。利用我省高原藏系羊、牦牛、八眉猪、藏香猪、福牛、獭兔、家禽、冷水鱼资源，开发适销对路的高端有机产品，延伸产业链条。积极发展牛、羊、猪肉冷冻分割肉、冷鲜分割肉和熟食制品三大类产品，构建屠宰—分割—熟食加工—冷链物流为一体的产业链条。培育加工骨干企业，加大新产品开发，推进獭兔、家禽、冷水鱼的深加工，提升产业化水平。加大加强副产物的综合利用，依托畜产品肉、骨、髓、血内脏等器官重点开发钙制剂、抗皱因子（SOD）、血清、小分子肽、蛋白粉等高附加值生化产品。

②乳制品。加快奶源基地建设，推进奶牛良种化和奶牛出户入园，建成一批规模化、现代化、规范化的奶牛养殖基地和挤奶站。严格乳制品行业准入，稳定液态奶产量，扩大酸奶产量，适度发展免疫调节功能乳制品、酸奶粉、婴幼儿配方乳粉、老年人乳制品、乳清蛋白、奶酪等高端产品。以农牧民专业合作社建设为支撑，加强对牦牛乳的收集，完善酸奶、奶酪等牦牛乳制品标准和质量体系建设，提高精深加工水平，培育形成高端牦牛乳制品品牌。推进乳业与枸杞、核桃等特色资源的集合，开发生产枸杞酸奶、核桃发酵乳品，增加乳制品品种。

③富硒产品加工。进一步扩大富硒产业种植规模，加大对现有红提葡萄、红树莓、紫皮大蒜、大果樱桃、马铃薯、油菜籽、蔬菜及畜禽等产品开发力度。积极与省内外科研院所合作，开展高原富硒产品的研发、标准制定和认证工作，开发科技含量高、附加值高的

富硒产品，抢占国内富硒产品发展制高点。努力构建集富硒产品研发、观光旅游、餐饮娱乐为一体，具有高原富硒特色和龙头引领作用的现代农畜产品加工示范基地。着力培育和引进有实力的富硒农畜产品市场开发主体，积极开展形式多样、特色突出的宣传推介和招商引资工作，打造"高原硒都"品牌。

④油菜籽加工。积极选育和推广适合高海拔地区的低芥酸油菜籽品种，采用静态压榨等先进技术与传统土榨相结合的方式，丰富菜籽油产品品种，发展高档次精炼油、色拉油、功能性调和专业油脂。提升油菜综合加工水平，实现双低油菜产业化开发，重点开发低芥酸品牌油、油菜籽饼粕、食品级蛋白、药品级氨基酸、氨基肽和工业级脂肪酸等。采用发酵技术生产高效植物蛋白生物饲料，形成完整的油菜籽加工循环经济产业链条。

⑤青稞加工。依托高原青稞资源和青海互助酒的地域品牌优势，发掘品牌的文化内涵，加快青稞酒技术升级，改造传统发酵工艺，调整产品结构，提升产品质量和档次，努力提高我省白酒品牌的知名度，增强产品竞争力。着力将互助打造为"青稞酒城"，形成一个集种植、酿造、储藏、灌装、包装、物流、会展、质检及旅游休闲为一体的青稞酒产业园，建成中国的青稞酒产业基地。利用青海独特的青稞资源，开发啤酒产品，重点发展青稞白啤酒、青稞黑啤酒、青稞红枸杞啤酒。重点发展提取青稞 β－葡聚糖、青稞麦绿素等，大力开发青稞方便面、糌粑、青稞甜醅、青稞米、青稞麦片等营养食品和青稞保健品、青稞饲料。

⑥马铃薯加工。大力实施马铃薯主粮化战略，建设东部马铃薯优势产区，提高马铃薯商品率和加工率，发展马铃薯食品精深加工，生产食品配餐用的薯片薯条及土豆泥、马铃薯全粉、淀粉、膳食纤维及马铃薯蛋白、营养汁等，提高企业经济效益。加快种薯选育步伐，适度扩大种植面积，打造全国重要的马铃薯种植基地。

⑦蚕豆。扩大蚕豆种植面积，建立蚕豆交易市场。以五香蚕豆、蚕豆羹、蚕豆淀粉和蛋白等为重点，力争建成年产 10 万吨的蚕豆深加工生产能力。建立蚕豆深加工产品标准和质量检测体系，推动蚕豆加工向标准化、规模化、高值化方向发展。

⑧其它。积极培育优良品种选栽、庄园式生产、工业旅游及品牌营销等四大经济增长点，形成产区特色明显、附加值高、竞争力强的葡萄酒生态园格局。加快推进盖碗茶、清真奶茶、八宝茶、藏式奶茶、藏茶等民族地方特色食品的产业化。

（2）做精做深生物资源加工业

①枸杞。依托我省现有的 43 万亩枸杞种植基地，夯实枸杞产业发展基础，以高档果品和精深加工为重点，形成集枸杞种植—高档鲜果—精深加工为一体的完整枸杞产业链条。以枸杞鲜果品牌建设和杞果保鲜为重点，在海西、西宁或海东分别建设鲜果品仓储、配送基地，打造直接面向市场枸杞高档鲜果品牌。着力强化枸杞精深加工的研发力度，采用先进的提取和发酵技术，生产枸杞多糖、黄酮、枸杞籽油、枸杞浓缩汁等枸杞精深加工系列产品，提取后的压榨物经发酵后生产高效植物蛋白生物饲料。通过发展枸杞蜜、枸杞鸡、枸杞羊等林下产业，实现种植、养殖的"合作共赢"，提高附加值。充分利用青海野生黑枸杞营养价值，生产黑果枸杞饮料、酒、含片等系列产品。

②沙棘。加强沙棘种植基地建设，扩大沙棘种植面积。扶持和培育一批特色沙棘生产加工企业，引进先进设备和工艺，提升沙棘加工能力。扩大现有沙棘油保健品系列产品、沙棘维生素 P 粉等高附加值产品产能；同时以沙棘总黄酮、单体黄酮、沙棘多糖等医药保健品原料产品为新的突破口，推动沙棘在生物医药、保健品、化妆品等高端产业中的应用。

③扩大菊芋、菊苣种植面积，采用高效分离技术，生产菊粉、低聚果糖、高聚果糖、果葡糖浆等系列产品，压榨物经发酵后生产高效植物蛋白生物饲料。加大研发力度，积极开发从压榨物中提取甘露醇、阿拉伯糖等高附加产品的技术。

④新型农作物。稳步推广和规模化种植藜麦、芫根等特色农作物，提高机械化生产水平，推进规模化

经营，创建优质特色品牌。延伸产业链条，开发藜麦、芫根等下游深加工产品。

⑤高原蜂产品。培育较大规模、较强经济实力的蜂产品加工型、经营型龙头企业，通过专业协会等中介组织，带动蜂农，建立优质蜂产品原料基地，从源头把好蜂产品质量关，规模化生产无污染蜂蜜、花粉、蜂王浆等高原蜂产品，争取利用三年时间，恢复蜂产品的直接出口，到2020年培育5户规模以上蜂产品加工企业。

（3）做精做细食用盐

稳定现有食用盐生产规模，抓住国家盐业体制政策机遇，丰富具有高原湖盐特色的多品种食用盐产品种类，积极发展满足市场需求的调味盐、精纯盐、低钠盐、腌制盐等产品，适度发展锌强化营养盐、硒强化营养盐、钙强化营养盐等产品，开发食用级氯化钾，扩大食盐市场份额。在现有纯碱产能的基础上，加大技术改造，发展食用碱产品。

（4）做精做优矿泉水产业

充分利用我省天然矿泉水、冰川融水和江河源头水资源和地理优势，大力发展天然饮用水产业，打造高原天然饮用水品牌。扩大“昆仑山”品牌矿泉水产能，将“昆仑山”矿泉水品牌打造成国际知名品牌，提升“瀞度”天然含气苏打水影响力和市场占有率，积极发展“昂思多”、“七里寺”、“冰峰”等其它品牌矿泉水，形成“一主多副”、高低端并存的矿泉水产业发展格局。

（5）加快发展生产性服务业

鼓励物流企业融入食品生产企业，打造技术先进、专业水平高、核心竞争力强的大型现代物流企业。鼓励物流企业与食品企业联盟合作，加快电子商务与物流管理平台一体化建设，提高物流配送规模化和协同化水平。加大对食品物流基础设施建设的投入，改进与完善仓储配送设施，积极推进和开展各类农产品保鲜技术与专用装备的推广与普及，提高食品保鲜加工与包装技术。结合我省食品特点、农畜产品资源分布、现有物流网络布局等实际情况，大力发展多式联运，构建社会化、网络化、专业化的食品冷链服务体系，为肉类、速冻食品、果蔬及特色乳制品等产业发展奠定基础。积极引导和支持食品企业与国内外第三方电子商务交易平台开展合作，引进大型电子商务企业，建设覆盖全国、连接世界的销售平台，促进实体营销与网上交易的协同发展，实现我省重点食品企业的门户网站链接、信息查询、产品展销和电子商务交流等。

（6）产业布局

充分发挥全省转型升级15个重大产业基地的集群发展效应，按照“统筹谋划、合理布局、强化中心、集聚发展”的总体思路，明确区域产业发展定位，强化区域产业配套协作，推动形成特色突出、分工合理、错位发展的高原食品工业布局。

西宁市利用区位优势和产业基础，建设食品产业园，把西宁建设成为集食品研发、生产、销售为一体的产业集聚与产品集散地。建立共享的现代服务中心，面向食品企业提供市场营销、现代物流、金融服务、技术创新、清真认证、标准制定、科研教育、人才培训等服务。

海东市建设高原特色食品生产基地，打造规模化、标准化、专业化生产示范园，建设富硒农畜产品生产、初级加工基地和物流集散中心。以循化、化隆、民和等穆斯林民族聚集区为依托，着力构建具有区域影响力和高原特色的现代化清真食品加工中心。以互助绿色产业园为依托，建成我国最大的青稞深加工生产基地，大力发展青稞酒及农副产品深加工。

海西州依托柴达木地区的枸杞、马铃薯、福牛等资源，整合发展农畜产品加工业，构建区域性农畜产品物流集散中心，建成集种养植（殖）、加工、销售、物流、服务为一体的现代农畜产品加工业集聚区。海北州围绕特色农畜产品资源和特色文化资源，重点发展肉制品、乳制品、菜籽油、蜂蜜、蕨麻等精深加工。

海南州大力发展有机畜牧业，加快建设藏系羊、牦牛繁育与标准化养殖基地，建设稳定的牦牛乳优质奶源基地，适度发展肉制品、乳制品。以龙羊峡为中心，加快发展高原优质冷水鱼养殖和加工产业。

黄南州、果洛州、玉树州大力发展生态畜牧业、

有机畜牧业和小块种植业。建立有机畜产品养殖基地，扶持培育有机畜产品生产企业，打造有机畜产品知名品牌。建成生态安全屏障、高端牛羊肉供给基地、全国生态畜牧业示范区。

【e. 名优企业名称及品牌产品】

青海互助青稞酒股份有限公司天佑德青稞酒

青藏高原特色资源开发有限责任公司七里寺矿泉水

昆仑山矿泉水有限公司昆仑山矿泉水

青海可可西里肉食品有限公司可可西里牛肉干

青海青海湖乳业有限责任公司圣湖乳制品

湟中弘大农副产品购销有限公司弘大菜籽油

青海天露乳业有限责任公司情况介绍天露乳制品

青海小西牛生物乳业股份有限公司小西牛乳制品

青海绿草原食品有限公司绿草原肉制品

青海康普生物科技有限公司康普沙棘枸杞

青海三江雪食品集团有限公司三江雪枸杞

青海合杰工贸有限责任公司合小白蛋白粉饮品

青海康健生物科技有限公司高原一号白刺果

青海仙红辣椒有限公司仙红辣椒酱

白建喜

3.27 宁夏回族自治区

【a. 概况】

2016年，宁夏党委、政府牢牢把握稳中求进工作总基调，以供给侧结构性改革为主线，大力实施创新驱动战略，在复杂严峻的国内外经济形势和持续加大的下行压力下，经济运行呈现“总体平稳、稳中有进、稳中向好”的发展态势。食品工业得到大力发展，产业规模不断扩大，产品研发能力不断提高，产业链不断延长，产业发展对一产、三产带动作用显著提升。全区食品工业共有规模以上企业238家，实现食品工业总产值350亿元，增加值74亿元，同比增长14.9%，占整个消费品工业比重38%，食品产业规模进一步扩大。其中：农副食品加工业完成工业增加值19.4亿元，同比增长4.2%；实现主营业务收入117.1亿元，同比增长6.8%。食品制造业完成工业增加值34.7亿元，同比增长23.6%；实现主营业务收入138.3亿元，同比增长12%。酒、饮料制造业完成工业增加值19.9亿元，同比增长12.1%；实现主营业务收入29.6亿元，同比增长7.1%。烟草制品业完成工业增加值16.1亿元，同比增长18%；实现主营业务收入17.3亿元，同比增长12.6%。

表1 食品工业增加值与增速表

序号	行业	食品工业增加值（亿元）	同比增长（%）	主营业务收入（亿元）	同比增长（%）
1	农副食品加工业	19.4	4.2%	117.1	6.8%
2	食品制造业	34.7	23.6%	138.3	12%
3	酒、饮料制造业	19.9	12.1%	29.6	7.1%
4	烟草制品业	16.1	18%	17.3	12.6%

【b. 食品生产加工企业情况】

截止2016年底，全区共有各类食品（含保健食品）生产经营单位102613家。其中：食品生产加工单位（含小作坊）6582家，占6.4%，食品经营单位66816家，占65.1%，餐饮服务单位26769家，占26.1%，保健食品有2446家，占2.4%。

食品生产加工单位（含小作坊）6582家，其中：有1239家食品生产企业获得了1544张食品生产许可证，14家企业获得了15张食品添加剂生产许可证。在获证食品生产企业中，数量最多的是粮食加工企业，有236家，有茶叶及相关制品生产企业217家、水果制品生产企业174家、调味品生产企业125家、饮料生产企业123家、酒类生产企业116家、食用油、油脂及其制品生产企业113家、糕点生产企业100家、蔬菜制品生产企业70家、淀粉及淀粉制品生产企业44家、炒货食品及坚果制品生产企业35家、速冻食品生产企业34家、肉制品生产企业28家、乳制品生产企业22家、方便食品生产企业23家、罐头生产企业10家、豆制品生产企业11家、食糖生产企业17家、糖果制品生产企业8家、蜂产品生产企业18家、蛋制品生产企业4家、膨化食品生产企业6家、饼干生产企业3家、冷冻饮品生产企业3家、水产品生产企业4家、其它食品生产企业1家等；全区共有食品生产加工小作坊5329家（其中：银川市1334家，石嘴山市842家，吴忠市1047家，固原市992家，中卫市1114家），主要生产的食品品种为馒头、饼子、糕点、谷物碾磨加工品、酱卤肉、豆制品、食用植物油等。

食品经营单位66816家。按企业经营性质划分为：

食品批发经营单位2190家、食品零售经营单位53230家、食品批零兼营单位11366家。按企业经营品种划分为：预包装食品经营单位34891家（其中兼营婴幼儿配方乳粉经营单位3685家）、散装食品经营单位31925家。

餐饮服务单位26769家，其中：特大型餐馆45家、大型餐馆449家、中型餐馆3179家、小型餐馆16782家、快餐店463家、饮品店462家、小吃店2530家、学校食堂（含托幼机构食堂）2125家、企事业单位食堂455家、其它食堂124家、集体用餐配送单位7家、中央厨房3家。

保健食品共有2446家，其中：保健食品生产企业13家，保健食品经营企业2433家。

【c.重点产品产量情况】

2016年，全区规模以上食品工业主要产品中，小麦粉产量56.6万吨，同比增长3.7%；大米产量86.7万吨，同比增长2.1%；饲料产量41.5万吨，同比增长2.5%；乳制品产量92.5万吨，同比增长19.7%；味精（谷氨酸钠）31.8万吨，同比增长38.9%；白酒产量0.8万千升，同比下降11.1%；啤酒产量25.1万千升，同比下降4.9%；葡萄酒2.7万千升，同比下降10%。鲜、冻畜肉产量2.5万吨，同比增长4.2%，果汁及果蔬汁饮料产量9.3万吨，同比增长10.7%。

表1 2017年全区规模以上食品工业主要产品产量

产品名称	计量单位	本年累计	同比增长（%）
小麦粉	万吨	56.6	3.7
大米	万吨	86.7	2.1
饲料	万吨	41.5	2.5
乳制品	万吨	92.5	19.7
味精（谷氨酸钠）	万吨	31.8	38.9
饮料酒	万千升	2.1	-4.7
白酒（折65度，商品量）	万千升	0.8	-11.1
啤酒	万千升	25.1	-4.9
葡萄酒	万千升	2.7	-10.0
鲜、冻畜肉	万吨	2.5	4.2
果汁及果蔬汁饮料	万吨	9.3	10.7

1.枸杞产业

宁夏枸杞以其独具特色的资源优势、科技优势、品质优势、品牌优势，享誉国内外。宁夏枸杞种植面积达到90万亩，占全国枸杞种植面积的45%，枸杞干果总产量达到8.8万吨，约占全国总产量的55%，2016年，综合产值达100亿元；以枸杞干果、果汁、果酒、籽油、芽油等产品为主的各类销售、加工企业达到200余家，枸杞加工转化率达到15%，宁夏红、百瑞源、厚生记、沃福百瑞、易捷庄园等一批企业走向国际，枸杞及产品出口量与出口额分别达到6500吨与7000万美元。各类枸杞及其产品遍及全国一二三线城市，实现了国内市场全覆盖，枸杞已出口到40多个国家和地区。宁夏百瑞源、源乡枸杞等企业在全区率先构建了产品质量追溯体系，实现了产品质量可追溯，为“中宁枸杞”贴上了放心标签。玺赞枸杞、百瑞源枸杞获批使用“中华人民共和国生态原产地产品保护”（即PEOP标志），实现全国枸杞行业“零突破”。宁夏作为我国枸杞最早的种植地区，生产规模、果品质量和市场占有率等均居全国前列。

2.乳制品产业

基于全区特有的地理气候条件和资源禀赋优势，乳制品产业成为全区具有比较优势的特色产业，表现出较好的成长性和后发优势，是全区食品工业领域的重点支柱产业；同时，乳制品产业可有效联动上下游产业链，农工结合非常典型，是实现脱贫富民战略的重要途径之一。截止2016年，全区规上乳制品企业共有18家，其中：液体乳企业12家，乳粉企业4家，蛋白粉、干酪素、等深加工乳品企业2家，总计形成150万吨乳制品产能。乳制品种类以液体乳和奶粉为主，可占全区乳制品总产量的98%以上，另有少量的蛋白粉、干酪素、乳糖、奶油及冰品等深加工产品。2016年，全区乳制品产量为92.5万吨，同比增长19.7%，其中，液体乳为87.8万吨，比上年增长20.8%。全行业完成总产值84.4亿元，占到了食品行业总产值的25%，成为自治区食品工业的重要支柱。

从产量上看，2011年全区乳制品产量为25.2万吨，到2016年，全区乳制品产量达到92.5万吨，5年增长3.7倍，年均增长29.7%；增速也远高于全国乳制品产量4.6%的平均增幅，乳制品产量占全国总产量的比重从2011年的1.1%增长至2016年的3.1%。从产值上看，全区乳制品产值从2011年29.82亿元，增加至2016年84.4亿元，年均增长23.1%；同期全区GDP平均增速为8.9%，规模以上工业增加值平均增速为7.5%，乳制品增速明显高于经济整体速度，表现出较强的发展活力。产品主要以液体乳和乳粉为主，产量占全区乳制品总产量的98%以上，另有少量的婴幼儿配方乳粉、蛋白粉、干酪素、乳糖、奶油等深加工产品。

3. 葡萄酒产业

在国家和全区有关部门的大力支持下，宁夏葡萄产业发展取得了较好的成绩。

产业规模不断扩大。全区葡萄酒产业坚持“小酒壮、大产区”发展模式，已经形成全国最大的集中连片葡萄种植基地，面积达到60万亩（其中，酿酒葡萄近50万亩），酿酒葡萄品种增加了14个，达到30多个品种，酒庄（企业）从2010年的38个增加至2016年的184个（其中，建成投产84个，在建100个），形成加工能力27万吨，产量7.5万吨，综合产值由2010年的20亿元增加到2016年的近200亿元，就业人数由2010年的2万人增加到2015年的7.5万人。

产区知名度明显提升。5年来，经过精心培育，已涌现出贺兰晴雪、类人首、巴格斯、立兰、银色高地等一批精品酒庄，宁夏产区先后有40多家酒庄的葡萄酒，在国内外各类品鉴评比中获得200多个奖项，其中，金奖56项，先后荣获世界葡萄酒产区的“明星产区”、“新兴国产区”等称号，“贺兰山东麓”产区的知名度不断扩大。宁夏被美国《纽约时报》评选为全球2013年“必去”的46个最佳旅游地之一，入选理由是“在宁夏可以酿造出中国最好的葡萄酒。”

（3）人才科技支撑能力显著提升。自治区相继成立了宁夏葡萄与葡萄酒研究院、宁夏大学葡萄酒学院和宁夏葡萄酒与防沙治沙职业技术学院，成为培养葡萄产业各类急需人才和科技研发的基地。同时组建了贺兰山东麓葡萄与葡萄酒国际联合会、宁夏葡萄与葡萄酒产业发展联盟等社会组织，聚集了100余名国内外葡萄产业顶级专家。

【d. 食品著名商标】

2016年底，全区有302件食品商标被认定为“宁夏著名商标”，其中“夏进”（牛奶）、“厚生记”（小食品）、“宁夏红”（酒）、“中宁”（枸杞）、“兴唐”（大米）、“嘉禾雪”（面粉）、“盐池滩羊”、“御马”（葡萄酒）、“西夏王”（葡萄酒）、“百瑞源”（枸杞）、“西吉马铃薯”、“西吉芹菜”、“同心圆枣”、“老苗”（月饼）、“塞外香”（粮油）、“涝河桥”（牛羊肉）、“灵武长枣”、“香山硒砂瓜”、“银川白酒”、早康（枸杞产品）、十里花（蜂产品）、法福莱（面粉）、草原阿妈（调料）等被认定为“中国驰名商标”。有18件农牧产品商标被注册为宁夏地理标志证明商标。

【e. 行业管理】

1. 加强规划引导

通过借助外脑、深入调研、反复论证，科学编制我区食品与药品专项规划，委托工信部赛迪研究院编制完成《宁夏消费品工业十三五规划》、《宁夏葡萄产业结构调整规划》、《宁夏医药产业十三五规划》，处室撰写完成《宁夏开展消费品工业“三品”专项行动实施方案》引导产业转型升级，促进行业健康持续发展。

2. 开展食品行业对标

指导宁夏乳制品工业协会制定了食品行业对标工作实施方案，并组织20户对标试点企业建立对标工作机制，夏进乳业、康亚药业、法福来清真食品等对标试点企业通过对标工作开展，收效显著。结合行业特点、企业特色、岗位特征，组织对标企业开展赴外学习考察、管理人员能力提升培训、专业技能大赛等多

种工作形式，深入推进重点行业、重点企业对标工作，提升了行业整体发展水平。加强食品人才培训。依托全区企业经营管理人才素质提升工程、自治区非公有制经济领域领军人才培训暨银河星光培训工程等人才培训项目，结合企业在生产、经营、管理等方面的需求，组织食品领域 70 余户企业，百余人分别赴厦门、无锡、海口，参加食品行业三品战略提升班、食品行业领军人才高级研修班。

3. 重点产业调研

根据委内《关于开展重点产业发展专题调研的通知》要求，认真梳理行业发展现状，确定开展乳制品产业调研，分析我区乳制品行业现状，提出发展目标和思路、重点任务以及下一步措施及建议，为加快推进全区工业结构调整和发展方式转变提供有利依据。

王 巍

3.28 辽宁省

2016年是“十三五”规划的开局之年。辽宁食品工业面对经济持续下行的压力，以推进供给侧结构性改革为主线，以实施“三品”战略为着力点，以科技创新驱动为引领，着眼结构优化，加快出清落后产能，积极依托新科技、新理念调整经营思想规划路线，努力遏制行业快速下行，食品行业呈现出逐步探底趋稳的发展态势。

【a. 概况】

2016年，辽宁食品工业受各种不利因素叠加共振影响，运行压力依然偏大，呈现逐阶下行走势，主要经济指标均有较大下降，且效益指标降幅高于总量指标，主要有以下几个原因：一是整体经济下行，市场景气趋冷，消费势头依然低靡；二是产品结构调整力度、适应度和创新活力不够，没有形成有力有效的供给，满足消费升级的新产品品种不足、牵动力不强；三是企业加速淘汰落后产能，加快低附加值产品出清，造成部分产品产量大幅下降；四是原料价格上涨和工业品出厂价格下降蚕食了企业利润；五是受国际市场需求低迷等因素影响，全年食品工业出口形势依然严峻；六是进一步做实数据和统计调整也对指标向下修正产生较大的拉动作用。

在食品工业整体运行低迷，产销下降的情况下，行业发展仍不乏亮点：一是对全省工业的贡献权重仍较大，以13.5%的规模以上企业数量占比，贡献了15.3%的利润，并且运行质量要优于全省工业平均水平，如：主营业务收入利润率比全省工业平均高1.3个百分点；二是产业集中度进一步加大，2016年，主营收入超10亿元的企业由2015年的52户减少至38户，但主营业务收入占比却增加7.4个百分点；三是以烘焙、速冻食品等为代表的方便、快销食品行业紧贴市场需求，加大产品创新力度，优化物流配送，积极融入“互联网+”，继续保持了平稳、健康的发展态势，如：沈阳桃李面包，完成主营业务收入33.1亿元，同比增长28.95%，实现利润4.36亿元，同比增长25.53%；四是重点骨干企业积极推行全产业链模式，加快产品推陈出新，优化物流配送，积极开拓新市场，创新营销模式，龙头牵动作用凸显；五是“两化融合”创新发展稳步推进，如：大连獐子岛与互联网休闲食品领军企业良品铺子深度合作，开启“海洋食品+休闲食品”产业交叉跨界合作模式，线上业务出现爆发式增长，如：鞍山市行业主管部门大力引导食品品牌企业加快开展网络营销，深化电子商务应用，积极探索移动电子商务、众筹营销、网上个性化定制等新型营销模式；锦州云杉熏鸡、尹家熏鸡、道光廿五等企业依托滨海电子商务产业基地建立了网上交易平台，实现线上线下协同发展。

【b. 主要经济指标】

2016年，全省规模以上食品工业企业1390户，同比持平，亏损企业213户，同比增加58户，亏损面达15.3%，其中：食品制造业亏损面近20%；规模以上食品企业从业人员22.3万人，同比下降16.8%。主要经济指标均有较大幅度下降。

表1 2016年全省食品工业主要经济指标

单位：户、亿元

指标 分类	企业数	主营收入	同比	利润总额	同比	利税总额	同比
农副食品加工业	1027	1944.0	-32.3%	64.3	-44.0%	82.4	-48.5%
食品制造业	202	243.3	-39.7%	18.7	-19.4%	26.3	-21.7%

指标 分类	企业数	主营收入	同比	利润总额	同比	利税总额	同比
茶、饮料制造业	157	191.9	-41.4%	18.4	-32.6%	36.0	-25.2%
烟草加工业	4	69.2	-19.3%	-0.6	-120.7%	41.9	-28.6%
	1390	2448.4	-33.6%	100.8	-40.1%	186.5	-37.9%

1. 从各市情况看

全省14个市的食品工业发展状况差异明显。主营业务收入超过百亿的有8个市，实现利润总额超10亿元的有3个市。沈阳、大连两市规模以上食品企业合计692户，主营业务收入合计1232.3亿元，利润总额合计59.0亿元，分别占全省食品工业的49.8%、50.3%、58.5%。户均主营业务收入超过全省平均的有5个市，其中：营口市最高，户均2.78亿元，比全省户均高1.02亿元。户均利润总额超过全省平均的有6个市，其中：营口最高，达到0.13亿元，比全省平均高0.06亿元。主营业务收入利润率超过全省平均的有8个市，其中：本溪最高，达到10.8%（即每实现100元收入盈利10.8元）。

表2 2016年全省各市规模以上食品企业经济指标

单位：户、亿元

市别	规模以上企业数	占比	主营业务收入	占比	利税总额	利润总额
沈阳	366	26.3%	600.9	24.5%	59.2	30.1
大连	326	23.5%	631.4	25.8%	37.7	28.9
鞍山	101	7.3%	147.6	6.0%	6.6	4.2
抚顺	15	1.1%	14.6	0.6%	1.9	1.0
本溪	33	2.4%	15.8	0.6%	2.9	1.7
丹东	87	6.3%	133.4	5.4%	4.1	3.4
锦州	137	9.9%	292.7	12.0%	20.4	16.3
营口	55	4.0%	153.1	6.3%	38.4	7.3
阜新	46	3.3%	75.7	3.1%	4.6	3.2
辽阳	11	0.8%	9.5	0.4%	0.4	0.3
盘锦	71	5.1%	156.0	6.4%	7.4	3.3
铁岭	63	4.5%	140.6	5.7%	-0.5	-1.4
朝阳	54	3.9%	46.9	1.9%	2.9	1.9
葫芦岛	25	1.8%	30.2	1.2%	0.6	0.5
合计	1390	100%	2448.4	100%	186.6	100.8

2. 从主要产品看

在重点调度的产品中，同比增长的仅有2项（精制食用油、包装饮用水），下降超过50%的有2项（白酒、果蔬汁），下降在30–50%之间的有1项（饲料）。

表3：2016年部分产品产量及行业排名

单位：万吨、万千升

指标 产品	产量	同比	占全国产量比重	全国排名
乳品	85.0	-8.1%	2.8%	12
啤酒	232.6	-4.0%	5.2%	5
白酒	8.3	-80.8%	0.6%	21
精制油	193.0	3.2%	2.8%	13
软饮料	287.0	-17.6%	1.6%	22
罐头	25.4	-14.2%	2.0%	14

3. 从企业规模看

虽然大型企业的聚集度和适应力得到凸显，但受制于行业下行的压力，大型食品企业的数量有所减少。全省规模以上食品工业企业主营业务收入超过10亿元的企业有38户，同比减少14户，占全省规模以上食品企业的2.7%，其中：10–20亿元的企业减少13户；共完成的主营业务收入合计825.9亿元、同比减少232.7亿元，占全省食品工业完成主营业务收入的33.7%、同比增加7.4个百分点。户均主营业务收入21.7亿元，同比增加1.3亿元，是全省平均的12.3倍。

表4 2016年全省食品工业重点企业分布表

单位：户、亿元

	企业数	主营业务收入
100亿以上	1	100.0
50-100亿	0	-
30-50亿	6	251.3
10-30亿	31	474.6

4. 从出口情况看

受国际市场低靡的影响，辽宁食品出口下降趋势的拐点仍未见到。2016年，食品工业出口交货值242.1亿元，同比下降31.5%，其中：农副食品加工业出口224.9亿元，同比下降31.0%（占比最大的水产品加工出口180.0亿元，同比下降16.8%）；食品制造业出口交货值完成11.1亿元，同比下降51.4%。

5. 从价格指数看

消费价格指数保持了较低的水平。全年居民消费价格总水平同比上涨 1.6%，其中：食品烟酒价格上涨 2.5%。全年农产品生产者价格总水平同比上涨 0.7%。

6. 与全省工业对比情况看

辽宁工业发展遇到了严峻的形势，与消费密切关联的食品工业虽然同样困难，但总体运行状况略好，运行质量要好于全省工业平均水平。食品工业户均实现利润 730 万元，比全省工业平均高 90 万元，主营业务收入利润率 4.1%，比全省工业平均高 1.3 个百分点。

表5 2016年食品工业与全省工业对比情况

单位：户、亿元

	食品工业	农产品加工业	食品工业占农产品加工业比重	全省工业	食品工业占全省工业比重
规模以上企业	1390	2379	58.4%	10319	13.5%
主营业务收入	2448.4	3307.9	74.0%	23802	10.3%
利税总额	186.5	250.9	74.3%	2061	9.0%
利润总额	100.8	145.3	69.4%	657.6	15.3%
增加值	461.4	680.8	67.8%	4841.9	9.5%

（1）与区域内其它省对比看

同出东北的黑龙江、吉林，其食品工业发展向上拐点已现，吉林、黑龙江两省食品工业结束连续 2 年负增长，主营业务收入均实现恢复性正增长，而辽宁的食品工业仍未能走出低谷，自 2014 年起已连续 3 年负增长。2016 年，东北三省规模以上食品工业企业数、主营业务收入占全国食品工业比重分别为 10.4%、9.0%。

表6 2016年东北区域食品工业对比情况表

类别 省份	区域占比%		主营收入	主营收入占	全国排名	
	规模企业	主营收入	同比增长	全国比重%	2015	2016
辽宁	32.1%	22.8%	-33.6%	2.0%	11	18
吉林	34.5%	43.6%	6.8%	3.9%	10	8
黑龙江	33.4%	33.6%	20.0%	3.0%	13	12

（2）与全国食品工业对比看

在全国各地食品工业呈现上升的局面下，辽宁食品工业位次快速下移。全省规模以上食品工业主营业务收入占全国食品工业比重为 2.0%，出口交货值占全国食品工业出口比重 5.3%。2016 年在全国排名（按主营业务收入计）从 2015 年的第 11 位降至第 18 位。全省规模以上食品企业户均实现主营业务收入 1.76 亿元，比全国平均水平低 38.9%；户均实现利润 730 万元，比全国平均水平低 63.3%；主营业务收入利润率 4.1%，比全国低 2.8 个百分点。

【c. 品牌建设】

在低靡的运行形势下，辽宁省政府、相关部门和食品行业企业加大对品牌、品质、品种的推进相关工作，特别是品牌建设工作取得不错成绩。2016 年，国家工商总局新认定辽宁驰名商标 5 项，其中食品类 1 项（辽宁北茅酒业有限公司的北茅商标）；2016 年，辽宁省名推委共组织申报 385 项产品参评 2015 年度辽宁名牌产品，经审核最终认定了 218 项产品，其中：食品工业类产品 59 项，占 27.1%，另外在已连续 3 次复评的 20 项产品中，食品类有 7 项，其中辽宁三沟有限责任公司综合得分排名第一；在由国家食品工业协会举办的 2016 年中国食品工业协会科学技术奖评选中，辽宁有 2 户企业申报，其中抚顺金泰粮油科技开发有限公司获得二等奖，铁岭昌图国美农牧集团有限公司获得三等奖；在中国轻工业联合会组织开展的“2015 年轻工优势品牌产品”评选活动中，抚顺金泰粮油科技开发有限公司获评轻工百强企业，大连辽渔远洋食品有限公司生产的远洋牌金枪鱼罐头、南极磷虾罐头获评“2015 年轻工优势品牌产品”；在 2016 年第十届中国品牌价值 500 强评选中，大连獐子岛作为我省唯一的食品工业类品牌入选，位居第 315 位；盘锦大米荣获“2016 年中国十大大米区域公用品牌”和“2016 年度中国大米区域公用品牌核心企业”称号。

【d. 食品工业“十三五”发展规划】

“十三五”期间，我国经济发展仍处于新常态，面临的机遇前所未有，面临的风险和挑战更是前所未有。科学、系统地做好辽宁食品工业未来五年发展的顶层设计，准确预测宏观形势和行业发展前景，科学制定应对复杂形势的思路措施，对于辽宁食品工业及

时抢抓“新一轮东北振兴”、“一带一路”、“京津冀一体化发展”等重大发展机遇，全面提升自身竞争力，实现健康有序发展，全面建成小康社会和实现“食品安全放心省”都具有极其重要的指导意义。

为更好指导和引导食品产业的可持续稳定发展，辽宁省食品工业办公室在充分调研的基础上，充分发挥业内人士、行业专家优势，经过广泛论证、反复修改，完成了《辽宁食品工业十三五发展规划》。

《规划》制定了以围绕“五位一体”总体布局和“四个全面”战略布局，坚持五大发展理念，以推进供给侧结构性改革为主线，以满足人民日益增长和不断升级的安全、多样、健康、方便消费需求为目的，以创新驱动为引领，着力提高供给质量和效率，全面实施精准扶贫，为现实全面小康和“食品安全放心省”提供重要支撑的指导思想。

《规划》为辽宁食品工业未来五年发展勾画了具体目标，制定了走“一个中心，两个途径，三个领域”的发展路径，预计到2020年产业规模不断壮大，占全省工业比重达到15%，规模以上食品企业主营业务收入预期年均增长7%左右，产业结构持续优化，供给质量和效率显著提高，食品安全水平达到全国平均水平以上。规划还对3大行业17项子行业提出了明确的发展方向、发展重点和发展方式。

【e. 重点项目】

重点项目强力推进。从投资额上看，总投资超10亿元的在建重大投资项目2项，其中：辽宁珠穆朗玛食品有限责任公司年产24万吨饮料项目，总投资10亿元；华润雪花啤酒（大连）有限公司年产68万吨啤酒项目，总投资11亿元。从各市情况看，丹东市投资5000万元以上的省重点工业项目10个，其中：2016年已开工的项目8个，新项目2个；省级企业技术创新计划重点项目6个，其中重点新产品开发1个，产学研合作项目5个。锦州市农产品深加工项目56个，包括新开工项目38个，续建项目14个，前期项目4个，项目总投资67.3亿元，其中：辽宁金麦田农业开发有限公司年产6.5万吨脱水蔬菜项目、锦州晟元生物科技有限公司年产50万吨玉米蛋白饲料项目等21个项目均于2016年底前竣工投产或试产。阜新市重点食品工业项目16个，其中：辽宁福大牛业有限公司肉牛屠宰及肉牛加工等在建项目7个，总投资6.24亿元，预计新增销售收入9.03亿元；辽宁金地果蔬食品有限公司年产1.5万吨浓缩番茄酱深加工（二期）等新开工项目9个，总投资3.02亿元，预计新增销售收入2.3亿元；阜新亿阳源升果业有限公司果蔬饮品生产及加工等规划项目1个，总投资8000万元。朝阳市投资1亿元以上的食品加工项目3个，总投资6.7亿元，分别为：辽宁五丰农产品加工有限公司蜂产品加工项目总投资1.5亿元，凌源市昱旸天地农业有限公司食品保鲜项目总投资3.3亿元，凌源辽宁康熙八旗酒业有限公司白酒项目总投资1.9亿元。盘锦市食品工业投资项目18项，总投资70.994亿元，2016年已完成投资7.94亿元，其中：竣工项目4项，总投资7.3亿元；新开工项目4项，总投资27.394亿元；续建项目9项，总投资34.8亿元，拟开工项目1项，总投资1.5亿元。

【f. 产业园区建设】

集聚之路，大力推进产业园区建设是食品工业发展的趋势。鞍山市依托当地优势资源禀赋重点打造3个食品产业园区，海城市重点发展耿庄大蒜、祝家南果梨深加工；台安县重点发展畜禽屠宰及熟食加工、速冻调制食品、果蔬加工；岫岩重点发展蘑菇食品、罐头食品、饮品和保健品等加工。本溪市围绕“打绿色牌、走特色路”的发展思路，充分利用生态环境好，绿色和特色农产品加工优势，形成了特色优质稻米、冰葡萄、五味子、食用菌、畜产品五大产业链条。丹东市重点打造以东港为中心的水产品产业集群和以宽甸为中心的其它农副食品产业集群。锦州市确立了依托“一核一带两翼”区域布局，发展6大产业集群的工作目标，即以102国道沟帮子为核心，以102线为农副产品加工产业带，以义县、滨海新区为两翼的农副产品加工产业集群，形成了粮食加工、畜禽加工、果蔬加工、乳制品加工、海产品加工、木制品加工等6大产业链。阜新市积极推动高新区和阜蒙县食品工业园建设，重点发展乳品、果菜、速冻方便食品、肉产品加工、粮油加工五大产业链条。盘锦高升经济区农产品加工产业园总面积20平方公里，具有明显的区位优势和资源优势，重点发展果蔬加工、畜禽加工、水产品加工、休闲食品加工等。

【g. 科技创新与产学研】

科技创新成效明显。2016年，辽宁省科技厅根据《辽宁省科学技术奖励办法》的有关规定，共评定269个项目获奖，其中食品工业类获得6项，分别为科技进步一等奖1项，科技进步二等奖1项，科技进步三等奖3项，企业重大研发成果奖1项。

产学研工作稳步推进。大连工业大学完成的“全麦糖浆清洁生产关键技术研究”，大连工业大学和大连理想食品有限公司共同完成的“连续式罐头装罐包装机的设计与开发”2项技术获2015年度中国轻工业联合会科学技术进步二等奖；省食品行业发展专家委员会与大连洪家畜牧有限公司签订了战略合作协议，沈阳农业大学与大连江华熟肉食品有限公司达成了一对一帮扶意向；阜新振隆特产公司与辽宁工程技术大学、沈阳农业大学、辽宁省农科院等科研院所合作，组建研发中心，大大缩短了产品的研发周期；营口市行业管理部门积极协调相关专家、企业，稳步推进《即食海蜇》地方标准的前期调研、立项、起草、备案等相关工作，为海蜇加工行业规范化、标准化发展奠定良好基础。

【h. 食品安全】

2016年，按照国家食药监总局相关要求，辽宁省食药监局在组织的国家食品安全监督抽检中，对在辽宁省内粮食加工品、乳制品、罐头等30类产品（不含初级食品产品和餐饮食品）进行了监督抽检。截至2016年底共对6424批抽查结果进行了公布，其中：合格产品6282批次，不合格产品142批次，合格率为97.8%；冷冻饮品不合格率最高，达到9.09%。

表7 2016年国家食品安全抽检（辽宁）明细表

产品类别	抽查批次：其中		
		合格	不合格
粮食加工品	893	892	1
食用油、油脂及其制品	135	135	0
调味品	572	564	8
肉制品	492	486	6
乳制品	59	59	0
饮料	637	619	18
方便食品	45	42	3
饼干	34	32	2
罐头	94	92	2
冷冻饮品	77	70	7
速冻食品	168	168	0
薯类和膨化食品	73	69	4
糖果制品（含巧克力及制品）	74	74	0
茶叶及相关制品	14	14	0
酒类	436	422	14
蔬菜制品	322	312	10
水果制品	107	105	2
炒货食品及坚果制品	268	249	19
蛋制品	80	75	5
可可及制品焙烤咖啡	5	5	0
食糖	48	48	0
水产制品	606	588	18
淀粉及淀粉制品	43	41	2
糕点食品	893	875	18
豆制品	156	154	2
蜂产品	80	79	1
特殊膳食食品	10	10	0
食品添加剂	3	3	0
总计	6424	6282	142

【i. 行业交流】

加强与行业发达地区对标，积极开展行业交流工作。组织企业参加中国食品工业协会和衡水市政府主办的“2016中国龙头食品企业峰会”，了解当前国内食品工业发展形势及“十三五”期间有关食品工业的产业政策等；组织有关企业和人员参加中国食品工业协会在上海举办的“2016中国（国际）食品产业发展论坛”，学习先进地区和企业在制度创新、技术创新、品牌培育、供应链优化等方面所做的有益探索和取得的经验；组织省内专家及行业管理人员赴山东临沂学习推进产业集群发展建设经验，了解相关扶持政策等；

阜新市行业管理部门积极开展与发达省份食品行业管理部门协作，巩固和发展与福建、山东、河南等食品行业发达地区的合作，并以举办招商说明会等形式做好食品工业招商工作。

【j. 展贸工作】

面对行业持续低迷的发展态势，全省各市行业管理部门主动作为，积极搭建平台，组织开展了多种形式的"走出去，请进来"展贸活动，既树立了辽宁食品工业的良好形象，也有效地提振了消费者对地产食品的消费信心。省食品工业管理部门为加快推进"食品安全放心省"建设，促进食品行业健康有序发展，与辽宁七星传媒有限公司在沈阳606所、北陵、金沙湾等社区陆续开展了以"食品安全全民共治共享"为理念，以"履行主体责任意识，提振消费信心"为主题的"幸福工程—食品安全进社区"系列公益宣传活动，彰显了食品企业对履行食品安全主体责任的主动作为，提振了社区居民对地产食品的消费信心和消费意愿；沈阳市组织了红梅味精、不老林糖果等7家食品企业组团参加了2016中国（上海）国际食品博览会，参展企业普遍反映，通过展会开阔了视野，找准了差距，更新了理念，确立了目标，另外沈阳辉山乳业在同步举行的行业发展高峰论坛上做了主旨演讲；大连市举办了第八届中国（大连）轻工商品博览会（"轻博会"），展会设标准展位近700个，面积近15000平方米，吸引了北京、上海、天津、武汉、黑龙江等省内外100余家企业参展，獐子岛、天正水产、麦花食品等大连本地行业骨干企业成为展会亮点；阜新市举办了食品工业产品推介会暨供需对接会，阜新鲁花花生油有限公司、阜新桃李园食品有限公司、辽宁香香（集团）食品有限公司等20家企业参展，并与邀请的市属党政机关、医院、学校、大企业集团后勤部门签订了采购意向；盘锦市通过组织相关企业参加哈洽会大力加强大米等特色产品的宣传。

【k. 协会动态】

2016年，辽宁省各级食品行业（专业）协会立足行业、强化服务、突出特色，积极应对行业持续下行压力。省白酒协会举办办了"辽宁纯粮固态好酒标准样品纪念酒发布会暨辽宁省第八届白酒感官品鉴会"，对12家荣获"辽宁纯粮固态好酒典范企业"进行了颁奖，同时表彰了"辽宁十大酿酒师"及"酿酒标兵"；为落实人才兴企战略，弘扬工匠精神，激发从业者学技术、练本领、比技能的工作热情，省白酒工业协会和省财贸轻纺金融工会联合举办了全省白酒行业酿酒技能竞赛，国家酒业协会、省有关职能部门领导及白酒企业相关从业人员共80余人参加了本次活动；沈阳市食品协会在国家食品协会的支持下，按照"立足沈阳，面向全国，立足安全，扩大影响，营养健康，惠及百姓"的总体办展思路，举办了德氏·2016中国（沈阳）食品博览会。

【l. 酒行业】

1. 啤酒行业

2016年，辽宁啤酒行业仍处于低位运行，受宏观经济、消费环境和天气因素影响，啤酒产销量延续下行态势。全省规模以上啤酒企业总产量232.6万千升，同比下降4.0%，占全国产量5.2%，占比同比基本持平，排名全国第5，同比增加1位。

根据省啤酒协会对全省18户重点啤酒企业统计数据分析，2016年，合计产量227.7万千升，同比下降4.8%。产量超过10万千升以上的企业共有5户，同比减少1户，占统计企业的27.8%，合计产量142.6万千升，占统计企业产量62.6%。产量最高的单体企业产量为77.6万千升；产量最高的品牌在全省共有10户企业，总产量167.1万千升，占统计产量73.4%，地产品牌仅有2户，合计产量11.2万千升，占统计产量8.7%；从地区情况看，沈阳、大连、鞍山的产量位居前3位，分别为84.8万千升、34.2万千升、19.0万千升，分别占统计总产量的37.2%，15.0%和8.3%，同比分别增加0.9%、-1.4%、-0.4%，3市合计产量占统计产量60.6%。

全省18户重点啤酒企业全年实现利税总额为22.1亿元，同比下降2.5%；实现产品销售收入净额为60.7亿元，同比下降2.1%；实现利润总额为10.6亿元，同比基本持平。其中：千升酒平均利润达到467.0元，达到100元以上（含100元）的企业共有12家；全年人均实现利税21.7万元，达到30000元/人、年以上的企业有16家。

从物耗指标看：2016年，全省18户重点骨干企业五项消耗指标除粮耗指标同比有所降低，其它四项项均比去年同期升高。其中：酒总损达到3.00%以下（含3%）的企业共有10家，比上年减少5家；啤酒耗粮达到145公斤/千升以下（含145公斤）的企业共有7家；啤酒耗标煤达到55公斤/千升以下（含55公斤）的企业共有13家，同比减少2家；啤酒耗电达到60度/千升以下（含60度）的企业共有10家；啤酒耗水达到4.00立方米/千升（含4.00立方米）以下的企业共有15家，同比减少1家。

表8 2016年全省重点啤酒企业五项消耗指标表

指标分类	最高	最低	平均	同比	按总产量共多消耗
总损失率%	1.91	4.33	3.08	0.48	1093千升
耗粮（kg/kl）	157.33	141.39	147.97	-0.24	-547吨
耗煤（kg/kl）	68.00	18.14	33.14	3.14	7150吨
耗电（度/kl）	98.0	36.21	50.85	2.24	510万度
耗水（m^3/kl）	5.63	2.30	2.96	0.10	22.77万m^3

2. 白酒行业

辽宁省白酒行业受到了行业内外的多重因素影响，继续低位运行，行业发展举步维艰。

2016年，全省规模以上白酒企业60户，其中亏损9户；总资产34.6亿元，同比下降3.9%；全年完成主营业务收入25.9亿元，同比下降73.4%；上缴税金1.5亿元，同比下降48.3%；实现利润0.8亿元，同比下降81.8%；完成产量白酒8.3万千升（折成65度计），下降80.8%，占全国比重0.6%，占比下降2.9个百分点。

【m. 小资料】

1.2016年辽宁省科学技术奖

（食品工业部分）

序号	奖种	获奖项目	完成单位	获奖等级
1	科学技术进步奖	藻类高植化深加工技术及产业化	大连工业大学等	一等
2	科学技术进步奖	环保型饲料原料制备技术研究与应用	沈阳农业大学等	二等
3	科学技术进步奖	肉鸡用复合微生态制剂的研制与应用	沈阳科丰牧业科技有限公司	三等
4	科学技术进步奖	动物源性食品中多种兽药和污染物残留的安全性评价及筛查确证技术研究与应用	沈阳农业大学等	三等
5	自然科学奖	牛磺酸重要生物学作用研究	沈阳农业大学等	三等
6	企业重大研发成果奖	仔猪用优质高效型饲料产业化研发	辽宁禾丰牧业股份有限公司	

2.2015年度辽宁名牌产品名单（食品工业）

序号	产品名称	注册商标	申请单位
1	人参制品（不含药品）	森涛	辽宁天士力森涛参茸股份有限公司
2	海参	图形	大连壹桥海参股份有限公司
3	海参	“群岛”海参	大连有德渔业集团有限公司
4	海参及海参制品	虹参岛	辽宁阿里郎生物工程股份有限公司
5	风味鱼制品	乐渔	大连东霖食品股份有限公司
6	水产品（罐头类、焙烤类）	阿尔帝	辽宁仁达食品股份有限公司
7	速冻猪（鸡、牛）肉制品	基雄	盘锦金氏食品有限公司
8	加工速冻鱼片系列		大连美和食品有限公司
9	速冻贝类	港珠	东港市港珠食品有限公司
10	中国对虾（加工品）	二界沟	辽宁每日农业集团有限公司
11	速冻生制虾系列	亚洲渔港	亚洲渔港供应链管理（大连）有限公司
12	白酒	九门口	葫芦岛市九江酒业有限责任公司
13	白酒	凌塔	朝阳凌塔酿造科技开发有限公司
14	干红葡萄酒	丽洲庄园	喀左县丽洲庄园葡萄酿酒有限公司
15	乳制品	图形	辽宁辉山乳业集团有限公司
16	乳制品	图形	本溪木兰花乳业有限责任公司
17	花生露	三寅	锦州市三寅食品有限公司
18	花生露	闪亮e族	辽宁兴坤饮品有限公司
19	饮用天然矿泉水	大清宝泉	沈阳大清宝泉矿泉水饮品制品有限公司
20	肉鸡产品	老九股	鞍山市九股河食品有限责任公司
21	鸡肉产品	刘家河	丹东耘垦牧业有限公司
22	肉鸡产品	成达	大连成达食品集团有限公司
23	生鲜猪肉	图形	辽宁双增食品开发（集团）有限公司

序号	产品名称	注册商标	申请单位
24	肉灌肠制品	金百味	大连金百味食品有限公司
25	熏煮香肠	智胜	辽宁智胜食品有限公司
26	熟肉制品	诚信	大连诚信食品有限公司
27	熏鸡、猪蹄	雲杉	辽宁沟帮子云杉熏鸡有限公司
28	酱卤肉制品	邓先生	铁岭昊军食品有限公司
29	水果罐头（野生蓝莓罐头、糖水黄桃罐头、糖水草莓罐头）	君澳	丹东君澳食品股份有限公司
30	黄桃罐头	头	大连头牌食品工程有限公司
31	冷冻饮品	中街	沈阳中街冰点城食品有限公司
32	大豆植物蛋白冰淇淋	图形	大连天宝绿色食品股份有限公司
33	冷冻饮品	德氏	沈阳德氏冷饮食品有限公司
34	雪糕、冰棍	盛源海杰	盘锦盛源海杰冷食有限公司
35	大米	天禹	盘锦千鹤米业有限公司
36	大米	佳玉	沈阳粮油集团有限公司
37	有机小米	御谷源	辽宁兴诺米业有限责任公司
38	杂粮及全谷物食品	寨香	辽宁寨香生态农业股份有限公司
39	富虹大豆油	图形	富虹集团有限公司
40	大豆油	津乐	九三集团铁岭大豆科技有限公司
41	小品种特种食用植物油	晟麦	辽宁晟麦实业股份有限公司
42	野生山核桃油	长白仙子	辽宁长白仙子生物科技有限公司
43	豆酱	铁石	铁岭市铁石调味品有限公司
44	调味品	天力	大连天力调味食品有限公司
45	酿造酱油	营宝	辽宁省味中鲜食品科技有限公司
46	山里红V8	王城	辽宁桓仁王城饮品有限公司
47	面包	桃李	沈阳桃李面包股份有限公司
48	面包、糕点、月饼等	康福	沈阳康福食品有限公司
49	蜂蜜	AGROSINOEURO	辽宁五丰农产品加工有限公司
50	褐蘑菇	王府田园	辽宁田园实业有限公司
51	白砂糖	银霞	营口北方糖业有限公司
52	杂色蛤制品	图形	丹东泰丰食品有限公司
53	左旋肉碱	科硕	辽宁科硕营养科技有限公司
54	复合预混料	禾豊	辽宁禾丰牧业股份有限公司
55	饲料	SANA	辽宁众友饲料有限公司
56	饲料	图形	辽宁华达牧业有限公司
57	玉米芯颗粒粉载体	北棒	北票市棒棒饲料有限公司
58	駱配合饲料	绒盛	沈阳博阳饲料有限公司
59	人体必需脂肪酸制品	innoBio	大连医诺生物有限公司

郭建国 许智超 鲁凌志 张国通 杨晓蕾 陈博旭

3.29 新疆维吾尔自治区

【a. 概况】

食品工业是新疆轻工业中最大的行业，既是“引擎”产业、“朝阳”产业，也是“民生”产业，是助力新疆扶贫攻坚的一支重要力量。近几年来，特别是2016年新疆食品工业取得了长足发展。

1. 产业规模不断扩大

2016年，食品工业规上企业数685家，占全行业企业数的75.2%%，完成工业总产值938.46亿元，占全行业总产值的78.6%，实现工业增加值215.38亿元，占全行业增加值的72.9%，从业人员8.14万人，占全行业总人数的75.4%。是建国以来发展最好的时期之一。

2. 结构调整成效明显

（1）企业规模不断壮大，行业集中度有较大提高。2016年，全区食品工业主营业务收入过10亿元企业达到了12家，超过40亿元的企业达到了4家，超过100亿元的企业1家；

（2）产品结构得到优化，产品档次和附加值明显提高。全区食品工业有68个产品获“新疆名牌”产品称号。

3. 特色资源加工亮点纷呈

新疆番茄酱、辣椒红色素、葡萄酒、红花籽油、枸杞、淀粉及生物发酵、牛羊肉加工等特色资源食品开发已初具规模，在国内市场享有一定的知名度，成为全区食品工业新的增长点。

4. 自主创新能力持续增强

2016年，新疆食品工业技术创新体系不断完善，全区食品工业加强了产学研结合，基本形成了以市场为导向，以企业为主体，以科研院校为支撑的技术研发体系。全区食品行业建有国家级企业技术中心4个，自治区级企业技术中心41个。

5. 农副食品加工业快速发展

2016年，规模以上农副食品加工企业464家（不含食品制造业），占轻工规模以上企业数的45.7%；实现工业总产值562.3亿元，是食品制造业的2倍多，是酿酒、饮料制造业的近4倍，占全区轻工规上企业总产值的36.4%，占归口轻工（不含纺织、医药）规上企业总产值的47.1%，带动4.35万人实现就业，成为新疆食品工业发展的中坚力量。

【b. 大事记】

1. 为促进农业增效、农民增收、农村发展，培育形成经济发展新动能，助力精准扶贫和实现长治久安和社会稳定总目标任务，编制了新疆促进食品工业发展五年行动计划。

2. 根据《国务院办公厅关于加快推进农业供给侧结构性改革大力发展粮食产业经济的意见》（国办发〔2017〕78号）的要求，提出了新疆食品行业贯彻实施意见。

3. 根据自治区食品工业精品品牌工程建设领导小组的安排部署，拟定了“自治区推动食品工业精品品牌工程建设专项行动方案”、《自治区推动食品工业精品品牌工程建设重点企业支持工作方案》。

4. 根据自治区党委、自治区人民政府关于发展新疆葡萄酒产业的安排部署，8月20–21日，会同巴州人民政府成功举办了2016年新疆首届丝绸之路葡萄酒节。

5. 组织参加了2016北京布鲁塞尔酒类大赛。新疆酒企2款葡萄酒获大金奖（共12个大金奖）、16款葡萄酒获金奖（共61个金奖）、12款葡萄酒获奖（共106个金奖），获奖数量居全国各省区市第一。0

6. 积极推动消费品工业“三品”工程建设，召开了

葡萄酒行业以“品种、品质、品牌”为主题的发展论坛。

【c. 产品产量】

新疆食品行业主要产品产量

产品名称	计量单位	2015年产量	2016年产量	同比±(%)
大米	万吨	43.32	46.55	7.46
小麦粉	万吨	327	314	-3.98
精制食用植物油	万吨	187.92	181.63	-3.35
饲料	万吨	420.76	516.67	22.79
机制糖	万吨	44.02	43.93	-0.20
糖果	吨	5479	8919	62.79
罐头	万吨	87.65	83.11	-5.18
#番茄酱	万吨	82.52	79.45	-3.72
乳制品	万吨	48.64	54.96	12.99
味精	万吨	14.3	16.39	14.62
酱油	万吨	2.09	1.45	-30.62
方便面	万吨	5.02	4.52	-9.96
饮料酒	万千升	66.56	68.93	3.56
#白酒	万千升	8.60	9.61	11.74
葡萄酒	万千升	8.75	12.35	41.14
啤酒	万千升	46.78	46.39	-0.08
发酵酒精	万千升	7.20	8.84	22.78
软饮料	万吨	260.32	242.53	-6.83
#碳酸饮料		14.61	12.29	-15.88
果汁和蔬菜汁饮料		97.17	67.45	-30.59
包装饮用水	万吨	125.22	363.23	191.07
冷饮品	万吨	4.74	4.34	-8.44
卷烟	亿支	201.50	187.00	-7.20

【d. 主营收入】

2016年，规模以上轻工企业实现主营业务收入1125亿元，同比增长3.9%。

新疆食品行业主营业务收入10强企业

企业名称	主营业务收入排序
新疆梅花氨基酸有限责任公司	1
红云红河烟草（集团）有限责任公司新疆卷烟厂	2
新疆伊力特实业股份有限公司	3
新疆天康畜牧生物技术股份有限公司	4
益海（昌吉）粮油工业有限公司	5
新疆昌吉娃哈哈乳业有限公司	6
新疆天康饲料科技有限公司	7
新疆阜丰生物科技有限公司	8
新疆天润乳业股份有限公司	9
新疆天润生物科技股份有限公司	10

【e. 名牌产品】

序号	企业名称	注册商标	产品名称
1	新疆汇祥农业发展有限公司	鑫北屯	葵花籽仁
2	阿勒泰新吉国际贸易有限公司	思亲	葵花籽仁
3	新疆瑞源丰贸易有限公司	瑞源丰牌	葵花籽仁
4	温宿县银峰盐业有限责任公司	“中盐”	绿色食品加碘精制盐、海藻加碘盐、绿色食品低钠盐
5	精河县精河盐化有限责任公司	艾比湖	精制盐
6	新疆盐湖制盐有限责任公司	盐湖牌	食用盐
7	和布克赛尔蒙古自治县宏达盐业有限责任公司	黄羊	食用盐
8	新疆笑厨食品有限公司	笑厨	小包装番茄酱
9	新疆笑厨食品有限公司	笑厨	番茄调味酱
10	新疆笑厨食品有限公司	笑厨	鸡精
11	新疆中亚食品研发中心（有限公司）	新康	调味番茄酱
12	新疆和硕丁丁食品有限责任公司	丁丁	小包装番茄酱
13	新疆秦星实业投资有限公司	秦星，智朋	番茄酱罐头
14	新疆天润生物科技股份有限公司	天润	液体乳(不包括酸乳)
15	新疆天润生物科技股份有限公司	天润	酸乳
16	南达新农业股份有限公司	音苏提	有机纯奶粉
17	南达新农业股份有限公司	音苏提	液体乳
18	新疆石河子花园乳业有限公司	花园	乳粉
19	新疆石河子花园乳业有限公司	花园	酸乳
20	新疆石河子花园乳业有限公司	花园	液体乳
21	新疆西域春乳业有限责任公司	西域春	液体乳
22	新疆西域春乳业有限责任公司	西域春	酸乳
23	新疆玉昆仑天然食品工程有限公司	驴妈妈	冻干驴奶粉
24	阿勒泰冰花食品有限责任公司	涵香	涵香奶酪
25	阿克苏统一企业有限公司	统一	饮料（不含碳酸饮料）
26	石河子开发区神内食品有限公司	神内	胡萝卜汁系列饮料
27	麦趣尔集团股份有限公司	麦趣尔	饮料（不含碳酸饮料）
28	新疆昌吉娃哈哈乳业有限公司	娃哈哈	饮料{风味饮料}
29	新疆庄子实业有限公司	庄子开拓	红花籽果醋饮料
30	新疆伊珠葡萄酒股份有限公司	伊珠	冰葡萄酒
31	新疆帕戈郎清真食品有限公司	帕戈郎	冰鲜、冷冻鸡肉
32	新疆赛湖渔业科技开发有限公司	赛湖	赛湖牌冷水鱼

贾文豪

3.30 吉林省

【a. 概况】

2016年，吉林省食品产业深入贯彻《国务院办公厅关于开展消费品工业“三品”专项行动营造良好市场环境的若干意见》和《中共吉林省委吉林省人民政府关于深化实施创新驱动发展战略推动老工业基地全面振兴的若干意见》精神，积极推进供给侧结构性改革，大力推动去库存，精准化解、烟草等重点行业企业困难，扎实推动转型升级，全省食品工业保持总体平稳运行。

全省规模以上食品工业企业1492户，同比增加154户，累计实现工业增长值1021.5亿元，同比增长7.7%，增速比全省工业高1.4个百分点。全省食品产业工业增加值占全省GDP的6.86%，同比增加0.14个百分点。

2016年，全省规模以上食品工业企业产值稳步扩大，累计完成产值4695.6亿元，同比增长6.8%，增幅比全省工业高1.2个百分点，产值占全省工业比重19.3%。产品产销衔接良好，多数产品产量同比增长，产品产销率96.9%。食品出口稳步提高，累计实现出口交货值128.4亿元，同比增长17.5%，比全省出口高20.6个百分点，其中：酒、饮料和精致茶制造业同比增长99.8%。

1. 工业产值稳步扩大

2016年，全省规模以上食品工业企业累计完成总产值4695.6亿元，同比增长6.8%，增幅比全省工业高1.2个百分点，产值占全省工业的19.3%。其中：农副食品加工业产值3409.7亿元，同比增长7.2%；食品制造业产值533.4亿元，同比增长7.6%；酒、饮料和精制茶制造业产值611.9亿元，同比增长8%。

2. 产品产销衔接良好

2016年，全省规模以上食品工业企业产销率96.9%。分行业看，农副食品加工业产销率97.2%，食品制造业产销率93.9%，酒、饮料和精制茶制造业产销率99%，烟草制品业产销率94%。其中：食品制造业、酒饮料和精制茶制造业产销率同比分别增加0.9个和1.4个百分点。

3. 产品产量多数增长

2016年，主要监测的29种产品中多数产品产量增长，饲料添加剂、罐头、乳粉、果酒及配制酒、葡萄酒、白酒、冻肉、果汁和蔬菜汁类饮料等8种产品产量增长10%以上。

4. 食品出口稳步提高

2016年，全省规模以上食品工业企业累计实现出口交货值128.4亿元，同比增长17.5%，比全省高20.6个百分点。其中：农副食品加工业116.4亿元，同比增长17.2%；食品制造业9.5亿元，同比增长5.2%；酒、饮料和精制茶制造业2.5亿元，同比增长99.8%。

5. 工业投资较快增长

2016年，食品工业投资1309亿元，同比增长14.6%。投资额度和增速分别居9大支柱优势产业第1位和第2位，增速比汽车、石化分别增加41.6和27.7个百分点。

【b. 重点工作】

全力贯彻落实食品产业转型升级三年行动计划、消费品工业“三品”专项行动和消费品“同线同标同质”工程试点等重点工作，加快食品工业转型升级和供给侧结构性改革，推动烟草去库存，促进全省食品工业

经济稳增长。

1. 主要任务

围绕落实好转型升级三年计划，重点推动一批重大项目、一批重点产业、一批特色园区和一批创新平台建设，谋划一批新特产品和高新项目，强去库存工作。具体开展以下 8 项工作。

（1）推进一批重大项目。重点推进大成集团搬迁改造、中粮集团 3 万吨聚乳酸原料和 17 万吨柠檬酸、皓月集团 200 万头清真肉牛、正大集团 1 亿只肉鸡、雏鹰集团 400 万头生猪、海王集团健康食品、四平君乐宝 20 万吨酸奶及乳酸菌饮料、安图长涛公司 50 万吨矿泉水项目加快建设。同时，加强与上海凯赛公司沟通洽谈，力争引进尼龙 56 项目落户吉林省。

（2）发展一批重点产业。紧盯市场需求，推动企业加快技术进步和产品升级。推动发展医用变性淀粉、蜡质玉米淀粉、聚乳酸农膜和餐盒等制品、聚乳酸烟嘴棒、新资源食品、超高压食品、异山梨醇、高端矿泉水、紫苏深加工产品和清真牛肉罐头等产品。

（3）打造一批特色园区。推动建设长春皓月清真产业园区。加强沟通协调，做好跟踪服务，定期调度进展情况。推进中新食品区加快建设，加快海王集团、广泽乳业等项目建设，推动园区建立可追溯监管体系。推进长白山矿泉水园区发展，加快长白山、延边矿泉水产业发展，推动安图矿泉水产业园区完善基础设施，加快重点项目建设。

（4）搭建一批创新平台。继续推进中韩食品健康产业研发平台加快建设，推动吉林省玉米深加工产业研发管理技术创新服务平台和朝鲜族民族食品创新平台，进一步完善和提升平台公共服务能力，积极开展技术创新服务。

（5）培育一批隐形冠军和小巨人。推动企业产品的差异化发展，突出“专精特新”。提升吉隆生物药业公司的医用变性淀粉、长春海涛天然色素有限公司的黑米黑色素、公主岭市丰禾植物开发有限公司的微胶囊粉末香精等产品，在国内同领域或省内的优势地位。

（6）谋划发展一批新特产品和高新项目。结合我省资源优势、民族民俗文化优势和行业发展趋势，积极谋划发展弱碱性食品、藜麦精深加工产品、满族食品。推动吉林烟草工业公司研发百元级高端卷烟新品，不断调整和提升我省卷烟产品结构。

（7）继续推进去库存工作。推动现有玉米深加工企业稳定扩大生产，促进玉米去库存。推动落实《吉林烟草“十三五”振兴发展的实施意见》，促进吉林烟草工业公司继续加大新品研发力度，扩大市场占有率，加强与云南中烟、江苏中烟合作，提高联产卷烟使用我省烟叶比重。

（8）继续做好常态化工作。积极开展产业调研，加强运行监测分析，精准提出合理化建议。落实好全国食品安全宣传周、全国质量月等工作部署，推动开展诚信体系建设工作。探索创新工作模式，圆满完成上级交办的各项任务。

2. 主要内容

《吉林省食品产业转型升级三年行动方案》规划期 2017–2019 年，是听取了相关专家意见的基础下，经过几十次修改完成的。这个方案即有它独特性的特点，即与以往的发展规划有所不同，它不是对行业的全覆盖，而是主要针对食品产业消费升级的新需求、补吉林省食品产业的短板和落实供给侧改革这三方面编制的，特点突出。同时，它还有共同性的特点，即与吉林省工业“十三五”发展规划中的食品产业部分、中国制造 2025 吉林实施纲要互相融合，紧密衔接。应该方案通篇体现一个“新”字，首次在吉林省食品工业提出了一些新产业、新产品、新模式和新业态等。如清真食品、药食同源食品、特医食品、军需食品、特膳食品、弱碱食品、中央厨房等。《食品产业三年方案》共包括七大部分，项重点工作和保障措施。

（1）总体要求和目标

总体要求是充分依托资源优势和产业基础，以满足营养、优质、多样、安全的食品消费升级需求为目标，围绕“增品种、提品质、创品牌”，着力提升改造玉米深加工、山葡萄酒、杂粮食品等传统产业，大力推进矿泉水、清真食品、药食同源食品等一批新兴产业，振兴发展烟草产业，培育壮大食品装备制造业。通过优化产业结构、扩大品牌影响、增强创新能力、提升食品安全保障水平，推动一二三产业融合发展，全面提高全省食品产业整体发展水平。预计到2019年实现产值6000亿元。

（2）推动供给结构升级

①产业升级。主要提出了8个产业。即玉米深加工、矿泉水、清真食品、山葡萄酒、药食同源食品、杂粮食品、烟草、食品装备制造业。

玉米深加工产业是我省传统优势产业，目前全省玉米深加工能力1490万吨，仅次于山东省（1700万吨，龙江第三900万吨），居全国第二位。其中：赖氨酸（80万吨）和燃料乙醇（60万吨）产能居全国首位，发酵酒精、玉米淀粉产能居全国第二位。但是多年来，我省玉米深加工主要产品只有淀粉、淀粉糖、赖氨酸、发酵酒精、燃料乙醇等为数不多的几个产品，更新换代较慢，创新不足。未来三年，我们将以优化玉米深加工创新链为主线，从五个方面重点加以推动。一是发展专用淀粉或淀粉糖，比如医用淀粉、蜡质玉米淀粉等。二是发展多品种氨基酸，在做大做强赖氨酸的基础上，加快产品产业换代升级，发展苏氨酸、精氨酸、蛋氨酸等多品种氨基酸产品。三是建设有机酸生产基地。四是发展生物基新材料。五是发展纤维素燃料乙醇。

长白山矿泉水产业也是我省的优势产业。长白山区域世界优质矿泉水产区，品质高储量大。目前，我省矿泉水总生产规模居全国第二位。未来三年，我们将以差异化、多元化和品牌化为主线，突出高端和长白山特色，支持开发母婴、化妆等专用矿泉水和功能矿泉水。目前，农夫山泉和泉阳泉已开发出了婴幼儿、母婴专用水。

清真食品产业是基于一带一路对外开放战略提出的。据初步测算，一带一路沿线有穆斯林国家41个，总人口近10亿，市场十分广阔。而且目前清真食品缺乏大型企业和知名品牌。为此，我们将积极推动以皓月集团为主要依托，以麒鸣牧业、金翼蛋品等支撑，以西部草原为基地，打造肉、蛋、奶和粮食加工、特产加工为主要产品的清真食品产业。

药食同源食品产业主要是基于人参、梅花鹿、紫苏等我省丰富的药食同源资源和科研开发基础提出的。下一步我们将大力推动人参全产业链研究与开发，实现人参全株综合利用。提高梅花鹿、紫苏等开发精深度，培养龙头企业，做大产品。

山葡萄酒产业也是我省的传统优势产业，而且还是我省为数不多在国内局有一定影响力的快速终端消费品。目前，我省葡萄酒产量居全国第二位，仅低于山东省。长白山区域特有的东亚山葡萄品种和地理优势，通化葡萄酒是开国大典的国宴用酒、长白山葡萄酒是东北最早的葡萄酒厂，通天酒业是东北第一家在香港上市的葡萄酒企业，下一步我们将充分发挥好这些优势，积极推动葡萄酒行业创新发展。依托山葡萄资源和大企业的带动，开发冰山葡萄酒、低醇山葡萄酒、无醇山葡萄酒等产品，同时，积极发展山葡萄酒庄经济，促进一二三产业融合发展。

此外，吉林还将大力发展杂粮杂豆产业、振兴烟草产业和培育发展食品装备制造业。

②技术升级。主要推动聚乳酸研究开发、超高压食品技术应用、藜麦食品的开发和新技术的应用与转化。聚乳酸做为生物基新材料已得到国际上的公认。但国内产业化程度还不高，我们将积极推动中粮集团与长春应化所等科研机构，建立聚乳酸合作创新研发平台，提升聚乳酸制品质量，推动聚乳酸产业化。

超高压食品技术是备受各国重视的一项食品高新技术，在国外已得到广泛应用，但国内应用程度不高，

我们将积极跟踪国内超高压食品技术的应用，引导和推动吉林省企业开展应用，发展超高压新型食品产业。

（3）促进需求结构升级

要深入挖掘朝鲜族、蒙古族、满族、回族等少数民族的传统饮食文化，发展一批传统的民族特色产品。同时推动传承创新，产业升级，将现代技术和传统工艺相结合，开展一批现代民族产品。

引导发展军需食品。根据军需食品升级换代需求加强研究开发高能量、全营养素、轻量化的军需专用食品，如特殊兵种、野营拉练、高原等特殊需要的方便特种食品，推动军民融合。

鼓励发展特膳食品。随着人们的生活水准的提高，营养健康食品需求量不断增大，根据特定人群需要，开发功能、养生、健康食品。并创新营销模式，为特殊人群提供专属服务。

发展弱碱食品。抓住西部盐碱地改造开发的有利契机，发挥盐碱地未被开垦，不含农残和药残，农作物富含赖氨酸、精氨酸、组氨酸等碱性氨基酸及钾、镁、钙、钠等碱性元素的优势，开发弱碱健康食品。目前，清华大学的华清农业开发有限公司等企业正在开展我省白城地区进行高端育种、绿色种植，建设绿色粮食基地和草食畜牧基地，并以这些优质农畜产品为原料，建设弱碱食品产业园区。

张迎新

3.31 黑龙江省

【a. 概况】

2016 年，全省食品工业规模以上企业发展到 1443 户，同比增加 32 户；全省规模以上食品工业实现主营业务收入 3617.7 亿元，占全省工业的 32.4%、同比增长 0.2%，占全国食品工业的 3%、位列国内第 12 位；实现增加值 605.4 亿元，占全省工业的 20.2%，同比增长 2.6%，比全省工业增速高 0.6 个百分点。非公有控股企业占全省食品工业规模以上企业的比重近 96%，年主营业务收入规模占比近 81%；全省规模以上食品工业主营业务收入规模与河北省接近，属全国第三集团末尾。全国排名第 1 的是山东省（17,620.7 亿元），约占全国的 16%，排名第 2 的是河南省 12063.2 亿元，约占全国的 11%。此外，主营业务收入超 6000 亿元的省份有湖北、江苏、四川、广东四省，超 4000 亿元的省份有湖南、福建、安徽、吉林、辽宁五省。

全省农副食品加工业规上企业发展到 1102 户，占全省食品工业的 76.4%；实现主营业务收入 2794.4 亿元，占全省食品工业的 77.2%；实现增加值 400.3 亿元，占全省食品工业的 66.1%，见表 1。

表1 1102户农副食品加工规上企业构成分布：

行业代码	行业分类	企业户数
1310	谷物磨制	672
1320	饲料加工	91
1331	食用植物油加工	70
1332	非食用植物油加工	1
1340	制糖业	5
1351	牲畜屠宰	40
1352	禽类屠宰	28
1353	肉制品及副产品加工	30
1361	水产品冷冻加工	1
1362	鱼糜制品及水产品干腌制加工	1
1363	水产饲料制造	0
1364	鱼油提取及制品制造	0
1369	其它水产品加工	0
1371	蔬菜加工	41
1372	水果和坚果加工	32
1391	淀粉及淀粉制品制造	32
1392	豆制品制造	24
1393	蛋品加工	2
1399	其它未列明农副食品加工	32

食品制造规上企业发展到 160 户，占全省食品工业的 11.1%；实现主营业务收入 532.4 亿元，占全省食品工业的 14.7%；实现增加值 127.2 亿元，占全省食品工业的 21%，见表 2。

表2 160户食品制造规上企业构成分布：

行业代码	行业分类	企业户数
1411	糕点、面包制造	4
1419	饼干及其它焙烤食品制造	5
1421	糖果、巧克力制造	0
1422	蜜饯制作	1
1431	米、面制品制造	4
1432	速冻食品制造	18
1439	方便面及其它方便食品制造	8
1440	乳制品制造	51
1451	肉、禽类罐头制造	1
1452	水产品罐头制造	0
1453	蔬菜、水果罐头制造	3
1459	其它罐头食品制造	2
1461	味精制造	3
1462	酱油、食醋及类似制品制造	14
1469	其它调味品、发酵制品制造	8
1491	营养食品制造	6
1492	保健食品制造	4
1493	冷冻饮品及食用冰制造	9

行业代码	行业分类	企业户数
1494	盐加工	0
1495	食品及饲料添加剂制造	14
1499	其它未列明食品制造	5

酒、饮料制造规上企业发展到181户，占全省食品工业的12.5%；实现主营业务收入290.8亿元，占全省食品工业的8%；实现增加值77.9亿元，占全省食品工业的12.9%，见表3。

表3.181户酒、饮料制造规上企业构成分布：

行业代码	行业分类	企业户数
1511	酒精制造	15
1512	白酒制造	73
1513	啤酒制造	20
1514	黄酒制造	0
1515	葡萄酒制造	2
1519	其它酒制造	12
1521	碳酸饮料制造	6
1522	瓶（罐）装饮用水制造	26
1523	果菜汁及果菜汁饮料制造	22
1524	含乳饮料和植物蛋白饮料制造	2
1525	固体饮料制造	0
1529	茶饮料及其它饮料制造	2
1530	精制茶加工	1

【b. 主要经济指标】

行业门类	规上企业户数	2016年主营业务收入		2016年产值	2016年利润	
		实际（亿元）	同比增长（%）	实际（亿元）	实际（亿元）	拉动力
全省规模以上食品工业	1443	3617.7	0.2	3678.9	148.4	-2.73
其中：农副食品加工业	1102	2794.5	1.6	2788.7	93	-1.68
食品制造业	160	532.4	-0.8	580.5	38.2	-0.46
酒、饮料制造业	181	290.8	-9.7	309.8	17.2	-0.59

车有春

依托资源优势 发挥特色经济
努力打造全国食品工业强县
——河南省郸城县

郸城县隶属于周口市，位于河南省东部，豫皖两省交界处，北依鹿邑县，西接淮阳县，南靠沈丘县，东与安徽省的亳州为邻。面积1490平方公里，人口135.3万，耕地面积163.7万亩，辖8镇11乡3个办事处和高新技术产业开发区。全国粮食生产先进县、全国食品工业强县、科技进步县、科技富民强县试点县，是河南省对外开放重点县、企业服务先进县、农业综合开发先进县。郸城地处黄淮平原腹地，地势平坦，气候温和湿润，年均气温14.6℃，年降水量755毫米，盛产小麦、玉米、大豆、红薯、中药材等作物，粮食总产量突破20亿斤。

实力雄厚。以食品工业强县战略为指引，积极培育食品龙头企业，不断加大对食品工业的投入，持续推进食品工业与农业产业化协调发展，工业产值和规模不断扩大，成效显著。目前，全县规模以上食品加工企业51家，食品工业产品涉及乳酸、粉（面）、饮品、饼干、豆制品、油脂、红薯制品、淀粉加工、肉品加工、调味品等系列，种类达200余个。近年来，我县充分发挥现有的农产品资源优势，着力拉长食品加工企业链条，依靠科技创新，先后实施先进技术和高新技术102项，荣获国家、省（部）、市科技进步奖402项。进一步突出高新技术产业开发区的科技孵化功能，先后组建1个院士工作站、2个博士后工作站、9个国家和省级技术研发中心专门从事产品研发和技术支持工作。

河南金丹乳酸科技股份有限公司

金星啤酒系列产品

搭建坚实平台，助推企业快速发展。郸城高新技术产业开发区是2016年6月经省政府批准设立，规划面积15平方公里，已建成10平方公里。建成“三纵十横”路网75公里，供电通讯线路110公里，110千伏变电站2座，日处理污水3万立方米和8万立方米的大型污水处理厂2座，每小时生产300吨工业用气的供热设施2处，标准化厂房98万平方米，中小企业综合服务中心3处；并建有友谊医院、安民小区、职工公寓和科技人才之家、行政服务大厅等配套设施，综合承载能力日臻完善。

特色产品优势明显。以金丹乳酸、财鑫糖业、天豫薯业、金星啤酒、文玉米线等系列产品为突破口，重点发展乳酸系列、淀粉系列、食品添加剂系列、啤酒系列、调味品系列、面粉系列、肉制品加工系列，涌现了一批区域消费终端知名品牌。其中，金丹乳酸公司的生产规模亚洲第一，金丹乳酸的国内市场份额超过60%；财鑫糖业为河南省最大的淀粉糖生产商，财鑫牌高麦芽糖荣获河南省高新技术产品；天豫薯业不断进行产品创新、提升淀粉纯度，成为国内最大的纯红薯粉条深加工企业，产品覆盖亚洲、澳洲及欧美等80多个国家和地区；金星啤酒郸城分公司成为豫东最大的啤酒生产基地。

天豫薯业甘薯粉条系列产品

文玉过桥米线

强力政策支持。我县把发展壮大近农龙头企业作为发展县域经济的“重中之重”来抓，列入县委、县政府重要议事日程，出台了《郸城县招商引资优惠办法》、《郸城县对工业发展奖励措施》等一系列扶持措施，率先在全市每年设立5000万元企业发展专项资金，对基础条件好、发展潜力大、成长性强的食品企业进行重点培育，在资金、用地、技改等方面实行政策倾斜，增强竞争力，激励食品工业发展。对每个招商项目，从项目论证、洽谈等前期准备，到开工建设直到建成投产，实行全过程的保姆式服务。从改善发展环境，到完善生活配套，让每一位客商在郸城县投资省心、经营安心、发展舒心。

高新技术开发区一角

茶山镇

一、茶山镇概况

茶山镇位于东莞市中北部，座落于东江支流寒溪河畔，面积45.4平方公里，下辖16个自然村和2个社区，常住人口约15.75万人，其中本地户籍人口4.57万人。2015年，茶山镇被纳入市中心组团，成为市中心的一部分，境内有东莞火车站、轨道交通2号线，形成惠莞深三地“半小时生活圈”，区位优势日益凸显。改革开放以来，茶山紧抓发展机遇，扎实推进工业化和城市化，迅速跻身全国综合实力千强镇，社会经济快速发展。今天的茶山，人气聚集旺盛，商贸蓬勃发展，是投资兴业和创造财富的热土。

二、茶山镇食品产业发展概况

（一）产业规模化

食品产业是茶山镇特色产业，我镇先后被评为“中国食品名镇”、“广东省技术创新专业镇（食品类）”。近年来，我镇食品行业实现快速增长，产业规模快速扩大。全镇现有食品及相关配套企业200多家，食品行业产品涉及糖果、饼干、点心、调味品等15个大类2000多个品种，食品行业从业人员3万多人。2016年全镇食品产业销售总额48亿元。

茶山全景

（二）知名品牌汇聚

我镇食品企业共获得国内名牌名标称号15个，其中中国驰名商标1个，广东省著名商标3个，绿色食品11个。既有世界知名的雀巢美极、嘉顿等国际品牌企业，也有土生土长的华美、新盟等国内知名企业。

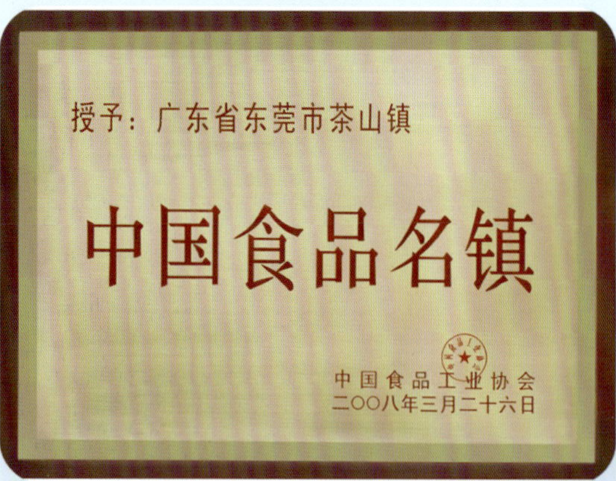

食品名镇

（三）产业配套完善

经过多年培育，我镇初步形成了以制造、销售及其他产业配套为一体的食品产业集群。以华美、新盟、雀巢美极、嘉顿等为主的食品龙头制造企业，以茶叶交易市场、茶园购物商场等为主的食品流通企业，以华源、富荣、汉和，等为代表的食品包装企业，以茶山国际生态食品城和泽景果品物流城为主体的食品专业交易市场，形成了以食品制造业为主，食品包装、食品物流等为副，食品行业公共服务体系完善，具有强大整体竞争力的食品产业经济格局。

三、扶持食品产业发展的工作措施（服务）

（一）拓宽企业销售市场

积极组织镇内食品企业参加规模大、专业性强、层次高的展览会，帮助企业开拓市场。2016年我镇组织多家食品企业参展了全国春季糖酒会、中国国际焙烤展览会、中国国际食品和饮料展等食品行业专业展会，帮助参展企业达成销售协议金额达7920万元，镇财政对全镇食品企业参展补贴达96万元。

（二）完善生产力促进中心建设

我镇投资5700多万元建设茶山生产力促进中心，建筑面积超10000㎡，引入东莞市冠诚知识产权代理服务有限公司、东莞市冠诚检测技术服务有限公司、东莞市鼎缘仪器设备发展有限公司、东莞市茶山发明家科技创新有限公司等服务机构进驻促进中心，不断完善促进中心各服务平台建设，推动食品检测平台、食品研发与培训平台、企业综合服务平台的运营，为全镇及周边食品提供食品检测、食品研发、项目申报、知识产权政策、专利申请、商标注册、管理咨询等综合性服务，推动食品产业转型升级。

（三）强化服务水平

贯彻落实国家、省、市、镇各级扶持奖励政策，推动食品企业积极实施科技创新、技改技创、“机械换人”，协助食品企业申报省市扶持资金。近几年我镇协助东莞市华美食品有限公司、东莞市健美滋饮料食品有限公司等食品企业，获得了“中央地方特色产业资金”、“广东省产业结构调整专项资金”、“东莞市技术改造和技术创新专项资金”、“广东省优势传统产业技术改造项目”等扶持资金1517万元。同时，我镇积极实施“科技茶山”工程，食品企业获得上级配套奖励扶持资金106万元。

茶山生产力促进中心

（四）增强招商引资力度

我镇积极开展招商引资工作，通过抱团外出参展、以商引商等方式借力宣传、推荐茶山投资环境，吸引全国各地客商前来茶山，招商效果显著。目前已成功引进投资2.5亿百利食品项目；促成新盟食品公司增资扩产3亿元、华美食品公司增资1亿元；建成总投资6亿元泽景果品物流城、总投资4.5亿元茶山（国际）生态食品城；汉和、康美臣、夏令饮、食滋源、奕客、秀峰香、乐盟等大批中小型食品企业亦在茶山落地生根。我镇通过引进、促成食品项目落户，引导、鼓励企业增资扩产，进一步完善食品产业链，增强食品产业发展后劲。

茶山全景

（五）优化产业环境

我镇以打造“中国食品名镇”和“广东省食品专业镇”为契机，不断优化食品产业发展环境。制定了《茶山镇扶持食品企业发展若干意见》，为食品企业在用地、用电、用水、税收等方面提供优惠；协调工商、税务、劳动、社保、城建等部门，建立镇食品行业办事绿色通道，为食品行业提供便利，同时，要求各村、各部门多服务、少干预，多帮忙、少添乱，多设路标、少设障碍，为食品产业集群提供一个公平、公正、宽松、高效的环境；对省或国际知名的食品行业前来投资且投资额在1000万以上的，都将予以政策奖励。

东莞市华美食品有限公司

广东新盟食品有限公司

东莞雀巢有限公司美极分厂

嘉顿食品（东莞）有限公司

宿迁经济技术开发区欢迎您

宿迁产业集聚的示范区　转型升级的示范区　对外开放的示范区

宿迁是江苏省13个省辖市之一，也是长三角25个地级以上城市之一,位于长三角北翼、江苏省北部，下辖三县五区，面积8555平方公里、人口580万，分列全省第四位和第六位。建市19年来，地区生产总值增长了14.5倍，成功进入全国90强；一般公共预算收入增长了60.4倍，成功进入全国70强。2014年，在江苏省列统的16项主要经济指标中，有7项增幅位居全省前列，创造了后发快进、洼地崛起的“宿迁速度”。食品产业是宿迁支柱产业之一，宿迁食品产业已经集聚了60余个食品行业龙头及配套企业，总投资超过360亿元。2014年食品饮料产业总产值超过500亿元，是宿迁第一个产值超过500亿级的产业，目前已经成为江苏省最大的食品产业基地。正在全力打造“中国饮料之都”和“中国食品名城”。

宿迁经济技术开发区成立于1998年11月，经国务院批准，2013年1月升格为国家级经济技术开发区。开发区位于宿迁中心城市南部，距市政府仅1.5公里，行政管辖面积118平方公里，社会人口20万，是全市最重要的政策、资本、技术和人才高地，也是宿迁产业集聚的示范区、转型升级的示范区、对外开放的示范区。

江苏省唯一的国家级特色食品园区落户在宿迁经济技术开发区，2008年获批为“省级食品产业园”，2010年被中国食品工业协会正式命名为国家级“中国宿迁食品产业园”。中国宿迁食品产业园规划控制面积5平方公里，园区道路、

宿迁经济技术开发区

台商科技产业园标准厂房东区图

宿迁市委书记、市人大常委会主任魏国强会见蒙牛乳业公司总裁孙伊萍

宿迁市委副书记、市长王天琦与中国食品工业协会副会长沈篪为2015中国宿迁食品高峰会议揭牌

宿迁市委常委、宿迁经济技术开发区党工委书记许步健到食品配套企业调研

供电、供水、供热、弱电管网、排水及排污处理等设施配套完备，实现“九通一平”。目前已汇集娃哈哈、蒙牛、汇源、嘉士利、康师傅、海天、福达坊、顶古屋等30余家食品生产企业，成为全省最大、特色鲜明的食品饮料生产基地。

宿迁经济技术开发区党工委副书记、管委会主任高玉华调研海天调味品项目建设

宿迁经济技术开发区将立足国家级宿迁食品产业园，以打造“中国食品工业名城”为目标不断汇集发展要素，重点招引乳品饮料、烘焙食品、调味品、保健食品等国内外品牌食品生产企业。聚焦重点行业，加强基础设施配套建设，将产业链由加工制造向原料采购、物流配送、食品销售和进出口贸易等上下游环节延伸，形成从原材料生产到食品终端消费的大食品产业链。至2020年，实现食品产业园工业总产值超百亿元，形成具有特色的现代化食品产业园，成为华东地区及淮海经济区最具特色的现代化食品产业园，并培育一批在国内外有影响力的龙头企业和中国驰名品牌，努力形成更具影响力和竞争力的食品饮料产业集群。

宿迁的知名食品企业

联系地址：江苏省宿迁市人民大道888号经济技术开发区商务大楼1902室

联系电话：0527-888859881　　传真：0527-888859222

自由呼吸 自在荣成

WELCOME TO RONGCHENG

来自中国海洋食品名城的饕餮盛宴

荣成拥有现代海水养殖、海参、海带产业技术创新战略联盟；荣成海参、荣成鲍鱼、荣成裙带菜、荣成海胆、荣成魁蚶、荣成牡蛎等是全国农产品地理标志产品；有海洋珍品、冷冻调理食品、海藻食品、海产罐头食品、即食海洋食品等十大类产品；在此基础上今后重点发展现代生物医药和保健品、鱿鱼产品、金枪鱼加工、冷链物流及海洋食品电子商务服务业等十大类重点产业项目。

自由呼吸 自在荣成

WELCOME TO RONGCHENG

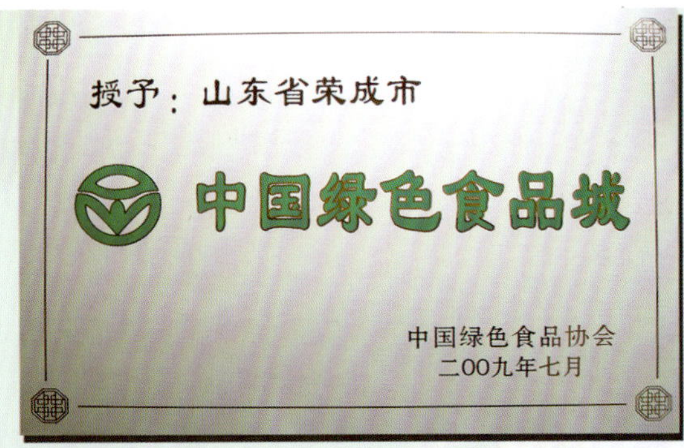

『山东荣成海洋食品博览中心』

博览中心总面积3万平米，建有海洋食品主题区、展示区、体验区及海洋科技馆等功能区，是集展览展示、旅游观光、休闲购物和产业对接为一体的国家4A级景区的主景区

『海域环境』

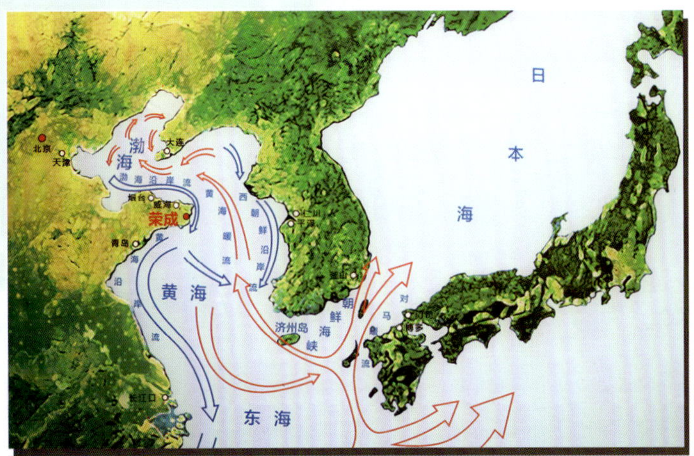

『生态养殖』

西太平洋洋流与黄渤海沿岸流在荣成海域交汇，形成强大的气旋流和动力场，使荣成海域具有水流活、水质清、水动力大、净化能力和光合作用强等显著特点，荣成近海海域是我国重要的种质资源保护区。

『大洋渔业』

金枪钓船

『精深加工』

全封闭无菌加工车间

『优势产品』

冷冻调理水产食品

荣成是全国最大的冷冻调理水产品出口生产基地，产量占全国30%，被农业部授予全国农产品加工示范基地称号。主要产品有鱼、虾、贝、鱿鱼、鱼糜制品5大类300多个品种。

海产罐头食品

荣成是全国最大的海产罐头食品加工和出口基地，产量约占全国同类产品的35%，其中 海产罐头按加工与调味不同主要分为油浸、调味、清蒸、鱼松 4 大类 120 多个品种。

海藻食品

荣成海藻食品以海带为主，形成系列海藻佳品。海带被誉为海洋中的"冬虫夏草"，荣成海带以藻体宽大、叶片丰厚、营养成分高而著称。产品包括淡干类、盐渍类、熟干类、即食类、海带面食等类6大类共200多个品种。

海洋保健食品

荣成在发展海洋基础食品产业的同时，致力于研发海洋生物保健品、海洋医药等高端海洋产品。产品包括胶囊类、功能性食品、生物技术制品3大类230多个品种。

即食休闲食品

海珍品

以食品为媒引“凤凰”来栖

凤凰山经济开发区发展纪实

自2009年5月经安徽省人民政府批准建设以来，淮北凤凰山食品经济开发区以食品为媒激发潜力，突出创新、协调、绿色、开放、共享五大发展理念，短短几年便成为安徽省首家省级专业食品工业园。

作为相山区工业经济发展、淮北城市转型的桥头堡和主阵地，凤凰山食品经济开发区以打造国家级食品产业基地为动力，致力于为全省乃至全国人民提供健康、美味的食品，先后被授予“国家农业科技园区”、“国家农业产业化示范基地”、“全国农产品加工示范基地”、“安徽省十佳投资环境开发区”、“安徽省农业产业化示范区”、“安徽省谷物食品专业商标品牌基地”、“安徽省新型工业化产业示范基地”等称号。

淮北凤凰山绿色食品特装展

凤凰山开发区

盘活闲置厂房 园区发展提质增效

在安徽杨府锦调味食品股份有限公司的车间里，各类鸡精、鸡汁和香辛佐料等产品陆续下线；走进安徽通和食品科技有限公司的厂房，浓郁的豆香味扑鼻而来，日产达5万斤的豆制品从这里销往全市各大高档餐饮饭店；在安徽鲜满多食品有限公司，曾荣获“中国知名品牌”的“鲜满多”牌鸭掌、鸭翅将从这里走向全国。这三家企业都是去年入驻凤凰山食品经济开发区的企业，使用的是开发区以往的闲置土地或厂房。

多年以来，开发区在招大引强的同时加大闲置土地、厂房清理，开展“零土地招商”，按照“盘活存量、优化增量、提升质量、做大总量”的指导思想，让有意进驻但面临融资难题、无法负担厂房建设的企业“轻装上阵”，迅速投入建设生产，不断提升园区发展质量与效益。仅2016年，园区盘活闲置厂房约21万平方米，签约入驻企业26家，15家企业建成投产。开发区从摸清家底入手，建立闲置厂房详细档案，及时调整招商工作思路，逐个分析闲置厂房特点、闲置原因及自身优势，加大转化闲置资产的宣传力度。本着闲置资产优先推介原则，开发区积极为项目业主和投资人牵线搭桥，专门出台优惠政策，按照实际承租面积给予租赁闲置厂房或办公用房的企业每年每平米最高达12元的补贴，补贴期限为两年；对于符合产业发展政策、投资规模较大、科技含量高、税收贡献突出、带动性强的租赁厂房企业，采取“一事一议”的办法给予房租补贴；开发区还主动上门帮助企业做好各项审批工作，确保新入驻企业早日投产。

提升规划建设 亮化基础配套环境

自成立之初，凤凰山食品经济开发区坚持“布局优化、特色突出、用地集约、产业集中”的原则，通过财政投入、市场运作、争取政策扶持等多种方式不断加大资金投入，逐步完善了凤凰山食品经济开发区基础设施。

2016年以来，依据新一轮国家开发区审核公告目录的要求，开发区及时修改完善《凤凰山经济开发区总体规划》和《凤凰山开发区控制性详细规划》，将总体规划面积调整为16.2平方公里，控制性详细规划面积调整为9.3平方公里，为指导开发区发展、合理规划各类建设用地奠定了坚实的基础。截至目前，开发区在15平方公里建成区内实现水、电、路、通讯、污水管网、天然气、热气等“九通一平”，建设“四纵十横”路网30公里。

安徽鑫乐源食品有限公司

思朗食品(淮北)有限公司

安徽金富士食品有限公司

2016年7月，凤凰山开发区快递物流园项目正式投入使用。作为我市首个电子商务、快递分拨、物流仓储“三位一体”的综合性园区，目前已入驻申通、韵达、百世汇通、天天等7家快递企业，年业务量和业务收入占全市快递业务量的50%以上。仅016年“双十一”期间就有近10万的快递进出量，位居周边地市前列。

近年来，为提升园区形象，凤凰山食品经济开发区推动实施了黄淮海食品研发中心、皖北食品检测中心、湘西河绿化景观等一批重点工程，区内道路实现了绿化、亮化全覆盖，公交车站、垃圾处理站、公共自行车配套设施全面建成并投入使用，农商行金融中心、商务综合服务中心、食品博览馆建成运营。

精准招商选资 促进产业转型升级

安徽曦强乳业集团有限公司

近年来，凤凰山食品经济开发区主动适应招商形势新变化，先后出台《开发区招商资任务分解通知》，《开发区招商引资考核办法》，以长三角、珠三角和环渤海等重点区域和主要城市为主攻方向，实行全员招商。

面对日益严峻的招商形势，开发区先后赴合肥、天津、福建等地，与今麦郎、口口、科宝生物等重点跟踪企业建立交流沟通平台。中国供销淮北农产品批发市场、完美集团、杨府锦调味品、通和豆制品、敬贤堂医药物流等亿元以上项目成功落地。截至016年底，凤凰山经济开发区累计入驻企业202家，全年完成规模以上工业总产值28.9亿元，完成规模以上工业增加值50.35亿元，完成固定资产投资37.17亿元，实现出口2793万美元。

2017淮北食品工业博览会盛况

围绕企业建设发展需要，开发区主动加强与市、区相关部门的沟通，梳理出企业办事程序及优惠政策，完善服务企业流程图，按照重点项目推进计划书，班子成员与各部门负责人主动深入企业、上门服务；通过组织园区企业参加各类金融对接会，积极帮助企业拓宽融资渠道，解决融资难题；依托凤凰山实业公司，对园区企业进行精准扶持，帮助企业解决资金压力。

2017淮北食品工业博览会领导参馆

此外，开发区鼓励校企合作，开展科技创新工作，帮助食亿鲜食品成功申报省认定企业技术中心。2016年，共帮助优乐食品、协辰饮品、相王科技等6家企业成功挂牌上市“四板”，新选择、正大源、尊龙、恒信、JIN GUAN及图、食亿仙、曦强集团及图、瑞纯及图、早餐工程皖徽香昱原及图等9件商标被认定为省著名商标。

以食品为媒，引“凤凰”来栖。汇聚力量的凤凰山食品经济开发区正以巨大的潜力在发展食品工业，打造黄淮海平原上的食品工业高地、国家级食品产业园的道路上阔步前行。

淮北凤凰山绿色食品旅游文化博览园

安徽鲜满多食品有限公司

道滘被授予"中国特色食品名镇"

繁华的道滘美食节之夜

中国特色食品名镇·道滘

道滘概况

道滘镇总面积54.3平方公里，下辖13个村、1个社区，常住人口14.16万人，拥有近700年历史，被誉为"中国游泳之乡"、"中国曲艺之乡"、"中国民间文化艺术之乡"、"中国特色食品名镇"、"国家卫生镇"、"省园林城镇"、"省生态乡镇"、"省教育强镇"、"省森林小镇"。

道滘镇位于广深创新走廊中心，毗邻东莞市区，广深高速道滘出入口及石鼓出入口均可便利进入镇中心区。东莞大道延长线建成通车后，直接拉近道滘与市中心区的距离。道滘镇拥有莞惠城轨道滘站、市轨道交通R1线道滘站和道滘东站等三个站点，未来将更加便捷地接受广州、深圳、东莞市中心的产业外溢和创新辐射。广深高速、沿江高速、疏港大道等南北向主要通道和港口大道、万道路、粤晖路、沿江路等东西向主要通道贯穿辖区。

道滘区位

食品产业现状

道滘镇顺应食品产业的发展形势，紧紧围绕"产业支撑、龙头引领、壮大规模、辐射带动"思路，通过积极招商引资，扶持民企发展，完善产业配套等措施，力促产业规模及层次不断提升，竞争力不断增强，一批食品企业迅速做强做大，成为行业发展龙头，涌现了"五芳斋"、"思朗"、"silang""东鹏"、"金鳌"、"佳佳美"、"翠竹"等知名品牌，拥有200多名中高级食品工程师，6500多名技术骨干。目前规模以上食品生产及配套企业200多家。其中东鹏维他命饮料有限公司2016年产值达到8亿元。五芳斋集团华南食品生产基地2016年总产值超过1亿元，该企业在全球经济紧缩的大环境下，发展势头依然强劲。在其带动下，被誉为"天下第一粽"的道滘粽，已从过去的节日食品转变为批量生产的日常食品，全镇9家粽子企业已进入工厂生产阶段，年产值达2亿元。

道滘先后被中国食品工业协会授予"中国特色食品名镇"，被广东省科技厅授予"广东省技术创新专业镇（食品行业）"，被广东省经信委授予"广东省产业升级转型示范区（食品）"等荣誉称号。

佳佳美的工作人员在包裹道滘粽

产业发展成效

加强品牌培育。制定了《道滘镇名牌带动战略实施方案》，大力鼓励企业推进自主创新，争创自主品牌。经过多年的培育，目前中国驰名商标2个，农业产业化国家级重点龙头企业1家，中华老字号1家，广东省著名商标4个、广东省名牌产品1个、全国优秀饼店1家，企业品牌自有率达到75%，全镇食品企业品牌打造意识逐步加强。

加强政策落实。先后制定实施《东莞市道滘镇食品产业发展规划（2011-2016）》、《道滘镇名牌带动战略实施方案》、《关于促进道滘食品行业发展实施方案》、《道滘镇招商引资奖励办法》等系列规划及扶持政策措施，提升产业环境，加强产业帮扶，加速企业发展，为食品产业的发展提供了有力的支持。

繁华的道滘美食节之夜

打造展销平台。以济川广场、手信街为平台，精心办好每年一届的中国（道滘）美食文化节，推进"食品展"从形象展向贸易展转变，从政府全包向专业公司操办、市场化运作转变，从参观人数多向参展人数多、专业客商多转变。2017年创新举办第八届中国（道滘）美食文化节暨第二届水乡新型旅游展、第二届道滘新艺术节，20多个省市和港澳台代表团、300多家食品企业、50家新型旅游企业参加了美食文化节，累计接待游客突破65万人次，国内外相关报道超过980次，订货金额突破5亿元，拉动消费突破4亿元，其中道滘特色食品销售额达3亿元。

推动产业集群。积极推动传统食品企业的转型升级，实现在传统工艺中提高生产效率和产品质量，促使道滘粽、道滘肉丸、道滘米粉、道滘礼饼等传统美食全面从小作坊走向了企业化、从小食品走向了产业化、从小土产走向了品牌化、从小门店走向了大市场。全镇15家米粉生产企业，日产量达到800至1200吨，产量占珠三角总消耗量的80%，产值约15亿元，产业集群效应日益增强。祥兴饼家、佳佳美食品有限公司、麦之来食品有限公司等饼食制作厂家生产的龙凤礼饼以物美价廉的优势占领着东莞礼饼市场70%份额，成为市民婚嫁的必备礼品之一，年产值超过3亿元。

中国生态食品城—光泽

福建省光泽县位于福建西北部、武夷山脉北段、闽江上游富屯溪源头，与福建、江西的七县市毗邻，地处长三角、珠三角、海峡西岸经济区、江西环鄱阳湖经济圈的重叠部位，是福建辐射内陆省份的重要“窗口”和纵深推进的前沿平台。全县总面积2240平方公里，下辖8个乡（镇）、90个村（居）委会，人口16.4万。

光泽“中国生态食品城”建设，起步于2010年的生态保护开发利用讨论研究，2012年福建省食品工业协会等省直单位挂钩帮扶光泽扶贫开发后，在省领导和各职能部门的大力支持下确立了打造“中国生态食品城”发展战略，并在“十二·五”期间得到快速发展，“十三·五”开局以来发展势头更加迅猛。“中国生态食品城”建设，重点是打造以圣农白羽肉鸡食品系列加水饮品、淡水鱼、中药材为主打的“1＋3”生态食品产业集群，目标是全力构建“生态＋食品＋城”的美丽光泽。通过六年多来的努力，取得了丰硕成果，先后荣获“国家级生态县”、“有机食品基地县”、“2014～2015年度全国食品工业强县”、“中国生态食品名城”“福建省城镇化试点县”等系列称号；生态食品产业实现总产值由2011年的51.49亿元发展到2016年的140.07亿元，占全县工业总产值比重的90.73%。其中，食品产业直接衍生企业9家、产值3.59亿元、比增9%，食品产业配套企业30家、产值10.19亿元、比增23%。

生态食品产业龙头企业圣农集团，目前在光泽总资产达124亿元、拥有216个生产基地、员工数超1.8万人、年饲养加工白羽肉鸡超2.5亿羽，是我国现代化程度最高、规模最大的自繁、自养、自宰白羽肉鸡专业生产企业；光泽矿泉和山泉水开发、淡水鱼养殖加工、道地中药材种植加工，以及稻米原浆白酒、稻米精加工、茶叶、油茶、食用菌、笋制品、蜂蜜、山野肉加工等地方特色传统产业正向百亿产值冲刺。

光泽，拥有25万亩耕地和280万亩林地、森林覆盖率78.35%、110多条优质水系及丰富的矿泉和山泉水资源，盛产优质稻米、淡水鱼、山油茶、笋、道地中药材、茶叶、果蔬等生态食材资源，涵养光泽“中国生态食品城”永续发展；规划3万亩的省级工业园区平台、省市县鼓励扶持“中国生态食品城”发展的系列政策和1038年的建县史与纯朴好客民风，为光泽“中国生态食品城”发展插上腾飞翅膀。

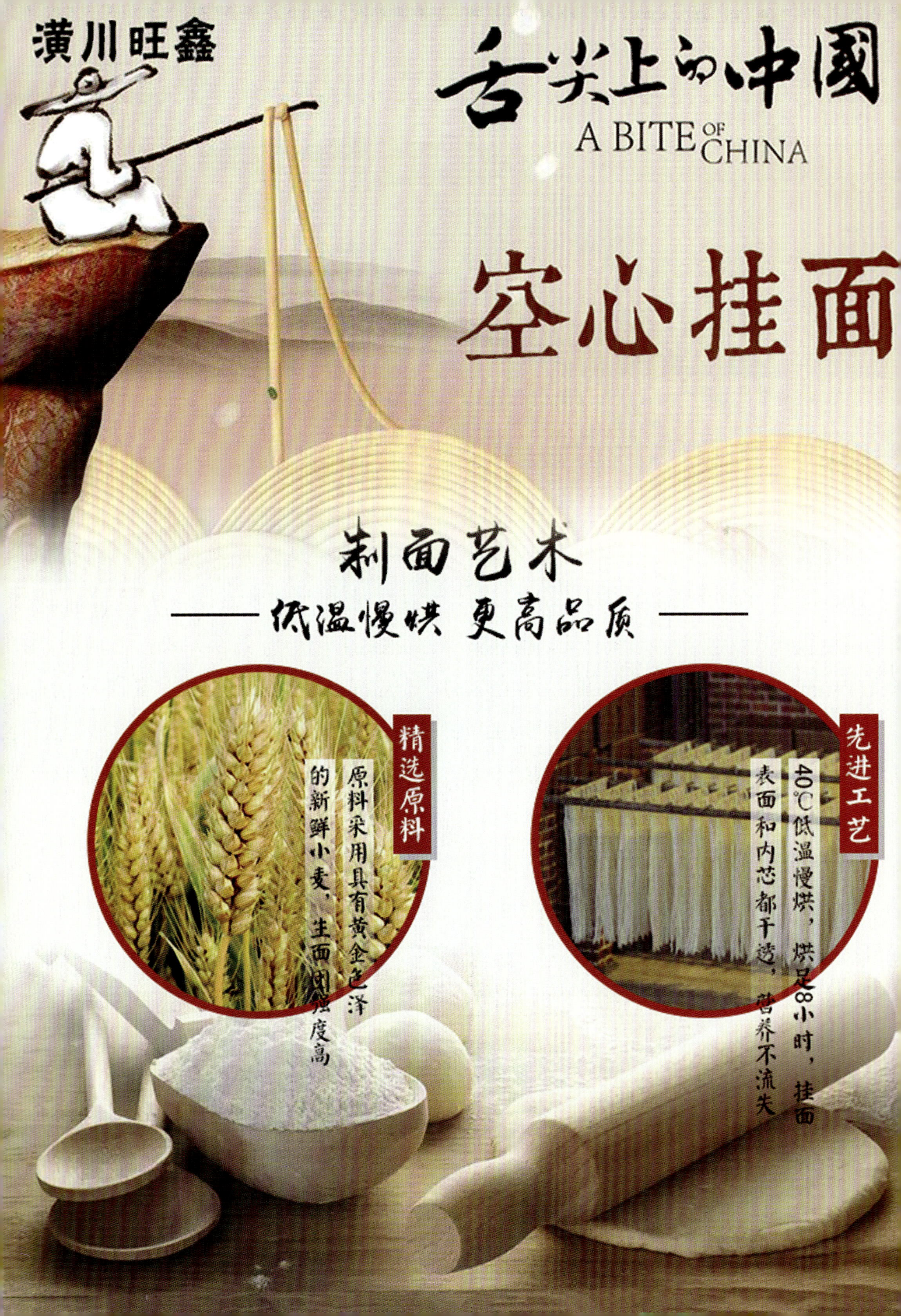

潢川旺鑫

舌尖上的中國

A BITE OF CHINA

空心挂面

制面艺术

—— 低温慢烘 更高品质 ——

精选原料

原料采用具有黄金色泽的新鲜小麦，生面团强度高

先进工艺

40℃低温慢烘，烘足8小时，挂面表面和内芯都干透，营养不流失

潢川特色食品 飘香海内外

潢川特色食品产业以世界最大的鸭加工基地、全国最大的糯米粉加工基地、国家“地理标志”河南老字号—光州贡面而闻名全国。

鸭产业。

潢川鸭产业是从上世纪九十年代利用中英贷款合作项目（樱桃谷鸭项目）组建的，其中华英集团，目前已经成为以樱桃谷鸭加工为主，集祖代种鸭繁育、父母代种鸭、种鸡孵化、商品鸭/鸡养殖、屠宰冷冻加工、熟食加工、饲料生产、羽绒加工等全产业链的高端食品加工企业和以出口为主的外向型企业，国家级农业产业化重点龙头企业，国家扶贫重点龙头企业，国内鸭行业首家上市企业，也是目前世界上工厂化养殖加工最大的鸭加工企业。目前集团总资产为62亿元，拥有1个祖代鸭公司、12个父母代种鸭养殖孵化场、9个种鸡养殖孵化场、126个大型标准化养殖基地、8个肉鸭屠宰加工厂、5个熟食加工厂、2个肉鸡公司、7个饲料加工厂、2个羽绒加工厂,1个羽绒制品加工厂，2016年产值120亿元。产品销售覆盖全国销售网络，并远销日、韩、欧盟、香港和东南亚等国家和地区。实现了由“中国鸭王”向“亚洲鸭王”再向“世界鸭王”迈进的三级跳。

潢川鸭产业分割生产链条

糯米粉产业。

根据有关资料记载：潢川县糯米加工有上千年历史。而糯米粉现代工业化生产则始于上世纪九十年代经过二十多年的不断发展壮大，已成为全国最大的糯米粉加工基地，2015年8月我县被中国粮食行业协会命名为“中国优质糯米之乡”。

目前糯稻种植面积32万亩，总产量18.97万吨，种植面积、产量均稳居全国县级前三位。现有糯米粉加工规模较大的企业有：黄国粮业、裕丰、明业、变地金等6家，年加工能力达到40多万吨，是全国最大的糯米加工基地。其中黄国粮业是集稻米精深加工、贸易、科研和综合利用为一体，国家财政参股的国家级农业产业化重点龙头企业，是全国最大的糯米粉加工企业、“新三板”上市企业（股票代码：831357），是国内最具规模、技术装备最先进的糯米粉生产领军企业，其产品享有“中国汤圆黄国粉”的赞誉。黄国粮业编制出《汤圆用水磨白糯米粉国家行业标准》成为全国糯米粉行业统一适用的行业标准。“黄国”牌糯米粉荣获“中国驰名商标”称号，2012年获得省长质量奖。

河南老字号·光州贡面。

历史悠久，始于唐。历经千年传承到今天，并形成一定规模。2015年仅县城区就有4家规模较大的龙头企业和6个专业合作社，带动600余户从事空心贡面生产加工，年产量可达80万公斤，通过电商平台畅销国内外，其中旺鑫食品在继承传统工艺基础上，大胆改革创新，破解了很多难题。同时，采用了“公司+合作社+农户+标准化”的生产经营模式，同天津科技大学合作，制定了空心贡面河南省地方标准，使特有的品质得到了传承和发扬，受到广大消费者推崇，被评为“中国地理标志产品”，获得中国农博会金奖。光州贡面多次在中央四套、七套栏目向全国播出，并列入《中国地理标志产品保护大典》一书，国家领导人出访时，作为礼品赠送给外国元首。

江西金源农业开发有限公司

江西金源农业开发有限公司成立于2004年，地处江西省宜春市万载县。该县位于赣西边陲，自然环境优越，生态保护良好。依托优越的生态环境和有机土地资源，以有机农产品的种植和加工作为公司发展战略，目前仅在万载和铜鼓两县，就有十多万亩高标准的有机农业用地，这些有机土地先后获得欧盟、美国、日本等权威认证机构的有机认证。目前股东构成为万载县康美有限公司、宁波伟彤股权投资合伙企业（有限合伙）、宁波元裕、宁波瑞泓股权投资合伙企业（有限合伙）、杭州凯睿超投资管理有限公司。注册资本为26701万元，总资产达15亿元。

公司主营项目：有机地培育、开发；蔬菜、水果（含有机）的种植、加工及销售；有机牲畜的养殖，肉制品、天然与野生有机食物的加工及销售；粮食（含大米）的加工及销售；预包装食品的经销；本企业生产经营相关的进、出口业务；有机农业技术咨询等相关业务。

金源农业现有两座有机果蔬加工厂，其中万载厂区占地280亩，建有2个IQF加工车间，6条速冻流水线；1个冷冻干燥（FD）车间，五条FD生产线；1个热烘干燥车间，冷库仓贮能力3万吨，另建有日产120吨有机大米加工设备一套。万载总部具备年产8万吨有机速冻蔬菜、水果，2800吨冷冻干燥制品（FD产品）和2000吨热烘干燥制品（AD产品）的生产、加工和销售能力。铜鼓厂区占地120亩，建有两条各3吨/小时的速冻流水线，五条FD生产线，冷库仓贮能力1万吨。目前，公司控股的云南工厂正在建设中，预计2017年年底可建成投产，正常达产后，年生产加工IQF果蔬15万吨，FD果蔬2000吨，云南特色生鲜蔬菜10万吨。金源农业的有机农产品生产能力和企业规模在全球同行业中位居前列。另外，公司还在黑龙江尚志地区建设工厂，生产冷冻和冻干红树莓等产品，将于明年投产。

公司自成立以来，企业效益逐年提高，2013年公司实现销售收入5.57亿元，利润1.1亿元。2014年更上一层楼，实现销售收入6.43亿元，创利1.2亿元。2015年实现销售收入7.9亿元，利润1.6亿元。2016年实现销售收入8.5亿元，利润1.7亿元。

金源农业严格按照有机农业的操作规范，严格管理有机蔬菜、水果的种植、采收、运输、加工及销售的各个环节，先后获得日本JAS、欧盟EU、美国NOP有机认证和犹太洁食认证，并且通过了HACCP食品安全与危害控制体系。经过多年努力，金源农业与一大批重要客户建立了稳定的合作关系，目前，金源农业已经成为国内最大的有机果蔬生产和加工商，并于2006年被评为江西省农业产业化龙头企业，2015年被江西省科技厅批准为：江西省果蔬加工工程技术研究中心。宜春市人民政府评为：全市优秀农业为业化龙头企业。万载县人民政府评为：十强企业。

公司总部设立在万载县工业园，下设铜鼓分公司、江西金铜农业开发有限公司、云南金塬农业开发有限公司和哈尔滨金源农业开发有限公司；销售机构设在上海、北京、深圳等地。几年来，公司苦练内功、加强管理，在努力完善各项管理制度的前提下，将企业做大做强，产品市场遍布欧洲、美州、澳洲及亚洲各国。

金源农业秉承“为耕者谋利，为食者造福”的理念，以“天然、有机、美味、优质”为企业宗旨。在未来的若干年内，金源农业将在为广大消费者提供健康美味的有机食品、创造高品质生活的基础上，努力成为全球有机食品行业的领航者。

中国十大产业展览会、最具品牌价值展览会、中国会展产业金手指奖——中国（漯河）食品博览会

世界最大猪肉加工企业、中国肉类第一品牌——双汇集团

奋进中的中国食品名城—漯河

漯河市位于河南省中南部，地处中原腹地，1948年设立县级市，1986年升格为省辖市，现辖临颍、舞阳两县和郾城、源汇、召陵三区及一个国家级经济技术开发区、一个省级城乡一体化示范区，总面积2617平方公里，总人口270万人。

漯河历史悠久、文化灿烂，拥有贾湖遗址、受禅台、三绝碑、小商桥等一大批名胜古迹，更是字学宗师许慎的故里，他编纂的《说文解字》是世界上第一部字典。**漯河区位优越、交通发达，**是国家二类交通枢纽城市，距郑州新郑国际机场不足一小时车程，京广高铁等4条铁路和京港澳高速、宁洛高速、107国道及5条省道贯穿全境，构成全省重要的铁路和高速公路"双十字"交通枢纽。**漯河钟灵毓秀、环境优美，**淮河的两大支流沙河、澧河贯穿全境并在市区交汇，是北方少有的水景城市，先后摘取国家卫生城市、国家森林城市、全国绿化模范城市、中国优秀旅游城市、中国人居环境范例奖等桂冠。**漯河产业特色鲜明、享誉四方，**主导产业食品工业实现了原料基地化、产品系列化、加工多元化、销售网络化、企业集团化，培育出世界最大的猪肉加工企业双汇集团、全国知名的南街村集团、行业领先的绿色天然色素供应商中大生物等一批知名食品企业，是全国首家中国食品名城、全国食品安全信用体系和保证体系建设双试点市、全国肉类蔬菜流通追溯体系建设试点市、全国首家农业标准化综合示范市。

一是食品工业主导地位突出。全市食品工业已形成肉类加工、粮食加工、饮料加工、果蔬加工、包装材料、食品机械六大产业链，国家统计局统计的22类食品行业中，漯河就拥有18大类50多个系列上千个品种。2016年，全市规模以上食品工业实现主营业务收入1771.4亿元，同比增长10.2%，占全市工业主营业务收入的54%，占全省食品工业主营业务收入的六分之一；实现增加值占规模以上工业增加值的"半壁江山"，达49.8%，占GDP的比重达到30.6%。

河南三剑客农业股份有限公司董事长李益民（右一）随同国务院总理李克强参加在比利时布鲁塞尔举行的第十二届中欧工商峰会。公司专注"生产给自己妈妈和孩子喝的好牛奶"20年，京东平台同类产品销量第一名，与中国科学院合作成立"中科天健（漯河）食品研究院"。

二是食品骨干企业群体不断壮大。全市拥有规模以上食品工业企业213家，占规模以上工业企业总数的29.2%。培育形成了以双汇集团、源隆肠衣等为代表的肉类加工企业群体，以南街村集团、雪健公司、金龙面业等为代表的粮食加工企业群体，以三剑客农业、高旗生物、永利乳业等为代表的饮料生产企业群体，漯河的千亿食品产业集群成为全省重点产业集群。

三是食品行业名企名牌快速涌现。双汇集团、南街村集团进入全国食品工业百强，龙云集团、亲亲食品、晋江福源、雪健实业等8家企业入围河南省百强工业企业。全市食品行业拥有中国驰名商标5个，中国名牌产品4个，河南省著名商标64个，河南省名牌产品27个。成立32周年的双汇集团品牌价值高达497.02亿元，连续21年名列中国肉类行业第一，是"世界肉类组织金牌会员"。2016年7月20日，双汇集团母公司万洲国际成功入选《财富》世界500强排行榜，位列第495位。

中国食品工业协会会长石秀诗视察河南中大恒源生物科技股份有限公司并与董事长文雁君女士（右一）亲切交谈。公司先后建立博士后科研工作站和院士工作站，是中国天然色素在食品领域应用的开拓者和标杆型企业，是国内栀子黄色素、姜黄色素、β-胡萝卜素应用型产品产销规模最大的企业。

漯河市高旗生物科技有限公司产品——"蔬心一刻"红萝卜汁饮料、"枸益气"枸杞汁饮料。公司是国内首家冷破壁低温发酵胡萝卜汁生物工程企业，该技术于2015年获得国家发明专利。

四是食品工业外向度逐步提高。连续成功举办十五届中国（漯河）食品博览会，先后引进美国嘉吉、美国杜邦、可口可乐、日本火腿株式会社、中粮集团、台湾旺旺、统一和康师傅等一批世界500强企业和境内外知名企业来漯投资兴业，全市引进外资额的60%以上来自食品企业。2016年1月19日，河南进口肉类指定口岸漯河查验区正式开通运营，成为全国首家"不沿海、不沿江、不沿边"的肉类内陆口岸。

五是食品产业质量安全水平不断提升。连续5年被省委、省政府授予"食品安全先进城市"和"食品安全优秀城市"。截至目前，全市共拥有2个"国"字号食品检测机构、4个博士后科研工作站、2个博士后研发基地、2个院士工作站；国家级高新技术企业4家、省级工程技术研究中心10家、农业产业化重点龙头企业72家，食品行业质量管控能力、产品研发能力和新技术推广应用能力逐年提升。

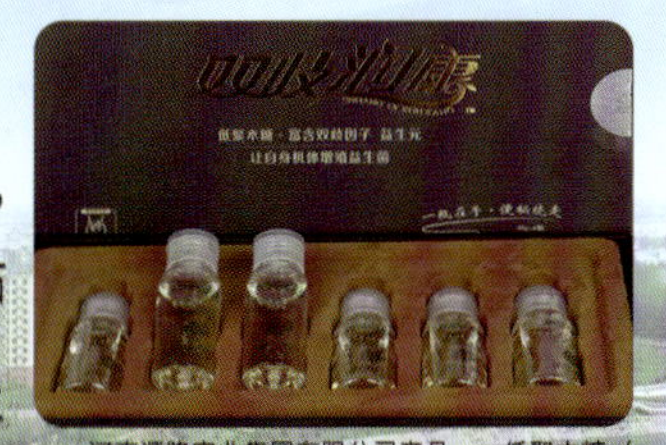

河南源隆实业集团有限公司产品——低聚木糖（原浆）。公司是以猪肠衣、传统卤煮肉食品、低聚木糖等产品加工、销售为主的农业产业化龙头企业，正致力打造全国首家吡喃葡萄糖生产基地和秸秆纺丝浆粕生产基地。

全国食品工业强县 河南·南乐

一、南乐县总体概况

南乐县位于河南省东北部，冀鲁豫三省交界处，总面积624 平方公里，耕地面积64万亩，总人口59万，辖6 镇6乡，322 个行政村。南乐区位独特，交通便捷。两条高速(大广高速、南林高速)、两条国道（国道106、国道341）、三条省道（省道213、省道209、省道215）在县内交汇，正在建设的郑济高铁穿境而过并在南乐设立高铁站，具有四通八达、方便快捷的交通网络。加之地处三省交界，具有覆盖三省、经营四方的独特区位优势。产业名片---农副产品资源丰富，是全国粮食生产先进县、河南省优质商品粮生产基地。全县小麦45万亩，玉米48万亩，粮食总产量稳定在46万吨以上。是全国秸秆养畜十佳示范县、全国生猪调出大县、河南省畜牧强县。全县肉牛年存栏15.4万头，出栏8.5万头；奶牛年存栏13012头；生猪年存栏41.7万头，出栏49.1万头；肉鸡年存栏2000万只，出栏1亿只；拥有各类养殖场1613个，肉类总产7.5万吨，禽蛋产量6.97万吨，奶产量0.9万吨，畜牧业占农业总产值的比重达到46%。是全国经济林建设先进县，全省蔬菜种植大县，盛产木材、苹果、红杏、蔬菜等，各类蔬菜近70万吨，水果产量稳定在16万吨以上。基础平台名片---南乐县产业集聚区规划面积12.8平方公里，区内建成与县城有效衔接的“五纵九横”路网框架，建成区面积达6.8平方公里，共入驻企业百余家，信息科技中心、企业服务中心、就业培训中心等陆续投入使用。社会名片---我县政法机关满意度和公众安全感连续四年位居全省前列，2016年被评为全省综治和平安建设工作优秀县和全国创建无邪教示范县，是全省唯一获得双荣誉的县区；2014年--2016年，连续三年，南乐捧回“全国食品工业强县”的金字招牌，也释放出更加强劲的发展活力。文化名片---于西汉初年建制，五代后唐时期改称南乐沿用至今，是造字圣人仓颉故里、唐代天文学家僧一行家乡。过去南乐境内有“七龙庙、八虎街、十二牌坊、八大槐”等名胜古迹。现存仓颉陵遗址、文庙等，2009年被命名为“中国仓颉文化之乡”。

第十二届豫商大会食品产业发展论坛现场

县委书记孙栋主持

县长刘冰推介南乐食品产业招商项目

二、南乐县食品产业发展概况

近年来，南乐县充分利用丰富的农产品优势，通过实施龙头带动、拉长链条、品牌培育，促进食品产业提档升级，食品产业成为经济发展的中坚力量。今年上半年以来，南乐县规模以上企业115家，其中，食品企业53家，占46%；规模以上食品企业总产值、增加值、销售收入分别占全县规模以上企业的52.51%、50.72%、53.5%，较去年同期分别增长15.98%、16.13%、17.57%。食品工业已成为我县工业经济发展的支柱产业。

中食协常务副会长刘治在第十二届豫商大会（濮阳.南乐）食品产业论坛介绍分析全国食品产业发展情况及未来发展方向

（一）**产业集聚效应明显**。以木伦河集团为依托，大力促进冷饮食品产业链条向上游延伸，引进新甜甜筒、阳光棒冰等上游企业10余家，规划建设了1100余亩冷冻食品产业园，冷冻食品产业链条基本成型。全县拥有禾丰食品、德信食品等从事肉禽屠宰、分割及深加工的重点企业12家；拥有东大食品、鸿翔食品等熟食制品加工企业10家，北京首农一亿只小优鸡养殖与深加工项目、禾丰白羽肉鸡养殖基地项目落地建设，打造完整的肉鸡加工产业链条。成功引进了新三板上市企业河南广安集团农牧产品产业化项目，从生猪繁育、饲料、屠宰、熟食加工、冷链配送全产业链项目落户南乐，深度合作。白酒酿造是我县传统优势产业之一，先后培育出“九鼎”、“傅潭”、“新境界”、“字圣”等20余个省市级知名白酒品牌，研发生产酱香型、浓香型、兼香

禾丰肉鸡屠宰分割

金苑面业面制品

王老吉灌装生产线

木伦河食品

型和芝麻香型四大系列白酒产品。成功实现了与河南仰韶酒业深度合作，为我县白酒产业进一步发展壮大奠定坚实基础。

（二）内生动力强劲。注重品牌培育。我县把培育知名品牌作为促进食品产业提档升级的着力点。牵线搭桥，支持重点食品企业通过靠大联大和联合重组，进行规模扩展和品牌提升。五得利食品与禾丰集团、木伦河集团与黑牛集团等实现战略合作。设立品牌创建奖励资金，支持重点食品企业进行品牌推广，培育了岳古、九鼎、道德金等11个河南著名商标、2个地理标志保护产品。越来越多的南乐食品品牌走出河南、叫响全国、迈入国际舞台。**注重创新驱动。**促进政产学研合作，引导、扶持企业加强核心技术研发，强化技改升级，提高产品附加值。目前，我县已与中国食品工业协会、天津食品研究所、北京工商大学食品学院等科研院所建立了长期全面合作关系，签订技术合作协议7项。**注重政策保障。**整合现有政策资源，激活各类资金渠道，加大对发展前景好、投资额度大的龙头企业、重点项目进行扶持。今年县财政安排资金3000万元作为支持工业企业发展专项资金，对基础条件好、发展潜力大、成长性强的食品企业进行重点培育，在资金、用地、技改等方面实行政策倾斜，增强竞争力，壮大重点食品企业群体。

（三）带动作用明显。靠集群带动，建成高标准粮田万亩方2个、千亩方39个，面积16.672万亩。2016年，面品产业集群企业总资产达到6.5亿元，年加工小麦面粉、精粉、水饺等产品共计4万吨，小麦就地加工转化率达到45%以上。禾丰食品、德信食品等肉食分割企业采用“公司+基地+农户”模式，互动双赢，带动了鸡鸭的养殖和饲料加工产业的发展；2017年，禾丰食品拟新上二期屠宰线及熟食加工项目，将投资1.44亿元，建设15个标准化白羽肉鸡养殖场；德信食品与北京首农合作，新上小优鸡养殖与深加工项目，年可出栏小优鸡一亿只，屠宰3000万只。食品工业发展有效带动了商业贸易、货物运输、印务包装、餐饮服务等第三产业发展。

三、南乐县生产要素

南乐县项目建设用地、劳动力、水、电、气资源充足，生产要素保障充分。可大幅度降低企业的生产成本。**土地方面，**县产业集聚区规划面积12.8平方公里，其中食品加工区4平方公里，生活配套区1平方公里。目前，园区内可用土地6平方公里，熟地面积2000多亩，能充分满足企业随时用地需求。**劳动力方面，**拥有濮阳市第二技工学校、南乐县职业中专等多所劳动技能培训学校，每年可培训熟练技术工人1.5万人。针对不同企业的不同岗位需求，可免费培训各类技术工人。南乐属于欠发达地区，月平均工资为1600-2300元，在全国居较低水平，可为投资者节省大量的劳动力成本。**用水方面，**有自来水厂2座，设计供水能力3万吨/日，管网供水普及率100%，污水处理能力5万吨/日，工业用水价格2.18元/吨（含污水处理费0.80元/吨）。正在协调引入南水北调工程丹江口水源。**电力方面，**已建成220千伏变电站1座，110千伏变电站4座，35千伏变电站8座，实行“双回路”，保证全天24小时供电，实行峰谷分时电价：一般大工业用电在平段时1-10千伏电价为0.6292元/度，35-110千伏以下电价为0.6142元/度,110千伏电价为0.5992元/度，220千伏及以上电价为0.5912元/度。**天然气方面，**依托榆林—济南天然气管道，于2009年成立了南乐华润燃气有限公司，供气能力为1亿立方米/年，工业用天然气价格为3.3元/立方米。

四、南乐县发展环境

南乐县坚持把打造优良投资软环境作为招商引资的第一资源，牢固树立“让投资者成功赚钱是最大环境”的理念，完善措施，优化环境，全力打造企业发展成本洼地、服务高低、创业福地。**宽松的政策环境。**出台《南乐县关于支持工业企业发展的暂行办法》，从土地、资金、宣传等多方面予以大力扶持，支持企业发展壮大；出台《南乐县招商引资项目引荐者奖励暂行办法》，对项目引荐者予以奖励，充分调动社会各界参与招商引资的积极性。**安心的生产环境。**严格落实《南乐县重点工业企业检查告知制度》，明确职能部门对重点工业企业检查前后，需将拟检查有关事项及检查结果报告县效能办备案，进一步优化工业企业生产经营秩序，为企业营造安心的生产环境。**优质的服务环境。**出台《关于成立南乐县服务企业工作领导小组的通知》，成立了由县长任组长的服务企业发展领导小组，建立项目长效服务制度，从招商信息对接到签约落地、从入驻企业手续办理到跟踪服务，做到项目有人招、建设有人管、服务有人跟。对签约项目，全程跟踪服务，积极落实县级领导联系分包重点项目制和项目手续全程代办制，实行“一个县级干部分包、一套班子跟踪推进”的工作机制，实现客商和职能部门、群众两个“零接触”。

民以食为天，食以安为本。食品产业是一个朝阳产业，南乐县将致力打造成为全国“放心、安全、绿色食品的大厨房”。生机蓬勃的南乐和务实重干的南乐人，将以更加开放的姿态和更加包容的情怀，诚邀各界有志之士会聚这方投资热土，共圆人生事业出彩梦！

中国（三水）国际水都饮料食品基地

一、佛山市三水区简介

佛山市三水区位于广东省中部、佛山市西北部，因西江、北江、绥江三江汇流境内而得名。全区总面积827.69平方公里。现辖西南街道、云东海街道、白坭镇、乐平镇、芦苞镇、大塘镇、南山镇等7个镇（街道），总人口约69.9万，是著名的“中国饮料之都”，也是广佛肇经济圈绿芯。2016年，三水区地区生产总值1083.21亿元，规模以上工业总产值3182.02亿元。作为“中国首个富裕型长寿之乡”“中国饮料之都”，三水在2016年全国中小城市综合实力百强区排名第36位。

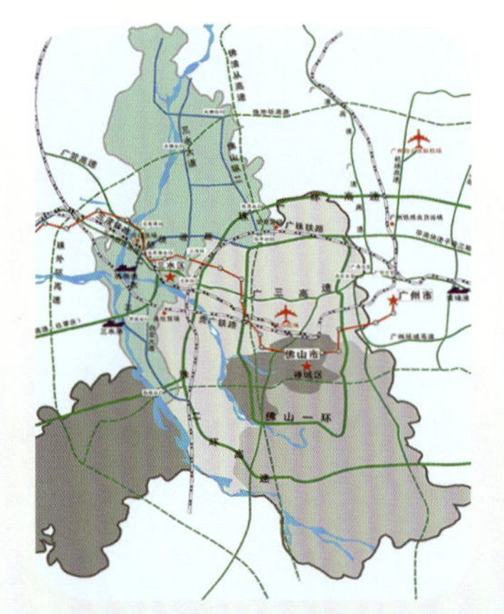

佛山市地图

规划空间结构

二、三水区西南街道简介

西南街道是三水区的中心城区及区政府所在地，为全区的政治经济、文化、商业中心。西南辖区面积151平方公里，常住人口约40万。2016年，西南实现地区生产总值352.27亿元；工业总产值817.49亿元；税收49.27亿元。西南街道紧紧围绕区委区政府的战略目标，结合自身实际，逐渐形成了饮料食品、金属深加工、新型建材（新材料）等主导产业集群。目前中共佛山市三水区第十三次代表大会提出全力打造广佛创智之城、岭南水韵胜地和百万人口中心城市，西南街道将找准产业定位，精心打造中国（三水）国际水都饮料食品基地、北江新区和教育示范区三大板块，成为“城产人文”四位一体融合发展的典范，并充分挖掘产业特色、人文底蕴和生态禀赋，打造“产、城、人、文”四位一体的“小而美”的水都特色小镇。

三江汇流

三、交通优势

得益于天赋的地理位置，西南街道水、陆、空交通便捷。公路方面，广三高速、广肇高速、珠二环高速、佛山一环及修建中的一环西拓、广贺高速、广明高速6条高速纵横链接。铁路方面，已有4条铁路贯通，分别是广三铁路、三茂铁路、贵广高铁、广佛肇城际轻轨，且贵广高铁在辖区范围内设有三水南站。地铁方面，佛山4号线将延长至三水，4号线东起广佛交界的三山新城，从广海大道进入三水，经西青大道进入河口北江新区，经过时代城，终点设在河口老城区，全长约57公里，三水区境内长约10.5公里，预计2020年建成。航空方面，距离佛山机场仅40分钟车程，经珠二环或广三高速40分钟左右可达到广州新白云国际机场。海运方面，辖区范围内拥有5000吨级的三水港和1000吨级的西南港。

四、产业基础、产业发展及未来规划

1、产业基础

早在明朝年间，三水已“酿出”酒业第一联营社，即现时的三水酒厂，后分支出中国魔水“健力宝”和“强力啤酒”。随着“中国魔水”健力宝的诞生，食品饮料行业在西南扎根发展势头不减，涌现出一批知名食品饮料企业及上下游配套企业，如隐雪、强力、波尔、金盛等。历经30多年，西南街道的食品饮料业拥有坚实的市场基础、运营基础及人才基础，食品饮料业已成为

百威大道

检测中心

中心湖公园

西南街道的支柱产业之一。2008年，西南街道更获得中国食品工业协会授予“中国饮料名镇”称号，为西南街道的产业发展提供明确的方向和前进动力。

2、产业发展载体一中国(三水）国际水都饮料食品基地

根据三水区的产业发展布局，凭借优良的产业基础、丰富的水资源优势，西南街道于2008年开始规划打造“中国（三水）国际水都饮料食品基地”（以下简称“水都基地”）产业载体。水都基地是以食品饮料为主导产业的专业园区，位于三水区南部、西江边上，地处广佛肇核心区域，辐射华南地区和西南地区，规划面积1.2万亩，计划南北扩容1.2万亩。水都拥有优质水资源、完善的公共配套设施、优质的跟进服务，目前已吸引百威、红牛、可口可乐、健力宝、亨氏、益力多、石湾酒厂、三全食品、港中旅等39家国内外知名食品饮料及其配套企业争相进驻，食品饮料产业聚集效应凸显。

百威啤酒

水都基地的快速发展离不开完善的基础设施配套。工业配套方面，水都基地已采取集中供应蒸汽、天然气，集中污水处理厂（日处理量4万吨）已建成，基地路网、供水、供电、污水、通讯等管网设施配套已覆盖整个园区，广东省质量监督饮料及食品添加剂检验站也已经建成。生活配套方面，高级人才公寓一期和中心湖公园等已建成并投入使用，其中人才公寓712套。

3、进驻企业

红牛公司

百威英博（佛山）啤酒有限公司：百威英博集团中国的首个自建酿酒厂，2007年落户。历经五次增资扩产，合计产能达160万吨，是百威啤酒目前全国最大的生产基地。

广东红牛维他命有限公司：该企业是第一家进驻水都基地的功能性饮料企业，于2010年投产运营，年产能达30万吨，已经发展成为红牛集团在中国最大的生产基地。

可口可乐装瓶商（佛山）有限公司：建于2010年，是可口可乐集团在国内最大的非碳酸饮料生产基地，拥有4条非碳酸饮料生产线。

可口可乐

广东健力宝集团公司：于2015年迁入水都基地，新建约24万平方米的厂房(含办公、仓储)。目前的健力宝华南生产基地，除保留原有亚洲最大的碳酸产能外，还新增30万吨的热灌及无菌灌装产能，塑瓶线全部与灌装线连线，最大限度减少生产环节的物流成本。

除了以上大型企业之外，水都基地还聚集了亨氏联合有限公司、三全食品华南生产基地等一系列国际国内知名食品饮料企业和隐雪食品有限公司、石湾酒厂等本土明星企业，在食品饮料行业中形成了“航母级”的企业集聚。目前，水都基地新引入了广州益力多乳品有限公司第三工厂、巴克斯酒业等大型企业，开拓了乳酸菌饮料、预调鸡尾酒等新的细分产业门类。

4、未来规划----水都小镇

健力宝

2017年8月，佛山市全面启动市级特色小镇创建工作。作为首批入选的15个特色小镇之一的水都小镇，以“中国（三水）国际水都饮料食品基地”为核心，深入发掘和整合水都小镇的水乡文化、龙舟运动文化、工匠文化、品牌文化，建立水都小镇“体验水都韵律，享受健康生活”的品牌形象，整合政府、社会和村民等各方力量，共同建设一座宜创、宜业、宜游、宜居的特色小镇。同时，还有创新孵化服务、酒店服务、餐饮服务、会展服务等产业作为“健康产业”的外延和配套。

总面积 9.96 平方公里的水都小镇北接 G80 广肇高速公路，西至西江岸边，东至樵北涌等水系边界，南与三水区白坭镇接壤。小镇的运营管理以政府为主导，企业为主体，政府负责顶层设计、制度建设和公共服务，企业以市场机制为准则参与小镇具体产业项目和相关服务项目的运营。西南街道计划于2017-2020年间共投入约112.56亿元，用于交通和基础设施建设、产业项目建设及人文宜居环境提升的改造等。

联系方式：0757-87618997 蓝先生，林小姐　电子邮箱：ssxnkjy@126.com　传真号码：0757-87618985

调味面制品，起源于湖南岳阳市平江县清朝著名贡品——平江酱干，它是集鲜、嫩、咸、辣、甜五香于一体的平江传统名吃，是以小麦粉为主要原料，添加适量辅料，经配料、挤压熟制、成型、调味、包装而成的即时性方便休闲食品。

据统计，至 2016 年底，全国拥有调味面制品食品生产企业 580 家，主要分布在河南、湖南两地。全国年总产值 330 亿元，市场销售额 510 亿，整个行业年用面粉 150 万吨，食用油 48 万吨，辣椒 9 万吨，安排就业 50 多万人次，上缴利税 10 几亿元，拉动相关消费逾 30 亿元，捐资公益慈善事业近 4000 万元，行业规模企业 40 家，已然是当代经济社会发展的一支重要力量。如“卫龙”、“君仔”、“佳龙”、“津津友味”、“琼宇”、 “笑笑”、 “祥云园”、 “麦小呆”、 “麦动”、“周小玲”、“翻天娃”、“飞旺”、“玉峰”、 “双仔”、“宇仔”等。调味面制品是中国休闲食品的新贵，更是辣味食品的领跑者，行业正在向生态化、健康化、营养化的目标前行，为中国食品工业做出自己应有的贡献。

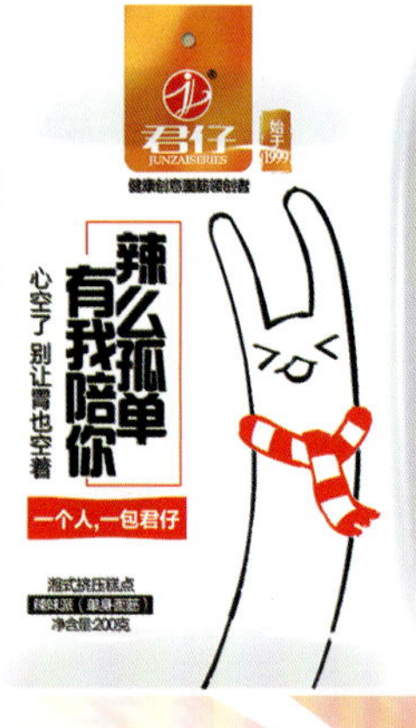

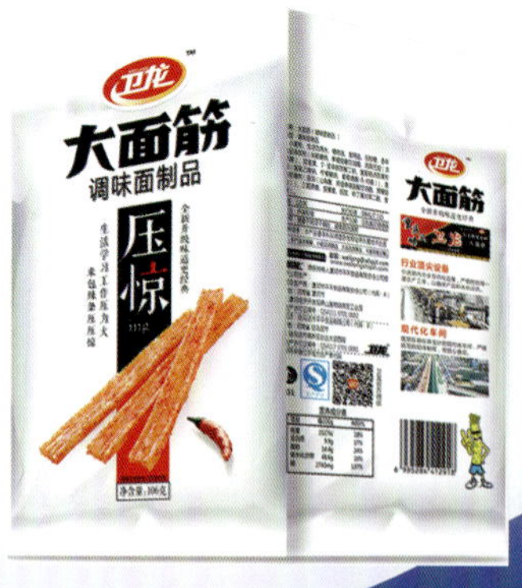

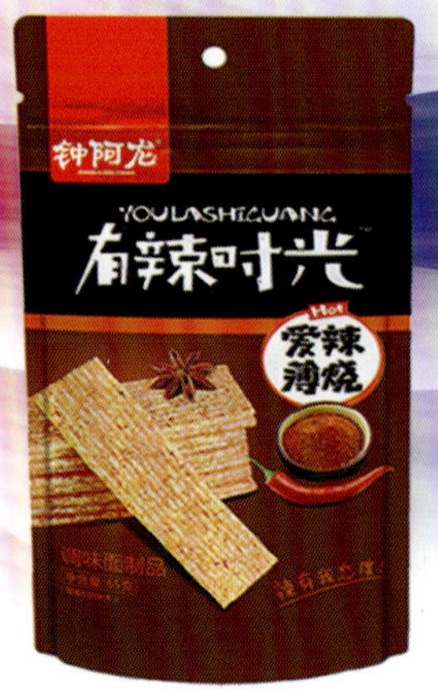

湖南平江工业园区　　　　摄影：TXM

平江，汨罗江畔的秀美城市，以屈原（名平,字原）之名为县名，以屈杜精神为风骨，崇文尚武，将星闪耀。这是一方山川秀美的绿色沃土和一处积淀深厚的文化伊甸园，这里耸立着心忧天下敢为人先的红色丰碑。

资源丰富，物华天宝

一会一节 开幕式

湖南省第二届食品安全年会暨中国（平江）休闲食品文化节合影

一会一节 合影

作为农业大县，我县农作物资源种类达430多个，其中粮食作物品种达30多个，年总产量44万吨，经济作物品种达210多个，是国家商品粮基地县。我县是全国18个重点中药材基地县之一，拥有中草药1181种，可采量达2.75万吨，其中驰名中外的平（白）术占全国产量的1/8以上。畜牧业方面，年出栏生猪100万头、肉牛4.7万头、黑山羊30万头、家禽300万羽，是省八大重点生猪基地县和重点肉牛基地县之一。山桂花蜂蜜系列为全国少有的珍稀蜜资源，是全国9个重点基地县之一。福寿山天然低钠硅质碳酸氢泉含有20多种对人体有益的微量元素，年涌流量27万吨，是首届全国食品博览会金奖产品。

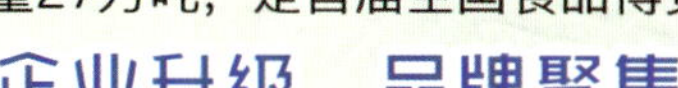

企业升级，品牌聚集

近年来，依托平江独特的历史人文优势和生态环境优势，我县成功引进和培育了华文食品、玉峰食品、旺辉食品、山润油茶、今麦郎、九狮寨茶叶等企业，不断完善了种植、食品加工、食品机械、包装物流产品研发、检验检测等多领域协同发展的食品产业链条，改变过去的茶叶、酱干、茶油“老三件”的单一传统布局，成长为科技创新与绿色健康相统一的新格局。

目前，平江县拥有多家龙头企业，其中年产值过10亿元的1家，过亿元的48家，国家高新技术企业1家，省高新技术企业1家，省级龙头企业3家，市级龙头企业9　家；食品企业注册商标189件，拥有中国驰名商标5件、国家地理标志注册商标1件、湖南省著名商标9件、省市名牌产品10个、湖南省（国际）食博会、农博会金奖产品6个。

开放开发，商机无限

近年来，我县先后获评中国面筋食品之乡、中国食品工业强县、中国休闲食品文化节永久主办地。平江工业园被授予“国家新型工业化产业示范基地”、“中国最具发展潜力工业园区”、“中国最佳投资环境工业园区”。作为国家重点扶持县，县委县政府出台了一系列优惠政策，给予客商用地、税费、规费、服务等全方位的优惠和便利，着力营造亲商、安商、护商的浓厚氛围，平江已成为投资创业的理想场所。

如今，平江人民按照县委、县政府确定的“基础先行，工业强县，旅游活县，产业富民，打造实力平江，建设魅力家园”的发展思想和“点聚集、线延伸、面拓展、体推进”的工作战略，着力谋求县域经济跨越发展，正在开启全面唱响“中国有个平江县”的伟大征程。

华文食品

玉峰食品

山润茶油

旺辉食品

湖南九狮寨茶叶有限公司

永和食品

双仔食品

润哥食品

翔宇食品

长连食品

福林彩印
FULIN PRINTING

福林彩印

天岳彩印.

唐伟龙

平江县凯兴食品有限公司

斯娃食品

长中长食品

南丰县食品工业发展情况

南丰县位于江西省东南部，是连接广东、福建、长三角的重要交通枢纽，县域面积1920平方公里，辖5乡7镇1场，人口32万。南丰区位优越，交通便捷，昌厦公路、济广高速、福银高速、向莆铁路等穿境而过。南丰历史悠久，人杰地灵，是北宋古文名家曾巩的故里，先后被国家相关部委命名为“傩舞之乡”“蜜桔之乡”“龟鳖之乡”，境内有宋窑遗址、曾巩读书岩、明城墙、南台寺、石佛等知名古迹10余处，国家非物质文化遗产1处。南丰是一个特色产业鲜明的资源大县，产品众多，有南丰蜜桔、甲鱼、炉子、腌菜、豆腐皮等一批特色产品，尤其以南丰蜜桔享誉中外。南丰蜜桔有1700多年的栽培史，自唐代列为皇室贡品，具有皮薄核少、汁多无渣、甜酸适口、营养丰富的特点，曾被斯大林誉为“桔中之王”，目前种植面积70万亩，年产26亿斤。近年来，南丰县秉承食品工业强县富民的决策部署，充分利用南丰得天独厚的资源禀赋，力推食品工业发展壮大。2016年，南丰县食品工业企业已达50户，其中规模以上食品企业10余户，全县食品加工企业产值完成57.36亿元，从业人员近6000人。先后有汇源果汁、华夏五千年南丰蜜桔酒、逸春风保健酒、聚福堂樱桃李酒业、国元乳品、桔花香食品等知名企业入驻南丰，拥有汇源、闽越红、华夏五千年、幸福林等10余个知名品牌，产品涉及果浆、饮料、罐头、茶饮、糕点、果脯、糖果、调味料、白酒、葡萄酒、黄酒、啤酒、保健酒、纯净水等几十个系列、数百个品种。食品产业已成为南丰最具特色的重要支柱产业。

汇源柑桔汁

金吉尔南丰蜜桔汁

国元诺丽果汁

蜜桔加工系列食品

豆腐皮

灌芯糖

南丰米粉

南丰腌菜

南京市溧水区

溧水是百里秦淮的源头、南京新副城之一，2013年撤县设区，区域面积1067平方公里，常住人口约50万人，户籍人口43万人，下辖2个街道、6个镇，建有省级经济开发区、白马国家级农业科技园区（省级高新技术产业开发区）、石湫国家级影视文化创意产业园，先后荣获国家园林城、国家卫生城、国家生态区、全国科技工作先进县、全国食品工业强县、长三角最具投资价值县、华东地区重要交通枢纽县等荣誉称号。2016年，全区实现地区生产总值625亿元，同比增长9.3%；公共财政预算收入51.28亿元，同比增长10.5%，综合竞争力列2016年度中国中小城市综合实力百强区第69位，被评为南京市机关作风建设先进区，市对区目标考核获得一等奖。

溧水区食品产业集群优势明显，现有食品工业企业124家 ，2016年食品工业实现总产值341.23亿元，同比增长16.2%，其中大型企业2家、年主营业务收入2000万元以上企业52家，溧水区2005~2006年度、2007~2008年度、2010-2011年度、2012-2013年度、2014-2015年度连续五次被中国食品工业协会评为全国食品工业强县（区）。

邵阳县油茶产业发展情况

2016年，在县委、县政府的正确领导和强力推动下，在各乡镇场和县直机关单位密切配合和大力支持下，全县油茶产业发展工作坚持“扩规提质、改革创新”的总基调，基地建设实现新跨越、园区建设取得新进展，项目建设取得新成效、精深加工打下新基础、产业宣传实现新突破。县内油茶定点育苗基地共培育嫁接油茶良种苗木756万株，全县调运良种油茶苗木441.15万株，完成油茶造林4万亩，共兑付油茶产业政策性奖补资金3296.2万元；邵阳国家油茶产业示范园完成了交易中心五栋大楼的主体工程建设；完成了“邵阳茶油”地方标准草案，同时2016年首届中国（长沙）食品餐饮博览会、2016年中国（昆山）国际商标品牌节和全国油茶产业发展现场会油茶博览会设立了“邵阳茶油”展位；成功申报了湖南省油料生产大县项目、欧洲投资银行贷款湖南油茶发展项目、邵阳县油茶标准化示范区项目和国家油茶种植标准化示范区项目，争取了油茶产业发展资金5370万元；共筹备召开全县油茶产业发展推进会、邵阳县油茶产业协会成立大会暨第一次会员代表大会、湖南省油茶产业发展研讨会、欧洲投资银行贷款湖南油茶发展项目技术培训会等各类油茶工作会议6次，成立了“国家油茶工程技术研究中心邵阳工作站”、“湖南省联合产权交易所油茶分所”、“邵阳县油茶产业协会”。“邵阳茶油”成功注册为湖南省著名商标，邵阳县现代农业科技示范有限责任公司被评为2015年国家林业标准化示范企业，国家林业局批复我县为“国家油茶标准化示范县”。到2016年底，全县累计新造油茶林17.2万亩，油茶林面积发展到62.4万亩，茶油年产量1.81万吨，产业年产值14.5亿元，油茶产业 “国字号”品牌增加到7个。

2016年3月24日，湖南省油茶产业发展研讨会在邵阳县召开，湖南省林业厅、湖南省财政厅、湖南省发改委湖南省农业银行、中南林业科技大学等领导与专家，邵阳县、常宁市和耒阳市等油茶重点县市区代表，湖南天沃油茶科技有限公司等油茶加工企业代表与会，会议形成了“坚定信心、迎接挑战、抢抓机遇、创新发展、开创全省油茶产业发展新局面”的《湖南油茶产业邵阳共识》。

2016年3月24日，湖南省油茶产业发展研讨会在邵阳县召开

2016年4月7-8日，欧洲投资银行贷款湖南油茶发展项目技术培训班在邵阳县举办

邵阳县委书记蒋伟荣获第三届“中国林业产业突出贡献奖”

延津县食品工业强县发展报告

延津,隶属河南省新乡市，总面积886平方公里，总人口51万人，延津县依托区位、土地和“中国第一麦”等资源优势，高标准规划建设食品产业集聚区，规划面积10.67平方公里，是新乡市唯一一家以食品加工产业为主导产业的专业园区。经过几年的发展，基本形成了以小麦专用粉、食用油、高档挂面、速冻食品、白酒饮品等为支柱产业的特色食品加工基地，从原粮生产到精深加工到餐桌经营的产业链条已经形成，正在全力打造中原经济区重要的食品加工基地。目前，已入驻各类知名食品企业50多家，年产值达百亿元。我们的具体做法是：

一、大力发展小麦精深加工产业集群。依托新乡市国家产业集聚集群创新发展综合改革试点为契机，重点围绕延津“中国第一麦”的品牌效应，全面提升市场影响力和竞争力，努力推进食品产业从“国人厨房”向“世界餐桌”跨越，全力建设中国绿色“麦都”。目前延津县克明面业生产基地是克明面业股份有限公司最大的生产基地。挂面、乌冬面、保鲜面等年产量达40万吨，产值突破30亿元。新乡市新良粮油加工有限公司是国家级农业产业化重点龙头企业和全国农产品加工示范企业，小麦专用粉年加工能力40万吨，位居全省第一，全国第三，跻身全国谷物磨制行业50强，竞争力综合指数全国第五位，其中小麦专用粉网上销售同行业第一。

二、大力发展速冻营养食品产业集群。积极引进冷链食品企业，扩大速冻米面食品规模，提升速冻水饺、汤圆、粽子等产品品质和档次，采用现代速冻加工技术，大力发展炒饭、面条、油炸食品、烘焙食品、微波套餐等传统特色主食食品，形成新的产业支撑点。新乡云鹤食品有限公司是省级农业产业化重点龙头企业和省级农业科技型龙头企业，速冻食品加工行业省级龙头骨干企业，年产能10万吨，年产值6亿元，其生产的速冻熟面及微波面乃国内首创。河南笑脸食品公司是河南省速冻食品重点企业、农业产业化经营重点龙头企业，年产速冻面点3万吨，在国内同行业中位居前三名，长期与国内沃尔玛、华润万家、家乐福、中百仓储等知名超市保持良好的合作关系。

三、大力发展健康休闲食品产业集群。积极引进休闲膨化食品，形成方便食品、饼干烘焙食品、膨化食品等特色休闲食品产业集群。麦丰（中国）食品公司是省级农业产业化重点龙头企业，年产各类糕点3万吨，年产值4.5亿元，公司的“佰仕麦丰”、“三只果”系列糕点产量位居全省前列。河南精益珍食品有限公司是中国糕点、面包制造50强企业，“精益珍”品牌是全国沙琪玛类第二大品牌，拥有自营进出口权及食品出口卫生注册认证，主要生产沙琪玛、糖果及饼干，年产值2.6亿元。河南百川食品有限公司是全国规模最大的大豆拉丝蛋白生产基地。

四、大力发展白酒饮品产业集群。充分发挥延津县传统白酒产业和茅台集团2万亩有机小麦基地优势，健全完善“酿酒原料供应——酒类酿造——灌装物流——酒类包装”产业链。酒鬼酒河南有限责任公司在延津县设立了北方最大的物流基地，年灌装湘泉系列白酒3.6万吨；新乡市新平川酒厂酿酒工艺历史悠久，被河南省商务厅认定为“河南老字号”企业（注册商标“平川”），年产能2.4万吨，实现产值10亿元。其独创的“埋沙藏酒”工艺享有中国北方沙藏第一窖之美誉，是目前我国北方首座新型白酒沙藏工艺酒窖，可围沙储酒1.5万吨。千百知饮品股份有限公司是一家生产宴席系列饮品、吸饮力饮用水系列的饮料生产企业,目前为玻璃瓶果汁的引领者和开创者，也是宴席类果汁的第一品牌。

五、主导产业入驻优惠政策。符合主导产业发展规划、科技含量高、贡献率大、固定资产投资一次性达到2亿元以上的产业龙头项目，根据企业申请可以给予重资产建设支持。为项目代建厂房设施或代购生产设备等重资产，企业需在签约后3年内回购。企业通过融资租赁设备的，可按同期银行贷款基准利率给予3年补贴。

对新落户的年税收在500万元以上的企业给予货物物流补贴，年补贴总额不超过企业当年物流运输费用总额的10%，且最高不超过100万元，连续补贴3年。

经认定符合我县主导产业发展方向的企业，在企业创新发展方面给予奖励。在项目正式签约后6年内，前3年奖励金额最高不超过实际缴纳企业所得税和增值税地方留成部分的100%，以后3年奖励金额最高不超过50%；企业年薪20万元以上的高级管理人员和高层次人才，给予适当奖励，前3年奖励金额不超过个人所得税地方留成部分的50%，后3年奖励金额不超过30%。

中国第一麦种植基地

中原沙藏酒银行

速冻营养食品（手抓饼）

健康休闲食品

河南 · 延津县产业集聚区
电话/TEL：0373-7108259

漳州市食品工业发展情况

漳州地处福建最南端，现辖八县二区一市和四个开发区、一个国家级高新区，土地面积1.29万平方公里，海域面积1.86万平方公里，常住人口500万人。2015年，被授予全国文明城市称号。2016年，全市地区生产总值3125.3亿元，增长9.3%，增幅连续三年保持全省第一。漳州区位优势明显，东临厦门、南与广东交界，与台湾隔海相望，与台湾隔海相望，是中国的“田园都市，生态之城”，生态城市竞争力位居福建第一，为福建省生态先行示范区、国家级闽南文化生态保护区。漳州是著名的水果之乡、花卉之都、罐头之都、食用菌名城、水产基地，也是全国重要的对台农业合作、食品工业、农产品出口和绿色食品基地。漳州是首批以地市级整建制成功获批国家现代农业示范区，也是全国首批12个构建开放型经济新体制综合试点城市之一。

食品产业是朝阳产业、民生产业，也是我市的支柱产业、品牌产业和优势产业。2011年底，中国食品工业协会正式授予漳州“中国食品名城”称号。以此为起点，我市着力实施食品工业产业提升工程，推进创新驱动战略，努力扩大漳州“中国食品名城”品牌影响力，推动食品工业向更大规模、更高层次迈进。继2014年食品工业规模工业产值突破千亿元，2015年实现超1200亿元，2016年实现规模工业产值约1500亿元，占福建省规模食品工业总量近三成，规模位居全省第一。比2011年（651亿元）产值增加近千亿，增长2.28倍。

一、产业特点

1、行业门类齐全。主要包括农副食品加工业、食品制造业、酒、饮料和精制茶制造业三大行业，涵盖16个大类、40多个小类，拥有以水产品加工、果蔬食用菌加工、休闲食品制造、粮油饲料加工、罐头制造、肉制品加工、精制茶等为主要内容的食品产业体系。部分行业、产品居全国、全省首位，如2016年环东山湾区域水产品出口创汇持续增长，出口货值超26亿美元，同比增长6.15%，货值占全国约七分之一，拥有全国最大水产品加工出口集群；罐头产业集群链条完整，拥有“中国罐头之都”的名誉；大闽公司生产的速溶茶年产量近2万吨，占国内近7成的市场份额；绿宝集团是国内杏鲍菇的第一大供应商；辖区内龙海市2016年休闲食品工业产值236.37亿元，焙烤食品制造业规模位居国内前列，于2017年获评“中国休闲食品名城”。

2、产业聚集明显。我市拥有水果、蔬菜、茶叶、畜牧、食用菌、水产、林竹、花卉苗木、中药材九大产业特色农业。各县区依托当地资源优势，培育了一批具有典型区域特色的食品产业基地，产业集聚效应突出。如沿海水产品加工产业集群，主要集中在东山、诏安、云霄、漳浦、龙海等沿海区域；果蔬、食用菌加工产业集群，主要集中在芗城、龙文、龙海、台投区、南靖等沿九龙江流域及漳浦等地；休闲食品制造产业集群，主要集中在龙海、芗城、龙文、南靖等地；以华安铁观音、平和白芽奇兰等为代表的茶叶加工产业集群，主要集中在华安、平和、南靖等区域，粮油饲料加工产业集群，依托港口及高速公路、铁路运输优势，主要集中在龙海、龙文、漳州开发区、台投区等。这些产业集群也吸引带动了食品包装、食品专用机械、空罐、原料基地等配套完整的食品上下游相关产业链的发展，推动整个食品产业可持续发展。

3、骨干企业众多。全市3000多家食品工业企业中，规模以上企业608家，约占全市规模工业企业数的27.4%；年产值亿元以上企业367家，占食品工业规模企业数的60.4%，占全市亿元工业企业数33.7%；产值10亿元以上企业22家，20亿元企业5家。食品工业大企业无论是数量还是占比远远高于其他产业。截至2016年，我市食品工业拥有大闽食品、绿宝食品、盈丰食品、海魁水产、傲农牧业、大北农、海新食品、顺发水产等8家省级工业龙头企业，占全市省级工业龙头企业29家的27.59%；市级龙头企业5家，占全市市级工业龙头企业21家的23.8%；还拥有康之味食品、顶津食品、紫山集团、统实包装、海之星水产、腾新食品、新华东食品、中海烤鳗、铭兴食品、中港水产等10家省级成长型企业，占全市省级成长型企业41家的24.39%；市级成长型企业23家，占全市市级成长型企业73家的31.51%。一大批食品企业产值和效益同步快速增长，显示出良好的发展势头。

4、品牌效应扩大。创出一批知名食品商标品牌。全市食品企业拥有中国驰名商标21件，著名商标238件，占全市省级以上商标数的60.2%；中国名牌1件，福建名牌近百件，如天福、紫山、盈丰、海魁、含羞草、信华、大闽、白玉兰等在行业内都具有较高知名度。2015年度中国罐头十大品牌评选中，我市紫山集团、同发食品、海魁水产占据榜单三席，同时海魁水产还入选“2015年度中国海鲜十大品牌”。绿新食品、紫山集团顺利通过食品工业企业诚信管理体系（CMS）评价，被授予“2015年食品工业企业诚信体系建设示范企业”称号。

5、产品外向度高。漳州食品出口量一直居全国设区市首位，被誉为“世界厨房”，产品销往美国、日本、东盟、欧盟、非洲等近200个国家和地区。2015年7月起，我市全面复制自贸区海关、检验检疫政策，借助“一带一路”倡议东风，在全球经济不景气的情况下，我市食品出口逆势回升。2016年食品出口33.8亿美元，与2015年基本持平，出口产品涵盖果蔬、罐头、水产品、肉制品、饮料等十几个品种，实现出口交货值404.76亿元，现价增长13.9%，占全市各行业出口交货值的47.7%，占福建省食品工业出口交货值的49.4%。其中水产品出口交货值达230.59亿元，约占全市食品工业出口交货值的56.97%，约占福建省水产品加工出口交货值的49.97%，出口位居福建省首位和全国地级市前列。

6、漳台合作深入。对台食品合作是漳州食品工业发展最大的优势，我市打造了台商投资区、台湾农民创业园、海峡两岸水产品加工集聚基地等对台合作平台，引进了一大批台湾先进食品生产设备、精深加工技术和管理理念，有效促进漳台食品产业深度合作。至2016年底，全市台资食品企业近500家，企业数居全国设区市之最。两岸食品产业的深度合作，有效提升了我市食品产业发展层次和水平。

二、发展重点

1、果蔬食品加工。重点加快果蔬精深加工和新产品品种更新换代步伐，发展营养保健类果蔬原汁饮料、特色罐头、调理食品、速冻（冻干）等适宜国内外市场需求的新型产品。

2、水产品加工。重点开发水产罐头、鱼浆制品、藻类食品、海洋休闲食品新品种，推进海洋产品资源综合开发，积极开发海洋保健食品、海洋功能食品和海洋药物，扩大对海水、淡水鱼类、海藻类和水产废弃物的精深加工和综合利用。

3、休闲食品制造。突出休闲、旅游、营养健康需求，大力开发烘培食品、蜜饯、糖果、膨化食品、方便食品等，促进休闲食品的规模化生产；鼓励传统食品继承和发扬传统特色，引进先进工艺、技术设备和管理制度，扩大生产规模，推进传统食品加工现代化。

4、肉制品加工。鼓励发展精细分割冷却肉、包装肉；积极开发中西式低温肉制品；开发特色家畜、家禽产品；优化肉类食品结构，加强肉、蛋制品的精深加工，促进资源的综合利用。

5、茶叶加工。重点培育龙头企业，强化资源整合、兼并重组，由分散向集中发展，形成较完整的产业链。注重自主品牌提升和产品质量管理，改进升级名优或特色茶品的生产工艺，提高茶叶深加工产品的占比；注重产品系列开发，推动铁观音、奇兰茶、红茶、乌龙茶制作向品质化、品牌化、多样化方向发展。

三、发展展望

食品工业是永远的朝阳产业、民生产业，也是漳州的传统优势产业、特色产业。漳州市将力争到2020年，全市食品工业规模工业产值超2000亿元，培育产值50-100亿元以上龙头企业3-5家。以龙头企业为带动，不断延伸食品产业链，大力发展食品精深加工，大力推进一二三产联动发展，鼓励食品工业龙头企业建立果、蔬、茶、菌等无公害原料基地，强化原料保障。加强漳台食品产业深度对接，以绿色食品、功能食品、休闲食品、方便食品、保健食品为重点，做大做强漳州特色食品工业产业，提升漳州“中国食品名城”品牌价值，把漳州打造成全国重要的优质健康食品产业基地。

中国食品工业强区——武汉东西湖区

武汉市东西湖区地处武汉西部，位于江汉平原以东，长江中游以北，幅员 499.7 平方公里，人口 54.11 万人，是全国唯一以“临空港”命名的国家级开发区、国家长江经济带和新丝绸之路“一带一路”战略的交汇点、中欧国际货运专列汉新欧国际大通道的始发站、国家级生态示范区、全国循环经济先进单位，也是国家级武汉临空港经济技术开发区所在地。

2016 年 4 月 19 日全国人大常委会委员长张德江调研武汉食品工业加工区周黑鸭

作为武汉市东西湖区三大支柱产业之一，食品产业的发展具有得天独厚的优势。武汉市 1000 多万人口以及华中地区巨大的市场和农产品资源，为东西湖区食品产业与城市圈中农业和食品加工业的发展奠定了基础；国家长江经济带发展战略、湖北“8+1”城市圈建设、武汉市国家中心城市建设及 GDP 万亿倍增计划、食品工业被湖北省列为首个冲刺万亿级的优势产业，为东西湖区发展以休闲食品为主导的食品产业提供了政策支撑；与武汉食品工业加工区紧邻的保税物流园区实现了与天河机场“区港联动”，已建设成为首批国家级示范物流基地，庞大的物流体系为加工区食品产业发展提供了保障；东部产业向中部转移为东西湖区食品产业的产业规模扩张和产业技术发展带来了良好的机遇。近年来武汉市东西湖区食品产业逐步实现转型升级，朝着实现“现代健康食品产业港”的发展目标前进。

2017 年 3 月 25 日华新达怡宝项目签约

2016 年，全区共有食品医药工业企业 150 余家，其中规模以企业 48，完成工业总产值约 518 亿元，同比增长 13.4%，占全区 270 多家规模以上工业总产值的约一半，占全市食品工业总产值的约三分之一。产值过亿元的企业共 30 家，其中，过 50 亿元的 2 家，20 ~ 50 亿元企业 3 家，10 ~ 20 亿元企业 8 家，1 ~ 10 亿元企业 17 家。由世界 500 强企业投资建设的有 6 家，由上市公司投资建设的有 7 家，本地上市公司 1 家。2017 年，全区规上食品工业预计完成工业总产值 590 亿元，同比增长 15%。

2017 年 8 月 20 日武汉必康新医药大健康产业综合体项目签约

武汉食品工业加工区是武汉市东西湖区发展食品工业的核心园区。经过十余年的发展，在武汉食品工业加工区开发建设的 10 平方公里范围内，已落户了可口可乐、百事食品、双汇食品、周黑鸭和良品铺子等 50 多家国内外知名食品及其配套企业（其中世界 500 强企业 4 家），协议投资总额约 400 多亿元，已有可口可乐、百事食品等 30 家企业已建成投产，百事食品、周黑鸭、良品铺子、天喔食品等企业增资进行了二期、三期项目建设，华润啤酒、光明乳业、吉人食品等食品企业正在通过增资扩产、搬迁改造的方式向核心园区集中。2016 年园区工业总产值 102 亿元，税收 8 亿元，形成了涵盖肉制品、休闲食品、饮料、果蔬深加工以及配套印刷包装等项目的华中地区聚集程度最高的食品加工产业集群。

2017 年 3 月 23 日华润搬迁项目奠基

2016 年 11 月 11 日周黑鸭在香港上市

2014 年武汉市东西湖区被工信部授予“国家级新型工业化（食品）产业示范基地”称号，2016 年武汉食品工业加工区被武汉市工商行政管理局授予“武汉市商标品牌集群示范园区”称号，2017 年武汉食品工业加工区管理委员会被工信部确定为“休闲食品产业集群区域品牌建设试点”实施单位。截止 2017 年底，武汉市东西湖区已经连续四次被中国食品工业协会评为“全国食品工业强区”，在全国食品行业中具备一定的知名度和影响力。下一步，武汉市东西湖区将继续依托良好的区位优势、生态优势和资源优势，紧抓国家中部崛起战略，着力建成中部地区规模最大、功能齐全、产业特色鲜明、效益突出的绿色食品之都。

2016 年 4 月 29 日武汉市商标品牌集群示范园区授牌

推动主导产业升级 建好食品工业强县

霞浦县地处福建省东北部、台湾海峡西北岸，现辖12个乡镇、2个街道，56万人口，具有历史悠久、资源丰富、交通便捷、景观独特等县情特点。近几年，县委、县政府采取强有力措施，大力发展食品加工业，在2015年被中国食品工业协会授予“全国食品工业强县”称号的推动下，食品加工产业进一步加快发展。2016年完成地区生产总值195亿元、增长7.3%；食品工业企业总数达281个，职工总人数16700多人。食品工业总产值103亿元、税金收入8500万元、利润9.4亿元、出口创汇6.3亿美元，分别占全县工业的60.56%、42%、54%和56%；规模以上食品工业企业65个，占全县规模以上工业企业总数118个的55%，完成食品规模产值93.07亿元，占全县规模工业总产值153.67亿元的60.56%。创建全国食品工业强县取得新成效，推动食品加工业转型升级主要措施：

1、理清发展思路，明确目标任务。充分发挥本县资源优势，瞄准国际国内两大市场，推行国际先进的质量、安全、环保、卫生标准，以高值化、集约化、品牌化、便捷化、礼品化为重点，以绿色有机无公害和现代生物技术应用为方向，致力拓建食品加工园区，引进发展熟食品、即食品、旅游食品、保健食品、保鲜食品等精深加工项目，扶持特色龙头、强化科技装备创新，促进“两化”融合，提升质量品牌，规范行业管理，全面推进我县以水产品精深加工为主导，茶、果、蔬等精深加工相互促进的食品加工产业持续、高效的发展。要求从2016年起，每年平均新增入库食品加工规上企业13家，到“十三五”末，全县规模以上食品加工企业总数达到130家，规上食品企业产值达到133亿元，分别比2015年实现翻一番以上，县域直接增收群众20万人以上，形成以台水中心、经济开发区为主导的食品加工产业集群，“全国食品工业强县”在国内外更加闻名。

食品强县

2、完善产业布局，推动基地建设。根据食品产业链配套的载体要求，一是调整优化原料生产基地，严格控制近海养殖密度、实行养殖鱼、藻、海参、鲍鱼等品种科学搭配，支持实行龙头企业+基地+农户经营模式，鼓励加工企业投资建设质量安全标准化原料生产基地，逐步建立食品安全质量可溯源监管体系，确保加工原料质量安全，全县每年产出食品加工原料80多万吨。二是因地制宜，支持在沿海镇乡村的渔港码头和岸边规划建设海带、紫菜、海参等水产食品初加工，以便海鲜产品就近加工，目前初加工小企业已发展到200多家。三是重点抓好食品精深加工园区布局建设。根据国台办批准设立的“霞浦台湾水产品集散中心”，在霞浦的东部三沙镇规划面积超10000亩，专门引进水产品、食品加工企业，目前入驻的有台湾及周边地区客商投资的水产食品加工企业16家；在福建省政府审批的霞浦经济开发区规划中，划出3000亩作为水产、食品精深加工仓储物流区，目前已入驻食品加工企业有22家；在霞浦县县城东侧设立发展食品加工业的“工业桃源”。目前3个食品加工园区水、电、路、污水处理厂、物流、电信、宽带等配套建设基本完善，食品产业链的集群效应与旅游摄影观光购物融合发展的态势已开始显现。

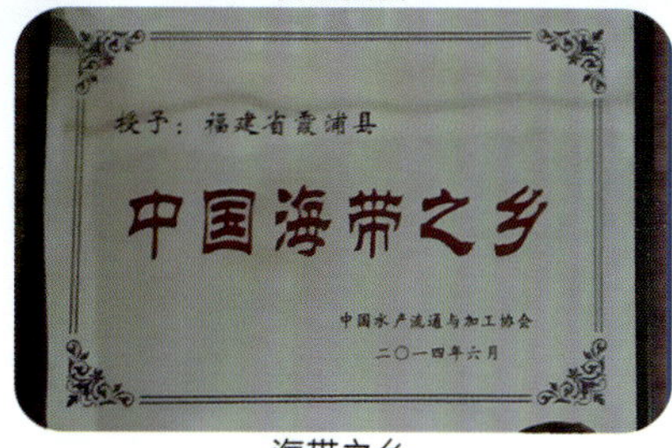

海带之乡

3、狠抓龙头项目，壮大产业规模。县委、县政府充分发挥龙头企业的带动示范作用。从2016年起，在从事精深加工鱼、虾、贝、藻、海参、鲍鱼、果、茶等特色产品的规模企业中，竞争性选择10家企业作为龙头企业对象纳入《产业转型升级行动计划》，每个项目都安排处级领导挂钩帮护并落实责任单位，不定期召开协调会，在项目、用地、资金、科技、人才等方面给予特殊优待政策，及时解决项目实施发展过程中存在的困难和问题。有力地推动了东吾洋食品股份有限公司、钦龙食品有限公司、新日鑫工贸有限公司、黄渔国食品有限公司、溢源海洋食品有限公司、永兴水产工贸有限公司、盛威工贸有限公司等一批较具实力的水产品加工龙头企业发展，其中福建东吾洋食品股份有限公司在2017年3月已成功在“新三板”上市；新日鑫工贸有限公司在2017年初成功与省属国企福建省海洋丝路投资发展有限公司实现增资扩股合作，形成强强联合，提升实力，做大总量；连丰水产与省供销社合作，创新海参收储物流交易，转变传统经营模式；黄渔国食品有限公司与农林高校合作，开发创新海带糕、玉笋等“小铃铛”系列即食产品，实现技术创新。同时，我县高度重视规模以上食品加工企业的转型升级，大力培育新增规模以上企业，2015年新增统计入库规模以上食品加工企业24家，2016年新增23家。

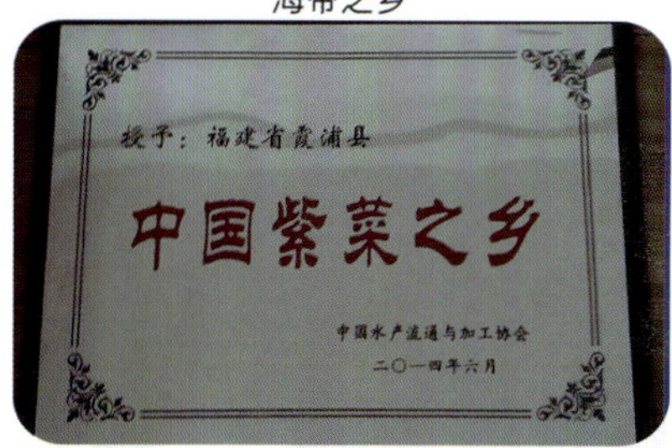

紫菜之乡

4、支持科技创新，增强品牌效应。为增强食品企业的市场竞争力，我县积极引导企业注重科技创新，推动企业与高校、科研院所合作，开发新产品，培育新品牌。县政府及时与上海海洋大学、集美大学等院校和科研机构建立校地合作平台，邀请中国水产研究院等专家教授来我县开展实用技术培训讲座，深入企业开展技术诊断，组织企业参与“6.18”海峡成果对接会及水产品产业专场对接会等，引导企业对接先进技术，多方位为企业提供技术和人才支持。通过不断的创新，目前我县多家企业实现了产品由粗加工向精深加工发展的转变，产品也从单一向多样发展。黄渔国公司、闽亿源公司、皓大公司、晖强公司分别在海带糖系列、大黄鱼、即食海参、海带罐头等系列新产品开发方面形成上百个精深加工产品。同时全力支持品牌质量建设，引导企业开展各种质量认证，共有80多家食品生产企业取得食品生产许可证，并获得“中洋”、“百野轩”、“闽松”、“龙首”、“目海”、“元宵”、“世纪农源”、“丛绿”等省级名牌品牌产品14个，省著名商标22个，中国驰名商标1个（钦龙食品“KLF”商标）。先后申报获得“中国海带之乡”、“中国紫菜之乡”称号和“霞浦海带”、“霞浦紫菜”、“霞浦元宵茶”、“中国南方海参养殖基地等”公共地理标志证明商标。我县还多途径帮助企业开拓销售市场，并建立霞浦电商城，已入驻食品企业70多家，在京东网设立“霞浦特产馆”等，让霞浦食品销往国内外。

“霞浦紫菜”

5、加大政策支持，促进产业聚集。县委、县政府在2015年底成立“霞浦县食品产业发展工作领导小组”，由县委书记、县长亲自担任组长和第一副组长，领导小组下设办公室负责日常工作。通过调研、考察、研究，在2016年6月县委、县政府以霞委发[2016]8号文印发了《关于大力发展食品加工产业的实施意见》，领导小组将各乡镇、街道、园区完成发展食品产业的各项任务纳入年终千分制综合考评进行奖惩。并且出台政策设立1000万元工业发展基金，8000万元工贸企业应急保障金。出台促进项目招商、供地、投资、技改、招工、贷款等优惠政策，全面落实省市县出台的有关食品加工产业的各项优惠政策。下调食品工业项目和食品物流项目供地价格，对食品精深加工项目申办审批审核事项，坚持实行“并联审批”制度全力支持企业早动工、早建成、早投产，全方位的支持推动食品工业转型发展。并且建立鼓励全民招商、委托招商、有偿招商机制，采取强有力措施，激活县内社会资本和初加工企业、销售企业投入发展食品加工业的能量。目前不仅省内福州、漳州、厦门、晋江和省外浙江、江苏、山东、辽宁等地的民营企业、上市公司到霞浦投资食品精深加工产业；省属国企福建省国有资产管理有限公司在今年6月确定投资5亿元，在霞浦台10水产品集散中心建设用地500亩水产品保税仓储加工和冷链物流交易中心；央企华融集团公司和供销集团下属企业正在洽谈投资建设现代食品产业园。

“霞浦海参”

6、立足现有基础，强化后续工作。以2016年6月县委、县政府印发的《关于大力发展食品加工产业的实施意见》为指导，结合进一步建设全国食品工业强县目标要求，近期我县要突出做好“十个一”工作，即：**抓一批新招商项目落地；推一批新投资技改建设；定一批新规上企业培育；增一批新龙头企业扶持；奖一批新装备采购应用；促一批新技术产品开发；选一批新品牌亮点展示；帮一批新标准规范认证；助一批新难点问题解决；建一套新发展保障机制。**切实解决当前中小微食品加工企业转型升级难、融资贷款难、招工留才难等问题，全方位促进食品加工产业的转型升级。

福建东吾洋绿色食品有限公司鱼类加工车间

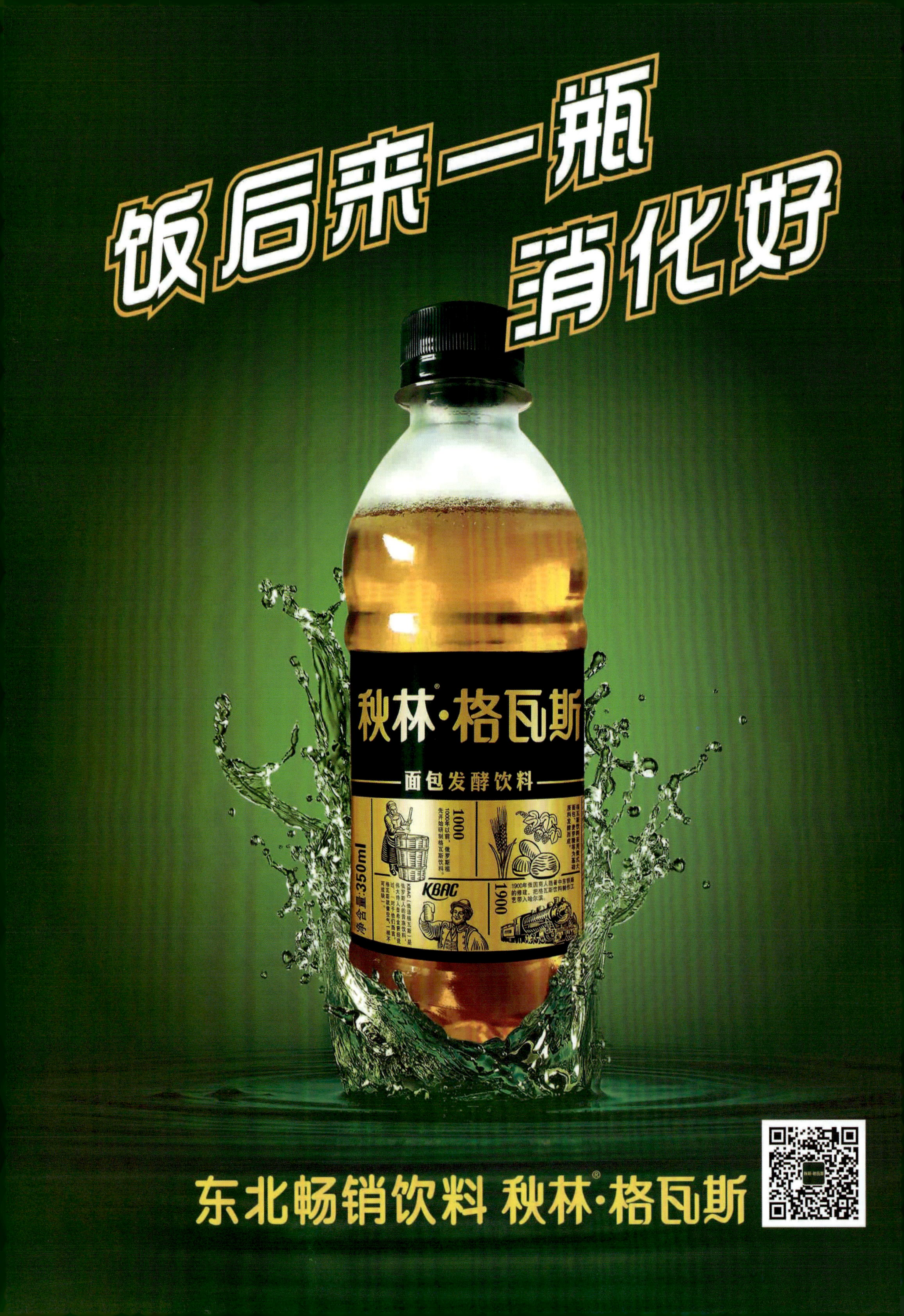
饭后来一瓶
消化好
秋林·格瓦斯
面包发酵饮料
东北畅销饮料 秋林·格瓦斯

第四部分

数据来源于国家统计局中国经济景气监测中心

中国食品工业协会

2016年食品工业经济效益指标

亿元

行业名称	主营业务收入	同比增长(%)	利润总额	同比增长(%)	企业单位数（个）
食品工业总计	119678.24	5.35	8285.34	2.89	41623
农副食品加工业	68952.17	5.98	3422.84	5.47	25853
食品制造业	23619.23	8.00	2000.75	8.19	8844
酒、饮料和精制茶制造业	18414.79	6.32	1824.25	5.02	6797
烟草制品业	8692.05	-7.08	1037.50	-15.04	129

2016年食品工业盈利能力变化情况

%

行业名称	2015年	2016年		
	主营收入利润率	成本费用利润率	主营收入利润率	成本费用利润率
全部工业平均水平	5.76	6.18	5.97	6.99
食品工业总计	7.08	8.05	6.92	8.54
农副食品加工业	4.97	5.25	4.96	5.55
食品制造业	8.44	9.24	8.47	10.57
酒、饮料和精制茶制造业	10.07	11.47	9.91	13.13
烟草制品业	13.05	38.49	11.94	41.79

2016年食品工业固定资产投资情况

	完成投资（亿元）	同比增长（%）	占比（%）
食品工业总计	21926.2	8.5	100.0
农副食品加工业	11786	9.5	53.8
食品制造业	5825	14.5	26.6
酒、饮料和精制茶制造业	4106.0	0.4	18.7
烟草制品业	209.2	-21.2	1.0

2016年食品工业主要产品产量

万吨、万千升、亿支

产品名称	全年产量	同比增长（%）
小麦粉	15265.33	4.73
大米	13887.59	1.40

产品名称	全年产量	同比增长（%）
精制食用植物油	6907.54	3.35
成品糖	1433.18	-1.97
鲜、冷藏肉	3637.06	-1.13
冷冻水产品	860.23	2.73
糖果	351.85	0.16
速冻米面食品	566.05	6.96
方便面	1103.89	4.32
乳制品	2993.23	7.68
其中：液体乳	2737.17	8.53
乳粉	139.02	-0.34
罐头	1281.99	7.17
酱油	991.43	4.00
冷冻饮品	331.51	6.90
食品添加剂	851.75	9.53
发酵酒精	952.10	0.41
白酒（折65度，商品量）	1358.36	3.23
啤酒	4506.44	-0.07
葡萄酒	113.74	-2.04
软饮料	18345.24	1.90
其中：碳酸饮料类（汽水）	1752.24	-3.71
包装饮用水类	9458.52	4.42
果汁和蔬菜汁饮料类	2404.88	1.02
精制茶	258.76	9.75
卷烟	23825.76	-7.98

2016年食品工业增加值增长

%

行业名称	累计增长%	累计（现价）比重%
规模以上工业增加值	6	100
食品工业总计	3.3	11.9
农副食品加工业	6.1	4.8

行业名称	累计增长%	累计（现价）比重%
食品制造业	8.8	2.3
酒、饮料和精制茶制造业	8	2.2
烟草制品业	-8.3	2.6

2016年食品工业出口交货值

亿元

行业名称	全年出口交货值	同比增长（%）
总计	119191.1	0.4
食品工业总计	4540.9	2.8
农副食品加工业	3037.3	1.8
食品制造业	1202.2	6
酒、饮料和精制茶制造业	260.4	0.6
烟草制品业	40.9	2.5

“十二五”期间我国食品行业规模以上企业主要经济指标

家 亿元

指 标	2011年	2012年	2013年	2014年	2015年	合计	增长率%
企业	31735	33692	36275	37607	39647		
主营业务收入	76565.43	89551.84	101139.99	108932.93	113469.21	489659.40	72.70
利税总额	6616.70	4821.70	8649.76	9241.55	9642.93	38972.64	79.90
利润总额	5523.20	6571.47	7531.00	7581.46	8028.02	35235.15	242.55
固定资产投资	9790.44	12833.75	16040.13	18698.90	20205.70	77568.92	161.80
进口金额	4579.04	5495.41	5828.47	6241.80	6112.30	28257.02	66.90
出口金额	3351.10	3409.88	3547.53	3744.50	3805.70	17858.71	33.70

各省、直辖市、自治区食品工业情况排名表

名次	规模企业数（家）	主营业务收入（亿元）	增长率（%）
1山东省	5608	17620.7	4.61
2河南省	3410	12063.15	11.5
3湖北省	2600	8450	7
4江苏省	2169	7199.08	9.39

名次	规模企业数（家）	主营业务收入（亿元）	增长率（%）
5四川省	2294	7047.4	10.2
6广东省	1932	6639.92	7
7福建省	2349	5205.88（不含烟草）	9.4
8湖南省	2167	5002	9.9
9吉林省	1492	4695.8	6.8
10安徽省	2614	4441.7	7.2
11河北省	1375	3995.08	4.3
12黑龙江省	1443	3617.7	0.2
13广西	800	3245.63	6.84
14江西省	792	3081.67	8.7
15内蒙古	840	3047.9	5.92
16天津市	325	2664.17	8.7
17浙江省	1345	2559.39	4.59
18陕西省	990	2540.3	12.59
19辽宁省	1390	2448.4	—33.6
20上海市	385	2129.29	—4.2
21贵州省	876	1771.1	15.3
22重庆市	760	1730.4	12
23云南省	960	1229.14	18
24北京市	312	1154.26(不含烟草）	5.59
25新疆	601	896.3	11.9
26山西省	301	668.6	1.6
27甘肃省	479	648.28	0.88
28宁夏	240	340.5	9.8
29海南省	98	202.77	2.53
30青海省	64	71.26（不含烟草）	7.7
31西藏	154	28	15.43
合计	41165	116429.71	

2016年分地区食品工业主要原料产品产量-1

单位：万吨

年份 地区	粮食	谷物	#稻谷	#小麦	#玉米	豆类	薯类	棉花	油料
全国	61625.0	56538.1	20707.5	12884.5	21955.2	1730.8	3356.2	529.9	3629.5
北京	53.7	52.3	0.1	8.5	43.2	0.5	0.9	0.0	0.6
天津	196.4	194.2	13.4	60.9	118.1	1.2	0.9	2.3	1.6
河北	3460.2	3321.9	54.7	1433.3	1753.6	32.0	106.3	30.0	156.5
山西	1318.5	1232.9	0.5	273.4	888.9	36.9	48.7	1.0	15.4
内蒙古	2780.3	2492.3	63.2	169.9	2139.8	120.0	168.0	0.0	220.0
辽宁	2100.6	2017.1	484.6	2.2	1465.6	30.7	52.8	0.0	81.3
吉林	3717.2	3601.6	654.1	0.1	2833.0	62.5	53.1		82.5
黑龙江	6058.5	5435.2	2255.3	29.0	3127.4	522.5	100.8		21.7
上海	99.2	98.6	81.8	12.1	2.1	0.5	0.1	0.0	0.9
江苏	3466.0	3360.6	1931.4	1119.6	233.9	72.6	32.8	7.4	131.9
浙江	752.2	656.0	593.8	25.4	30.5	32.8	63.5	1.7	29.1
安徽	3417.4	3252.5	1401.8	1385.9	462.0	135.0	29.9	18.5	214.8
福建	650.9	496.1	471.5	0.6	21.8	24.0	130.8	0.0	31.0
江西	2138.1	2029.9	2012.6	2.6	13.0	33.8	74.5	7.3	122.0
山东	4700.7	4505.2	88.1	2344.6	2065.0	38.4	157.2	54.8	326.8
河南	5946.6	5777.0	542.2	3466.0	1745.9	56.6	113.1	9.8	619.1
湖北	2554.1	2428.5	1693.5	428.2	296.6	28.9	96.7	18.8	329.8
湖南	2953.2	2805.2	2602.3	5.9	188.7	36.5	111.5	12.3	242.9
广东	1360.2	1170.8	1087.1	0.3	81.0	22.3	167.2		113.3
广西	1521.3	1420.6	1137.3	1.1	278.6	24.7	76.1	0.3	68.9
海南	177.9	149.2	149.1			2.0	26.6		11.2
重庆	1166.0	806.2	510.6	19.6	264.7	48.4	311.4		62.7
四川	3483.5	2846.6	1558.2	413.4	793.2	105.8	531.1	0.9	311.3
贵州	1192.4	855.5	430.5	59.7	324.4	35.0	301.9	0.1	103.4
云南	1902.9	1567.7	671.9	89.4	756.5	138.7	196.5	0.0	68.5
西藏	101.9	99.8	0.5	23.1	2.7	1.5	0.6		6.2
陕西	1228.3	1114.2	91.9	445.0	545.4	27.6	86.5	3.4	63.8
甘肃	1140.6	883.1	3.1	267.8	560.6	31.4	226.1	2.0	76.0
青海	103.5	61.1		33.1	18.1	6.0	36.3		30.0
宁夏	370.6	331.8	63.0	40.9	216.2	3.4	35.4		14.7
新疆	1512.3	1474.8	59.7	723.1	684.9	18.6	18.9	359.4	71.4

2016年分地区食品工业主要原料产品产量-2

单位：万吨

年份 地区	#花生	#油菜籽	#芝麻	麻类	#黄红麻	甘蔗	甜菜	烟叶	#烤烟
全国	1729.0	1454.6	63.1	26.2	5.3	11382.5	956.7	272.6	255.5
北京	0.4		0.0					0.0	0.0
天津	0.6	0.0	0.0						
河北	129.7	3.1	0.8	0.0	0.0		93.1	0.6	0.4
山西	1.3	0.8	0.2	0.0			3.3	0.9	0.9
内蒙古	4.9	41.5	0.2	0.2			266.2	1.0	0.9
辽宁	77.7	0.1	0.0	1.0			9.4	2.7	2.6
吉林	66.8		0.7	0.0			1.4	4.0	2.5
黑龙江	4.8	0.1	0.1	7.0			11.4	5.3	5.0
上海	0.2	0.7	0.0			0.6			
江苏	36.7	93.6	1.6	0.1		9.0	0.0		
浙江	5.2	22.9	0.9	0.0	0.0	62.1		0.1	
安徽	90.7	116.8	7.2	2.2	1.4	20.2		2.9	2.8
福建	28.9	1.9	0.2	0.0	0.0	37.0		14.5	14.3
江西	46.5	71.8	3.7	0.6	0.1	65.8		6.4	6.2
山东	321.6	2.3	0.1	0.0			0.0	6.6	6.6
河南	509.2	81.7	27.2	2.7	2.6	23.5		28.3	27.6
湖北	71.7	241.6	14.4	2.1	0.0	37.3	0.0	9.0	7.9
湖南	30.6	210.6	1.6	1.4	0.0	66.2		23.1	22.5
广东	111.9	0.9	0.5	0.0	0.0	1479.3		5.5	4.9
广西	64.9	2.8	0.8	1.1	0.9	7461.3		2.7	2.1
海南	11.0		0.1	0.1	0.1	204.6		0.0	0.0
重庆	12.3	49.2	0.7	0.7	0.0	9.7		8.4	7.3
四川	68.8	241.1	0.5	5.2	0.1	49.5	0.1	21.8	17.9
贵州	11.3	90.2	0.1	0.1	0.0	117.8	0.0	29.8	27.5
云南	8.2	58.7	0.0	0.0		1738.4		90.7	87.9
西藏	0.0	6.2							
陕西	10.4	42.4	1.6	0.1	0.0	0.1	0.0	6.9	6.7
甘肃	0.4	34.2		0.4			16.6	1.1	0.9
青海		29.6					0.1		
宁夏		0.3	0.0					0.2	0.2
新疆	2.1	9.4	0.0	1.1			555.0		

2016年分地区食品工业主要原料产品产量-3

单位：万吨

年份 地区	蚕茧	#桑蚕茧	茶叶	水果	#苹果	#柑桔	#梨	#葡萄	#香蕉
全国	88.3	81.7	240.5	28351.1	4388.2	3764.9	1870.4	1374.5	1299.7
北京				79.0	7.3		10.1	2.8	
天津				61.5	5.3		4.0	10.4	
河北	0.1	0.0		2138.5	365.6		499.2	170.7	
山西	0.3	0.3	0.0	840.8	428.6		79.1	28.2	
内蒙古	0.6			316.3	17.5		6.5	12.1	
辽宁	4.4	0.0		802.3	256.6		121.0	69.5	
吉林	0.3			241.1	13.6		12.6	16.1	
黑龙江	0.5			259.9	15.0		3.3	10.1	
上海				50.6	0.0	12.4	3.0	8.4	
江苏	4.0	4.0	1.4	893.0	56.4	3.3	75.8	61.0	
浙江	3.3	3.3	17.2	724.3		178.7	38.7	78.0	
安徽	2.9	2.9	11.2	1043.5	37.4	2.2	114.2	46.3	
福建			42.7	853.8	0.0	378.9	24.1	17.8	96.6
江西	0.7	0.7	5.8	617.4		360.1	16.2	6.7	
山东	2.0	2.0	2.2	3255.4	978.1		133.9	114.2	
河南	2.2	1.6	6.9	2871.3	438.6	4.8	117.5	68.3	
湖北	0.6	0.6	29.6	1010.4	1.3	457.4	47.4	29.1	
湖南	0.1	0.1	18.6	1048.2		496.9	18.3	19.5	
广东	11.3	11.3	8.7	1717.0		494.3	10.9		481.7
广西	37.8	37.8	6.8	1882.5		578.2	34.0	50.9	319.9
海南	0.1	0.1	0.1	395.4		5.9			125.6
重庆	1.6	1.6	3.7	408.7	0.5	242.6	41.1	11.1	0.1
四川	11.1	11.1	26.8	979.3	62.7	401.7	99.7	35.5	4.8
贵州	0.1	0.1	14.1	243.9	5.9	34.9	32.1	23.1	1.0
云南	3.5	3.5	38.4	759.1	42.1	61.3	52.6	96.2	270.0
西藏			0.0	1.5	0.6	0.1	0.1		
陕西	0.9	0.9	6.2	2017.8	1100.8	51.1	104.2	66.0	
甘肃	0.0	0.0	0.1	738.0	360.1	0.2	40.4	35.4	
青海				4.0	0.4		0.4	0.0	
宁夏				305.8	57.2		1.9	19.5	
新疆				1790.9	136.6		128.0	267.6	

城镇居民家庭平均每人全年购买主要商品数量

项　目	单位	2016年	2015年	2014年	2013年	2012年	2011年	2010年
粮　食	千克		112.16	117.18	121.33	78.76	80.71	81.53
鲜　菜	千克		104.40	100.07	100.09	112.33	114.56	116.11
食用植物油	千克		10.70	10.85	10.77	9.14	9.26	8.84
猪　肉	千克		20.70	20.79	20.43	21.23	20.63	20.73
牛羊肉	千克		3.90	3.41	3.35	3.73	3.95	3.78
禽　类	千克		9.40	9.07	8.13	10.75	10.59	10.21
鲜　蛋	千克		10.50	9.81	9.43	10.52	10.12	10.00
水产品	千克		14.70	14.43	13.96	15.19	14.62	15.21
鲜　奶	千克		17.10	18.13	17.13	13.95	13.70	13.98
鲜瓜果	千克		55.10	52.95	51.05	56.05	52.02	54.23
酒	千克					6.88	6.76	7.02

注：2016年资料还没公布。

出口主要食品数量和金额

金额单位：万美元

品名	2016年		2015年		2014年		2013年		2012年	
	数量	金额	数量	金额	数量	金额	数量	金额	数量	金额
活猪（万头）	155	51303	169	48250	173	45635	168	45918.5	164	46056
活家禽（万只）	440	1532	433	1569	493	1851	717	2975.6	736	3094
鲜、冻牛肉（万吨）	0.4143	4026	0	4472	1	5927	0.5874	4431.6	1	8060
鲜、冻猪肉（万吨）	4.8539	25357	7	32224	9	42269	7.3395	32539.2	7	29504
冻鸡（万吨）	11.53	23134	13	27206	12	28197	9.99	24211.9	9	22175
水海产品（万吨）	409	1999627	391	1956763	403	2086382	384	1942860.2	368	1811810
鲜蛋（百万个）	1303	11878	1207	12093	1141	12262	1074	10687.9	1230	11203
谷物及谷物粉（万吨）	67	48921	48	39507	71	55566	95	66415.8	96	59373
#稻谷和大米（万吨）	48	37893	29	26771	42	37840	47.8473	41674.1	28	27213
玉米（万吨）	0.4071	288	1	490	2	769	7.7640	3318.6	26	10117
蔬菜（万吨）	827	1229467	833	1070829	803	980042	778	900552.1	741	755935
#鲜或冷藏蔬菜（万吨）	538	540698	566	444327	555	383362	519	340190.6	485	317737
橘、橙（吨）	723683	103679	751323	106245	836682	102757	866531	99120.8	942596	83932
鲜苹果（吨）	1339079	146586	833021	103123	865048	102758	994664	103007.4	975878	95991
核桃仁（吨）							7222.343	6250.9	7199	5480
栗子（吨）							39067	8439.2	35027	8606

品名	2016年		2015年		2014年		2013年		2012年	
	数量	金额	数量	金额	数量	金额	数量	金额	数量	金额
松子仁（吨）	13771	27216	13439	25802	11428	23407	10683	21232	11576	17459
大豆（万吨）	13	10843	13	12551	21	19908	21	20194	32	27913
花生及花生仁（万吨）	12	19118	13	21502	14	20065	13	21907	15	27236
食用植物油(含棕榈油)(吨)	126048	16822	135349	18412	133858	20033	115491	19313	99519	18357
食糖（吨）	149052	8318	74979	4657	46218	3786	47771	4178	47144	4349
天然蜂蜜（吨）	128330	27656	144756	28866	129824	26026	124901	24655	110158	21505
茶叶（吨）	328699	979290	324955	138174	301484	127266	325806	124631	313484	104226
辣椒干（吨）	80202	15810	51309	11074	38392	9803	47168	10993	51957	13748
猪肉罐头（吨）	38963	12168	42028	13033	50088	15347	48624	14944	48109	14967
蘑菇罐头（吨）	236456	40119	236777	39211	265364	52614	275028	52716	307841	52250
啤酒（万升）	29158	19273	26548	18324	25821	17704	24944	16289	22574	14099
肠衣（吨）	96537	107292	94249	101367	90534	102945	79462	96164	82809	109716
烤烟（吨）	119950	47177	101007	44879	88043	42040	101547	45783	100800	46326

分地区农副食品加工业主营业务收入及利润总额

单位：亿元

	2016年		2015年		2014年		2013年		2012年	
	主营业务收入	利润总额	主营业务收入	利润总额	主营业务收入	利润总额	主营业务收入	利润总额	主营业务收入	利润总额
全国	68825.16	3623.58	65378.24	3423.92	63533.18	3069.95	60117.42	3473.53	52145.58	3202.68
北京市	453.96	22.12	413.23	14.19	423.448	16.061	411	15.77	383.241	10.960
天津市	871.26	14.94	934.42	7.67	840.010	10.549	785.5	20.64	829.472	18.986
河北省	2268.88	104.85	2162.3	97.66	2149.454	81.586	2087.81	104.06	1929.458	95.107
山西省	310.91	15.8	317.73	19.66	340.132	13.062	349.63	25.6	299.328	22.371
内蒙古	1677.99	89.87	1576.07	86.41	1461.122	82.586	1602.55	111.14	1292.121	74.420
辽宁省	1673.39	49.18	2871.83	120.02	4363.871	191.243	4635.09	301.82	4298.204	311.561
吉林省	3001.2	98.79	3070.03	115.37	3014.748	96.871	3039.6	115.05	2685.807	132.661
黑龙江省	2838.19	100.12	2777.23	105.78	2727.902	110.403	2834.74	123.35	2220.839	104.447
上海市	405.44	14.38	378.42	12.41	410.212	13.534	429.3	14.53	357.642	16.388
江苏省	5100.74	325.18	4615.55	290.93	4175.334	253.110	3794.13	259.84	3272.696	210.831
浙江省	1063.1	43.9	1004.88	37.03	1039.030	32.462	1041.74	38.77	946.808	34.600
安徽省	3143.3	128.62	2899.21	129.27	2765.482	123.504	2501.97	131.33	2206.329	120.388
福建省	2933.32	174.1	2651.5	142.03	2312.205	115.408	2084.12	132.67	1781.274	109.404
江西省	2185.69	141.17	1966.98	113	1709.357	99.059	1452.52	81.88	1164.355	70.688
山东省	13086.79	664.47	12666.43	642.18	12475.792	623.163	11608.86	627.62	10237.372	629.956

	2016年		2015年		2014年		2013年		2012年	
	主营业务收入	利润总额	主营业务收入	利润总额	主营业务收入	利润总额	主营业务收入	利润总额	主营业务收入	利润总额
河南省	6830.48	525.33	6009.86	452.2	5528.994	408.412	4973.19	403.86	4202.096	354.413
湖北省	4865.69	233.07	4513.03	234.01	4313.042	189.403	3882.59	261.4	3153.539	212.107
湖南省	3267.3	160.86	2953.49	140.94	2563.320	99.365	2402.17	133.34	2128.578	119.936
广东省	3365.54	163.17	3006.57	136.41	2886.974	102.618	2747.35	134.12	2322.963	121.743
广西	2156.79	130.35	2025.66	145.6	1940.341	98.020	1878.14	116.95	1690.828	140.528
海南省	117.67	2.25	114.92	0.1	117.245	-2.788	127.19	-2.04	113.370	0.274
重庆市	1038.17	71.28	883.07	62.28	744.743	45.013	649.48	37.6	545.677	28.814
四川省	2848.67	136.47	2680.06	140.5	2747.583	154.489	2494.06	147.01	2249.854	144.833
贵州省	372.24	19.6	300.69	14.79	228.362	8.656	204.08	9.94	137.142	6.263
云南省	730.74	36.65	589.16	24.46	503.814	4.771	469.93	26.01	382.338	30.392
西藏	3.95	0.4	3.75	0.42	2.263	0.171	2.33	0.18	2.087	0.275
陕西省	1121.34	80.79	989.15	73.23	893.012	51.284	802.5	54.06	642.253	44.547
甘肃省	334.7	11.87	300.17	8.08	294.586	15.778	292.54	12.49	238.533	11.178
青海省	72.39	2	67.77	2.46	52.866	1.318	40.3	1.01	35.160	1.053
宁夏	129.93	5.68	127.54	6.41	113.292	4.989	106.8	5.66	75.949	2.796
新疆	555.4	56.32	507.53	48.43	394.643	25.843	386.2	27.87	320.264	20.762

2016年分地区酒饮料精制茶制造业经济指标

单位：亿元

	工业销售产值（当年价格）	其中：出口交货值	资产总计	利润总额	亏损企业亏损额	产成品	负债合计	主营业务收入	主营业务成本	应收账款
全国	19034.28	256.21	16761.53	1908.52	82.73	907.04	7361.05	18538.03	13886.78	1052.98
北京市	164.61	1.87	418.35	6.00	9.91	6.01	169.13	185.22	127.41	19.28
天津市	214.24	0.82	169.29	2.18	2.29	5.90	114.46	186.57	153.32	33.41
河北省	510.07	6.84	573.08	67.26	2.63	29.19	278.85	509.03	380.61	25.47
山西省	117.44	0.77	224.52	9.62	2.00	23.02	108.86	206.26	157.14	7.28
内蒙古自治区	319.67		279.23	17.46	2.11	14.58	141.29	304.94	244.00	6.37
辽宁省	192.16	5.27	216.92	16.98	1.28	10.27	93.16	181.32	129.52	19.97
吉林省	604.30	2.50	356.14	25.81	2.71	12.40	183.72	591.57	495.87	25.90
黑龙江省	294.85	1.67	306.13	18.36	1.66	12.40	162.43	291.19	231.82	15.45
上海市	98.21	7.13	147.16	10.11	1.62	4.15	72.43	128.52	82.59	23.43
江苏省	1158.53	5.07	1170.85	178.96	3.88	48.76	469.03	1154.51	844.74	94.99
浙江省	464.45	23.59	578.29	49.27	3.05	49.41	276.34	465.03	333.91	62.31
安徽省	697.86	18.05	619.07	75.96	3.83	38.63	266.75	658.04	457.40	53.18
福建省	910.26	13.23	546.95	80.00	2.32	36.09	224.79	918.50	730..75	49.19
江西省	335.09	4.24	283.59	35.62	1.52	15.68	148.03	342.45	266.82	17.76
山东省	1503.81	54.12	1166.84	124.26	3.90	52.68	460.29	1528.25	1229.68	51.37

	工业销售产值（当年价格）	其中：出口交货值	资产总计	利润总额	亏损企业亏损额	产成品	负债合计	主营业务收入	主营业务成本	应收账款
河南省	1667.72	5.47	1182.50	129.55	11.74	29.07	480.16	1619.49	1359.13	63.88
湖北省	1894.47	8.43	1179.18	116.37	3.97	55.12	691.04	1744.17	1402.61	71.59
湖南省	726.26	9.10	349.72	40.32	2.23	22.91	133.65	713.78	563.47	23.21
广东省	1122.74	9.14	837.41	82.55	7.45	28.18	453.81	1057.14	742.52	82.73
广西壮族自治区	532.87	1.78	295.23	52.33	0.98	17.48	136.80	485.73	368.57	22.13
海南省	18.52	0.01	28.93	0.78	0.39	1.08	14.62	19.62	13.98	3.05
重庆市	225.66	6.58	169.42	20.95	1.28	9.27	90.73	228.70	171.15	10.53
四川省	2925.88	15.60	2477.70	279.83	2.92	213.27	955.05	2880.79	2145.02	128.25
贵州省	1029.79	26.04	1821.03	326.89	1.52	67.86	540.81	927.98	394.19	36.63
云南省	303.12	6.43	366.10	28.50	1.45	33.17	193.54	308.28	234.64	25.83
西藏自治区	26.62		86.89	5.03	0.48	1.66	48.26	22.45	13.33	2.75
陕西省	599.53	16.51	419.03	69.92	0.89	25.29	200.25	578.03	406.21	49.43
甘肃省	140.96	5.32	167.13	6.51	1.35	15.74	83.39	101.18	71.54	10.06
青海省	54.86		64.15	4.87	0.39	5.09	29.72	36.41	25.15	4.29
宁夏回族自治区	47.05	0.36	84.35	3.70	0.31	10.67	55.25	34.26	22.32	4.15
新疆维吾尔自治区	132.66	0.25	176.37	22.56	0.70	12.01	84.42	128.62	87.36	9.10

2016年全国分地区农副食品加工业主要经济指标

单位：亿元

	工业销售产值（当年价格）	其中：出口交货值	资产总计	利润总额	亏损企业亏损额	产成品	负债合计	主营业务收入	主营业务成本	应收账款
食品工业总计	68857.76	2836.34	33924.50	3623.58	150.62	2156.74	16672.25	68825.16	61117.80	2826.78
北京市	384.30	6.35	471.27	22.12	2.49	31.56	254.73	453.96	377.72	38.85
天津市	966.94	10.14	609.18	14.94	6.50	27.55	426.36	871.26	760.00	50.19
河北省	2279.77	56.88	1174.46	104.85	5.44	77.38	581.79	2268.88	2021.89	87.41
山西省	330.30	0.92	254.50	15.80	1.87	21.41	127.92	310.91	279.16	14.53
内蒙古自治区	1772.46	2.41	737.90	89.87	2.25	51.79	322.56	1677.99	1457.32	47.44
辽宁省	1534.56	176.49	1401.51	49.18	9.96	101.82	809.99	1673.39	1523.44	129.70
吉林省	3191.15	94.45	1221.17	98.79	21.96	74.95	661.08	3001.20	2673.37	69.58
黑龙江省	2727.29	17.05	1518.70	100.12	11.33	106.97	920.93	2838.19	2601.05	120.15
上海市	323.51	8.93	278.96	14.38	0.84	15.76	138.72	405.44	354.25	45.11
江苏省	5073.24	112.12	1908.19	325.18	6.76	120.56	1002.25	5100.74	4488.09	207.98
浙江省	1062.91	164.59	831.75	43.90	1.99	73.51	493.29	1063.10	961.20	108.57
安徽省	3196.71	33.58	1151.70	128.62	5.69	78.10	522.42	3143.30	2862.30	132.77
福建省	2954.80	592.44	1421.73	174.10	3.01	127.78	735.71	2933.32	2603.77	208.00
江西省	2181.06	51.35	871.44	141.17	0.68	58.97	345.98	2185.69	1950.17	50.69

	工业销售产值（当年价格）	其中：出口交货值	资产总计	利润总额	亏损企业亏损额	产成品	负债合计	主营业务收入	主营业务成本	应收账款
山东省	12835.96	919.49	5918.24	664.47	16.40	353.15	2642.63	13086.79	11795.04	371.42
河南省	6528.28	39.48	3578.35	525.33	5.64	103.77	1222.46	6830.48	6006.83	173.06
湖北省	5097.57	101.85	1819.30	233.07	3.80	131.26	719.05	4865.69	4319.48	158.95
湖南省	3258.50	18.68	1255.93	160.86	1.91	72.27	447.70	3267.30	2763.82	87.15
广东省	3280.33	234.76	1956.69	163.17	12.80	105.26	1217.84	3365.54	3043.99	236.22
广西壮族自治区	2265.79	61.09	1517.18	130.35	8.78	107.43	970.12	2156.79	1861.34	127.42
海南省	122.01	25.36	95.07	2.25	1.31	7.53	68.16	117.67	109.83	14.73
重庆市	1052.97	14.40	412.53	71.28	0.65	20.81	174.42	1038.17	891.76	30.77
四川省	2928.88	10.49	1069.06	136.47	2.28	75.24	526.73	2848.67	2510.54	93.42
贵州省	379.89	0.37	184.14	19.60	0.82	12.68	94.37	372.24	328.25	18.74
云南省	738.73	70.02	574.38	36.65	4.98	34.20	360.50	730.74	646.15	73.15
西藏自治区	4.35		6.06	0.40	0.13	0.22	2.74	3.95	3.03	0.72
陕西省	1193.27	0.80	513.88	80.79	1.75	42.79	256.35	1121.34	974.18	40.36
甘肃省	411.91	4.39	438.77	11.87	3.06	46.33	217.95	334.70	302.75	38.83
青海省	106.11	0.21	106.24	2.00	0.44	6.23	52.74	72.39	66.22	7.31
宁夏回族自治区	134.05	3.34	118.19	5.68	1.71	10.44	53.69	129.93	116.32	10.17
新疆维吾尔自治区	540.16	3.92	508.03	56.32	3.41	59.05	301.08	555.40	464.53	33.37

2016年全国分地区食品制造业主要经济指标

单位：亿元

	工业销售产值（当年价格）	其中：出口交货值	资产总计	利润总额	亏损企业亏损额	产成品	负债合计	主营业务收入	主营业务成本	应收账款
食品工业总计	23544.40	1114.45	15496.83	2083.43	70.75	715.69	6830.50	23955.38	19133.10	1700.35
北京市	291.50	13.29	411.25	34.84	3.48	18.86	211.85	511.09	319.42	56.14
天津市	1540.05	28.86	515.81	247.12	1.78	16.63	269.38	1468.67	1012.53	75.08
河北省	1108.83	25.46	691.68	84.08	2.97	37.92	267.62	1128.01	934.00	67.36
山西省	125.16	1.71	121.48	9.11	0.20	6.93	56.83	117.24	93.48	11.55
内蒙古自治区	694.50	18.00	971.41	95.90	1.61	33.92	491.10	1000.50	793.54	68.57
辽宁省	242.72	7.91	372.30	18.77	4.09	14.75	229.05	225.89	182.88	32.23
吉林省	523.64	9.48	294.53	23.83	1.37	14.70	123.48	472.80	402.38	23.80
黑龙江省	539.01	2.51	426.12	41.51	2.10	24.62	167.39	540.47	434.47	55.69
上海市	584.83	31.80	756.49	43.53	11.76	33.83	446.64	705.05	456.12	216.66
江苏省	1152.39	114.73	783.35	82.71	4.87	38.01	362.00	1162.85	910.91	105.88
浙江省	528.26	84.92	668.04	37.89	9.27	36.11	315.44	563.40	443.59	118.34
安徽省	745.09	23.09	343.58	38.97	0.53	21.23	158.67	729.88	630.12	46.09

	工业销售产值（当年价格）	其中：出口交货值	资产总计	利润总额	亏损企业亏损额	产成品	负债合计	主营业务收入	主营业务成本	应收账款
福建省	1380.48	191.71	801.70	147.56	0.67	49.29	291.98	1416.76	1173.58	88.23
江西省	602.64	63.10	299.37	50.81	0.80	11.38	104.52	614.26	520.21	17.03
山东省	2737.05	167.70	1527.42	197.06	3.89	71.97	627.31	2739.98	2321.84	124.18
河南省	3181.03	33.51	1777.91	286.14	2.95	43.58	627.09	3229.61	2778.77	118.29
湖北省	1289.00	54.39	577.60	73.88	1.55	32.88	258.15	1251.21	1056.16	70.37
湖南省	1145.08	12.60	457.62	53.67	0.64	16.46	188.78	1073.27	894.61	33.19
广东省	1860.80	114.68	1431.61	262.52	5.66	59.87	581.00	1892.49	1281.80	173.47
广西壮族自治区	425.26	18.41	264.36	31.66	2.20	15.33	126.54	421.69	332.16	33.70
海南省	41.42	1.04	50.83	3.46	0.07	1.61	22.19	42.74	27.74	3.11
重庆市	255.42	5.47	163.89	24.10	0.25	7.50	70.24	266.13	212.90	13.16
四川省	1071.07	23.50	556.31	71.41	0.67	27.17	212.84	1036.93	855.90	46.89
贵州省	179.72	0.64	105.76	17.51	0.17	5.70	63.44	164.90	131.47	6.97
云南省	228.96	12.71	197.96	18.07	0.29	17.32	89.15	225.97	177.54	17.44
西藏自治区	7.01		10.33	0.96		0.14	2.05	7.00	5.49	0.40
陕西省	539.21	7.40	277.15	52.41	0.32	12.15	106.88	492.22	386.31	30.01
甘肃省	81.92	1.37	93.18	6.07	0.44	7.06	45.16	70.12	55.68	9.44
青海省	44.25		58.33	1.82	0.12	3.75	22.69	31.98	25.69	2.52
宁夏回族自治区	177.65	12.39	176.78	13.47	0.64	5.33	102.82	155.87	123.18	13.51
新疆维吾尔自治区	220.46	32.06	312.68	12.58	5.38	29.67	188.23	196.42	158.60	21.02

2016年全国分地区烟草制品业主要经济指标

单位：亿元

	工业销售产值（当年价格）	其中：出口交货值	资产总计	利润总额	亏损企业亏损额	产成品	负债合计	主营业务收入	主营业务成本	应收账款
食品工业总计	8855.80	41.24	10210.17	1038.05	3.35	281.02	2625.08	8686.38	2480.64	843.86
北京市	48.97	0.82	34.60	3.89		0.25	4.88	48.99	15.64	2.60
天津市	52.77		32.12	6.39		0.29	32.12	52.77	18.57	3.84
河北省	149.46		143.24	3.11	0.53	1.41	53.58	148.05	57.53	11.69
山西省	42.27		41.90	5.22		0.87	5.15	42.07	15.40	6.40
内蒙古自治区	99.29		72.39	7.83		1.86	18.87	99.08	31.62	11.39
辽宁省	69.22	0.09	60.50	-0.87	1.56	1.34	56.41	69.23	26.52	10.31
吉林省	132.11		182.52	7.03		4.59	105.93	130.35	47.07	17.35
黑龙江省	93.88		87.58	4.45		1.69	13.80	93.85	44.69	6.37
上海市	904.03	12.65	1238.31	232.85		9.17	129.35	903.13	103.72	58.90

	工业销售产值（当年价格）	其中：出口交货值	资产总计	利润总额	亏损企业亏损额	产成品	负债合计	主营业务收入	主营业务成本	应收账款
江苏省	530. 20	0. 19	601. 50	85. 42		4. 09	66. 56	533. 47	113. 92	22. 77
浙江省	530. 38	3. 61	496. 42	35. 16		26. 52	133. 85	482. 84	108. 57	59. 79
安徽省	297. 47	0. 21	342. 87	9. 86	0. 48	9. 82	95. 58	297. 19	95. 09	13. 85
福建省	238. 16	0. 18	256. 01	13. 48	0. 19	6. 85	82. 69	233. 79	73. 81	9. 54
江西省	180. 37	0. 03	191. 03	19. 39		1. 81	52. 77	181. 04	65. 29	34. 00
山东省	287. 65		338. 73	17. 86	0. 23	1. 98	127. 97	287. 47	113. 77	35. 72
河南省	410. 59		442. 60	50. 26	0. 27	5. 72	149. 97	411. 57	136. 22	65. 05
湖北省	615. 45	0. 76	443. 30	90. 76	0. 05	40. 91	137. 44	609. 93	130. 37	27. 43
湖南省	831. 73	5. 49	817. 35	90. 44		15. 45	142. 64	831. 45	173. 65	75. 46
广东省	525. 29	1. 79	554. 58	50. 39		15. 91	158. 06	411. 17	129. 39	26. 52
广西壮族自治区	202. 41	0. 20	197. 54	13. 51		1. 32	57. 92	201. 83	68. 14	30. 95
海南省	27. 18		23. 68	4. 15		0. 30	4. 36	27. 18	10. 86	2. 39
重庆市	129. 09		140. 99	2. 95		6. 81	81. 11	125. 65	45. 93	19. 20
四川省	190. 83	0. 04	219. 17	0. 55	0. 04	10. 21	141. 34	185. 27	65. 90	36. 30
贵州省	341. 25	0. 30	335. 84	28. 69		4. 97	112. 23	342. 96	104. 53	25. 49
云南省	1529. 33	14. 57	2528. 99	226. 63		97. 75	542. 87	1539. 79	546. 76	174. 28
西藏自治区										
陕西省	188. 91	0. 31	165. 75	11. 36		4. 26	29. 78	188. 28	70. 69	22. 15
甘肃省	147. 27		155. 50	9. 85		2. 53	64. 34	147. 76	44. 47	19. 78
青海省										
宁夏回族自治区	20. 35		14. 77	3. 78		0. 33	10. 69	20. 35	6. 98	1. 85
新疆维吾尔自治区	39. 92		50. 37	3. 65		2. 01	12. 82	39. 85	15. 51	12. 49

分行业食品工业固定资产投资-1

单位：亿元

行业	新建		扩建		改建		国家预算资金	
	2016年	2015年	2016年	2015年	2016年	2015年	2016年	2015年
食品工业合计								
农副食品加工业	6131. 80	5673. 34	2250. 7	2086. 7	3108. 9	2738. 3	56. 90	44. 07
食品制造业	2991. 70	2630. 24	1078. 1	916. 2	1531. 9	1341. 5	15. 50	12. 73
酒、饮料及精制茶制造业	1987. 8	2029. 3	783. 1	814. 9	1166. 6	1069. 5	19. 40	8. 32
烟草制品业	90. 1	109. 5	24. 9	34. 3	66. 0	89. 6	6. 90	13. 79

分行业食品工业固定资产投资-2

单位：亿元

行业			利用外资		自筹资金）		其他资金	
	2016年	2015年	2016年	2015年	2016年	2015年	2016年	2015年
食品工业合计								
农副食品加工业	673.80	660.78	56.50	61.69	10333.50	9703.23	298.40	289.92
食品制造业	321.70	349.20	44.90	33.98	5173.00	4558.26	106.00	103.14
酒、饮料及精制茶制造业	227.10	218.26	28.70	29.19	3575.40	3603.99	104.70	161.43
烟草制品业	6.80	3.55			192.50	231.19	3.40	6.28

分行业食品工业固定资产投资及新增固定资产

单位：亿元

	固定资产投资额			新增固定资产			固定资产交付使用率（%）		
	2016年	2015年	2014年	2016年	2015年	2014年	2016年	2015年	2014年
食品工业合计									
农副食品加工业	11786.40	10761.20	9994.0	8546.10	9342.00	7792.70	72.50	86.80	78.00
食品制造业	5824.80	5089.00	4447.1	4103.90	4030.60	3288.00	70.50	79.20	73.90
酒、饮料及精制茶制造业	4106.00	4090.10	3919.3	2816.80	3337.10	2927.60	68.60	81.60	74.70
烟草制品业	209.20	265.40	284.0	105.40	246.10	199.10	50.40	92.70	70.10

分行业食品工业建设项目

单位：个

	施工项目数			全部建成投产项目数			项目建成投产率（%）		
	2016年	2015年	2014年	2016年	2015年	2014年	2016年	20115年	2014年
食品工业合计									
农副食品加工业	22514.00	18725.00	17296.00	16134	14611	12405	71.1	78.0	71.7
食品制造业	9565.00	7730.00	6878.00	6790	5860	4781	71.0	75.8	69.5
酒、饮料及精制茶制造业	7169.00	6343.00	6056.00	4984	4771	4164	69.5	75.2	68.8
烟草制品业	234.00	206.00	267.00	122	104	155	52.1	50.5	58.1

分行业食品工业资产及负债

单位：亿元

行业	2016年		2015年		2014年	
	资产总计	负责总计	资产总计	负责总计	资产总计	负责总计
农副食品加工业	33924.50	16672.25	32888.25	16637.94	30480.981	15887.800
谷物磨制	5478.07	2232.45	5116.26	2099.26	4537.679	1848.145
饲料加工	4675.32	2142.84	4416.59	2017.01	3846.458	1845.114

行业	2016年		2015年		2014年	
	资产总计	负责总计	资产总计	负责总计	资产总计	负责总计
植物油加工	5512.26	3259.31	5586.46	3396.54	5730.598	3729.292
制糖	1586.70	1235.58	1957.56	1593.54	1739.096	1427.272
屠宰及肉类加工	6856.66	3201.25	6651.01	3136.54	6245.710	3006.731
水产品加工	3176.65	1476.74	2971.25	1469.72	2807.822	1408.064
蔬菜、水果和坚果加工	3036.48	1241.39	2764.93	1155.7	2396.485	993.505
其他农副食品加工	3602.36	1882.69	3424.18	1769.63	3177.134	1629.677
食品制造业	15496.83	6830.50	14677.48	6570.94	12929.351	5983.287
焙烤食品制造	1798.62	677.74	1624.32	652.94	1293.453	520.987
糖果、巧克力及蜜饯制造	1219.81	470.08	1168.08	456.96	1031.181	398.324
方便食品制造	2282.28	1005.97	2167.77	892.58	1970.254	821.474
乳制品制造	2851.43	1407.91	2639.76	1331.54	2321.233	1241.272
罐头食品制造	926.16	448.64	959.4	474.13	848.644	452.778
调味料、发酵制品制造	2400.99	1019.70	2347.55	1083.2	2114.236	1009.892
其他食品制造	4017.54	1800.45	3770.62	1680.05	3350.350	1538.559
酒、饮料及精制茶制造业	16761.53	7361.05	15599.8	7054.92	14010.899	6375.501
酒的制造	10620.05	4547.74	9783.65	4324.53	9000.248	4018.401
饮料制造	4864.77	2318.13	4676.19	2277.82	4078.366	1988.406
精制茶加工	1276.70	495.18	1139.97	452.57	932.286	368.693
烟草制品业	10210.17	2625.08	9190.25	2341.17	8368.432	1886.399
烟叶复烤	391.58	40.78	372.62	41.78	329.821	39.117
卷烟制造	9648.67	2518.49	8634.58	2229.99	7890.411	1787.437
其他烟草制品制造	169.92	65.81	183.05	69.4	148.199	59.844

分行业食品工业主营业务收入和主营业务成本

单位：亿元

行业	2016年		2015年		2014年		2013年	
	主营业务收入	主营业务成本	主营业务收入	主营业务成本	主营业务收入	主营业务成本	主营业务收入	主营业务成本
农副食品加工业	68825.16	61117.80	65378.24	58042.5	63533.180	57016.245	60117.42	53220.82
谷物磨制	14373.84	12867.50	13538.63	12091.36	12571.506	11274.932	11520.88	10197.58
饲料加工	11577.20	10303.34	11194.72	9978.13	10813.850	9744.612	10048.44	8955.16
植物油加工	10543.65	9516.47	10249.33	9302.61	10650.501	9905.534	10503.05	9641.16
制糖	1079.86	902.40	1204.6	1016.32	1121.756	1023.998	1186.44	1011.66
屠宰及肉类加工	14233.38	12672.32	13212.37	11718.87	12874.009	11477.492	12069.05	10614.62
水产品加工	5563.73	4953.84	5191.88	4602.92	5087.197	4529.135	4972.97	4360.13

行业	2016年		2015年		2014年		2013年	
	主营业务收入	主营业务成本	主营业务收入	主营业务成本	主营业务收入	主营业务成本	主营业务收入	主营业务成本
蔬菜、水果和坚果加工	5789.24	4981.18	5350.52	4576.59	4888.698	4188.060	4420.47	3736.10
其他农副食品加工	5664.25	4920.75	5436.21	4755.7	5525.664	4872.481	5396.11	4704.40
食品制造业	23955.38	19133.10	21957.58	17453.11	20261.672	16139.663	18546.36	14617.09
焙烤食品制造	3231.62	2610.17	2887.29	2319.4	2426.670	1945.974	2218.25	1756.26
糖果、巧克力及蜜饯制造	1980.53	1547.83	1859.28	1446.01	1714.019	1322.419	1567.25	1170.01
方便食品制造	3947.54	3317.53	3600.16	2987.31	3463.866	2880.782	3140.87	2563.81
乳制品制造	3556.38	2798.72	3321.48	2606.87	3297.728	2619.096	3078.89	2428.05
罐头食品制造	1769.59	1523.24	1682.17	1448.94	1631.728	1405.230	1528.62	1304.98
调味料、发酵制品制造	3085.79	2465.17	2904.12	2327.52	2649.063	2152.715	2328.15	1870.04
其他食品制造	6383.94	4870.45	5703.07	4317.06	5078.598	3813.447	4684.33	3523.94
酒、饮料及精制茶制造业	18538.03	13886.78	17373.35	13006.73	16232.013	12080.173	15327.37	11197.63
酒的制造	9840.69	7074.46	9242.83	6693.96	8778.052	6259.431	8467.63	5908.19
饮料制造	6435.36	4975.60	6167.29	4733.13	5784.855	4482.393	5350.56	4104.86
精制茶加工	2261.99	1836.71	1963.23	1579.64	1669.106	1338.349	1509.18	1184.57
烟草制品业	8686.38	2480.64	9340.79	2542.9	8906.069	2319.473	8308.08	2128.02
烟叶复烤	209.78	145.45	190.7	132.5	186.229	127.481	180.04	125.37
卷烟制造	8353.13	2252.23	9015.7	2320.94	8595.227	2108.007	8011.67	1926.69
其他烟草制品制造	123.47	82.96	134.38	89.45	124.613	83.985	116.36	75.96

各地区城镇居民家庭平均每人全年现金消费性支出-1

单位：元

地区	现金消费性支出			食品			粮食			淀粉及薯类		干豆类及豆制品	
	2013年	2012年	2011年	2013年	2012年	2011年	2012年	2011年	2010年	2012年	2011年	2012年	2011年
全国	18022.64	16674.32	15160.89	6311.92	6040.85	5506.33	458.53	437.58	385.51	54.05	49.65	72.68	69.31
北京	26274.89	24045.86	21984.37	8170.22	7535.29	6905.51	432.00	441.43	409.02	51.55	55.07	73.30	72.84
天津	21711.86	20024.24	18424.09	7943.06	7343.64	6663.31	438.70	426.79	385.73	61.37	64.67	58.37	62.38
河北	13640.58	12531.12	11609.29	4404.93	4211.16	3927.26	391.57	380.71	326.16	48.95	45.48	58.59	55.72
山西	13166.19	12211.53	11354.30	3676.65	3855.56	3558.04	421.97	408.04	369.50	70.33	67.67	69.71	65.44
内蒙古	19249.06	17717.10	15878.07	6117.93	5463.18	4962.40	488.84	461.19	401.60	39.84	41.57	44.05	42.91
辽宁	18029.65	16593.60	14789.61	5803.90	5809.39	5254.96	472.76	457.31	387.35	69.55	63.96	75.58	71.19
吉林	15932.31	14613.53	13010.63	4658.13	4635.27	4252.85	453.09	435.00	391.04	59.95	56.89	74.58	66.49
黑龙江	14161.71	12983.55	12054.19	5069.89	4687.23	4348.45	479.60	454.91	429.72	71.66	71.42	68.97	66.73
上海	28155.00	26253.47	25102.14	9822.88	9655.60	8905.95	699.84	677.47	614.73	71.01	70.14	108.67	105.18
江苏	20371.48	18825.28	16781.74	7074.11	6658.37	6060.91	442.90	417.74	373.38	62.70	56.66	95.14	86.92

地区	现金消费性支出			食品			粮食			淀粉及薯类		干豆类及豆制品	
	2013年	2012年	2011年	2013年	2012年	2011年	2012年	2011年	2010年	2012年	2011年	2012年	2011年
浙江	23257.19	21545.18	20437.45	8008.16	7552.02	7066.22	467.83	437.87	364.15	58.42	50.82	99.87	93.99
安徽	16285.17	15011.66	13181.46	6370.23	5814.92	5246.76	455.44	433.96	337.74	39.51	35.26	82.67	78.74
福建	20092.72	18593.21	16661.05	7424.67	7317.42	6534.94	563.59	520.87	469.71	58.60	51.42	73.22	71.47
江西	13850.51	12775.65	11747.21	5221.10	5071.61	4675.16	437.95	408.64	353.11	30.76	31.77	90.66	87.17
山东	17112.24	15778.24	14560.67	5625.94	5201.32	4827.61	394.36	392.46	343.91	53.85	44.96	52.92	56.02
河南	14821.98	13732.96	12336.47	4913.87	4607.47	4212.76	393.08	393.17	349.36	60.79	57.26	59.64	62.29
湖北	15749.50	14495.97	13163.77	6259.22	5837.93	5363.68	583.33	541.43	516.40	36.74	28.16	85.61	82.97
湖南	15887.11	14608.95	13402.87	5583.99	5441.63	4943.89	423.53	382.99	329.92	34.21	28.11	87.86	77.75
广东	24133.26	22396.35	20251.82	8856.91	8258.44	7471.88	544.10	523.23	460.12	44.17	43.44	65.47	62.00
广西	15417.62	14243.98	12848.37	5841.16	5552.56	5074.49	387.45	377.10	321.35	37.30	34.29	69.62	67.38
海南	15593.04	14456.55	12642.75	6979.22	6556.10	5673.65	330.15	313.07	307.56	28.90	24.75	35.51	32.35
重庆	17813.86	16573.14	14974.49	7245.12	6870.23	5847.90	417.12	364.42	311.81	59.87	45.28	82.88	67.98
四川	16343.45	15049.54	13696.30	6471.84	6073.86	5571.69	413.09	390.83	336.37	73.96	67.07	72.03	68.62
贵州	13702.87	12585.70	11352.88	4915.02	4992.85	4565.85	395.96	374.20	320.00	31.13	25.86	58.77	52.72
云南	15156.15	13883.93	12248.03	5741.01	5468.17	4802.26	408.86	387.35	335.31	48.84	45.41	40.81	38.68
西藏	12231.86	11184.33	10398.91	5889.48	5517.69	5184.18	462.52	517.68	432.38	26.98	26.12	10.51	10.24
陕西	16679.69	15332.84	13782.75	6075.58	5550.71	5040.47	441.54	419.44	390.19	65.40	63.77	75.20	72.72
甘肃	14020.72	12847.05	11188.57	5162.87	4602.33	4182.47	404.81	380.56	352.83	48.52	42.97	49.60	46.64
青海	13539.50	12346.29	10955.46	4777.10	4667.34	4260.27	481.05	469.35	452.34	50.99	49.13	37.36	40.08
宁夏	15321.10	14067.15	12896.04	4895.20	4768.91	4483.44	389.07	394.84	343.10	57.05	56.74	51.72	49.33
新疆	15206.16	13891.72	11839.40	5323.50	5238.89	4537.46	494.46	441.69	362.74	56.37	50.16	39.44	37.41

各地区城镇居民家庭平均每人全年现金消费性支出-2

单位：元

地区	油脂类		肉禽及制品		蛋类		水产品类		蔬菜类		调味品	
	2012年	2011年	2012年	2011年	2012年	2011年	2012年	2011年	2012年	2011年	2012年	2011年
全国	161.48	151.07	1183.59	1105.93	119.00	116.65	408.92	353.99	591.97	527.32	76.10	68.84
北京	177.90	156.41	1084.73	1045.05	146.93	146.78	296.17	254.38	583.57	536.87	128.73	120.90
天津	182.78	153.66	1128.65	1037.96	192.10	195.87	564.76	492.85	614.19	555.79	116.79	103.06
河北	148.51	137.60	764.95	716.53	125.99	126.47	177.91	153.67	412.78	390.51	69.11	60.18
山西	117.58	111.20	546.45	511.25	106.60	106.52	73.25	63.43	383.69	352.14	56.58	51.61
内蒙古	116.43	109.36	990.75	925.73	83.19	82.42	144.44	111.97	457.17	403.33	62.79	61.18
辽宁	152.21	139.25	979.53	873.02	131.32	130.71	474.35	403.53	581.19	515.76	90.33	82.16
吉林	135.65	124.94	803.19	736.97	99.27	93.62	208.16	178.78	489.50	452.21	78.69	68.53
黑龙江	147.34	138.90	857.79	807.37	112.20	109.62	213.69	204.51	463.23	441.68	74.44	69.69

地区	油脂类		肉禽及制品		蛋类		水产品类		蔬菜类		调味品	
	2012年	2011年	2012年	2011年	2012年	2011年	2012年	2011年	2012年	2011年	2012年	2011年
上海	139.82	134.47	1447.45	1344.65	149.84	144.47	1011.40	912.35	761.58	672.39	91.92	85.49
江苏	134.40	124.47	1315.82	1205.12	128.98	123.90	542.92	458.25	662.97	582.89	76.37	66.92
浙江	144.84	138.89	1128.30	1048.80	108.24	105.45	949.22	811.65	660.54	582.55	65.02	61.93
安徽	158.16	156.63	1035.59	982.96	148.34	153.78	268.20	235.67	577.93	538.66	47.99	43.21
福建	142.13	143.68	1484.76	1348.75	131.03	125.83	1219.95	1029.64	629.91	534.17	76.61	68.23
江西	200.83	191.16	1161.74	1107.29	104.09	104.28	291.38	260.95	671.48	580.69	56.84	51.93
山东	147.07	130.81	860.31	831.03	151.22	152.57	384.33	339.25	439.17	427.02	67.06	62.46
河南	128.00	128.10	796.87	756.56	131.49	134.03	105.77	89.38	400.70	375.92	64.16	59.05
湖北	196.98	185.13	1118.08	1083.30	115.20	111.11	334.46	294.01	703.01	653.65	73.89	76.33
湖南	206.38	212.09	1172.72	1126.05	96.52	92.10	272.49	233.01	627.38	558.90	57.37	52.39
广东	185.80	169.36	2086.69	1926.38	107.81	104.49	792.27	700.98	742.25	642.09	74.15	62.43
广西	143.58	136.37	1617.61	1554.17	83.19	81.07	378.22	324.82	521.24	448.41	45.74	41.84
海南	151.43	128.46	1840.30	1681.02	60.81	58.42	963.24	770.92	726.07	580.75	53.56	46.54
重庆	266.56	232.24	1591.79	1427.15	135.26	117.26	266.13	200.42	797.03	624.99	137.92	110.56
四川	195.95	178.61	1512.48	1473.67	120.48	113.44	185.40	161.85	710.36	608.90	115.95	105.69
贵州	167.13	156.85	1147.14	1082.74	79.12	75.36	99.05	86.94	558.19	513.14	67.21	64.05
云南	155.16	151.70	1138.47	1031.71	69.72	67.41	116.62	96.68	744.88	614.03	65.53	59.07
西藏	143.22	136.12	1204.78	1124.98	41.05	48.67	50.96	41.45	682.52	600.81	59.32	60.02
陕西	142.18	132.78	716.92	642.23	98.47	96.75	116.03	94.89	538.90	481.61	87.52	79.13
甘肃	161.61	148.66	705.05	621.34	87.86	85.68	88.24	79.64	509.66	462.58	77.02	67.01
青海	125.99	125.63	966.15	910.27	80.99	82.70	112.87	95.79	493.94	467.77	61.36	62.69
宁夏	124.26	126.31	834.58	782.52	65.78	65.62	81.17	80.01	422.65	402.09	58.93	54.91
新疆	177.44	155.97	1205.88	1048.21	91.01	85.84	115.34	100.17	499.33	427.51	57.90	49.22

各地区城镇居民家庭平均每人全年现金消费性支出-3

单位：元

地区	糖类		烟草类		酒和饮料		干鲜瓜果类		糕点类	
	2012年	2011年	2012年	2011年	2012年	2011年	2012年	2011年	2012年	2011年
全国	55.06	50.59	271.47	249.11	294.58	259.63	506.30	449.14	122.97	110.09
北京	81.42	77.31	301.41	251.45	590.23	510.02	772.88	705.92	258.05	234.48
天津	54.46	52.21	290.64	242.35	416.94	396.75	664.40	615.62	215.76	202.48
河北	42.12	35.99	145.33	138.55	279.81	249.90	408.96	366.89	109.95	98.32
山西	33.00	28.12	255.65	225.09	186.72	164.64	402.92	353.45	105.19	94.52
内蒙古	39.79	35.21	337.22	282.97	368.71	335.60	484.96	432.46	73.46	66.63
辽宁	44.15	40.41	250.70	227.62	287.47	249.35	638.97	562.50	108.22	92.59

地区	糖类		烟草类		酒和饮料		干鲜瓜果类		糕点类	
	2012年	2011年	2012年	2011年	2012年	2011年	2012年	2011年	2012年	2011年
吉林	34.27	32.00	202.16	167.49	208.24	179.10	530.94	460.69	76.83	68.69
黑龙江	48.48	42.69	164.63	161.69	208.41	176.77	502.81	459.06	89.08	79.83
上海	125.58	133.36	469.37	474.73	372.72	381.32	756.66	695.27	272.02	237.51
江苏	57.90	54.13	386.30	378.79	345.41	303.68	513.86	441.46	130.17	118.39
浙江	54.47	57.13	407.55	445.71	265.03	287.54	664.99	611.57	139.95	133.88
安徽	48.36	40.15	436.60	392.64	481.81	410.68	378.58	351.57	84.12	73.41
福建	48.38	45.51	231.11	213.78	317.01	298.89	541.04	468.01	117.68	101.71
江西	48.16	44.10	241.42	211.15	196.48	137.02	423.16	392.04	110.03	96.87
山东	41.38	38.66	149.42	136.13	375.43	336.95	546.77	484.14	127.56	120.75
河南	39.66	35.36	185.98	163.26	299.33	250.38	410.78	357.91	107.05	94.61
湖北	43.30	38.98	405.88	358.06	278.36	250.11	385.98	345.60	120.33	106.18
湖南	50.01	44.80	294.25	249.19	228.79	173.00	471.33	412.81	95.62	75.76
广东	81.35	74.70	162.23	132.93	294.75	247.22	551.94	483.95	160.84	141.64
广西	60.04	53.02	164.41	125.98	165.68	152.57	406.75	363.02	100.08	97.34
海南	32.82	31.22	156.74	141.60	113.14	104.90	377.61	326.35	83.11	74.30
重庆	74.79	58.45	323.04	274.12	244.37	201.37	460.46	362.69	85.30	69.92
四川	64.07	55.51	283.69	272.53	251.90	228.04	425.78	378.78	78.21	71.82
贵州	61.01	53.33	308.76	277.38	222.31	178.08	408.36	375.50	74.61	72.26
云南	51.71	46.11	456.40	397.84	143.83	117.86	422.47	353.03	155.90	139.19
西藏	53.66	64.11	496.27	443.67	299.33	292.56	315.56	292.39	33.67	34.23
陕西	52.66	56.40	284.20	273.09	278.52	235.17	527.62	486.65	157.30	137.73
甘肃	36.77	31.50	279.55	250.87	263.44	234.71	443.60	384.88	74.23	64.65
青海	41.58	40.90	264.65	192.76	273.25	209.15	408.76	386.02	76.31	67.58
宁夏	46.90	43.40	259.75	267.59	193.38	187.33	504.76	454.83	74.97	65.37
新疆	71.91	56.49	132.86	122.31	199.04	169.59	549.88	462.68	105.05	92.51

各地区城镇居民家庭平均每人全年现金消费性支出-4

单位：元

地区	奶及奶制品		其他食品		在外用餐			食品加工服务费	
	2012年	2011年	2012年	2011年	2012年	2011年	2010年	2012年	2011年
全国	253.57	234.01	93.64	88.44	1315.09	1183.20	1019.29	1.85	1.77
北京	421.05	384.52	101.16	79.17	2032.46	1831.93	1687.28	1.76	0.97
天津	325.39	252.24	136.77	118.75	1881.44	1689.69	1500.26	0.13	0.19

地区	奶及奶制品		其他食品		在外用餐			食品加工服务费	
	2012年	2011年	2012年	2011年	2012年	2011年	2010年	2012年	2011年
河北	203.69	179.01	110.71	102.67	710.96	687.47	549.54	1.30	1.57
山西	209.63	201.17	82.80	75.04	732.17	677.22	529.24	1.30	1.48
内蒙古	237.35	205.68	239.87	228.21	1252.86	1134.80	917.50	1.45	1.18
辽宁	244.07	213.82	91.41	85.15	1116.80	1045.82	961.85	0.77	0.81
吉林	159.41	141.82	99.16	110.96	921.42	877.62	684.09	0.78	1.05
黑龙江	179.71	151.50	62.25	58.12	942.22	853.02	670.14	0.74	0.94
上海	494.26	462.70	85.15	99.23	2598.09	2274.91	1925.05	0.22	0.29
江苏	303.81	279.66	127.26	122.96	1327.86	1235.52	1017.48	3.60	3.46
浙江	283.59	274.03	88.76	81.26	1963.11	1841.80	1653.25	2.29	1.34
安徽	323.75	305.14	89.43	90.84	1156.17	920.87	782.30	2.27	2.58
福建	264.37	254.99	52.03	52.72	1364.83	1204.34	983.66	1.16	0.93
江西	217.66	205.83	113.02	103.59	674.62	659.42	589.09	1.33	1.27
山东	263.62	251.31	103.51	90.99	1041.41	929.82	788.18	1.92	2.29
河南	214.23	207.20	98.41	95.23	1110.10	951.70	761.04	1.45	1.35
湖北	218.63	205.33	57.09	70.44	1078.62	930.62	697.16	2.44	2.26
湖南	147.40	156.98	124.04	114.83	1049.17	951.37	850.94	2.56	1.77
广东	246.06	228.97	64.95	56.68	2052.64	1870.65	1734.51	0.99	0.71
广西	189.55	179.19	56.13	51.05	1123.88	985.61	836.69	2.09	1.26
海南	144.75	137.22	33.26	38.10	1424.35	1183.49	973.47	0.33	0.17
重庆	317.50	268.29	99.43	71.46	1505.04	1346.93	1126.43	5.75	4.36
四川	269.99	238.86	65.73	57.98	1231.24	1094.72	861.22	3.56	4.79
贵州	169.88	157.23	86.95	99.50	1054.53	918.02	818.58	2.72	2.69
云南	216.00	187.40	59.61	58.24	1172.06	1009.25	1242.76	1.29	1.30
西藏	398.54	410.33	156.05	151.91	1079.75	927.08	964.20	2.98	1.81
陕西	273.33	256.62	116.87	112.00	1577.08	1398.60	1164.90	0.96	0.90
甘肃	221.40	200.05	171.88	188.84	978.18	890.58	784.97	0.90	1.31
青海	204.82	193.65	94.18	106.57	892.64	759.01	729.74	0.45	1.22
宁夏	243.08	218.14	137.20	120.43	1223.25	1113.42	902.98	0.43	0.56
新疆	237.05	197.70	82.34	65.47	1122.63	973.82	788.94	0.96	0.73

进口主要食品数量和金额

单位：万美元

品名	2016		2015		2014年		2013年	
	数量	金额	数量	金额	数量	金额	数量	金额
谷物及谷物粉(万吨)	2199	570524	3270	939146	1951	621731	1458	510060
#小麦(万吨)	341	81585	301	90154	300	97855	554	188056
稻谷和大米(万吨)	356	161428	338	149776	258	125424	227	108303
大豆(万吨)	8391	3398115	8169	3476908	7140	4026172	6338	3800944
食用植物油(万吨)	553	416394	676	501065	650	593153	810	807489
其他植物油(万吨)								
乳制品(万吨)								
葡萄酒(万升)								
食糖(万吨)	306	117056	485	177407	349	149424	455	206867

2016年酒、饮料和精制茶制造业主要经济指标 -1

单位：亿元

地　区	工业销售产值(当年价格)	出口交货值	资产总计	固定资产合　计	固定资产原　价	累计折旧	流动资产合　计	应收账款	存货	产成品	负债合计
全　国	19034.28	256.21	16761.53	5426.99	8254.61	3405.01	8867.68	1052.98	2570.73	907.04	7361.05
北　京	164.61	1.87	418.35	143.90	134.51	74.68	183.51	19.28	24.31	6.01	169.13
天　津	214.24	0.82	169.29	64.96	120.71	57.73	66.72	33.41	15.24	5.90	114.46
河　北	510.07	6.84	573.08	175.30	250.71	86.81	289.52	25.47	75.85	29.19	278.85
山　西	117.44	0.77	224.52	63.49	82.41	26.55	124.62	7.28	49.91	23.02	108.86
内蒙古	319.67		279.23	100.93	160.64	69.36	118.30	6.37	44.15	14.58	141.29
辽　宁	192.16	5.27	216.92	89.15	143.72	64.46	88.64	19.97	32.59	10.27	93.16
吉　林	604.30	2.50	356.14	177.48	452.20	287.80	124.53	25.90	47.15	12.40	183.72
黑龙江	294.85	1.67	306.13	148.82	223.95	78.29	123.02	15.45	43.76	12.40	162.43
上　海	98.21	7.13	147.16	37.69	85.28	45.45	93.30	23.43	18.45	4.15	72.43
江　苏	1158.53	5.07	1170.85	339.28	641.26	303.56	654.98	94.99	249.51	48.76	469.03
浙　江	464.45	23.59	578.29	177.17	321.92	151.93	308.96	62.31	117.51	49.41	276.34
安　徽	697.86	18.05	619.07	184.36	261.93	95.57	341.41	53.18	127.95	38.63	266.75
福　建	910.26	13.23	546.95	201.04	307.17	116.69	279.12	49.19	64.25	36.09	224.79
江　西	335.09	4.24	283.59	141.38	206.52	70.18	96.85	17.76	34.54	15.68	148.03
山　东	1503.81	54.12	1166.84	424.43	586.17	321.33	492.81	51.37	149.97	52.68	460.29
河　南	1667.72	5.47	1182.50	586.08	652.46	183.21	465.91	63.88	99.28	29.07	480.16
湖　北	1894.47	8.43	1179.18	297.84	537.78	278.40	730.92	71.59	149.10	55.12	691.04
湖　南	726.26	9.10	349.72	160.99	219.97	71.55	132.52	23.21	49.60	22.91	133.65

地　区	工业销售产值(当年价格)	出口交货值	资产总计	固定资产合　计	固定资产原　价	累计折旧	流动资产合　计	应收账款	存货	产成品	负债合计
广　东	1122.74	9.14	837.41	290.32	536.16	256.50	448.74	82.73	69.11	28.18	453.81
广　西	532.87	1.78	295.23	120.93	89.81	76.93	131.48	22.13	43.86	17.48	136.80
海　南	18.52	0.01	28.93	9.15	16.06	8.29	17.89	3.05	5.22	1.08	14.62
重　庆	225.66	6.58	169.42	64.35	109.72	50.98	76.41	10.53	23.45	9.27	90.73
四　川	2925.88	15.60	2477.70	686.19	1010.37	425.28	1566.80	128.25	417.63	213.27	955.05
贵　州	1029.79	26.04	1821.03	260.70	341.90	91.24	1244.38	36.63	350.55	67.86	540.81
云　南	303.12	6.43	366.10	118.15	162.98	51.61	185.85	25.83	88.06	33.17	193.54
西　藏	26.62		86.89	16.50	23.50	7.78	47.61	2.75	3.11	1.66	48.26
陕　西	599.53	16.51	419.03	168.02	235.34	71.84	193.93	49.43	68.41	25.29	200.25
甘　肃	140.96	5.32	167.13	57.01	79.65	27.42	80.65	10.06	35.61	15.74	83.39
青　海	54.86		64.15	32.71	35.68	5.80	23.22	4.29	8.67	5.09	29.72
宁　夏	47.05	0.36	84.35	30.03	37.55	12.44	43.46	4.15	22.46	10.67	55.25
新　疆	132.66	0.25	176.37	58.62	86.58	35.32	91.59	9.10	41.47	12.01	84.42

2016年酒、饮料和精制茶制造业主要经济指标-2

单位：亿元

地　区	流动负债合　计	应付账款	所有者权益合计	实收资本	国家资本	集体资本	法人资本	个人资本	港澳台资本
全　国	6164.64	1208.39	9353.16	3597.27	222.07	71.93	1598.69	850.83	250.81
北　京	158.03	40.50	249.22	87.17	5.42	0.16	19.09	1.83	31.71
天　津	107.39	23.35	54.82	64.19	8.71		6.35	1.86	1.95
河　北	254.65	57.07	293.86	155.38	6.45	0.02	85.54	28.66	2.11
山　西	91.87	15.06	115.66	39.94	9.90	3.38	10.25	9.24	0.05
内蒙古	105.61	10.64	137.33	62.45	10.05	1.69	26.19	21.92	0.21
辽　宁	70.54	17.05	110.34	63.19	1.25	0.27	13.84	6.51	7.08
吉　林	148.13	19.17	172.41	104.67	13.04	0.92	45.35	21.26	4.82
黑龙江	129.56	30.02	142.96	74.05	4.62	0.33	14.12	27.38	0.59
上　海	70.07	12.28	74.68	61.70	2.65		18.27	0.21	12.46
江　苏	425.10	64.98	701.58	221.96	13.95	4.88	108.17	30.77	21.29
浙　江	252.54	63.46	301.95	139.01	6.53	0.48	51.80	18.84	20.07
安　徽	232.69	43.33	349.16	107.45	10.97	3.61	33.28	37.36	3.07
福　建	203.45	58.67	317.14	100.98	1.16	0.12	31.65	33.90	11.94
江　西	95.51	21.21	135.56	71.76	1.72	1.30	40.38	18.23	3.38
山　东	393.51	75.74	696.38	232.61	25.89	9.08	64.09	73.81	12.30
河　南	386.06	63.78	696.73	314.49	10.24	3.25	138.06	143.47	6.61
湖　北	484.05	105.21	487.64	182.44	8.04	1.73	39.50	87.91	15.09

地　区	流动负债合　计	应付账款	所有者权益合计	实收资本	国家资本	集体资本	法人资本	个人资本	港澳台资本
湖　南	97.50	20.17	216.07	103.53	9.45	3.81	45.72	34.01	3.23
广　东	422.03	117.94	382.24	216.17	3.07	8.07	58.48	23.39	68.63
广　西	111.35	17.27	158.22	62.05	4.19	11.76	24.21	12.46	2.84
海　南	13.26	3.11	14.30	14.97		0.08	3.76	0.11	0.11
重　庆	76.16	16.80	78.53	37.66	3.29	0.25	18.09	8.07	2.88
四　川	819.75	147.76	1520.59	223.46	26.26	1.46	66.25	97.16	7.04
贵　州	448.21	42.52	1279.77	148.39	13.01	0.77	88.99	36.80	2.17
云　南	154.53	32.90	172.56	489.63	1.10	8.21	445.85	21.90	1.82
西　藏	41.20	2.72	38.63	14.01	1.00	2.21	7.88	1.15	1.45
陕　西	154.50	48.83	218.78	75.70	3.15	1.96	30.30	29.10	1.19
甘　肃	70.39	11.93	80.58	38.55	2.34	0.34	21.59	7.46	1.39
青　海	29.13	3.28	34.44	14.37		0.20	6.28	5.61	1.37
宁　夏	52.59	10.40	29.09	16.64	1.00	0.06	5.34	3.84	0.59
新　疆	65.29	11.23	91.95	58.73	13.62	1.54	30.02	6.63	1.40

2016年酒、饮料和精制茶制造业主要经济指标-3

单位：亿元

地　区	外商资本	主营业务收　入	主营业务成　本	销售费用	管理费用	财务费用	利息收入	利息支出	投资收益（损失以"–"号记）	营业利润	利润总额	亏损企业亏损额	平均用工人数（万人）
全　国	602.94	18538.03	13886.78	1404.18	822.31	133.30	20.37	132.02	68.71	1888.87	1908.52	82.73	162.61
北　京	28.98	185.22	127.41	32.68	14.09	0.11	2.44	2.04	0.25	4.77	6.00	9.91	2.50
天　津	45.32	186.57	153.32	22.82	7.86	1.05	0.30	1.05	0.64	1.61	2.18	2.29	1.29
河　北	32.60	509.03	380.61	40.11	16.52	4.76	0.51	4.13	16.31	66.54	67.26	2.63	4.04
山　西	7.13	206.26	157.14	13.89	11.68	1.26	0.36	1.51	0.29	9.55	9.62	2.00	2.32
内蒙古	2.39	304.94	244.00	9.17	11.23	2.47	–0.03	2.23	–2.97	27.37	17.46	2.11	2.90
辽　宁	34.24	181.32	129.52	15.00	10.30	1.50	0.28	1.30		17.01	16.98	1.28	2.54
吉　林	19.28	591.57	495.87	23.21	26.56	6.82	0.15	5.17	0.06	25.49	25.81	2.71	4.81
黑龙江	27.02	291.19	231.82	17.23	13.96	2.40	–0.25	2.07	0.03	16.85	18.36	1.66	2.94
上　海	28.11	128.52	82.59	25.06	8.84	0.17	0.19	0.46	0.75	9.86	10.11	1.62	1.12
江　苏	42.90	1154.51	844.74	68.46	51.71	11.00	1.19	10.08	24.04	176.47	178.96	3.88	7.89
浙　江	41.29	465.03	333.91	62.48	22.63	4.09	0.18	5.04	7.56	42.85	49.27	3.05	4.70
安　徽	19.15	658.04	457.40	57.91	30.02	4.38	0.30	4.34	1.46	72.72	75.96	3.83	7.20
福　建	22.20	918.50	730..75	59.14	42.25	3.47	0.50	4.71	0.59	73.98	80.00	2..32	11.38
江　西	6.75	342.45	266.82	15.04	10.48	2.13	–0.07	2.08	0.17	34.40	35.62	1.52	2.88
山　东	47.43	1528.25	1229.68	99.31	41.13	9.36	0.93	8.82	16.22	122.38	124.26	3.90	11.51

地　区	外商资本	主营业务收　入	主营业务成　本	销售费用	管理费用	财务费用	利息收入	利息支出	投资收益(损失以"-"号记)	营业利润	利润总额	亏损企业亏损额	平均用工人数(万人)
河　南	12.86	1619.49	1359.13	55.81	39.70	16.77	0.44	11.80	1.08	127.16	129.55	11.74	15.10
湖　北	30.17	1744.17	1402.61	122.17	77.70	14.13	1.14	12.14	3.12	117.04	116.37	3.97	11.32
湖　南	7.32	713.78	563.47	40.96	39.69	6.02	0.08	4.35	0.07	42.46	40.32	2.23	7.09
广　东	54.53	1057.14	742.52	225.21	47.95	3.75	0.04	3.75	2.80	83.00	82.55	7.45	8.24
广　西	6.59	485.73	368.57	22.26	27.89	3.73	0.37	3.55	-8.89	51.21	52.33	0.98	5.98
海　南	10.90	19.62	13.98	2.67	1.79	-0.02	0.15	0.13		0.68	0.78	0.39	0.44
重　庆	5.08	228.70	171.15	17.16	11.74	2.27	0.19	1.98	0.15	20.21	20.95	1.28	2.70
四　川	25.28	2880.79	2145.02	216.97	124.57	14.50	10.24	22.87	-5.02	276.13	279.83	2.92	20.79
贵　州	6.65	927.98	394.19	51.03	67.16	5.39	0.02	4.08	8.80	332.47	326.89	1.52	8.55
云　南	10.75	308.28	234.64	21.15	15.41	4.75	0.51	4.86	0.26	26.76	28.50	1.45	4.04
西　藏	0.32	22.45	13.33	2.84	1.16	0.17	0.16	0.27	0.05	4.82	5.03	0.48	0.19
陕　西	10.01	578.03	406.21	39.90	32.55	3.81	-0.48	3.27	-1.24	68.86	69.92	0.89	4.41
甘　肃	5.44	101.18	71.54	10.10	5.13	1.77	0.24	2.05	0.22	6.10	6.51	1.35	1.46
青　海	0.92	36.41	25.15	2.77	2.97	-0.07	0.08	0.02	1.54	4.88	4.87	0.39	0.57
宁　夏	5.81	34.26	22.32	3.14	2.10	1.13	0.03	1.05		3.20	3.70	0.31	0.48
新　疆	5.52	128.62	87.36	8.56	5.53	0.22	0.20	0.81	1.10	22.06	22.56	0.70	1.22

居民消费价格分类指数(2016年)

(上年=100)

项目名称	全国	城市	农村
居民消费价格总指数	102.0	102.1	101.9
食品烟酒	103.8	103.7	104.0
食品	104.6	104.5	104.8
粮食	100.5	100.6	100.4
薯类	111.4	111.3	111.5
豆类	100.9	100.9	100.9
食用油	101.7	101.2	102.5
菜	110.9	110.9	111.1
#鲜菜	111.7	111.7	112.0
畜肉类	111.0	110.5	112.2
禽肉类	101.5	101.6	101.3
水产品	104.6	104.9	103.3
蛋类	96.8	96.8	96.8
奶类	99.9	99.8	100.1
干鲜瓜果类	98.2	98.2	97.9

项目名称	全国	城市	农村
#鲜瓜果	97.4	97.5	97.3
糖果糕点类	101.0	101.0	101.0
调味品	102.1	102.4	101.5
其他食品类	101.5	101.7	101.2
茶及饮料	100.4	100.5	100.3
烟酒	101.5	101.5	101.5
在外餐饮	102.6	102.6	102.9

注：从2016年起，本表指标有调整，所以没有历史资料。

农产品生产价格指数

(上年=100)

项 目	2016年	2015年	2014年	2013年	2012年	2011年	2010年
农产品生产价格指数	103.4	101.67	99.8	103.2	102.7	116.5	110.9
种植业产品	97	99.22	101.8	104.3	104.8	107.8	116.6
谷物	92.2	98.67	102.7	103.1	104.8	109.7	112.8
#小麦	94.1	99.23	105.1	106.7	102.9	105.2	107.9
稻谷	98.8	101.57	102.2	102.2	104.1	113.3	112.8
玉米	86.8	96.46	101.7	100.2	106.6	109.9	116.1
大豆	97.6	99.03	101.8	105.7	105.7	106.3	107.9
油料	101.1	100.84	99.9	102.4	105.2	112.1	112.1
糖料	106.5	98.75	99.7	98.9	105.0	125.5	106.0
蔬菜	107	104.55	98.5	106.9	109.9	103.4	116.8
水果	92.5	99.65	106.4	106.2	103.9	106.2	118.9
畜牧业产品	110.4	104.23	97.1	102.4	99.7	126.2	103.0
猪（毛重）	119.4	108.85	92.2	99.3	95.9	137.0	98.3
牛（毛重）	98.7	99.08	104.4	113.1	116.8	108.1	104.7
羊（毛重）	93.6	89.4	100.8	109.1	107.8	115.7	108.7
家禽（毛重）	99.6	101.27	104.4	103.2	103.8	112.0	107.0
蛋类	94.3	96.85	105.7	105.8	100.5	112.6	107.5
奶类	96.2	92.22	107.9	111.0	103.9	108.1	115.3
渔业产品	103.4	102.45	103.1	104.3	106.2	110.0	107.6

分行业食品工业生产者出厂价格指数

(上年=100)

	2016年	2015年	2014年	2013年	2012年	2011年	2010年
农副食品加工业	100.20	98.66	99.10	101.2	102.2	110.6	105.5
食品制造业	99.80	99.94	102.00	101.7	102.2	106.3	103.3
饮料制造业	99.10	99.75	100.50	100.1	101.9	104.4	102.9
烟草制品业	100.10	100.45	100.30	100.4	101.3	100.3	100.4

2016年农副食品加工业主要经济指标-1

单位：亿元

地　区	工业销售产值（当年价格）	出口交货值	资产总计	固定资产合　计	固定资产原　价	累计折旧	流动资产合　计	应收账款	存货	产成品
全　国	68857.76	2836.34	33924.50	11859.17	20975.05	10101.27	17230.77	2826.78	4968.92	2156.74
北　京	384.30	6.35	471.27	61.15	93.64	33.75	309.28	38.85	54.76	31.56
天　津	966.94	10.14	609.18	125.23	180.03	56.97	382.97	50.19	83.76	27.55
河　北	2279.77	56.88	1174.46	433.89	558.55	178.74	614.61	87.41	171.49	77.38
山　西	330.30	0.92	254.50	91.83	108.14	25.95	117.00	14.53	42.02	21.41
内蒙古	1772.46	2.41	737.90	329.02	546.31	235.85	309.77	47.44	105.58	51.79
辽　宁	1534.56	176.49	1401.51	356.81	549.11	216.12	804.23	129.70	232.84	101.82
吉　林	3191.15	94.45	1221.17	528.07	1595.65	1070.29	511.00	69.58	171.86	74.95
黑龙江	2727.29	17.05	1518.70	480.98	1087.64	641.82	859.77	120.15	317.67	106.97
上　海	323.51	8.93	278.96	50.71	79.76	30.53	184.95	45.11	42.64	15.76
江　苏	5073.24	112.12	1908.19	762.75	1382.46	627.12	892.30	207.98	286.12	120.56
浙　江	1062.91	164.59	831.75	183.03	267.71	98.76	511.20	108.57	136.77	73.51
安　徽	3196.71	33.58	1151.70	365.63	631.59	287.26	619.94	132.77	221.88	78.10
福　建	2954.80	592.44	1421.73	364.19	538.93	192.42	881.32	208.00	252.77	127.78
江　西	2181.06	51.35	871.44	294.68	541.73	270.43	436.35	50.69	128.49	58.97
山　东	12835.96	919.49	5918.24	2559.92	4564.16	2270.38	2645.78	371.42	854.85	353.15
河　南	6528.28	39.48	3578.35	1529.99	1797.83	398.60	1501.91	173.06	254.59	103.77
湖　北	5097.57	101.85	1819.30	701.24	2313.79	1734.37	829.30	158.95	300.23	131.26
湖　南	3258.50	18.68	1255.93	557.15	792.63	276.88	490.12	87.15	153.35	72.27
广　东	3280.33	234.76	1956.69	382.17	619.08	281.04	1300.54	236.22	281.20	105.26
广　西	2265.79	61.09	1517.18	358.77	633.17	292.82	965.08	127.42	228.55	107.43
海　南	122.01	25.36	95.07	23.24	35.41	16.18	61.31	14.73	16.06	7.53
重　庆	1052.97	14.40	412.53	172.33	285.65	135.40	182.35	30.77	46.65	20.81
四　川	2928.88	10.49	1069.06	351.67	699.23	371.59	573.98	93.42	164.62	75.24
贵　州	379.89	0.37	184.14	56.13	65.63	12.42	87.58	18.74	29.10	12.68

地　区	工业销售产值（当年价格）	出口交货值	资产总计	固定资产合　计	固定资产原　价	累计折旧	流动资产合　计	应收账款	存货	产成品
云　南	738.73	70.02	574.38	184.11	231.00	86.91	293.32	73.15	66.58	34.20
西　藏	4.35		6.06	1.79	2.82	0.81	3.05	0.72	1.14	0.22
陕　西	1193.27	0.80	513.88	187.13	269.93	99.57	257.44	40.36	94.73	42.79
甘　肃	411.91	4.39	438.77	135.17	168.36	38.86	205.27	38.83	74.06	46.33
青　海	106.11	0.21	106.24	52.40	85.75	36.23	44.63	7.31	13.86	6.23
宁　夏	134.05	3.34	118.19	36.98	45.50	10.30	63.10	10.17	29.41	10.44
新　疆	540.16	3.92	508.03	140.99	203.88	72.90	291.32	33.37	111.29	59.05

2016年农副食品加工业主要经济指标-2

单位：亿元

地　区	负债合计	流动负债合　计	应付账款	所有者权益合计	实收资本	国家资本	集体资本	法人资本	个人资本	港澳台资本
全　国	16672.25	13138.32	2416.59	17004.39	6972.97	333.43	177.27	2587.34	2980.57	272.85
北　京	254.73	208.87	36.15	216.54	97.07	9.82	0.17	26.09	46.89	5.53
天　津	426.36	213.13	75.49	181.45	126.62	39.93	0.13	24.79	12.32	8.99
河　北	581.79	490.81	19.38	586.97	227.90	26.06	1.32	82.89	88.97	6.16
山　西	127.92	107.04	12.29	126.58	39.02	1.53	2.37	10.72	24.38	
内蒙古	322.56	235.97	46.59	414.64	140.43	6.53	3.15	52.34	68.67	5.27
辽　宁	809.99	645.51	96.03	537.43	268.40	12.55	12.86	102.42	80.72	13.66
吉　林	661.08	465.20	61.89	556.49	244.86	6.06	17.92	63.22	106.86	11.74
黑龙江	920.93	806.60	65.08	597.06	307.20	29.40	2.85	98.70	133.78	5.75
上　海	138.72	128.22	33.64	138.64	68.52	2.64		18.04	8.59	17.48
江　苏	1002.25	806.86	171.17	896.87	369.34	27.96	4.64	97.21	166.93	10.15
浙　江	493.29	442.88	76.52	333.61	161.90	3.39	1.56	64.10	65.39	18.03
安　徽	522.42	425.08	101.21	621.37	238.13	9.96	2.56	62.95	120.41	6.16
福　建	735.71	677.13	145.67	678.80	270.36	2.05	5.33	103.55	102.19	21.83
江　西	345.98	246.46	60.56	522.15	178.25	5.42	1.70	86.39	72.53	2.55
山　东	2642.63	1910.61	321.65	3213.70	968.95	17.92	47.01	481.12	310.25	16.89
河　南	1222.46	890.25	140.48	2337.57	982.73	7.81	27.19	327.90	524.10	59.58
湖　北	719.05	529.86	110.06	1095.45	385.39	10.96	10.47	138.13	199.02	8.05
湖　南	447.70	308.18	52.82	807.97	640.08	6.50	2.54	208.76	416.73	2.46
广　东	1217.84	1078.53	218.95	693.69	312.36	26.08	5.30	145.24	59.09	32.44
广　西	970.12	834.25	165.30	544.66	193.42	36.69	7.65	87.31	31.71	8.32
海　南	68.16	60.10	10.01	26.91	30.64		0.96	20.12	7.51	0.67
重　庆	174.42	136.16	27.87	236.69	56.45	3.28	1.14	23.36	24.79	1.13
四　川	526.73	399.77	82.90	538.61	170.73	4.73	3.07	66.29	84.46	5.69

地　区	负债合计	流动负债合　计	应付账款	所有者权益合计	实收资本	国家资本	集体资本	法人资本	个人资本	港澳台资本
贵　州	94.37	64.85	11.85	88.09	47.27	0.55	1.54	18.71	26.08	0.07
云　南	360.50	309.04	50.85	211.07	88.18	3.05	2.44	39.67	39.74	0.63
西　藏	2.74	2.14	0.11	3.31	1.54			0.56	0.98	
陕　西	256.35	195.32	35.34	255.62	97.04	9.29	4.12	32.23	46.32	0.13
甘　肃	217.95	157.28	33.22	220.30	108.08	4.15	4.38	46.37	50.90	0.78
青　海	52.74	38.05	3.55	51.96	16.74	0.40	0.12	4.14	12.08	
宁　夏	53.69	44.00	9.48	63.22	28.42	1.39	0.01	12.32	12.38	1.46
新　疆	301.08	270.18	40.48	206.95	106.97	17.34	2.78	41.72	35.80	1.23

2016年农副食品加工业主要经济指标-3

单位：亿元

地　区	外商资本	主营业务收　入	主营业务成　本	销售费用	管理费用	财务费用	利息收入	利息支出	投资收益（损失以“–”号记）	营业利润	利润总额	亏损企业亏损额	平均用工人数（万人）
全　国	621.16	68825.16	61117.80	1461.46	1624.29	544.34	30.40	720.89	–94.31	3649.92	3623.58	150.62	416.94
北　京	8.56	453.96	377.72	30.18	20.37	3.28	3.28	6.02	8.38	20.05	22.12	2.49	3.13
天　津	40.46	871.26	760.00	15.20	17.09	5.37	0.11	280.73	–27.85	13.30	14.94	6.50	2.58
河　北	22.50	2268.88	2021.89	42.72	38.90	16.50	–2.80	14.22	–35.90	103.18	104.85	5.44	12.50
山　西	0.02	310.91	279.16	5.30	6.42	4.60	0.06	3.78	0.10	14.97	15.80	1.87	2.79
内蒙古	4.47	1677.99	1457.32	31.40	43.61	11.12	0.23	8.84	–1.44	120.29	89.87	2.25	7.70
辽　宁	46.19	1673.39	1523.44	39.13	43.54	22.07	1.43	16.60	0.36	44.58	49.18	9.96	14.35
吉　林	39.06	3001.20	2673.37	74.67	92.46	29.96	0.47	21.93	0.14	108.98	98.79	21.96	12.77
黑龙江	36.71	2838.19	2601.05	54.19	59.00	18.55	1.81	13.37	–5.91	94.52	100.12	11.33	13.73
上　海	21.76	405.44	354.25	21.66	16.05	2.08	0.44	1.87	0.89	12.78	14.38	0.84	2.73
江　苏	62.44	5100.74	4488.09	100.89	106.32	40.29	4.10	31.76	0.86	328.41	325.18	6.76	22.56
浙　江	9.42	1063.10	961.20	23.06	31.71	12.64	0.82	12.49	2.52	38.51	43.90	1.99	8.30
安　徽	36.10	3143.30	2862.30	65.21	57.17	19.86	0.50	16.32	–1.44	124.57	128.62	5.69	17.44
福　建	35.40	2933.32	2603.77	56.93	67.62	21.67	3.57	21.16	–7.36	171.05	174.10	3.01	21.95
江　西	9.66	2185.69	1950.17	37.96	43.59	10.99	0.24	8.60	6.57	141.46	141.17	0.68	9.71
山　东	95.76	13086.79	11795.04	232.99	239.96	103.00	4.14	83.00	–5.11	661.09	664.47	16.40	81.60
河　南	36.14	6830.48	6006.83	114.12	90.42	47.64	2.87	34.86	9.63	547.81	525.33	5.64	50.46
湖　北	18.77	4865.69	4319.48	109.23	143.98	37.81	1.08	28.31	3.84	232.10	233.07	3.80	22.65
湖　南	3.05	3267.30	2763.82	106.68	139.25	28.07	0.37	21.39	–1.24	178.98	160.86	1.91	23.65
广　东	44.22	3365.54	3043.99	64.18	73.83	24.89	2.30	20.43	11.17	161.06	163.17	12.80	17.64
广　西	21.74	2156.79	1861.34	37.49	80.82	25.30	1.86	23.70	–43.39	124.68	130.35	8.78	14.22
海　南	1.39	117.67	109.83	1.99	3.39	1.61	0.05	1.60	–0.05	1.51	2.25	1.31	1.68
重　庆	2.75	1038.17	891.76	33.42	30.28	5.00	0.54	3.89	–1.87	70.26	71.28	0.65	8.61

地　　区	外商资本	主营业务收　入	主营业务成　本	销售费用	管理费用	财务费用	利息收入	利息支出	投资收益(损失以"-"号记)	营业利润	利润总额	亏损企业亏损额	平均用工人数(万人)
四　　川	6.49	2848.67	2510.54	79.79	83.70	18.32	1.25	15.00	-7.26	138.02	136.47	2.28	18.55
贵　　州	0.33	372.24	328.25	9.12	11.79	2.90	0.07	2.04	0.08	17.76	19.60	0.82	2.72
云　　南	2.66	730.74	646.15	19.53	22.99	10.34	0.44	9.69	0.86	32.34	36.65	4.98	7.35
西　　藏		3.95	3.03	0.12	0.35	0.04		0.04		0.38	0.40	0.13	0.09
陕　　西	4.95	1121.34	974.18	26.25	27.40	7.94	0.20	6.40	-1.08	79.01	80.79	1.75	6.91
甘　　肃	1.19	334.70	302.75	8.09	9.25	4.74	0.14	5.48	0.18	9.29	11.87	3.06	2.74
青　　海		72.39	66.22	1.38	2.27	0.84	0.01	0.53	-0.35	1.03	2.00	0.44	0.64
宁　　夏	0.86	129.93	116.32	2.99	3.91	1.81	0.18	1.58	0.02	4.54	5.68	1.71	0.98
新　　疆	8.11	555.40	464.53	15.57	16.84	5.12	0.64	5.28	0.33	53.40	56.32	3.41	4.23

全国食品工业主要产品产量

产品名称	单位	2016年	2015年	2014年	2013年	2012年	2011年	2010年
原盐	万吨	6620.1	6665.54	7049.71	7367.6	6911.78	6742.16	7037.76
小麦粉	万吨			14116.02	13204.58	11404.04	11324.11	10118.5
大米	万吨			13042.82	11798.6	10777.52	8839.5	8244.2
饲料	万吨	29051.6	27775.3	21791.64	24869.55	21682.07	19079.7	17440.42
精制食用植物油	万吨	6907.54	6734.3	6534.1	5590.55	5172.97	4331.8	3878.54
成品糖	万吨	1443.3	1474.11	1642.67	1592.76	1409.47	1187.43	1117.59
鲜、冷藏肉	万吨	3637.1	3761.2	3903.44	3325.66	3128.2	2655.1	2116.8
冷冻水产品	万吨			857.57	751.51	677.4	609.4	484.5
糖果	万吨			362.41	265.58	241.9	222.5	179.9
速冻米面食品	万吨			528.26	567.87	415.82	346.5	297.8
方便面	万吨			1025.64	986.31	946.7	827.5	688.2
乳制品	万吨	2993.2	2782.6	2651.81	2636.87	2537.91	2316.44	2157.77
其中:液体乳	万吨			2400.12	2353.52	2280.88	2089.54	1959.51
乳粉	万吨							
罐头	万吨	1394.86	1309.93	1256.32	1163.62	1043.01	1093.41	980.52
酱油	万吨			938.83	752.58	700.2	662.8	595.7
冷冻饮品	万吨			308.57	299.54	254.3	249.3	242.26
食品添加剂	万吨							
发酵酒精(折96度,商品量)	万千升			984.28	899.15	820.7	824.77	825.9
饮料酒	万千升		6412.5	6543.99	6558.26	6239.37	6168.41	5668.13
其中:白酒(折65度,商品量)	万千升	1358.4	1312.8	1257.13	1189.01	1153.1	1011.14	886.51
啤酒	万千升	4506.44	4715.6	4936.29	4982.79	4778.58	4834.5	4490.16
葡萄酒	万千升	113.7	114.8	116.1	114.46	138.2	111.34	108.8

产品名称	单位	2016年	2015年	2014年	2013年	2012年	2011年	2010年
软饮料	万吨	18345.2	17661.1	16676.81	15661.76	13024	11812.18	9953.37
其中:碳酸饮料类(汽水)	万吨			1810.66	1760.49	1311.4	1640.72	1265.2
包装饮用水类	万吨			7816.14	6574.15	5562.8	4788.8	4249.6
果汁和蔬菜汁饮料类	万吨				2446.67	2228.9		
精制茶	万吨			243.76	198.02	193		
卷烟	万支	238257600	258907000	260984900	256038600	251609000	244740000	237526000

2010～2014年分地区食品工业主要产品产量-1

地区	大米（万吨）		小麦粉（万吨）		乳制品（万吨）		食品植物油（万吨）		成品糖（万吨）			
	2014年	2013年	2014年	2013年	2014年	2013年	2014年	2013年	2016年	2015年	2014年	2013年
全　国	13042.815	11768.818	14116.017	13204.579	2651.812	2636.87	6534.127	5590.55	1443.3	1474.11	1642.67	1592.76
北　京	3.005	2.893	66.893	71.870	60.624	58.9	3.389	3.37				
天　津	5.317	3.954	25.366	39.032	76.796	60.45	752.884	572.94				
河　北	8.564	8.092	1009.776	892.957	328.947	310.85	169.506	142.44	32.8	7	5.8	9.47
山　西	0.000	0.045	17.244	27.364	48.079	49.86	29.954	24.92	0.27			2.74
内蒙古	89.643	70.586	82.567	96.069	269.833	300.27	49.681	75.2	72.25	67.3	51.1	41.31
辽　宁	707.243	630.243	47.689	42.781	87.479	109.36	263.611	243.55	0.45	0.75	4.49	4.06
吉　林	1040.737	995.763	2.465	1.976	15.710	15.1	76.619	81.71				
黑龙江	1504.149	1619.932	70.201	71.168	195.376	211.15	312.983	339.86	0.95	4.23	5.8	15.6
上　海	15.493	12.923	25.297	15.475	53.715	47.06	109.848	104.65				
江　苏	997.695	797.640	1250.331	967.749	141.950	134	566.027	525.23	0.8	0.8	0.85	0.83
浙　江	88.506	58.247	81.843	56.793	49.744	55.69	46.487	37.59	0.57	0.38	0.26	0.21
安　徽	1725.490	1576.957	1669.575	1369.904	108.166	92.23	122.426	106.3	0.01			
福　建	187.000	177.936	127.051	124.535	20.366	26.24	190.277	116.72	0.56		0.85	3.63
江　西	687.070	591.108			33.163	32.15	188.819	197.37	0.12	0.12	4.11	3.27
山　东	54.312	48.539	2394.266	2401.522	212.751	259.36	861.366	606.74	0.24	0.04	0.93	3.55
河　南	600.498	545.095	5196.790	5243.793	220.794	183.89	366.844	299.32	0.01	0.01	0.1	0.09
湖　北	2631.669	2241.773	577.537	389.260	87.096	76.4	686.537	603.75				
湖　南	1245.060	1198.452	24.209	24.312	36.421	29.75	298.810	254.14	7.48	1.14	8.38	7.19
广　东	128.268	93.533	272.382	257.087	56.998	49.73	589.637	548.63	119.18	131.21	140.88	146.9
广　西	262.622	221.103	22.719	28.806	37.583	28.14	258.135	237.45	914.68	925.71	1077.11	1010.55
海　南	1.094	0.714	0.501	0.549	0.476	0.45			13.13	25.7	33.8	43.72
重　庆	154.426	123.695	16.965	9.319	14.781	13.74	89.943	68.67	0.77	1.26	1.28	1.51
四　川	615.597	531.756	193.900	211.276	102.712	96.71	142.252	114.44	1.69	2.73	2.16	2.99
贵　州	86.591	78.774	1.453	3.347	7.866	6.74	35.793	17	8.28	8.61	5.76	6.58
云　南	19.236	13.598	12.268	7.812	52.701	50.49	25.350	17.38	221.13	249.86	250.08	238.07
西　藏			2.239	2.227	0.627	0.48	0.073					
陕　西	78.385	53.219	568.014	523.250	161.342	184.01	146.214	127.34	0.4			
甘　肃			141.788	139.329	33.549	29.56	5.938	4.17	3.58	3.2	4.4	3.76
青　海			12.701	7.921	18.996	16.64	11.154	9.25				
宁　夏	85.954	59.711	58.581	49.054	75.212	65.47	12.371	7.34				
新　疆	19.192	12.537	143.405	128.043	41.960	42	121.200	103.08	43.93	44.06	44.53	46.73

2010～2014年分地区食品工业主要产品产量-2

地区	鲜、冻畜肉（万吨）		罐头（万吨）		糖果（万吨）		白酒（万千升）		啤酒（万千升）			
	2014年	2013年	2014年	2013年	2014年	2013年	2014年	2013年	2016年	2015年	2014年	2013年
全国	3903.443	3387.877	1171.893	1163.62	362.406	262.578	1257.132	1226.204	4506.44	4715.6	4936.29	4982.79
北京	84.162	75.075	0.677	0.69	3.901	4.196	29.497	28.002	135.27	138.2	156.6	168.27
天津	25.505	32.863	4.438	6.91	0.389	0.379	2.301	2.775	31.95	31.3	27.5	26.17
河北	103.105	76.717	49.283	45.21	6.617	10.182	29.367	27.664	165	181.7	166.02	157
山西	52.973	40.144	1.676	2.93			9.360	11.188	33.96	39.5	43.62	47.31
内蒙古	175.851	113.885	0.126	0.35	0.157		61.671	64.587	99.83	104.1	109.4	100.94
辽宁	359.129	162.209	56.152	53.57	6.062	2.108	50.445	54.775	232.59	242.3	272.1	266.76
吉林	192.640	195.973	0.845	0.89			59.415	56.169	137.08	138.5	144.36	148.77
黑龙江	142.594	158.064	8.789	7.47		0.022	57.033	50.052	200.75	208.1	204.79	214.2
上海	14.041	8.058	3.999	3.48	19.681	18.653	0.075	0.631	60.8	61.1	61.1	55.41
江苏	79.554	36.140	23.756	26.64	6.985	6.045	89.851	94.052	177.72	184.2	203.53	220.67
浙江	39.948	23.072	61.445	80.27	2.848	8.508	1.859	2.066	246.58	251	268.38	289.46
安徽	142.197	90.267	59.232	56.91	6.348	4.131	43.599	40.197	105.95	119.2	136.48	162.76
福建	89.658	76.341	269.477	254.95	66.701	58.731	4.440	3.864	160.94	170.2	182.97	200.43
江西	28.279	20.506	14.724	14.63	8.815	7.660	16.381	14.185	110.94	134	133.38	126.18
山东	987.431	1021.965	106.279	107.8	33.445	22.865	118.143	131.711	600.13	589.4	740.95	678.02
河南	439.008	411.324	39.858	35.48	15.677	13.300	107.746	106.760	396.92	390.4	406.36	402.62
湖北	189.984	155.948	128.410	126.48	24.697	19.684	84.935	72.151	180.52	277.5	224.21	240.53
湖南	103.054	91.767	98.696	90.11	64.446	18.641	21.710	25.675	71.56	74.6	76.8	71.11
广东	48.968	38.794	50.633	42.98	60.590	54.921	17.132	11.875	405.92	424.2	433.39	471.7
广西	47.409	51.830	46.780	54.84	0.034	0.086	9.940	9.309	182.17	200.1	190.23	185.25
海南	0.181	0.296	24.611	26.52	0.660	0.646	0.200	0.116	5.36	6.2	7.1	8.37
重庆	77.007	69.337	9.348	9.32	2.262	0.752	19.799	17.230	76.09	76.7	74.26	80.79
四川	356.826	345.884	35.850	36.86	11.162	8.793	349.971	336.362	232.11	221	228.12	238.1
贵州	13.154	13.286	2.477	1.3	4.666	0.260	38.045	32.380	100.37	96.4	80.19	49.7
云南	16.608	14.840	1.697	2.57	1.256	1.264	8.633	7.632	105.29	103.7	100.82	96.41
西藏							0.073		16.55	15.8	15.8	16.32
陕西	61.907	39.924	5.783	3.69	0.974	0.511	11.919	10.491	92.79	94.1	96	102.18
甘肃	14.852	9.752	3.613	2.97	0.452	0.239	4.442	4.461	59.1	57.8	66	68.18
青海	7.473	3.330			13.434		1.944	2.113	10.68	11.1	11.9	11.61
宁夏	1.481	1.642	0.085	0.06			0.874	1.264	25.14	26.4	27.7	25.9
新疆	8.464	8.645	63.152	67.74	0.147		6.331	6.467	46.39	46.8	46.2	51.67

2010～2014年分地区食品工业主要产品产量-3

地区	葡萄酒（万千升）		软饮料（万吨）		卷烟（万支）						
	2014年	2013年	2014年	2013年	2016年	2015年	2014年	2013年	2012年	2011年	2010年
全国	116.099	117.834	16676.808	15661.76	238257600	258907000	260984900	256038600	251609000	244740000	237526000
北京	0.701	0.832	465.055	474.52	1746100	1839000	1892000	2010500	1986000	2089000	2030000
天津	2.023	2.098	513.744	481.98	2202800	2273000	2360000	2340000	2390000	2260000	2205000
河北	6.665	6.515	488.752	401.56	7635000	8485000	8635000	8475000	8275000	8075000	7750000

地区	葡萄酒（万千升）		软饮料（万吨）		卷烟（万支）						
	2014年	2013年	2014年	2013年	2016年	2015年	2014年	2013年	2012年	2011年	2010年
山　西	0.626	0.242	145.260	147.87	1555000	1635000	1635000	1585000	1560000	1550000	1475000
内蒙古	0.658	0.377	456.717	404.78	3295000	3550000	3550000	3325000	3150000	2875000	2650000
辽　宁	4.057	3.952	451.985	495.62	2789200	2907000	2904000	2788800	2764000	2745000	2653000
吉　林	16.550	26.736	801.833	735.52	5456800	5840000	5850000	4850000	4650000	4300000	4000000
黑龙江	3.822	4.918	364.149	332.63	4045000	4260000	4500000	4395500	4370000	4361000	4310000
上　海	0.033	0.065	285.219	292.26	9267000	9918000	9715000	9341700	9169000	8961000	8826000
江　苏			537.763	488.93	10276800	10461000	10390000	10212900	10062000	9911000	9595000
浙　江			859.968	910.06	9158000	9483000	9310000	9234700	9011000	8852000	8510000
安　徽			421.380	320.44	10031700	12689000	13298000	13133500	12861000	12583000	12258000
福　建	0.010	0.031	536.183	493.95	8321600	9413000	9697000	9486200	9212000	8843000	8438000
江　西	0.851	0.559	320.852	311.5	6461000	6780000	6765000	6390000	5990000	5840000	5590000
山　东	39.231	44.499	649.074	647.27	13279500	14415000	14472000	14201400	13831000	13613000	13331000
河　南	16.777	13.798	1401.081	1217.41	15280600	16743000	17332000	17129600	16910000	16761000	16504000
湖　北	0.158	0.153	784.926	844.01	12209600	13894000	14077000	13979900	13674000	13475000	13147000
湖　南	0.889	0.742	548.212	495.91	16946200	17574000	17438000	18621000	18377000	18162000	17527000
广　东			2646.690	2443.69	13540900	14030000	14084000	13919100	13709000	13456000	13035000
广　西	0.257	0.231	730.008	690.25	7386700	7841000	7840000	7685100	7535000	7415000	7165000
海　南			54.781	51.13	1195000	1225000	1225000	1150000	1050000	950000	875000
重　庆			273.615	285.42	4404000	5465000	5760000	5710000	5510000	5160000	5010000
四　川	0.123	0.087	1275.365	1141.05	6681600	9458000	10036900	9986700	9789000	9442000	9142000
贵　州	0.004	0.002	342.520	257.26	11606300	12617000	12918000	12714400	12467000	12262000	11962000
云　南	2.461	2.182	303.673	317.86	37368900	39036000	38481000	37877600	38412000	36499000	35738000
西　藏			16.259	13.29							
陕　西	5.405	4.127	560.930	555.39	8612200	9101000	9145000	8995000	8795000	8600000	8300000
甘　肃	7.344	1.021	225.415	214.65	4790000	5150000	5000000	4700000	4400000	4100000	4000000
青　海			48.082	27.55							
宁　夏	2.022	1.672	10.656	9.32	845000	810000	775000				
新　疆	5.432	2.996	156.660	158.68	1870000	2015000	1900000	1800000	1700000	1600000	1500000

分行业大中型食品工业企业研究与试验发展（R&D　）情况

	R&D人员全时当量（人年）			R&D经费（万元）			R&D项目数（项）		
	2016年	2015年	2014年	2016年	2015年	2014年	2016年	2015年	2014年
农副食品加工业	49335.00	43933.00	42985.00	2497205	2160047	1959217	8137	6750	6791
食品制造业	33886.00	31589.00	28769.00	1528196	1354294	1126691	5856	4892	4874
酒、饮料及精制茶制造业	21974.00	20998.00	23331.00	1006378	899970	988016	3558	3066	3297
烟草制品业	4713.00	3878.00	3657.00	214301	207901	209204	1359	1301	1157

分行业大中型食品工业企业新产品开发及生产情况

	新产品项目数（项）			开发新产品经费（万元）			新产品销售收入（万元）		
	2016年	2015年	2014年	2016年	2015年	2014年	2016年	2015年	2014年
农副食品加工业	9649.00	7295.00	7594.00	2743868	2261973	2250687	33319428	28484303	24650632
食品制造业	6618.00	5201.00	5471.00	1586258	1382302	1315864	16039336	13345183	11587057
酒、饮料及精制茶制造业	3381.00	2733.00	3028.00	895045	750362	841500	11330460	10047569	10501766
烟草制品业	1129.00	892.00	923.00	233524	150135	201413	17742749	16507422	15222667

分行业大中型食品工业企业专利情况-（件）

	专利申请数			其中发明专利			有效发明专利数		
	2016年	2015年	2014年	2016年	2015年	2014年	2016年	2015年	2014年
农副食品加工业	10066.00	9074.00	8449.00	4552	4072	4632	7520	6160	4858
食品制造业	7673.00	6677.00	6180.00	3075	2677	2752	7863	6431	4411
酒、饮料及精制茶制造业	3761.00	3610.00	4312.00	1317	1193	1164	3298	2595	1817
烟草制品业	3318.00	3110.00	2257.00	1395	1188	919	3081	2950	1605

分行业食品工业能源消费总额

单位：万吨标准煤

2013年	2012年	2011年	2010年
3904.82	2750.55	2663.79	2644.27
1890.21	1621.32	1517.97	1508.52
1609.55	1180.09	1197.41	1130.42
255.72	247.42	272.31	228.89

注：能源消费到目前只有2015年的数。

2016年食品制造业主要经济指标-1

单位：亿元

地区	工业销售产值（当年价格）	出口交货值	资产总计	固定资产合计	固定资产原价	累计折旧	流动资产合计	应收账款	存货	产成品	负债合计	流动负债合计
全国	23544.40	1114.45	15496.83	5438.31	9038.97	3950.76	7475.01	1700.35	1552.12	715.69	6830.50	5729.05
北京	291.50	13.29	411.25	78.44	146.66	67.72	227.94	56.14	42.01	18.86	211.85	194.10
天津	1540.05	28.86	515.81	187.25	371.67	190.63	293.13	75.08	34.00	16.63	269.38	236.22
河北	1108.83	25.46	691.68	264.61	361.07	113.78	314.68	67.36	73.59	37.92	267.62	223.81
山西	125.16	1.71	121.48	49.24	65.28	19.21	58.92	11.55	15.73	6.93	56.83	49.91
内蒙古	694.50	18.00	971.41	219.39	350.26	138.52	394.44	68.57	63.85	33.92	491.10	427.24
辽宁	242.72	7.91	372.30	107.52	149.51	48.64	212.63	32.23	30.60	14.75	229.05	186.11
吉林	523.64	9.48	294.53	127.66	396.71	273.32	120.26	23.80	43.34	14.70	123.48	101.53
黑龙江	539.01	2.51	426.12	178.14	278.64	116.41	205.56	55.69	47.52	24.62	167.39	146.64
上海	584.83	31.80	756.49	150.46	280.83	128.78	485.82	216.66	63.59	33.83	446.64	424.16
江苏	1152.39	114.73	783.35	272.56	444.70	170.88	362.31	105.88	84.52	38.01	362.00	320.17
浙江	528.26	84.92	668.04	188.63	277.24	97.17	356.19	118.34	88.76	36.11	315.44	293.60
安徽	745.09	23.09	343.58	138.06	218.01	104.91	161.60	46.09	47.16	21.23	158.67	128.30
福建	1380.48	191.71	801.70	170.69	261.46	107.03	446.86	88.23	96.95	49.29	291.98	256.73
江西	602.64	63.10	299.37	162.84	239.34	90.76	90.84	17.03	22.55	11.38	104.52	62.73
山东	2737.05	167.70	1527.42	710.64	1340.13	699.44	634.35	124.18	167.32	71.97	627.31	475.09
河南	3181.03	33.51	1777.91	746.08	885.23	187.48	799.85	118.29	108.75	43.58	627.09	491.51
湖北	1289.00	54.39	577.60	196.63	762.58	576.56	262.34	70.37	71.37	32.88	258.15	216.56
湖南	1145.08	12.60	457.62	196.61	274.33	85.09	179.44	33.19	48.37	16.46	188.78	150.53
广东	1860.80	114.68	1431.61	368.67	631.99	282.42	865.52	173.47	141.02	59.87	581.00	535.07
广西	425.26	18.41	264.36	82.95	131.77	46.87	134.62	33.70	31.34	15.33	126.54	100.30
海南	41.42	1.04	50.83	13.72	19.55	9.16	32.39	3.11	2.97	1.61	22.19	21.17
重庆	255.42	5.47	163.89	67.74	90.23	26.96	74.83	13.16	17.19	7.50	70.24	58.84
四川	1071.07	23.50	556.31	243.17	313.65	105.41	233.49	46.89	63.22	27.17	212.84	162.69
贵州	179.72	0.64	105.76	30.12	35.29	8.30	56.52	6.97	9.88	5.70	63.44	46.21
云南	228.96	12.71	197.96	68.09	86.19	27.33	97.24	17.44	30.88	17.32	89.15	75.08
西藏	7.01		10.33	3.91	3.66	0.23	3.54	0.40	0.22	0.14	2.05	0.75
陕西	539.21	7.40	277.15	113.12	153.94	47.37	112.11	30.01	25.78	12.15	106.88	82.08
甘肃	81.92	1.37	93.18	28.22	34.53	9.83	49.30	9.44	15.15	7.06	45.16	32.37
青海	44.25		58.33	35.19	40.14	5.32	18.96	2.52	6.79	3.75	22.69	16.77
宁夏	177.65	12.39	176.78	80.05	104.43	29.15	72.15	13.51	13.78	5.33	102.82	78.01
新疆	220.46	32.06	312.68	157.91	289.96	136.09	117.17	21.02	43.94	29.67	188.23	134.79

2016年食品制造业主要经济指标-2

单位：亿元

地　区	应付账款	所有者权益合计	实收资本	国家资本	集体资本	法人资本	个人资本	港澳台资本	外商资本	主营业务收入	主营业务成本
全　国	1321.03	8595.90	3562.27	133.46	87.76	1402.25	1065.13	299.98	573.36	23955.38	19133.10
北　京	-32.05	199.40	123.38	17.39	0.31	20.27	14.10	9.07	62.24	511.09	319.42
天　津	63.09	245.84	82.75	2.56	0.72	23.64	12.19	12.27	31.38	1468.67	1012.53
河　北	66.08	421.61	167.76	0.54	0.11	97.76	42.12	15.52	11.69	1128.01	934.00
山　西	9.23	64.65	23.88	0.11	0.69	16.61	6.08	0.36	0.03	117.24	93.48
内蒙古	77.48	480.31	148.20	2.52	0.23	40.49	100.06	0.32	4.58	1000.50	793.54
辽　宁	30.99	136.12	87.34	0.25	1.35	40.72	17.33	20.42	7.27	225.89	182.88
吉　林	19.79	170.89	70.80	0.17	1.86	31.85	23.27		13.65	472.80	402.38
黑龙江	60.64	258.69	115.86	8.21	7.96	43.98	21.48	12.20	22.03	540.47	434.47
上　海	132.74	307.26	193.26	11.56	6.57	30.99	14.65	38.05	91.44	705.05	456.12
江　苏	88.42	420.37	210.06	9.61	6.73	57.42	36.04	17.87	82.39	1162.85	910.91
浙　江	72.42	352.60	149.80	4.18	1.67	60.65	34.09	11.23	37.98	563.40	443.59
安　徽	37.15	181.30	77.80	2.00	0.23	22.25	37.95	5.32	10.05	729.88	630.12
福　建	58.08	496.69	173.46	6.21	0.53	41.39	75.12	32.01	18.20	1416.76	1173.58
江　西	14.30	194.85	65.19	4.26	3.44	20.22	18.14	15.88	3.25	614.26	520.21
山　东	110.60	894.09	348.56	3.60	6.23	148.01	119.65	8.96	62.11	2739.98	2321.84
河　南	78.82	1133.73	448.48	18.20	37.14	228.05	153.24	5.04	6.81	3229.61	2778.77
湖　北	54.15	318.19	133.90	8.26	0.83	49.58	56.54	4.51	13.83	1251.21	1056.16
湖　南	27.79	267.88	127.74	1.59	1.30	65.93	55.33	0.67	2.93	1073.27	894.61
广　东	153.11	843.13	333.76	4.43	2.35	124.74	77.31	66.65	58.30	1892.49	1281.80
广　西	19.20	137.83	52.35	2.43	0.39	16.09	19.37	0.07	14.00	421.69	332.16
海　南	3.08	28.63	6.56		1.55	1.67	1.37	0.46	1.52	42.74	27.74
重　庆	15.62	93.17	27.37	0.67	0.02	11.18	15.24		0.26	266.13	212.90
四　川	50.22	338.95	124.68	2.07	0.51	62.15	43.24	11.11	5.61	1036.93	855.90
贵　州	8.56	42.08	12.90	0.25	0.47	3.59	8.50		0.08	164.90	131.47
云　南	15.35	107.66	36.96	1.05	0.18	16.19	15.79	2.40	1.36	225.97	177.54
西　藏	0.12	8.28	2.70	0.50	0.93	0.54	0.73			7.00	5.49
陕　西	22.52	169.64	67.31	1.52	1.28	33.51	18.75	5.17	7.08	492.22	386.31
甘　肃	10.04	48.02	22.04	1.70	0.48	12.08	7.74	0.05		70.12	55.68
青　海	0.71	35.64	7.80	0.15	0.23	3.80	3.62			31.98	25.69
宁　夏	23.28	73.96	29.73	1.00	0.10	21.96	5.81		0.87	155.87	123.18
新　疆	29.53	124.45	89.88	16.47	1.38	54.95	10.27	4.38	2.44	196.42	158.60

2016年食品制造业主要经济指标-3

单位：亿元

地　区	销售费用	管理费用	财务费用	利息收入	利息支出	投资收益（损失以“-”号记）	营业利润	利润总额	亏损企业亏损额	平均用工人数（万人）
全　国	1684.70	870.25	144.85	15.22	141.75	72.32	2035.71	2083.43	70.75	211.61
北　京	127.29	29.13	1.11	0.87	1.35	1.86	33.38	34.84	3.48	4.66
天　津	143.61	38.75	-1.72	0.04	3.64	-2.70	242.18	247.12	1.78	5.77
河　北	78.72	29.60	4.88	0.41	5.16	0.57	81.39	84.08	2.97	9.64
山　西	7.46	5.67	1.28	0.02	1.18		8.51	9.11	0.20	1.79
内蒙古	109.52	29.21	-0.43	6.04	6.69	32.89	93.83	95.90	1.61	5.08
辽　宁	12.59	11.42	4.95	0.19	3.68	4.63	17.17	18.77	4.09	3.51
吉　林	19.46	18.52	5.28	-0.01	3.67	0.11	23.21	23.83	1.37	3.14
黑龙江	51.89	14.27	2.97	0.04	2.31	1.05	35.46	41.51	2.10	3.47
上　海	153.07	53.11	3.31	1.72	3.11	6.25	40.91	43.53	11.76	6.83
江　苏	118.70	49.08	8.37	1.29	7.55	8.26	80.32	82.71	4.87	9.51
浙　江	44.09	33.92	5.72	0.85	6.07	0.83	34.64	37.89	9.27	7.14
安　徽	31.12	23.99	4.48	0.11	3.65	0.09	37.27	38.97	0.53	6.86
福　建	63.07	50.51	6.18	-1.83	8.17	27.54	145.70	147.56	0.67	15.17
江　西	19.94	15.96	2.87	0.04	2.26	-0.05	50.78	50.81	0.80	4.92
山　东	91.83	79.14	22.84	-0.42	17.15	-12.13	193.15	197.06	3.89	19.83
河　南	77.93	52.82	21.91	1.02	18.27	1.12	283.86	286.14	2.95	31.07
湖　北	58.88	54.01	7.89	0.71	6.93	3.57	72.36	73.88	1.55	10.40
湖　南	46.19	50.66	9.08	0.32	7.50	0.74	54.64	53.67	0.64	11.62
广　东	235.80	96.52	5.50	1.73	6.46	2.68	259.96	262.52	5.66	18.44
广　西	24.17	24.47	5.05	0.06	4.94	-3.57	31.03	31.66	2.20	3.69
海　南	10.98	2.00	-0.18	0.27	0.05	0.01	3.45	3.46	0.07	0.71
重　庆	16.18	10.77	1.70	0.24	1.68	0.85	23.58	24.10	0.25	3.41
四　川	57.45	38.49	8.40	0.11	7.29	-3.26	71.73	71.41	0.67	9.88
贵　州	7.39	6.28	0.96	0.14	0.79	0.05	17.47	17.51	0.17	1.51
云　南	19.02	9.52	2.87	0.13	2.73	0.61	16.87	18.07	0.29	3.03
西　藏	0.56	0.26	0.04		0.04		0.61	0.96		0.06
陕　西	26.85	20.51	1.90	0.35	2.12	-0.13	51.91	52.41	0.32	4.83
甘　肃	4.54	2.97	1.22	0.28	1.04	0.03	5.55	6.07	0.44	1.14
青　海	1.60	2.65	0.21		0.13	0.01	1.72	1.82	0.12	0.44
宁　夏	11.02	6.79	2.39	0.34	2.54	0.02	12.60	13.47	0.64	1.36
新　疆	13.76	9.24	3.83	0.12	3.59	0.38	10.47	12.58	5.38	2.69

2016年烟草制品业主要经济指标-1

单位：亿元

地区	工业销售产值（当年价格）	出口交货值	资产总计	固定资产合计	固定资产原价	累计折旧	流动资产合计	应收账款	存货
全国	8855.80	41.24	10210.17	1488.62	2774.07	1501.20	7156.67	843.86	4578.94
北京	48.97	0.82	34.60	11.99	25.68	13.69	20.50	2.60	7.12
天津	52.77		32.12	12.03	24.85	12.82	17.61	3.84	3.89
河北	149.46		143.24	28.17	60.41	36.34	113.71	11.69	82.02
山西	42.27		41.90	14.33	14.89	7.21	27.27	6.40	2.15
内蒙古	99.29		72.39	16.78	29.57	14.51	54.44	11.39	22.84
辽宁	69.22	0.09	60.50	18.08	35.99	17.91	39.23	10.31	25.71
吉林	132.11		182.52	36.49	66.60	31.79	139.12	17.35	105.54
黑龙江	93.88		87.58	37.07	58.38	21.70	47.08	6.37	32.32
上海	904.03	12.65	1238.31	60.07	138.09	78.01	951.67	58.90	310.21
江苏	530.20	0.19	601.50	62.80	103.97	67.34	476.18	22.77	233.60
浙江	530.38	3.61	496.42	70.37	125.83	55.49	364.69	59.79	263.16
安徽	297.47	0.21	342.87	70.73	136.90	69.42	250.37	13.85	194.09
福建	238.16	0.18	256.01	63.86	128.81	64.96	171.21	9.54	145.73
江西	180.37	0.03	191.03	42.39	68.48	26.11	141.67	34.00	83.91
山东	287.65		338.73	101.21	132.95	78.73	237.51	35.72	186.92
河南	410.59		442.60	113.75	167.61	76.89	325.91	65.05	214.03
湖北	615.45	0.76	443.30	98.54	100.16	64.39	342.07	27.43	260.50
湖南	831.73	5.49	817.35	86.77	207.13	121.69	618.21	75.46	460.18
广东	525.29	1.79	554.58	67.09	150.98	87.59	418.22	26.52	336.45
广西	202.41	0.20	197.54	29.60	66.59	37.00	133.29	30.95	64.89
海南	27.18		23.68	8.79	13.20	4.42	13.72	2.39	2.09
重庆	129.09		140.99	22.24	48.70	26.56	109.30	19.20	82.71
四川	190.83	0.04	219.17	36.22	84.98	48.76	174.06	36.30	120.71
贵州	341.25	0.30	335.84	66.31	118.48	71.05	263.40	25.49	160.74
云南	1529.33	14.57	2528.99	236.92	515.11	293.11	1433.65	174.28	1019.21
西藏									
陕西	188.91	0.31	165.75	30.84	71.88	41.04	118.23	22.15	67.22
甘肃	147.27		155.50	26.31	46.91	20.60	116.62	19.78	80.39
青海									
宁夏	20.35		14.77	3.10	6.52	3.42	11.05	1.85	3.14
新疆	39.92		50.37	15.76	24.41	8.65	26.67	12.49	7.44

2016年烟草制品业主要经济指标-2

单位：亿元

地区	产成品	负债合计	流动负债合计	应付账款	所有者权益合计	实收资本	国家资本	集体资本	法人资本	个人资本	港澳台资本	外商资本	主营业务收入
全国	281.02	2625.08	2553.36	1187.15	7580.97	1142.38	661.92	14.89	459.76	1.84	0.14	3.83	8686.38
北京	0.25	4.88	4.87	0.80	29.72	9.30	9.30						48.99
天津	0.29	32.12	32.12	1.59									52.77
河北	1.41	53.58	53.53	18.03	89.66	13.16	11.15		2.02				148.05
山西	0.87	5.15	5.15	1.77	36.75	6.13			6.13				42.07
内蒙古	1.86	18.87	18.80	10.31	53.53	13.46	12.33		1.13				99.08
辽宁	1.34	56.41	56.41	4.56	4.09	3.07	3.04	0.03					69.23
吉林	4.59	105.93	101.98	47.20	76.60	18.53	0.61		17.91				130.35
黑龙江	1.69	13.80	13.77	9.41	73.78	16.52			15.91	0.61			93.85
上海	9.17	129.35	129.35	31.02	1108.97	20.30	17.40		2.90				903.13
江苏	4.09	66.56	66.00	29.97	534.96	22.52	22.52						533.47
浙江	26.52	133.85	133.78	75.51	362.57	10.32			9.82	0.36	0.14		482.84
安徽	9.82	95.58	95.54	17.07	247.28	53.88	28.34	0.82	24.72				297.19
福建	6.85	82.69	82.69	60.41	173.32	42.74	8.13	12.06	22.54	0.02			233.79
江西	1.81	52.77	52.20	19.15	138.26	23.23	13.27		9.96				181.04
山东	1.98	127.97	125.69	13.22	210.76	65.67	65.10	0.05		0.52			287.47
河南	5.72	149.97	149.38	29.72	292.64	62.50	3.75	0.29	57.93	0.10		0.42	411.57
湖北	40.91	137.44	135.82	58.48	305.86	45.26	26.08	1.05	18.13				609.93
湖南	15.45	142.64	141.80	76.21	674.71	52.10	46.42	0.16	5.37	0.15			831.45
广东	15.91	158.06	149.23	60.91	396.52	152.98	149.41		2.40			1.16	411.17
广西	1.32	57.92	53.44	19.35	139.62	51.72	51.72						201.83
海南	0.30	4.36	4.36	0.98	19.31	4.71			4.71				27.18
重庆	6.81	81.11	81.01	32.88	59.88	14.61		0.14	14.47				125.65
四川	10.21	141.34	141.30	97.23	77.83	22.40	21.60	0.01	0.80				185.27
贵州	4.97	112.23	112.13	43.73	223.61	82.66	46.76		35.90				342.96
云南	97.75	542.87	498.38	370.53	1982.01	267.08	57.46	0.28	207.02	0.08		2.24	1539.79
西藏													
陕西	4.26	29.78	29.78	12.88	135.97	28.40	28.40						188.28
甘肃	2.53	64.34	62.83	35.62	91.16	37.23	37.23						147.76
青海													
宁夏	0.33	10.69	10.69	0.67	4.08	0.02	0.02						20.35
新疆	2.01	12.82	11.32	7.94	37.55	1.87	1.87						39.85

2016年烟草制品业主要经济指标-3

单位：亿元

地　区	主营业务成　本	销售费用	管理费用	财务费用	利息收入	利息支出	投资收益（损失以“-”号记）	营业利润	利润总额	亏损企业亏损额	平均用工人数（万人）
全　国	2480.64	152.37	482.41	-19.17	-0.50	16.03	105.04	1046.54	1038.05	3.35	21.44
北　京	15.64	1.24	3.82	-0.12	0.12		0.02	3.88	3.89		0.09
天　津	18.57	0.78	3.46	-0.28	0.28			6.37	6.39		0.09
河　北	57.53	1.35	12.20	0.04	0.02	0.06	0.01	3.00	3.11	0.53	0.53
山　西	15.40	0.51	2.67	-0.45	0.45			5.24	5.22		0.10
内蒙古	31.62	1.38	5.84	-0.35	0.36			8.03	7.83		0.28
辽　宁	26.52	1.28	7.49	-0.11	-0.05			-0.88	-0.87	1.56	0.20
吉　林	47.07	3.33	10.94	0.76	0.15	0.98	0.20	7.46	7.03		0.42
黑龙江	44.69	1.20	8.85	-0.12	0.15	0.03	-0.01	4.59	4.45		0.56
上　海	103.72	5.14	41.53	-15.35	-15.17		32.74	231.43	232.85		0.39
江　苏	113.92	6.45	19.92	-6.56	3.65		0.75	84.68	85.42		0.62
浙　江	108.57	13.34	19.38	0.25	0.56	0.81	7.09	38.89	35.16		0.41
安　徽	95.09	6.57	21.47	1.59		1.99	0.33	9.76	9.86	0.48	0.98
福　建	73.81	2.43	12.16	1.53	0.02	1.63	0.59	13.69	13.48	0.19	0.48
江　西	65.29	2.91	10.93	-0.20	0.22	0.39	0.02	19.25	19.39		0.53
山　东	113.77	8.50	21.28	1.17	0.04	1.19	0.64	17.65	17.86	0.23	3.04
河　南	136.22	12.58	25.85	1.22	0.28	1.82	0.44	50.05	50.26	0.27	2.09
湖　北	130.37	9.40	19.70	-0.79	0.32		0.98	91.52	90.76	0.05	0.83
湖　南	173.65	11.57	41.99	-0.84	0.79	0.02	1.58	92.19	90.44		1.34
广　东	129.39	10.24	27.82	1.81	0.82	2.82	7.65	50.76	50.39		0.80
广　西	68.14	4.08	11.74	-0.07	0.89	0.81	1.11	13.86	13.51		0.35
海　南	10.86	0.21	1.62	-0.05	-0.07	0.01	2.16	4.02	4.15		0.06
重　庆	45.93	3.15	10.32	0.70	0.05	0.75	0.02	3.08	2.95		0.46
四　川	65.90	5.00	14.16	0.12	0.11	0.23	0.07	0.63	0.55	0.04	0.56
贵　州	104.53	6.66	23.38	-1.05	1.07		0.12	29.46	28.69		0.89
云　南	546.76	26.00	84.50	-1.80	3.90	2.09	48.38	229.26	226.63		4.06
西　藏											
陕　西	70.69	4.70	11.47	-0.21	0.33	0.12	0.15	11.41	11.36		0.87
甘　肃	44.47	1.78	4.69	0.21	0.04	0.25		9.87	9.85		0.31
青　海											
宁　夏	6.98	0.23	0.86	-0.03	-0.03			3.78	3.78		0.04
新　疆	15.51	0.36	2.37	-0.16	0.16			3.62	3.65		0.08

2014年分行业分经济类型-1

行业名称	经济类型	企业单位数	亏损企业	去年同期	增减	应收帐款	去年同期	增减
		本月止累计	本月止累计			本月止累计		
		个	个	个	%	千元	千元	%
农副食品加工业	国有企业	279	59	57	3.5	2415814	2244294	7.6
农副食品加工业	集体企业	93	8	6	33.3	351083	340557	3.1
农副食品加工业	股份合作企业	41	4	5	-20.0	295449	268814	9.9
农副食品加工业	股份制企业	712	95	83	14.5	14600509	13177468	10.8
农副食品加工业	私营企业	14859	706	626	12.8	101347070	89175204	13.6
农副食品加工业	外商和港澳台投资企业	1923	368	310	18.7	55780792	47826764	16.6
农副食品加工业	其他	5877	630	551	14.3	67280972	56385121	19.3
食品制造业	国有企业	68	8	5	60.0	1118527	1012183	10.5
食品制造业	集体企业	24	1	1	0.0	245010	264537	-7.4
食品制造业	股份合作企业	12	0	0		71737	78229	-8.3
食品制造业	股份制企业	251	23	18	27.8	11503209	10028020	14.7
食品制造业	私营企业	4158	219	191	14.7	30623975	27034640	13.3
食品制造业	外商和港澳台投资企业	1202	230	191	20.4	60507454	54961511	10.1
食品制造业	其他	2066	189	171	10.5	25906059	22943209	12.9
酒、饮料和精制茶制造业	国有企业	60	16	13	23.1	2142134	1631627	31.3
酒、饮料和精制茶制造业	集体企业	18	0	0		151236	160242	-5.6
酒、饮料和精制茶制造业	股份合作企业	19	1	1	0.0	201801	43800	360.7
酒、饮料和精制茶制造业	股份制企业	251	32	23	39.1	9109356	9872324	-7.7
酒、饮料和精制茶制造业	私营企业	3067	143	109	31.2	22474465	19126389	17.5
酒、饮料和精制茶制造业	外商和港澳台投资企业	791	185	172	7.6	26946987	24807825	8.6
酒、饮料和精制茶制造业	其他	1705	193	167	15.6	23154355	21408129	8.2
烟草制品业	国有企业	50	4	2	100.0	16749439	19184497	-12.7
烟草制品业	集体企业	12	3	1	200.0	449853	340579	32.1
烟草制品业	股份制企业	6	1	1	0.0	1448532	1401480	3.4
烟草制品业	私营企业	0	0	0		468908	254837	84.0
烟草制品业	外商和港澳台投资企业	0	0	0		32624	37162	-12.2
烟草制品业	其他	59	4	2	100.0	17766639	20157288	-11.9
谷物磨制	国有企业	100	19	18	5.6	530878	552390	-3.9
谷物磨制	集体企业	18	1	0		16421	43755	-62.5
谷物磨制	股份合作企业	12	1	0		167896	149988	11.9
谷物磨制	股份制企业	132	15	10	50.0	988562	1061267	-6.9
谷物磨制	私营企业	4370	89	71	25.4	18873779	16753292	12.7
谷物磨制	外商和港澳台投资企业	100	33	28	17.9	2435598	2127172	14.5
谷物磨制	其他	1329	84	83	1.2	8829524	7423801	18.9
饲料加工	国有企业	17	3	4	-25.0	334318	263457	26.9
饲料加工	集体企业	0	0	0		5923	6292	-5.9
饲料加工	股份合作企业	4	0	0		19159	5758	232.7
饲料加工	股份制企业	149	16	17	-5.9	2294854	1880198	22.1

行业名称	经济类型	企业单位数	亏损企业	去年同期	增减	应收帐款	去年同期	增减
		本月止累计	本月止累计			本月止累计		
		个	个	个	%	千元	千元	%
饲料加工	私营企业	2184	137	130	5.4	13973659	12227292	14.3
饲料加工	外商和港澳台投资企业	356	57	52	9.6	7017315	5462410	28.5
饲料加工	其他	1129	117	128	-8.6	8822048	7278134	21.2
植物油加工	国有企业	22	3	1	200.0	511408	285739	79.0
植物油加工	集体企业	7	1	0		17819	23136	-23.0
植物油加工	股份合作企业	0	0	0		1241	1024	21.2
植物油加工	股份制企业	75	12	9	33.3	775382	807513	-4.0
植物油加工	私营企业	1325	89	65	36.9	8889253	8094005	9.8
植物油加工	外商和港澳台投资企业	134	36	34	5.9	15863369	13890176	14.2
植物油加工	其他	621	88	63	39.7	11216854	9260715	21.1
制糖业	国有企业	14	10	12	-16.7	88092	249797	-64.7
制糖业	股份合作企业	0	0	0		0	2664	-100.0
制糖业	股份制企业	25	13	12	8.3	878782	1116659	-21.3
制糖业	私营企业	105	50	40	25.0	2096224	2670814	-21.5
制糖业	外商和港澳台投资企业	30	15	11	36.4	1231101	1294243	-4.9
制糖业	其他	136	83	56	48.2	5250675	4926575	6.6
屠宰及肉类加工	国有企业	94	18	18	0.0	449146	424870	5.7
屠宰及肉类加工	集体企业	27	3	3	0.0	72192	59718	20.9
屠宰及肉类加工	股份合作企业	8	1	2	-50.0	5486	24665	-77.8
屠宰及肉类加工	股份制企业	130	18	17	5.9	3568827	2724419	31.0
屠宰及肉类加工	私营企业	2342	143	135	5.9	18678583	16889819	10.6
屠宰及肉类加工	外商和港澳台投资企业	210	58	45	28.9	9008404	5610922	60.6
屠宰及肉类加工	其他	975	110	104	5.8	14957300	11556743	29.4
水产品加工	国有企业	11	0	0		203573	233504	-12.8
水产品加工	集体企业	12	0	0		90439	55132	64.0
水产品加工	股份合作企业	5	0	0		70947	60051	18.1
水产品加工	股份制企业	53	11	8	37.5	3055273	2617304	16.7
水产品加工	私营企业	1172	82	84	-2.4	16357028	12594384	29.9
水产品加工	外商和港澳台投资企业	439	71	66	7.6	9750595	8973692	8.7
水产品加工	其他	393	40	44	-9.1	6360073	5142643	23.7
蔬菜、水果和坚果加工	国有企业	8	3	1	200.0	37171	11957	210.9
蔬菜、水果和坚果加工	集体企业	6	0	1	-100.0	16657	21212	-21.5
蔬菜、水果和坚果加工	股份合作企业	5	1	1	0.0	23030	17498	31.6
蔬菜、水果和坚果加工	股份制企业	71	6	6	0.0	1082071	1354653	-20.1
蔬菜、水果和坚果加工	私营企业	1902	53	46	15.2	12215154	11181939	9.2
蔬菜、水果和坚果加工	外商和港澳台投资企业	456	55	36	52.8	5166630	5316252	-2.8
蔬菜、水果和坚果加工	其他	655	31	25	24.0	4627456	4310251	7.4
其他农副食品加工	国有企业	13	3	3	0.0	261228	222580	17.4
其他农副食品加工	集体企业	20	3	2	50.0	131632	131312	0.2
其他农副食品加工	股份合作企业	5	1	2	-50.0	7690	7166	7.3
其他农副食品加工	股份制企业	77	4	4	0.0	1956758	1615455	21.1

行业名称	经济类型	企业单位数	亏损企业	去年同期	增减	应收帐款	去年同期	增减
		本月止累计	本月止累计			本月止累计		
		个	个	个	%	千元	千元	%
其他农副食品加工	私营企业	1459	63	55	14.5	10263390	8763659	17.1
其他农副食品加工	外商和港澳台投资企业	198	43	38	13.2	5307780	5151897	3.0
其他农副食品加工	其他	639	77	48	60.4	7217042	6486259	11.3
焙烤食品制造	国有企业	7	0	1	-100.0	33997	31832	6.8
焙烤食品制造	集体企业	0	0	0		6626	30731	-78.4
焙烤食品制造	股份合作企业	4	0	0		17844	19183	-7.0
焙烤食品制造	股份制企业	22	1	3	-66.7	113687	102498	10.9
焙烤食品制造	私营企业	710	37	33	12.1	3953536	3333627	18.6
焙烤食品制造	外商和港澳台投资企业	248	54	48	12.5	6402454	6859620	-6.7
焙烤食品制造	其他	285	23	21	9.5	2533292	2094700	20.9
糖果、巧克力及蜜饯制造	集体企业	4	0	0		7465	6965	7.2
糖果、巧克力及蜜饯制造	股份制企业	11	0	0		819650	703789	16.5
糖果、巧克力及蜜饯制造	私营企业	451	8	10	-20.0	3709734	3578971	3.7
糖果、巧克力及蜜饯制造	外商和港澳台投资企业	111	16	10	60.0	5624741	5290868	6.3
糖果、巧克力及蜜饯制造	其他	178	9	6	50.0	1727678	1501131	15.1
方便食品制造	国有企业	11	0	0		78294	80572	-2.8
方便食品制造	集体企业	4	1	0		28377	22370	26.9
方便食品制造	股份制企业	38	6	3	100.0	648874	544233	19.2
方便食品制造	私营企业	711	24	24	0.0	4162875	3795824	9.7
方便食品制造	外商和港澳台投资企业	192	36	32	12.5	14275375	13917224	2.6
方便食品制造	其他	337	20	18	11.1	2989484	2474953	20.8
乳制品制造	国有企业	11	2	2	0.0	53099	43834	21.1
乳制品制造	集体企业	0	0	0		6101	2216	175.3
乳制品制造	股份合作企业	0	0	0		211	1075	-80.4
乳制品制造	股份制企业	44	5	4	25.0	4617222	3189022	44.8
乳制品制造	私营企业	214	26	21	23.8	2626869	2514485	4.5
乳制品制造	外商和港澳台投资企业	98	19	20	-5.0	8582235	7727367	11.1
乳制品制造	其他	261	48	40	20.0	7583859	5814021	30.4
罐头食品制造	国有企业	0	0	0		39909	38114	4.7
罐头食品制造	集体企业	0	0	0		1850	17520	-89.4
罐头食品制造	股份合作企业	0	0	0		8142	7941	2.5
罐头食品制造	股份制企业	34	4	3	33.3	552216	463827	19.1
罐头食品制造	私营企业	469	32	29	10.3	3353426	3033383	10.6
罐头食品制造	外商和港澳台投资企业	142	25	22	13.6	2483537	2388679	4.0
罐头食品制造	其他	196	17	24	-29.2	1890837	2843854	-33.5
调味品、发酵制品制造	国有企业	11	4	1	300.0	274681	208973	31.4
调味品、发酵制品制造	集体企业	6	0	0		19112	17874	6.9
调味品、发酵制品制造	股份合作企业	0	0	0		7895	10147	-22.2
调味品、发酵制品制造	股份制企业	35	2	2	0.0	1869373	2198650	-15.0
调味品、发酵制品制造	私营企业	607	20	18	11.1	4244166	3410612	24.4
调味品、发酵制品制造	外商和港澳台投资企业	132	23	20	15.0	6585573	5594792	17.7

行业名称	经济类型	企业单位数	亏损企业	去年同期	增减	应收帐款	去年同期	增减
		本月止累计	本月止累计			本月止累计		
		个	个	个	%	千元	千元	%
调味品、发酵制品制造	其他	294	25	23	8.7	2882358	2599789	10.9
其他食品制造	国有企业	25	2	1	100.0	638547	608858	4.9
其他食品制造	集体企业	4	0	1	-100.0	175479	166861	5.2
其他食品制造	股份合作企业	0	0	0		37645	39883	-5.6
其他食品制造	股份制企业	67	5	3	66.7	2882187	2826001	2.0
其他食品制造	私营企业	996	72	56	28.6	8573369	7367738	16.4
其他食品制造	外商和港澳台投资企业	279	57	39	46.2	16553539	13182961	25.6
其他食品制造	其他	515	47	39	20.5	6298551	5614761	12.2
酒的制造	国有企业	34	12	9	33.3	2002969	1496928	33.8
酒的制造	集体企业	9	0	0		117225	121501	-3.5
酒的制造	股份合作企业	15	1	1	0.0	195332	32236	505.9
酒的制造	股份制企业	147	23	18	27.8	6451016	7578256	-14.9
酒的制造	私营企业	1347	85	67	26.9	9878378	8245324	19.8
酒的制造	外商和港澳台投资企业	251	73	70	4.3	6394670	5991452	6.7
酒的制造	其他	799	133	111	19.8	14691701	13588146	8.1
饮料制造	国有企业	9	3	2	50.0	86714	77192	12.3
饮料制造	集体企业	0	0	0		8716	16969	-48.6
饮料制造	股份制企业	68	8	5	60.0	2184270	1932016	13.1
饮料制造	私营企业	779	39	34	14.7	6339757	5185507	22.3
饮料制造	外商和港澳台投资企业	495	109	98	11.2	19703335	18094492	8.9
饮料制造	其他	470	48	43	11.6	5162545	4611942	11.9
精制茶加工	国有企业	17	1	2	-50.0	52451	57507	-8.8
精制茶加工	集体企业	7	0	0		25295	21772	16.2
精制茶加工	股份合作企业	4	0	0		6469	11564	-44.1
精制茶加工	股份制企业	36	1	0		474070	362052	30.9
精制茶加工	私营企业	941	19	8	137.5	6256330	5695558	9.8
精制茶加工	外商和港澳台投资企业	45	3	4	-25.0	848982	721881	17.6
精制茶加工	其他	436	12	13	-7.7	3300109	3208041	2.9
烟叶复烤	国有企业	10	2	0		228073	466222	-51.1
烟叶复烤	集体企业	0	0	0		3457	3704	-6.7
烟叶复烤	股份制企业	0	1	1	0.0	14677	15342	-4.3
烟叶复烤	其他	29	3	0		1325115	1022555	29.6
卷烟制造	国有企业	33	1	1	0.0	15926590	18417439	-13.5
卷烟制造	集体企业	0	1	0		95657	61799	54.8
卷烟制造	股份制企业	0	0	0		1245550	1238150	0.6
卷烟制造	其他	19	0	0		14038420	16988913	-17.4
其他烟草制品制造	国有企业	7	1	1	0.0	594776	300836	97.7
其他烟草制品制造	集体企业	9	2	1	100.0	350739	275076	27.5
其他烟草制品制造	股份制企业	0	0	0		188305	147988	27.2
其他烟草制品制造	私营企业	0	0	0		468908	254837	84.0
其他烟草制品制造	外商和港澳台投资企业	0	0	0		32624	37162	-12.2
其他烟草制品制造	其他	11	1	2	-50.0	2403104	2145820	12.0

2014年分行业分经济类型-2

行业名称	经济类型	存货 本月止累计	去年同期	增减	其中：产成品 本月止累计	去年同期	增减	流动资产合计 本月止累计	去年同期	增减
		千元	千元	%	千元	千元	%	千元	千元	%
农副食品加工业	国有企业	7314408	7275062	0.5	4094679	4075227	0.5	25338168	20587392	23.1
农副食品加工业	集体企业	656855	650936	0.9	372134	413951	-10.1	2498277	2307458	8.3
农副食品加工业	股份合作企业	1254004	696650	80.0	462824	261074	77.3	2524762	1948240	29.6
农副食品加工业	股份制企业	32359742	26483613	22.2	15552888	10480161	48.4	135982046	109325002	24.4
农副食品加工业	私营企业	184325737	169597775	8.7	84147326	74305461	13.2	606347475	543302928	11.6
农副食品加工业	外商和港澳台投资企业	104585334	100416716	4.2	39751848	40292711	-1.3	368756732	378519799	-2.6
农副食品加工业	其他	141658158	132311582	7.1	60413545	57489977	5.1	482321415	440175095	9.6
食品制造业	国有企业	1907606	1684386	13.3	788287	693449	13.7	6863266	6331320	8.4
食品制造业	集体企业	263123	232600	13.1	38799	33756	14.9	780675	805893	-3.1
食品制造业	股份合作企业	92203	89436	3.1	37761	34276	10.2	336907	324384	3.9
食品制造业	股份制企业	13181489	11387052	15.8	6028531	5221341	15.5	83960524	78759967	6.6
食品制造业	私营企业	42947942	40112255	7.1	20227639	18490315	9.4	156195234	145374719	7.4
食品制造业	外商和港澳台投资企业	45916642	42676902	7.6	19852320	17414145	14.0	255844245	234226516	9.2
食品制造业	其他	35514371	29649416	19.8	15105535	11399723	32.5	141870057	121441853	16.8
酒、饮料和精制茶制造业	国有企业	10397885	10130212	2.6	3715336	3825137	-2.9	39192848	34570816	13.4
酒、饮料和精制茶制造业	集体企业	183271	173009	5.9	110648	106857	3.5	465476	443948	4.8
酒、饮料和精制茶制造业	股份合作企业	321328	313377	2.5	110857	109864	0.9	2055311	1140631	80.2
酒、饮料和精制茶制造业	股份制企业	48041650	43251327	11.1	12962208	11968344	8.3	123911284	121469265	2.0
酒、饮料和精制茶制造业	私营企业	45763870	38135630	20.0	21882621	17861690	22.5	128532623	112060593	14.7
酒、饮料和精制茶制造业	外商和港澳台投资企业	40191584	40216998	-0.1	11786116	11340979	3.9	163502060	153490706	6.5
酒、饮料和精制茶制造业	其他	87346788	74782050	16.8	27757548	23893696	16.2	280754763	255745639	9.8
烟草制品业	国有企业	258712221	222601123	16.2	21528881	14340130	50.1	344708661	327208926	5.3
烟草制品业	集体企业	238826	239815	-0.4	108199	148609	-27.2	1182031	1106627	6.8
烟草制品业	股份制企业	1528707	1507782	1.4	443035	255676	73.3	5144130	4593868	12.0
烟草制品业	私营企业	391313	661595	-40.9	71934	78027	-7.8	1146651	1054040	8.8
烟草制品业	外商和港澳台投资企业	10062	11260	-10.6	3121	948	229.2	85117	86721	-1.8
烟草制品业	其他	125869196	111451690	12.9	7599313	6174984	23.1	236465192	228231455	3.6
谷物磨制	国有企业	1728294	1877180	-7.9	789612	1026119	-23.0	3897595	3919539	-0.6
谷物磨制	集体企业	26489	34177	-22.5	13657	21474	-36.4	176552	215414	-18.0
谷物磨制	股份合作企业	1107444	539902	105.1	396598	209140	89.6	2054420	1475423	39.2
谷物磨制	股份制企业	3093903	2710612	14.1	786670	746861	5.3	9198271	7631668	20.5

行业名称	经济类型	存货 本月止累计	去年同期	增减	其中：产成品 本月止累计	去年同期	增减	流动资产合计 本月止累计	去年同期	增减
		千元	千元	%	千元	千元	%	千元	千元	%
谷物磨制	私营企业	42484962	39720688	7.0	12555830	11087338	13.2	124251848	110990376	11.9
谷物磨制	外商和港澳台投资企业	8912914	7336912	21.5	1673864	1307670	28.0	17964275	15972386	12.5
谷物磨制	其他	27782593	26317539	5.6	8693215	8420001	3.2	66281064	60663891	9.3
饲料加工	国有企业	156983	132682	18.3	20178	18908	6.7	811661	636014	27.6
饲料加工	集体企业	4625	4219	9.6	1893	2689	-29.6	19457	17745	9.6
饲料加工	股份合作企业	5513	4380	25.9	3199	2730	17.2	34285	19285	77.8
饲料加工	股份制企业	3723295	3963178	-6.1	822769	709137	16.0	24234859	20463682	18.4
饲料加工	私营企业	23338359	21539626	8.4	7910246	6287377	25.8	78405424	71304917	10.0
饲料加工	外商和港澳台投资企业	11130478	10902994	2.1	2502130	2860550	-12.5	44037217	40443651	8.9
饲料加工	其他	15161850	15062539	0.7	4951655	4887267	1.3	47811385	45681119	4.7
植物油加工	国有企业	1958296	1876041	4.4	864420	929185	-7.0	12059117	7715249	56.3
植物油加工	集体企业	47571	107614	-55.8	6554	62536	-89.5	109333	172161	-36.5
植物油加工	股份合作企业	1695	1356	25.0	1695	1356	25.0	15751	5539	184.4
植物油加工	股份制企业	5477173	2845264	92.5	4155492	1710726	142.9	13246362	10303808	28.6
植物油加工	私营企业	29775069	28480269	4.5	13681676	12980914	5.4	79457695	72659695	9.4
植物油加工	外商和港澳台投资企业	38301312	40457796	-5.3	14707244	16491477	-10.8	151574686	177864105	-14.8
植物油加工	其他	37362636	36278792	3.0	14971951	16974270	-11.8	131836497	119392748	10.4
制糖业	国有企业	910687	956995	-4.8	767985	710320	8.1	2200313	2304426	-4.5
制糖业	股份合作企业	0	2530	-100.0	0	0		0	26989	-100.0
制糖业	股份制企业	2122093	1464830	44.9	1478359	825862	79.0	8385428	7639522	9.8
制糖业	私营企业	3280927	3253416	0.8	1733395	2092484	-17.2	31240671	24638085	26.8
制糖业	外商和港澳台投资企业	3003479	3105590	-3.3	2226145	2352153	-5.4	18835496	17491156	7.7
制糖业	其他	7201628	5869382	22.7	3568163	2858280	24.8	55387955	49349144	12.2
屠宰及肉类加工	国有企业	994330	902884	10.1	657464	530812	23.9	3425923	3237861	5.8
屠宰及肉类加工	集体企业	105535	76798	37.4	22583	18866	19.7	313836	278685	12.6
屠宰及肉类加工	股份合作企业	27039	33602	-19.5	9337	10000	-6.6	96814	116234	-16.7
屠宰及肉类加工	股份制企业	7504007	6532528	14.9	3793195	2693891	40.8	42176082	29274121	44.1
屠宰及肉类加工	私营企业	30728091	26890455	14.3	17140416	14462726	18.5	120764330	110142962	9.6
屠宰及肉类加工	外商和港澳台投资企业	11096329	9811689	13.1	5209773	4810068	8.3	44426913	38794421	14.5
屠宰及肉类加工	其他	20090686	19915405	0.9	11133354	10321322	7.9	80606863	74052412	8.9
水产品加工	国有企业	1158042	1139119	1.7	683270	582465	17.3	1804388	1884445	-4.2
水产品加工	集体企业	199543	197713	0.9	152216	145093	4.9	517799	431112	20.1
水产品加工	股份合作企业	21782	15481	40.7	15967	11477	39.1	119366	96614	23.5

行业名称	经济类型	存货	去年同期	增减	其中：产成品	去年同期	增减	流动资产合计	去年同期	增减
		本月止累计			本月止累计			本月止累计		
		千元	千元	%	千元	千元	%	千元	千元	%
水产品加工	股份制企业	3922847	3937972	-0.4	2336478	1721645	35.7	11502484	10757868	6.9
水产品加工	私营企业	20858878	19266472	8.3	12801214	11404326	12.2	67697903	60156654	12.5
水产品加工	外商和港澳台投资企业	14909068	13386908	11.4	7121635	6365115	11.9	43128296	41944360	2.8
水产品加工	其他	10078167	8441907	19.4	4839537	4157931	16.4	29240678	26491185	10.4
蔬菜、水果和坚果加工	国有企业	91965	96762	-5.0	37755	49187	-23.2	463646	184582	151.2
蔬菜、水果和坚果加工	集体企业	93991	82178	14.4	36402	42413	-14.2	212527	172009	23.6
蔬菜、水果和坚果加工	股份合作企业	68318	83878	-18.6	26003	18752	38.7	125173	141374	-11.5
蔬菜、水果和坚果加工	股份制企业	3556521	2918622	21.9	1236395	1046398	18.2	14472281	12826198	12.8
蔬菜、水果和坚果加工	私营企业	17853932	15589404	14.5	8988356	7507710	19.7	53763661	47682266	12.8
蔬菜、水果和坚果加工	外商和港澳台投资企业	7894058	7680044	2.8	3341219	2770417	20.6	24644520	23970556	2.8
蔬菜、水果和坚果加工	其他	6112241	5105472	19.7	2986922	2359646	26.6	19717130	17444983	13.0
其他农副食品加工	国有企业	315811	293399	7.6	273995	228231	20.1	675525	705276	-4.2
其他农副食品加工	集体企业	179101	148237	20.8	138829	120880	14.8	1148773	1020332	12.6
其他农副食品加工	股份合作企业	22213	15521	43.1	10025	7619	31.6	78953	66782	18.2
其他农副食品加工	股份制企业	2959903	2110607	40.2	943530	1025641	-8.0	12766279	10428135	22.4
其他农副食品加工	私营企业	16005519	14857445	7.7	9336193	8482586	10.1	50765943	45727973	11.0
其他农副食品加工	外商和港澳台投资企业	9337696	7734783	20.7	2969838	3335261	-11.0	24145329	22039164	9.6
其他农副食品加工	其他	17868357	15320546	16.6	9268748	7511260	23.4	51439843	47099613	9.2
焙烤食品制造	国有企业	78376	75195	4.2	35307	32042	10.2	204760	198194	3.3
焙烤食品制造	集体企业	22190	28760	-22.8	4840	8694	-44.3	38781	90168	-57.0
焙烤食品制造	股份合作企业	14723	14930	-1.4	8780	5331	64.7	44319	52677	-15.9
焙烤食品制造	股份制企业	112521	122905	-8.4	41295	39254	5.2	1196512	1022895	17.0
焙烤食品制造	私营企业	4639982	4211807	10.2	1803314	1661805	8.5	19718136	17117864	15.2
焙烤食品制造	外商和港澳台投资企业	4352684	4309748	1.0	1960873	1960971	-0.0	26863927	26919778	-0.2
焙烤食品制造	其他	2165841	2010248	7.7	663193	540401	22.7	11342319	9582446	18.4
糖果、巧克力及蜜饯制造	集体企业	3903	3672	6.3	2548	2310	10.3	18375	18123	1.4
糖果、巧克力及蜜饯制造	股份制企业	703481	571170	23.2	89745	71561	25.4	6021331	5583095	7.8
糖果、巧克力及蜜饯制造	私营企业	4028375	4318807	-6.7	1969144	2016150	-2.3	14263006	13337155	6.9
糖果、巧克力及蜜饯制造	外商和港澳台投资企业	4665678	4544176	2.7	2109040	1953075	8.0	23678382	23134812	2.3
糖果、巧克力及蜜饯制造	其他	1859358	1695204	9.7	868961	737293	17.9	8363577	7241888	15.5
方便食品制造	国有企业	197739	189725	4.2	144921	114947	26.1	436919	393924	10.9
方便食品制造	集体企业	11956	7285	64.1	4458	4207	6.0	78191	61092	28.0
方便食品制造	股份制企业	1388569	1263966	9.9	744831	606721	22.8	10221695	7380921	38.5

行业名称	经济类型	存货 本月止累计	去年同期	增减	其中：产成品 本月止累计	去年同期	增减	流动资产合计 本月止累计	去年同期	增减
		千元	千元	%	千元	千元	%	千元	千元	%
方便食品制造	私营企业	5642274	5353935	5.4	2434725	2309542	5.4	21385711	19450817	9.9
方便食品制造	外商和港澳台投资企业	7094948	7596853	-6.6	2047325	2283232	-10.3	43075952	42812615	0.6
方便食品制造	其他	3502311	2867101	22.2	1423253	1178606	20.8	17043709	14334474	18.9
乳制品制造	国有企业	291098	161726	80.0	192157	69971	174.6	896903	581542	54.2
乳制品制造	集体企业	5145	4982	3.3	4478	4125	8.6	19216	13465	42.7
乳制品制造	股份合作企业	348	1612	-78.4	311	1505	-79.3	33171	40356	-17.8
乳制品制造	股份制企业	3658852	2570980	42.3	1833220	1270227	44.3	28737845	29573730	-2.8
乳制品制造	私营企业	3172352	2658777	19.3	1357632	924979	46.8	13773875	11758645	17.1
乳制品制造	外商和港澳台投资企业	9612628	7047964	36.4	3791879	2510031	51.1	48792260	46421688	5.1
乳制品制造	其他	6288847	4708874	33.6	2150640	1550922	38.7	31442689	23261579	35.2
罐头食品制造	国有企业	75858	81923	-7.4	52519	57784	-9.1	675552	534434	26.4
罐头食品制造	集体企业	1020	10115	-89.9	520	1365	-61.9	5410	46019	-88.2
罐头食品制造	股份合作企业	14506	14259	1.7	12859	13204	-2.6	27114	26843	1.0
罐头食品制造	股份制企业	1188343	1086465	9.4	820714	749410	9.5	2531351	2273420	11.3
罐头食品制造	私营企业	6681913	6273964	6.5	4230665	4003117	5.7	17711616	16754514	5.7
罐头食品制造	外商和港澳台投资企业	3634689	3391590	7.2	2077562	2014658	3.1	9576504	9232690	3.7
罐头食品制造	其他	4561013	4732862	-3.6	2906909	2886173	0.7	13518438	13908030	-2.8
调味品、发酵制品制造	国有企业	734165	768475	-4.5	115029	200249	-42.6	1908968	2403442	-20.6
调味品、发酵制品制造	集体企业	27019	11215	140.9	9689	6316	53.4	90074	129375	-30.4
调味品、发酵制品制造	股份合作企业	14857	13546	9.7	1050	1761	-40.4	61531	54448	13.0
调味品、发酵制品制造	股份制企业	2160635	2154359	0.3	923310	964455	-4.3	17013114	15599383	9.1
调味品、发酵制品制造	私营企业	7262724	6582733	10.3	2956443	2821995	4.8	25972156	23340592	11.3
调味品、发酵制品制造	外商和港澳台投资企业	5999500	5631633	6.5	2674103	2073349	29.0	24852270	21201558	17.2
调味品、发酵制品制造	其他	8272602	6594049	25.5	2992142	1706773	75.3	24191869	20848890	16.0
其他食品制造	国有企业	530370	407342	30.2	248354	218456	13.7	2740164	2219784	23.4
其他食品制造	集体企业	191890	166571	15.2	12266	6739	82.0	530628	447651	18.5
其他食品制造	股份合作企业	47769	45089	5.9	14761	12475	18.3	170772	150060	13.8
其他食品制造	股份制企业	3969088	3617207	9.7	1575416	1519713	3.7	18238676	17326523	5.3
其他食品制造	私营企业	11520322	10712232	7.5	5475716	4752727	15.2	43370734	43615132	-0.6
其他食品制造	外商和港澳台投资企业	10556515	10154938	4.0	5191538	4618829	12.4	79004950	64503375	22.5
其他食品制造	其他	8864399	7041078	25.9	4100437	2799555	46.5	35967456	32264546	11.5
酒的制造	国有企业	10118090	9867836	2.5	3646563	3755952	-2.9	37831798	33385461	13.3
酒的制造	集体企业	126460	127351	-0.7	81307	80983	0.4	311037	300149	3.6

行业名称	经济类型	存货 本月止累计	去年同期	增减	其中：产成品 本月止累计	去年同期	增减	流动资产合计 本月止累计	去年同期	增减
		千元	千元	%	千元	千元	%	千元	千元	%
酒的制造	股份合作企业	311290	296522	5.0	103556	94626	9.4	2002146	1085919	84.4
酒的制造	股份制企业	42442624	38462837	10.3	11054686	10234638	8.0	96064340	97809555	-1.8
酒的制造	私营企业	29378651	23450549	25.3	13167441	10600089	24.2	72307399	62563524	15.6
酒的制造	外商和港澳台投资企业	21204136	20299072	4.5	2969046	3135949	-5.3	55362384	53961193	2.6
酒的制造	其他	74667235	63758615	17.1	21106648	18347137	15.0	235737027	216937697	8.7
饮料制造	国有企业	89490	93663	-4.5	13912	18766	-25.9	994259	816807	21.7
饮料制造	集体企业	671	923	-27.3	450	375	20.0	18418	26000	-29.2
饮料制造	股份制企业	4740292	4106564	15.4	1498294	1410556	6.2	25194324	21658321	16.3
饮料制造	私营企业	7437453	6825954	9.0	3481902	2989464	16.5	29750082	26125239	13.9
饮料制造	外商和港澳台投资企业	18070921	19104393	-5.4	8561320	7975284	7.3	105276222	96676579	8.9
饮料制造	其他	6667779	5744977	16.1	3275961	2907253	12.7	28507374	24392632	16.9
精制茶加工	国有企业	190305	168713	12.8	54861	50419	8.8	366791	368548	-0.5
精制茶加工	集体企业	56140	44735	25.5	28891	25499	13.3	136021	117799	15.5
精制茶加工	股份合作企业	10038	16855	-40.4	7301	15238	-52.1	53165	54712	-2.8
精制茶加工	股份制企业	858734	681926	25.9	409228	323150	26.6	2652620	2001389	32.5
精制茶加工	私营企业	8947766	7859127	13.9	5233278	4272137	22.5	26475142	23371830	13.3
精制茶加工	外商和港澳台投资企业	916527	813533	12.7	255750	229746	11.3	2863454	2852934	0.4
精制茶加工	其他	6011774	5278458	13.9	3374939	2639306	27.9	16510362	14415310	14.5
烟叶复烤	国有企业	4749897	3941636	20.5	4539162	3858549	17.6	9278130	7602926	22.0
烟叶复烤	集体企业	2195	1080	103.2	506	664	-23.8	18004	14339	25.6
烟叶复烤	股份制企业	7875	0		5396	0		30726	22636	35.7
烟叶复烤	其他	962938	1156649	-16.7	806753	925920	-12.9	11399136	9871965	15.5
卷烟制造	国有企业	253498419	218250425	16.2	16798409	10349230	62.3	333673071	317967440	4.9
卷烟制造	集体企业	42334	43487	-2.7	26731	37846	-29.4	187861	156887	19.7
卷烟制造	股份制企业	1420680	1396680	1.7	404440	227190	78.0	4715610	4228240	11.5
卷烟制造	其他	123050635	108879304	13.0	5690715	4443789	28.1	219483757	213569289	2.8
其他烟草制品制造	国有企业	463905	409062	13.4	191310	132351	44.5	1757460	1638560	7.3
其他烟草制品制造	集体企业	194297	195248	-0.5	80962	110099	-26.5	976166	935401	4.4
其他烟草制品制造	股份制企业	100152	111102	-9.9	33199	28486	16.5	397794	342992	16.0
其他烟草制品制造	私营企业	391313	661595	-40.9	71934	78027	-7.8	1146651	1054040	8.8
其他烟草制品制造	外商和港澳台投资企业	10062	11260	-10.6	3121	948	229.2	85117	86721	-1.8
其他烟草制品制造	其他	1855623	1415737	31.1	1101845	805275	36.8	5582299	4790201	16.5

2014 年分行业分经济类型 -3

行业名称	经济类型	资产合计 本月止累计	去年同期	增减	负债合计 本月止累计	去年同期	增减	主营业务收入 本月止累计	去年同期	增减
		千元	千元	%	千元	千元	%	千元	千元	%
农副食品加工业	国有企业	44774621	34306381	30.5	27227809	20608403	32.1	85255223	80704806	5.6
农副食品加工业	集体企业	8247112	7682896	7.3	1887521	1769022	6.7	29735174	26709306	11.3
农副食品加工业	股份合作企业	4169866	3362126	24.0	2743025	2068168	32.6	5143839	5048009	1.9
农副食品加工业	股份制企业	255162509	208948840	22.1	132314800	109619240	20.7	349305258	323135451	8.1
农副食品加工业	私营企业	1247839203	1071400818	16.5	545085966	479423320	13.7	3112328768	2892586039	7.6
农副食品加工业	外商和港澳台投资企业	597727899	581760609	2.7	361565182	367979159	-1.7	1056224302	1043934561	1.2
农副食品加工业	其他	890176925	797682069	11.6	517955689	468275147	10.6	1715325393	1565152048	9.6
食品制造业	国有企业	14441524	13452731	7.4	9139420	9648401	-5.3	17858589	16323930	9.4
食品制造业	集体企业	1961355	1760881	11.4	511273	307441	66.3	4515647	4087097	10.5
食品制造业	股份合作企业	679731	608500	11.7	201198	187260	7.4	1267777	1399958	-9.4
食品制造业	股份制企业	165855792	144186272	15.0	73855465	63318258	16.6	164596747	153197926	7.4
食品制造业	私营企业	351660296	308257377	14.1	146585844	137209488	6.8	696320731	628854534	10.7
食品制造业	外商和港澳台投资企业	443131828	405274407	9.3	213651031	203135527	5.2	599824071	542177338	10.6
食品制造业	其他	315204527	264640829	19.1	154384430	138596356	11.4	541783650	459018338	18.0
酒、饮料和精制茶制造业	国有企业	72037869	62254156	15.7	36490624	32082017	13.7	37692962	37278426	1.1
酒、饮料和精制茶制造业	集体企业	1017838	840499	21.1	428125	377594	13.4	1994825	1896293	5.2
酒、饮料和精制茶制造业	股份合作企业	3081058	1815137	69.7	2015402	1038190	94.1	1926033	1810186	6.4
酒、饮料和精制茶制造业	股份制企业	207531818	197701349	5.0	104227659	103854893	0.4	205165147	191456660	7.2
酒、饮料和精制茶制造业	私营企业	277912510	237607906	17.0	120725683	106606535	13.2	498195076	449033665	10.9
酒、饮料和精制茶制造业	外商和港澳台投资企业	359998646	337611243	6.6	181239804	171572680	5.6	409943612	396997733	3.3
酒、饮料和精制茶制造业	其他	479510202	437396405	9.6	192422758	181401317	6.1	468283644	438748990	6.7
烟草制品业	国有企业	499860207	478594825	4.4	116991915	126240228	-7.3	553531903	511667513	8.2
烟草制品业	集体企业	2038684	1877589	8.6	1169098	1016484	15.0	2109167	2065622	2.1
烟草制品业	股份制企业	6903745	7087808	-2.6	3439788	3241286	6.1	9379905	8911374	5.3
烟草制品业	私营企业	2168746	2086244	4.0	1684877	1787102	-5.7	1528255	1243498	22.9
烟草制品业	外商和港澳台投资企业	197567	188124	5.0	45779	68818	-33.5	224844	225123	-0.1
烟草制品业	其他	325674258	309960968	5.1	65308410	70693263	-7.6	323832831	305001030	6.2
谷物磨制	国有企业	7853824	7098866	10.6	3898316	3682263	5.9	18446368	19179341	-3.8
谷物磨制	集体企业	554568	463739	19.6	124449	161193	-22.8	2441585	2339950	4.3
谷物磨制	股份合作企业	2829620	2192840	29.0	2136206	1495367	42.9	2511783	2414289	4.0
谷物磨制	股份制企业	18954347	15440776	22.8	8257781	7243134	14.0	35634008	34344434	3.8

行业名称	经济类型	资产合计	去年同期	增减	负债合计	去年同期	增减	主营业务收入	去年同期	增减
		本月止累计			本月止累计			本月止累计		
		千元	千元	%	千元	千元	%	千元	千元	%
谷物磨制	私营企业	265851400	226953919	17.1	93409119	83081954	12.4	849505689	776908535	9.3
谷物磨制	外商和港澳台投资企业	29617401	28557959	3.7	17379749	16433729	5.8	46569582	42385545	9.9
谷物磨制	其他	128106735	115162224	11.2	59608908	52722476	13.1	302041575	272915262	10.7
饲料加工	国有企业	1492414	1280501	16.5	829232	693168	19.6	2675631	2633575	1.6
饲料加工	集体企业	31018	43872	-29.3	10535	15941	-33.9	218150	232639	-6.2
饲料加工	股份合作企业	80616	57625	39.9	40906	27279	50.0	623462	537523	16.0
饲料加工	股份制企业	42113124	34670248	21.5	19491815	15257010	27.8	76171650	72586581	4.9
饲料加工	私营企业	169445174	143903531	17.7	73284193	62945260	16.4	521693556	482098847	8.2
饲料加工	外商和港澳台投资企业	74888932	66091180	13.3	42156688	36879692	14.3	176288012	166995488	5.6
饲料加工	其他	96594527	86878345	11.2	48698012	47078344	3.4	303714561	272095062	11.6
植物油加工	国有企业	20577930	12149445	69.4	12943297	7875978	64.3	29733120	25167914	18.1
植物油加工	集体企业	180807	212424	-14.9	68336	123286	-44.6	743646	693256	7.3
植物油加工	股份合作企业	22226	12014	85.0	13672	3465	294.6	31100	52660	-40.9
植物油加工	股份制企业	20009182	15669831	27.7	13275927	9486860	39.9	27744935	25002733	11.0
植物油加工	私营企业	147035502	127235506	15.6	66431192	61343620	8.3	330554036	325302600	1.6
植物油加工	外商和港澳台投资企业	191044824	216884095	-11.9	138735311	168517842	-17.7	328328027	338142365	-2.9
植物油加工	其他	194189321	175933001	10.4	141461499	129818690	9.0	347915193	319354954	8.9
制糖业	国有企业	3523182	3717155	-5.2	3277837	3086809	6.2	4135740	4311983	-4.1
制糖业	股份合作企业	0	85933	-100.0	0	24616	-100.0	0	126615	-100.0
制糖业	股份制企业	17772877	18982327	-6.4	11196039	11168620	0.2	9461307	11752267	-19.5
制糖业	私营企业	42745853	35806479	19.4	37691474	30295144	24.4	22354467	26181428	-14.6
制糖业	外商和港澳台投资企业	27983840	26215865	6.7	21710641	19827795	9.5	19010999	21740952	-12.6
制糖业	其他	81883802	71694727	14.2	68851248	56337193	22.2	57213041	55224088	3.6
屠宰及肉类加工	国有企业	5963873	5306552	12.4	3417367	2661630	28.4	21287443	21343884	-0.3
屠宰及肉类加工	集体企业	763616	652672	17.0	269677	241919	11.5	5938375	5364117	10.7
屠宰及肉类加工	股份合作企业	238134	243676	-2.3	149765	151936	-1.4	558097	735633	-24.1
屠宰及肉类加工	股份制企业	78156771	55758666	40.2	39908862	29972799	33.2	113144235	100209029	12.9
屠宰及肉类加工	私营企业	268374685	233930955	14.7	119961012	106349656	12.8	611755165	569697748	7.4
屠宰及肉类加工	外商和港澳台投资企业	96572217	85216390	13.3	48424194	41768480	15.9	171815047	156320187	9.9
屠宰及肉类加工	其他	174501656	159505621	9.4	88542180	84559635	4.7	362902491	334132969	8.6
水产品加工	国有企业	3161937	2983329	6.0	1762729	1748228	0.8	5431254	5204027	4.4
水产品加工	集体企业	928721	864874	7.4	387231	365377	6.0	4113712	4924856	-16.5
水产品加工	股份合作企业	150318	120127	25.1	99523	83453	19.3	325983	284356	14.6
水产品加工	股份制企业	26693050	24321899	9.7	13314886	13503693	-1.4	25646246	25603332	0.2

行业名称	经济类型	资产合计	去年同期	增减	负债合计	去年同期	增减	主营业务收入	去年同期	增减
		本月止累计			本月止累计			本月止累计		
		千元	千元	%	千元	千元	%	千元	千元	%
水产品加工	私营企业	121921715	104639303	16.5	60270055	53216166	13.3	249888047	233807157	6.9
水产品加工	外商和港澳台投资企业	77795208	67328990	15.5	38062257	35145037	8.3	125271413	119854487	4.5
水产品加工	其他	50131274	44131865	13.6	26909726	24758777	8.7	98043082	93887620	4.4
蔬菜、水果和坚果加工	国有企业	852438	533835	59.7	498101	210739	136.4	876417	888629	-1.4
蔬菜、水果和坚果加工	集体企业	566476	411745	37.6	185567	190122	-2.4	1313948	1022930	28.4
蔬菜、水果和坚果加工	股份合作企业	672613	495245	35.8	240365	225102	6.8	778279	644153	20.8
蔬菜、水果和坚果加工	股份制企业	26128203	23581229	10.8	12762568	11188597	14.1	26146773	23503907	11.2
蔬菜、水果和坚果加工	私营企业	118152363	99678629	18.5	46921806	40649438	15.4	279154875	249006664	12.1
蔬菜、水果和坚果加工	外商和港澳台投资企业	48363533	43479236	11.2	20557762	18294831	12.4	89666883	84204529	6.5
蔬菜、水果和坚果加工	其他	44912867	38830369	15.7	18184304	17234728	5.5	90932588	78711683	15.5
其他农副食品加工	国有企业	1349023	1236698	9.1	600930	649588	-7.5	2669250	1975453	35.1
其他农副食品加工	集体企业	5221906	5033570	3.7	841726	671184	25.4	14965758	12131558	23.4
其他农副食品加工	股份合作企业	176339	154666	14.0	62588	56950	9.9	315135	252780	24.7
其他农副食品加工	股份制企业	25334955	20523864	23.4	14106922	11798527	19.6	35356104	30133168	17.3
其他农副食品加工	私营企业	114312511	99252496	15.2	47117115	41542082	13.4	247422933	229583060	7.8
其他农副食品加工	外商和港澳台投资企业	51461944	47986894	7.2	34538580	31111753	11.0	99274339	114291008	-13.1
其他农副食品加工	其他	119856743	105545917	13.6	65699812	55765304	17.8	152562862	138830410	9.9
焙烤食品制造	国有企业	322237	306704	5.1	136448	148475	-8.1	429557	364426	17.9
焙烤食品制造	集体企业	104617	140202	-25.4	12952	69356	-81.3	339915	299752	13.4
焙烤食品制造	股份合作企业	66237	80937	-18.2	47174	46192	2.1	74364	116077	-35.9
焙烤食品制造	股份制企业	2985542	2559386	16.7	761323	590613	28.9	4972514	4364406	13.9
焙烤食品制造	私营企业	47603581	39348779	21.0	19081299	16105971	18.5	105794979	95236244	11.1
焙烤食品制造	外商和港澳台投资企业	51892041	49598760	4.6	22244839	22701598	-2.0	77652179	75040951	3.5
焙烤食品制造	其他	26371005	22837185	15.5	9814656	8656564	13.4	53403529	44630135	19.7
糖果、巧克力及蜜饯制造	集体企业	52965	58316	-9.2	16149	15619	3.4	539175	450969	19.6
糖果、巧克力及蜜饯制造	股份制企业	13135799	10889164	20.6	4666839	3484047	33.9	13691277	11364029	20.5
糖果、巧克力及蜜饯制造	私营企业	30886151	26708548	15.6	12258997	16024725	-23.5	66180844	58077490	14.0
糖果、巧克力及蜜饯制造	外商和港澳台投资企业	43219787	40629953	6.4	17305045	17668997	-2.1	61120018	59122213	3.4
糖果、巧克力及蜜饯制造	其他	15823414	14136426	11.9	5585396	5281806	5.7	29870594	25741166	16.0
方便食品制造	国有企业	854041	776223	10.0	275628	274816	0.3	2342270	2112420	10.9
方便食品制造	集体企业	419725	285629	46.9	26599	9179	189.8	1455835	1239992	17.4
方便食品制造	股份制企业	17667364	13038734	35.5	9403441	5998132	56.8	28902302	28337438	2.0

行业名称	经济类型	资产合计 本月止累计	去年同期	增减	负债合计 本月止累计	去年同期	增减	主营业务收入 本月止累计	去年同期	增减
		千元	千元	%	千元	千元	%	千元	千元	%
方便食品制造	私营企业	52985970	44682960	18.6	18897732	16734596	12.9	118329712	103371318	14.5
方便食品制造	外商和港澳台投资企业	85979441	83099416	3.5	37425731	38062986	-1.7	116423170	112758549	3.2
方便食品制造	其他	39118883	32426746	20.6	16118285	13363214	20.6	78933321	67172454	17.5
乳制品制造	国有企业	1731986	1445183	19.8	1115992	1055013	5.8	2033549	1890819	7.5
乳制品制造	集体企业	21073	14925	41.2	11805	9168	28.8	55764	50801	9.8
乳制品制造	股份合作企业	71701	91009	-21.2	2355	2856	-17.5	36510	342745	-89.3
乳制品制造	股份制企业	57423596	51288241	12.0	27394454	23345883	17.3	47239537	40566635	16.4
乳制品制造	私营企业	29976780	26091757	14.9	15262694	12825627	19.0	46298320	43229465	7.1
乳制品制造	外商和港澳台投资企业	83912515	79018068	6.2	47641558	45960857	3.7	134700096	102497859	31.4
乳制品制造	其他	58985663	48393023	21.9	32698297	28776296	13.6	99409043	90715119	9.6
罐头食品制造	国有企业	1035710	912022	13.6	694292	582230	19.2	1953023	1434789	36.1
罐头食品制造	集体企业	7510	71009	-89.4	2500	64124	-96.1	21005	124903	-83.2
罐头食品制造	股份合作企业	32416	32176	0.7	21823	21996	-0.8	70152	63163	11.1
罐头食品制造	股份制企业	4687755	4368857	7.3	2650205	2417469	9.6	9629004	8725930	10.3
罐头食品制造	私营企业	36268784	32773304	10.7	15907862	14775072	7.7	82211027	77293858	6.4
罐头食品制造	外商和港澳台投资企业	18139297	15983133	13.5	10253519	10030424	2.2	30567073	27425704	11.5
罐头食品制造	其他	24692890	25020341	-1.3	15747639	16039091	-1.8	38721499	35265422	9.8
调味品、发酵制品制造	国有企业	4620352	5469037	-15.5	2755905	4312011	-36.1	4073876	3696242	10.2
调味品、发酵制品制造	集体企业	245480	216502	13.4	42448	36445	16.5	732879	697507	5.1
调味品、发酵制品制造	股份合作企业	141843	82733	71.4	37336	15481	141.2	364033	308780	17.9
调味品、发酵制品制造	股份制企业	33122865	29742340	11.4	14805243	14383823	2.9	30601452	29185941	4.8
调味品、发酵制品制造	私营企业	61953088	53420463	16.0	25642800	21911853	17.0	101819053	89327716	14.0
调味品、发酵制品制造	外商和港澳台投资企业	48426953	43671419	10.9	24242021	22619280	7.2	56812403	54534256	4.2
调味品、发酵制品制造	其他	62913030	51438822	22.3	33463442	28645886	16.8	70502604	54680865	28.9
其他食品制造	国有企业	5877198	4543562	29.4	4161155	3275856	27.0	7026314	6825234	2.9
其他食品制造	集体企业	1109985	974298	13.9	398820	103550	285.1	1371074	1223173	12.1
其他食品制造	股份合作企业	367534	321645	14.3	92510	100735	-8.2	722718	569193	27.0
其他食品制造	股份制企业	36832871	32299550	14.0	14173960	13098291	8.2	29560661	30653547	-3.6
其他食品制造	私营企业	91985942	85231566	7.9	39534460	38831644	1.8	175686796	162318443	8.2
其他食品制造	外商和港澳台投资企业	111561794	93273658	19.6	54538318	46091385	18.3	122549132	110797806	10.6
其他食品制造	其他	87299642	70388286	24.0	40956715	37833499	8.3	170943060	140813177	21.4
酒的制造	国有企业	69363016	59673291	16.2	35416404	31113953	13.8	33632516	33522535	0.3
酒的制造	集体企业	793892	651391	21.9	327868	291970	12.3	815397	911643	-10.6

行业名称	经济类型	资产合计 本月止累计	去年同期	增减	负债合计 本月止累计	去年同期	增减	主营业务收入 本月止累计	去年同期	增减
		千元	千元	%	千元	千元	%	千元	千元	%
酒的制造	股份合作企业	2992427	1728129	73.2	1986921	1004684	97.8	1506598	1410333	6.8
酒的制造	股份制企业	158883263	153865017	3.3	81858820	83208642	-1.6	144603755	135260347	6.9
酒的制造	私营企业	154372493	129787037	18.9	69936587	61233910	14.2	258578210	231944908	11.5
酒的制造	外商和港澳台投资企业	127060598	120932884	5.1	65722744	64715750	1.6	109918315	109059195	0.8
酒的制造	其他	386559135	356503582	8.4	146590753	142239360	3.1	328750372	317199823	3.6
饮料制造	国有企业	1916788	1870689	2.5	721083	637296	13.1	2190542	2024896	8.2
饮料制造	集体企业	27233	35296	-22.8	13823	21753	-36.5	410325	375508	9.3
饮料制造	股份制企业	43881185	40069047	9.5	20103380	19088900	5.3	55863214	51955311	7.5
饮料制造	私营企业	71365145	63575161	12.3	31086378	27991705	11.1	137574842	125614890	9.5
饮料制造	外商和港澳台投资企业	228183575	212167970	7.5	114043590	105534777	8.1	292857519	281161490	4.2
饮料制造	其他	62462624	54754086	14.1	32872391	27333100	20.3	89589091	77162187	16.1
精制茶加工	国有企业	758065	710176	6.7	353137	330768	6.8	1869904	1730995	8.0
精制茶加工	集体企业	196713	153812	27.9	86434	63871	35.3	769103	609142	26.3
精制茶加工	股份合作企业	88631	87008	1.9	28481	33506	-15.0	419435	399853	4.9
精制茶加工	股份制企业	4767370	3767285	26.5	2265459	1557351	45.5	4698178	4241002	10.8
精制茶加工	私营企业	52174872	44245708	17.9	19702718	17380920	13.4	102042024	91473867	11.6
精制茶加工	外商和港澳台投资企业	4754473	4510389	5.4	1473470	1322153	11.4	7167778	6777048	5.8
精制茶加工	其他	30488443	26138737	16.6	12959614	11828857	9.6	49944181	44386980	12.5
烟叶复烤	国有企业	13223638	11621929	13.8	2682857	2947860	-9.0	11099262	8300713	33.7
烟叶复烤	集体企业	39064	31998	22.1	4033	3381	19.3	280966	253386	10.9
烟叶复烤	股份制企业	68119	64024	6.4	11782	6795	73.4	56510	60055	-5.9
烟叶复烤	其他	19651317	17297695	13.6	1213055	1507205	-19.5	7186152	6941172	3.5
卷烟制造	国有企业	483108227	463960315	4.1	113451383	122523047	-7.4	539025249	499320442	8.0
卷烟制造	集体企业	212705	184650	15.2	174094	146205	19.1	295402	267441	10.5
卷烟制造	股份制企业	6302170	6525520	-3.4	3350370	3155790	6.2	8465050	8060626	5.0
卷烟制造	其他	299418027	286950739	4.3	61767853	66893399	-7.7	311737037	293665577	6.2
其他烟草制品制造	国有企业	3528342	3012581	17.1	857675	769321	11.5	3407392	4046358	-15.8
其他烟草制品制造	集体企业	1786915	1660941	7.6	990971	866898	14.3	1532799	1544795	-0.8
其他烟草制品制造	股份制企业	533456	498264	7.1	77636	78701	-1.4	858345	790693	8.6
其他烟草制品制造	私营企业	2168746	2086244	4.0	1684877	1787102	-5.7	1528255	1243498	22.9
其他烟草制品制造	外商和港澳台投资企业	197567	188124	5.0	45779	68818	-33.5	224844	225123	-0.1
其他烟草制品制造	其他	6604914	5712534	15.6	2327502	2292659	1.5	4909642	4394281	11.7

2014年分行业分经济类型-4

行业名称	经济类型	主营业务成本	去年同期	增减	主营业务税金及附加	去年同期	增减	营业费用	去年同期	增减
		本月止累计			本月止累计			本月止累计		
		千元	千元	%	千元	千元	%	千元	千元	%
农副食品加工业	国有企业	79381001	74114512	7.1	269663	242692	11.1	1418467	1439736	-1.5
农副食品加工业	集体企业	25749826	22691200	13.5	153514	128939	19.1	709419	566558	25.2
农副食品加工业	股份合作企业	4595922	4343244	5.8	33292	31692	5.0	135457	116295	16.5
农副食品加工业	股份制企业	309859132	283635047	9.2	2304479	2010783	14.6	9160360	8727376	5.0
农副食品加工业	私营企业	2762317386	2540498870	8.7	17008580	16176096	5.1	63237952	57900804	9.2
农副食品加工业	外商和港澳台投资企业	964913516	948520875	1.7	2576417	2612396	-1.4	22425578	22342095	0.4
农副食品加工业	其他	1554807738	1408375929	10.4	5947130	5778637	2.9	31167318	28716508	8.5
食品制造业	国有企业	14771895	13415601	10.1	171230	113845	50.4	1012528	947057	6.9
食品制造业	集体企业	3903104	3458183	12.9	18873	18575	1.6	95928	83194	15.3
食品制造业	股份合作企业	1058175	1113480	-5.0	8790	6892	27.5	78465	71241	10.1
食品制造业	股份制企业	129051307	119867984	7.7	912103	860913	5.9	13390848	11803042	13.5
食品制造业	私营企业	590535889	528516899	11.7	4806100	4392205	9.4	23783232	21276806	11.8
食品制造业	外商和港澳台投资企业	430295470	384727603	11.8	3597495	3253776	10.6	86717978	80151527	8.2
食品制造业	其他	444350499	372040157	19.4	4477251	3387521	32.2	25165891	21937647	14.7
酒、饮料和精制茶制造业	国有企业	28703568	25605930	12.1	1907082	2464740	-22.6	3657790	4146877	-11.8
酒、饮料和精制茶制造业	集体企业	1669269	1594801	4.7	57117	44748	27.6	55598	52163	6.6
酒、饮料和精制茶制造业	股份合作企业	1497193	1417992	5.6	149996	156299	-4.0	25017	31063	-19.5
酒、饮料和精制茶制造业	股份制企业	140846278	130715935	7.7	8973730	9344016	-4.0	18277602	18423376	-0.8
酒、饮料和精制茶制造业	私营企业	406256796	361914336	12.3	10924404	10335157	5.7	18131451	16589336	9.3
酒、饮料和精制茶制造业	外商和港澳台投资企业	299743389	287120380	4.4	9769569	9735656	0.3	52216155	50835166	2.7
酒、饮料和精制茶制造业	其他	329300843	301506410	9.2	18704404	18482234	1.2	33402666	30804514	8.4
烟草制品业	国有企业	147291263	133049537	10.7	306446955	278726336	9.9	10059100	10714616	-6.1
烟草制品业	集体企业	1690123	1621418	4.2	14454	11799	22.5	39360	30979	27.1
烟草制品业	股份制企业	3321386	3160862	5.1	4606770	4163706	10.6	88458	82117	7.7
烟草制品业	私营企业	1304194	1034991	26.0	7109	8186	-13.2	51894	48391	7.2
烟草制品业	外商和港澳台投资企业	112906	111881	0.9	2576	2384	8.1	5477	5339	2.6
烟草制品业	其他	78227471	72355745	8.1	173201808	160348521	8.0	4440701	4606845	-3.6
谷物磨制	国有企业	16681734	17330792	-3.7	102204	91105	12.2	454677	456046	-0.3
谷物磨制	集体企业	2076108	2010718	3.3	22622	13524	67.3	40470	35585	13.7
谷物磨制	股份合作企业	2258801	2194601	2.9	15958	13457	18.6	68229	65376	4.4
谷物磨制	股份制企业	32161960	30247969	6.3	150666	250641	-39.9	646153	592349	9.1
谷物磨制	私营企业	758972651	687562746	10.4	4867576	4916341	-1.0	15491843	13914327	11.3

行业名称	经济类型	主营业务成本	去年同期	增减	主营业务税金及附加	去年同期	增减	营业费用	去年同期	增减
		本月止累计			本月止累计			本月止累计		
		千元	千元	%	千元	千元	%	千元	千元	%
谷物磨制	外商和港澳台投资企业	43110934	39123051	10.2	121799	124897	-2.5	1435343	1342362	6.9
谷物磨制	其他	272231015	244228841	11.5	1405957	1163221	20.9	5342498	4904008	8.9
饲料加工	国有企业	2430729	2381224	2.1	9449	8306	13.8	52360	58647	-10.7
饲料加工	集体企业	193629	206469	-6.2	335	362	-7.5	5349	5548	-3.6
饲料加工	股份合作企业	567403	490003	15.8	3997	3059	30.7	18580	6984	166.0
饲料加工	股份制企业	67961153	64643528	5.1	197578	223178	-11.5	1707948	1675871	1.9
饲料加工	私营企业	468755949	428260769	9.5	2236434	2014356	11.0	10778687	10014256	7.6
饲料加工	外商和港澳台投资企业	158439567	149248772	6.2	356146	477862	-25.5	5030006	4756519	5.7
饲料加工	其他	276112736	247124817	11.7	768595	608362	26.3	6254531	5671417	10.3
植物油加工	国有企业	28689640	23662834	21.2	33937	31244	8.6	204721	192643	6.3
植物油加工	集体企业	665705	641891	3.7	3281	1877	74.8	25216	12622	99.8
植物油加工	股份合作企业	28800	52296	-44.9	131	15	773.3	860	30	2766.7
植物油加工	股份制企业	25323748	22348059	13.3	107764	121175	-11.1	550639	572963	-3.9
植物油加工	私营企业	294843805	288676814	2.1	1619429	1494384	8.4	6314061	5799583	8.9
植物油加工	外商和港澳台投资企业	312584375	321597616	-2.8	275395	362044	-23.9	4707064	4940279	-4.7
植物油加工	其他	328417370	299750231	9.6	605363	788295	-23.2	4463158	4056839	10.0
制糖业	国有企业	4087031	4137878	-1.2	13368	16762	-20.2	89142	108084	-17.5
制糖业	股份合作企业	0	97408	-100.0	0	1273	-100.0	0	3941	-100.0
制糖业	股份制企业	8420238	10046158	-16.2	30779	58975	-47.8	359746	412065	-12.7
制糖业	私营企业	20857702	23058951	-9.5	113677	142380	-20.2	432551	449483	-3.8
制糖业	外商和港澳台投资企业	15563208	16830105	-7.5	87816	130301	-32.6	551069	546857	0.8
制糖业	其他	53471590	48605542	10.0	225125	566280	-60.2	779289	843191	-7.6
屠宰及肉类加工	国有企业	19416767	19360570	0.3	61363	55378	10.8	477741	491585	-2.8
屠宰及肉类加工	集体企业	5275927	4686308	12.6	26864	22512	19.3	66941	63010	6.2
屠宰及肉类加工	股份合作企业	472275	642835	-26.5	3829	6955	-44.9	15347	10707	43.3
屠宰及肉类加工	股份制企业	100552982	88336287	13.8	1085947	921767	17.8	3220962	3062510	5.2
屠宰及肉类加工	私营企业	544477565	501336169	8.6	3123398	3019146	3.5	11796817	11016258	7.1
屠宰及肉类加工	外商和港澳台投资企业	155344941	138945854	11.8	431655	435441	-0.9	4289942	4307531	-0.4
屠宰及肉类加工	其他	322208790	294663520	9.3	1365048	1228264	11.1	6790333	6194788	9.6
水产品加工	国有企业	4890854	4666937	4.8	39801	34405	15.7	56861	60800	-6.5
水产品加工	集体企业	3533799	4280850	-17.5	46861	41780	12.2	62442	57802	8.0
水产品加工	股份合作企业	290457	240183	20.9	380	541	-29.8	2720	2200	23.6
水产品加工	股份制企业	22333616	22162785	0.8	173450	125811	37.9	636464	587605	8.3
水产品加工	私营企业	222835722	205671579	8.3	1627290	1568753	3.7	4046185	3825596	5.8

行业名称	经济类型	主营业务成本	去年同期	增减	主营业务税金及附加	去年同期	增减	营业费用	去年同期	增减
		本月止累计			本月止累计			本月止累计		
		千元	千元	%	千元	千元	%	千元	千元	%
水产品加工	外商和港澳台投资企业	112067058	106040030	5.7	592586	547265	8.3	2003633	1998300	0.3
水产品加工	其他	86962038	83144490	4.6	531960	457114	16.4	2101041	1909015	10.1
蔬菜、水果和坚果加工	国有企业	757883	781361	-3.0	739	824	-10.3	37937	28086	35.1
蔬菜、水果和坚果加工	集体企业	1074837	832751	29.1	6411	4668	37.3	14324	12159	17.8
蔬菜、水果和坚果加工	股份合作企业	708786	409846	72.9	7733	5269	46.8	16705	16430	1.7
蔬菜、水果和坚果加工	股份制企业	22101378	19787954	11.7	162755	122527	32.8	1167913	992845	17.6
蔬菜、水果和坚果加工	私营企业	238542941	210992595	13.1	1723899	1503373	14.7	7554295	6585903	14.7
蔬菜、水果和坚果加工	外商和港澳台投资企业	76288433	70925583	7.6	522494	361642	44.5	2503913	2549858	-1.8
蔬菜、水果和坚果加工	其他	79331772	68299524	16.2	406477	375065	8.4	2170785	1949899	11.3
其他农副食品加工	国有企业	2426363	1792916	35.3	8802	4668	88.6	45028	43845	2.7
其他农副食品加工	集体企业	12929821	10032213	28.9	47140	44216	6.6	494677	379832	30.2
其他农副食品加工	股份合作企业	269400	216072	24.7	1264	1123	12.6	13016	10627	22.5
其他农副食品加工	股份制企业	31004057	26062307	19.0	395540	186709	111.8	870535	831168	4.7
其他农副食品加工	私营企业	213031051	194939247	9.3	1696877	1517363	11.8	6823513	6295398	8.4
其他农副食品加工	外商和港澳台投资企业	91515000	105809864	-13.5	188526	172944	9.0	1904608	1900389	0.2
其他农副食品加工	其他	136072427	122558964	11.0	638605	592036	7.9	3265683	3187351	2.5
焙烤食品制造	国有企业	334566	277078	20.7	5631	5104	10.3	22291	19750	12.9
焙烤食品制造	集体企业	262661	248838	5.6	1311	861	52.3	23100	14755	56.6
焙烤食品制造	股份合作企业	60520	101014	-40.1	1509	1838	-17.9	6310	6448	-2.1
焙烤食品制造	股份制企业	3983517	3378546	17.9	24465	23601	3.7	225745	241281	-6.4
焙烤食品制造	私营企业	87788319	78361436	12.0	808967	828566	-2.4	4204104	3738598	12.5
焙烤食品制造	外商和港澳台投资企业	58042619	55391072	4.8	410438	410320	0.0	9309546	8672722	7.3
焙烤食品制造	其他	44125208	36868578	19.7	337242	242359	39.1	2453420	2012656	21.9
糖果、巧克力及蜜饯制造	集体企业	464753	392063	18.5	2001	1815	10.2	13194	10999	20.0
糖果、巧克力及蜜饯制造	股份制企业	11552223	9453353	22.2	89508	73838	21.2	323460	226564	42.8
糖果、巧克力及蜜饯制造	私营企业	55073123	47747358	15.3	483168	457489	5.6	2733784	2356992	16.0
糖果、巧克力及蜜饯制造	外商和港澳台投资企业	40013273	37751061	6.0	402674	388950	3.5	10367355	10439892	-0.7
糖果、巧克力及蜜饯制造	其他	25138558	21185003	18.7	178969	144657	23.7	977231	944660	3.4
方便食品制造	国有企业	1785413	1605341	11.2	18593	14422	28.9	138647	121127	14.5
方便食品制造	集体企业	1279575	1029968	24.2	7184	6581	9.2	9726	7894	23.2
方便食品制造	股份制企业	24759788	22817893	8.5	124308	139889	-11.1	1071290	1246309	-14.0
方便食品制造	私营企业	102195393	88779493	15.1	758793	628017	20.8	3486750	3070739	13.5
方便食品制造	外商和港澳台投资企业	91489090	87905655	4.1	457657	333252	37.3	13979620	14283330	-2.1

行业名称	经济类型	主营业务成本 本月止累计	去年同期	增减	主营业务税金及附加 本月止累计	去年同期	增减	营业费用 本月止累计	去年同期	增减
		千元	千元	%	千元	千元	%	千元	千元	%
方便食品制造	其他	66568947	56042434	18.8	576733	473237	21.9	2665002	2335462	14.1
乳制品制造	国有企业	1656276	1535545	7.9	5033	3398	48.1	143519	122008	17.6
乳制品制造	集体企业	42747	36960	15.7	495	1003	-50.6	2305	1068	115.8
乳制品制造	股份合作企业	18026	224937	-92.0	295	1477	-80.0	2458	12194	-79.8
乳制品制造	股份制企业	34452740	29716765	15.9	291814	272847	7.0	7448767	6321975	17.8
乳制品制造	私营企业	39183926	36332482	7.8	246569	254627	-3.2	2208445	2295032	-3.8
乳制品制造	外商和港澳台投资企业	103593832	74131730	39.7	497037	532050	-6.6	18139980	19232900	-5.7
乳制品制造	其他	82962096	75829498	9.4	294817	298497	-1.2	7143572	6189993	15.4
罐头食品制造	国有企业	1784745	1299083	37.4	4855	4888	-0.7	47940	40233	19.2
罐头食品制造	集体企业	14560	100562	-85.5	87	1375	-93.7	256	1708	-85.0
罐头食品制造	股份合作企业	65093	57258	13.7	294	247	19.0	1458	1524	-4.3
罐头食品制造	股份制企业	7770835	7309760	6.3	57838	54206	6.7	589477	282975	108.3
罐头食品制造	私营企业	72515338	67229263	7.9	581400	469641	23.8	1720708	1579028	9.0
罐头食品制造	外商和港澳台投资企业	26542429	23831720	11.4	168856	148925	13.4	820030	800134	2.5
罐头食品制造	其他	31830005	28992487	9.8	239356	226070	5.9	2405781	2273341	5.8
调味品、发酵制品制造	国有企业	3344966	2821977	18.5	75213	31465	139.0	303758	304548	-0.3
调味品、发酵制品制造	集体企业	643272	594695	8.2	2346	3029	-22.5	15461	13161	17.5
调味品、发酵制品制造	股份合作企业	338894	287786	17.8	1119	737	51.8	4618	1967	134.8
调味品、发酵制品制造	股份制企业	23009430	22277476	3.3	213134	194676	9.5	2342419	2174483	7.7
调味品、发酵制品制造	私营企业	84589584	73303266	15.4	810177	668589	21.2	3802221	3325055	14.4
调味品、发酵制品制造	外商和港澳台投资企业	43566565	42067620	3.6	354038	289429	22.3	3412461	3250131	5.0
调味品、发酵制品制造	其他	59778769	45681152	30.9	347993	277339	25.5	2266819	1978337	14.6
其他食品制造	国有企业	5865929	5876577	-0.2	61905	54568	13.4	356373	339391	5.0
其他食品制造	集体企业	1195536	1055097	13.3	5449	3911	39.3	31886	33609	-5.1
其他食品制造	股份合作企业	575642	442485	30.1	5573	2593	114.9	63621	49108	29.6
其他食品制造	股份制企业	23522774	24914191	-5.6	111036	101856	9.0	1389690	1309455	6.1
其他食品制造	私营企业	149190206	136763601	9.1	1117026	1085276	2.9	5627220	4911362	14.6
其他食品制造	外商和港澳台投资企业	67047662	63648745	5.3	1306795	1150850	13.6	30688986	23472418	30.7
其他食品制造	其他	133946916	107441005	24.7	2502141	1725362	45.0	7254066	6203198	16.9
酒的制造	国有企业	25786880	22987928	12.2	1853493	2413528	-23.2	3361156	3849030	-12.7
酒的制造	集体企业	641568	736172	-12.9	48016	39500	21.6	29565	30132	-1.9
酒的制造	股份合作企业	1143517	1140553	0.3	137958	125215	10.2	16378	16552	-1.1
酒的制造	股份制企业	91941966	85240347	7.9	8528304	8942976	-4.6	14403120	14763951	-2.4
酒的制造	私营企业	211164486	186913381	13.0	8923432	8147290	9.5	7718426	7078128	9.0

行业名称	经济类型	主营业务成本	去年同期	增减	主营业务税金及附加	去年同期	增减	营业费用	去年同期	增减
		本月止累计			本月止累计			本月止累计		
		千元	千元	%	千元	千元	%	千元	千元	%
酒的制造	外商和港澳台投资企业	76522262	74906471	2.2	8442208	8489057	-0.6	10707351	11512919	-7.0
酒的制造	其他	218742447	205373559	6.5	17666979	17426073	1.4	23861774	22612834	5.5
饮料制造	国有企业	1425777	1258035	13.3	37950	35113	8.1	221606	221930	-0.1
饮料制造	集体企业	381143	354009	7.7	3489	2455	42.1	3077	2456	25.3
饮料制造	股份制企业	45308832	42146471	7.5	402179	355112	13.3	3660345	3490527	4.9
饮料制造	私营企业	112546388	102072453	10.3	996550	823800	21.0	6347286	6036194	5.2
饮料制造	外商和港澳台投资企业	217779966	207062845	5.2	1268795	1222865	3.8	41071422	38919779	5.5
饮料制造	其他	70797218	61078177	15.9	644391	586914	9.8	7260688	6222259	16.7
精制茶加工	国有企业	1490911	1359967	9.6	15639	16099	-2.9	75028	75917	-1.2
精制茶加工	集体企业	646558	504620	28.1	5612	2793	100.9	22956	19575	17.3
精制茶加工	股份合作企业	353676	277439	27.5	12038	31084	-61.3	8639	14511	-40.5
精制茶加工	股份制企业	3595480	3329117	8.0	43247	45928	-5.8	214137	168898	26.8
精制茶加工	私营企业	82545922	72928502	13.2	1004422	1364067	-26.4	4065739	3475014	17.0
精制茶加工	外商和港澳台投资企业	5441161	5151064	5.6	58566	23734	146.8	437382	402468	8.7
精制茶加工	其他	39761178	35054674	13.4	393034	469247	-16.2	2280204	1969421	15.8
烟叶复烤	国有企业	7949311	5983490	32.9	203350	190307	6.9	548958	575857	-4.7
烟叶复烤	集体企业	251342	221939	13.2	0	0		9222	4085	125.8
烟叶复烤	股份制企业	37180	44387	-16.2	1241	1310	-5.3	10093	0	
烟叶复烤	其他	4510232	4313513	4.6	107338	85888	25.0	153619	179883	-14.6
卷烟制造	国有企业	136833030	124648676	9.8	306224445	278517639	9.9	9421722	10061585	-6.4
卷烟制造	集体企业	212207	181344	17.0	2497	2358	5.9	4651	3648	27.5
卷烟制造	股份制企业	2571910	2460600	4.5	4601750	4159480	10.6	67660	70020	-3.4
卷烟制造	其他	71183588	65746623	8.3	172985611	160166359	8.0	4133502	4273250	-3.3
其他烟草制品制造	国有企业	2508922	2417371	3.8	19160	18390	4.2	88420	77174	14.6
其他烟草制品制造	集体企业	1226574	1218135	0.7	11957	9441	26.6	25487	23246	9.6
其他烟草制品制造	股份制企业	712296	655875	8.6	3779	2916	29.6	10705	12097	-11.5
其他烟草制品制造	私营企业	1304194	1034991	26.0	7109	8186	-13.2	51894	48391	7.2
其他烟草制品制造	外商和港澳台投资企业	112906	111881	0.9	2576	2384	8.1	5477	5339	2.6
其他烟草制品制造	其他	2533651	2295609	10.4	108859	96274	13.1	153580	153712	-0.1

2014 年分行业分经济类型 -5

行业名称	经济类型	管理费用本月止累计	去年同期	增减	财务费用本月止累计	去年同期	增减	利息支出本月止累计	去年同期	增减
		千元	千元	%	千元	千元	%	千元	千元	%
农副食品加工业	国有企业	1973513	1962971	0.5	523042	562567	-7.0	436963	418480	4.4
农副食品加工业	集体企业	869367	816663	6.5	179283	166117	7.9	144963	143531	1.0
农副食品加工业	股份合作企业	149928	126807	18.2	62185	68885	-9.7	48334	62313	-22.4
农副食品加工业	股份制企业	9828978	9184351	7.0	4227624	3702124	14.2	4127079	3669024	12.5
农副食品加工业	私营企业	65682088	60974180	7.7	25635412	24090748	6.4	18932898	18270343	3.6
农副食品加工业	外商和港澳台投资企业	20401057	19941609	2.3	7179204	4365759	64.4	7135421	6462920	10.4
农副食品加工业	其他	33226451	30555284	8.7	16415316	14163269	15.9	14498424	13416927	8.1
食品制造业	国有企业	935351	998420	-6.3	175974	239976	-26.7	189572	221004	-14.2
食品制造业	集体企业	138047	178132	-22.5	20689	18358	12.7	13579	13902	-2.3
食品制造业	股份合作企业	46057	86178	-46.6	5818	6284	-7.4	2430	1786	36.1
食品制造业	股份制企业	6240303	5568373	12.1	1504186	1473665	2.1	1717956	1725770	-0.5
食品制造业	私营企业	21921164	20418212	7.4	6308157	5737672	9.9	4695516	4353566	7.9
食品制造业	外商和港澳台投资企业	26950786	24294424	10.9	1216659	855217	42.3	2259902	2042381	10.7
食品制造业	其他	15090949	13744389	9.8	4378416	3741408	17.0	3402370	2979486	14.2
酒、饮料和精制茶制造业	国有企业	2165352	2168079	-0.1	687378	686536	0.1	886766	903662	-1.9
酒、饮料和精制茶制造业	集体企业	93873	81002	15.9	9711	10813	-10.2	4433	4342	2.1
酒、饮料和精制茶制造业	股份合作企业	113361	62348	81.8	18052	15107	19.5	23322	3912	496.2
酒、饮料和精制茶制造业	股份制企业	10786405	8759767	23.1	1993537	1901319	4.9	2190473	2212453	-1.0
酒、饮料和精制茶制造业	私营企业	16229732	14431764	12.5	5039648	4295539	17.3	3808530	3401305	12.0
酒、饮料和精制茶制造业	外商和港澳台投资企业	17178129	16403663	4.7	1398811	1087949	28.6	1890063	2017779	-6.3
酒、饮料和精制茶制造业	其他	23260537	21575404	7.8	3090420	2036228	51.8	3525632	3059210	15.2
烟草制品业	国有企业	28345092	27860874	1.7	-231500	-115533	100.4	785614	884872	-11.2
烟草制品业	集体企业	296688	315094	-5.8	13621	15406	-11.6	25767	18046	42.8
烟草制品业	股份制企业	747337	730360	2.3	-49356	-19808	149.2	378	444	-14.9
烟草制品业	私营企业	140210	98761	42.0	48883	44009	11.1	49805	50547	-1.5
烟草制品业	外商和港澳台投资企业	27194	22803	19.3	1304	1362	-4.3	1504	1514	-0.7
烟草制品业	其他	16221433	15543637	4.4	-1422073	-1070518	32.8	358905	300798	19.3
谷物磨制	国有企业	490178	484773	1.1	141141	128890	9.5	78391	86186	-9.0
谷物磨制	集体企业	40413	30922	30.7	19020	18310	3.9	7973	7859	1.5
谷物磨制	股份合作企业	54105	51718	4.6	49549	45259	9.5	38457	43721	-12.0
谷物磨制	股份制企业	593624	584983	1.5	304523	343174	-11.3	277615	314087	-11.6

行业名称	经济类型	管理费用 本月止累计	去年同期	增减	财务费用 本月止累计	去年同期	增减	利息支出 本月止累计	去年同期	增减
		千元	千元	%	千元	千元	%	千元	千元	%
谷物磨制	私营企业	15995796	14611133	9.5	5882391	5509104	6.8	4454945	4349897	2.4
谷物磨制	外商和港澳台投资企业	842141	784442	7.4	435607	419763	3.8	341771	348150	-1.8
谷物磨制	其他	5882237	5102261	15.3	2824336	2662439	6.1	2132163	2319998	-8.1
饲料加工	国有企业	74692	93442	-20.1	5498	12399	-55.7	32409	9133	254.9
饲料加工	集体企业	8296	9392	-11.7	1368	639	114.1	1088	610	78.4
饲料加工	股份合作企业	8106	6343	27.8	421	1579	-73.3	421	1579	-73.3
饲料加工	股份制企业	2152032	2062546	4.3	484700	510605	-5.1	417553	422100	-1.1
饲料加工	私营企业	9946748	9715391	2.4	2745930	2582798	6.3	2094810	1975950	6.0
饲料加工	外商和港澳台投资企业	4354852	4317816	0.9	617699	501283	23.2	964362	850861	13.3
饲料加工	其他	5648956	5430381	4.0	1483128	1256416	18.0	1113900	934341	19.2
植物油加工	国有企业	340236	307955	10.5	118812	193476	-38.6	57973	77786	-25.5
植物油加工	集体企业	23840	15231	56.5	1427	2874	-50.3	1024	2765	-63.0
植物油加工	股份合作企业	2550	338	654.4	283	128	121.1	0	0	
植物油加工	股份制企业	656143	659203	-0.5	210878	124933	68.8	263092	297060	-11.4
植物油加工	私营企业	6268925	5862028	6.9	3057290	2856322	7.0	2479921	2361259	5.0
植物油加工	外商和港澳台投资企业	3206705	3042440	5.4	1476714	-829202	-278.1	2250997	2043283	10.2
植物油加工	其他	4310555	4341957	-0.7	3332453	1968493	69.3	3912272	2870228	36.3
制糖业	国有企业	196520	179207	9.7	119222	89698	32.9	113104	93607	20.8
制糖业	股份合作企业	0	6066	-100.0	0	280	-100.0	0	269	-100.0
制糖业	股份制企业	733961	674049	8.9	399679	400453	-0.2	466510	424616	9.9
制糖业	私营企业	835045	856037	-2.5	942533	806050	16.9	762123	742834	2.6
制糖业	外商和港澳台投资企业	998313	1037508	-3.8	799393	614262	30.1	610461	571966	6.7
制糖业	其他	1908807	1863088	2.5	1709608	1550961	10.2	1608424	1440114	11.7
屠宰及肉类加工	国有企业	612797	657381	-6.8	30343	35538	-14.6	54602	53940	1.2
屠宰及肉类加工	集体企业	105069	98633	6.5	5165	5058	2.1	4581	4575	0.1
屠宰及肉类加工	股份合作企业	27553	23142	19.1	1549	10379	-85.1	784	6761	-88.4
屠宰及肉类加工	股份制企业	3118012	2850764	9.4	1461274	1093787	33.6	1640886	1280887	28.1
屠宰及肉类加工	私营企业	12460454	11676816	6.7	5027140	4617511	8.9	3478855	3418206	1.8
屠宰及肉类加工	外商和港澳台投资企业	3683922	3725860	-1.1	928916	781479	18.9	920038	717281	28.3
屠宰及肉类加工	其他	7010317	6247006	12.2	3123132	3121691	0.0	2449631	2967170	-17.4
水产品加工	国有企业	162329	157450	3.1	73618	76746	-4.1	73095	73419	-0.4
水产品加工	集体企业	148488	166844	-11.0	61960	54537	13.6	42859	50634	-15.4
水产品加工	股份合作企业	3083	2819	9.4	3222	4112	-21.6	2599	3424	-24.1
水产品加工	股份制企业	670291	664008	0.9	531099	484618	9.6	342010	273230	25.2

行业名称	经济类型	管理费用本月止累计	去年同期	增减	财务费用本月止累计	去年同期	增减	利息支出本月止累计	去年同期	增减
		千元	千元	%	千元	千元	%	千元	千元	%
水产品加工	私营企业	5206415	5087450	2.3	2757166	2847999	-3.2	1924411	1946933	-1.2
水产品加工	外商和港澳台投资企业	2779818	2860066	-2.8	1427362	1546147	-7.7	944072	960555	-1.7
水产品加工	其他	2544626	2332683	9.1	955286	1059400	-9.8	733951	738161	-0.6
蔬菜、水果和坚果加工	国有企业	40023	36332	10.2	16839	5476	207.5	13673	5689	140.3
蔬菜、水果和坚果加工	集体企业	19784	17397	13.7	2444	3266	-25.2	2105	3033	-30.6
蔬菜、水果和坚果加工	股份合作企业	36001	21146	70.2	4342	4993	-13.0	3955	4575	-13.6
蔬菜、水果和坚果加工	股份制企业	830821	709477	17.1	441410	331476	33.2	434530	332148	30.8
蔬菜、水果和坚果加工	私营企业	7945532	6757383	17.6	2662909	2447258	8.8	1772407	1588528	11.6
蔬菜、水果和坚果加工	外商和港澳台投资企业	2416935	2304612	4.9	668734	650584	2.8	413849	361076	14.6
蔬菜、水果和坚果加工	其他	1956357	1759158	11.2	716323	618318	15.9	484024	412362	17.4
其他农副食品加工	国有企业	56738	46431	22.2	17569	20344	-13.6	13716	18720	-26.7
其他农副食品加工	集体企业	523477	478244	9.5	87899	81433	7.9	85333	74055	15.2
其他农副食品加工	股份合作企业	18530	15235	21.6	2819	2155	30.8	2118	1984	6.8
其他农副食品加工	股份制企业	1074094	979321	9.7	394061	413078	-4.6	284883	324896	-12.3
其他农副食品加工	私营企业	7023173	6407942	9.6	2560053	2423706	5.6	1965426	1886736	4.2
其他农副食品加工	外商和港澳台投资企业	2118371	1868865	13.4	824779	681443	21.0	689871	609748	13.1
其他农副食品加工	其他	3964596	3478750	14.0	2271050	1925551	17.9	2064059	1734553	19.0
焙烤食品制造	国有企业	38043	34149	11.4	6927	6040	14.7	5515	4689	17.6
焙烤食品制造	集体企业	19322	12827	50.6	656	1376	-52.3	656	1376	-52.3
焙烤食品制造	股份合作企业	5225	5353	-2.4	123	223	-44.8	0	135	-100.0
焙烤食品制造	股份制企业	226083	240014	-5.8	12888	10813	19.2	10196	10312	-1.1
焙烤食品制造	私营企业	3647323	3382668	7.8	815848	740901	10.1	620543	540263	14.9
焙烤食品制造	外商和港澳台投资企业	3556596	3190608	11.5	247302	218141	13.4	339043	318499	6.5
焙烤食品制造	其他	1533766	1258318	21.9	300523	247279	21.5	228144	193121	18.1
糖果、巧克力及蜜饯制造	集体企业	17859	13565	31.7	7638	3877	97.0	6838	3404	100.9
糖果、巧克力及蜜饯制造	股份制企业	215085	183483	17.2	59075	48975	20.6	69137	44619	54.9
糖果、巧克力及蜜饯制造	私营企业	2261037	2510190	-9.9	637507	567479	12.3	451264	415409	8.6
糖果、巧克力及蜜饯制造	外商和港澳台投资企业	3530131	3138374	12.5	66831	-134636	-149.6	240155	131500	82.6
糖果、巧克力及蜜饯制造	其他	865904	816512	6.0	202599	208759	-3.0	166454	172989	-3.8
方便食品制造	国有企业	147171	159856	-7.9	1812	1925	-5.9	4055	3299	22.9
方便食品制造	集体企业	35478	83678	-57.6	4573	4015	13.9	2575	2201	17.0
方便食品制造	股份制企业	541800	515652	5.1	333685	354847	-6.0	337108	360386	-6.5
方便食品制造	私营企业	3228697	2749600	17.4	939404	778295	20.7	678010	603869	12.3

行业名称	经济类型	管理费用 本月止累计	去年同期	增减	财务费用 本月止累计	去年同期	增减	利息支出 本月止累计	去年同期	增减
		千元	千元	%	千元	千元	%	千元	千元	%
方便食品制造	外商和港澳台投资企业	3557296	3173168	12.1	-272066	-185317	46.8	386521	325650	18.7
方便食品制造	其他	2149867	1885394	14.0	504761	453329	11.3	362413	329027	10.1
乳制品制造	国有企业	84516	91163	-7.3	3748	3814	-1.7	3456	4276	-19.2
乳制品制造	集体企业	3999	1908	109.6	269	308	-12.7	271	0	
乳制品制造	股份合作企业	2408	50417	-95.2	180	842	-78.6	182	167	9.0
乳制品制造	股份制企业	1970993	1682279	17.2	109388	-9524	-1248.6	236507	225373	4.9
乳制品制造	私营企业	1341164	1300873	3.1	414789	377204	10.0	310211	300180	3.3
乳制品制造	外商和港澳台投资企业	4283544	3709158	15.5	31410	-158726	-119.8	128900	106633	20.9
乳制品制造	其他	2652502	2309598	14.8	562333	420371	33.8	446416	354204	26.0
罐头食品制造	国有企业	31531	28281	11.5	-1257	24	-5337.5	3000	2890	3.8
罐头食品制造	集体企业	350	2205	-84.1	110	3132	-96.5	108	3132	-96.6
罐头食品制造	股份合作企业	2581	2379	8.5	1275	1263	1.0	1270	1250	1.6
罐头食品制造	股份制企业	475042	210976	125.2	60780	75680	-19.7	52507	57756	-9.1
罐头食品制造	私营企业	1869420	1878915	-0.5	810098	812144	-0.3	599635	621034	-3.4
罐头食品制造	外商和港澳台投资企业	832546	746287	11.6	334235	317721	5.2	221219	212310	4.2
罐头食品制造	其他	1498516	1397886	7.2	546938	577828	-5.3	463108	500508	-7.5
调味品、发酵制品制造	国有企业	269893	298087	-9.5	122161	180385	-32.3	109510	159059	-31.2
调味品、发酵制品制造	集体企业	22688	20923	8.4	4856	2604	86.5	608	823	-26.1
调味品、发酵制品制造	股份合作企业	3199	1981	61.5	281	234	20.1	0	0	
调味品、发酵制品制造	股份制企业	1480812	1441375	2.7	418664	450919	-7.2	485290	462868	4.8
调味品、发酵制品制造	私营企业	3591597	3190955	12.6	1023510	896587	14.2	803101	685972	17.1
调味品、发酵制品制造	外商和港澳台投资企业	3079716	2956187	4.2	519955	573951	-9.4	554636	549053	1.0
调味品、发酵制品制造	其他	2312741	1963028	17.8	1014274	730807	38.8	819635	587925	39.4
其他食品制造	国有企业	364197	386884	-5.9	42583	47788	-10.9	64036	46791	36.9
其他食品制造	集体企业	38351	43026	-10.9	2587	3046	-15.1	2523	2966	-14.9
其他食品制造	股份合作企业	32644	26048	25.3	3959	3722	6.4	978	234	317.9
其他食品制造	股份制企业	1330488	1294594	2.8	509706	541955	-6.0	527211	564456	-6.6
其他食品制造	私营企业	5981926	5405011	10.7	1667001	1565062	6.5	1232752	1186839	3.9
其他食品制造	外商和港澳台投资企业	8110957	7380642	9.9	288992	224083	29.0	389428	398736	-2.3
其他食品制造	其他	4077653	4113653	-0.9	1246988	1103035	13.1	916200	841712	8.8
酒的制造	国有企业	1896827	1908610	-0.6	560018	558073	0.3	861427	881952	-2.3
酒的制造	集体企业	27291	24945	9.4	8243	8608	-4.2	3273	2213	47.9
酒的制造	股份合作企业	103126	44544	131.5	16153	13038	23.9	22050	2182	910.5

行业名称	经济类型	管理费用	去年同期	增减	财务费用	去年同期	增减	利息支出	去年同期	增减
		本月止累计			本月止累计			本月止累计		
		千元	千元	%	千元	千元	%	千元	千元	%
酒的制造	股份制企业	9081137	7264239	25.0	1193608	1206459	-1.1	1404005	1469887	-4.5
酒的制造	私营企业	7480375	6645030	12.6	2706801	2399716	12.8	2197574	1982801	10.8
酒的制造	外商和港澳台投资企业	7385505	7504439	-1.6	479294	263723	81.7	654340	738715	-11.4
酒的制造	其他	17655668	16801490	5.1	1835494	905053	102.8	2532396	2163348	17.1
饮料制造	国有企业	145636	157237	-7.4	94764	100619	-5.8	2438	1120	117.7
饮料制造	集体企业	3982	3299	20.7	64	47	36.2	64	47	36.2
饮料制造	股份制企业	1478501	1296122	14.1	732669	635407	15.3	729957	688817	6.0
饮料制造	私营企业	4440787	3992581	11.2	1177824	903719	30.3	737508	689846	6.9
饮料制造	外商和港澳台投资企业	9339113	8462312	10.4	885291	798930	10.8	1208583	1253918	-3.6
饮料制造	其他	3290259	2821521	16.6	737937	676667	9.1	580343	514160	12.9
精制茶加工	国有企业	122889	102232	20.2	32596	27844	17.1	22901	20590	11.2
精制茶加工	集体企业	62600	52758	18.7	1404	2158	-34.9	1096	2082	-47.4
精制茶加工	股份合作企业	10235	17804	-42.5	1899	2069	-8.2	1272	1730	-26.5
精制茶加工	股份制企业	226767	199406	13.7	67260	59453	13.1	56511	53749	5.1
精制茶加工	私营企业	4308570	3794153	13.6	1155023	992104	16.4	873448	728658	19.9
精制茶加工	外商和港澳台投资企业	453511	436912	3.8	34226	25296	35.3	27140	25146	7.9
精制茶加工	其他	2314610	1952393	18.6	516989	454508	13.7	412893	381702	8.2
烟叶复烤	国有企业	821044	792398	3.6	-114987	-110525	4.0	-17156	1320	-1399.7
烟叶复烤	集体企业	3248	4509	-28.0	405	1050	-61.4	405	1050	-61.4
烟叶复烤	股份制企业	33717	33210	1.5	-4	-20	-80.0	0	0	
烟叶复烤	其他	760040	789043	-3.7	-203449	-173132	17.5	-13244	214	-6288.8
卷烟制造	国有企业	27242134	26790117	1.7	-108369	4425	-2549.0	798597	879833	-9.2
卷烟制造	集体企业	78986	74320	6.3	930	963	-3.4	1135	963	17.9
卷烟制造	股份制企业	664740	649410	2.4	-49520	-20040	147.1	0	0	#DIV/0!
卷烟制造	其他	15081119	14357008	5.0	-1247920	-919199	35.8	328693	268989	22.2
其他烟草制品制造	国有企业	281914	278359	1.3	-8144	-9433	-13.7	4173	3719	12.2
其他烟草制品制造	集体企业	214454	236265	-9.2	12286	13393	-8.3	24227	16033	51.1
其他烟草制品制造	股份制企业	48880	47740	2.4	168	252	-33.3	378	444	-14.9
其他烟草制品制造	私营企业	140210	98761	42.0	48883	44009	11.1	49805	50547	-1.5
其他烟草制品制造	外商和港澳台投资企业	27194	22803	19.3	1304	1362	-4.3	1504	1514	-0.7
其他烟草制品制造	其他	380274	397586	-4.4	29296	21813	34.3	43456	31595	37.5

2014年分行业分经济类型-6

行业名称	经济类型	利润总额	去年同期	增减	亏损企业亏损额	去年同期	增减
		本月止累计			本月止累计		
		千元	千元	%	千元	千元	%
农副食品加工业	国有企业	2321147	2614981	-11.2	841441	534809	57.3
农副食品加工业	集体企业	1957198	1829176	7.0	4420	4354	1.5
农副食品加工业	股份合作企业	163092	192071	-15.1	24704	16530	49.4
农副食品加工业	股份制企业	17171517	16186048	6.1	1033295	727269	42.1
农副食品加工业	私营企业	169972205	168571135	0.8	4209671	2867947	46.8
农副食品加工业	外商和港澳台投资企业	42806789	46094043	-7.1	5615130	4333356	29.6
农副食品加工业	其他	72602826	72861624	-0.4	8116677	4649028	74.6
食品制造业	国有企业	958999	780575	22.9	196301	43595	350.3
食品制造业	集体企业	329802	305998	7.8	8	297	-97.3
食品制造业	股份合作企业	64406	122346	-47.4	0	0	
食品制造业	股份制企业	16828171	16114507	4.4	149600	280682	-46.7
食品制造业	私营企业	47100530	43673472	7.8	1000634	743006	34.7
食品制造业	外商和港澳台投资企业	55552707	51864998	7.1	4827134	3067911	57.3
食品制造业	其他	48426690	41329003	17.2	2355667	1533904	53.6
酒、饮料和精制茶制造业	国有企业	1928378	2848618	-32.3	234446	193430	21.2
酒、饮料和精制茶制造业	集体企业	129746	114970	12.9	0	0	
酒、饮料和精制茶制造业	股份合作企业	156137	158944	-1.8	1871	129	1350.4
酒、饮料和精制茶制造业	股份制企业	22816538	24568180	-7.1	852211	250908	239.7
酒、饮料和精制茶制造业	私营企业	39800335	36754099	8.3	620406	527475	17.6
酒、饮料和精制茶制造业	外商和港澳台投资企业	33928474	34499469	-1.7	4739834	4241825	11.7
酒、饮料和精制茶制造业	其他	61550686	66487706	-7.4	2035519	1908841	6.6
烟草制品业	国有企业	63852761	63689948	0.3	36572	20601	77.5
烟草制品业	集体企业	75396	82827	-9.0	5839	1041	460.9
烟草制品业	股份制企业	666359	797437	-16.4	13064	15367	-15.0
烟草制品业	私营企业	205258	62001	231.1	0	0	
烟草制品业	外商和港澳台投资企业	78519	85222	-7.9	0	0	
烟草制品业	其他	56701669	56574504	0.2	20703	8337	148.3
谷物磨制	国有企业	756457	797822	-5.2	98446	38997	152.4
谷物磨制	集体企业	188234	184845	1.8	2056	0	
谷物磨制	股份合作企业	87999	88521	-0.6	18	0	
谷物磨制	股份制企业	1934388	1657830	16.7	52794	47025	12.3
谷物磨制	私营企业	45749934	43153035	6.0	154525	151787	1.8

行业名称	经济类型	利润总额 本月止累计	去年同期	增减	亏损企业亏损额 本月止累计	去年同期	增减
		千元	千元	%	千元	千元	%
谷物磨制	外商和港澳台投资企业	851695	586108	45.3	283557	393628	-28.0
谷物磨制	其他	14889884	13351912	11.5	727809	630334	15.5
饲料加工	国有企业	116290	91453	27.2	2523	759	232.4
饲料加工	集体企业	9120	9970	-8.5	0	0	
饲料加工	股份合作企业	24952	29126	-14.3	0	0	
饲料加工	股份制企业	4873268	4685512	4.0	88254	60133	46.8
饲料加工	私营企业	24729706	25164570	-1.7	208413	313074	-33.4
饲料加工	外商和港澳台投资企业	7527114	7071998	6.4	407302	455691	-10.6
饲料加工	其他	13521622	11585007	16.7	419814	374046	12.2
植物油加工	国有企业	558302	839253	-33.5	337837	150314	124.8
植物油加工	集体企业	25751	11376	126.4	71	0	
植物油加工	股份合作企业	4	12	-66.7	0	0	
植物油加工	股份制企业	1035281	1152247	-10.2	140507	73493	91.2
植物油加工	私营企业	18144058	19138863	-5.2	484914	300103	61.6
植物油加工	外商和港澳台投资企业	8723997	9317401	-6.4	1518708	1409541	7.7
植物油加工	其他	7357307	10040400	-26.7	2628346	689024	281.5
制糖业	国有企业	-239007	-255617	-6.5	356218	283488	25.7
制糖业	股份合作企业	0	17253	-100.0	0	0	
制糖业	股份制企业	662755	417146	58.9	508821	263982	92.7
制糖业	私营企业	-511405	428777	-219.3	1461816	779073	87.6
制糖业	外商和港澳台投资企业	1285623	2524333	-49.1	1025301	473286	116.6
制糖业	其他	642938	2165793	-70.3	2446648	1140442	114.5
屠宰及肉类加工	国有企业	731751	771807	-5.2	21246	33771	-37.1
屠宰及肉类加工	集体企业	407944	402154	1.4	234	531	-55.9
屠宰及肉类加工	股份合作企业	8868	7579	17.0	13599	15139	-10.2
屠宰及肉类加工	股份制企业	3867722	3663945	5.6	95190	109360	-13.0
屠宰及肉类加工	私营企业	33061153	33348592	-0.9	1321382	832694	58.7
屠宰及肉类加工	外商和港澳台投资企业	8010259	9076332	-11.7	1151074	902844	27.5
屠宰及肉类加工	其他	18275583	19132982	-4.5	754477	853186	-11.6
水产品加工	国有企业	270458	272635	-0.8	0	0	
水产品加工	集体企业	260615	296461	-12.1	0	0	
水产品加工	股份合作企业	25919	30120	-13.9	0	0	
水产品加工	股份制企业	1381701	1609106	-14.1	115715	47439	143.9
水产品加工	私营企业	14162309	13886055	2.0	262394	256137	2.4

行业名称	经济类型	利润总额 本月止累计	去年同期	增减	亏损企业亏损额 本月止累计	去年同期	增减
		千元	千元	%	千元	千元	%
水产品加工	外商和港澳台投资企业	6743580	6822724	-1.2	235494	198709	18.5
水产品加工	其他	4821373	4711762	2.3	261491	296168	-11.7
蔬菜、水果和坚果加工	国有企业	27040	39505	-31.6	7854	1967	299.3
蔬菜、水果和坚果加工	集体企业	194720	151622	28.4	0	1231	-100.0
蔬菜、水果和坚果加工	股份合作企业	4254	11554	-63.2	9824	3	327366.7
蔬菜、水果和坚果加工	股份制企业	1607422	1510705	6.4	9228	19363	-52.3
蔬菜、水果和坚果加工	私营企业	19460137	18625904	4.5	162238	95183	70.4
蔬菜、水果和坚果加工	外商和港澳台投资企业	7366103	7154194	3.0	193082	90585	113.2
蔬菜、水果和坚果加工	其他	6160636	5433948	13.4	70994	218014	-67.4
其他农副食品加工	国有企业	99856	58123	71.8	17317	25513	-32.1
其他农副食品加工	集体企业	870814	772748	12.7	2059	2592	-20.6
其他农副食品加工	股份合作企业	11096	7906	40.3	1263	1388	-9.0
其他农副食品加工	股份制企业	1808980	1489557	21.4	22786	106474	-78.6
其他农副食品加工	私营企业	15176313	14825339	2.4	153989	139896	10.1
其他农副食品加工	外商和港澳台投资企业	2298418	3540953	-35.1	800612	409072	95.7
其他农副食品加工	其他	6933483	6439820	7.7	807098	447814	80.2
焙烤食品制造	国有企业	27308	17751	53.8	0	2702	-100.0
焙烤食品制造	集体企业	33231	20139	65.0	0	0	
焙烤食品制造	股份合作企业	1384	3773	-63.3	0	0	
焙烤食品制造	股份制企业	577673	551634	4.7	2130	4747	-55.1
焙烤食品制造	私营企业	8340858	7440645	12.1	95276	57725	65.1
焙烤食品制造	外商和港澳台投资企业	6596398	6690917	-1.4	559126	445880	25.4
焙烤食品制造	其他	4695233	4037860	16.3	122628	80419	52.5
糖果、巧克力及蜜饯制造	集体企业	33730	21353	58.0	0	0	
糖果、巧克力及蜜饯制造	股份制企业	1534018	1485953	3.2	0	0	
糖果、巧克力及蜜饯制造	私营企业	4762488	4360876	9.2	32116	47675	-32.6
糖果、巧克力及蜜饯制造	外商和港澳台投资企业	6972105	7499797	-7.0	70151	32439	116.3
糖果、巧克力及蜜饯制造	其他	2422118	2164498	11.9	22824	10824	110.9
方便食品制造	国有企业	267632	235307	13.7	0	0	
方便食品制造	集体企业	112360	106014	6.0	8	0	
方便食品制造	股份制企业	2493700	3091113	-19.3	23199	54048	-57.1
方便食品制造	私营企业	7283696	6656342	9.4	55641	48479	14.8
方便食品制造	外商和港澳台投资企业	7408890	8227177	-9.9	383591	233093	64.6
方便食品制造	其他	6243997	5400371	15.6	119739	165531	-27.7

行业名称	经济类型	利润总额	去年同期	增减	亏损企业亏损额	去年同期	增减
		本月止累计			本月止累计		
		千元	千元	%	千元	千元	%
乳制品制造	国有企业	148826	135434	9.9	2516	1266	98.7
乳制品制造	集体企业	5989	5868	2.1	0	0	
乳制品制造	股份合作企业	9128	56779	-83.9	0	0	
乳制品制造	股份制企业	4499777	3869100	16.3	20984	29179	-28.1
乳制品制造	私营企业	2875028	2608663	10.2	121298	125587	-3.4
乳制品制造	外商和港澳台投资企业	8566290	6194617	38.3	1760997	851144	106.9
乳制品制造	其他	6427226	5064289	26.9	365499	259176	41.0
罐头食品制造	国有企业	102319	83706	22.2	0	0	
罐头食品制造	集体企业	5642	15921	-64.6	0	0	
罐头食品制造	股份合作企业	554	367	51.0	0	0	
罐头食品制造	股份制企业	881098	800347	10.1	20608	39650	-48.0
罐头食品制造	私营企业	4495367	4440252	1.2	101544	102933	-1.3
罐头食品制造	外商和港澳台投资企业	2157755	1549525	39.3	206594	318164	-35.1
罐头食品制造	其他	1506499	1614608	-6.7	1043614	426189	144.9
调味品、发酵制品制造	国有企业	-34515	69476	-149.7	180102	39182	359.7
调味品、发酵制品制造	集体企业	42957	51093	-15.9	0	0	
调味品、发酵制品制造	股份合作企业	11885	16074	-26.1	0	0	
调味品、发酵制品制造	股份制企业	3578753	2984717	19.9	61536	146107	-57.9
调味品、发酵制品制造	私营企业	7887425	7201966	9.5	248737	153931	61.6
调味品、发酵制品制造	外商和港澳台投资企业	5949707	5386633	10.5	853004	735817	15.9
调味品、发酵制品制造	其他	5116460	3971001	28.8	183231	167122	9.6
其他食品制造	国有企业	447429	238901	87.3	13683	445	2974.8
其他食品制造	集体企业	95893	85610	12.0	0	297	-100.0
其他食品制造	股份合作企业	41455	45353	-8.6	0	0	
其他食品制造	股份制企业	3263152	3331643	-2.1	21143	6951	204.2
其他食品制造	私营企业	11455668	10964728	4.5	346022	206676	67.4
其他食品制造	外商和港澳台投资企业	17901562	16316332	9.7	993671	451374	120.1
其他食品制造	其他	22015157	19076376	15.4	498132	424643	17.3
酒的制造	国有企业	1527991	2452939	-37.7	216995	158238	37.1
酒的制造	集体企业	67730	72045	-6.0	0	0	
酒的制造	股份合作企业	123405	103741	19.0	1871	129	1350.4
酒的制造	股份制企业	17207455	19769576	-13.0	754484	140016	438.9
酒的制造	私营企业	19478406	18240001	6.8	470672	398304	18.2
酒的制造	外商和港澳台投资企业	8848722	8057249	9.8	1525146	2040088	-25.2

行业名称	经济类型	利润总额 本月止累计	去年同期	增减	亏损企业亏损额 本月止累计	去年同期	增减
		千元	千元	%	千元	千元	%
酒的制造	其他	50363551	56772305	-11.3	1502114	1473086	2.0
饮料制造	国有企业	264381	253689	4.2	13713	29999	-54.3
饮料制造	集体企业	18570	13242	40.2	0	0	
饮料制造	股份制企业	5071620	4353632	16.5	97717	110892	-11.9
饮料制造	私营企业	11887922	10438464	13.9	138311	120407	14.9
饮料制造	外商和港澳台投资企业	24319469	25707810	-5.4	3207615	2194967	46.1
饮料制造	其他	6681662	5531536	20.8	508209	422399	20.3
精制茶加工	国有企业	136006	141990	-4.2	3738	5193	-28.0
精制茶加工	集体企业	43446	29683	46.4	0	0	
精制茶加工	股份合作企业	32732	55203	-40.7	0	0	
精制茶加工	股份制企业	537463	444972	20.8	10	0	
精制茶加工	私营企业	8434007	8075634	4.4	11423	8764	30.3
精制茶加工	外商和港澳台投资企业	760283	734410	3.5	7073	6770	4.5
精制茶加工	其他	4505473	4183865	7.7	25196	13356	88.6
烟叶复烤	国有企业	1824016	1214574	50.2	14284	0	
烟叶复烤	集体企业	9112	11060	-17.6	0	0	
烟叶复烤	股份制企业	-13064	-15367	-15.0	13064	15367	-15.0
烟叶复烤	其他	2021621	1920972	5.2	20300	0	
卷烟制造	国有企业	61475103	61973424	-0.8	12650	8217	53.9
卷烟制造	集体企业	840	1162	-27.7	197	0	
卷烟制造	股份制企业	604680	739740	-18.3	0	0	
卷烟制造	其他	52779894	53003736	-0.4	0	0	
其他烟草制品制造	国有企业	553642	501950	10.3	9638	12384	-22.2
其他烟草制品制造	集体企业	65444	70605	-7.3	5642	1041	442.0
其他烟草制品制造	股份制企业	74743	73064	2.3	0	0	
其他烟草制品制造	私营企业	205258	62001	231.1	0	0	
其他烟草制品制造	外商和港澳台投资企业	78519	85222	-7.9	0	0	
其他烟草制品制造	其他	1900154	1649796	15.2	403	8337	-95.2

2014 年分行业分经济类型 -7

行业名称	经济类型	税金总额	去年同期	增减	应交增值税	去年同期	增减
		本月止累计			本月止累计		
		千元	千元	%	千元	千元	%
农副食品加工业	国有企业	1495220	1395312	7.2	1225557	1152620	6.3
农副食品加工业	集体企业	801690	707913	13.2	648176	578974	12.0
农副食品加工业	股份合作企业	105011	107483	-2.3	71719	75791	-5.4
农副食品加工业	股份制企业	8024131	7476265	7.3	5719652	5465482	4.7
农副食品加工业	私营企业	78067719	73362940	6.4	61059139	57186844	6.8
农副食品加工业	外商和港澳台投资企业	20118139	21471723	-6.3	17541722	18859327	-7.0
农副食品加工业	其他	30493543	28969821	5.3	24546413	23191184	5.8
食品制造业	国有企业	804638	667246	20.6	633408	553401	14.5
食品制造业	集体企业	153012	128255	19.3	134139	109680	22.3
食品制造业	股份合作企业	54016	67861	-20.4	45226	60969	-25.8
食品制造业	股份制企业	7266739	6495042	11.9	6354636	5634129	12.8
食品制造业	私营企业	22893769	21414722	6.9	18087669	17022517	6.3
食品制造业	外商和港澳台投资企业	29846507	29191465	2.2	26249012	25937689	1.2
食品制造业	其他	17824616	15314622	16.4	13347365	11927101	11.9
酒、饮料和精制茶制造业	国有企业	3511014	4741320	-25.9	1603932	2276580	-29.5
酒、饮料和精制茶制造业	集体企业	105547	81768	29.1	48430	37020	30.8
酒、饮料和精制茶制造业	股份合作企业	210064	233659	-10.1	60068	77360	-22.4
酒、饮料和精制茶制造业	股份制企业	17583160	18004646	-2.3	8609430	8660630	-0.6
酒、饮料和精制茶制造业	私营企业	24580051	23148220	6.2	13655647	12813063	6.6
酒、饮料和精制茶制造业	外商和港澳台投资企业	26103211	25633566	1.8	16333642	15897910	2.7
酒、饮料和精制茶制造业	其他	39810929	40159234	-0.9	21106525	21677000	-2.6
烟草制品业	国有企业	372759820	339015597	10.0	66312865	60289261	10.0
烟草制品业	集体企业	137650	116858	17.8	123196	105059	17.3
烟草制品业	股份制企业	5661307	5056382	12.0	1054537	892676	18.1
烟草制品业	私营企业	48294	37949	27.3	41185	29763	38.4
烟草制品业	外商和港澳台投资企业	24057	22265	8.0	21481	19881	8.0
烟草制品业	其他	215671396	198978634	8.4	42469588	38630113	9.9
谷物磨制	国有企业	535133	456710	17.2	432929	365605	18.4
谷物磨制	集体企业	84249	77887	8.2	61627	64363	-4.3
谷物磨制	股份合作企业	45330	43497	4.2	29372	30040	-2.2
谷物磨制	股份制企业	963083	959391	0.4	812417	708750	14.6
谷物磨制	私营企业	19284816	18812729	2.5	14417240	13896388	3.7

行业名称	经济类型	税金总额	去年同期	增减	应交增值税	去年同期	增减
		本月止累计			本月止累计		
		千元	千元	%	千元	千元	%
谷物磨制	外商和港澳台投资企业	637267	449953	41.6	515468	325056	58.6
谷物磨制	其他	5635591	4859623	16.0	4229634	3696402	14.4
饲料加工	国有企业	109717	103543	6.0	100268	95237	5.3
饲料加工	集体企业	2501	1780	40.5	2166	1418	52.8
饲料加工	股份合作企业	24758	19664	25.9	20761	16605	25.0
饲料加工	股份制企业	767426	832296	-7.8	569848	609118	-6.4
饲料加工	私营企业	10864447	9568048	13.5	8628013	7553692	14.2
饲料加工	外商和港澳台投资企业	1871421	2209310	-15.3	1515275	1731448	-12.5
饲料加工	其他	4414989	3673418	20.2	3646394	3065056	19.0
植物油加工	国有企业	90300	74501	21.2	56363	43257	30.3
植物油加工	集体企业	13295	9182	44.8	10014	7305	37.1
植物油加工	股份合作企业	222	168	32.1	91	153	-40.5
植物油加工	股份制企业	473113	661901	-28.5	365349	540726	-32.4
植物油加工	私营企业	8618335	8501319	1.4	6998906	7006935	-0.1
植物油加工	外商和港澳台投资企业	6422838	6670496	-3.7	6147443	6308452	-2.6
植物油加工	其他	4768351	4425795	7.7	4162988	3637500	14.4
制糖业	国有企业	140949	180688	-22.0	127581	163926	-22.2
制糖业	股份合作企业	0	8631	-100.0	0	7358	-100.0
制糖业	股份制企业	394654	537427	-26.6	363875	478452	-23.9
制糖业	私营企业	570002	900213	-36.7	456325	757833	-39.8
制糖业	外商和港澳台投资企业	732879	1036471	-29.3	645063	906170	-28.8
制糖业	其他	1583178	2197682	-28.0	1358053	1631402	-16.8
屠宰及肉类加工	国有企业	422124	387068	9.1	360761	331690	8.8
屠宰及肉类加工	集体企业	147385	120595	22.2	120521	98083	22.9
屠宰及肉类加工	股份合作企业	12034	13836	-13.0	8205	6881	19.2
屠宰及肉类加工	股份制企业	2395534	2141422	11.9	1309587	1219655	7.4
屠宰及肉类加工	私营企业	14568353	13775957	5.8	11444955	10756811	6.4
屠宰及肉类加工	外商和港澳台投资企业	3105404	3257667	-4.7	2673749	2822226	-5.3
屠宰及肉类加工	其他	5440708	6077133	-10.5	4075660	4848869	-15.9
水产品加工	国有企业	109277	104176	4.9	69476	69771	-0.4
水产品加工	集体企业	167131	148931	12.2	120270	107151	12.2
水产品加工	股份合作企业	2278	4341	-47.5	1898	3800	-50.1
水产品加工	股份制企业	1073864	666005	61.2	900414	540194	66.7
水产品加工	私营企业	8322318	7724926	7.7	6695028	6156173	8.8

行业名称	经济类型	税金总额	去年同期	增减	应交增值税	去年同期	增减
		本月止累计			本月止累计		
		千元	千元	%	千元	千元	%
水产品加工	外商和港澳台投资企业	3676871	4396430	-16.4	3084285	3849165	-19.9
水产品加工	其他	2825158	2472292	14.3	2293198	2015178	13.8
蔬菜、水果和坚果加工	国有企业	14155	5352	164.5	13416	4528	196.3
蔬菜、水果和坚果加工	集体企业	58265	42365	37.5	51854	37697	37.6
蔬菜、水果和坚果加工	股份合作企业	12826	10418	23.1	5093	5149	-1.1
蔬菜、水果和坚果加工	股份制企业	949153	798615	18.8	786398	676088	16.3
蔬菜、水果和坚果加工	私营企业	8670671	7507854	15.5	6946772	6004481	15.7
蔬菜、水果和坚果加工	外商和港澳台投资企业	2634003	2344193	12.4	2111509	1982551	6.5
蔬菜、水果和坚果加工	其他	2478906	2112752	17.3	2072429	1737687	19.3
其他农副食品加工	国有企业	73565	83274	-11.7	64763	78606	-17.6
其他农副食品加工	集体企业	328864	307173	7.1	281724	262957	7.1
其他农副食品加工	股份合作企业	7563	6928	9.2	6299	5805	8.5
其他农副食品加工	股份制企业	1007304	879208	14.6	611764	692499	-11.7
其他农副食品加工	私营企业	7168777	6571894	9.1	5471900	5054531	8.3
其他农副食品加工	外商和港澳台投资企业	1037456	1107203	-6.3	848930	934259	-9.1
其他农副食品加工	其他	3346662	3151126	6.2	2708057	2559090	5.8
焙烤食品制造	国有企业	31815	28983	9.8	26184	23879	9.7
焙烤食品制造	集体企业	33039	13619	142.6	31728	12758	148.7
焙烤食品制造	股份合作企业	5362	8838	-39.3	3853	7000	-45.0
焙烤食品制造	股份制企业	107544	104562	2.9	83079	80961	2.6
焙烤食品制造	私营企业	3825371	3444612	11.1	3016404	2616046	15.3
焙烤食品制造	外商和港澳台投资企业	3571544	3712002	-3.8	3161106	3301682	-4.3
焙烤食品制造	其他	1564656	1265614	23.6	1227414	1023255	20.0
糖果、巧克力及蜜饯制造	集体企业	21245	14276	48.8	19244	12461	54.4
糖果、巧克力及蜜饯制造	股份制企业	882967	840193	5.1	793459	766355	3.5
糖果、巧克力及蜜饯制造	私营企业	2212872	2071651	6.8	1729704	1614162	7.2
糖果、巧克力及蜜饯制造	外商和港澳台投资企业	3761283	3808045	-1.2	3358609	3419095	-1.8
糖果、巧克力及蜜饯制造	其他	800764	666206	20.2	621795	521549	19.2
方便食品制造	国有企业	142179	103310	37.6	123586	88888	39.0
方便食品制造	集体企业	44921	40903	9.8	37737	34322	9.9
方便食品制造	股份制企业	652002	654057	-0.3	527694	514168	2.6
方便食品制造	私营企业	3401796	3105901	9.5	2643003	2477884	6.7
方便食品制造	外商和港澳台投资企业	5332003	5096760	4.6	4874346	4763508	2.3
方便食品制造	其他	2776047	2410246	15.2	2199314	1937009	13.5

行业名称	经济类型	税金总额 本月止累计	去年同期	增减	应交增值税 本月止累计	去年同期	增减
		千元	千元	%	千元	千元	%
乳制品制造	国有企业	46761	34565	35.3	41728	31167	33.9
乳制品制造	集体企业	3321	2599	27.8	2826	1596	77.1
乳制品制造	股份合作企业	4311	18345	-76.5	4016	16868	-76.2
乳制品制造	股份制企业	2669085	2192636	21.7	2377271	1919789	23.8
乳制品制造	私营企业	1147471	1128072	1.7	900902	873445	3.1
乳制品制造	外商和港澳台投资企业	4262757	5388151	-20.9	3765720	4856101	-22.5
乳制品制造	其他	2370775	2401516	-1.3	2075958	2103019	-1.3
罐头食品制造	国有企业	50429	43358	16.3	45574	38470	18.5
罐头食品制造	集体企业	927	7202	-87.1	840	5827	-85.6
罐头食品制造	股份合作企业	470	1796	-73.8	176	1549	-88.6
罐头食品制造	股份制企业	511579	355895	43.7	453741	301689	50.4
罐头食品制造	私营企业	2996714	2864772	4.6	2415314	2395131	0.8
罐头食品制造	外商和港澳台投资企业	1129225	886839	27.3	960369	737914	30.1
罐头食品制造	其他	1574731	1365519	15.3	1335375	1139449	17.2
调味品、发酵制品制造	国有企业	263046	265507	-0.9	187833	234042	-19.7
调味品、发酵制品制造	集体企业	11165	24008	-53.5	8819	20979	-58.0
调味品、发酵制品制造	股份合作企业	11303	7693	46.9	10184	6956	46.4
调味品、发酵制品制造	股份制企业	1509983	1448360	4.3	1296849	1253684	3.4
调味品、发酵制品制造	私营企业	3926268	3585738	9.5	3116091	2917149	6.8
调味品、发酵制品制造	外商和港澳台投资企业	2423553	2083307	16.3	2069515	1793878	15.4
调味品、发酵制品制造	其他	2338739	1953143	19.7	1990746	1675804	18.8
其他食品制造	国有企业	270408	191523	41.2	208503	136955	52.2
其他食品制造	集体企业	38394	25648	49.7	32945	21737	51.6
其他食品制造	股份合作企业	32570	31189	4.4	26997	28596	-5.6
其他食品制造	股份制企业	933579	899339	3.8	822543	797483	3.1
其他食品制造	私营企业	5383277	5213976	3.2	4266251	4128700	3.3
其他食品制造	外商和港澳台投资企业	9366142	8216361	14.0	8059347	7065511	14.1
其他食品制造	其他	6398904	5252378	21.8	3896763	3527016	10.5
酒的制造	国有企业	3253842	4488066	-27.5	1400349	2074538	-32.5
酒的制造	集体企业	59524	55340	7.6	11508	15840	-27.3
酒的制造	股份合作企业	188270	177357	6.2	50312	52142	-3.5
酒的制造	股份制企业	15244035	15904309	-4.2	6715731	6961333	-3.5
酒的制造	私营企业	16037937	15037805	6.7	7114505	6890515	3.3
酒的制造	外商和港澳台投资企业	13767965	13891342	-0.9	5325757	5402285	-1.4

行业名称	经济类型	税金总额 本月止累计	去年同期	增减	应交增值税 本月止累计	去年同期	增减
		千元	千元	%	千元	千元	%
酒的制造	其他	34529808	35194897	-1.9	16862829	17768824	-5.1
饮料制造	国有企业	164037	149656	9.6	126087	114543	10.1
饮料制造	集体企业	12977	10540	23.1	9488	8085	17.4
饮料制造	股份制企业	2123621	1887719	12.5	1721442	1532607	12.3
饮料制造	私营企业	4812993	4276880	12.5	3816443	3453080	10.5
饮料制造	外商和港澳台投资企业	12038324	11572031	4.0	10769529	10349166	4.1
饮料制造	其他	3522641	3177500	10.9	2878250	2590586	11.1
精制茶加工	国有企业	93135	103598	-10.1	77496	87499	-11.4
精制茶加工	集体企业	33046	15888	108.0	27434	13095	109.5
精制茶加工	股份合作企业	21794	56302	-61.3	9756	25218	-61.3
精制茶加工	股份制企业	215504	212618	1.4	172257	166690	3.3
精制茶加工	私营企业	3729121	3833535	-2.7	2724699	2469468	10.3
精制茶加工	外商和港澳台投资企业	296922	170193	74.5	238356	146459	62.7
精制茶加工	其他	1758480	1786837	-1.6	1365446	1317590	3.6
烟叶复烤	国有企业	973121	927162	5.0	769771	736855	4.5
烟叶复烤	集体企业	10532	11075	-4.9	10532	11075	-4.9
烟叶复烤	股份制企业	9419	10465	-10.0	8178	9155	-10.7
烟叶复烤	其他	1008725	912090	10.6	901387	826202	9.1
卷烟制造	国有企业	371597240	337913264	10.0	65372795	59395625	10.1
卷烟制造	集体企业	18848	20793	-9.4	16351	18435	-11.3
卷烟制造	股份制企业	5635980	5015820	12.4	1034230	856340	20.8
卷烟制造	其他	214156162	197613117	8.4	41170551	37446758	9.9
其他烟草制品制造	国有企业	189459	175171	8.2	170299	156781	8.6
其他烟草制品制造	集体企业	108270	84990	27.4	96313	75549	27.5
其他烟草制品制造	股份制企业	15908	30097	-47.1	12129	27181	-55.4
其他烟草制品制造	私营企业	48294	37949	27.3	41185	29763	38.4
其他烟草制品制造	外商和港澳台投资企业	24057	22265	8.0	21481	19881	8.0
其他烟草制品制造	其他	506509	453427	11.7	397650	357153	11.3

数据来源：国家统计局中国经济景气监测中心
中国食品工业协会